STUDIES ON VOLTAIRE AND
THE EIGHTEENTH CENTURY

269

General editor

PROFESSOR H. T. MASON

Department of French
University of Bristol
Bristol BS8 1TE

MARC DE BOMBELLES

Journal de voyage en Grande Bretagne et en Irlande 1784

texte transcrit, présenté et annoté par

JACQUES GURY

PQ
2105
A2
S8
v. 269

THE VOLTAIRE FOUNDATION

AT THE TAYLOR INSTITUTION, OXFORD

1989

© *1989 University of Oxford*

ISSN 0435-2866

ISBN 0 7294 0390 4

*The publications of the
Voltaire Foundation are printed
on durable acid-free paper*

British Library cataloguing in publication data

Bombelles, Marc de

Journal de voyage en Grande Bretagne et en Irlande 1784
— (Studies on Voltaire and the eighteenth century,
ISSN 0435-2866; 269)
1. Great Britain. Description and travel, 1760-1830
I. Title II. Series
914.1'0473

ISBN 0-7294-0390-4

Printed in England at The Alden Press, Oxford

Table des matières

Avant-propos

EN 1977 parut le premier volume du *Journal* du marquis de Bombelles, qui révélait un précieux témoignage sur la fin de l'ancien régime, témoignage d'autant plus exceptionnel qu'il avait été établi au jour le jour par un observateur lucide, et non, comme trop de mémoires, rédigé sur le tard par un nostalgique survivant d'un passé révolu.

M. Frans Durif[1] et M. Jean Grassion,[2] qui avaient retrouvé en Autriche l'énorme manuscrit autographe: 97 cahiers, 28 000 pages, avaient dû, bien sûr à regret, élaguer, choisir, car même pour une première tranche, 1780-1784, il aurait fallu plusieurs gros volumes. Ils durent aussi se résoudre à retrancher des relations de voyages à l'étranger, en Suisse en 1781, en Angleterre en 1784, au Portugal de 1786 à 1788,[3] qui ne pouvaient guère retenir le lecteur intéressé surtout par le spectacle de la Cour et de la Ville avant les jours fatals de 1789.

Travaillant sur l'anglomanie et les relations franco-britanniques dans le dernier tiers du dix-huitième siècle, je m'adressai à MM. Durif et Grassion qui voulurent bien me permettre de consulter les photocopies des pages écrites outre-Manche. Comme il me devenait évident que le Journal de Bombelles offrait un document d'une grande richesse, sans équivalent pour la connaissance des Trois Royaumes au lendemain de la Guerre d'Amérique, j'en vins vite à souhaiter pouvoir publier ces pages. MM. Durif et Grassion approuvèrent mon projet, demandèrent à M. le comte Clam-Martinic, arrière-petit-fils de Bombelles, propriétaire des manuscrits, l'autorisation qui fut généreusement accordée, tandis que la Librairie Droz, qui publiait le *Journal* dans sa collection *Histoire des idées*,[4] permit obligeamment que soit publié un texte inédit sur lequel elle avait des droits. MM. Grassion et Durif me confièrent un exemplaire du texte, m'accueillirent souvent, me permirent de consulter leurs fichiers, me firent partager leur riche érudition et leur connaissance intime du monde de Bombelles, et ils multiplièrent les conseils et avis judicieux.

Leur but avait été différent de celui qui allait être le mien. Pour un public

---

1. Frans Durif, agrégé de l'université, ancien professeur d'histoire aux lycées Louis-le-Grand et Montaigne, auteur de plusieurs manuels.

2. Jean Grassion, docteur en droit, diplomé de l'Ecole des sciences politiques, ayant publié la nouvelle série du recueil d'E. d'Hauterive, *La Police secrète du Premier Empire: bulletins quotidiens de Fouché à l'empereur, 1808-1810* (Paris 1963).

3. Publié par R. Kann: *Journal d'un ambassadeur de France au Portugal, 1786-1788* (Paris 1979).

4. Le second volume, 1784-1789, fut publié en 1982; le troisième, 1789-1792, sortira prochainement. Pour indiquer cette édition nous employons le sigle *JD*.

averti, mais non-universitaire, il avait fallu non seulement ne retenir que l'essentiel mais moderniser l'orthographe et la ponctuation. Si de nombreuses notes éclairaient le texte, il ne pouvait être question d'adjoindre des documents complémentaires. Pour les lecteurs dix-huitiémistes des *Studies on Voltaire*, il importait de donner le texte intégral respecté scrupuleusement et de compléter celui-ci par des documents inédits éclairant le voyageur et son périple.

J'ai cherché en vain le rapport que Bombelles avait dû remettre à son retour au baron de Breteuil, ou au comte de Vergennes, ou le dossier d'"extraits' et de notes établis sur le terrain et après de nombreuses lectures. Mais j'ai pu retrouver une partie des lettres adressées d'Angleterre par Bombelles à sa femme, aux Archives de Seine-et-Oise à Versailles où sont conservés les papiers de Bombelles saisis pendant la Révolution. Des enquêtes faites directement ou par correspondance auprès de divers fonds d'archives publics ou privés en Grande Bretagne et en Irlande se sont avérées peu fructueuses, mais le peu que j'ai trouvé confirme la rigoureuse véracité des propos de Bombelles.

Les notes devaient tenir compte de ce que le domaine britannique du dix-huitième siècle n'est pas encore vraiment familier au lecteur français. Toutefois, s'il fallait replacer le journal de Bombelles dans son contexte, il fallait aussi résister à la tentation de faire de l'appareil critique un compendium sur le Royaume Uni au temps de Georges III. Aussi me suis-je contenté, dans l'introduction de brosser un tableau de la situation en Grande Bretagne et en Irlande autour de 1784, et dans les notes de donner des informations qui n'étaient pas généralement accessibles à l'universitaire français non-angliciste. Il aurait été intéressant de juxtaposer les propos de Bombelles et des témoignages français ou britanniques concernant les mêmes lieux aux mêmes époques, mais le volume serait devenu un énorme recueil sur l'image du Royaume Uni à la fin du dix-huitième siècle. Cependant, j'ai eu recours à des textes de l'époque lorsque le rapprochement corroborait des affirmations de Bombelles qui pouvaient surprendre, ou, au contraire, infirmait des propositions inexactes.

Le but du voyage de Bombelles en 1784 était la découverte des réalités de la Grande Bretagne et de l'Irlande, le propos du journal était de tirer du périple une périégèse, destinée à sa postérité mais qui nous permet aujourd'hui de voir les Trois Royaumes sans l'écran de l'anglomanie ou de l'anglophobie, dégagés des mythes, aussi bien ceux d'alors que ceux élaborés par la suite par les historiens. Le journal non seulement va faire connaître 'la vie quotidienne dans les Trois Royaumes sous Georges III', mais va peut-être aussi renouveler le regard que l'on portait sur le monde britannique de cette fin du dix-huitième siècle.

Mon propos en publiant ce journal a été d'apporter des connaissances, mais aussi et surtout de contribuer à une meilleure compréhension de la Grande

Bretagne de jadis, et aussi de celle d'aujourd'hui, en souhaitant non seulement combler des ignorances mais surtout dissiper des préjugés.

Il importe de souligner que ce travail n'aurait pas été possible sans l'approbation bienveillante ou la coopération généreuse de M. le comte Clam-Martinic, de M. Jean Grassion et de M. Frans Durif, de la Librairie Droz, de la Voltaire Foundation et de M. le professeur H. T. Mason, auxquels j'exprime ici toute ma gratitude.

Je remercie également tous ceux qui ont facilité mes recherches outre-Manche et en France, tous les chercheurs qui m'ont communiqué des renseignements, et dont les noms figurent dans les notes, sans oublier le GRECO 53 du CNRS à Brest, auquel je dois un concours matériel et financier.

A tous, je témoigne ma reconnaissance en reprenant librement une dédicace d'Arthur Young:[1]

To such of the Nobility, Gentlemen, Academics, Scholars, Librarians and others, as were pleased to give intelligence and assistance to the author during the course of his work, this register is inscribed by their much obliged, most obedient and devoted servant,

J.G.

---

1. *A six months tour through the north of England* (London 1770).

Avertissement

La relation du voyage outre-Manche est tirée des cahiers XVII et XVIII du journal de Bombelles. Elle est inédite, à l'exception de brefs extraits, parus dans le second volume publié chez Droz, correspondant à des passages des 5, 6 et 24 août, du 19 octobre, des 16 et 18 décembre. Nous publions le voyage intégralement, du jour du départ de France au jour du retour en France, dans une transcription qui respecte scrupuleusement l'original, y compris dans un emploi très particulier des majuscules et de la ponctuation, une incohérence dans les graphies des noms propres ou communs. On lira donc le texte, tel qu'il a été rédigé, à la hâte, chaque soir, par un voyageur, dont l'écriture est nette et lisible, mais qui n'avait guère le temps de soigner la présentation ou de rétablir l'orthographe.

Nous avons conservé entre crochets la pagination du texte original. Cette pagination est donnée dans les notes, avec celle de la présente édition (par exemple: voir II.121 [=p.121 du cahier XVIII]; p.238) Lorsqu'il y a citation de passages inédits du manuscrit avant ou après le voyage, nous indiquons seulement la date (par exemple: voir *Journal*, 21 mars 1785). Mais lorsque nous citons d'après l'édition Droz, transcription modernisée, nous le précisons (par exemple: voir *JD* ii.125).

Les notes rédigées par Bombelles sont appelées par une lettre italique.

Nos notes ne comportent d'indication de sources d'information que lorsque celles-ci ne se retrouvent ni dans la bibliographie, ni dans des ouvrages de référence courants. Nous avons, en général, privilégié les sources du dix-huitième siècle.

Dans les notes l'astérisque, après le nom d'un monument ou d'un château, indique que celui-ci existe encore et est accessible au public. Mais l'absence d'astérisque ne signifie pas que le monument a disparu.

Certains lecteurs relèveront des contradictions entre les dates et les chiffres avancés dans les notes et l'introduction et ceux lus dans des ouvrages récents. En fait, selon les ouvrages, une date, par exemple pour un monument, correspond soit à la pose de la première pierre, soit à l'inauguration, soit à l'achèvement définitif; pour une invention, il peut s'agir des premiers essais, de l'obtention du brevet, de l'exploitation industrielle. Quant aux chiffres, on sait que la statistique et la cliométrie sont des sciences approximatives, surtout lorsqu'elles portent sur un siècle pour lequel on ne dispose guère que d'estimations ou d'extrapolations; rappelons, par exemple, que le premier recensement en Grande Bretagne n'eut lieu qu'en 1801.

'Il ne suffit pas pour s'instruire de courir les pays,
il faut savoir voyager.'

J.-J. Rousseau, *Emile*, livre v

Introduction

i. Le marquis de Bombelles

MARC de Bombelles naquit le 8 octobre 1744, en Lorraine, à Bitche dont son père, le lieutenant-général François de Bombelles, était gouverneur. La maison de Bombelles avait fourni à la France de nombreux officiers de valeur, mais le service du roi n'avait apporté ni la gloire ni la richesse. A sa mort en 1760, François de Bombelles ne légua à ses sept enfants qu'un nom sans tache, des souvenirs prestigieux, des traités et mémoires militaires, de maigres biens, et quelques protections à la Cour.[1]

De toute façon, Marc de Bombelles, n'étant qu'un enfant du second lit, ne pouvait rien espérer d'un patrimoine si modeste. Du moins, son père avait-il veillé à ce qu'il ait une bonne éducation classique et lui avait-il assuré l'entrée dans l'armée. François de Bombelles avait même réussi à introduire son fils à la Cour, comme page du duc de Bourgogne, ce qui aurait dû assurer ensuite à Marc une brillante carrière; malheureusement le frère aîné du futur Louis XVI mourut. Le jeune Bombelles se distingua dans la cavalerie au cours des dernières campagnes de la Guerre de Sept Ans, mais la paix revenue, le jeune homme se retrouva à vingt ans, sous-lieutenant, sans ressources, sans soutiens efficaces, sans espoir d'"arriver", comme tant d'adolescents de ce qu'il faut bien appeler le prolétariat nobiliaire de l'ancien régime.

Un hasard heureux lui fit rencontrer l'abbé de Breteuil qui discerna les qualités de Bombelles et entreprit de le faire avancer, lui obtenant le grade de capitaine et une compagnie dans les hussards de Bercheny, puis le recommanda à son neveu le baron de Breteuil. Celui-ci invita le jeune officier à faire carrière dans la diplomatie sous sa conduite et sa protection. Sans abandonner complètement 'le rouge', car son avancement devait continuer dans la hiérarchie militaire, Bombelles choisit donc 'le noir' et suivit Breteuil à l'ambassade de La Haye en 1768 et 1769, il alla se former à l'université de Strasbourg, où ses connaissances en allemand et en latin lui furent fort utiles, puis accompagna Breteuil à Naples de 1772 à 1774. Lorsque Breteuil alla représenter Louis XVI à la Cour de Vienne, il fit nommer son protégé ministre de France auprès de la Diète du Saint-Empire à Ratisbonne. Bombelles rejoignit au printemps de

---

1. On ne saurait trop recommander au lecteur qui veut en savoir plus sur Bombelles de lire l'importante introduction que MM. J. Grassion et F. Durif ont donnée en 1977 à leur édition du *Journal* du marquis de Bombelles.

I

1775 son poste où il s'agissait de contrecarrer, discrètement mais fermement, les menées d'une Autriche visant à s'assurer l'hégémonie dans le Saint-Empire.[1]

Bombelles remplit avec beaucoup de conscience cette mission délicate, mais il savait que sa carrière dépendait au moins autant de relations à la Cour que de sa compétence et de son dévouement. Il avait renoncé à plusieurs mariages d'inclination en attendant une alliance qui lui apporterait, sinon la fortune du moins les appuis indispensables. Il connaissait de longue date madame de Mackau, sous-gouvernante des Enfants de France, veuve d'un ministre de France à Ratisbonne, qui n'avait point de fortune, mais beaucoup d'entregent. Sa fille, Angélique, compagne des jeux de Madame Elizabeth, sœur du Roi,[2] n'avait point de dot, mais elle approchait la famille royale, et d'ailleurs, ce sera Louis XVI qui pourvoiera à sa dot. Bombelles épousa Angélique de Mackau à Versailles en janvier 1778. Ce qui aurait pu n'être qu'un mariage d'intérêt, fut aussi un mariage d'amour. Bombelles adorait Angélique, qui n'avait pas encore seize ans le jour de ses noces, et qui était non seulement jeune et charmante, mais aussi cultivée et aimait la musique tout comme son mari. En un siècle et dans un milieu où toutes les aventures galantes étaient permises, Marc et Angélique formèrent un couple très épris et très uni.

Enfin, Bombelles connaissait à la fois le succès et le bonheur: Marquis, bien que sans terres ni titres, chevalier de Saint-Louis, commandeur de Saint-Lazare, mestre de camp. Il devint, en juillet 1780, père d'un garçon, né à Ratisbonne, Louis, que le famille appellera toujours Bombon. C'est alors que le diplomate décida de tenir son journal, afin que son fils plus tard dispose à la fois de témoignages sur les événements du passé récent et d'exemples sur la conduite à tenir. Le journal n'est ni confessions: on n'y trouve guère l'expression d'états d'âme ou de conflits intimes, ni agenda enregistrant tous les détails du quotidien: on y cherchera en vain des secrets d'état ou d'alcôve. Tous les soirs désormais, Bombelles notera ce qui, dans sa vie familiale, dans ses fonctions, à la Cour, dans l'actualité locale ou européenne, ou dans ses lectures, pouvait présenter quelque intérêt, offrir quelque enseignement. Le journal constituera vite aussi les archives personnelles du diplomate, un instrument de travail que Bombelles conservera toujours avec lui, le compulsant souvent, l'enrichissant de notes ajoutées au bas des pages, quelques jours ou quelques années plus

1. Pour la politique étrangère de la France à l'époque de Bombelles on consultera: G. Fagniez, 'La politique de Vergennes et la diplomatie de Breteuil', *Revue historique* 140 (1922), p.1-25, 161-207; P. Oursel, *La Diplomatie de la France sous Louis XVI* (Paris 1921); Charles de Chambrun, *A l'école d'un diplomate: Vergennes* (Paris 1944); Orville T. Murphy, *Charles Gravier, comte de Vergennes* (Albany, N.Y. 1982).

2. Voir Monique de Huertas, *Madame Elizabeth, sœur de Louis XVI* (Paris 1986), le plus récent d'une dizaine d'ouvrages consacrés à l'infortunée princesse; comte Fleury, *Angélique de Mackau, marquise de Bombelles, et la Cour de Madame Elizabeth* (Paris 1905).

tard, et établissant des tables, cahier par cahier, pour faciliter la consultation de cette énorme documentation, confidentielle et universelle.

Le temps passant, Bombelles finit par s'ennuyer à Ratisbonne, en dépit d'un intéressant voyage dans le Jura et en Suisse de mai à juillet 1781. Il souhaita obtenir un poste plus intéressant, plus prestigieux, et surtout plus lucratif. Au début de 1782, la mort de l'ambassadeur de France à Stockholm entraîna tout un mouvement du personnel diplomatique. Bombelles se mit à solliciter un autre poste, mais rien ne venant, il crut que les refus qu'il essuyait étaient dûs à l'hostilité de Marie Antoinette reprochant à Bombelles d'avoir contrecarré les desseins de l'Autriche. Pour mieux faire valoir ses mérites, il demanda un congé et, dès le début de l'été 1782, vint à Versailles. On admit bien à la Cour qu'il méritait de quitter Ratisbonne où il avait fait ses preuves, mais sans rien lui offrir de satisfaisant. Bombelles se persuada que, pour ne pas irriter Joseph II, on ne lui donnerait pas de poste d'importance en Allemagne et résolut d'accepter l'ambassade de Lisbonne. Malheureusement, le titulaire n'avait guère envie de quitter son poste et Vergennes ne tenait pas à l'en rappeler. Il fallait donc intriguer. Convaincu, à tort, comme beaucoup de courtisans, qu'il fallait la faveur de la reine pour obtenir du roi une place, il chercha à entrer dans les bonnes grâces de Marie Antoinette, par l'intermédiaire de madame de Polignac.

En mai 1783, lorsqu'on annonça le retour de Breteuil, promis au poste capital de ministre de la Maison du Roi,[1] Bombelles pensa que la présence auprès du roi de son mentor et protecteur ferait avancer son affaire et que l'on pourrait forcer la main de Vergennes. Notre diplomate multiplia les requêtes. C'est alors que Breteuil l'invita à aller visiter l'Angleterre.[2] S'agissait-il d'éloigner son protégé devenu gênant par ses brigues indiscrètes, ou d'éviter à celui-ci d'indisposer encore plus le ministre des Affaires étrangères, ou effectivement de faire mettre à profit un temps d'inaction?

Les hostilités étaient terminées et, avant même le traité de paix, les voyageurs avaient recommencé à traverser la Manche. Pourquoi Bombelles n'aurait-il pas suivi les anglomanes reprenant le chemin de l'Angleterre? En fait, Bombelles, ne partageant pas l'engouement de ses contemporains,[3] n'avait pas le moindre désir d'aller outre-Manche. Il avait bien fréquenté des sujets du roi Georges à La Haye, dans le Royaume de Naples, en Allemagne et s'était lié d'amitié avec

---

1. Voir René Marie Rampelberg, *Aux origines du ministère de l'Intérieur: le ministre de la Maison du Roi: le baron de Breteuil, 1783-1788* (Paris 1975).

2. 'Le baron de Breteuil m'a conseillé de profiter de l'inaction dans laquelle je suis en ce moment pour aller voyager en Angleterre' (7 août 1783, *JD* i.24).

3. Bombelles exprimera souvent son refus de l'anglomanie. Par exemple, dès 1780: 'C'est à qui parlera, se vêtira, boira, équitera, pensera à l'anglaise [...] Cette ridicule manie dans une nation dont les avantages l'emportent de beaucoup sur ceux des habitants de Londres' (18 octobre 1780, *JD* i.45).

certains diplomates britanniques, mais il n'en éprouvait pas moins une méfiance certaine à l'égard de la Grande Bretagne, et, en tout cas, une grande indifférence à l'égard du monde britannique.

Breteuil et les amis de Bombelles à la Cour durent insister pour le convaincre de faire le voyage d'Angleterre, en soulignant à quel point connaître ce pays devenait nécessaire pour un diplomate. On rappellera à Bombelles que le Portugal étant inféodé à l'Angleterre il était indispensable au futur ambassadeur à Lisbonne d'avoir bien étudié les affaires d'Angleterre.[1] Au début de 1784, comme il croyait sentir chez Vergennes de plus en plus d'hostilité, Bombelles se résoudra à s'éloigner. L'invitation d'une amie anglaise, connue quinze ans auparavant à La Haye, l'encouragea à préciser ses projets de voyage: il partira au début de l'été pour deux ou trois mois, mais sans le moindre enthousiasme, répugnant à s'arracher à sa femme, à ses fils, car un second, Bitche, était né à Versailles un an plus tôt.

Il fallut sans doute pour le décider lui présenter ce voyage comme une mission, dont l'accomplissement lui vaudrait la reconnaissance de la Cour. D'ailleurs, beaucoup plus tard, Bombelles affirmera qu'on lui avait confié en 1784 une importante mission en Angleterre,[2] mais en fait cette mission devait être officieuse, et demandée par Breteuil. Le ministre de la Maison du Roi connaissait mal le domaine britannique, mais pour en savoir plus, il venait de faire placer Barthélémy, qui avait été son homme de confiance à Vienne, auprès de M. d'Adhémar à Londres, et grâce à Bombelles, il aurait également des renseignements de première main. Par ailleurs, on sait que Louis XVI souhaitait sincèrement non seulement une paix durable, mais une réconciliation entre la France et la Grande Bretagne, et que Vergennes envisageait déjà de sceller cette réconciliation par un traité de commerce. La Cour avait donc besoin de renseignements et de chiffres, et aussi de témoignages objectifs sur la situation, le 'climat' outre-Manche.[3] Pour cela, on ne pouvait se fier ni aux anglomanes, ni aux anglophobes; il fallait un observateur impartial, sans idées préconçues,

1. 'Ce voyage va me coûter beaucoup d'argent, mais j'espère que les personnes qui me l'ont conseillé s'occuperont un jour de m'en compenser la dépense. J'ai cédé à leurs avis parce que mon oisiveté me pèse et que, destiné à aller en Portugal, les connaissances que je pourrai acquérir en Angleterre pourront trouver une application utile aux intérêts du Roi et du commerce de la France à Lisbonne' (4 juillet 1784, *JD* i.337).

2. Le dossier personnel de Bombelles aux Affaires étrangères contient un *précis de la vie et des services du marquis de Bombelles*, rédigé vers 1815, et on y trouve cette phrase: 'Après avoir eu d'autres commissions de confiance qui le conduisirent dans les trois royaumes de la Grande Bretagne, il fut nommé en juillet 1785, ambassadeur de France au Portugal.'

3. Les archives des Affaires étrangères contiennent pour cette période de nombreux rapports et mémoires, dont beaucoup liés au traité de commerce, par exemple celui du marquis de Biencourt: *sur l'état agricole, industriel et commercial de l'angleterre* en 1784, mais il n'y a pas trace d'un rapport de Bombelles.

qui rapporterait d'un séjour dans les provinces d'Angleterre, en Ecosse et en Irlande, une impression d'ensemble sur 'Les Trois Royaumes' qui traversaient une grave crise politique et aussi étaient peut-être au bord de la crise économique.

Bombelles croyait que Vergennes était surtout content de le voir s'éloigner,[1] mais le ministre comptait bien l'interroger longtemps au retour[2] et il est vraisemblable que Vergennes suggéra à son départ quelques objectifs et même donna quelques directives.[3] En tout cas, il ne pouvait être question d'un quelconque espionnage, militaire ou économique, ni de prise de contact avec des éléments hostiles à la Cour de Saint-James; ce qui, d'ailleurs, aurait été peu recommandé pour un diplomate qui, même voyageant à titre privé, ne pouvait préserver son incognito, et serait sûrement surveillé discrètement.

Quoiqu'il en soit, bon gré mal gré, Bombelles se prépara à gagner l'Angleterre.[4] Le 23 juillet, après avoir pris congé de Breteuil et Vergennes, il quitta Versailles accompagné d'Angélique et de Bombon, pour rejoindre Dieppe par la route en passant par Rouen, Honfleur, Le Havre et Fécamp. Le 4 août, il embarquait en compagnie de 'ses gens', quatre serviteurs dont Thévenin, son homme de confiance. Bombelles pensait ne rester outre-Manche que trois mois au plus; en fait, il ne rentrera que près de cinq mois plus tard, débarquant à Calais le 24 décembre et arrivant à Versailles le 26.

De retour en France, Bombelles devra attendre six mois encore pour se voir nommer officiellement ambassadeur à Lisbonne, et il ne rejoindra le Portugal qu'à l'automne 1786. En attendant, il aura le plaisir d'accueillir à Versailles plusieurs de ses hôtes anglais ou irlandais. Le séjour à Lisbonne, si longtemps désiré, s'avérera bien décevant, entre une longue maladie et quelques déboires, et Bombelles rentrera dès le printemps 1788, pour briguer une autre ambassade, celle de Venise qu'il gagnera en août 1789.

Désapprouvant totalement le nouveau régime, Bombelles quittera ses fonctions au printemps 1791, et désormais, il errera à travers l'Europe. Après la mort de sa femme en 1800, il entrera dans les ordres en 1803 et sera curé d'une paroisse de Silésie. Fidèle à ses convictions royalistes, il ne rentrera en

1. 'Avant de dîner chez M. Le comte de Vergennes, je lui ai demandé la permission d'aller passer deux à trois mois en Angleterre. Il me l'a accordée avec le plaisir d'un homme qui calcule que, pendant ce temps, il ne verra pas quelqu'un envers qui il a des torts' (4 juillet 1784, *JD* i.336).
2. 'Ce jour-ci a été consacré à M. de Vergennes' (27 décembre 1784, *JD* ii.14).
3. Bombelles vit Vergennes à deux reprises après le 4 juillet: le 11 juillet et le 22 juillet: 'je partirai demain, et j'ai été dîner aujourd'hui à la campagne de mon ministre dont j'emporte des lettres pour Londres' (*JD* i.340).
4. 'La veille d'un départ est toujours un jour déplaisant. Je sens qu'il est raisonnable de voir un pays aussi marquant en politique que l'Angleterre, et c'est le premier voyage que j'aie entrepris avec répugnance' (22 juillet 1784, *JD* i.340).

France qu'en 1814. Son loyalisme sera récompensé en 1817 par la mitre épiscopale et l'évêché d'Amiens, où Bombelles se montrera un prélat exemplaire de 1819 à sa mort en 1822. Il avait eu six enfants: trois de ses fils lui survivront et feront de belles carrières au service de l'Autriche, l'un épousant l'ex-impératrice Marie-Louise, et un autre devenant le gouverneur du futur empereur François-Joseph. Il laissera 97 cahiers représentant le journal tenu pendant plus de quarante ans.

Tous les papiers de Mgr de Bombelles écherront à sa fille Caroline, épouse du vicomte de Castéja, puis, à la mort de celle-ci, le journal et d'autres archives seront remis à la descendance autrichienne. On croira longtemps le journal dispersé ou perdu, voire brûlé par Bombelles avant sa mort. Deux érudits, MM. Frans Durif et M. Jean Grassion, se passionnant pour l'étude des documents authentiques et inédits de la fin de l'ancien régime, se lanceront dans une longue enquête qui les mènera jusqu'au comte Georges Clam-Martinic qui conserve pieusement le journal de son trisaïeul.

ii. Les Trois Royaumes du roi Georges III

Le 24 octobre 1784, alors que Bombelles se trouvait en Irlande, le roi Georges fêta le début de la vingt-cinquième année de son règne sur les treize à quinze millions de sujets de ses trois royaumes, sans compter ceux du Hanovre et ceux d'au delà des mers. Bien sûr, depuis l'Acte d'Union de 1707, il n'y avait plus que le Royaume de Grande Bretagne et celui d'Irlande, mais la formule traditionnelle et toujours usitée, les Trois Royaumes, soulignait encore la diversité des Iles Britanniques sous l'autorité de Georges de Hanovre.

Près de deux ans auparavant, Georges III avait dû renoncer à sa souveraineté sur les treize colonies d'Amérique, et avait vu s'effondrer les rêves qui avaient été les siens à son avènement. Alors, en 1760, il avait cru possible de reprendre les rênes du pouvoir, que son bisaïeul et son aïeul avaient laissées entre les mains de l'oligarchie Whig, et en 1763, le Traité de Paris, mettant fin à la Guerre de Sept Ans, avait fait de la Grande Bretagne l'arbitre de l'Europe et surtout la maîtresse des mers et de l'outremer. L'incompétence des successeurs de Chatham, le premier Pitt, et la constitution, à prix d'or et d'honneurs, d'un parti des 'Amis du roi', autour des Tories, avait permis à Georges III de mettre en place des hommes à sa dévotion ou à sa solde, et enfin en 1770 d'imposer comme premier ministre[1] Lord North, qui allait exécuter fidèlement la volonté royale.

---

1. En fait le terme *Prime Minister* n'apparut qu'au siècle suivant. A cette époque le gouvernement était confié au *First Lord of the Treasury*.

L'agitation suscitée par J. Wilkes au nom des libertés n'eut pas d'effet profond ou durable, mais l'insurrection des colonies d'Amérique mit en péril la politique de Georges III. Le parlement et le pays se divisèrent entre ceux qui approuvaient Lord North et la guerre, et les autres, qui finirent par devenir majoritaires. La France, et en fait toute l'Europe, soutenaient les Insurgents dont elles souhaitaient la victoire pour affaiblir une Grande Bretagne devenue trop puissante et trop arrogante. Le royaume n'avait plus d'alliés, les échecs outremer se multipliaient, à l'intérieur la grogne s'installait. Les violentes émeutes anticatholiques de juin 1780, les *Gordon riots*, révélèrent la vulnérabilité du pouvoir. L'Irlande s'agitait. Les négociants privés de leurs marchés outremer et sur le continent se voyaient menacés de ruine, le Trésor public était vide, et la confiance avait disparu. Lord North tomba en mars 1782.

Le roi dut se résoudre à appeler les Whigs qu'il détestait tant. Le marquis de Rockingham forma un ministère avec des modérés, comme Shelburne, et les ténors du parti, Fox et Burke, désireux de mettre le roi à la merci de l'oligarchie. Rockingham mourut en juillet 1782, et le roi confia à Shelburne le pouvoir et la redoutable tâche de négocier la paix, sans le moindre atout. Heureusement, Louis XVI ne tenait pas à humilier Georges III. Les hostilités terminées, en janvier 1783, les Tories évincés un an plus tôt, et ceux des Whigs qui, comme Fox, avaient été écartés par le premier ministre, se coalisèrent et provoquèrent la chute de Shelburne, mais cette alliance contre nature, Fox, Portland, North, fut à son tour renversée, en décembre, et Georges III eut recours au jeune William Pitt (voir Annexe VIII). Celui-ci fit dissoudre le parlement en mars 1784, en appela au pays et se retrouva à la tête d'une majorité favorable à une politique de réforme et également hostile à l'oligarchie traditionnelle et à l'absolutisme royal.

Ainsi s'achevait une crise majeure: après la confrontation du monarque et de l'oligarchie, du roi et du parlement, un nouvel équilibre constitutionnel s'instaurait. Le roi devait accepter de partager le pouvoir avec son premier ministre qui s'appuyait sur l'opinion publique et un consensus national, et non plus sur les factions de l'oligarchie.

Mais, pour les contemporains, dans les Trois Royaumes et sur le continent, l'avenir restait indécis. Les intérêts des factions ne l'emporteraient-ils pas sur les intérêts de la nation? Le roi ne tenterait-il pas de reprendre le pouvoir? Entre Georges III et Pitt quels rapports: collaboration ou cohabitation? Et si le jeune Pitt, et les 'Amis de la Couronne' (non les 'Amis du roi', la nuance est capitale), ne réussissaient pas à garder la confiance du pays et du roi, vers quels désordres allait-on? En province, négociants et artisans réclamaient la fin des abus, des prébendes et des sinécures, une réforme du parlement, voire une réforme de l'etat.

Harcelé par Fox et la coterie du prince de Galles, et pressé par la situation, Pitt avait la lourde tâche d'assainir les mœurs politiques anglaises, de rétablir l'autorité et la dignité de la 'Couronne', et aussi de rétablir l'économie, aussi bien que de remettre en ordre le budget, de fournir des ressources au Trésor! Le premier ministre avait un ambitieux programme de réformes administratives et fiscales, qui suscitait l'inquiétude autant que l'enthousiasme, suivant les catégories concernées. Pour relancer l'économie et redonner des marchés aux productions britanniques, il prévoyait de renoncer au protectionnisme et d'appliquer les théories libre-échangistes d'Adam Smith, mais les obstacles étaient formidables.

William Pitt pourrait-il épargner à la Grande Bretagne la faillite, le désarroi, la division? Il suffirait peut-être que les récoltes de l'été 1784 soient aussi mauvaises que celles de 1783 pour qu'il connaisse l'échec et que les Trois Royaumes soient le théâtre de désordres.

Cependant, cette grande crise qui avait secoué les trois nations, et inquiété toute l'Europe, et dont il n'était pas évident qu'elle fût dénouée, n'avait pas affecté la vitalité du pays. Non seulement, dès la fin des hostilités, les affaires avaient repris, mais même pendant les années de guerre les particuliers avaient continué à investir dans les routes, les canaux, les houillères, les forges; la mise en valeur des friches et des communaux s'était poursuivie sans relâche. L'ingéniosité des artisans et des mécaniciens avait permis de vaincre étape par étape les difficultés empêchant l'extension, l'accélération de la production. Dans tous les domaines scientifiques et techniques, l'initiative privée facilitait, encourageait le progrès qui semblait devoir profiter à tous et assurer une prospérité qui déjà faisait l'envie des continentaux.

Dans le domaine culturel, la Grande Bretagne élaborait des modes et des styles, des façons de vivre, d'être, de penser, de s'exprimer, qui affirmaient une identité, confirmaient une originalité, tout en en faisant un modèle pour l'Europe.

En fait, on le découvrira plus tard, les années qui suivirent la Guerre d'Amérique furent extrêmement fructueuses. La défaite et la crise ne furent pas traumatisantes mais stimulantes. Les Trois Royaumes retrouvèrent non seulement la stabilité mais la prospérité, et Pitt dirigea un spectaculaire redressement et une remise en ordre exemplaire. Beaucoup d'ouvrages dateront de 1783 une nouvelle ère de l'histoire britannique, un essor culturel, et social, technique et économique, porteur d'immenses espoirs, jusqu'en 1793. Mais en l'été 1784, alors que Bombelles partait pour l'Angleterre, l'Europe pouvait encore s'interroger sur l'avenir des Trois Royaumes.

iii. Bombelles, voyageur outre-Manche

Bombelles qu'il a fallu convaincre d'aller outre-Manche, et qui jusqu'alors avait manifesté peu d'intérêt pour le monde britannique, pourra-t-il tirer profit de son voyage et mener une enquête fructueuse?

Il avoue ne guère savoir l'anglais; ce qui initialement ne serait pas vraiment un handicap. Les milieux qu'il va fréquenter sont ceux où la connaissance du français, preuve d'éducation, est de bon ton. Il pourrait se dispenser d'apprendre l'anglais; il trouverait toujours des interlocuteurs auxquels le français serait familier, ou quelque truchement.[1] Mais il tiendra à maîtriser l'anglais écrit et parlé, pour pouvoir tenir sa place dans la société et pour obtenir des renseignements de première main en lisant et en questionnant. Au bout d'un mois il peut se faire entendre, sans doute avec un fort accent tudesque que suggèrent ses transcriptions 'germaniques' de patronymes et toponymes anglais. Au bout de trois mois il comprend aisément et il peut exploiter la documentation qu'il rassemble.

Peu informé sur les Iles Britanniques, en dehors de leur histoire et de leurs institutions, Bombelles arrive en Grande Bretagne sans vraiment savoir ce qu'il va découvrir, ce qu'il faut voir. Plutôt que de se documenter avant le départ et de se laisser imposer les vues de ses prédécesseurs français, il a sans doute préféré avoir le regard et l'esprit libre. Mais, une fois à Londres, il achète cartes, guides et livres.

Comme les Anglais ont pris l'habitude d'explorer leur pays et que le réseau routier désormais facilite les *tours*, les ouvrages abondent qui donnent des indications pratiques sur les routes, les relais, les auberges, apportent des renseignements sur les curiosités, les antiquités, les sites pittoresques, les parcs et les châteaux, fournissent une information historique, biographique, anecdotique, et même économique et industrielle, encore que dans ces deux domaines les guides ne soient pas tout à fait à jour, tant l'évolution est rapide. Bombelles a l'embarras du choix, du célèbre *Tour through the whole island of Great Britain* de Defoe, en quatre volumes, constamment revu et remis à jour depuis le début du siècle, jusqu'aux ouvrages plus récents de Kitchin, Spencer, Kearsley, Walpoole. Il est difficile de savoir lequel de ces ouvrages a eu la

1. 'La bonne compagnie en général est une même nation répandue par toute l'Europe, parlant la même langue, et s'étudiant à avoir le même ton, les mêmes manières. La langue française est connue en Angleterre de la première Noblesse; et dans les autres classes, tous la lisent plus ou moins: mais il y a beaucoup d'hommes de mérite et de femmes aimables du premier rang qui n'en parlent pas un mot, plusieurs qui l'entendent peu et n'osent la parler [...] Ceux qui voyagent pour voir la campagne, les jardins, le local du pays, n'ont besoin que d'un valet de place qui parle l'Anglais et le Français' (L. Dutens, *L'Ami des étrangers qui voyagent en Angleterre*, London 1787, p.10-11).

9

confiance de Bombelles, car ils se démarquent plus ou moins et reprennent souvent les mêmes faits et les mêmes erreurs. L'Ecosse et le Pays de Galles qui étaient souvent ignorés ou traités très rapidemment dans les ouvrages généraux, sont couverts par les volumes de Th. Pennant: *Tour of Scotland* (1772) et *Tour of Wales* (1778). L'Irlande elle-même, longtemps négligée, a enfin son guide détaillé.

Ensuite, au fil des étapes, Bombelles va acquérir les ouvrages qui traitent de points particuliers, de l'histoire locale ou provinciale; pratiquement chaque comté, chaque cité offre une monographie détaillée, mine d'informations pour le visiteur.[1] Dans sa correspondance, Bombelles souligne bien qu'il s'est muni de tous les instruments nécessaires pour voyager en connaissance de cause et sans rien ignorer d'important. Par ailleurs, il indique qu'il lit quantité de traités et de mémoires qui l'initient à des questions techniques, économiques, scientifiques. Il est probable que les *Tours* de Arthur Young, en particulier celui de 1770, consacré au nord de l'Angleterre et aux Midlands, ont contribué à son information, et ont pu le guider dans l'établissement de l'itinéraire.

A l'époque, la curiosité du *tourist* ne se limite pas aux antiquités, aux monuments anciens, aux vieilles églises, aux curiosités naturelles, aux collections privées ou publiques; on admire aussi les constructions et les aménagements récents, les quartiers neufs, et l'on tient à visiter prisons et hôpitaux, hospices et écoles, où le curieux est bien accueilli. Les forges, les ateliers et les manufactures sont aussi objets de visite, encore que la crainte de l'espionnage industriel en limite souvent l'accès. Si l'on fait un détour pour admirer un panorama, ou des ruines, on n'hésite pas non plus à prendre une route qui montrera un nouveau canal ou quelque ouvrage d'art. Bombelles, voyageur consciencieux et infatigable – souvent il se met en route dès l'aube pour tout voir – se fera montrer tout ce dont chaque ville est fière, mais il essaiera aussi de voir ce qui est moins satisfaisant; de même, il voudra découvrir non seulement les régions prospères, mais aussi celles qui sont déshéritées. De surcroît, sans se livrer à l'espionnage, Bombelles se renseigne sur les garnisons et évalue la résistance des quelques points fortifiés qu'il rencontre sur sa route. Il n'est pas impossible qu'il ne note discrètement des éléments à valeur stratégique.[2]

De toute façon, Bombelles n'en est pas à sa première découverte d'un pays inconnu. Depuis plus de vingt ans, il voyage à travers la France, à travers

---

1. Voir Annexe v. Citons, par exemple, pour Edimbourg, l'ouvrage de Hugo Arnot (1779), pour Glasgow, celui de John Gibson (1777). Même une ville champignon, comme Birmingham, a son histoire, par William Hutton, qui, en 1783, en est à sa 3ème édition.

2. D'ailleurs, c'est ce que recommandait Gros de Besplas: 'Comme le jeune Scipion, vous prendrez le plan d'une Province, d'une partie de Mer, lorsque vous semblerez ne les voir que par amusement' (*De l'utilité des voyages, relativement aux sciences et aux mœurs*, Paris 1763, p.28).

l'Europe, de La Haye à Vienne, du royaume de Naples à la Bavière. Il a appris à voir au delà des apparences; il ne s'enthousiasmera pas au premier coup d'œil, le premier incident ne le découragera pas, il ne généralisera pas à partir d'un fait isolé, il saura se méfier de certains dehors, douter de certains chiffres.[1]

Conscient de ses ignorances, Bombelles regrette bien qu'on ne lui ait 'pas donné quelques teintures des divers arts' (voir [1.126] ci-dessous, p.79), mais du moins il n'a pas les œillères que donnent des connaissances superficielles vite transformées en certitudes absolues. Beaucoup de voyageurs se refusent à percevoir ce qui contredit leurs convictions; Bombelles a toujours l'honnêteté d'admettre toutes les vérités, de se laisser démentir par les faits.

Bombelles a parcouru toute l'Europe et fréquenté des gens de toutes nations; cependant il ne se veut pas cosmopolite, pas plus qu'il n'accepte de jouer les caméléons dans les pays qu'il visite. Tout en respectant les coutumes et les usages des Anglais, il entend bien s'affirmer français, allant d'ailleurs jusqu'à revêtir son uniforme de brigadier (général) dans les grandes occasions. Mais, il ne correspond pas à l'image que les Anglais ont du Français: frivole, léger, badin. Il n'est ni le petit maître, ni l'aristocrate hautain, il a la réserve du diplomate et de l'homme mûr, sans être guindé, et manifestement il y a en lui une bonhomie et une aisance qui lui assurent cordialité et sympathie chez tous ses hôtes, qu'ils soient de l'aristocratie, de la gentry ou du négoce.

Bien sûr, les lettres de recommandation (voir Annexe VII) ouvrent les portes, mais c'est l'homme qui ensuite suscite amitié sincère ou du moins, accueil chaleureux. L'attention sérieuse portée aux activités des artisans et des négociants lui vaut considération et confiance. Quel atout pour le visiteur, non seulement de pouvoir utiliser tout le réseau de l'aristocratie et de la gentry, grâce à de vieilles connaissances ou à des appuis en haut lieu, mais aussi de savoir se faire apprécier dans toutes les classes de la société, et dans chacun des Trois Royaumes. Ce sont d'ailleurs les relations que Bombelles a nouées, ou renouées, qui décideront en partie de l'itinéraire, ce sont les rencontres qui permettront la découverte, faciliteront et orienteront l'enquête.

Lorsque Bombelles arrive à Londres, il a bien sûr le projet d'explorer la province, puis l'Ecosse et l'Irlande, mais l'absence de la capitale de sa principale

---

1. Bombelles évoquera plus tard le voyageur français tel qu'il pérorait à la Cour après avoir couru les routes: 'M. le Duc de Choiseul voulant retourner en France et être à Paris le 15 de Mai ne veut pas moins décidément dit-il, voir à fond Padoue, Vicence, Vérone, le Tyrol, la Souabe, partie de la Suisse, etc. Il m'a demandé des notes sur ce qui pouvait le plus intéresser sa curiosité. Il m'eût fallu presque autant de tems pour les lui donner qu'il en mettra à courir à bride abattue toutes ces contrées. J'ai cependant autant que cela étoit possible satisfait à son désir. C'est ainsi que la plupart des François voyagent et qu'ensuite ils décident en petite société de nos belles dames sur les avantages ou les inconvéniens de tel ou tel gouvernement. Ils ont tout vu dès que leur regard distrait a pu se porter à la fois sur une foule d'objets' (*Journal*, Venise, le 2 mai 1790).

relation (voir Annexes I et II) l'amène à partir directement pour Clent dans les Midlands, et à découvrir qu'il se trouve au cœur de ce qui est à la fois l'Angleterre profonde et l'Angleterre nouvelle. C'est à Clent que Bombelles établit un itinéraire en fonction des lettres de recommandation reçues, des conseils, des ouvrages qu'il vient de lire. Toutefois il est possible que Bombelles ait rencontré à Londres Louis Dutens, Français installé de longue date en Angleterre et qui préparait un guide, *L'Ami des étrangers qui voyagent en Angleterre*, où l'on trouve des recommandations que Bombelles semble avoir suivies en partie.

Mais il est certain que Bombelles ne s'est imposé ni itinéraire, ni calendrier rigoureux. S'il refuse les invitations qui le retarderaient trop, il sait s'arrêter plus longtemps quand l'accueil lui permet de mieux enquêter, tout comme il sait passer outre quand l'endroit n'offre rien de nouveau: il n'hésite pas à improviser et sait aller à l'essentiel. En Ecosse, le tour des Hautes Terres est surtout dû à l'amitié obligeante de Lord Morton; en Irlande, l'amitié du duc de Leinster permet de découvrir l'arrière-pays de Dublin, et celle de Lord Tyrone, l'arrière-pays de Waterford. Par contre, les retards accumulés obligent ensuite Bombelles à renoncer à parcourir le sud-ouest de l'Angleterre jusqu'à Plymouth, et les restrictions apportées aux visites des ports de guerre interdisent le détour par Portsmouth.

Comparé à d'autres visiteurs qui arrivent en Angleterre sûrs d'y trouver ce qu'ils y cherchent, Bombelles arrive sans prétentions, sans illusions, sans intentions, tout à fait conscient de ses ignorances mais prêt à la découverte des Trois Royaumes, armé de son humilité et de sa lucidité, et de sa volonté d'apprendre et de comprendre pour remplir une mission.

iv. A la découverte de Londres

Alors que la plupart des voyageurs français se rendent en Angleterre pour voir Londres et se contentent de visiter la capitale et les alentours, Bombelles ne fait de Londres ni le but ni l'aboutissement de son voyage, et n'y passe guère qu'une quinzaine de jours sur dix-neuf semaines.

A l'aller, il ne séjourne que deux jours: cela s'explique par l'absence de ses amis anglais qu'il ira rejoindre sans tarder à la campagne; par ailleurs, en août, toute la 'société' a déserté la capitale, il n'y a plus de spectacles et la cour est à Windsor. Au retour, il ne s'attarde pas plus de deux semaines, manifestement impatient de rentrer en France et de retrouver sa famille.

Il est certain que son enquête ne concernait pas Londres, bien connue depuis longtemps, fréquentée par quantité de Français depuis la paix. Tant de guides, tant de relations de voyages ont été publiées que le visiteur a déjà les réponses à ses interrogations et ne va que vérifier les descriptions, pour mieux comparer Londres et Paris.

Toutefois Bombelles fera consciencieusement en août et en décembre le circuit du touriste, guide en main, mais la curiosité ne le poussera pas à s'écarter des parcours traditionnels, et le mauvais temps de décembre lui interdira d'apprécier les parcs et les alentours de Londres. En fin de séjour, d'ailleurs, la lassitude semble le gagner. Lui qui avait visité tous les hôpitaux de Dublin n'en visite qu'un seul à Londres. Il ne visite pas de prison, alors qu'on vient d'achever la nouvelle prison de Newgate. Il ne cherche pas à voir le parlement: il est vrai qu'on est hors session. Il ne s'intéresse pas à Londres premier port de commerce du royaume, à Londres capitale financière. Il passe trois dimanches dans la capitale et ne mentionne pas un office religieux, catholique ou protestant. Il passe sous silence la mort, le 13 décembre, de Samuel Johnson, le dictateur des lettres anglaises, qui eut alors un immense retentissement. Il est vrai que, à Londres, Bombelles redevient le diplomate, soumis à de nombreuses obligations de société, devant rendre des visites de courtoisie, participer à la vie mondaine du corps diplomatique et suivre la situation internationale.

Les pages londoniennes du journal nous déçoivent: il y avait tant à dire! Bien sûr le voyageur n'a pas voulu recopier les guides ou aligner chiffres, noms, dates, dresser un palmarès ou établir un catalogue. Par ailleurs, retenu souvent tard le soir par des obligations mondaines, il n'a pas le temps d'analyser, de commenter, et il se refuse à des propos superficiels sur les apparences.

Bombelles est trop honnête pour se lancer dans le traditionnel parallèle Londres–Paris, pour chercher à prouver la supériorité de l'une ou de l'autre capitale, donc de l'une ou l'autre nation. Il sait qu'en quinze jours, il n'a vu que la surface des choses et des gens et d'autre part il tient à rendre justice, en toute lucidité: son Londres n'est ni cette capitale d'Utopie que décrivent les anglomanes, ni cette cité monstrueuse que dépeignent les anglophobes. Les uns ne voulaient voir qu'une ville enfumée, embrumée, grouillant d'une populace insolente, les autres, la majorité, étaient éblouis par une cité radieuse où un peuple heureux vivait dans la prospérité et la liberté.

Bombelles promène donc un regard impartial sur ce Londres en pleine croissance, qui pousse ses tentacules loin dans la campagne, mais qui n'a pas véritablement l'allure d'une capitale et qui est plutôt une agglomération. Certes, il sait apprécier les beaux quartiers, les beaux édifices, construits depuis peu; il reconnaît à la ville une certaine qualité d'urbanisme qui permet une certaine qualité de vie. Mais nous percevons trop de réticences, il y a trop de silences et d'absences pour que nous ne sentions pas que notre voyageur n'a guère trouvé de charme à Londres, probablement parce qu'il avait connu et aimé d'autres capitales et d'autres cités, et aussi parce que, pour lui, comme pour ses amis d'outre-Manche, la véritable Angleterre est ailleurs que dans sa capitale.

v. A la découverte de la société anglaise

Alors, il y a Londres et le reste de l'Angleterre: d'un part la capitale, d'autre la campagne et la province, désignées par le même terme: *the country*. Mais, à l'opposé de la France où vivre loin de Versailles et de Paris paraît un exil au désert peu supportable, en Angleterre, c'est loin de la capitale que se vit la vraie vie, du moins six mois, voire huit mois de l'année.[1] C'est à la campagne et en province que Bombelles va connaître véritablement la société anglaise et découvrir les réalités quotidiennes et les structures permanentes de l'Angleterre.[2]

Reçu dans ces belles demeures, souvent neuves ou rénovées, qui parsèment les cantons ruraux ou qui ornent les abords des villes, et qu'il nomme, selon l'usage du temps, des 'campagnes', Bombelles va mener ce que l'on appelait, naguère, 'la vie de château': le temps passant vite et agréablement avec les hôtes, entre la table, la promenade, la lecture, la conversation, la musique, et les jeux le soir; vie en famille, sans façon, sans apparat, sans cérémonie, avec quelques intimes, quelques parents, quelques voisins, mais sans fêtes, ni réceptions. L'invité y est parfaitement libre, il n'est pas constamment pris en main, il peut se retirer, se promener seul, étudier. C'est ce dont Bombelles va jouir, en particulier pendant quatre semaines à Clent. Plus tard, il se plaindra,[3]

1. 'Le degré de considération dont chacun peut espérer jouir dans la nation, est mesuré sur celui qu'il a dans sa province; c'est donc là qu'il vit et tient son état; c'est là que, pour acquérir un crédit politique à la Cour, le riche se ruine sur ses terres, que pour avoir part au gouvernement; le plus fier fait la cour au paysan franc-tenancier, et invite le fermier à sa table. C'est donc enfin dans sa province, à la campagne que tout Anglais, Grand Seigneur, Gentilhomme, Bourgeois, Négociant, est bien logé, bien meublé, tient table ouverte. C'est à la campagne qu'il a son établissement, il ne fait que camper à Londres' (L. Dutens, *L'Ami des étrangers*, p.126-27).
2. Bombelles suit, d'instinct probablement, le conseil de Rousseau dans l'*Emile*: 'C'est dans les provinces reculées, où il y a le moins de mouvement, de commerce, où les étrangers voyagent moins, dont les habitants se déplacent moins, changent moins de fortune et d'état, qu'il faut aller étudier le génie et les mœurs d'une nation. Voyez en passant la capitale, mais allez observer au loin le pays' (*Emile*, Paris 1961, p.598).
3. 'Un grand ensemble les surprend, mais ils reviennent bientôt à préférer leurs maisons mesquines et incommodes à nos plus superbes châteaux et surtout à ne targuer d'une propreté sans doute charmante, mais dont une partie du mérite est du à leur peu de goût pour la société. Le monde qui circule en un jour dans nos maisons est souvent en proportion plus considérable que celui qui fréquente les leurs dans l'espace d'un mois. On peut observer que tout pays où la tenue intérieure et extérieure des habitations offre au voyageur le coup d'œil le plus charmant est celui où chaque individu vit le moins avec son voisin' (21 juin 1785, *Journal*).
'Mme Blair me disait de bonne foi, ce soir, que les Anglais connaissaient mieux que nous les douceurs de la société, que nous n'y mettons que de la gaîté, qu'eux seuls y portent du sentiment; elle eût pu ajouter: et la plus excessive taciturnité' (2 octobre 1788, *JD* ii.242).

mais alors il apprécie fort de ne pas être entraîné dans une ronde de plaisirs, mais de pouvoir se familiariser avec les mœurs et les usages et participer simplement au bonheur d'une famille unie.

Il se plaint presque de faire trop bonne chère et d'être trop souvent devant des tables trop bien servies, mais il se réjouit par contre de ce que l'on circule beaucoup, les routes étant bonnes, pour des visites aux voisins, pour des parties de campagne, pour des excursions vers des sites pittoresques et des points de vue renommés, pour parcourir à pied ou à cheval les domaines voisins, où l'on reçoit le meilleur accueil.[1] Bombelles goûte les plaisirs de la promenade et admire les 'dehors' des châteaux, mais surtout il découvre le *comfort*, le mot et le concept, qui correspond à une certaine qualité de la vie quotidienne et qui naît d'une attention portée à cent petits détails pratiques et aussi de cette propreté scrupuleuse, que d'ailleurs on trouve presque partout, même dans les milieux humbles.

Si les demeures de la gentry offrent les agréments d'un séjour agréable et *comfortable*, les grandes demeures de l'aristocratie apparaissent à Bombelles, pour la plupart, sans vraie grandeur, prétentieuses, mal commodes, mal meublées, décorées sans goût. Ce sont pourtant celles où le visiteur du vingtième siècle admire le style palladien renouvelé par Chambers ou le style classique réinventé par les frères Adam, qui sont sans doute l'expression la plus achevée et la plus originale du génie anglais. Les chefs-d'œuvre de Chippendale, de Sheraton, de Hepplewhite laissent Bombelles indifférent ou sarcastique. On conçoit qu'il n'ait apprécié ni les chinoiseries, ni le néo-gothique, mais on regrette qu'il n'ait pas perçu l'élégance de la production des artisans et des artistes anglais d'alors. Il est vrai que de grands seigneurs commandaient encore sur le continent, à Sèvres, à la Savonnerie, aux Gobelins, les éléments de leur décor quotidien.

C'est l'époque des *virtuosi*, amateurs éclairés, ayant rapporté du *Grand Tour* des cargaisons entières d'objets d'art, des antiquaires constituant patiemment de prestigieuses collections, de la Society of Dilettanti qui réunit de grands seigneurs, comme Sir William Hamilton, et des artistes, comme Reynolds, ayant acquis en Italie le goût des beaux objets et des antiquités. Mais les galeries sont plus souvent signe extérieur de richesse que preuve de goût, et une seule de

1. 'La manière de vivre à la campagne est plus ou moins aisée selon l'humeur des maîtres de la maison. En général la compagnie déjeûne, dîne, et soupe ensemble: ceux qui s'en abstiennent font exception à la règle. Au déjeûné on fait sa partie pour la promenade, à pied, à cheval, ou en carosse: on est assez libre à cet égard. On revient dîner, et après le dîner, on cause, on joue jusqu'au souper. Les heures sont plus réglées qu'en ville; et comme on n'a point d'affaires, c'est à la campagne où l'on voit le mieux les Anglais dans leur humeur naturelle: elle n'est pas si sombre qu'on l'imagine; au contraire, il règne à la campagne un air et une suite de gaieté, qui étonnerait fort ceux qui ne connaissent la Nation Anglaise, que par les Romans écrits par des étrangers qui n'ont jamais mis le pied en Angleterre' (L. Dutens, *L'Ami des étrangers*, p.24-25).

ces collections, celle de Newby Hall, attire vraiment les louanges de Bombelles, qui par ailleurs ignore totalement les maîtres anglais contemporains. Pour notre visiteur, dans le domaine des beaux arts, l'Angleterre n'offre rien qui puisse rivaliser avec l'Italie ou la France; du moins Bombelles ne cite pas un seul nom.

Dans les villes anglaises, dans les églises et dans les demeures, la musique vocale, chorale, instrumentale, est toujours présente; partout de petits concerts improvisés, des concerts publics, des opéras, des récitals. Les facteurs anglais produisent d'excellents piano-forte et orgues, dont l'on joue avec plaisir, et on adore chanter, mais en restant fidèle à l'école italo-allemande de la première moitié du siècle et en portant un véritable culte à G. F. Haendel, dont la musique est jouée régulièrement, souvent dans des concerts au profit d'œuvres charitables, l'exécution du *Messie* étant devenue une véritable institution. Malheureusement Bombelles n'aime pas la musique baroque qui lui semble passablement surannée et gothique, et il souffre de devoir écouter des œuvres qui lui rappellent les offices luthériens.

Toutes les villes ont leurs *assembly rooms*, leur redoute, où en hiver se donnent concerts et bals, beaucoup ont leur comédie où se produisent troupes locales et acteurs venus de Londres. Sans parler des villes d'eau, et surtout de Bath, qui est en fait six mois par an la véritable capitale de la société anglaise, les villes de province connaissent une vie culturelle et intellectuelle que beaucoup de villes françaises peuvent leur envier. Mais Bombelles n'est guère sensible à cet aspect de l'Angleterre, tant il est intimement persuadé que le pays est inférieur à la France sous ce rapport. D'ailleurs, s'il n'ignore pas les grands noms des lettres anglaises, il est évident que les œuvres ne lui sont pas familières, et en tout cas n'ont suscité chez lui aucun enthousiasme[1] (voir Annexe v). Si Bombelles est prêt à reconnaître aux Anglais une supériorité dans les domaines technique, scientifique, économique, voire philosophique,[2] on le sent convaincu que dans le domaine du goût et de l'esprit les Français n'ont pas de rivaux.

Pour le domaine politique et social, Bombelles ne semble pas voir dans l'Angleterre un modèle, alors que beaucoup de Français vantent l'égalité et la liberté qui régnent en outre-Manche. Certes, Bombelles reconnaît une liberté économique, correspondant d'ailleurs à un vide administratif, à une absence de

---

1. On peut craindre que Bombelles, bien qu'ayant conversé à Glasgow avec le professeur Richardson, auteur en 1744 d'une *Philosophical analysis and illustration of some of Shakespeare's remarkable characters*, et à Bath avec Mme Montagu, Shakespearomane que sa controverse avec Voltaire avait rendue célèbre en France, n'ait pas été convaincu de l'intérêt du théâtre de Shakespeare.

2. En cela Bombelles est proche de Voltaire qui, en 1744, affirmait dans *La lettre à M. le marquis Scipion Maffei* (préface de *Mérope*): 'Il semble que la même cause qui prive les Anglais du génie de la peinture et de la musique, leur ôte aussi celui de la tragédie, cette île qui a produit les plus grands philosophes de la terre, n'est pas aussi fertile pour les beaux Arts.'

structures, qui permet aux individus d'entreprendre et de réussir sans entraves, voire d'échouer sans secours. Il découvre que l'esprit civique et philanthropique supplée fort bien aux carences officielles et permet de créer hôpitaux, écoles, bibliothèques et autres établissements au bénéfice de tous les citoyens. Il remarque que l'amour du bien public, le patriotisme et le sens des affaires peuvent se conjuguer efficacement. Notre voyageur découvre une aristocratie respectée, mais officiellement dénuée de tout pouvoir et autorité, pratiquement privée de tout privilège ostensible, et qui ne perçoit aucune de ces redevances féodales vexatoires qui font tant détester la noblesse française. Mais il remarque que cette noblesse, assurée d'énormes revenus fonciers, appuyée sur de vastes réseaux d'alliances familiales, exerce l'autorité que les riches ont toujours sur les pauvres, quitte à accompagner de bonnes paroles et de sourires flatteurs l'argent servant à acheter les bonnes volontés qui feraient défaut. Il constate que personne ne pourrait s'opposer à ces débonnaires potentats, qui, comme le duc de Marlborough, le duc de Northumberland, le comte de Derby, sont plus puissants que des princes souverains du Saint Empire Romain Germanique.

Il n'est pas le premier à voir que les grands propriétaires terriens disposent à volonté des sièges de député de leurs fiefs, mais il signale que désormais négociants et manufacturiers, petits et moyens propriétaires et gros artisans souhaitent, sinon partager le pouvoir avec l'oligarchie foncière, du moins faire entendre la voix des intérêts commerciaux et industriels. Car, jusqu'alors, toute la pairie et les trois-quarts des députés représentent les intérêts des grandes familles et des grandes fortunes, les partis n'étant guère que des factions rivales de la ploutocratie établie et titrée se disputant le pouvoir et se partageant les profits du pouvoir.[1] Bombelles se garde bien de critiquer cet état de choses qui relève quasiment de l'ordre établi, mais il souligne les effets pervers de l'esprit de parti, surtout depuis la crise ouverte de 1781.

Si la crise récente laisse encore des blessures mal cicatrisées, surtout chez les notables évincés, si les impôts, indispensables pour renflouer les caisses de l'Etat, suscitent grogne et rogne, le pays est calme et Bombelles ne relève aucune agitation sérieuse. Si Georges III ne semble guère populaire, la cause des Stuarts est désormais bien oubliée et les tentatives de restauration de 1715 et 1745 ne sont que de lointains souvenirs, mais les nombreuses statues de Guillaume d'Orange rappellent qu'en 1688 l'Angleterre avait refusé une fois pour toutes l'absolutisme et le papisme.

1. Si Montesquieu avait chanté les louanges de la constitution anglaise, d'autres auteurs avaient souligné le caractère illusoire du système, en particulier Raynal dans son *Histoire du Parlement d'Angleterre* (1748, réédité en 1784), et dans son *Tableau de l'Europe* (1774), tout en reconnaissant que, en dépit de la corruption et de la vénalité du parlement, la constitution offrait des garanties contre le despotisme.

D'ailleurs, Bombelles est le témoin de la condition des catholiques, privés de tous droits civiques, ne bénéficiant que d'une tolérance confinant leur culte dans la plus grande discrétion. Il trouve normal, voire libéral, la statut humiliant des catholiques, mais critique ceux des catholiques qui se sont ralliés à l'Eglise Etablie pour échapper à un néant juridique et social. En fait, Bombelles comme catholique fervent ne peut admettre l'apostasie, mais comme tenant de l'ordre établi, il consent à ce que les catholiques ne soient pas traités en loyaux sujets du roi de Grande Bretagne. Si les catholiques, très minoritaires, peut-être un pour cent de la population, se sont résignés à ne jouer aucun rôle, les *Dissenters*, membres des églises puritaines, non-conformistes, très nombreux dans le nord et les Midlands, sont devenus des notables, mais Bombelles ne s'intéresse pas à ce phénomène qu'il perçoit mal et dont, en tout cas, il ne signale pas l'importance sur le plan économique aussi bien que social et religieux. Quant à l'Eglise Etablie, ignorant qu'un réveil s'y annonce après une longue léthargie, Bombelles y voit un corps dont ni politiquement, ni socialement, ni spirituellement, rien ne justifie l'existence. Manifestement la société et le royaume pourraient fort bien se dispenser de cette église privée de tout rôle et ayant renoncé à toute ambition, si ce n'est de se perpétuer en jouissant de grasses prébendes.

Bombelles, bien que reconnaissant la parfaite urbanité des Anglais qu'il a fréquentés sur le continent, dans le monde diplomatique, aborde l'Angleterre en craignant la froideur ou le mépris, voir l'hostilité où la duplicité des Anglais, et, en fait, il découvre très vite que presque partout, dans tous les milieux, on fait preuve à son égard de beaucoup d'amabilité, que l'on est sociable, complaisant, que des inconnus s'empressent de lui venir en aide ou lui réservent un accueil chaleureux. Il doit admettre que presque tous les Anglais, non seulement ceux qu'il connaissait de longue date ou auxquels il est recommandé, manifestent plus de cordialité qu'il ne serait en droit d'espérer, et qu'il n'en trouverait en France. Un terme revient très souvent sous la plume de Bombelles: *honnêteté*, qui alors veut dire: bienséance, civilité, courtoisie, mais aussi et surtout obligeance. Les Anglais sont *honnêtes*, non seulement polis, mais 'officieux', comme on disait alors; s'ils n'ont pas le raffinement français, ils aiment à rendre service, même à l'étranger de passage, à l'ennemi d'hier.

Les Anglomanes exaltent l'anglais, homme spontané et réfléchi, sensible et profond, industrieux et probe, bon citoyen, patriote exemplaire, bon père de famille, bon gestionnaire de son patrimoine, philanthrope épris de liberté. Bombelles, lui, ne cherche pas chez les Anglais des vertus exceptionnelles, mais il trouve chez presque tous ses hôtes, prélats ou professeurs, pairs ou négociants, qui le reçoivent 'en famille', un sérieux de bon aloi, une courtoisie sans affectation ni arrière-pensées, une sympathie sincère et beaucoup de générosité.

Outre-Manche, Bombelles n'est pas en quête d'une nouvelle humanité pour une nouvelle société, mais en fréquentant les Anglais, en particulier les négociants et manufacturiers du nord et des Midlands, il découvre un milieu et des hommes tels qu'il aimerait en trouver en France, et parmi lesquels il se trouve parfaitement à l'aise, comme il ne l'a peut-être jamais été dans la meilleure société française.

Bombelles, en juriste averti et en grand voyageur, sait que les constitutions et les institutions ne valent que ce que valent les hommes, mais il découvre que, outre-Manche, plus que les structures ce sont les hommes qui comptent, et qu'en Angleterre les apparences ne dissimulent pas l'homme.

vi. A la découverte de l'Angleterre

En quête de l'industrie

Installé à Clent, Bombelles déclare le 12 juin: 'Me voici à peu près au centre de l'Angleterre et dans les environs de ses principales manufactures'; il devient ainsi un témoin privilégié de la révolution industrielle. Mais ne nous méprenons pas: la formule 'révolution industrielle' n'est apparue que tardivement, au dix-neuvième siècle, lorsque devinrent évidents les bouleversements sociaux et économiques, lorsqu'on vit de quel prix les anglais payaient la prospérité et la puissance de leur pays, lorsqu'il apparut que la nouvelle société était beaucoup plus le fruit de nouveaux modes et moyens de production, que d'une révolution politique. Cette révolution industrielle, nous la connaissons à travers les pages de Dickens ou de Engels, dénonçant l'asservissement au capitalisme du peuple de Grande Bretagne, ou peignant l'effrayant tableau de l'enfer industriel.

En 1784, si en anglais le terme *industry* peut indiquer la production de matériaux ou la fabrication d'objets, si le mot *industrial* vient d'apparaître, le concept moderne d'industrie est inconnu. On perçoit des activités diverses, qui contribuent à la prospérité du pays grâce à des chefs d'entreprise industrieux et ingénieux, ouverts à l'innovation et soucieux de répondre aux besoins du marché, mais on ne saurait imaginer qu'apparaisse dans l'économie du pays un 'tiers état' que la machine rendrait tout puissant. A l'époque, les physiocrates sont encore persuadés que la production des manufactures ne sera jamais qu'un complément à la production agricole, et que la vraie richesse restera foncière.

Pour Bombelles le terme 'industrie' ne s'emploierait que pour désigner cette ardeur au travail et cet esprit inventif permettant le meilleur rendement et le meilleur profit qu'il remarquera dans les manufactures, qui ne sont le plus souvent que de gros ateliers où des mécaniques astucieuses améliorent ou accélèrent la production.

19

D'ailleurs, nous ne verrons pas d'industrie, au sens moderne du terme, en suivant Bombelles dans ce qui sera considéré comme le berceau de la révolution industrielle: les Midlands, le Lancashire, le Yorkshire, et même nous ne remarquerons pas vraiment les signes avant-coureurs d'une révolution, tant, en 1784, l'exploitation ou la production restent artisanales, ou relèvent de la petite ou moyenne entreprise, tant on a affaire à des améliorations de détail, des 'bricolages' habiles, adaptant progressivement des équipements anciens, et tant l'activité reste manuelle pour la plupart des opérations. Pour la force motrice on dépend encore de l'eau, car la nouvelle machine de Watt, à mouvement rotatif, ne sera sur le marché qu'en 1785, et sur le plan technique d'innombrables goulots d'étranglement retardent le passage de l'artisanat à l'industrie aussi bien pour les textiles que pour la sidérurgie.

Birmingham et les alentours n'offrent, en dehors des ateliers de mécanique de Boulton, qu'une foule de petites entreprises spécialisées dans la fabrication des objets les plus divers. Les manufactures que visite Bombelles produisent des aiguilles, des boutons, des breloques, les cent objets utiles ou inutiles fabriqués en papier mâché ou les colifichets bon marché en plaqué argent. Gilpin d'ailleurs se scandalise: 'Quoique ce soit une scène d'industrie, d'utilité et d'adresse dans la main-d'œuvre, il est difficile à l'œil de se plaire longtemps au centre de tant d'Arts frivoles, ou plutôt de réprimer un regard de dédain, quand on voit cent hommes dont les travaux sont bornés à faire une tabatière.'[1]

Certes, à Coalbrookdale on trouve déjà réunies dans un seul site d'importantes forges, mais Bombelles devra aller en Ecosse pour découvrir, à Carron, un véritable complexe sidérurgique.

Ce qui règne dans cette Angleterre pré-industrielle que parcourt Bombelles, c'est l'empirisme, l'ingéniosité, l'esprit d'entreprise, multipliant les astuces techniques nées du hasard et de la nécessité. Il n'y a rien là qui rende le Royaume Uni supérieur au royaume de France. Mais, par ailleurs, se constitue une infrastructure parfaitement adaptée aux besoins et aux moyens: tout un réseau routier, bien entretenu grâce aux péages, et surtout un réseau de canaux qui irriguent tout un bassin et drainent vers Bristol et Liverpool toute la production du centre de l'Angleterre. Par ces canaux, le charbon arrive à bon marché aux entreprises grosses dévoreuses de combustible: verreries, raffineries, briqueteries, faïenceries, en attendant le jour où, la vapeur devenant principale force motrice, toutes les entreprises réclameront de la houille.

La France avait elle aussi des routes et les canaux mais qui n'avaient pas été conçus en fonction des besoins locaux, des productions locales. Pour le réseau

---

1. W. Gilpin, *Voyage dans les montagnes et sur les lacs du Cumberland et du Westmoreland* (Paris 1789), i.104-105 (édition anglaise, London 1786).

de transports, comme dans d'autres domaines, les investissements correspondaient à une politique de prestige national ou royal, et ne répondaient pas toujours aux demandes et aux besoins réels.

En suivant Bombelles, on perçoit, même si le visiteur ne peut pas vraiment analyser le phénomène, que ce qui permet le développement de l'économie britannique, et ce qui permettra bientôt à la Grande Bretagne de devancer la France, c'est la libre entreprise prônée par les ouvrages d'Adam Smith. Les contemporains étaient persuadés que l'intérêt individuel et local favorisait bien mieux l'intérêt national et collectif que le dirigisme et le centralisme. Chacun devait entreprendre de tirer le meilleur parti du marché et de ses ressources; le meilleur service que pouvait rendre l'Etat était d'écarter toutes les contraintes et les entraves des monopoles et privilèges, des corporations et des corporatismes, des protectionnismes divers. Une seule protection s'imposait: celle des innovations et des inventions par les brevets; un seul encouragement était nécessaire, celui offert aux solutions ingénieuses aux obstacles au progrès, ce que donnaient les prix décernés par la Society for the Encouragement of Arts, Manufactures and Commerce (voir Annexe VI).

Cette théorie du *laissez-faire* qui abandonnait à l'initiative privée la mise en valeur des ressources du pays, fut mise à profit par les grands propriétaires qui investirent de grosses sommes non seulement pour exploiter les carrières et les mines de leurs terres, mais pour faire exécuter de grands travaux, lancer des ponts, creuser des canaux, favoriser un développement concerté et cohérent dans leurs domaines et hors de leurs domaines. Les exemples de Lord Dudley et de Lord Bridgewater, cités par Bombelles, montrent à quel point toute une région pouvait être redevable de sa prospérité à quelques individus éclairés et fortunés. Les innombrables négociants et manufacturiers des Midlands et du Lancashire n'auraient pu connaître la réussite sans l'infrastructure mise en place par l'oligarchie foncière. Mais cette infrastructure aurait été inutile sans l'industrie déployée par ces chefs d'entreprise, très modestes à l'origine, mais tout pétris des traditions de rigueur et d'austérité propres aux *Dissenters*. Bombelles en rencontrera plusieurs, très fiers de leur réussite et ouverts au progrès, tout comme il rencontrera quelques gros drapiers du Yorkshire, qui contrôlent toutes les étapes de la production et de la distribution des tissus de laine, au fait de toutes les innovations, et formant une véritable aristocratie prête à prendre la relève de l'oligarchie foncière.

Bombelles ne mène pas une véritable enquête, et encore moins cherche-t-il à rapporter des renseignements inédits, à découvrir des secrets de fabrication. D'abord parce qu'il n'a pas, et il le regrette, la formation nécessaire pour bien saisir les détails des techniques et ensuite parce que les manufacturiers tiennent à se préserver le plus possible de l'espionnage industriel si pratiqué à l'époque.

Toutefois, il note des chiffres de rendements, de coûts, d'effectifs, qu'il se promet de comparer ensuite avec ceux des mêmes secteurs en France. En effet, Bombelles n'est pas de ceux qui décrètent d'emblée la supériorité anglaise ou qui s'enthousiasment facilement. Conscient de ses ignorances, il préfère observer, constater, bref s'informer, et réserver ses conclusions pour plus tard.

Bombelles tire non seulement enseignement mais plaisir de ses visites. Car, à l'époque, rien ne peut plus réjouir l'homme éclairé que le spectacle de l'homme au travail lorsque celui-ci n'est pas labeur abrutissant ou stérile, mais fructueuse industrie. Certes, Bombelles n'est pas descendu dans des mines, et n'a probablement pas vu les aspects les plus pénibles du travail des forges ou des verreries, mais dans les ateliers il ne voit rien d'affligeant, et même les enfants paraissent en bonne santé et heureux de leur sort. Les villes qui 's'accroissent journellement' autour des ateliers et des fabriques semblent mieux bâties, plus agréables, plus saines même que les villes anciennes; il y règne non seulement une louable activité, mais un air de prospérité générale et même de bien-être; et une philanthropie éclairée veille à y créer les institutions nécessaires pour la santé, l'éducation et même la récréation des travailleurs.

Faut-il penser qu'il est trop idyllique ce tableau où, sans dégrader la campagne environnante, sans déparer les sites, le négoce et l'industrie créent des villes où il fait bon vivre, suscitent des manufactures où il fait bon travailler? En fait, il semble bien que l'Angleterre vive là ses dernières années de bonheur avant que l'industrie ne devienne Moloch dévorant la terre et les hommes, avant que la machine n'impose sa loi. En 1784, les travailleurs se sentent libérés des durs travaux de la terre pour un travail moins pénible et mieux rémunéré dans les ateliers, les villes sont en pleine croissance mais restent encore à l'échelle humaine et sont encore faites pour l'homme.

Il y a certes déjà au-dessus des villes le lourd voile sombre de la fumée de charbon, certaines rivières roulent déjà des flots bien noirs, mais le cauchemar ne sera que pour les générations à venir. Même les sites des forges ne sont point repoussants, car on considère que, par contraste, l'appareil industriel apporte au paysage un certain pittoresque, mieux même, du sublime et du terrible, rappelant le grandiose spectacle des éruptions volcaniques ou évoquant les forges des Titans.

Il ne faudrait pas accuser Bombelles d'aveuglement; pas plus que ses contemporains, il ne pouvait prévoir les excès du machinisme, la prolétarisation, la noire malédiction frappant le vert paradis d'Albion. Ce ne sera que vingt ans plus tard que William Blake dénoncera *the black Satanic mills*.

Il ne faudrait pas non plus refuser le témoignage de Bombelles parce que contraire aux images que l'on attend. Les relations des autres voyageurs anglais et continentaux, pratiquant eux aussi le tourisme industriel, confirment le sentiment du visiteur français: le développement rapide des manufactures et fabriques n'est qu'un aspect de la mise en valeur de toutes les ressources du Royaume Uni pour produire plus de richesses au bénéfice de chacun, et il n'entraîne pas la dégradation de l'homme, de la nature ou de la cité.

On cherchera en vain une leçon tirée par Bombelles de sa découverte des centres de production et des manufactures d'Angleterre. Le visiteur ne prône pas le modèle anglais; sans doute parce que la France alors, dans la plupart des domaines de production, n'avait pas de retard significatif et qu'on avait su adopter les techniques ou les machines britanniques là où elles s'imposaient. Les deux nations progressaient vers l'industrie, pratiquement au même rythme, mais en suivant des voies différentes. La France faisait confiance aux intendants du roi, aux ingénieurs du roi, aux savants des académies royales, et attendait les directives ou les encouragements du roi. En Angleterre, l'intérêt des particuliers, confondu avec l'intérêt général, suscitait des solutions concrètes et pratiques aux problèmes techniques et économiques, compensant le manque de main d'œuvre ou de force motrice. Il eut été vain de proposer la démarche britannique aux Français. Ceux-ci pourraient bien emprunter aux Anglais leurs pompes à feu et leurs métiers, ils ne pourraient guère partager un état d'esprit, une industrie.

Des campagnes aux jardins

Lorsque Bombelles quitte Brighton pour remonter vers Londres, il cherche tout de suite les témoignages de la supériorité de l'agriculture et se met en quête d'un jardin à l'anglaise, tant s'impose pour lui, comme pour ses contemporains, l'image d'une Angleterre aux riches terroirs cultivés avec soin et ornés de jardins pittoresques. En fait, cette première étape décevra Bombelles; car, si chez les paysans l'aisance est évidente, la campagne n'offre rien de remarquable et le premier jardin qu'il voit est fort banal.

Cependant, depuis une vingtaine d'années l'Angleterre passe à la fois pour le pays où les ressources rurales sont exploitées rationnellement, et pour une Arcadie offrant de somptueux paysages dignes des pinceaux de Claude Lorrain ou de Poussin. Depuis le Traité de Paris en 1763, le voyage outre-Manche est souvent justifié par le besoin d'aller s'informer des progrès de l'agriculture, de découvrir une révolution agronomique, et aussi de visiter les domaines où une révolution esthétique a suscité un nouvel art des jardins, les deux révolutions étant liées et correspondant à l'intérêt que l'oligarchie anglaise porte à la terre, à la fois pour en tirer le maximum de revenus et pour y aménager des parcs où se recréent l'Eden, l'Elysée, l'Orient…

Les Physiocrates ont donné en exemple à la France un pays où la libre circulation des produits, la facilité des transports, l'abandon de pratiques archaïques, la constitution d'une classe de gros fermiers, et surtout la présence des grands propriétaires sur leurs terres, où ils investissent des sommes énormes, ont donné à l'agriculture un essor prodigieux, contribuant à la prospérité du pays. Prenant le relais de James Thomson, les poètes français, de Saint-Lambert à Roucher, de Delille à Rosset, appellent à un retour à la vie rustique, écrivent des Bucoliques et des Géorgiques, tandis que se multiplient les traités d'"économie rustique' à l'imitation des ouvrages anglais.

Quelques grands propriétaires français, devenus agromanes, font venir des fermiers anglais ou des jardiniers écossais, discutent de l'intérêt des assolements sur quatre ans, des mérites des raves et du trèfle, ne jurent que par 'Turnip' Townshend ou Coke of Norfolk, et étudient les fameux *Tours* où Arthur Young, de 1769 à 1780, analyse, comté par comté, les progrès dans les différents terroirs, signale les innovations et les expériences de propriétaires éclairés et stigmatise la routine de certains traditionnalistes.

Mais il ne faudrait pas imaginer que la révolution agricole que connaît l'Angleterre est une révolution technique. Le progrès n'est pas dû à une mécanisation, tout au plus introduit-on, prudemment, le semoir de Jethro Tull, et quelques outils ou ustensiles plus efficaces. L'augmentation de la production provient, plus que d'une évolution des méthodes et des semences, d'un accroissement des terres emblavées et d'une bonification de ces terres, ce que rendent possible les 'enclosures', permettant à la fois de s'affranchir du système médiéval, de réunir des parcelles et de mettre en valeur les friches et les vaines pâtures. Par ailleurs, et c'est peut-être là la véritable innovation, les besoins en viande et en produits laitiers des grandes villes et de Londres suscitant une importante demande, il a fallu améliorer et augmenter le cheptel, et pour nourrir celui-ci, il a fallu l'introduction de plantes fourragères, la modification des cycles de culture. L'accroissement du bétail a permis de disposer d'un fumier, enfin devenu abondant, pour engraisser les terres, de surcroît amendées, selon les secteurs, par le drainage, le marnage ou le chaulage; ces dernières opérations devenant possibles grâce à l'amélioration des transports nécessaires pour l'apport de produits pondéreux.

Donc, en Angleterre, autant que les progrès de l'agronomie, des mécanismes économiques très complexes incitent et favorisent l'investissement des capitaux indispensables pour mener à bien les 'enclosures' et les bonifications qui à leur tour permettent le 'décollage' agricole.

Bombelles est bien sûr incapable d'analyser le phénomène dont, d'ailleurs, les historiens et les économistes ne découvrent que de nos jours la complexité. Il avoue sans honte son ignorance en agriculture, et tout en la regrettant, ne semble pas avoir cherché à lire des ouvrages sur l'agronomie; il ne mentionne d'ailleurs pas les travaux d'Arthur Young qui vient de lancer ses *Annals of Agriculture*. Il n'a pas la curiosité qui l'inciterait à interroger des fermiers, à visiter étables et laiteries ... mais il est vrai qu'il n'y a, de fait, aucun secret à découvrir, aucun équipement perfectionné, aucune pratique nouvelle à étudier. De toute façon, en cette fin d'été, et à l'automne, il suffit de regarder autour de soi pour avoir les preuves d'une bonne exploitation de la terre. Bòmbelles donc constate un peu partout la présence de beaux troupeaux dans de gras pâturages, y compris aussi sur les pelouses des parcs, de belles moissons, et un air de prospérité générale. De fait, en dehors des secteurs montagneux, ce n'est qu'autour des grands centres industriels que les champs semblent un peu délaissés, faute de main-d'œuvre. Le phénomène des 'enclosures' ne lui échappe pas, il en note l'intérêt pour tous, reconnaît qu'il y a parfois controverse, se rend compte qu'il impose des investissements qui ne sont rentables qu'à long terme, et découvre aussi que les 'communes', vastes étendues de friches, subsistent encore souvent.

Tout au long de sa route, Bombelles note le soin avec lequel la campagne est travaillée, l'absence ou la présence de jachères, la richesse des herbages; il signale les productions de tel terroir, la maturité tardive du blé dans le nord du pays, l'abondance de pommiers dans le Herefordshire, mais le journal n'offre pas d'enquête agronomique, ni même de tableau de l'agriculture anglaise, car ce qui ravit surtout notre visiteur c'est que la campagne est non seulement fertile et bien mise en valeur, mais pittoresque.

En effet, Bombelles, comme tout voyageur au dix-huitième siècle, souhaite le spectacle de l'abondance, landes et garennes l'attristent, mais il faut aussi qu'aux riches guérets se mêlent les bocages, que les sites s'organisent en tableaux, qu'au long de la route se composent des paysages. S'il n'a guère de connaissances en agronomie, en dehors d'un solide bon sens, il sait percevoir le pittoresque qu'il a pu apprécier dans les toiles ou les gravures des maîtres hollandais, flamands, italiens et français. Car, bien sûr, on recherche alors dans la campagne ce que les tableaux ont appris à aimer, et le pittoresque, comme son nom l'indique, est ce que l'art a choisi dans la nature, ce que les 'Maîtres', de Rembrandt à Joseph Vernet, de Claude Lorrain à Loutherbourg, de Ruysdael à Boucher, ont transmis pour que l'œil le recherche et le retrouve ensuite au hasard des promenades.

Comme le remarque Bombelles, les Anglais adorent circuler, et ils sont très tôt devenus 'touristes', c'est à dire explorateurs des beautés et des particularités d'une région découverte à l'occasion d'un 'tour'. Il y a le 'Grand Tour', indispensable à l'éducation de la noblesse qui parcourt l'Europe et descend jusqu'à Naples; il y a aussi, dès les années 1760, des 'tours' qui entraînent pour des 'voyages pittoresques', vers la vallée de la Severn, le sud du Pays de Galles, le Peak District, et même, les transports s'améliorant, vers les lacs et les montagnes du Cumberland, pour y chercher des panoramas, des tableaux que le voyageur analyse en connaisseur. Cependant Bombelles ne fait pas un voyage en quête de pittoresque, il ne s'écarte guère de sa route et en tout cas n'établit pas son itinéraire en fonction des beautés naturelles. Il a peut-être été tenté de passer par le Lake District, car il a acquis l'ouvrage de Th. West, *A Guide to the lakes in Cumberland and Lancashire* (1784; 1ère édition 1778), mais il préférera voir les centres lainiers du Yorkshire. Par bonheur, sa route l'a mené directement au cœur de l'Angleterre dans le Warwickshire et le Staffordshire, que bordent le Herefordshire, le Worcestershire, le Shropshire, comtés aux collines verdoyantes, aux campagnes bocagères, aux beaux paysages que ferment à l'ouest les contreforts bleus des montagnes du Pays de Galles, où il découvre des panoramas, des tableaux, des sites qui le charment et qui égalent en beauté ceux qu'il a admirés en France, en Suisse, en Italie et ailleurs, au cours de ses nombreux voyages. Ensuite, aussi bien son itinéraire vers l'Ecosse, à travers le Yorkshire, le Durham, le Northumberland, que celui qui, après l'Irlande, le ramène vers Londres, à travers le sud du Pays de Galles, la vallée de la Severn, etc., lui révèle, presque à chaque détour, les beautés agrestes, des charmes rustiques ou de superbes paysages.

Sous la plume de Bombelles reviennent fréquemment les termes 'joli', 'riant', 'charmant', et surtout 'agréable', mot qui indique, semble-t-il, au delà du plaisir esthétique, cette satisfaction de l'esprit et de l'âme, cette tranquille jouissance des sens, par exemple, devant le paysage britannique dont l'harmonie naît du travail de l'homme, de la nature du terroir et de l'œuvre du temps. Presque partout l'Angleterre offre l'apaisant spectacle d'une nature féconde et généreuse qu'enrichit l'activité des hommes et qu'ornent les vestiges d'un passé glorieux ou les témoignages de la prospérité présente, qui forme des tableaux divers et variés, proposant des promenades délicieuses, des asiles reposants. Bref, un vrai jardin!

En 1779, l'abbé Coyer, dans ses *Nouvelles observations sur l'Angleterre*, affirmait: 'Quels sont les objets qu'un voyageur découvre d'un point de vue élevé dans un pays anciennement habité par une nation florissante? Des champs, des prairies, des troupeaux, des eaux qui coulent en liberté, des ponts endommagés, d'autres bien conservés, des collines, des buissons, des forêts qui n'ont que leur parure naturelle: quoi encore? des hameaux, des édifices modernes et des ruines de l'Antiquité: telles sont les beautés que l'Angleterre s'efforce de rassembler dans ses jardins' (p.189-90). Et c'est ce que veulent voir les visiteurs français! Certains remontent jusqu'à Oxford pour aller admirer l'immense domaine de Blenheim, et aussi le grandiose domaine de Stowe où s'étalent la magnificence et la munificence des Temple, ces magnats de l'oligarchie Whig. Mais la plupart des voyageurs, ne s'aventurant guère loin de Londres et de la vallée de la Tamise, s'enthousiasment dès St James's Park, Kensington et Greenwich, et ne connaissent que quelques grands domaines proches de la capitale, en particulier Chiswick, Syon, Claremont, et surtout les parcs royaux de Richmond, Hampton Court et les jardins de Kew, où pour remédier à une relative pauvreté des sites on a multiplié les fabriques, c'est à dire ces petits édifices mi-utilitaires, mi-décoratifs, dans les styles classique, gothique, rustique ou oriental. Ce qui donne une idée assez trompeuse du jardin anglais au visiteur, égaré de surcroît par le traité de W. Chambers, *A dissertation on oriental gardening* (1772; traduction française la même année).

Les Français en viennent donc à parler du genre 'Anglo-chinois', et à croire qu'il suffit de faire serpenter des chemins fleuris dans des bocages, entre des fabriques réunies par un goût éclectique. Ils ne sont pas détrompés, ni par l'*Essai sur les jardins* de Watelet (1774) ni par l'*Essai sur la formation des jardins* de Duchesne (1775). Seul, l'*Art des jardins de la nature* de Morel (1775) prône des compositions plus proches de la nouvelle esthétique anglaise, dont les principes ont été exposés en 1770 par Whately, dans ses *Observations on modern gardening* (traduction française 1772), et que l'on retrouve dans les œuvres de Capability Brown, le maître du jardin paysager, qui meurt en 1783, après avoir réalisé quelque deux cents parcs, donnant ainsi pour les siècles à venir son caractère au paysage anglais.

Si nombreux sont les visiteurs qui évoquent en termes dithyrambiques les domaines explorés dont ils énumèrent les fabriques, rares sont ceux qui tentent d'analyser la révolution des jardins qui, à partir des écrits de Pope et d'Addison au début du siècle, et des prudentes initiatives de Kent et de Bridgeman, amena la création de décors juxtaposant ingénieusement végétations et architectures des quatre coins du monde, pour aboutir aux vastes compositions de Brown avec leurs paysages paisibles, leurs tableaux harmonieux. Il est vrai que sur le terrain, le visiteur discerne difficilement les diverses tendances, les influences successives, d'autant plus que, souvent, ce qu'il admire reflète, beaucoup plus que des théories esthétiques, la culture et le talent d'un propriétaire, paysagiste amateur, voulant s'approprier totalement l'espace, jusqu'à l'horizon, tout en respectant le 'génie du lieu'. Les Français, voyant ces jardins 'irréguliers', parlent de Nature, d'Art et de Liberté, et oublient que ces jardins sont l'expression d'une volonté, celle d'adapter des sites aux goûts de maîtres nostalgiques de l'Arcadie, de l'Italie d'Horace et de Virgile, de Claude Lorrain et de Poussin, ou tout simplement de l'Eden, ailleurs multiple et merveilleux.

Bombelles, qui n'a pas souhaité s'attarder à Londres, n'a visité aucun de ces parcs qui passent alors pour illustrer le genre anglais. Il découvre son premier domaine 'à l'anglaise' à West Wycombe, puis va visiter Blenheim, et, bien qu'un peu accablé par les vastes espaces du somptueux domaine du duc de Marlborough, et transi par une pluie glacée, il perçoit tout de suite les grands principes de Brown et se rend compte que ce que les Français appellent 'jardin anglais' n'a, à l'exception d'Ermenonville, rien à voir avec le modèle Brownien et n'offre qu'un pittoresque de pacotille, dans un cadre étriqué, dans un espace confiné. Il ne va pas voir Stowe, que pourtant tous les guides lui recommandent, et gagne au plus vite le cœur de l'Angleterre, où il découvre qu'il s'est installé tout près de trois domaines très célèbres, bien qu'ignorés de la plupart des voyageurs français: Envil, Hagley et les Leasowes, trois créations d'amateurs ayant suscité de nombreuses descriptions et proposées comme modèles par les théoriciens anglais de l'art des jardins. Bombelles les visite et apprécie leurs sentiers ombragés, leurs clairières moussues, leurs cascades. Il sait, bien sûr, que les plus beaux effets sont dûs à un aménagement habile et discret, mais il apprécie surtout ceux qui renforcent le caractère d'un site, qui créent l'intimité ou suscitent la surprise, qui accroissent le pittoresque en préservant l'aspect sauvage. Sans mépriser les belles fabriques et les perspectives très étudiées de Hagley, c'est les Leasowes qu'il préfère pour leur simplicité, leur caractère naturel et rustique, et aussi, parce qu'il y perçoit le créateur, W. Shenstone, présent dans sa création.

Les pages que consacre Bombelles aux Leasowes valent bien les meilleures écrites par les plus éclairés des visiteurs anglais, elles prouvent que le visiteur français savait voir, sentir, analyser. Et cependant il semble n'avoir lu aucun des ouvrages anglais ou français sur les jardins pittoresques. En tout cas, il n'en cite aucun, pas même le traité de Girardin, *De la composition des paysages* (1777), dont on peut penser qu'il ne lui est pas inconnu, car il a beaucoup fréquenté l'auteur. Bien que Bombelles ait tôt manifesté un intérêt pour les jardins, qu'il tenait à décrire, comme Trianon en particulier, il a peut-être préféré conserver une liberté totale dans son appréciation, en se refusant à lire des ouvrages sur l'esthétique des jardins. On le voit d'ailleurs soucieux de sa liberté lorsqu'il se méfie des réactions de commande à partir des éloges prodigués par les guides, et lorsqu'il ménage son admiration en dépit de l'enthousiasme de tel propriétaire qui s'extasie devant chaque bouquet d'arbres.

Bombelles ne se soucie pas d'enquêter sur l'évolution de l'art des jardins, en Angleterre, au cours d'un demi-siècle, mais il remarque dans certains jardins une joliesse, une mièvrerie et une afféterie, ou une affectation et une ostentation, qui ont disparu des grandes créations de Brown, lesquelles se caractérisent par une conception dépouillée du paysage toute de sérénité et de majesté que le visiteur peut retrouver un peu partout en Angleterre. Toutefois, on en vient déjà à préférer dans les parcours des sensations plus fortes, des sentiments plus profonds, une communion plus étroite avec une nature plus sauvage. C'est ce que Bombelles va découvrir dans deux domaines du Yorkshire: Studley Royal et Hackfall, où l'on a tiré parti de sites assez âpres, de ruines, d'antiques frondaisons, de chaos de rochers; c'est ce qu'il trouvera aussi en Ecosse à Dalkeith, Taymouth, Aberdower, Dunkeld, Blair, Inverary, qu'il préfèrera même à ceux d'Angleterre, car la nature y est plus farouche et permet de toucher au grandiose.

Au fond, sans dédaigner les jardins riants et ornés, Bombelles aime les jardins d'autant plus qu'ils restent proches de la nature, non 'champêtre', mais rude et primitive. Peut-être n'en est-il pas conscient, ou peut-être n'ose-t-il pas employer le terme encore tout nouveau en français, mais, dans ces parcs anglais, écossais, irlandais, il commence à éprouver des sentiments 'romantiques'. Il découvre que, au-delà des plaisirs que donnent les beautés élégantes ou bucoliques, qui ne sont qu''agréables', il y a la jouissance que procure le spectacle des ruines médiévales, des cascades rugissantes, des rochers menaçants, tels que le 'jardin anglais' les rassemble.

Cinquante ans avant le voyage de Bombelles était apparu en Angleterre l'expression 'ferme ornée' désignant un domaine dont, comme aux Leasowes, les terres étaient exploitées et présentaient le spectacle des travaux rustiques, et aussi étaient aménagées pour permettre un parcours découvrant les éléments pittoresques du terroir éventuellement discrètement décorés de fabriques.

Pour les Français, cela prouvait l'attachement que les propriétaires anglais avaient pour leurs terres, la dignité qu'ils attribuaient à l'agriculture en voulant suivre personnellement la mise en valeur ou la sage gestion de leurs biens; cela témoignait aussi d'une conception idyllique de la campagne rendue aux Géorgiques et aux Eglogues, devenant, comme l'imaginait l'abbé Coyer, jardin sans bornes attendant le visiteur.

Bombelles est le visiteur de cette campagne devenue jardin, de ces jardins devenus campagne, dans une Angleterre dont la révolution agronomique transforme les champs en bocages et leur donne les couleurs de la prospérité; mais dans cette Angleterre 'ferme ornée', il perçoit aussi autre chose qui est plus fort que le rustique ou le pittoresque, qui est presque sublime et qui est déjà romantique.

vii. A la découverte de l'Ecosse

Longtemps, les Français ne connurent l'Ecosse qu'à travers les récits évoquant les malheurs de ses souverains régnant sur un peuple barbare, sur des terres stériles, dans la brume et la nuit.

Une antique alliance unissait bien les deux nations et les deux dynasties, alliance dont témoignait encore la présence auprès du roi de France de gardes et de gendarmes écossais, alliance au nom de laquelle troupes et flottes françaises étaient souvent parties vers le nord pour soutenir en vain des causes perdues, mais tant de choses séparaient les deux pays que l'Ecosse restait un royaume quasi légendaire.

D'ailleurs, les Anglais eux-mêmes avaient montré peu de curiosité pour leurs turbulents voisins du nord, et l'Ecosse était restée pour eux, jusqu'au milieu du siècle, et en dépit de l'Acte d'Union de 1707, *terra incognita*. Il avait fallu attendre les résultats de la rude pacification, qui avait suivi le soulèvement jacobite de 1745, pour que des visiteurs osent s'aventurer en Ecosse, attirés à la fois par les cantons les plus reculés où les poèmes d'Ossian étaient encore chantés par un peuple rude et vertueux, où les spectacles de la nature étaient grandioses et enrichis de curiosités géologiques, et par une nation où resplendissaient les Lumières et où Glasgow et Edimbourg rivalisaient pour les lettres et l'histoire, la philosophie et les sciences avec l'Athènes antique ou l'Italie de la Renaissance.

Dès que ses projets eurent pris corps, Bombelles décida d'aller dans cette Ecosse dont les sujets de Louis XVI ne connaissaient guère que l'histoire tragique, mais il est peu probable qu'il ait cédé à un goût du pittoresque sauvage, ou qu'il ait souhaité fréquenter les élites intellectuelles. Même si nous le voyons sensible à la beauté de certains sites des Hautes-Terres et curieux des mœurs locales, si nous le rencontrons en compagnie d'érudits et de savants, il faut bien admettre qu'il est venu enquêter, savoir ce qu'était vraiment cette Ecosse trop longtemps perçue à travers les mythes de la cause jacobite.

L'Ecosse, que l'on croyait rétive au joug anglais, et encore largement sous-développée, avait loyalement soutenu l'Angleterre pendant la Guerre d'Amérique, et il s'avérait que le pays mettait en valeur toutes ses ressources économiques et humaines. Bombelles venait donc constater que l'intégration de l'Ecosse dans le Royaume Uni était effective et fructueuse sur tous les plans. Il arriva au bon moment: les mauvaises récoltes de 1782 étaient oubliées, les quelques effets néfastes de la guerre étaient déjà compensés, une légère agitation en faveur d'une réforme électorale, culminant en mars 1784 par un congrès à Edimbourg, était déjà retombée, les rancœurs et les rancunes qu'avait suscitées la pacification quarante ans plus tôt s'étaient éteintes, d'autant plus que le gouvernement venait de rendre aux descendants des chefs rebelles les domaines encore confisqués et avait abrogé les mesures punitives et vexatoires prises après 1745.

Près de quarante années de paix, de calme, d'ordre, pour la première fois dans l'histoire de l'Ecosse depuis les origines, avaient non seulement permis de panser les plaies, avaient aussi entraîné un changement de mentalité, suscité d'heureuses initiatives, permis des investissements et des projets à long terme. Les Stuart étaient bel et bien oubliés, sauf de quelques esprits romanesques et nostalgiques, insensibles aux avantages de la prospérité, indifférents au progrès qui ouvrait le pays aux Lumières, qui partout repoussait ce que l'Ecosse avait encore de médiéval. D'ailleurs, le passé tumultueux, tragique était si bien refoulé, maîtrisé qu'on y empruntait des éléments de décor, qu'il commençait à fournir matière à littérature; les montagnards, naguère tant redoutés, étaient tellement inoffensifs, désormais, qu'ils devenaient les figurants pittoresques des Hautes-Terres dont les charmes sauvages étaient maintenant appréciés.

Bombelles trouve donc une nation pleinement réconciliée avec son nouveau destin, acceptant sans réserve l'Union avec l'Angleterre, et jouant dans la Grande Bretagne un rôle sans doute plus important que ne le justifie sa population, moins de deux millions d'Ecossais face aux huit millions d'Anglais, et ses ressources limitées, moins d'un quart du pays est fertile; et ses observations témoignent de la satisfaction générale qui règne dans le pays. Il est vrai que, attendu par des amis, introduit auprès de tout ce qui compte à Edimbourg et à Glasgow, recommandé partout, ne fréquentant que des gens favorables à l'union, à la fusion, des deux pays et tout acquis au pouvoir, Bombelles peut difficilement entendre des voix discordantes. On sent bien, par ailleurs, que tout est mis en œuvre, discrètement, pour satisfaire le visiteur et lui donner une impression favorable de l'Ecosse de Georges III.

Adam Smith lui-même lui consacre deux demi-journées, non à parler d'éco-nomie politique, mais à lui faire découvrir Edimbourg. Chacun multiplie les attentions délicates et les gestes aimables, peut-être à l'invite de Henry Dundas, l'homme du pouvoir en Ecosse, sans doute aussi parce que l'on est naturellement hospitalier, et que l'on est flatté de l'intérêt de ce visiteur de marque, le premier Français d'importance depuis longtemps, et enfin, parce que, en dépit des guerres récentes, il y a toujours cette sympathie entre Français et Ecossais, née de cette 'Auld Alliance' qui a laissé tant de traces dans la langue, les institutions et l'histoire de l'Ecosse. Mais il est probable que Bombelles ne demande qu'à être convaincu; il est évident que pour lui, comme pour Louis XVI, il ne saurait être question de ranimer l'agitation jacobite, de prendre parti pour une cause définitivement perdue, puisque la dynastie s'éteint, et surtout parce que Westminster a su se concilier les élites et diriger le pays par leur intermédiaire, laissant croire aux Ecossais qu'ils étaient libres, le pouvoir d'ailleurs assurant ce qui compte le plus pour l'Ecosse d'alors: l'indépendance de son Eglise, la libre expansion de son économie.

Faujas de Saint-Fond, la naturaliste qui rencontrera Bombelles dans les Hautes-Terres, insinuera que notre marquis se livre à quelque mission d'es-pionnage ou de reconnaissance, accusation absurde quand on sait qu'il voyage avec des personnalités entièrement dévouées à la maison de Hanovre. Mais le naturaliste, qui a pu feuilleter le journal de Bombelles, reconnaîtra que celui-ci est un observateur perspicace des réalités économiques et de la vie quotidienne. Notre visiteur est le témoin admiratif du rapide développement des Basses-Terres, de l'essor des industries, de la croissance des villes, mais il doute du succès des entreprises de mise en valeur des Hautes-Terres, et souligne tout ce qui sépare les pauvres montagnards de leurs tout-puissants seigneurs et chefs de clan.

Toutefois, la relation de cette enquête, qui dure un mois et couvre tous les aspects de l'Ecosse d'alors, nous déçoit un peu. Nous comprenons fort bien que Bombelles, traversant les Hautes-Terres, de Perth à Dumbarton, en automne, n'ait pas été sensible à l'âpre beauté les landes et des immensités sauvages: homme de son temps, il n'y voit que tristes déserts et affreuse stérilité, à défaut de terres fertiles il lui faut des sites pittoresques. Nous comprenons aussi qu'il n'ait pas perçu que l'industrialisation galopante entraînerait une prolétarisation des populations déracinées, vite exclues de cette prospérité nouvelle. Nous ne nous étonnons pas qu'il néglige de signaler que l'Ecosse est soumise à une oligarchie et à des notables dont la mainmise paternaliste n'est contestée par personne: Bombelles ne se scandaliserait que devant des abus de pouvoir, des injustices flagrantes, des négligences criantes. Mais nous regrettons qu'il ne perçoive ni ne définisse de personnalité écossaise, qu'il ne sente pas que le pays n'est intégré que superficiellement, que cette nation conserve son âme, reste viscéralement attachée à son passé, fidèle à ses traditions, marquée à jamais par sa religion.

Certes, toutes ces personnes obligeantes qui lui font les honneurs de l'Ecosse sont presque toutes très anglicisées, souvent même cosmopolites, ou font partie de l'internationale des Lumières, et elles dressent un écran entre Bombelles et les Ecossais. Autre écran entre le voyageur et la réalité du pays: l'histoire. Le lecteur sera frappé par l'abondance de références aux évenements du passé de l'Ecosse. A chaque étape, des souvenirs historiques s'imposent, souvent rappelés par quelque ruine, et il s'agit toujours de drames sanglants, de massacres atroces, de conjurations, de trahisons, de sièges et de batailles. Partout se dressent les spectres des rois de cette dynastie qui semble, jusqu'à la fin, victime d'une malédiction. Il n'est pas de château, de forteresse où ne se soit joué un épisode de la longue tragédie de Marie Stuart. Bombelles oppose toujours, implicitement, un présent de prospérité sous Georges III, aux temps maudits de l'autre dynastie. On le sent fasciné par ce sombre et sanglant passé et ce qui reste des temps anciens en Ecosse, mais, d'un autre côté, il est amené, par une réaction rationnelle, à ne voir que lumière et progrès dans le présent et l'avenir, et à rejeter, ou à négliger, tout ce qu'il y aurait d'écossais, donc de barbare ou d'obscur, dans les temps actuels. Il est vrai que les élites écossaises elles-mêmes à la fois étaient jalouses du patrimoine historique du pays et œuvraient pour créer une nouvelle Ecosse qui tournerait le dos au passé.

viii. A la découverte de l'Irlande

Si Bombelles n'avait eu d'autre but que de se familiariser avec les mentalités et les réalités d'outre-Manche, de découvrir les principes de la prospérité de nos voisins, de comprendre certains mécanismes politiques et économiques, il n'aurait pas éprouvé le besoin de se rendre en Irlande. En effet le troisième des royaumes soumis à sa Majesté Britannique n'offrait ni grand centre industriel, ni audacieuses prouesses techniques, ni exploitation de nouvelles ressources, rien qui puisse satisfaire un esprit curieux de progrès scientifiques ou agronomiques. D'ailleurs personne ne passait en Irlande et aucun anglomane n'avait montré le moindre intérêt pour l'autre île du roi Georges. Cependant, il y avait en France, à Paris, à la Cour de nombreux Irlandais, mais ceux-ci, prêtres ou séminaristes, officiers ou soldats, catholiques et jacobites, devaient peindre leur pays natal avec de telles couleurs que l'Irlande devait paraître la terre de l'obscurantisme et du fanatisme, de l'oppression et de la sédition, engluée dans le passé.

Or, Bombelles passera un mois dans l'île. En fait, si l'Irlande n'a effectivement rien à montrer en matière d'innovation technique ou économique, en tout cas rien qu'on ne puisse voir aussi en Angleterre, elle offre le spectacle de ce qu'on pourrait appeler le miracle irlandais: en quelques années le pays s'est réveillé et change de visage. Comme le souligne un guide que possède Bombelles, paru en septembre 1784, *The postchaise companion*: 'The face of our country is continually changing. New roads, new seats, new plantations, new improvements of every kind create so total an alteration of the appearance of things, that in the revolution of a very few years, a country is scarcely known to the returning, astonished spectator.'

Non seulement le pays se métamorphose, marche à grands pas pour rattraper un immense retard, mais l'Irlande est en train de conquérir, pacifiquement, son autonomie et peut-être même son indépendance.

Un siècle plus tôt, l'Irlande sortait exsangue de plus de cent années de guerres, de rébellions, de répressions, d'exactions; elle n'avait plus qu'un million et demi, voire un million d'habitants, dont les deux tiers, catholiques et jacobites, se retrouvèrent privés de tous droits.

Londres, s'appuyant sur les protestants, régissait le pays par l'intermédiaire du parlement de Dublin docile à ses ordres. La turbulente Irlande était destinée à rester désormais soumise sous la botte du vice-roi, ou lord lieutenant, incapable de la moindre velléité d'indépendance, ne pouvant plus jamais inquiéter l'Angleterre. Le troisième royaume n'était qu'une colonie mise au pillage et étroitement enchaînée.

Mais, vers 1760, la population était remontée à près de quatre millions et, en dépit de nombreuses mesures restrictives, négatives, l'économie irlandaise, basée essentiellement sur les produits de la terre, l'élevage, le lin et le chanvre, était déjà assez solide pour qu'apparaissent les premiers signes de prospérité, et la dernière famine remontait à 1740-41. Les catholiques, confinés dans une inexistence politique, sociale et économique, se satisfaisaient de pouvoir pratiquer leur religion à peu près librement. Ce ne fut pas de cette majorité contrainte au silence et à l'obscurité que vint le réveil; au grand étonnement de Londres, la minorité protestante épiscopalienne, la seule reconnue, d'origine étrangère, le plus souvent installée depuis trois ou quatre générations seulement, n'accepta plus d'être sous la tutelle arbitraire de Westminster, de ne jouir que d'une liberté limitée et surveillée. Un patriotisme irlandais apparut en réponse aux mesures vexatoires, ou tout simplement à la morgue des représentants du pouvoir anglais. Les élites anglo-irlandaises, de fraîche date ou d'ancienne origine, affirmèrent un refus de n'être que des administrés, et une volonté d'opposer à la nation britannique une autre nation, certes protestante et loyaliste, mais fière d'être irlandaise.

Usant de tous les moyens d'intimidation et surtout de corruption, achetant les hésitants avec des titres de noblesse, des bénéfices, des sinécures, ou du bel argent comptant, les vice-rois successifs, qui, depuis 1760, résidaient enfin régulièrement à Dublin, réussirent à limiter l'expression de deux revendications: l'autonomie législative et la liberté du commerce extérieur. Mais lorsque le soulèvement des colonies d'Amérique prit de l'ampleur et qu'il fallut dégarnir l'Irlande pour envoyer des troupes outre Atlantique, les protestants s'armèrent, spontanément, et formèrent des corps de 'volontaires' destinés à repousser tout débarquement français et à contenir toute rébellion des catholiques. Tout en affirmant leur fidélité à Georges III les 'volontaires' purent exiger ce que Londres avait naguère refusé, et l'Irlande se vit accorder en 1782 la libération de son parlement et de son commerce, et l'abolition de diverses mesures arbitraires. D'un autre côté, deux séries de mesures adoucirent le sort des catholiques et assurèrent au moins leur neutralité. Par ailleurs, les achats massifs qu'il avait fallu faire pour équiper et avitailler le corps expéditionnaire d'Amérique et conduire la guerre, ou pour compenser la fermeture de certains marchés, avaient relancé l'économie dans presque tous les domaines.

Bombelles arrivait donc alors que l'Irlande passait de colonie à nation, mais cette évolution pouvait déboucher sur une révolution. Certains réclamaient beaucoup plus, allaient jusqu'à exiger une réforme du parlement, d'autres demandaient l'exclusion des produits anglais, quelques catholiques, parfois soutenus par des protestants, revendiquaient une complète égalité civique et politique! Puis, la paix étant signée, Londres, qui concentrait à nouveau ses troupes en Irlande, n'allait-elle pas tenter de reprendre ce qu'elle avait dû accorder, et la prospérité irlandaise, due à la guerre, n'allait-elle pas s'évanouir? Il est bien probable que Vergennes ait voulu être impartialement renseigné sur la véritable situation de ce pays et ait demandé à Bombelles d'enquêter sur ce phénomène de mutation politique, sociale et économique, et d'en apprécier l'évolution probable.

L'itinéraire, dicté d'ailleurs par des considérations pratiques, permet, de Belfast à Waterford, de découvrir essentiellement l'Irlande 'utile', la partie la plus prospère, la plus anciennement soumise ou la mieux colonisée. Au long des 300 kms de route, Bombelles voit de fertiles campagnes, un terroir cultivé à plus de 80 pour cent, avec de belles demeures, édifiées tout récemment pour la plupart, ce qui prouve la richesse des terres et la présence de propriétaires installés dans leur domaine et y investissant leurs revenus. S'il remarque de misérables masures, tanières plutôt que chaumières, et de pitoyables hameaux, il traverse aussi des villages modèles et des bourgs modernes, et il voit, à côté des survivances d'un hier d'indigence, les signes de l'abondance de demain. Il ne le sait pas, mais il a la chance de traverser ces campagnes alors que les riches moissons de 1784 ont compensé deux années de mauvaises récoltes, ce qui contribue, bien sûr, à l'impression d'aisance. Les villes où il passe sont de fondation récente et bien bâties, ou ont été reconstruites; même les cités anciennes, dont le pittoresque ne le touche pas, ont des bâtiments publics modernes, les seules ruines sont celles d'églises catholiques dévastées un siècle ou deux auparavant.

Dublin, but du voyage, où Bombelles restera une douzaine de jours, apparaît vraiment ce qu'elle est: la deuxième ville des Trois Royaumes, et de surcroît la plus belle. Comme Londres, c'est un port très actif, mais à la différence de la Tamise, la Liffey est bordée de quais superbes, de magnifiques bâtiments. Au nord et au sud, des quartiers, pour la plupart construits depuis moins de cinquante ans, voire moins de dix ans, offrent de larges avenues, de vastes places, des perspectives, ornées d'édifices publics dans le style palladien ou néo-classique. Dublin, alors, grâce à un plan d'urbanisme établi dès 1757, est une des villes d'Europe les mieux bâties. Pour certains, il ne s'agirait que d'un décor cachant mal la misère du peuple. En fait, Dublin n'est pas de ces cités voulues par un despote éclairé, imposant des façades somptueuses sur du néant; les notables et les aristocrates ont voulu, en y construisant leurs demeures et en y multipliant les édifices utiles, faire de la capitale une ville superbe, mais

35

aussi une ville salubre; par exemple, depuis 1776 toutes les maisons reçoivent l'eau courante. Il y a, certes, des pauvres, et Bombelles les voit, mais la charité atténue les épreuves des plus démunis. Bien sûr, les diverses œuvres et fondations, maternité, orphelinat, une douzaine d'hospices et d'hôpitaux, l'asile, ne s'attaquent pas aux causes, et l'Irlandais indigent risque de naître, vivre et mourir en assisté, mais c'est préférable au dénuement dans le ruisseau. Dublin est aussi devenue une place financière avec la création de la Bourse en 1769, de la Banque d'Irlande en 1783. Par ailleurs, elle est capitale des Lumières, et pas seulement pâle reflet de Londres.

Depuis 1731, la Dublin Society rassemblait ceux que préoccupait l'avancement des arts et des manufactures, des sciences et de l'agriculture. Les élites, revenues pour servir leur patrie, gentilshommes ayant fait le 'Grand Tour', antiquaires, amateurs d'art et d'architecture, de belles lettres, de musique, viennent de constituer la Royal Irish Academy autour de Lord Charlemont. Les libraires de Dublin rivalisent avec ceux de Londres et les théâtres attirent les meilleurs acteurs de Drury Lane ou Covent Garden, pour une 'saison' qui, de novembre à mars, réunit une brillante société. En ce début d'hiver, la capitale semble calme au visiteur, toutefois toute l'opinion se passionne pour le débat politique, les réformes en cours et surtout celles à venir, et les petits incidents se multiplient au grand émoi des autorités dépourvues de toute force de police, en dehors de la garnison.

Près de Dublin, Bombelles rencontre deux personnages remarquables: le duc de Leinster et Mr Conolly, son oncle. Hommes des Lumières, ils incarnent tous deux le patriotisme irlandais, dans sa forme modérée, la plus efficace, ils ont mis leurs immenses fortunes, leurs talents, leur influence au service de l'Irlande ressuscitée. Tous deux, ils encouragent et soutiennent les entreprises charitables, les tentatives d'industrialisation, ou du moins de mise en valeur. Près de Waterford, un autre grand seigneur, Lord Tyrone, veille lui aussi au développement économique de son comté et de sa capitale. Ailleurs, d'autres seigneurs, ou de simples particuliers, consacrent une partie de leur fortune, par ostentation, calcul ou pur altruisme, au bien public et à la création de moyens de production, visant à permettre à l'Irlande de ne plus importer de produits anglais, ou de mieux exporter sur les marchés qui lui sont désormais ouverts.

Bombelles, qui s'attendait peut-être à trouver un pays encore misérable, manifeste son admiration, sans toutefois être aveuglé par les propos optimistes ou le discours officiel, en doutant de certains chiffres ou de documents anticipant l'avenir. Il voit bien qu'il y a tout un ensemble de mesures cohérentes qui favorisent l'essor économique, complétées par tout un programme de grands travaux, mais il sent que certains projets trop ambitieux n'aboutiront pas, que certains chantiers n'avancent pas ... Par ailleurs, il est totalement lucide quand il observe à quel point Londres gouverne ce pays, enfin émancipé, en achetant le soutien ou la neutralité de tout notable protestant. Que de nobles de fraîche date! Sur 225 pairs d'Irlande, une centaine n'ont que des titres bien récents, et près de 70 pairs n'ont aucune attache en Irlande! Il sait bien que ce parlement devenu libre de ses débats et de ses décisions est en fait à vendre et très largement acheté. Il ne se leurre pas plus sur les sentiments et les intentions des représentants de Londres que sur leurs médiocres capacités ou leur relative intégrité.

Sur un seul point Bombelles semble vouloir fermer les yeux: la condition des catholiques. Certes, depuis 1782, presque toutes les mesures vexatoires ou discriminatoires ont été levées, mais les catholiques restent privés de toute expression et représentation politiques. Bombelles ne s'étonne pas de ce qu'une majorité soit soumise à la volonté d'une minorité, et il semble ne rien trouver à redire à l'hilotisme auquel est réduite la masse de la paysannerie catholique, bien qu'il applaudisse aux efforts faits pour soulager les plus miséreux et leur donner du travail. Témoin du dénuement dans lequel vit l'église catholique d'Irlande, qu'il oppose d'ailleurs à l'aisance oisive du clergé épiscopalien, il ne s'indigne pas que celle-ci perçoive la dîme exigée des paysans catholiques.

En fait, puisque les excès du sectarisme ont été effacés, Bombelles accepte la situation telle qu'il la trouve, avec l'hégémonie des notables protestants anglo-irlandais, injuste peut-être, mais dont la remise en cause entraînerait le désordre. Notre visiteur est bien de son temps en préférant le statu quo lorsqu'il ne comporte rien d'intolérable, et, surtout, il se contraint à une neutralité qui paralyse son jugement et entraîne de fait une adhésion aux thèses de la minorité en place. D'ailleurs, pour ne pas susciter le moindre soupçon et pour éviter d'être accusé de menées subversives, il doit s'abstenir d'enquêter dans le camp catholique et encore plus de fréquenter ceux qu'il appelle les boutefeux, les contestataires virulents. Bombelles est tout à fait conscient des efforts des autorités pour faire écran entre lui et la réalité et lui imposer leur vérité, mais il choisit de s'accommoder de l'ordre établi, quitte à jeter un regard ironique sur les gens en place. Considéré comme ambassadeur officieux par ses hôtes et l'entourage du vice-roi, il ne peut avoir d'autres interlocuteurs que ceux qui représentent l'opposition la plus raisonnable et qui ne sont pas directement engagés dans l'action, si bien qu'il ne rencontre ni Henry Grattan, ni Henry Flood, les porte-parole de l'Irlande libre au parlement de Dublin, ni Lord Charlemont, chef des 'volontaires'. Il est même contraint de cautionner implicitement la politique anglaise, non seulement en allant chez le vice-roi, mais aussi en figurant dans les cérémonies officielles aux côtés des tenants de la 'ligne dure', en acceptant de se faire rendre les honneurs par la garnison, le but des autorités étant de montrer que le représentant du roi de France approuvait la présence britannique en Irlande.

Mais il est fort possible que Vergennes ait donné des recommandations dans ce sens, demandant à Bombelles de rassurer les autorités anglaises en leur laissant entendre que Louis XVI ne souhaitait pas, après avoir obtenu l'indépendance des colonies d'Amérique, compléter la ruine de l'Angleterre en soutenant soit les 'volontaires' protestants, soit les mécontents catholiques. Nous pensons que le diplomate devait, à mots couverts et par des silences, des présences et des abstentions, faire comprendre que la France n'interviendrait pas en Irlande, démentir, au moins implicitement, les rumeurs les plus folles qui couraient alors sur divers complots soutenus par la France, voire sur un débarquement français imminent. Dans l'intérêt de l'Irlande et de l'Angleterre, Bombelles devait tacitement décevoir des espoirs, dissiper des illusions, apaiser des craintes, rendre confiance à un vice-roi aux abois pour qu'il puisse pratiquer une politique de conciliation et non de réaction.

Bombelles, à l'issue de son séjour en Irlande, devait être conscient des limites de son enquête: il n'avait vu que les comtés les plus favorisés, les plus ouverts au progrès, il n'avait guère fréquenté que des notables, privilégiés satisfaits et optimistes, il n'avait pas souhaité entendre la voix étouffée des catholiques, il n'avait peut-être pas saisi la nature du patriotisme irlandais. Néanmoins, il pouvait affirmer qu'en cette fin de 1784, en l'an II de sa renaissance, le royaume d'Irlande rejoignait son siècle, devenait une nation à laquelle tous les espoirs étaient permis, pour peu que la raison triomphe.

ix. Le journal de Bombelles et la périégétique

En dépit d'une rivalité séculaire et de deux guerres, les relations franco-britanniques furent spécialement fructueuses dans le dernier tiers du dix-huitième siècle, et en particulier après 1783.[1] Au retour de la paix, les voyageurs s'empressaient de traverser la Manche, souvent pour renouer des rapports

1. 'La paix, glorieuse pour les Anglois, en 1763, les mit à la mode, surtout en France. On vint les voir; on trouva leurs jardins agréables, leur manière de s'habiller commode: on chercha à imiter leurs jardins; et l'on s'habilla à l'angloise. La guerre, malheureuse pour les Anglois, terminée en 1783, ne leur a pas fait perdre l'estime des nations, au contraire, il semble qu'elle ait augmentée. [...] Dès lors le désir de voir cette Isle singulière a redoublé: aux jardins et aux modes angloises, on a ajouté celui d'apprendre leur langue; et une éducation n'est plus complette à Paris, si l'on n'y fait entrer un maître de langue Angloise. Je ne sais si cela continuera avec la même ardeur: quoiqu'il en soit, depuis cinq ans, on vient en foule en Angleterre. D'un autre côté, on s'est disposé à Londres à bien recevoir les Etrangers; ils sont mieux accueillis que jamais parmi la noblesse, les maisons leur sont ouvertes dans les autres classes; le peuple n'a plus ses vieux préjugés contre un François' (L. Dutens, *L'Ami des étrangers*, p.2-4).

d'amitié établis auparavant à Paris ou à Londres. Il est resté de nombreuses pages témoignant de ces retrouvailles ou de ces redécouvertes. Une étude récente a répertorié dans les fonds publics une cinquantaine de documents imprimés à l'époque, ou au siècle suivant ou de nos jours, ou restés inédits: correspondances, rapports, journaux, mémoires.[1]

Il y a tout lieu de penser, étant donné le nombre et la qualité des voyageurs, que de nombreux documents dorment dans les fonds privés ou dans les fonds publics mal inventoriés. Toutefois, on peut penser que les pages encore inconnues ne changeraient guère notre connaissance de la Grande Bretagne telle que les Français la virent avant 1790: la plupart des voyageurs se contentant à l'époque du même itinéraire de la côte sud à Londres, de quelques escapades autour de la capitale, poussant parfois jusqu'à Bath et Bristol, ou Oxford, certains s'aventurant jusque dans les Midlands, fréquentant en général les mêmes milieux et visitant les mêmes lieux, les grands seigneurs ne quittant Versailles pour quelques semaines outre-Manche que pour retrouver une haute société qui ne les dépaysait guère. On peut regretter toutefois de ne pas avoir, en dehors de celui de François de La Rochefoucauld, de ces journaux tenus par ces jeunes gens, comme Stanislas de Girardin, que l'on envoya séjourner en Angleterre, surtout après 1783. Après 1789, les émigrés auront tout le loisir de vivre à l'anglaise et de parcourir tout le Royaume Uni, comme La Tocnaye, mais leur perception du monde britannique sera affectée par leur condition d'exilé et le traumatisme de la Révolution.

Les relations imprimées à l'époque souffrent presque toutes d'une triple limitation: les auteurs n'ont fait qu'un assez bref séjour, ne sont guère sortis de Londres et n'ont pas vraiment pénétré la société anglaise ou n'en ont connu qu'un aspect. De surcroît, le regard est non seulement souvent superficiel, mais fortement troublé par des préjugés: on est anglomane ou anglophobe et l'on ne voit outre-Manche que perfection et excellence, ou abomination et désolation. Il y a ceux qui proposent de tout imiter et qui souhaitent que la France adopte les mœurs et les institutions britanniques, et ceux qui dénoncent les méfaits de l'anglomanie, en particulier dans le domaine politique.[2] Quant aux relations, correspondant à des voyages effectués avant 1790 mais publiées en France

1. Michèle Sacquin-Moulin, 'Les voyageurs français en Angleterre et les voyageurs anglais en France de 1750 à 1789', thèse de l'Ecole des Chartes, 1977, que l'auteur a bien voulu me permettre de consulter, et dont on ne peut que souhaiter qu'elle soit publiée.

2. Barrère, en 1788, affirme: 'Peut-être irons-nous de l'imitation des jardins à l'imitation de la constitution et la France devra aux jardiniers d'une nation rivale la regénération de ses droits et de sa liberté' (*Mémoires*, Paris 1788, i.313). Mais Dubois de Launay en 1786 s'indigne: 'L'anglomanie ayant repris le dessus et réparé toutes ses pertes, il est aujourd'hui plus important de la combattre, et d'empêcher les comparaisons odieuses que nous voyons faire tous les jours entre notre administration et celle de nos voisins' (*Coup d'œil sur le gouvernement anglois*, s.l. 1786, p.200).

après 1793, elles reflètent la propagande anti-britannique du temps.

De surcroît, les relations imprimées se suivent et se démarquent, allant de l'emprunt discret au pillage pur et simple, et elles ont recours aux mêmes sources, aux citations des mêmes guides. Par ailleurs, pour certains ouvrages volumineux qui décrivent l'ensemble des îles britanniques, il est difficile de faire la part de la compilation et de l'exploration effective.

Les relations, imprimées bien plus tard, qui ne furent pas destinées au public, offrent l'intérêt de l'authenticité: l'expérience personnelle ne disparaît pas derrière les emprunts et les réminiscences, si l'on n'y tait pas ses convictions, on ne cherche pas à faire triompher une idéologie, on n'invente pas des visites qui n'eurent pas lieu. Mais, parmi les relations manuscrites retrouvées, publiées ou non, le journal de Bombelles doit occuper une place à part, ne serait-ce que par son volume: 470 pages manuscrites; par la durée du voyage: 141 jours; et par l'itinéraire: entre 600 et 700 lieues, sur des chemins qui mènent le voyageur bien loin des routes suivies par les visiteurs français d'alors, jusqu'en Ecosse dans les Hautes-Terres, en Irlande, au Pays de Galles.[1] Enfin, la 'qualité' de Bombelles lui permet, même s'il s'agit d'un voyage privé, de se voir ouvrir beaucoup de portes, de se voir reçu en haut lieu, sans d'ailleurs que cela le coupe du quotidien.

Surtout, c'est un journal, tenu au jour le jour, chaque soir, quoiqu'il arrive, où que soit Bombelles, ce qui donne toute garantie de véracité et permet de suivre le voyageur d'étape en étape sur la carte et sur le calendrier. Ce journal, écrit sur le vif, est témoignage inscrit avant que les souvenirs ne se brouillent, avant que la réflexion n'interprète la réalité, avant que pour les besoins d'une démonstration les faits aient été recomposés. S'il y a lieu, quelques jours plus tard, avec beaucoup d'honnêteté, Bombelles signale qu'il a été trompé par les apparences ou mal informé, et, sans corriger le manuscrit, révise un jugement hâtif et injuste ou complète l'information. Mais le journal n'est pas document brut, simple enregistrement de tout ce qui arrive au voyageur, catalogue des postes, relais, étapes, inventaire de toutes les curiosités, index de toutes les notabilités rencontrées. Bombelles ne relève parmi les faits quotidiens, les anecdotes, les incidents, que ce qui peut être source d'information utile.

Plus encore que pour le temps ordinaire, le journal a un but éducatif, car il devient périégèse: description d'une contrée parcourue afin d'en faire connaître au lecteur la topographie, les ressources, les choses remarquables, les institu-

1. On objectera que le voyage de Faujas de Saint-Fond, pendant la même période de la même année, pratiquement sur le même itinéraire, excluant l'Irlande, mais avec une pointe dans le nord de l'Ecosse et les Iles, et dont la relation est publiée sous la forme d'un journal, est bien proche de celui de Bombelles. Toutefois, Saint-Fond voyage surtout en 'naturaliste', cherchant les curiosités minéralogiques, et de surcroît reprend ses notes plus de dix ans après son retour en France.

tions; l'auteur devient le périégète, le guide, le conducteur qui fait suivre un itinéraire de découverte de cité en cité, de province en province. Ce genre remonte à l'Antiquité, mais il est florissant dans ce dix-huitième siècle où l'on prône le voyage comme moyen d'éducation, de formation, en particulier dans l'aristocratie anglaise avec le 'Grand Tour' sur le Continent, et où l'on invite, à défaut de voyager, à lire des récits de voyage.[1]

Dans la deuxième moitié, surtout dans le dernier quart du siècle, le voyage devient 'philosophique', c'est-à-dire recherche de connaissances précises, collecte de faits et de chiffres, exploration systématique; il ne s'agit plus seulement d'acquérir culture et sagesse, mais d'enquêter. Outre-Manche, les fameux *Tours* d'Arthur Young[2] offrent des tableaux, établis étape par étape, de l'état présent de l'agriculture, des manufactures, de la population. Ils susciteront beaucoup d'émules d'abord en Angleterre, puis en France. Mais il faut souligner que les *Tours* de Young ne négligent ni les châteaux dont ils décrivent les collections et les jardins, ni les paysages ni les beautés naturelles. Peu après, les *Tours* de Gilpin inviteront à ajouter aux divers motifs de voyager la recherche du pittoresque.[3]

Bombelles a peut-être lu les *Tours* de Young et de Gilpin, mais il n'a eu besoin d'aucun exemple pour que son journal devienne instrument de connaissance, pour que sa découverte des Trois Royaumes devienne découverte pour les autres, *Tour* à la française.

Le journal est découverte du présent, et, dans cette Angleterre où tout change si vite, d'un présent tout neuf: que d'ouvrages d'art, d'édifices publics, de quartiers entiers qui ont surgi peu avant le passage de Bombelles! Voire d'un présent encore mal établi: que de routes ou de canaux ne figurent pas encore sur les cartes, que de statistiques sont approximatives, que de renseignements sont difficiles à obtenir! Même les paysages, avec les enclosures, sont en pleine mutation! Mais le voyage est aussi découverte du passé, car il y a une présence de l'histoire qu'évoquent les vieilles pierres, ou même simplement des noms. Partout s'imposent des souvenirs, du temps des Plantagenêts au temps des Stuarts, en passant par la Guerre des Deux Roses et les sanglants règnes des

1. En France, en 1788, l'abbé Barthélemy renouvellera magistralement le genre avec le *Voyage du jeune Anacharsis en Grèce*, à vocation pédagogique.

2. Arthur Young publia ses *Tours* d'Angleterre et d'Irlande de 1769 à 1780; ceux-ci furent traduits en français en 1800-1801 en dix-huit volumes sous le titre du *Cultivateur Anglois*. Son *Tour* de France publié en 1792, traduit en 1794-95, est bien connu.

3. 'We travel for various purposes, to explore the culture of soils, to view the curiosities of art, to survey the beauties of nature, and to learn the manners of men, their different politics and modes of life. [...] A new object of pursuit, that of examining the face of a country by the rules of picturesque beauty' (William Gilpin, *Tour of the River Wye and several parts of South Wales*, London 1783, p.1).

Tudors. On ne saurait parler d'une cité sans évoquer ses heures glorieuses ou tragiques. On pourrait croire que les polygraphes n'entrelardent de tranches d'histoire leurs descriptions de l'Angleterre contemporaine que pour mieux gonfler leurs volumes. L'exemple de Bombelles le montre: puisque le présent n'existe que par le passé, la référence au passé est indispensable pour comprendre le présent. Au delà de l'anecdote historique, il y a la leçon permanente. Il y a même avertissement! Bombelles, qui s'étonne des sacrifices des fidèles des Stuarts, sera inconditionnellement loyal aux Bourbons. Bombelles, qui visite sans émotion les abbayes en ruines depuis Henri VIII ou Cromwell, pleurera la ruine de l'Eglise de France.

Mais le journal, en tant que périégèse, présente sur le simple discours du géographe ou du polygraphe compilateur, un avantage: non seulement il fournit l'information, mais il apporte la vie. C'est si vrai d'ailleurs que beaucoup de traités se présentent sous la forme d'un journal, plus séduisant et convaincant que l'exposé objectif de faits et de chiffres. Bombelles ne s'exhibe pas, ne raconte guère ses mésaventures, se met peu en scène, mais il est cependant bien présent, brossant un petit tableau, croquant quelque personnage, animant une scène, remarquant tel détail, mineur mais révélateur, perçant à jour telle imposture. Le diplomate qu'est Bombelles se garde bien de jugements péremptoires et définitifs, n'affirme que lorsqu'il est sûr de son fait. Même dans un journal destiné à quelques intimes ou à une postérité lointaine, Bombelles multiplie les nuances et les restrictions prudentes ne voulant mettre personne en cause sans raison valable, ne voulant pas intenter de procès sans pièces, hésitant à dénoncer tel individu, à condamner telle pratique, et si l'ironie est parfois mordante, elle est vite adoucie par une formule indulgente.

Bombelles n'est pas de ces voyageurs qui ont le sarcasme facile et qui sacrifient volontiers la vérité à un bon mot aux dépens de leurs hôtes. Au contraire, il s'efforce de n'être jamais malveillant. Toutefois, il ne tombe jamais non plus dans l'approbation systématique, l'admiration béate, il se refuse les enthousiasmes d'une anglomanie à la mode et n'abandonne jamais son esprit critique. Il se prive de cette ressource du voyageur qui veut facilement évoquer l'ailleurs exotique qu'il fréquente: le recours aux termes étrangers. Il n'emploie le mot anglais que s'il s'applique à un objet ou une fonction sans équivalent en France et il prend bien soin d'expliquer ce dont il s'agit, voire de préciser l'origine du mot, renonçant ainsi à la magie de l'étrange et de l'insolite.[1]

---

1. Bombelles emploie une trentaine de termes anglais ou écossais. Une douzaine désignent des fonctions, des titres, ou des institutions: *alderman, attorney, baronet, copyhold, esquire, gentry, gentleman, hundred, knight, Lord-lieutenant, farmer, lord of the manor, wapentake, ward*. Deux termes relèvent du fisc: *land-tax* et *accise*. La table appelle: *punch, ale, porter, roastbeef* (déja bien acclimaté) et *boll* (*bowl*). La marine introduit *cutter* et *carronade*, l'horticulture *evergreen* et l'ébénisterie *mahogany*. Signalons

Introduction

Par tempérament, par formation, Bombelles maîtrise tout ce qui pourrait nuire à la lucidité dans le regard qu'il porte sur l'Angleterre et les anglais. Mais l'instrument qui lui permet de dominer l'humeur, la fatigue souvent, le mal du pays parfois, tout en laissant percevoir l'homme, c'est une langue, fruit d'une éducation classique, qui exprime avec limpidité l'essentiel de l'expérience quotidienne. Les pages, écrites au courant de la plume, sans ratures, que ce soit dans un château ou une auberge après une route harassante ou un souper 'arrosé' de bonnes bouteilles, offrent toujours la formule juste, l'image exacte, sans que les mots trahissent la pensée ou la réalité, sans que l'élégance soit sacrifiée à la rigueur.

Le journal de voyage: miroir promené le long des chemins, peut-être, mais quel miroir! Reflétant d'ailleurs autant l'homme, dans sa probité et sa perspicacité, que les hommes, perçus dans leur vérité, leur réalité.

x. De retour en France ...

Désormais, Bombelles portera sur son propre pays un autre regard, non seulement pour regretter l'absence de propreté ou de confort, un certain art de voyager ou de vivre, ou pour juger en expert les jardins à l'anglaise. Il n'est pas certes devenu un autre homme, mais il a découvert outre-Manche ses préjugés et il a entrepris de combler ses ignorances. Il portera plus d'attention aux questions économiques et industrielles, et surtout il pourra en parler en connaissance de cause.

Il se tiendra au courant de ce qui se passe et se fait en Grande Bretagne et en Irlande, il suivra avec intérêt les négociations du traité de commerce franco-britannique, il en discutera avec Vergennes, et on peut penser qu'il fut consulté à ce propos. Mais Bombelles ne souhaitera jamais exploiter les solides connaissances qu'il avait acquises sur les Trois Royaumes. S'il n'avait pas été obsédé par son rêve portugais, peut-être lui aurait-on confié l'ambassade de Londres, que M. d'Adhémar s'avéra incapable de conserver. Le voyage outre-Manche ne portera pas les fruits qu'on aurait pu en attendre.

Si, à la Cour, Bombelles est celui qui 'rentre d'Angleterre', il n'est pas celui qui pontifie en expert sur le monde britannique ou même profite de la curiosité d'autrui. Par exemple, sollicité par madame de Polignac, il sait qu'il ne faut pas ennuyer, et, dit-il, 'Les jardins anglais, les beautés des cascades d'Ecosse m'ont

les termes écossais: *murrat*, *clan*, *moorsgame* et *firth*. Soulignons deux emplois très précoces de *comfortable* et *tatouer*. Bombelles utilise trois mots français, mais dans leur sens anglais, *corporation* au sens de municipalité, *assemblée* au sens de soirée avec bal et réjouissances, *communes* au sens de terrains propriété commune de tous les paroissiens. Enfin, de retour en France, Bombelles utilisera le mot *waiter*, en regrettant les serveurs des auberges anglaises.

fourni des matières de narration; cependant, comme en pareil cas il ne faut pas abuser de la circonstance, j'ai fait ma retraite en bon ordre, annonçant qu'on m'attendait pour me mener à Paris' (18 avril 1785, *JD* ii.52).

Il accueillera fort 'officieusement' à Paris et à Versailles ceux de ses hôtes anglais ou irlandais qui viendront en France. Il en retrouvera plus tard à Venise, puis sur les routes de l'émigration, et il nouera ou renouera des rapports d'amitié chaleureux et précieux. Les pages du journal témoigneront souvent d'un intérêt avisé pour les affaires de la Grande Bretagne et d'une vive sympathie pour le monde britannique, mais Bombelles ne reprendra jamais le chemin de l'Angleterre.

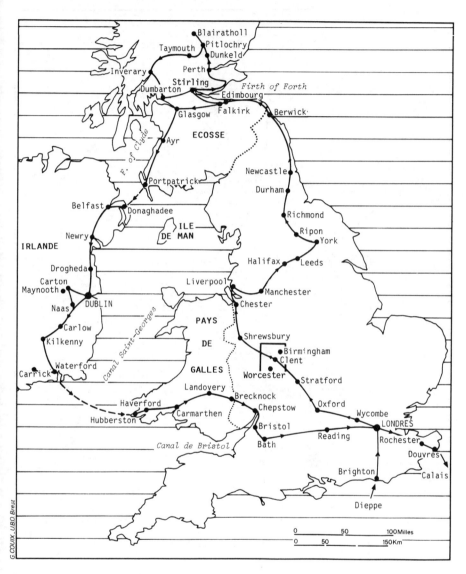

Itinéraire de Bombelles à travers les trois royaumes
du 5 août au 23 décembre 1784.

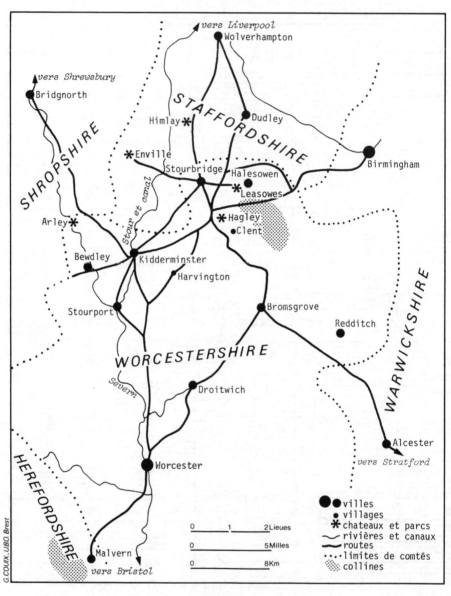

vers Liverpool

Wolverhampton

vers Shrewsbury

Bridgnorth

STAFFORDSHIRE

Himlay ✳

Dudley

SHROPSHIRE

✳ Enville

Stourbridge

Halesowen

Birmingham

✳ Leasowes

✳ Hagley

Clent

Arley ✳

Bewdley

Kidderminster

Harvington

Stourport

Bromsgrove

Redditch

WARWICKSHIRE

WORCESTERSHIRE

Severn

Droitwich

Alcester

vers Stratford

HEREFORDSHIRE

Worcester

● villes
● villages
✳ chateaux et parcs
〜 rivières et canaux
━ routes
···· limites de comtés
collines

Malvern

vers Bristol

0	1	2 Lieues
0		5 Milles
0		8 Km

G.COUIX-UBO Brest

Worcestershire et comtés voisins: secteur parcouru par Bombelles
du 11 août au 9 septembre 1784.

Journal du marquis de Bombelles
du 3 août au 24 décembre 1784

[Cahier XVII.70]   [août 1784]

Le 3. à Dieppe

nous sommes partis à dix heures de fécamp et arrivés a cinq heures du soir à Dieppe nous avons vu Chemin faisant le bourg de Cani Chef lieu des terres de M. de Cani qui a plus de cent mille écus de rentes en normandie, ce revenu se partagera en deux filles dont l'une dit on épousera son Cousin le fils du vicomte de Talaru dont la veuve est sœur de M. de Cani. lorsque le Pere de Mde de Talaru maria son fils M de Cani, il fit mettre dans son Contract de mariage quil donnoit à Ce fils la rive gauche de la Seine, et strictement parlant il avait raison, car les terres [71] de cette maison plus riche qu'ancienne tiennent une étendue considérable.

en arrivant à Dieppe j'ai trouvé deux paquebots[1] qui doivent partir demain pour l'angleterre, la raison m'a forcé d'en arreter un, malgré le plaisir que j'aurois eu a diferer mon départ pour passer encore quelques jours avec ma femme et mon fils il a fallu au moins autant de raison pour resister à l'envie quil m'a marqué de venir avec moi en angleterre. ce pauvre petit n'a rien négligé pour me persuader, et cela avec une adresse incroyable, quil ne m'embarasseroit pas. sa mere toujours bonne s'oubliant toujours pour ce qui peut me faire plaisir consentoit à ce que je l'emmenasse mais ce voyage ne lui eut été d'aucun profit et a cet age il faut encore les soins des femmes.

Le 4. à la mer

J'ai fait voir à Madᵉ de Bombelles tout ce que le peu de tems de mon séjour à Dieppe m'a permis de lui montrer. nous avons été chez M. de Lamblardie

---

1. *Paquebot*: le mot est attesté en français dès la fin du dix-septième siècle, dérivé de l'anglais *packet boat*, désignant une petite unité assurant plus ou moins régulièrement le passage du courrier et des passagers. Les Anglais s'étant assuré le monopole du trafic entre les deux pays, le terme *packet boat* passa rapidement en français.

Lescallier signale que: 'Il y a ordinairement deux paquebots établis à Dieppe pour le passage d'Angleterre; mais ils ne passent régulièrement que dans l'été, c'est-à-dire depuis Avril. Il est très certain que par cette route, le voyage de Paris à Londres est plus court et moins dispendieux', et il précise que les paquebots partaient de Dieppe le mardi et le samedi (*Voyage en Angleterre, en Russie et en Suède, fait en 1775*, Paris, An VIII, p.9).

ingenieur des ponts et Chaussées[1] qui nous a expliqué sur des plans trés bien faits et à l'aide de petits modeles les travaux [72] par lesquels on espere en ouvrant un autre port le garantir du galet qui Comble le port actuel, et procurer au Commerce toutes les facilités qui peuvent le faire fleurir. celui de Dieppe languit beaucoup en ce moment.[2]

c'est chez l'ingenieur qu'on est venu m'avertir de m'embarquer. mon ange et mon fils m'ont conduit à Bord; ensuite ces deux etres si Chers ont été jusqu'au bout de la jettée, et je les apercevois encore une heure après que mon batiment voguoit en pleine mer. jamais je n'ai autant joui de ma lunette. c'est la premiere fois de ma vie qu'en m'embarquant je laisse au rivage des objets d'un interet aussi grand et quoique je me dise que le voyage que j'entreprends ne sera pas d'un long cours; mon Cœur étoit bien oppressé en quittant ma femme et mon fils. une fois séparé d'eux il me sembloit que j'avois encore mille choses à leur dire: j'ai vu de loin combien cette Charmante femme, cette femme si rare avoit de peine à s'éloigner du lieu d'ou elle apercevoit encore mon vaisseau. mauvais plaisans, gens du bel air vous ne Connoissez pas la force, le Charme de liens bien assortis vous ne pardonnez ce que vous appellez foiblesses que pour des objets de folles passions. suivant vous il faut avoir des procédés deshonetes [73] pour sa femme, pour son mari; mais s'aimer de plus en plus désirer tout ce qui reunit, s'affliger de tout ce qui sépare est entre gens mariés un ridicule auquel vous ne faites pas grace. eh bien que vous me le pardonniez ou non je n'en trouverai pas moins une douceur extreme à chérir ma Compagne, comme vous ne pouvez jamais vous attacher des maitresses, à la pleurer quand je la quitte à me trouver le plus heureux des hommes quand je la revois.

elle est partie pour Rouen cette aimable et sensible Compagne et y sera arrivée au moment ou la nuit me Cachant l'horizon je me suis endormi au bruit monotone des vagues que nous sillonions.

1. Jacques de Lamblardie (1747-1797) travailla beaucoup en Normandie pour dégager les ports envahis par les galets, et il mit au point un système d'écluses de chasse. Il proposa d'importants aménagements pour le port du Havre. Par la suite, il fut directeur de l'Ecole des Ponts et Chaussées, puis le premier directeur de l'Ecole Polytechnique.

2. 'Dieppe est encore plus maltraîté par les alluvions que Le Havre: c'est dans le port même et contre les jetées que les gallets s'accumulent et forment des dépôts, qui réduisent le chenal au tiers de sa largeur première. Tous les efforts que l'on a fait jusqu'à présent pour les arrêter ont été inutiles: une seule marée faisoit plus de mal que le travail de mille hommes ne produisoit de bien. [...] On y a construit une magnifique écluse de chasse, [...] une retenue de 70 000 toises superficielles et 12 pieds de profondeur dans les grandes mers, alimentée par la riviere d'Arques et par les eaux de la mer est déjà presque creusée. [...] On espère que ces travaux rendront au port de Dieppe son ancien commerce et sa premiere splendeur. Ces espérances pourroient être confirmées par le bon succès de travaux semblables faits au port du Tréport' (Forfait, article 'Port', *Encyclopédie méthodique*, 1787, iii: *Marine*).

Août 1784

Le 5 à Cuckfield

Le Calme plat nous a pris vers onze heures du soir et un vent assez faible n'a resouflé que vers six heures du matin. un heure après nous avons découvert les Cotes de l'angleterre malgré une brume assez épaisse. elle s'est dissipée à onze heures et le vent a tellement fraichi qu'un petit Batiment qui devoit nous mettre à la Cote le notre ne pouvant l'approcher a eu toutes les peines possibles à nous aborder enfin à une heure. par une mere très houleuse, nous [74] sommes descendus dans cette barque qui s'est échouée sur le sable au bas de la falaise sur laquelle est bati le village de brighthelmstone. les batimens jettent l'ancre dans une rade foraine,[1] et les bateaux même en s'échouant laissent entre eux et la terre assez d'eau pour que des hommes jambes nues prennent sur leurs épaules les passages et leurs ballots.

En méttant pied à terre un officier de la douane s'est emparé de nous, et fort poliment m'a fait payer fort Cher la liberté d'entrer en angleterre avec une malle et quelques vieux livres à mon usage.

On prend en été les bains de mer à brighthelmstone, et ce pretexte de santé rend ce joli endroit très brillant en ce moment.[2] le Prince de galles y est, ainsi que M. le Duc de Chartres[3] M. le Duc de Lauzun,[4] M. de Conflans[5] et d'autres amateurs des Courses de Chevaux.[6] on en a fait une hier à Brighthelmstone, demain il y en aura une fameuse à lewes bourg considérable à douze miles de

1. Une rade foraine offre des fonds sûrs pour le mouillage, mais elle ne protège pas des vents du large et ne garantit pas l'accès à la côte. 'Il n'y a point de port, ni même de rade à Brighthelmstone. C'est une plage absolument ouverte à la mer. [...] les paquebots qui font le passage de la Manche à cet endroit, vont chercher un abri dans le petit port de Shoreham. [...] Ils débarquent et embarquent les passagers dans un canot, [...] ce qui n'est praticable que dans la belle saison' (Lescallier, p.168-69).

2. Brighthelmstone, appelée Brighton au siècle suivant, était un bourg fort ancien, place et port importants jusqu'au seizième siècle, ayant vu ensuite la mer ronger le rivage et faire disparaître port et remparts. En 1754, le Dr Richard Russell préconisa les bains de mer à titre thérapeutique, en recommandant Brighton qui retrouva quelque animation. Le prince de Galles y vint en 1783; séduit par l'endroit, il reviendra très souvent et s'y fera construire une résidence fastueuse.

3. Louis-Philippe d'Orléans (1747-1793), duc de Chartres jusqu'en 1785, fut ostensiblement anglomane, autant par hostilité envers Louis XVI que par goût personnel. Le roi exigera son retour en France avant la fin d'août 1784.

4. Armand-Louis de Gontaut (1747-1793), duc de Lauzun, deviendra duc de Biron en 1788. Célèbre pour ses frasques, mais brillant officier, il avait combattu en Amérique et avait été nommé maréchal de camp en 1783.

5. Louis-Gabriel de Conflans (1735-1789), marquis d'Armentières, était lieutenant général.

6. Les courses de Lewes et de Brighton étaient alors très fréquentées. Les courses de chevaux remontaient en Angleterre à la fin du dix-septième siècle, mais les premières grandes courses, celles d'Ascot, ne furent pas instituées avant 1722, et le Jockey Club ne fut fondé qu'en 1750 à Newmarket et ne réussit à imposer des règles qu'après 1773. Mais les amateurs français organisèrent la première course près de Paris en 1766. D'ailleurs, l'anglomanie se manifestait souvent par une passion pour les pur-sang anglais et une tenue de cheval à l'anglaise.

celui ou j'ai abordé. tout cela ne m'a pas tenté de me trouver en aussi brillante et bruyante Compagnie. aprés avoir diné dans une [75] auberge dont la propreté ne dement pas la réputation des Cabarets anglois. je suis venu passer la soirée et coucher à Cuckfield village moins considerable que Brighthelmstone, mais aussi bien bati. cette partie du Comté de Sussex ne brille ni par la bonté du sol ni par une Culture distinguée, c'est un pays de ceux dont on ne dit ni bien ni mal. il y a à la porte de Cuckfield une maison de Campagne, qui serait digne d'etre habitée par le Bon de Tondertendronck.[1] j'ai courru y Chercher un jardin anglois. je n'ai rien vu de propre à faire le moindre plaisir. au reste le Comté de Sussex ne passe pas pour être une des belles parties de l'angleterre. avant que de pousser plus avant je dirai que quelques scavans croyent que ce fut à Brighthelmstone que césar fit sa descente en angleterrc. depuis cette époque les Ports de la Cote du Sussex ont eté aussi et plus mal traités par le galet que ceux du Pays de Caux;[2] newhaven entre autres est presque fermé par le sable. Shoream et l'embouchure de la riviere d'arundel valent un peu mieux, mais le plus considerable est rye qui ne peut cependant recevoir des vaisseaux du port de cinq ccnt tonnaux. hastings et Selsey se [76] disputent l'honneur d'avoir été le premier endroit de l'angleterre ou guillaume le Conquerant prit terre.

Le 6 à Londres

mes hotes de cuckfield ont été aussi moderés dans leurs demandes que j'ai été bien chez eux. il faut en convenir rien en france n'aproche de la propreté et des recherches qui se trouvent dans ce genre dans les Cabarets que j'ai vu depuis que j'ai mis pied à terre en angleterre. des toiles d'un blanc éclatant servent de rideaux aux fenetres et aux lits; les bois sont la plupart d'acajou ou de prunier; toutes sortes de petits meubles offrent des commodités nouvelles et inconnues; les cheminées ou l'on ne fait point de feu dans cette saison sont luisantes Comme de l'acier, un grillage de trois pouces de haut fait aussi bien qu'un Chaine angloise s'avance en forme circulaire et entre lui et la Cheminée on voit partout des pots de fleurs qui cachent l'ouverture de ce meuble inutile en été. le peuple que j'ai vu jusqu'a présent est generalement bien couvert, les enfans des simples paysans joliment vétus. depuis Brighthelmstone je voyage dans des Chaises de poste que nous nommons en france Diligences angloises. deux Chevaux conduits par un postillon les trainent trés rapidement et Ces

1. La notoriété du père de Cunégonde, incarnant la balourdise germanique, témoigne du succès de *Candide*, plus de vingt ans après la première édition.
2. Effectivement, le rivage entre Portsmouth et Douvres subissait un fort alluvionnement comblant les estuaires. Des *Cinque Ports* de cette côte célèbres au Moyen Age, seul Douvres restait actif. Shoreham, Littlehampton (à l'entrée de l'Arun) et Selsey se trouvent à l'ouest de Brighton, Newhaven, Rye et Hastings à l'est.

chevaux n'ont [77] rien de la triste mine de nos Chevaux de louage. le prix de la poste est de peu de Choses plus Cher qu'en france, et l'on est bien mieux servi, des que l'on vous voit arriver Chacun s'empresse de vous servir et ce n'est pas cette agitation étourdie de nos postillons françois.

la route de Cuckfield à Londres n'est pas plus remarquable en bonne culture que celle de Brighthelmstone à Cuckfield. le bourg de Rygate est le seul endroit un peu considerable jusqu'a Sutton. de ce village a onze milles de Londres jusqu'a cette capitale ce n'est à vrai dire qu'une suite peu interrompue de maisons qui semblent baties de la veille presque toutes ont pour cour un petit jardin et en avant une rangée d'arbres sépare le chemin des pietons de la grande route. on ne voit pas une seule de ces maisons de Campagne qui puisse se Comparer à nos jolies maisons des environs de Paris,[1] mais leur ensemble, leur propreté l'agreable bigarrure des couleurs dont elles sont couvertes la transparence des fenetres multipliées à l'infini, la belle verdure des arbres qui les joignent les barierres historiées et peintes en blanc tout cela forme un Coup d'œil d'une gaité et d'un agrement qui surprennent. l'immensité de la ville, la largeur des principales rues surtout dans la nouvelle ville étonnent également, mais aussi qui a vu une belle rue de Londres les a toutes [78] vues, et leur uniformité n'est pas corrigée par de ces beautés d'architecture que devroit offrir une Capitale de cette importance.

je voulois en arrivant loger a une extrémité de Westminster qui se nomme la Place de Portland ce qui m'a fait traverser Londres dans sa plus grande largeur, la personne qui m'attirait dans ce quartier étant à la Campagne[2] on m'a ramené auprès de Charring Cross dans le cul-de-sac de Suffolk, ou mon Postillon m'a descendu dans une auberge fort inférieure à celle de la campagne. aprés diner je me suis rendu chez M. d'adhemar notre ambassadeur.[3] il s'est logé magnifiquement et avec beaucoup de gout mais aussi a-t il eu de magnifiques facilités par les présents de la Cour et le tems qu'il a mis avant d'ouvrir sa maison; c'est l'avant derniere de celles qui terminent la ville du coté d'hyde

1. En fait, c'est sur les bords de la Tamise, en amont de Londres, autour de Richmond, que Bombelles aurait pu voir de belles maisons de campagne dans de jolis sites.

2. Portland Place est une avenue, à l'époque la plus large de Londres, bordée de superbes demeures édifiées à partir de 1778 sur des terrains au sud de Regent's Park, appartenant au duc de Portland. C'est là que résidait Mrs Blair que B. ira retrouver près de Birmingham.

3. Jean-Balthazar, comte d'Adhémar (1731-1791), dernier représentant d'une antique famille que l'on croyait éteinte, dut longtemps lutter pour faire reconnaître ses droits. Il fut enfin admis aux honneurs de la Cour, fait colonel en 1767, puis comte d'Adhémar en 1771. Bien que considéré comme intrus par les vieilles familles et les courtisans, il finit par s'imposer à la Cour. Nommé ambassadeur à Londres en 1783, il s'avéra rapidement peu fait pour cet emploi; de surcroît des soucis de santé l'amenèrent à délaisser son poste dès 1785. M. de la Luzerne le remplacera en 1787.

parck.[1] sa situation est agréable en été, ayant autour de lui les trois principales promenades de Londres mais en hiver il est au bout de monde.

on dine à six heures à Londres et je l'ai trouvé à table ayant chez lui, un francois M. le comte de Ségur,[2] M. Bertier l'intendant de Paris,[3] un des deux fils de M. foulon,[4] M. Barthelemy[5] qui est arrivé hier et trois autres francois attachés à l'ambassade, deux secretaires particuliers et M. de Cambise neveu de M. d'adhemar.[6]

[79] j'y ai aussi trouvé M. et M^{de} de Kagueneck le mari est ministre de l'Empereur à Londres. M. le Cte de jarnac[7] est venu en sortant de table on a fait un peu de musique et à minuit, à l'heure ou l'on songe à souper j'ai été me Coucher dans un lit ou j'ai été fort incommodé des punaises choses dit on fort communes dans toutes les maisons de cette ville.

Le 7.

J'ai commencé mes Courses par aller voir le quartier du Pont de Westminster. on passe devant les restes du Palais de Withehall et l'on voit la fenetre, murée depuis, par ou sortit Charles Ier pour aller perdre la tete sur un échaffaud.[8] la statue de ce malheureux Prince statue équestre moins mal modelée que celle des autres places Publiques de Londres est dans le Carrefour prés du lieu de son supplice. passant de la par la Caserne des gardes à Cheval et le parc de st james j'ai été voir le Palais de ce nom, ou demeure le Roi.[9] il est difficile de

---

1. L'ambassade de France se trouvait alors à Hyde Park Corner, pratiquement à la campagne.

2. Louis-Philippe, comte de Ségur (1753-1830), avait fait campagne en Amérique et venait d'être nommé ministre plénipotentiaire en Russie. Dans ses *Mémoires* (ii.76-81, éd. 1827) il évoquera les six semaines qu'il passa à Londres avant de rejoindre Saint-Petersbourg.

3. Louis Bertier de Sauvigny (1737-1789), intendant de la généralité de Paris, depuis 1771 en fait, et 1776 en titre, sera massacré en 1789, en même temps que Foullon, son beau-père.

4. M. Foullon (1715-1789), le financier avait en fait trois fils, l'aîné étant né en 1750.

5. François Barthélémy (1747-1820) servait dans la diplomatie depuis 1768; il avait été à Stockholm auprès de Vergennes, puis à Vienne, bras droit de Breteuil. Homme de grande valeur, il mènera de fait l'ambassade de Londres jusqu'en 1792. Ses mésaventures sous le Directoire sont bien connues. B. le connaissait de longue date et l'appréciait beaucoup. 'J'ai été ce matin à Paris pour y embrasser mon ami Barthélémy qu'on vient de faire revenir de Vienne pour l'envoyer au plus tôt chargé d'affaires à Londres' (*Journal*, 17 juillet 1784). Barthélémy rendra beaucoup de services à B., entre autres en faisant suivre sa correspondance.

6. M. de Cambise, né en 1748, avait fait la guerre d'Amerique comme officier de marine.

7. Le comte de Jarnac est probablement ce Rohan-Chabot qui deviendra général.

8. Le palais de Whitehall, qui avait été reconstruit au début du seizième siècle et était devenu résidence royale depuis Henri VIII, brûla en 1695; il n'en resta guère que la salle des banquets*, chef-d'œuvre d'Inigo Jones achevé en 1622, et devant laquelle Charles I fut décapité en 1649. La statue du roi,* œuvre du huguenot français Le Sueur, fondue en 1631, fut placée non loin de là en 1676.

9. Le vieux palais de St James* devint résidence royale officielle après 1695 et le restera jusqu'en 1837, et, de fait, la Cour est toujours supposée se tenir à St James, mais les rois n'y séjournèrent

rien habiter de plus laid en fait de grandes maisons. au bout du Parc est le Palais de la Reine qui exterieurement paroit etre mieux. on passe auprés de ce Palais ci devant à la maison de Buckingham [80] dont le Roi george III. l'a acheté en 1762 la somme de 28 000£ sterling pour en faire la demeure de la Reine, elle a un parc vaste et un manége dans l'interieur. prés de ce Palais est la barriere par ou l'on va de Londres à Chelsea, j'ai vu dans ce fauxbourg l'hotel des invalides, ou sans prévention je les Crois moins bien soignés qu'aux Invalides de Paris.[1] le batiment est bien inferieur en beauté. le jardin va jusque sur les bords de la tamise, une partie est a l'usage public l'autre est destinée a Cultiver des plantes medicinales, et en renferme dit on une multitude de trés prétieuses.

à quelque distances de l'hotel des invalides je me suis embarqué sur la tamise dans une de ces petites barques qui servent au Commerce actif des bords de la riviere. J'ai passé avec ce frele batiment sous les trois ponts de Londres, celui de Westminster, celui des freres noirs, et celui de Londres.[2] c'est à partir de ce dernier pont que Commence le port et que les gros batimens remplissent le vaste bassin qui separe la cité du fauxbourg de Southwark. le plus beau des trois ponts est celui des freres noirs. on est desagreablement surpris de voir les deux rives de la tamise bordées des plus vilaines maisons, tout ce que les tanneries ont de sale et les petits metiers bordent une riviere qui ne se decouvre qu'en passant sur les autres [81] ponts. Envain les anglois donnent-ils pour pretexte de n'avoir point embelli leur Capitale par des quais, que le Commerce trouve plus de facilité par les magasins placés sur le bord du fleuve on pouvoit, on pourroit batir sous ces quais et plus de niveau à la superficie de l'eau en grande marée les plus belles voutes, ou toute espece de marchandises seroient en entrepot et bien Conservées. quelques personnes ont pretendu que la facilité des anglois à se porter au suicide etoit un des motifs pour lesquels on avoit pas voulu leur offrir dans l'interieur de la ville la vue d'une riviere ou ils pouvoient

pas. Georges III s'installa avec sa famille dans une demeure assez modeste, du début du siècle, Buckingham House, qui fut toutefois considérée comme la demeure officelle de la reine. Ce n'est que sous Victoria que la demeure, très remaniée, deviendra Buckingham Palace. L. Dutens admettait: 'Il n'y a guère de palais en Europe qui ait moins l'apparence de la résidence d'un grand roi, et je n'y connois rien qui soit digne de l'attention des étrangers', mais il disait de Buckingham House que les souverains 'ont fait de cette habitation le Temple des Mœurs, et l'asile de toutes les vertus' (*L'Ami des etrangers qui voyagent en Angleterre*, London 1787, p.95, 97).

1. L'hôpital de Chelsea* fut fondé par Charles II en 1682 et achevé en 1690; il avait été construit sur les plans de Sir Christopher Wren pour loger 550 invalides. Les Invalides de Paris avaient été ouverts en 1670.

2. L'antique pont de Londres avait eu plusieurs prédécesseurs depuis le temps des Romains; il avait été reconstruit après l'incendie de 1666 et, en 1757, on l'avait débarrassé de ses maisons. Westminster Bridge avait été construit de 1738 à 1750, et Blackfriars Bridge, entre les deux, avait été achevé en 1769. Le pont de Chelsea est en fait celui de Battersea, modeste pont de bois construit en 1773. Tous ces ponts seront reconstruits à la fin du dix-neuvième siècle.

se précipiter. on Croiroit effectivement que c'est dans cette vue que les parapets des Ponts de Londres et de Westminster sont aussi élevés, mais le nouveau pont des freres noirs ne presente point de pareils obstacles et l'on ne remarque pas que depuis sa construction la tamise ait recu dans son sein un plus grand nombre de ces malheureux las de vivre.

Le seul batiment remarquable depuis le pont de Chelsea jusqu'a la tour de Londres est le Palais de sommerset;[1] son architecture laisse beaucoup a desirer au bon gout mais enfin c'est un grand ensemble et un monument [82] tel qu'une ville Comme Londres devroit en renfermer beaucoup. ayant pris terre au bas de la Tour que je me propose de voir dans la suite de mon voyage,[2] j'ai été à St. Paul la plus belle église de l'Europe après St. Pierre de Rome. on a nui tant qu'on a pu à ce superbe édifice en elevant un jubé surmonté d'un vilain orgue qui interromp le coup d'œil de la nefe et du Chœur.[3] Les peintures de la Coupoles se detruisent, et leur mérite a toujours été trés inferieur a celui de l'architecture du temple qu'elles décorent.[4] le Chevalier Wren qui dirigea les travaux entrepris en 1675. et terminés en 1710. a developé dans St. Paul toutes les beautés de l'art on peut cependant lui reprocher la pesanteur des quatre principaux piliers qui supportent la Coupole.

Jamais on n'a vu l'avidité dans son excés le plus honteux que de la maniere dont les gardiens de l'eglise ranconnent les Curieux. avant de rien montrer ils Capitulent sur[5] les prix qu'on leur donnera tout en vous remettant un petit livret ou ces prix sont tarifés. à Chaque different objet il se présente un autre demandeur, ces Messieurs m'ont fait voir une bibliotheque peu curieuse, un escalier auprés de [83] 90. degrés tous soutenus par celui du bas, cet escalier est d'une legereté et d'une élégance que nos architectes francois feroient bien d'imiter. d'autres escaliers ordinaires Conduisent sur la balustrade exterieure de la Coupole, là après avoir monté 534. marches on découvre lorsque le tems est Clair (et il l'étoit aujourdhui) toute l'étendue de la ville de Londres. ce Coup d'œil est imposant; la riviere au dela du pont de Londres est Couverte de batimens et cette foret de mats joignant deux rives que des milliers de maisons

1. Somerset House* fut construite à l'emplacement d'un vieux palais, résidence des reines, dans le style palladien sur les plans de Sir William Chambers de 1777 à 1786, pour y loger la Royal Academy, la Royal Society et d'autres sociétés savantes.

2. En fait, B. ne semble pas y être revenu.

3. C'est cependant l'emplacement habituel des orgues en Angleterre, où elles ne sont presque jamais placées dans le fond de la nef. Toutefois, B. avait raison, et par la suite l'orgue fut disposé de chaque côté du chœur, dégageant ainsi la perspective.

4. Les fresques de Sir James Thornhill étaient des grisailles, ce qui fit peut-être croire à B. qu'elles se détruisaient.

5. Ici *capituler sur* a le sens de *convenir de*. On payait six pence pour voir le dôme, trois pour les escaliers, trois pour la maquette (dans la bibliothèque) et trois pour la crypte.

remplissent offrent un ensemble d'une grande magnificence. on ne voit pas un seul toit désagreable et j'ai été surpris de les trouver tous Couverts d'une brique dont le rouge ne souffre point comme celui du reste des maisons de la fumée du Charbon. cette fumée qui couvre Londres d'un nuage noir en hiver nuit meme encore dans l'eté à la netteté de l'atmosphere. je ne crois pas que cette Capitale de l'angleterre ait plus de surface que Paris et quand cela seroit, on ne pourrait pas en conclure que Londres fut plus peuplée.[1] les rues y sont de beaucoup plus larges les maisons bien moins elevées, et chaque individu occupe plus d'espace, parce qu'il en faut [84] convenir; le Peuple de cette ville est sans Comparaison mieux logé que celui de Paris.

en sortant de St. Paul j'ai traversé la cité et n'y ai pas trouvé ce mouvement excessif dont on m'avoit parlé. certainement quoique les rues de ce quartier soient bien plus vivantes que celles de Westminster, l'activité de la cité n'aproche point celle de la rue St. honoré et des rues St. Denis, des Lombards ainsi que du quartier des ponts au Change et notre Dame. je reviendrai sur ce Chapitre lorsque j'aurai plus de tems pour Comparer.[2]

à mon retour d'une Course dont l'interet m'avoit empéché de sentir la fatigue j'ai été diner chez M. D'adhemar et passer le reste de la soirée chez le ministre de l'Empereur.

Le 8.

J'ai eu un grand plaisir a retrouver aujourdhui une ancienne connoissance de naples milady morton que j'y avois vu pendant prés d'un an. son mari mourut en Italie et son fils devenu pair d'Ecosse est un jeune homme de vingt quatre ans[3] qui se destine à figurer dans les affaires de son Pays, et qu'on dit propre à y jouer un role. le [85] fils et la mere m'ont également bien accueilli et fort préssé de les aller voir en Ecosse ou ils passeront prés d'Edimbourgh le reste de l'eté.

je n'ai point assez parlé de l'Etablissement de notre ambassadeur. on l'a traité si severement sur son peu de réprésentation que la vérité veut que je dise Combien en ce moment il est bien logé, son hotel est d'une recherche magnifique, et son ameublement est aussi beau que de bon gout. il fait trés honetement les honneurs de sa table qui est bien servie, et cependant il n'a pas dans

---

1. Il n'y eut pas de recensement en Grande Bretagne avant 1801. A cette date, Londres et les environs avaient 900 000 habitants. Autour de 1784, on y dénombrait 130 000 maisons, et on attribuait à la capitale 800 000 habitants, mais certains auteurs allaient jusqu'au million. Paris devait alors compter 600 000 habitants.

2. Promesse qui ne sera pas tenue.

3. George Douglas (1761-1827) devint en 1774 Lord Aberdour et 16e comte de Morton. B. avait séjourné à Naples de 1772 à 1774 auprès de Breteuil, alors ambassadeur.

l'ensemble, la forme qui conviendroit au representant d'un grand Roi prés d'une grande nation. sa Conversation est rarement d'accord avec la dignité à laquelle il voudroit atteindre; et l'on s'obstine peut etre a tort, a voir l'avanturier percé sous l'envelope de l'ambassadeur.

on va beaucoup et à propos de rien dans ce Pays ci. M. D'adhemar m'a mené passer la soirée c'est a dire une heure de tems à quatre lieues de Londres chez une Madame hobart qui passe pour etre une bonne, une trés bonne femme, et trés accomodante sur les petits [86] arrangemens de société. son assemblée etoit Composée de plusieurs jeunes femmes assez jolies; deux juives chantoient des Duos pour divertir la Compagnie et de ma vie je n'ai entendu une plus triste musique. tout le monde dans les momens d'intervale parloit anglois et dans cette occasion comme dans bien d'autres je me suis repenti d'avoir negligé de scavoir une langue pour laquelle j'avois de la facilité. un general nommé johnston[1] a pris quelque pitié de moi, et le ministre d'hanovre prés du Roi d'angleterre[2] s'est joint à la conversation que j'ai trouvée fort interessante parce qu'on est pas difficile dans sa situation ou je suis. en revenant de l'assemblée de Mad[e] hobart dans la voiture du Ch[er] Payne[3] comme il faisoit nuit et fort noir, il regardoit à tout moment pour voir si nous n'étions pas arreté par des voleurs. on dit qu'il y en a une grande quantité aux environs et dans Londres meme quoique on se plaigne moins cette année que la précédente. ces voleurs ont assez généralement pour principe de ne point vous dévaliser entierement et de se Contenter d'une somme pourvu qu'elle soit honete comme de dix à trente guinées. ils sont montés sur de bons Chevaux et n'assassinent pas attendu que les Loix d'angleterre n'ont pas decerné la meme peine contre [87] le vol simple ou celui qui est accompagné de meurtre. il seroit cependant à desirer que le gouvernement prit des mesures plus efficaces pour assurer et les grands chemins et les rues de Londres.[4]

1. Peut-être le général James Johnston (1712-1797), dont Gainsborough nous a donné un superbe portrait peint vers 1764.
2. Georges III était certes à la fois roi de Grande Bretagne et souverain du Hanovre, mais il n'y avait pas de liens organiques entre les deux pays qui restaient totalement séparés officiellement, d'où la présence, qui peut surprendre, d'un représentant du souverain du Hanovre à la Cour de Saint James.
3. Voir II.257; p.315.
4. B. est mal renseigné; le vol sur les grands chemins, même sans effusion de sang, valait la corde au coupable, mais les voleurs évitaient les violences inutiles et les victimes renonçaient à porter plainte. Il y avait certes beaucoup de voleurs, mais le danger réel était multiplié par la crainte. En cinq mois, B. ne sera jamais dévalisé, et les relations des nombreux voyageurs français dans le dernier tiers du siècle ne montrent aucune victime des malandrins anglais.

Août 1784

Le 9 à Tetsworth dans le comté D'Oxford

l'acquisition a faire de differentes Choses necessaires pour mon voyage dans l'interieur de l'angleterre a été cause que je n'ai pu partir de Londres qu'à une heure et demie après midi. deux routes conduisent de cette ville à oxford l'une la plus belle dit on passe par brentford maidenhead*a* et henley;[1] mais je voulois voir Chemin faisant Mylord schelburn et pour cela il falloit suivre la route qui s'écarte sur la droite de la tamise. de ce coté, les environs de Londres n'offrent point la meme suite d'habitations agreables comme dans la partie de comté de surrey et ce qui j'ai vu de celui de middlesex est peu remarquable. uxbridge (la premiere station de la poste) est un bourg assez Considerable; aprés avoir passé la petite riviere de Coln le Pays devient plus riant et le valon de high Wickham [High Wycombe], ou Chipping Wicombe est embelli par la vick [Wye] dont le cours sinueux est bordé de belles prairies couvertes de bestiaux, et de tout ce qui compose une heureuse variété dans le Paysage. [88] avant d'arriver à Wicomb on traverse le bourg de baconsfield [Beaconsfield] ou le fameux poete anglois Waller est né.[2] dans le milieu de la grande rue de Wicomb est une grille, qui sert d'entrée à un joli jardin dont les allées tournantes et partagées par deux bras de la riviere conduisent à la maison de Lord schelburn. il venoit de se mettre à table lorsque je suis arrivé j'en ai été tres bien recu et il m'a présenté à sa femme qui parle ainsi que lui assez facilement le francois.

Lord schelburn observe en ce moment ci, au moins en apparence une neutralité Complette dans les affaires dont il a eu cidevant la direction. un sourcil épais donne à sa figure une sévérité qu'il adoucit par un sourire plus gracieux ce semble que propre à établir de la confiance. tout le monde paroit s'accorder à attribuer à cet ex ministre une finesse qui frise de bien prés la fausseté. ses finances étoient en trés mauvais ordre, mais on croit généralement qu'il les a entierement rétablies pendant son ministere. il m'a beaucoup vanté les procédés de M. de Vergennes à son égard, et tout en me disant qu'il ne se meloit plus des affaires publiques sa Conversation a presque entierement roulé sur la politique.[3] [89] en me parlant de celle de l'Empereur, il m'a dit avec

---

a. comté de Berk.

1. Il s'agit de la route qui suit la Tamise. B. l'empruntera au retour.
2. Edmund Waller (1606-1687), poète qu'un exil en France sous Cromwell fit connaître des hommes de lettres français, et qui fut assez proche de l'esprit classique pour être apprécié de ceux-ci.
3. William Fitzmaurice Petty (1737-1805), 2e comte de Shelburne et baron de Wycombe à partir de 1761. Après avoir servi brillamment dans l'armée, il se consacra à la politique et combattit vigoureusement la politique de Lord North. A la chute de celui-ci, il entra dans le cabinet de Lord Rockingham, puis fut à son tour chef du gouvernement de juillet 1782 à avril 1783. Ses adversaires, ne lui ayant pas pardonné ses négociations avec Vergennes qui aboutirent à un armistice de fait dès

gaité; ce Prince fait comme notre jeune M. Pitt, il se retire lorsqu'il voit qu'il s'est trop avancé.[1] M. Pitt effectivement s'est vu forcer de retirer diverses propositions pour de nouveaux impots qu'on auroit pas laissé passer, de meme l'Empereur rabattra de ses demandes envers la hollande.[2]

Lord schelburne m'a donné une lettre pour un scavant d'Edimbourgh.[3] en écrivant cette lettre qui ne devoit renfermer que des choses indifférentes j'ai vu qu'il peinoit pour rendre ses idées et il a fait au moins six ou sept ratures avant de terminer cette fameuse épitre.

en sortant de Wicomb on voit un Parc charmant qui environne un assez bon Chateau appartenant a M. dashvoot Baronet; un temple sur une hauteur sert de perspective au grand Chemin et paroit devoir dominer toute la Contrée.[4] la nuit m'a pris prés de tetsworth et j'ai trouvé dans un petit village une trés passable auberge.

le 10. à Weston, dans le comté de Warwick

une pluie froide est venue à la suite d'un froid si grand pour la saison qu'hier on a ramassé de la glace sur un bassin des jardins de Lord [90] Schelburn. les anglois disent que cet été si semblable aux derniers jours de l'automne, est particulierement désagréable, et que Communément ils ont à peu de Choses près les memes étés que nous.[5] j'ai peine à le croire et la beauté constante de

janvier 1783, provoquèrent sa chute. Lord Shelburne fut un premier ministre scrupuleux, intègre, refusant toute compromission. B. semble avoir été influencé par les ennemis de Shelburne qui l'appelaient '*the Jesuit of Berkeley Square*'; il le jugera plus favorablement par la suite (voir II.223; p.296). Lord Shelburne avait perdu sa première femme en 1771; il avait ensuite épousé Lady Louisa Fitzpatrick.

1. William Pitt (1759-1806), fils de Lord Chatham, député dès 1781, Chancelier de l'échiquier dès 1782 sous Lord Shelburne, et premier ministre en décembre 1783, avait dû multiplier les impôts pour faire face à une situation financière catastrophique (voir Annexe VIII).

2. Les rodomontades de Joseph II mirent en émoi les diplomates de toute l'Europe pendant l'été et l'automne 1784 (voir II.228; p.298).

3. Probablement Adam Smith (voir II.9; p.171). Par la suite Lord Shelburne fera parvenir d'autres lettres de recommandation à B. (voir II.223; p.296).

4. A West Wycombe, Lord Shelburne n'avait qu'une résidence assez modeste*, éclipsée par le magnifique domaine,* somptueusement aménagé de 1735 à 1761 par Sir Francis Dashwood, homme politique influent, érudit et amateur éclairé (voir II.250; p.310), qui y avait multiplié fabriques et folies et y avait élevé un mausolée gigantesque,* le temple que remarque B.

5. Le *Gentleman's magazine* confirme pour cette date du vent de nord-ouest produisant dans la journée une température maximale de 10°C. et de la gelée blanche à l'aube. Par ailleurs, Faujas de Saint-Fond indique pour le 30 août à 70 milles au nord de Londres 'un froid piquant' et précise que le thermomètre était 'à un demi degré au dessous de la congellation' et qu'il vit 'de glace qui avoit plus d'une demi ligne d'épaisseur' (*Voyage en Angleterre, en Ecosse et aux Iles Hébrides*, Genève 1797, i.152). De surcroît, il est bien possible que Saint-Fond, qui rédigeant sa relation plus de dix ans après son voyage confond parfois les dates, se soit trompé de vingt jours.

la verdure sa superiorité sur celle de france supose une humidité dans le terroir que rarement les grandes Chaleurs ne sechent.

La premiere station de Poste, aprés tetsworth est oxford, cette ville fameuse par son université; elle s'annonce bien de dehors, un grand nombre de Clochers, le dôme de la bibliotheque de Radcliffe, et une multitude de tours forment un beau coup d'œil.

oxford renferme vingt cinq colleges dont le moindre consiste en un beau batiment et un jardin spacieux pour l'interieur d'une ville. au dehors sont encore des promenades publiques et le pont bati sur la charwell, à l'entrée de la ville a pour ornement des balustrades de fort bon gout et dont l'etendue présente une grande dépense.[1]

un hongrois établi à oxford pour faire le Catalogue des livres et manuscrits en langues orientales a bien voulu se Charger de me faire voir les bibliotheques, la salle des statues antiques, celle [91] ou sont les marbres d'arundel, et la galerie des Tableaux qui représentent les grands hommes de l'angleterre et des autre nations. cette galerie occupe le second étage de trois Corps de batimens,[2] et on y voit la statue en bronze de Lord Pembroke, un des grands bienfaicteurs de l'université et qui fonda un des Colleges qui en font partie.[3]

oxford renferme dans ses divers Colleges environ deux mille étudians et les établissemens pourroient suffire a dix et douze mille. ce moment ci est celui des vacances et il ne reste à la ville que ceux des écoliers qui n'ont point de Connoissance dans le Pays circumvoisin et qui sont trop pauvres pour voyager. leur habit uniforme a oxford est une espece de soutane avec un bonnet noir surmonté d'un quarré de carton recouvert de noir et orné d'une houppe de soye, les gentilshommes se reconnoissent à ce qu'ils ont la houppe en or. ce bonnet Constamment porté doit avoir l'inconvénient de manger les Cheveux des jeunes gens et paroit ajouter à l'air de pédanterie qu'ils portent dans leurs discours et leurs actions. les directeurs des Colleges rencherissent sur ce point. ils ont la gravité empesée des ministres du saint évangile en allemagne. à en croire [92] le S^er jean uri mon Conducteur, il s'en faut de beaucoup que

1. B. découvre un Oxford d'allure beaucoup moins médiévale que de nos jours, car, à partir de 1660, on avait beaucoup construit ou remanié dans le goût palladien, voire baroque, comme pour la Radcliffe Camera* édifiée de 1737 à 1748 sur les plans de James Gibbs. Le pont sur la Cherwell* avait été construit vers 1770 sur les plans de J. Gwynn, dont B. verra d'autres ouvrages à Worcester, Shrewsbury et Henley.

2. B. visite la bibliothèque créée par Sir Thomas Bodley et ouverte en 1602 et les bâtiments contigus* édifiés de 1613 à 1624. Il voit aussi l'Ashmolean Museum* tout proche, ouvert en 1683, contenant diverses collections dont celle donnée en 1667 par Lord Henry Howard, comte d'Arundel: des marbres grecs d'intérêt surtout épigraphique rassemblés dès le début du dix-septième siècle.

3. La statue* de William Herbert, 3e comte de Pembroke, chancelier de l'Université sous Jacques Ier, est de Le Sueur.

l'université vaille, ce qu'on la vante en Europe. les langues orientales par exemple y sont totalement négligées[1] et les Eleves jouissent de trop de liberté. j'ai acheté un livre que mon fils trouvera parmi ceux de ma bibliotheque qui contient en détail tout ce qu'oxford offre de curieux. je l'y renvoye pour ce qui pourroit l'interesser.[2]

en quittant oxford je me suis rendu immediatement à Voodstock, ce bourg autrefois un domaine de la Couronne et ou plusieurs Roi d'angleterre passoient une partie de l'été fut donné, par la Reine anne et le parlement au Duc de marlborough et à sa posterité, en reconnaissance de ses grandes actions et aprés le gain de la bataille de blenheim en 1705. le magnifique Chateau dont je vais parler fut bati au dépens de la nation angloise, et le Parlement fit aussi construire le pont qui se voit dans le parc.[3] alors, il couvroit de sa riche et vaste architecture un ruisseau peu digne d'un pareil monument jusqu'à ce qu'il y a quelques années que Brown le plus celebre des jardiniers de l'angleterre[4] reunit un volume d'eau qui se presente dans tous les tems de l'année comme une belle riviere. cet artiste [93] surpris lui meme de l'air de vérité et de la grandeur qu'il avoit donné à son ouvrage s'écrioit en l'admirant: o tamise tu ne me pardonneras jamais de t'avoir crée une rivale.

le Bourg de Woodstock est animé, tant par le voisinage de Blenheim que par l'industrie des ouvriers en acier qui y sont. on y travaille aussi en gants et dans les autres parties de metier de Chamoiseur. ce bourg envoye deux députés au Parlement, et par abus c'est le Duc de marlborough[5] qui les nomme de fait parce qu'il est le seigneur des électeurs et qu'ici à peu prés comme ailleurs la

1. Il y avait toutefois alors un professeur d'arabe.

2. Depuis le début du siècle, Oxford était un but de voyage et les visiteurs y affluaient surtout en été; on y trouva donc très tôt des guides détaillés. En 1759 parut *The New Oxford guide, or companion through the University*, souvent réédité.

3. John Churchill (1650-1722), 1er duc de Marlborough, s'illustra pendant la Guerre de Succession d'Espagne. Il sauva l'Autriche en écrasant le 13 août 1704, à Blenheim (Hochstedt) en Bavière, les troupes commandées par le maréchal de Tallard. Puis, remportant les victoires de Ramillies (1706). Oudenarde (1708) et Malplaquet (1709), il mit pratiquement la France à la merci de l'Angleterre et de ses alliés. La reine offrit le domaine de Woodstock et une aide substantielle et le parlement vota £240 000. On fit appel aux meilleurs artistes et les travaux avancèrent d'abord rapidement, puis se ralentirent après le disgrâce du duc en 1710. La construction du château* dura de 1705 à 1722, et celle du pont* de 1708 à 1717.

4. Lancelot Brown (1716-1783), surnommé Capability Brown, imposa à l'aristocratie anglaise une nouvelle conception du jardin, balayant le jardin symétrique et les perspectives régulières au profit d'amples compositions organisées autour de larges plans d'eau, avec de vastes espaces modulés par de gros massifs d'arbres. A sa mort, il avait aménagé, en une quarantaine d'années, plus de deux cents domaines et donné à la campagne anglaise un nouveau visage.

5. George Spencer (1739-1817), 4e duc de Marlborough à partir de 1758, est décrit comme un homme réservé, mais courtois et charitable. N'ayant aucune ambition politique, il se consacra à l'embellissement du domaine dans le goût nouveau.

puissance de celui qui recommande a de grands droits sur ceux qui recoivent les recommandations.

en arrivant à l'auberge de Woodstock je croyois pouvoir aller au Chateau sans difficulté; mais je m'étois fort trompé. le Duc et sa famille y sont en ce moment et recoivent le mardi la noblesse des environs; alors on tient apartement et ces fiers gentilshommes anglois sont trés, mais trés respectueux envers les Pairs d'angleterre surtout envers les Ducs auxquels lorsqu'ils leur parlent en francois ils donnent le Monseigneur.

aprés avoir fait écrire mon nom sur une carte et me l'avoir [94] fait redemander à plusieurs reprises on me laissoit recevoir à la porte du Chateau une bruine qui me géloit. de tems à autre on venoit me dire que mon Conducteur pour voir les jardins viendroit bientot mais que je ne verrois pas les apartemens à Cause de la solemnité du jour. je voyois passer devant moi des figures parées à toute outrance qui descendoient de bons Carosses bien attelés; des femmes grotesquement habillées et Coefféés etoient accompagnées d'hommes bien et proprement mis. un d'entre eux m'ayant pris en pitié est venu à moi et m'ayant adressé fort honetement la parole en bon francois je lui ai conté que depuis trois quarts d'heures je croyois avec quelque raison que moi et mes gens servions de jouet à ceux du Duc de marlborough.[1] sur le Champs il m'a fait venir le maitre jardinier et tandis que je me promenois M. scheldon, mon obligeant anglois ayant instruit le Duc des difficultés faites par ses valets tous les ordres ont été donnés pour m'ouvrir les apartemens; un grand nombre de tableaux de Rubens de Rembran de leonard de vinci, du tintoret, de Raphael, de Vandyck de ténier de Wovermans, et d'autres Celebres peintres comme le titien, annibal carracio et notre Poussin, ornent des pieces de la plus belle dimension. la bibliotheque, le perystile, la Chapelle de Blenheim, sont d'une [95] grandeur et d'une décoration dignes par la sculpture et les marbres de se trouver dans le Palais d'un Roi. nous n'avons point de seigneur en france si j'en excepte nos Princes du sang qui aient à la Campagne un établissement qui approche de la majesté de Blenheim.

L'architecte attaché aux vraies regles de son art n'a rien a y voir. des tours massives et sans objets surchargent des batimens ou on n'a rien épargner pour rendre ce Palais aussi magnifique que le devoit etre un édifice donné par une grande nation à un général qui en avoit bien mérité.[2]

1. Si les grands seigneurs ouvraient de bonne grâce leurs parcs et leurs chateaux aux visiteurs, leurs serviteurs, tout en exigeant de gros pourboires, se montraient souvent arrogants, en particulier à Blenheim. Dès 1768, Arthur Young se plaignait de 'the excessive insolence of the porters at the park gate and that into the courtyard ...' (*A six weeks tour through the southern counties of England and Wales*, London 1768, p.96).
2. Sir John Vanbrugh (1664-1726), l'architecte qui réalisa le pont et le palais, conçut celui-ci, non comme une demeure, mais comme un monument colossal rappelant les victoires de l'Angleterre

tout homme sensé de quelque nation qu'il soit doit etre surpris de l'emphase avec laquelle le Duc de marlborough a triomphé de ses ennemis. dans Cinq ou six entroits on revoit la prise du maréchal de tallard et un jour suffiroit à peine pour lire les inscriptions qui surchargent une Colonne elevée au milieu du Parc et sur laquelle est une mauvaise petite statue du vainqueur de Blenheim, enfin le Chateau est a cet égard aussi insolemment Choquant pour un francois que l'est pour tout Cosmopolyte sensé la Place de victoires à Paris.[1]

[96] trois heures de promenade dans le jardin et le Parc de Blenheim n'ont pas à beaucoup prés suffi pour rassasier ma Curiosité.[2] la cascade, la riviere, les divers sites ne sont point des joujoux comme dans nos soit disans jardins anglois, celui dont je parle est à ces jardins comme un superbe édifice à la maison d'un petit bourgeois qui veut dans son étroit pavillon reunir les merveilles de la grece et de Rome. à Blenheim et dans les grands parcs de l'angleterre, de vastes scenes[3] embellies par mille sortes de feuillages, au pied desquels semblent naitre naturellement des fleurs, sont vivifiés par le mouvement des nombreux animaux qui semblent s'etre apropriés ces beaux lieux. là, c'est une bande de trente daims, plus loin un troupeaux de bœufs aussi gras que ceux des environs de thoun et de fribourg en suisse,[4] des Chevaux fringans s'ouvrent un passage à travers des moutons dont la laine proprement entretenue, portera bientot son superflu dans les manufactures des beaux Draps anglois.

en admirant combien l'art a preté avec gout, des Charmes à la nature dans les jardins de Blenheim, on est cependant forcé de Convenir que lorsque le Pays s'y refuse absolument, en faisant [97] de superbes choses on ne peut gueres parvenir a en former de riantes. Louis XIV a enterré des milliards dans les jardins de versailles et l'ennui n'a pu en etre écarté. avec une dépense digne d'un souverain on n'est point parvenu à oter aux jardins de Blenheim, cette impression de tristesse[5] qui rapelle que ce fut dans le meme local qu'en 1173.

sur la France, et où l'orgueil national s'exprime avec une démesure baroque.

1. C'est surtout à la vaniteuse épouse du duc que l'on doit les représentations de la défaite de Tallard en bas reliefs, en tapisseries, en peintures, en grisailles, et les monuments ostentatoires, comme l'arc de triomphe (1723) et la colonne de la Victoire (1730), de 38 m. de haut, avec une très longue inscription composée par Lord Bolingbroke. La place des Victoires à Paris, aménagée de 1684 à 1691, est une des manifestations de l'orgueil de Louis XIV.

2. Le domaine de Blenheim était gigantesque: son mur d'enceinte s'étendait sur 18 km. et enfermait plus de mille hectares. A l'origine on y aménagea un jardin régulier sur plus de 30 hectares et on y planta de longues avenues. Dès 1764, Brown avait entrepris de transformer l'ensemble en parc paysager, orné de fabriques dessinées par Chambers; une partie plus soignée, *the pleasure grounds*, couvrait 80 hectares dont l'entretien exigeait 60 jardiniers.

3. *Scène* a alors le sens de *paysage* ou *décor*.

4. B. a visité la Suisse de mai à juillet 1781.

5. L'impression de tristesse était surtout due à la pluie fine et froide qui avait transi B. Tout comme l'histoire d'Héloïse et d'Abélard, le drame de Rosamund avait beaucoup touché le dix-huitième siècle. Vanbrugh avait souhaité conserver les ruines de Woodstock tant pour leur caractère

la belle Rosemonde maitresse d'henri II, devint la victime de la jalouse fureur de la Reine. cette Princesse parvint à penetrer dans le Labyrinthe de Woodstock ou henri ayant renfermé sa maitresse s'etoit flatté qu'elle y etoit à l'abri de ce qu'alienor tramoit contre sa rivale.*

M. scheldon ne s'est pas borné à me faciliter la vue de Blenheim; il a absolument voulu me mener chez lui en me disant que j'y serois mieux qu'à la poste de Chapel house. M^de scheldon etoit au moment de se Coucher lorsque je suis arrivé avec son mari dans son Chateau. une francoise du bon air auroit été d'une humeur infernale en se voyant ammener ainsi un étranger. ici on m'a recu avec autant d'honeteté que le maitre de la maison m'en avoit [98] déjà marqué.

Le 11. à Clent.

il faut que je dise cependant à quoi j'ai du l'acte d'hospitalié que M. scheldon a exercé envers moi; il a voyagé en france et passé trois ans de sa vie à Lunéville ou il Connu le Comte de maulévrier,[1] des qu'il m'en a scu l'ami il n'en a pas fallu davantage pour m'en faire accueillir. M. scheldon a un Cousin Colonel au service du Roi de france leur famille est Catholique et le seigneur de Weston ennuyé d'etre éxclu des Charges de son Pays en raison de sa religion[2] a embrassé depuis peu l'anglicane. il m'a si bien recu chez lui que je dois me taire sur les reflexions auxquelles cette action donne lieu.

le Chateau ni le jardin de M. sheldon n'offre rien de curieux. son Pere grand Chasseur, grand buveur, grand mangeur, lui a laissé des debtes à payer qu'il veut éteindre avant de se livrer a l'embellissement de son manoir mais il pourra en faire une habitation trés agréable.

je n'ai pu partir de Weston qu'à prés de deux heures aprés midi parce que les déjeuners anglois occupent une bonne partie de la matinée. les chevaux de

a. hume révoque fort cette histoire en doute, mais il m'a convenu d'y croire.

pittoresque que pour la légende romantique qui s'y associait, mais la duchesse fit disparaître les derniers restes du manoir gothique. David Hume, dans son *Histoire de la Maison de Plantagenêt* (édition en français 1765), affirmait que la belle Rosamund avait fini ses jours paisiblement et pieusement dans un monastère voisin.

1. Edouard Colbert (1754-1839), comte de Maulévrier, militaire puis diplomate. Lunéville, résidence des ducs de Lorraine, connut sous le roi Stanislas une vie sociale et intellectuelle très brillante, attirant beaucoup d'étrangers voulant jouir de la culture française sans être sur les terres du roi de France.

2. Comme en Angleterre les catholiques n'avaient pas accès à l'armée, il était fréquent que les cadets de la noblesse catholique anglaise servent en France, sans que cela soit considéré comme une trahison. S'ils n'étaient plus soumis à des mesures vexatoires, les catholiques restaient privés de tout droit civique et politique, écartés de toute fonction officielle, exclus des écoles et des universités.

Chappel house sont venus me prendre à Weston et m'ont conduit à stratford.[1] ce bourg plus Considerable que Woodstock n'a [99] cependant pas le droit d'envoyer des membres au Parlement. c'est au dessus du pont de strattford que l'avon devient navigable. elle baigne a peu de distance de ce Pont un vieux Chateau ou le fameux Schakespeare est enterré, et ou il etoit né.[2] de strattford à alcester autre Bourg du Comté de Warwik le Pays est un peu plus boisé qu'aux environs de londres, et sa surface moins plane, les Paysages sont aussi plus agréables et les terres paroissent rendre en proportion du soin avec lequel elles sont Cultivées.

c'est entre alcester et Broomsgrove qu'on passe du Comté de Warwik dans celui de Worcester. Bromsgrowe est trés bien bati. j'a ai vu la voiture d'un Roulier dont les jentes des roues revetues de trois bandes de fer formoient un ensemble de seize pouces de large.[3] les anglois ont adopté il y a quinze ou vingt ans ces énormes roues, comme étant moins tranchantes que des roues plus étroites et devant mieux conserver les grands chemins; mais ils commencent à s'apercevoir que, vu le poids prodigieux qu'on Charge sur ces voitures le gravier se broye trop sous cette masse à laquelle il ne résiste pas.

c'est de Bromsgrove que je me suis fait conduire à la Campagne qu'habite M. Blair le mari de cette charmante femme dont j'ai déjà [100] fait mention dans ce journal. j'ai été recu comme L'Enfant de la maison, et M. Blair par le ton de sa politesse me permet de croire qu'il est Charmé d'avoir chez lui l'ami de sa femme.[4]

Le 12.

me voici à peu prés au Centre de l'angleterre et dans les environs de ses principales manufactures. Clent n'est pas du Comté de Vorcester mais il s'y trouve enclavé quoique dépendant du Comté de Stafford.[5] ici les maisons sont plus éparses que dans les Comtés qu'on traverse depuis Londres mais elles sont si multipliées qu'on en rencontre à chaque pas dans quelque sens qu'on aille. la terre quoique un peu sabloneuse est trés fertile, les paturages doivent etre excellents à en juger par la beauté des bestiaux.

M. Blair en attendant qu'il puisse faire l'acquisition d'une terre qui lui

1. Weston, près de Long Compton, était à environ 22 km. de Woodstock et à 16 km. de Stratford. Chapel House était un relais près de Chipping Norton.

2. B. peut voir de loin, non le château, mais l'église où Shakespeare fut baptisé et inhumé. Manifestement B. n'a rien d'un shakespearomane! Le pont de Stratford* remontait au milieu du seizième siècle.

3. Le *Broad Wheel Act* de 1753 imposait aux voitures, suivant la taille, la charge, le nombre de chevaux, des jantes allant de 6 pouces (15 cm) et 9 pouces (23 cm) à 16 pouces (40cm).

4. Voir Annexe I.

5. Voir Annexe II et carte particulière.

convienne loue la maison seigneuriale de Clent ou pour Cinquante guinées il est bien logé et ou il a un joli jardin. ce qui ajoute a l'agrément de son établissement c'est le voisinage du Chateau et du Parc de hagley.[1] Milord Littleton en avoit fait une des plus belles Campagnes de l'angleterre, son heritier s'etant dépeché de vivre a laissé ce bien à Milord Wescot qui Chargé de Douaires Considerables affectés sur le revenu de cette terre n'est pas assez riche pour l'entretenir avec le soin qu'elle éxige.[2] [101] malgré l'abbandon dans lequel est le parc, j'ai eu grand plaisir à en parcourir à Cheval de belles parties.

c'est aprés un Copieux déjeuner que nous avons fait notre Cavalcade. on revient diner à trois heures, on goute à six on soupe à neuf. par ce moyen la journée se passe en grande partie à table et Dieu a doué les anglois de facultés qui permettent que ce genre de vie leur reussisse à merveille. je ne pourrois le soutenir, et j'ai déjà invoqué en ma faveur la liberté anglicane. au moyen de quoi il m'a été permis de n'etre que du déjeuner et du diner. ce n'est pas la seule complaisance qu'on a ici pour moi. mon amie à trente deux ans est aussi aimable qu'elle l'etoit a dixhuit,[3] sa figure n'a rien perdu de son agrément, elle n'est devenue que plus interessante par le calme et la douceur qu'on y voit regner. mere de trois jolis enfans qui ont été nourris par elle elle s'en occupe avec cette suite que ne donne pas toujours un bon cœur, mais qui éxige une excellente tête. M. Blair a épousé sa femme par gout et conduit dans cette heureuse action par le bien qu'il en avoit entendu dire et celui qu'il est aisé de voir en elle, pour peu qu'on vive dans sa société. il lui a assuré un sort commode, à tout evénement; il lui doit en revanche le bonheur de sa vie, et [102] Connoit assez tout ce que vaut sa Compagne pour s'etre fait un plaisir de partager l'accueil qu'elle m'a fait, et pour etre sur que les inclinations de Mad[e] Blair n'ont jamais pu etre qu'infiniment éstimables.

Le 13.

M. Blair et sa femme m'ont mené promener dans les environs de leur maison. ce qui ajoute à l'agrément des Campagnes d'angleterre c'est que presque partout on a d'excellents chemins pour s'y rendre et pour Communiquer avec les moindres bourgs des environs. ces Chemins ne sont faits ni par corvées ni du produit d'une imposition mise indifferemment sur l'homme qui voyage ou sur le Paysan qui s'éloigne peu de ses foyers. croit on une nouvelle branche de route necéssaire à ouvrir; les principaux habitans circumvoisins s'assemblent,

---

1. Voir I.128; p.80, et I.187; p.111.
2. L'usage voulait que pour éviter tout morcellement d'un domaine, on attribue l'essentiel du patrimoine à un légataire unique, mais en en grevant les revenus au bénéfice d'autres ayants-droits.
3. B. avait connu la future madame Blair à La Haye en 1768-1769.

forment le devis de la dépense, le présentent ensuite au Parlement pour obtenir la permission de faire un emprunt sufisant.[1] le Chemin fait on place des péages au prorata de ce qu'on les Croit nécéssaires pour en tirer l'interet de la somme empruntée. raportent ils plus on rembourse jusqua entiere liquidation et alors il ne reste de péages que ceux qui sont nécéssaires pour fournir à la dépense de l'entretien. s'il se Commet quelque abus dans ces péages, ils sont de peu de Conséquence, et la taxe de ces Chemins n'est payée que par ceux qui l'usent; au lieu que souvent [103] on enleve chez nous des Communautes entieres au travaux de l'agriculture pour les occuper à des Chemins éloignés de leurs habitations et dont les habitans font rarement si ce n'est point usage.

en parcourant les environs de chez M. Blair j'ai rencontré une vielle femme qui a paru d'une joie melée d'attendrissement en m'entendant parler francois; c'etoit nous a t elle dit, la langue de son pere que des persécutions de religion avoit chasse de sa Chere Patrie pour lui faire chercher un asile en angleterre.[2]

Le 14.

mon amie occupée d'ajouter des amusemens au plaisir que je trouve à la revoir, a profité du premier rayon de soleil pour me montrer dans tous ses agrémens la jolie Campagne qui fit les délices du Poete Schenstone et qu'il prit un soin particulier d'embellir jusqu'a l'année 1763 ou il mourut, et fut enterré dans le village voisin du Leasowes, village bati en emphitheatre sur une Colline et qui forme un des jolis point de vue dont le Lesowes jouit;[3] ce village se nomme hales-owen, et occupera toujours une place distinguée dans l'histoire littéraire

---

1. C'est au début du siècle qu'apparurent les routes à péage ou à barrières, *turnpike roads*. A l'origine, il fallait une loi pour créer une route, puis le mouvement s'amplifiant, le *General Turnpike Act* fut voté en 1773 autorisant toute initiative après accord du Parlement. En France, la corvée royale avait été généralisée en 1738 et les intendants imposaient l'entretien des routes aux paroisses rurales, qui parfois s'en rachetaient par une contribution en argent. La corvée royale sera abolie en 1786 au profit d'un impôt.

2. On ne dispose d'aucun chiffre précis, mais on estime à environ 50 000 les huguenots qui se réfugièrent en Angleterre où ils s'assimilèrent fort bien; mais, un siècle après la Révocation de l'Edit de Nantes, les descendants des exilés conservaient la nostalgie de la France et les communautés huguenotes employaient encore le français pour le culte.

3. William Shenstone (1714-1763), doux poète élégiaque, qui, n'ayant pour tout bien qu'une exploitation d'un cinquantaine d'hectares, vécut modestement et aménagea à petits frais son domaine. Il sut profiter des dénivellations du terrain et traça un parcours permettant la découverte de beaux points de vue et de sites agrestes variés dont des inscriptions soulignaient le caractère bucolique. Ce modeste domaine séduisit les visiteurs venus admirer les grandes réalisations voisines et il fut proposé comme modèle dans plusieurs traités en anglais et en francais. Par ailleurs, les œuvres posthumes de W. Shenstone, publiées en 1764, comportaient des fragments sur l'art du jardinier paysagiste. De nombreux auteurs du dix-huitième siècle décrivirent en détail The Leasowes, dont de nos jours il ne reste presque plus rien (voir H. Dupeyron-Marchessou, *William Shenstone, le jardin d'un poète*, Paris 1975).

depuis que shenstone y repose à coté des manes de son frere [104] depuis quelques années. M. horne dont les Peres ont amassé une belle fortune dans le Commerce, est venu en jouir dans cette Contrée en acquerant le leasowes. il vit dans un bon voisinage avec M. et M^de Blair. il se promenait assez loin de Chez lui lorsque nous y avons mis pied à terre, ce qui ne nous a pas empeché de parcourir une partie de ses possessions avant que lui et sa societé ne fussent venus nous joindre.

l'abord du Leasowes annonce et promet tout ce que ce séjour champetre offre de beautés naturelles. une longue allée bien droite ne precede pas un Chateau régulier mais le Chemin qui conduit à une modeste demeure ne tourne, ne Change de direction qu'autant qu'il l'a fallu pour respecter les proprietés des voisins. on n'a point acheté a grands frais le droit de morceler leurs champs. L'art caché sous les formes heureuses de la nature a scu mettre a profit la riche verdure des enclos pour préserver une jolie route de l'ardeur du soleil et n'y laisser penetrer des rayons que par intervalles, on sort de cette route pour monter en pente douce une Colline qu'un tapis de velours verd couvre dans toute sa surface. elle est terminée par une maison que M. horn a fait batir dans le meme emplacement ou shenstone avoit trop [105] négligé l'agrement d'une habitation Commode.[1] de cette maison on decouvre un Pays immense. le Cadre de ce vaste et brillant tableau est formé par des montagnes qui se succedent et s'elevent en raison de ce qu'elles s'eloignent d'une Province dont on a le magnifique ensemble sous les yeux. plus prés de soi au pied de la colline verte, s'elevent au milieu d'un humble feuillage les ruine d'un ancien Chateau, elles sont si naturellement imitée qu'un antiquaire seroit prés d'y rechercher de nouvelles Connoissances sur le tems feodal en consultant dans ces vieux murs les ombres de nos ancetres.[2] un petit lac est au bas de ces ruines et c'est dans ce bassin que se refléchit dans tout l'entier de son groupe pittoresque, le village de hales owen.

notre promenade a commencé par un sentier, qui borde le ruisseau dont les eaux limpides vont se perdre dans le lac; cette route misterieuse, la piece d'eau qui l'avoisine sufiroient à l'ornement de bien des jardins; mais bientot s'enfonçant dans une futaye plus sombre des sites differens vous préparent par degrés à la plus délicieuse des surprises, un antre reseré en s'ouvrant d'avantage découvre [106] une infinité de Cascades, qui se jouent à travers mille espéces de sortes d'arbres, elles jaillissent contre des rochers que des mousses de differentes Couleurs joignent diversement. le plus considerable de tous offre

1. M. Horne avait non seulement rebâti la maison, mais il avait aussi acheté d'autres terres pour compléter le domaine et il avait poursuivi les aménagements.
2. En fait, il s'agissait des ruines authentiques d'une abbaye. C'est à Hagley que se dressaient les ruines factices d'un château médiéval élevées vers 1748 et qui trompèrent plus d'un antiquaire.

un abri et un siege d'ou l'on voit ces Cascades se reunir dans un Canal sinueux. leurs ondes alors Coulent au pied de la colline sur laquelle s'eleve à l'ombre de beaux arbres l'urne simple mais élegante que M. horn a fait placer dans ce lieu solitaire, comme un monument à l'honneur du mortel ingenieux dont le gout sur et délicat scut créer et rassembler des effets si touchans.

je ne pouvois m'arracher des bords de ce Charmant ruisseau. je me plaignois de ce qu'on eut pas gardé cet emplacement pour le terme de ma promenade. longtems insensible aux autres belles parties du leasowes je portois dans mon souvenir celle qui m'avoit uniquement ravi. mes aimables guides bravoient mes reproches tandis qu'il m'aprochoient d'un autre site ou l'on tombe dans l'embaras du Choix. ici des Cascades plus hardies, plus précipitées dans leurs Chutes forment un torrent qui roule rapidement ses eaux sous l'arche d'un Pont. ce pont joint les deux cotés d'un valon qui ne cede en rien aux beautés de ceux que j'ai souvent admiré en [107] suisse. ici comment souvent aussi l'ont éprouvé tous les etres pensans, je me suis vu forcé de dire ce que la bonne foi devroit faire avouer à la jeune belle qui vous attire dans un second attachement: peut etre valez vous mieux que celle qui recut mes premiers sermens, mais elle fut la premiere à m'interesser, à me plaire. belles Cascades de cette parties du Leasowes vous seriez les plus jolies du monde si dans la meme enceinte on ne vous avoit point donné de rivales.

aprés avoir joui, sans pouvoir etre fatigué, de Contempler toutes ces merveilles; je suis revenu me reposer à la maison du Leasowes. c'est la ce que les anglois apellent une ferme ornée,[1] elle l'est de tout ce que la proprete offre d'agréables recherches; les meubles, les ornemens ne sont peut etre pas d'un gout avoué par les severes regles des belles proportions, mais je les Compare à une figure irréguliere qui séduit à l'aide d'une phisonomie si piquante, qu'on ne s'arrete pas à détailler ses traits.[2]

Le 15.

quoique la religion Catholique ne jouisse d'aucun privilege en angleterre[3] [108] ses membres y ont toute la liberté qu'accordoient aux Chretiens les Empereurs

---

1. Les Anglais utilisaient le terme *ferme ornée* pour désigner un domaine où l'on conciliait l'exploitation agricole et l'aménagement de parcours agréables, la rentabilité et l'esthétique. Le terme fut employé à l'origine, vers 1730, pour le domaine de Philip Southcote: Woburn Farm, non loin de Londres. Comme la plupart de ses contemporains en France, B. se trompe donc en croyant que la ferme ornée est une demeure rustique améliorée et décorée.

2. Consulter à l'Annexe IV la lettre écrite par B. à sa femme le 14 août 1784.

3. Si les quelque 60 000 catholiques anglais et gallois et leurs quelque 400 prêtres n'étaient plus exposés à toute la rigueur des lois édictées contre eux, ces lois n'avaient pas été abolies. L'Act de 1778 supprimait seulement la prime de £100 accordée au délateur, donc limitait dénonciations et poursuites. L'annonce de mesures de tolérance entraîna les tristement célèbres *Gordon riots*, et les

Romains les plus tolerans, et les Catholiques répandus dans les trois Royaumes ne sont aucunement troublés dans le culte particulier de leur Croyance. ils ont des pretres, memes des Eveques qui sans etre avoués par le gouvernement ni avoir de correspondance avec les Chefs du ministere ont des rapports connus avec differentes personnes chargées de leur inspection. de meme que depuis un certain nombre d'années en france, les principaux ministres des huguenots sont connus dans les bureaux du departement Chargé des affaires des religionai-res, et que c'est à ces ministres estimés par leur sagesse qu'on s'adresse lorsque quelques uns de leurs Confreres s'écartent de l'esprit de Paix.[1]

Les Catholiques d'angleterre sont tranquiles aujourd'hui, et leurs pretres ont genéralement mis a profit le bon conseil que Lord Chesterfield donna a un jésuite qui vouloit se parer à ses yeux de zele qu'il aportoit pour acquerir dans sa mission des ames a Dieu 'le tems de cette belle ardeur est passé, dit le lord au réverend Pere, en vain voudriez vous prétendre au plaisir du martyre: il n'y a pas ici de l'eau à boire'.[2]

[109] un gentilhomme à deux lieu d'ici a dans un vieux Castel une chapelle décente[3] ou j'ai été entendre ce matin la plus longue des basses messes auxquelles j'aye assisté. elle a été précédée des litanies de la vierge récitées en anglois et suivie d'une priere angloise pour la Conservation des jours du Roi de la grande Bretagne. les assistans des deux sexes étoient au nombre de quarante et la Chapelle pourroit au plus contenir une centaine de personnes. a mon arrivée le Curé m'a recu dans un apartement moins propre que celui des Cabarets de ces Pays; ce gros et Court Pasteur n'a l'air de l'abbondance que sur sa personne et dans le volume de sa perruque. sa maison et ses paroissiens

catholiques restèrent privés de tout statut officiel positif. L'exercice du culte n'était permis que pour des messes basses et des offices privés.

1. Sous le règne de Louis XV, les réformés subirent plusieurs vagues de persécution, toutefois une tolérance de fait s'établit après 1763. Sous Louis XVI se multiplièrent les mesures limitant la discrimination qui aboutirent à l'Edit de Tolérance de novembre 1787. Depuis 1783, c'était Breteuil qui, en tant que ministre de la Maison du Roi, c'est-à-dire de l'Intérieur, suivait les affaires protestantes avec un esprit bienveillant et tolérant. Voir *Dix-huitième siècle* 17 (1985), consacré au protestantisme.

2. Lord Chesterfield (1694-1773), que Johnson appelait 'le lord des beaux esprits et le bel esprit des lords', fait peut-être allusion à la question par l'eau. Sans compter les victimes d'Henri VIII, l'église catholique d'Angleterre a connu 260 martyrs: 189 sous Elisabeth, 27 sous Jacques Ier et 50 autres avant la dernière exécution en 1681. La plupart furent des jésuites formés à Douai et rentrés en Angleterre pour y asssurer clandestinement leur ministère; le simple fait d'avoir célébré la messe entraînait la condamnation au supplice réservé pour haute trahison.

3. Il s'agit probablement de Harvington Hall, manoir fortifié de l'époque Tudor, propriété de la famille Throckmorton qui y fit construire une chapelle* en 1743. Arthur Vaughan en fut le desservant de 1752 à 1792. Traditionnellement, les familles nobles catholiques hébergeaient et entretenaient le prêtre chargé de leur secteur (voir I.129; p.81). (Pour cette note, et les autres consacrées au culte catholique, nous sommes redevables à la Catholic Record Society des renseigne-ments aimablement communiqués par ses correspondants locaux.)

paroissent malaisés. il m'a dit que son Eveque etoit à stafford,[1] et n'a rien négligé pour donner a ses cérémonies une dignité et une importance plus reversibles à son pesant individu qu'a la sainteté réelle de son ministere; sept a huit de ses paroissiens ont recu la Communion avec un respect édifiant.

Le 16.

le voisinage des mines de Charbon de terre, joint à ce que les denrées sont, et surtout ont été moins cheres ici que dans les environs de Londres, ont [110] été les premieres Causes de l'etablissement du grand nombre de fabriques répendues dans les Comtés de Worcester, de stafford et de schrop. le bourg de stourbridge a été aujourd'hui l'objet de ma Curiosité,[2] et le Commerce qui s'y fait dans plusieurs genres merite une attention particuliere. nous avons commencé nos visites par l'une des six manufactures de drap renfermées dans ce bourg: des batimens modestes logent des ouvriers que des machines bien combinées secondent dans leurs travaux. j'ai vu de fort beau drap et un metier d'une largeur qui occupe ordinairement deux ouvriers pour Chasser la navette; ici par une méchanique d'une éxecution facile un seul homme vaque à ce travail,[3] c'est aussi celui des ouvriers qui recoit le plus fort salaire, et son Payement n'excede pas quarante sols de france. je me propose de revoir nos manufactures en m'en retournant pour mieux Comparer les prix et les procédés. alors seulement je pourrai porter un jugement, sur celles des deux Pays qui sont les mieux Conduites.

Les manufactures de Drap ne sont qu'un objet secondaire à stourbridge en raison de celles ou se font et les verreries de table, et les verres connus sous le nom de verres de Boheme. c'est de stourbridge et des contrées adjacentes que partent pour l'angleterre et toutes les parties du [111] monde ces beaux verres d'un blanc pur et de differentes Couleurs ainsi que ces Cristaux dont l'iris éclatant, a de l'avantage pour l'effet, sur le véritable Cristal. j'ai vu pour la premiere fois comment un ouvrier adroit parvient a introduire des filets d'email dans le pied d'un verre à boire et à donner à ces 'filets' les Contours de la

---

1. La hiérarchie catholique n'avait pas été rétablie en Angleterre, mais le pays avait été divisé en quatre districts: Nord, Midlands, Ouest, Londres et Sud-Ouest, ayant chacun un vicaire apostolique remplissant les fonctions épiscopales. Le district des Midlands avait 90 prêtres pour 9000 fidèles; le vicaire apostolique depuis 1778 était Thomas Talbot, résidant dans le Staffordshire. On comptait 16 prêtres et 1500 catholiques pour le Warwickshire, et 14 prêtres et 1800 catholiques pour le Staffordshire.

2. Stourbridge, à quatre milles au nord-ouest de Clent, était surtout célèbre depuis le dix-septième siècle pour ses verreries.

3. C'est la *flying shuttle*, navette volante, mise au point par John Kay et répandue à partir de 1740.

spirale.[1] une seule des verreries qu'on nous a montrées Consomme par semaine soixante tonnes de Charbon Chaque tonne faisant environ deux mille deux cent livres de notre poids une telle Consommation semble annoncer que cette verrerie est dans un état de grande prospérité et cependant plusieurs des intéressés Cherchent a en retirer leurs fonds, et n'y parviendront peut etre qu'avec perte, parce que les Impots mis par le gouvernement sur ce genre d'industrie absorbent tous les bénéfices.[2] la gratification accordée à la sortie du Royaume ne sufisant meme pas pour laisser aux manufacturiers un recouvrement assez avantageux, il faudra ou que les impots soient diminués, ou que la plupart des verreries cessent de travailler. en allant de l'une à l'autre un de nos Conducteurs m'a fait remarquer un pieu, qui indique que [112] là fut enterrée une fille qui se Coupa la gorge. lorsqu'une personne est Convaincue de suicide, on lui refuse la sépulture ordinaire, et on l'enterre à la Croisiere de deux grands Chemins enfonceant dans le milieu de son Cadavre un pieu qui reste dans cette place jusqu'a ce que les injures du tems le fasse tomber en poussiere.[3] ordinairement ce genre d'oprobre n'est éxercé que sur le Corps de personnes qui ont indépendemment du suicide grandement démerité. sans cela les jurés nommés par leurs concitoyens pour instruire de semblables procés,[4] ont la sagesse de reunir soigneusement toutes les Circonstances qui peuvent faire mettre sur le Compte de l'alienation de l'esprit du mort ou de la morte le parti violent auquel l'une ou l'autre s'est porté; et cette folie constatée, on décide que l'enterrement sera fait dans un des lieux Consacrés à recevoir les manes des habitans decedés de morts naturelles.

independemment des verreries et des manufactures de drap on travaille la fer en gros et en ouvrages fins à stourbridge, et ce bourg a vers son extremité dans la direction de l'est à l'ouest un Canal paralelle au Cours de la riviere de stour. ce Canal a une branche qui va jusqu'au bourg de Dudley d'ou on envoye les Charbons à stourbridge [113] et de stourbridge il va joindre un autre Canal qui communique avec la saverne [Severn] et ouvre par conséquent des debouchés importans sur bristol et sur tout le Canal de st. georges qui sépare l'angleterre et l'Ecosse de l'Irlande.

1. Les verriers anglais avaient mis au point le cristal que les verreries françaises ne purent produire avant 1772. Par ailleurs, ils avaient inventé le *flint glass* à l'oxyde de plomb que l'on pouvait traiter au feu de charbon, invention permettant une production abondante grâce à la proximité des houillères. Les spirales d'émail sont caractéristiques des verres à pied anglais du dix-huitième siècle.

2. Les impôts que Pitt avaient multipliés portaient surtout sur les objets de luxe.

3. Au dix-neuvième siècle, les récits fantastiques associeront cette horrible pratique au mythe du vampire.

4. C'est le *coroner*, élu à vie par les francs tenanciers, qui exerce un office très ancien, qui lui donne des capacités judiciaires et qui en particulier le charge des enquêtes après les morts violentes ou suspectes.

Stourbridges ainsi que nombre d'autres bourgades de l'angleterre offre plusieurs établissemens de Charité; Thomas foley l'un des ancetres de Milord foley aprés avoir acquis une fortune considerable en faisant fabriquer des Clouds [clous] consacra une petite partie de sa richesse à la fondation d'un hopital ou soixante enfans de stourbridge ou de swinfort village voisin dont l'eglise est la paroisse primitive de stourbridge sont élevés avec soin.

le 17.

mes aimables hotes qui ont d'excellens et de beaux Chevaux dont ils savent user, m'ont Conduit aujourd'hui à une Campagne dans le comté de stafford nommée *enfield*, ou, *envile*, Campagne dont le proprietaire Milord stampford a de dix sept à dix huit mille Louis de revenu.[1] son habitation est vaste, mais uniquement tournée vers la Commodité du maitre du Logis et de sa famille qui consiste en neuf enfans. ce que la nature a formé dans le parc d'Enfield [114] est fort superieur en beauté à ce que l'art s'est efforcé d'y ajouter. on n'a point eu le bon esprit d'imiter les Cascades du Leasowes, et beaucoup trop de régularité dans la direction des belles eaux joint à la maladresse du jardinier qui ne vous laisse pas assez éloigner avant d'arreter le cours de ces eaux, montrent encore plus maussadement que dans nos jardins francois la peine qu'on s'est donné, les frais qu'il a fallu faire pour ne rien produire d'agréable, il n'en est pas de meme d'un petit lac sur les bords duquel on a bati à enfield un joli pavillon, ni des plantations qui du coté d'une salle gothique varient les promenades qui joignent la maison. ce qu'il y a encore de fort beau à voir C'est un plateau nommé la promenade des moutons et ou effectivement six a sept cents de ces jolis animaux paissent l'herbe. de cet emplacement on découvre de tous Cotés un pays immense et plus agréable encore à dominer qu'a voir en y voyageant. la quantité de hayes et d'arbres qui forment les enclos, nuit au Coup d'œil de niveau et l'embellit singulierement lorsqu'il plonge sur la Campagne; il seroit plus riant encore, si les maisons répandues en grand nombre, tant par leur Couleur de brique rembrunie, que par les feuillages qui les environnent n'etoient pour la plupart imperceptibles dans le lointain. souvent un gros village ne se montre que par la fleche du Clocher de son église. [115] nos hameaux beaucoup moins bien batis se détachent mieux dans le paysage, parce qu'ils occupent des places plus découvertes, et que nos maisons sont la plupart enduites de Chaux blanche. il manque encore à la beauté des vues de

1. George Henry Gray (1737-1819) devint 5e comte de Stamford en 1768. Son père avait fait aménager le domaine d'Enville* par quelques connaisseurs de ses amis ou voisins, en particulier W. Shenstone. Ce domaine était très célèbre et très visité; beaucoup de textes contemporains le décrivent.

l'interieur de l'angleterre ces rivieres utiles et sinueuses qui se trouvent dans presque tous nos grands valons. un étang, une mare d'eau est d'un prix sans egal dans la Contrée que j'habite, et le besoin ajouté a l'active intelligence des anglois pour profiter du plus petit filet d'eau, c'est avec cette œconomie distributive q'aux moyens de divers canaux, ils facilitent à leurs productions des transports dont nos rivieres ne nous offrent pas toujours un égal avantage.[1]

si l'exterieur des maisons de Paysans vues de prés est préferable à celui des habitations dans nos villages, et dans nos metayeries, l'interieur du Paysan Pauvre anglois, et il y en a beaucoup est pour le moins aussi miserable que celui de nos Cabanes. j'ai été surpris de trouver au milieu du Parc d'Enfield une maison rustique qui loge les gardes d'une jolie ménageries. je croyois sous ce chaume, qu'une bonne demeure garantissoit sufisemment et meme agréablement ceux qui l'habitent. ils n'y ont point de plafond et de mauvais carreaux les defendent mal contre l'humidité [116] de la terre. étonné de rencontrer dans le voisinage d'un Chateau ou loge un seigneur honete et bienfaisant une aussi mauvaise habitation on m'a repondu que nombre de Paysans qui n'ont point de terres ou à eux, ou a bail étoient plus mal logés encore; quant aux fermiers, quoique la chereté des denrées et la surtaxe des impots aient depuis quelques tems diminué la bonté de leur Condition c'est peut etre encore la Classe d'homme la plus heureuse que celle du fermier anglois. on nomme également farmer ou fermier en francois, l'homme qui tient la ferme d'un autre ou celui qui fait valoir son propre Champs.[2]

Le 18. à himlay dans le compté de stafford

si les anglois ont en general, l'art de s'environner à la Campagne d'objets d'un agrément plus Constant que ceux que jusqu'ici nous entassions dans nos jardins simétrisés, ils ont aussi une admiration pour tout ce qui croit autour d'eux qui les rend de ridicules entousiastes. on peut compter dans ce nombre, le bon Lord Dudley chez lequel mes amis m'ont amené pour passer avec lui la journée et rester dans son Chateau de himlay jusqu'a demain.[3] à peine etions nous descendu de voiture que des Caleches et des chevaux ont été prets. j'ai eu pour

1. Et cependant l'Angleterre ignorait le corps des Ponts et Chaussées! La conception et la réalisation des canaux étaient le plus souvent confiées à de simples *millwrights* qui habituellement aménageaient les rivières pour les moulins.
2. Voir I.186; p.111. On évaluait à 30 000 le nombre des *farmers* en Angleterre exploitant en général des domaines de 50 à 100 hectares. La moitié des *farmers* étaient soit *freeholders*, francs tenanciers, pleinement propriétaires et électeurs, soit *copyholders*, tenanciers soumis à certaines redevances et obligations. Les terres exploitées par *freeholders* et *copyholders* représentaient environ un quart des terres utiles du pays.
3. John Ward (1725-1788) devint en 1774 2e vicomte Dudley et Ward. Son domaine, bien que tout proche de la conurbation Wolverhampton-Birmingham, a survécu jusqu'à nos jours.

moi un brave Cheval mais qui comme tous ceux que j'ai monté depuis mon entrée en angleterre butoit de tems en tems et pésoit [117] à la main. leurs chevaux ne sont point assis ce qui les rend moins surs de beaucoup et moins Commodes à monter.

pendant trois heures et demie de tems, Lord Dudley menant a Coté de lui en Caleche Madame Blair nous a montré comme des merveilles les choses les plus ordinaires; un bois d'assez belle venue qu'il a fait percer et des parties supérieures d'ou l'on découvre avec étendue plusieurs riches Contrées; mais on revient dix fois vers le meme tableau en ne Changeant de place que de quelques pas. Lord Dudley montre non seulement ce qui est fait mais ce qu'il Compte faire, et c'est dans toute la force de cette phrase comme l'homme qui ne vous fait pas grace d'une laitue. ce qu'il y a de mieux chez lui c'est la situation de sa maison; quoique dominée par une Colline qui la presse, elle a sufisamment de vue sur un joli bassin et une piece d'eau dont l'emplacement ainsi que les accessoires sont dignes du fameux Brown, qui les a ordonnés. la Colline est Charmante; derriere la maison elle offre à sa base quelques rochers surmontés de magnifiques arbres; en avant de la maison elle s'abaisse graduellement jusqu'au bord de la piece d'eau, et sa pente est si douce, le gazon qui la couvre si beau, les arbres qui la mettent à l'abri de l'ardeur du soleil si toufus [118] que cette seule partie du Parc meriteroit qu'on vint de loin pour la voir. aprés un diner parfait, Milord nous a mené voir ses potagers et ses serres; tout cela est taillé dans le grand et fort bien tenu. j'ai rarement mangé soit en italie soit en france un aussi bon ananas[1] que celui qui nous a été servi entre autres éxcellens fruits.

on m'avoit parlé avec éloge du gout de Lord Dudley pour la bonne musique, et des beaux instrumens qu'il avoit Chez lui. le soir étant venu nous sommes rentrés dans un sallon que huit bougies éparses n'éclairoit gueres mieux que ne le sont les rues de Londres un jour de brouillard. au fond de ce grand et triste sallon s'eleve en face d'une Cheminée de marbre blanc d'une monstrueuse et mauvaise proportion un buffet d'orgue en bois de mahagoni.[2] les préparatifs du Concert ressembloient assez à ceux d'une priere nocturne dans un temple lutherien. un M[r] qu'on dit avoir été l'eleve favori de handel[3] s'est avancé

1. Si l'ananas, connu depuis le seizième siècle, n'était cultivé en France que depuis Louis XV, en Angleterre on en produisait, en serre, depuis le règne de Charles II. C'était, bien sûr, un fruit réservé aux plus riches tables.
2. En Angleterre peu d'églises paroissiales possédaient des orgues; par contre on utilisait beaucoup celles-ci pour la musique profane, dans les salons ou les lieux de plaisir. L'Angleterre avait alors d'excellents facteurs, tant pour l'orgue que pour le clavecin et pour le piano-forte qui se répandait depuis 1760 et commençait à évincer le clavecin. *Mahogany*: voir 1.141; p.87, note 3.
3. Georg-Friedrich Haendel (1685-1759) s'installa en Angleterre dès 1710, mais ne s'imposa comme le grand compositeur national guère avant 1740, après avoir abandonné l'opéra à l'italienne

sérieusement et bientot s'est servi du Clavier de l'orgue, comme s'il en eut juré la destruction. ce qu'handel a Composé de plus scavamment triste, a passé successivement sous la main de fer, de ce vigoureux athlete. Milord Dudley paroissait enchanté des merveilles qu'il entendoit, et je Concilois la politesse avec la verité, en lui disant que son Monsieur avoit une éxécution [119] Diabolique. ce n'etoit pas la faute de l'orgue, je crois qu'on n'en peut pas faire un meilleur. à Coté de ce bel instrument, sont un Clavecin et un forte piano, mais tous deux étoient trop discords pour que je pusse acompagner le Chant de Madame Blair ou qu'elle put s'accompagner elle meme. on n'a plus une plus jolie voix, ni une plus Charmante methode; helas! jamais un si agréable talent, ne fut mis a une plus rude épreuve; faute d'accompagnement Milord a proposé de Chanter des Canons,[1] et Mad^e Blair écrasée par la voix rauque du maitre de la maison, et celle du fameux organiste, ressembloit un peu, au rossignol qui rend des sons plaintifs à l'approche de deux oiseaux de proie. enfin à minuit on est allé se Coucher et la musique du soir m'a fait trouver presque bonne, celles que des Coqs matineux, se sont plu a faire, longtems avant l'heure ou j'aurois voulu me reveiller.

Le 19 à Clent

on peut ne pas se Connoitre en musique, on peut ennuyer son prochain en s'arretant à Chaque buisson lorsqu'on montre son Parc, et etre pourtant un fort bon homme. c'est aussi ce qu'est Milord Dudley; aprés avoir beaucoup voyagé et s'etre fait aimer dans toutes les Contrées ou il s'est arreté, il a [120] l'honeteté de se rapeller l'accueil qu'il a recu chez les Etrangers, et de la leur rendre chaque fois qu'il en trouve l'occasion. Content de figurer en sa qualité de Pair d'angleterre dans la chambre haute du Parlement il n'a jamais visé à faire parler de lui et a donner au nom de Dudley une Célébrité qui devint funeste deux fois dans le meme siecle à Dudley ministre d'henri VII, et sous le regne de marie à jean de Dudley le meme qui s'etoit fait créer Duc de northumberland.

au profit de l'oratorio. Haendel fut enterré à Westminster et les Anglais lui restèrent fidèles. Alors qu'ailleurs on se détournait de la musique baroque, passée de mode, on continua outre-Manche à exécuter son œuvre vocale ou instrumentale. En 1784, on célébra solennellement le centenaire de Haendel par des concerts et une grandiose exécution du *Messie*. L'organiste serait-il John Christopher Smith (1712-1795)? Celui-ci, fils de J. C. Schmidt, concitoyen et condisciple de Haendel dont il fut, après 1716, l'homme de confiance et le secrétaire, fut formé par Haendel et devint un musicien et un compositeur de talent, auquel le maître devenu aveugle confia, après 1752, l'exécution et la direction de ses œuvres. Voir J. F. Labie, *Georges Frédéric Haendel* (Paris 1980).

1. Depuis la Renaissance, les Anglais adoraient chanter des canons qu'ils appelaient *catches* ou *glees*. On en composa beaucoup au dix-huitième siècle, au point qu'en 1787 fut fondé le Glee Club.

c'est je crois par une heritiere de ce nom, que Milord Dudley l'a joint à celui de Ward, qui est son vrai nom de famille.[1]

cet honete seigneur n'a rien négligé pour nous retenir aujourd'hui chez lui, et voyant qu'il n'y pouvoit reussir il m'a Conduit dans sa Caleche jusqu'au Chateau de Dudley, que M. Blair vouloit me faire voir en revenant à Clent. avant de partir d'himley il a bien fallu se preter encore a entendre un peu de musique, et touché des attentions de Lord Dudley j'ai prié Madame Blair de lui Chanter le Couplet suivant qui a eu le mérite de l'a propos et d'un prompte production:

dans cette Charmante Contrée
Milord que j'aime à m'égarer!
la nature est si bien ornée,
[121]   sans que l'art vise à s'y montrer
si c'est la retraite d'un sage
c'est aussi l'asile des jeux
et tout dans votre voisinage
par vos bontés se trouve heureux.

ce dernier éloge est surtout un homage rendu à la vérité. Lord Dudley est le soutien de tous les Pauvres des environs, independemment d'aumones abondantes et judicieusement faites il nourrit chaque Dimanche un nombre Considerable de malheureux et pour etre plus sur que ce jour ou ils ne peuvent rien gagner, ils recoivent une bonne nouriture, il goute aux alimens qu'il leur fait distribuer. un homme aussi bienfaisant, aussi sensible aux maux d'autrui auroit du ne connoitre pour lui que les agrémens auxquels son rang et sa fortune l'autorisoit de prétendre, mais une foiblesse trop suivie, pour une femme prise dans la lie du Peuple et qui vivant chez lui à Londres et dans une Campagne voisine l'a subjuguée; a nui à la douceur de sa vie, et cette meme foiblesse à vraisemblablement contribué à alterer sa santé, au point qu'il ne peut marcher qu'a l'aide d'une et souvent de deux [122] personnes qui lui donnent le bras. ses amis esperent qu'il est sur le point de se séparer du mauvais sujet qui a tant abusé de son Empire. hier ce galant homme en nous montrant ses differentes pieces d'eau nous dit, que dans une circonstance récente ou la secheresse avoit privé plusieurs fabriques de l'eau qui leur etoit necessaire, il avoit permis qu'on prit de la sienne pour la mener par des conduites à ces fabriques. sans ce secours leurs ouvriers seroient tombés dans la misere. aussi nous ajouta-t-il avec l'élan d'un bon Cœur plus mes bassins diminuaient et plus je les trouvois beaux alors.

1. L'ambitieuse famille des Dudley fut très proche du pouvoir sous les Tudor et elle crut un instant atteindre le trône à la mort d'Edouard VI, en tentant d'évincer Marie Tudor au profit de Lady Jane Grey. Les Dudley tinrent le titre de comte de Warwick de 1547 à 1590 et de duc de Northumberland de 1551 à 1553. La famille s'éteignit en 1590.

Le Bourg de Dudley est à six milles d'himlay et sur une petite portion de territoire qui depend du comté de Worcester. les travaux d'industrie ont tellement Contribué à attirer et a augmenter le nombre des habitans qu'il a fallu depuis peu d'années y batir une seconde Paroisse.[1] on compte dans Dudley et ses dépendances prés de quinze mille ames. Le Bourg est bien bati et la rue principale, large et bien allignée, mais on croit entrer dans les avenues des forges de Vulcain; tout est noirci par le Charbon, Dudley etant le point central des mines Considerables qui fournissent cet utile Combustible.[2] Milord Dudley est un des grands proprietaires des puits de Charbons et dans le meme quartier il fait aussi éxploiter à son profit des carrieres de Chaux. [123] une de ces Carrieres est a un quart de lieue du Chateau ruiné de Dudley. aprés avoir gravi sur la cime d'une montagne d'ou ce Chateau anciennement forteresse dominoit sur tout le Canton, aprés avoir vu avec plaisir les belles ruines, je suis descendu à la Carriere dont je viens de parler, Milord Dudley a fait pratiquer un Canal souterrain qui en servant a dessecher Cette Carriere, facilite le transport des pierres qu'on embarque au moment ou on vient de les extraire et sur la place meme.[3] ce petit canal rend dans celui qui va de Birmingham dans l'interieur du Pays. Milord Dudley a dit on un peu trop donné dans des entreprises incertaines pour l'exploitation des charbons aussi les gens du Pays disoient ils que le noir mangeoit le profit du blanc faisant allusion au Charbon et à la Chaux; mais aujourd'hui l'un et l'autre objet paroissent en bon train.[4]

en revenant de la Carriere nous avons pris congé de Milord Dudley qui retournoit à himley. à peu de distance de Dudley il y a une vaste Commune qui va etre partagée entre tous les interessés en vertu d'un acte de Parlement.[5] quoique puissent dire les partisans de ces Communes il paroit certain qu'il est plus avantageux de mettre en grande valeur [124] au moyen des soins et de l'interet des Particuliers, un terrain qui restant vague et n'offrant que quelques paturages aux bestiaux d'une Communauté ne raporte pas la huitieme partie

1. *Paroisse* a le sens d'église paroissiale. L'exemple de Dudley montre que, contrairement à ce qui a été souvent affirmé, l'Eglise Etablie n'était pas absente des nouveaux secteurs urbanisés grâce à l'industrie.

2. Les houillères de Dudley étaient exploitées depuis longtemps, et dès 1712, on y avait installé des pompes à feu. Dès cette époque Dudley était considéré comme le centre de la *Black Country*.

3. De même que les ruines du château, le canal, appelé Dudley Tunnel, est toujours visible; il est devenu l'attraction d'un écomusée de la *Black Country*.

4. En fait, le vicomte Dudley avait une politique de mise en valeur cohérente, combinant routes, canaux, remembrements et extraction de la pierre et de la chaux. Il avait investi plus de £4000 dans les *turnpikes* et £4500 dans les canaux.

5. A l'époque on opérait à la fois des remembrements et une mise en valeur des *commons*, propriétés indivises des paroissiens, consacrées à la vaine pâture. Pour ces opérations, dites *enclosures*, il fallait un *Act* du Parlement. Entre 1760 et 1800, plus de 500 *Acts* permirent de répartir et d'enclore environ 300 000 hectares de *commons* incultes en Angleterre.

peut etre pas seulement la douzieme de ce qu'il produira en étant Cultivé séparément. on dit que ces supressions de Commune achevent de ruiner les pauvres, qui ne scavent plus ou faire paturer leurs vaches ou leurs moutons. premierement ces partages ne se font pas, sans qu'ils aient ou une portion de terre ou d'autres dédomagemens et en second lieu en augmentant la denrée dans une meme étendue de territoire, on se procure un surcroit reel de biens qui doivent rendre l'aliment du pauvre plus facile. il paroit que successivement on procedera aux partages des grandes Communes, qui beaucoup trop multipliées en angleterre lui ont fait perdre jusqu'a ce jour une partie des avantages que lui offre son sol.*a*

Le 20.

j'aurois joui aujourd'hui du jour le plus agréable qui ait lui pour moi depuis que je suis en angleterre si ma satisfaction en recevant pour la premiere fois depuis notre séparation des nouvelles de ma femme n'avoit été troublé par la Connoissance qu'elle me donne de l'accident arrivé à mon beau frere, le B^{on} de mackau, tandis que nous etions à honfleur avec M^{de} [125] de maulévrier. La baron de Bon autre beau frere du Bon de Mackau arrivoit de Provence à Paris, dans la Confusion d'un moment d'arrivée au milieu des transports de joie des deux sœurs en se revoyant après une longue abscence un petit bonhomme de huit ans le frere de ces deux Dames sorti de sa pension pour cette occasion furetoit au milieu des effets qu'on venoit de déballer. il trouve des pistolets on ne s'apercoit pas assez tot de ce qu'il en fait. un de ces pistolets étoit Chargé la détente part et deux balles entrent dans la jambe du B^{on} de mackau. il a recu ce Coup avec un sang froid surprenant et a eu le Courage de dire pour toute plainte, au moins si j'eusse merité la Croix de St. Louis[1] par cette blessure je ne regretterois pas mes soufrances. mad^{e} de Bombelles me mande qu'elles sont considérables parce que le 8, jour de la date de la lettre que je recois on n'avoit pu encore retirer qu'une seule balle; l'autre trop enfoncée dans les muscles du gras de la jambe y causoit une horrible enflure en formant un dépot. Loustenau premier chirurgien en survivance du Roi a dit qu'il n'y avoit rien d'inquietant ni de fracturé mais que le blessé soufriroit encore beaucoup et que sa guérison seroit de longue haleine. on frémit en pensant qui si l'enfant qui tenoit le pistolet

---

a. voyez page 147.

1. L'Ordre Royal et Militaire de Saint Louis fut créé par Louis XIV pour récompenser les actions d'éclat ou les services méritoires des officiers. Son ruban rouge assurait respect et estime. Bonaparte en créant la Légion d'Honneur s'inspirera de l'Ordre de Saint Louis. Bien que possédant un brevet de capitaine de cavalerie, Armand de Mackau servait dans la diplomatie; il devra attendre 1816 pour obtenir la croix de Saint Louis.

eut [126] fait le moindre mouvement, la pauvre petite Baronne de mackau pouvoit voir joindre à l'horreur de perdre un mari qu'elle aime, celle de le scavoir assassiné de la main de son frere.

Madame Elizabeth[1] ayant scu l'arrivée de ma femme à Versailles dans la nuit du 7. au 8. s'est occupée avec tant de bonté que de prudence de la maniere d'annoncer à son amie ce triste accident. pendant l'abscence de M^de de Bombelles cette aimable Princesse a bien voulu penser aussi à lui faire arranger deux bagues ou sont reunis ses Cheveux à ceux de mes deux enfans.[2] ils se portent bien à ce que me mande mon ange et Bombon ne s'est pas ressenti un instant fatigué du voyage. leur mere les a laissés à versailles en allant voir son frere à Paris mais elle les rejoindra bientot. que ne m'est il permis raisonablement d'en faire autant! mais je sens que pour leur etre plus utile un jour j'ai bien des soins à me donner encore, et bien des Connaissances surtout à acquerir. j'espere au moins m'en procurer assez pour sauver ces chers Enfans des inconveniens dans lesquels mon ignorance m'a si souvent jettés. a chaque pas que je fais dans ce Pays, distingué par son industrie, je vois combien j'en saisirois mieux les détails et les raports si on m'avoit donné quelques teintures des divers arts;[3] souvent aussi [127] la Curiosité d'un homme aussi peu préparé à bien voir que je l'ai été le met en défaut sur les objets qui en méritent plus ou moins. l'homme instruit en méchanique voit dans une manufacture ce qui échape à tout autre, l'agriculteur apercoit les avantages et les défauts d'une Culture ou cet autre ne voit presque que les couleurs qui differencient les Champs; semblable à celui qui ne se Connoissant pas en peinture perd une grande partie des beautés qui ravissent le bon peintre lorsque son œil découvre et les détails et l'ensemble d'une belle contrée.

Le 21.

il arrive souvent que l'on va Chercher au loin ce qu'on a fort prés de soi. depuis huit jours, je vais voir toutes les vües en reputation dans le Pays, et j'habite le pied d'une montagne d'ou l'on domine sur une vaste circonference qui renferme les terres les plus fertiles, les mieux cultivées et à enceinte égale peut etre une des parties les plus habitées de l'angleterre, Birmingham, Dudley, Stourbridge, Broomsgrove, d'autres bourgs, de gros villages et des Campagnes ornées à

1. Madame Elizabeth (1764-1794), la plus jeune des sœurs de Louis XVI, avait été élevée à partir de 1771 par madame de Mackau et avait eu pour compagne de jeu Angélique de Mackau qui devint en 1778 l'épouse de B. mais resta dans l'intimité de la princesse.
2. A la fin du dix-huitième siècle on échangeait fréquemment des souvenirs ou des gages d'amitié faits de cheveux présentés dans des médaillons et composant des tableautins, des motifs ou des chiffres, souvent de vrais chefs-d'œuvre miniatures.
3. *Arts* ici au sens de *métiers* ou *techniques*.

quatre ou cinq lieues à la ronde enrichissent le tableau et tous les objets rapprochés sont beaux et agréables, la maison du Leasowes y occupe une place distinguée [128] mais ce qui se présente d'une maniere Charmante vu d'aussi prés c'est le Parc de hagley. j'ai dit que ce Parc et la maison dont l'architecture est assez imposante sont l'ouvrage de Lord Lyttelton qui mourut en 1773.[1] dans ce beau lieu dont il faisait ses délices depuis une vingtaine d'années. Lord Littelton aprés avoir voulu etre un peu de tout, membre d'oposition, ministre d'Etat, chancelier de l'Echiquier, Poete, historien, incrédule, dévot, s'occupa avec plus de suite que de tout le reste de l'embellissement d'hagley, et vit meme avec une extreme jalousie, le Poete schenston partager l'attention des Curieux et souvent obtenir des éloges de préference pour les beautés du Leasowes sur celles d'hagley. il est cependent vrai que ce dernier Parc occupera toujours si on ne le laisse pas trop dégrader une place distinguée parmi ceux qu'avec raison on admire en angleterre. j'ai eu grand plaisir en descendant de la montagne de Clent d'en parcourir à Cheval differentes parties. Lord Littelton ne s'etoit pas seulement occupé d'embellir le vaste Parc dont son Chateau est environné, il s'etoit orné tous les points de vue, dans un assez grand éloignement.[2] c'est ainsi qu'il planta des bouquets de bois sur diverses Collines [129] qu'au dela du chemin qui va de Clent a halesowen, il fit elever un temple et plus loin un obelisque qu'on Croiroient dans son jardin. sur le sommet de la montagne de Clent, il y a fait placer quatre pierres qui renferment dans leur quarré un Ciprés. cette espece de monument se nomme le tombeau d'ossian,[3] d'autres poetes célebres ou qui étoient des amis de Lord Lyttelton ont en dedans ou en dehors du Parc des Places qui leur sont dediées comme autrefois les Romains multiplierent leurs temples en l'honneur de la Concorde, et d'autres vertus qu'ils deifierent peut etre autant pour avoit occasion de favoriser les talents de leurs fameux artistes que par un sentiment de dévotion. Lyttelton a consacré

1. George Lyttelton (1709-1773), élevé à la pairie en 1756, était lié et allié à la haute aristocratie Whig et au clan Grenville-Pitt, mais il rêva de passer à la postérité plus comme homme de lettres que comme homme d'état. Toutefois, il est resté célèbre surtout comme mécène; il avait fait de Hagley un petit Parnasse. A partir de 1730, il aménagea le domaine de Hagley, conseillé par son ami, le poète Pope. Parmi les innombrables fabriques on trouve les premières fausses ruines gothiques, plans de Sanderson Miller, 1747, et l'un des premiers temples doriques, plan de James Stuart, 1758. Hagley* est connu par de très nombreuses descriptions, en particulier celle de Joseph Heely dans ses *Letters on the beauties of Hagley, Envil and the Leasowes* (1777).

2. En fonction de l'obligeance des propriétaires voisins, cette pratique était assez fréquente; elle permettait d'attirer le regard vers les lointains, de faire croire que le parc s'étendait jusqu'à l'horizon, et de procurer des buts de promenade. On appelait *eyecatchers* les fabriques destinées à être vues de loin, au fond d'une perspective ou au bout d'une trouée.

3. James Macpherson (1736-1796) fit paraître dès 1760 des fragments de poésie gaélique soi-disant traduits en anglais, puis en 1760 *Fingal, an ancient epic poem* [...] *composed by Ossian, the son of Fingal*, que suivirent de nombreux fragments réunis en 1773 sous le titre *The Works of Ossian*, suscitant un immense engouement pour l'"Homère du Nord'. Voir II.25; p.181.

un de ses sites à schenston. schenston mit dans le leasowes un ban et des vers voués au genie de Lyttelton et Comme je l'ai dit plus haut ces deux voisins se détestoient.[1]

Le 22.

en revenant de harwingthon vieux Chateau ou le Comte de Shrewsbury entretient un Chapelain afin de donner des secours spirituel à une Centaine de catholiques répandus dans les environs,[2] j'ai accompagné Mad^e Blair dans [130] sa Cavalcade et nous dirigions notre course vers un bois qu'avoit arrangé Lord Lyttelton, et ou sur les ruines d'un poste fortifié par les romains il avait elevé le temple et l'obélisque dont j'ai parlé plus haut. notre Chemin nous faisoit passer devant une auberge ou l'on dépose ordinairement les lettres qu'aporte pour Clent la Poste de Londres. deux francois s'etoient arretés pour diner dans cette auberge et me voyant un uniforme et la croix de St. Louis[3] l'un d'eux Cotoyoit ma marche sans que je m'en apercusse et Cherchoit à me reconnoitre. il n'etoit pas vetu de maniere à m'inspirer la meme Curiosité et je le prenois pour un anglois lorsque M. Blair me dit, c'est surement un jeune francois qui paroit vouloir vous parler, alors je m'en suis aproché, et j'ai reconnu le fils de M^r et de M^de de girardin qui aprés avoir été quatre mois à Londres, et trois mois a oxford voyage dans quelque partie interieure de l'angleterre, je suis depuis longtems attaché au pere et à la mere de ce jeune homme, lui meme je l'ai beaucoup vu dans son enfance et j'en ai entendu dire depuis généralement du bien.[4] aprés lui avoir marqué le plaisir que j'avois à le rencontrer et mon regret de n'etre pas dans le pouvoir de l'arreter pour quelques heures j'ai rejoint ma compagnie. dès que Mr Blair a scu que je connoissois [131] et M. d'armenonville et sa famille, il est venu le presser avec tant d'obligence de venir

---

1. Excessif! Lord Lyttelton enviait certes à Shenstone le succès qu'avait son humble domaine, mais, s'il était peut-être vaniteux, il n'était pas mesquin.

2. Le comte de Shrewsbury était le chef de la famille Talbot, la plus éminente, avec celle des Howard, des grandes familles restées catholiques. James Talbot, vicaire apostolique de Londres depuis 1781, et Thomas Talbot, vicaire apostolique des Midlands depuis 1778, étaient les frères du 14e comte de Shrewsbury. Mais B. a probablement mal compris les renseignements qu'on a pu lui donner, car c'est à Grafton Manor, à 3 lieues de là, et à 5 lieues de Clent, que le comte de Shrewsbury entretenait un prêtre. Cf. I.109; p.69.

3. B. était, depuis janvier 1784, brigadier dans la cavalerie, bien qu'il n'eût pas servi depuis le fin de la Guerre de Sept Ans.

4. Stanislas de Girardin (1762-1827) a laissé d'intéressants *Mémoires*, publiés en 1834. Malheureusement, il n'y évoque qu'en passant son séjour en Angleterre, parlant de 'l'anglais que j'ai étudié pendant un an à l'université d'Oxford' (i.18). Par ailleurs, il signale que tous les papiers qu'il avait réunis avant la Révolution ont disparu; il nous a été impossible de retrouver des documents concernant ses voyages en 1784. B. le retrouvera à Londres en décembre et rentrera avec lui en France. Voir II.260; p.316.

chez lui, avec un Camarade de voyage M. du Chatelet,[1] que mes Compatriotes se sont rendus à une aussi honete et aussi aimable invitation. avant diner je leur ai montré les dehors[2] de Clent, et le leger repas qu'ils avoient fait au Cabaret ne les a pas empeché de profiter de la bonne Chère du Chateau. il faut en convenir nous avons bien peu de francois qui donnassent de pareilles preuves d'hospitalité, et qui s'empressassent à ce point d'accueillir les connoissances d'un anglois. aprés le diner M. d'armenonville et son Compagnon sont partis pour aller voir le leasowes et se rendre ensuite à Birmingham. ce nom d'armenonville que porte le fils de M. de girardin est celui de cette belle terre et du plus beau jardin dans le genre anglois que nous ayons en france.[3] c'est dans une des isles de ce Charmant Parc que Rousseau est enterré. M. de girardin le Pere a poussé la manic angloise à ce période éxageré devenu fort de mode depuis quelques années.[4] son fils élevé dans ce gout fait aussi ce qu'il peut pour parvenir au souverain bonheur d'etre pris pour un anglois, et les anglois sont les premiers [132] à se moquer de nous lorsqu'ils nous surprenent dans l'occupation de les singer. tout homme raisonable adopte de partout ce qui est bon, ce qui est sage, ce qui est commode, en respectant cependant les usages de son Pays. ce n'est pas un Col d'une ampleur ridicule, un fracq qui prend mal la taille, une perruque qui mange les cheveux qu'elle couvre, qui doivent devenir d'un usage sacré pour un francois. Mr de Mauham ministre du Roi de Prusse à Londres s'y faisoit montrer au doigt par le Choix outré qu'il avoit fait des modes angloises. les anglois de bonne Compagnie sont toujours vétus des qu'ils paroissent dans le monde avec une propreté poussé jusqu'à la plus grande recherche; imitons les dans la beauté dans la blancheur du linge qui les couvre nous ferons trés bien, mais ne prenons pas la tenue de leurs valets pour modele.[5]

1. Peut-être Claude-Louis Châtelet (1753-1795), peintre de paysages et de vues pittoresques, qui était un familier d'Ermenonville.

2. Le terme *dehors* désigne à l'époque les jardins, en les opposant à la demeure.

3. René-Louis de Girardin (1735-1808) avait servi le roi Stanislas, qui fut le parrain de son fils aîné. En 1766, après la mort du roi de Pologne, il vint s'installer à Ermenonville, domaine qu'il avait hérité de sa mère. Il avait voyagé en Angleterre, visitant les plus beaux jardins, et en particulier The Leasowes; il aménagea donc Ermenonville dans le goût pittoresque. En 1777, il publia *De la composition des paysages ou des moyens d'embellir la Nature autour des habitations, en joignant l'utile à l'agréable*, qui fut traduit en anglais en 1783. D'innombrables visiteurs allèrent admirer Ermenonville, surtout après la mort de Rousseau en 1778.

4. Cf. J. Gury, 'Une excentricité à l'anglaise: l'anglomanie', *L'Excentricité en Grande Bretagne au dix-huitième siècle*, éd. M. Plaisant (Lille 1978), p.189-209; 'L'anglomanie au dix-huitième siècle, refus de Paris comme capitale littéraire', *Paris et le phénomène des capitales littéraires*, Actes du colloque du CRLC (Paris-Sorbonne 1986), p.959-68.

5. L'anglomanie vestimentaire aboutissait souvent au ridicule lorsqu'on s'habillait en palefrenier ou en piqueux ou en *jockey*, ou comme les *fops* ou *macaroni*, ces excentriques anglais des années 1765-1785, en préfigurant les 'incroyables' et les 'merveilleux'. Mais le fracq, de l'anglais *frock* ou *frockcoat*, habit à longues basques, est inspiré par la tenue de service des officiers.

on peut au reste avoir quelques ridicules et qu'ils soient amplement compensés par d'excellentes qualités; c'est ce qui éxiste chez M. de girardin et qui se trouvera je crois dans son fils dont la Conversation m'a paru aussi bonne que sensée. il nous a rendu un Compte parfait de ce qu'il a déja vu en angleterre, et surement il fera avec fruit le reste de sa [133] tournée dont il augmente l'agrément pour lui en possedant le talent de déssiner très bien. sans forcer jamais mon fils sur aucun genre de Connoissance ou d'arts, je serai enchanté s'il prend comme je l'espere du gout pour le dessein, en ne s'y livrant pas trop ce gout nous fixe dans l'interieur de nos maisons lorsque l'oisiveté nous en feroit sortir avec danger, et il nous fournit les moyens de mieux jouir de la beauté des Campagnes.

Le 23.

depuis longtems Mr et M{de} Blair avoient formé une partie[1] avec leurs voisins pour aller pécher et se promener en batteau sur la saverne, riviere qui prend sa source au pied d'une montagne du comté de mongommery sur la lisiere du Comté de Cardigan. La severn partage dans son cours les Comtés de schrop, de Worcester et de glocester. c'est à la ville de newham dans ce dernier Comté qu'est le dernier pont sur lequel on traverse cette riviere. à partir de glocester elle est déja très forte et bien au dessus le flux et le reflux y sont sensibles mais elle n'acquere sa grande largeur qu'au Confluent de l'avon qui vient de Bristol, et de la Wisck [Wye] qui sort du Comté de monmouth.

[134] à cet endroit la savern a prés de dix mille d'angleterre et se perdant bientot dans la mer d'irlande ou le Canal de St. georges elle recoit avant de Confondre entierement ses eaux le nom de Canal de Bristol[2] le lieu ou j'ai rendu mes premiers homages à cette riviere, se nomme over areley. Milord Valencia Pair d'Irlande[3] y a une maniere de Chateau qui domine sur les bords encaissés de la severn. nous nous sommes embarqués sur le Cannot de Milord et bientot dans un autre batteau milady est venu nous rejoindre. les Dames et les Messieurs étoient pourvus de tout ce qui devroit assurer le succés d'une peche mais aprés deux heures d'inutiles tentatives le poisson ne voulant pas mordre à l'hamecon quatre rameurs bien ensemble nous ont fait descendre promptement la riviere jusqu'au dessous du pont de bewdley. ce pont est de

1. *Partie* a ici le sens de projet de divertissement en petit groupe, que l'on trouve en français depuis le milieu du dix-septième siècle, et qui apparut en anglais un peu plus tard.
2. Le Canal Saint-Georges est la mer d'Irlande, et le Canal de Bristol est le bras de mer séparant l'Angleterre du sud du Pays de Galles.
3. Arthur Annesley (1744-1816) hérita en 1751 du titre de vicomte de Valentia. Il épousa en 1767 Lucy Lyttelton, fille et héritière du Lord Lyttelton, dont il divorça, et, en 1783, il épousa Sarah Cavendish. Il sera fait comte de Mountnorris en 1793.

pierre et divisé en cinq petites arches qui ménacent ruine. nous avons pris terre à peu de distance, du bourg, et suivant une prairie couverte d'une herbe dont la bonté est demontrée par la beauté des bestiaux qui s'y nourrissent nous avons été diner au pied d'un rocher qui par son élevation et le feuillage qui orne son somet nous garantissoit de l'ardeur du soleil, qui aujourd'hui a Constemment lui avec autant d'eclat, et au milieu d'un ciel aussi pur que celui [135] qu'on ne cesse pas d'admirer dans le golphe de naples. après le diner les uns sont retournés au batteau pour tenter une peche plus heureuse les autres et j'ai été de ce nombre ont été voir le singulier jardin du chevalier Winingthon.[1] il l'a placé, au dessus du rocher dont je viens de parler et d'une suite variée d'autres rochers qu'il n'a fait tailler qu'autant qu'il l'a fallu pour la communication d'allées Charmantes et qui serpentent suivant que la nature du terrein l'a exigé. sur un des rochers qui commande le plus au vallon qu'arrose la severn est une tour crenelée dont la platteforme est garnie de sept pieces de canon. la vue de cette platteforme prépare a celle dont on jouit sur la cime du plateau lieu Choisi avec gout pour l'emplacement de la maison du Chevalier. faute de Connoitre les usages du Pays j'allois attribuer à sa vanité un grand tableau attaché au dessus de la porte d'entrée ou sont ses armes et celles de sa femme. on m'a tiré d'erreur en m'aprenant qu'il est de regle en angleterre que pendant la premiere année du veuvage ce tableau soit exposé. lorsque c'est le mari qui survit à la femme, on affiche les armes de tous deux. la veuve n'expose au dehors que les armes du mari qu'elle a perdu. cette Coutume a quelque rapport avec celle [136] de peindre un listel noir armorié autour des églises des villages dont les seigneurs sont morts. revenons au banc ou j'étois assis, lorsque M. Blair qui rectifie mes idées avec une Complaisance prétieuse m'a instruit de ce que je viens de rapporter. ce banc mérite bien qu'on s'y arrete et qu'on retourne souvent pour s'y aller reposer du lieu ou il est placé, on voit bewdley comme si on s'y promenoit. la severn resserée comme je l'ai dit entre des bords éscarpés, est encore ravie à la vue, par les fréquentes sinuosités de son Cours mais du haut des jardins du ch[er] Winingthon, on la découvre assez pour jouir de la beauté de son canal et du Charme qu'elle répand sur ses deux rives. au dela de cette tranquille riviere s'eleve en amphitéatre des champs environnés de hayes vertes, des prairies couvertes de Bestiaux, des parties de communes animées par des troupeaux de moutons, et sur la Cime qui termine l'horizon on voit ca et la des bois assez considerables; quelques parties du lit de la riviere pressées, par des rochers diversement présentés achevent de rendre la vue de Chateau d'autant plus interessante qu'on jouit de tout ce qui se découvre et que l'œil ne se perd pas dans un trop grand espace. l'amour de la Chevalerie

---

1. Edward Winnington (1728-1791), fait baronet en 1755.

trouveroit aussi en se promenant dans une partie du jardin destinée a etre agreste un objet digne de son [137] attention. c'est la maison de Lord herbert of scherbury au moins celle qu'il habitoit autrefois. on la voit dans le fond d'un petit vallon dont la sauvagerie agréable semble quadrer avec la facon de pensée romanesque que dut avoit ce Lord, le Dernier anglois qui se battit contre un francois pour soutenir que la Dame qu'il aimoit etoit plus belle que celle que servoit son adversaire.[1]

en descendant du jardin de Winterdine,[a] jardin qui ainsi que la maison acheve de surprendre lorsqu'on scait que le tout a été crée en dix ans, nous avons rejoint les Pecheurs aussi malencontreux que le matin ils ont enfin renoncé à cet exercice et le canot remorqué par les quatre batteliers qui le tiroient de terre nous a ramené à Bewdley, ou toute la societé a pris du thé pendant que j'ai reconnu l'interieur et les dehors de ce bourg, il est très bien bati et son représentant au Parlement est Milord Wescot, le propriétaire actuel de hagley. ce seigneur a du cette mission à son homme d'affaire habitant riche et accrédité à Bewdley, et les Electeurs ont eu grand soin de dire à Milord Wescot, que ses formes ne leur étant nullement agréables ils ne le Choisissoient que par égard pour la recommandation de son homme [138] d'affaire. Les Pairs d'Irlande et ceux d'Ecosse[b] qui ne sont pas du nombre des seize pairs Ecossais admis dans la Chambre haute, sont trop heureux d'etre membres de celle des Communes, parce que sans cela ils figurent très mincement.[2] on voit à Bewdley une halle que Milord Wescot a fait batir pour s'attirer la bienveillance du Peuple; le principal commerce de ce bourg consiste dans les bonnets de matelots qui s'y fabriquent, et dans la drèche qu'on y prépare.[3] les vaisseaux qui viennent de bristol et de glocester lorsqu'ils sont d'un port un peu considerable ne pouvant pas remonter plus haut la severn, Bewdley est un lieu d'entrepot.

nous y avons pris congé de Milord et de milady Valencia. le mari à la politesse la plus excessive et la moins noble qu'il soit possible d'avoir, sa femme est assez jolie lorsqu'elle ne parle pas, mais en parlant elle s'enlaidit. c'est de ces petites tournures négatives dont il est dificile de porter un jugement. Milord Valencia a un grand fils d'un premier mariage, qui est au positif un blanc bec; ce jeune

a. c'est le nom de la maison du ch[er] Winingthon.

b. j'étois dans l'erreur. Les Pairs d'Ecosse ne briguent jamais des Places dans la Chambre des Communes parce qu'ils ésperent d'etre tot ou tard du nombre des seize élus pour sieger dans le Chambre des Pairs. il n'y a que les Pairs d'irlande qui soient ou puissent etre membres de la Chambre des communes.

1. Lord Herbert of Cherbury (1582-1648), soldat, diplomate, poète, philosophe, est resté célèbre pour ses traités en latin. Il prit part à l'expédition contre La Rochelle en 1627.
2. Cf. II.13; p.173-74.
3. *Drèche*: orge germée, concassée et fermentée qui est utilisée dans la fabrication de la bière.

gentilhomme vétu et boté a faire mal au Cœur, m'avoit pris dans une amitié qui s'étoit fort accrue en sortant de table parce que tout bonnement il étoit ivre. vingt fois, dans les promenades du ch[er] Winingthon nous avons cru qu'il alloit mesurer de son corps Chancellant la hauteur des lieux éscarpés. il couroit à nous [139] Culbuter dans sa rencontre, et vouloit à toute force etre mon maitre anglois. ce que nous avons représenté dans l'opéra du déserteur[1] sous le nom du grand Cousin, est encore inferieur en gaucherie au fils de Milord Valencia, et a travers l'écorce ridicule de cet adulte j'ai cru remarquer pourtant quelque lueur d'esprit qu'une éducation moins négligée pourroit développer.

à notre retour à Clent nous avons passé par Kederminster [Kidderminster] bourg de beaucoup plus considerable que Bewdley, et ou avant la guerre entre les anglois et les americains le Commerce fleurissoit singulierement. aprés avoir souffert au point le plus extreme il s'est un peu rétabli et nombre de métiers ont été remis en action pour manufacturer du drap, des tapis, et des especes d'etoffes qu'on nomme Kederminster.[2] ce bourg est traversé par la riviere de stour, et par le Canal qui vient de stourbridge. en rentrant chez mes aimables hotes nous avons trouvé Milord Colvile[3] un Cousin germain de M. Blair qui vient de Bath pour passer quelques tems ici. il y amené un jeune fils de quatorze ans mieux élevé de beaucoup que celui de Milord Valencia. un frere plus agé que ce jeune homme sert sur les vaisseaux de la Compagnie [140] des Indes ce qui lorsqu'on a été un tems fixé sur ceux de la marine Royale Compte aussi pour l'avancement dans ce Corps.

Le 24.

nous avons été diner et passer la journée, chez M. Dewes, nom que les anglois prononcent comme nous prononcerions Diousse. c'est un honete voisin de Clent, qui entre autres bonnes qualités a celle de donner depuis trois ans les regrets les plus touchans à une femme qui lui a laissé deux Enfans qu'il aime d'une maniere également attendrissante. Loin de la mer et meme de rivieres poissoneuses les anglois ne donnent pas un repas un peu soigné qu'il n'ayent du Poisson éxcellent, et qu'ils font venir à grand frais. un mets dont ils font

1. L'opéra *Le Déserteur*, créé en 1769, connut longtemps un grand succès; la musique était de Monsigny (1729-1817), le grand rival de Philidor.

2. Les tapis de Kidderminster étaient célèbres depuis plus d'un siècle, au point que *kidderminster* était devenu un terme générique pour un type de tapis, que l'on continue d'ailleurs à produire.

3. John Colville (1725-1811), descendant de Sir Robert Colvill, Laird of Ochiltree au seizième siècle, était devenu 3e Baron Colville of Culross à la mort de son frère, vice-amiral. Il avait servi brillamment dans l'armée de 1741 à 1763; à cette date, il avait été nommé au poste, largement honorifique, d'*Inspector General of Outposts* in Scotland, poste qu'il conservera jusqu'à sa mort. Une de ses tantes avait épousé le père de Mr Blair. Son fils aîné deviendra amiral, le cadet deviendra général. Voir Annexe III.

encore un cas particulier c'est ce qu'ils appellent un roti de venaison. cette venaison est prise dans les parties les plus délicates et les plus grasses d'un jeune daim et quand ce plat a les qualités requises il est effectivement fort bon.

en general on peut fort bien s'arranger de la Chere angloise, je ne dirai pas autant de bien de la boisson, quelque soit la variation qu'on y mette; en bierre, il y a l'ale, la petite bierre, le porter.[1] nous avons surtout de la peine à nous faire à l'epaisseur et a l'amertume de cette derniere bierre qui ne se brasse bien qu'à Londres qu'on assure etre fort saine et dont [141] on fait un grand usage dans toute l'angleterre. le Cidre et le poirée sont ce qui nous est le plus agréable à nous autres francois, mais il nous conviendroit mieux pour se rafraichir dans les jours de Chaleur que pour boisson habituelle, surtout à qui n'est pas né en normandie. quant au vin, excepté celui du Rhin, que les anglois appellent hock comme s'il venoit toujours d'hockheim je n'en ai bu encore nulle part d'une bonne qualité; ils sont trompés dans les envois que nous leur faisons de vins de bourgogne de Champagne et même de Bourdeaux dont ils font le plus de Consommation; quant au vin de Porto qui vient du Portugal[2] je n'en connois pas un plus désagréable; il a sans la meme saveur, l'apreté de nos vins du roussillon, les moins estimés.

aprés un premier, et un second service, on couvre la table de divers fromages assez bons puis vient dans la vraie signification du mot, le dessert. on ote de dessus la table la nappe et les serviettes qui ne sont données que dans les jours de cérémonies. sans cela chacun se sert de la partie de la nappe, ordinairement fine et blanche qu'il a sur ses genoux. la table est toujours de bois d'acajou ou de mahagoni[3] tellement lissé par le frottement d'une étoffe de laine que son poli [142] serviroit à s'y mirer; c'est sur la table meme qu'on met alors des fruits, et qu'on donne a Chaque convive une petite assiette avec un trés petit mouchoir des indes ou de toiles d'angleterre en imitation de celles des Indes. sur cette table sans nappe, arrivent aussi, huit à dix sortes de vins dans des Caraffes de ce beau verre dont j'ai parlé à l'article des verreries de stourbridge, des Chaines joliment travaillées en argent tiennent suspendus de petits cartou-

---

1. *Ale* était tout simplement synonyme de *beer*; le terme *ale* s'introduisit en France dès le dix-septième siècle et fut signalé par Furetière sous l'orthographe *aile*. *Porter*, ou *porter's beer*, était depuis le début du siècle, une bière destinée aux portefaix et tâcherons, brassée à partir de malt brûlé et additionnée d'autres ingrédients lui donnant sa consistance, sa couleur et son goût particulier.

2. De lourds droits de douane frappaient les vins de France; par contre, depuis le traité de Methuen en 1703, les vins portugais jouissaient d'un traitement de faveur en Angleterre. Le vin de Porto se buvait en fin de repas.

3. *Acajou* désignaît à l'origine l'arbre à noix de cajou, et, par erreur, les Français vers 1640 l'attribuèrent aussi à l'arbre à bois rouge qui s'appelait *mahagoni*. Par contre, les Anglais utilisèrent le terme *mahogany* à partir de 1690. Les ébénistes français travaillèrent peu le bois d'acajou, au contraire des Anglais qui l'employaient massif et en grande quantité.

ches de meme metal sur lesquels sont gravés les noms de ces differens vins, mais, comme je l'ai déja dit aucune de ces Caraffes soit pleines, soit entamées, n'invitent le gourmet à dire avec la vielle des fables de Phedre, a suavis anima, qualis te dicam esse bonam tales cum sint reliquiae.[1] chaque personne a devant elle trois ou quatres verres. il est assez d'usage qu'il y en ait un qui soit de verre verd, et que le petit seau destiné à laver les mains et a contenir l'eau dont on se sert pour se rincer la bouche soit de verre bleu; ces deux cérémonies que la propreté fait faire en sortant de table en france se pratiquent ici pendant qu'on est assis, ce qui ne répond pas à certains genres de politesses dont les anglois se piquent envers les femmes, telle par exemple que leur reserve dans la Conversation, tant que les Dames sont présentes, Chose infiniment [143] louable et qui le seroit encore davantage, si pour Conserver une gêne aussi salutaire les hommes se levoient de table en meme tems que les Dames: mais aprés un long diner elles se retirent, et alors M[rs] les anglois commencent à boire sec, et a jaser sur toutes sortes de sujets. on aporte un pot de Chambre qui placé fort en évidence sur une des chaises de la salle à manger, dispensent les Convives d'en sortir pour satisfaire un besoin occasionné par une abondante boisson.

aprés avoir assisté pendant une demie heure à une Conversation dont je ne saisis encore qu'assez de phrases, pour regretter médiocrement de ne pas entendre le reste, j'ai été aujourd'hui me refugier prés des Dames qui m'ont pardonné d'avoir interrompu la solitude dans laquelle on les a laissé jusqu'au moment ou le jour a baissé. on observera que j'ecris le 24 aout et que les jours sont encore assez longs.

je ne prononcerai pas definitivement sur les Dames angloises, le peu que j'en ai connu dans leur Pays et dans l'Etranger m'ont paru d'une grande honeteté, je ne Crois pas cependant qu'elles ayent sur nos femmes [144] éstimable de france de superiorité fonciere dans la solidité de leurs principes, et peut etre leur severité tient elle plus quant aux formes à une éducation trop guindée qu'a de vraies vertus. une légere équivoque choque irrevocablement la femme angloise, qui n'a pas voyagé; elle prend pour une liberté extreme l'offre que lui fait un homme de lui donner le bras pour descendre un éscalier, lorsqu'elle n'est pas en liaison de societé avec lui. Milady Valencia grosse à pleine cinture auroit mieux aimé courrir le risque de faire une fausse couche en tombant hier,

---

1. B. cite de mémoire les derniers vers de la première fable du 3e livre, *Anus ad amphoram*:
    'O suavis anima, quale in te dicam bonum
    ante hac fuisse, tales cum sint reliquiae?'
'O douce émanation, quel pouvait être ton charme auparavant pour qu'il ait laissé de tels restes?' dit une vieille femme humant l'arôme émanant d'une amphore vide qui avait contenu du vin de Falerne.

que d'accepter ma main pour gravir un talus assez roide. on l'eut offensé grievement en lui parlant de sa grossesse, et si dans la Campagne on salue une femme qu'on rencontre, elle prend encore cela pour une démarche audacieuse. des Dames veulent elles satisfaire a des besoins dont leurs graces et leurs vertus ne les dispensent point, les maris viennent misterieusement faire avancer la troupe masculine, et tout discretement par ce moyen, tout le monde scait que les Ladis vont pisser, ce que nos femmes font sans qu'on s'en doute, ou du moins sans que personne y fasse attention. plus simple dans son maintien, la femme chez qui je suis en se [145] Conformant aux usages de ses Compagnes, rend aimable toutes leur vertus, en les voyant en elle sous une envelope moins austere. dès qu'elle rentre dans l'interieur d'une maison qu'elle fait trouver charmante à tout le monde, on s'y Croit chez soi de quelque Pays qu'on arrive.

Le 25.

nous devions aller aujourd'hui à Vorcester la capitale du Comté qui environne Clent; nous devions voir des salines importantes chemin faisant, et pousser au dela de Vorcester jusqu'aux montagnes de malvern, qui séparent les Comtés de vorcester et d'hereford, mais la pluie nous a fait renoncer à une Course qui éxige un beau jour surtout pour jouir de la belle vue qui se trouve dit on sur le somet de la malvern. de la musique, de la Conversation, l'etude de la langue angloise, la lecture des papiers publiques et vers le soir une promenade sur la montagne de Clent ont été les amusemens et les occupations de cette journée. j'ai recu aussi des lettres de recommandations de Londres, pour chester liverpool manchester, halifax leeds et newcastle, ou je Compte aller en me rendant à Edimbourgh. peut etre n'aurai je pas une seconde [146] occasion de voir l'angleterre, l'Ecosse et l'Irlande, et je vais profiter du triste loisir que me laisse M. de Vergennes, pour connoitre une puissance qui ne peut jamais devenir indifferente à la politique du Cabinet de versailles, mais près de laquelle je ne me sens encore aucune envie de représenter le Roi, quelque belle quelque importante que soit l'ambassade d'angleterre,[1] je ne puis la desirer, et je ne me sens aucune des qualités propres à plaire aux anglois qui ne font nulle Cas de la bonnehomie, et qui pour la plupart regardent comme une victoire remportée, un manque d'égard envers un ambassadeur. au moins, ce qui m'a été dit de

1. Il n'est pas impossible que Vergennes, dès juillet 1784, ait songé à B. pour l'ambassade de Londres, car il était vite devenu évident que M. d'Adhémar n'était pas à la hauteur de sa fonction et, de surcroît, il avait maladroitement soutenu Fox contre Pitt. D'ailleurs, B. apprendra le 29 août qu'il a été question de donner Lisbonne à un autre diplomate, ce qui nous amène à penser que le ministre voulait placer B. à Londres. Il est probable que, après que la maladie ait beaucoup amoindri M. d'Adhémar, victime d'une attaque en mars 1785, Vergennes ait plus sérieusement suggéré B. pour Londres.

l'habitation de la capitale pour un ministre étranger est il cela. je n'ai aucun motif personel qui me porte à l'humeur, il est impossible de recevoir plus de politesses que celles dont je suis l'objet depuis que je réside à Clent, mais il s'en-faut bien que tous les anglois ressemblent à M. Blair et que les angloises ayent l'amabilité de M^de Blair.

ils m'ont procuré ce soir un plaisir que j'ai été ravi de partager avec eux celui de voir les jumeaux de M^de Blair, agés de vingt un mois, jouer tout nuds sur un lit puis courrir, grimper, sauter [147] partout comme de petits sauvages. ces deux jolis enfans dans leur force leurs jeux, et la grace de leurs mouvemens me retracent mon petit Bitche, et M. Blair est digne d'etre Pere par la tendresse qu'il a pour ses enfans.[1]

Le 26. à Worcester

le tems etant devenu plus favorable a une partie de Campagne nous sommes partis ce matin à huit heures M. M^de. Blair une demoiselle écossoise la Cousine de Mr Blair et moi. notre route nous a fait repasser à Broomsgrove ou j'avois pris en arrivant pour la premiere fois ici les derniers chevaux qui m'y ont amené. ce bourg de plus de quatre cent maisons renferme quelques manufactures de drap. de Broomsgrove nous avons été à droitwich bourg qui figure avec assez d'éclat dans les livres de géographie en vertu du Privilege d'envoyer deux membres du Parlement et d'autres avantages honorifiques qu'il dut à une nouvelle Charte du tems de Jaques 1er; on lit dans plusieurs livres que Droitwich après avoir été incendié en 1290, après avoir été dans le délabrement recouvrit depuis sa premiere splendeur et qu'elle n'a pas discontinué de partir du regne de Jacques. je ne scais plus ce [148] qu'on appelle prosperité, si c'est ce que l'on voit à Droitwich. à peine étions nous descendus de voiture que nous avons été entourés de mendians de tout age.

Droitwich est sur un sol qui fournit abbondamment des sources salées qui portent avec elles une telle quantité de sels qu'il n'est point nécessaire de la graduer comme dans la plupart des salines et, comme j'en ai fait mention à l'article de la saline de chaux, tome IV de ce journal. les eaux salées de Droitwich entrent dans leur état naturel dans des pompes d'ou elles tombent dans les Chaudieres pour en extraire le sel par la Cuisson. ces eaux ont en général trente pour cent, c'est à dire que cent livres pesant d'eau renferment trente livres

---

1. Rousseau influence manifestement B. qui ne pense pas aux putti et bambini de la tradition classique, mais voit des enfants libres 'comme de petits sauvages'. Il y a peut-être souvenir de la planche dessinée par Moreau le Jeune et gravée par Simonet pour l'*Emile* en 1778.

pesant de sel; le sel cuit ne peut se dissoudre dans l'eau salée, parce qu'elle est
à un trop grand degré de saturation.[1]

il y a vingt Chaudieres dans Droitwich; elles ne sont point reunies en un
Corps de batiment. chaque particulier peut profiter des sources salées, et les
exploiter. ceux qui se livrent à ce genre d'industrie ont pour la plupart leurs
maisons prés du canal qui va de droitwich à la severn dans un trajet de six
miles. ce Canal, le bon marché du Charbon la qualité de l'eau salée le peu
de dépenses d'entretien qu'éxigent de misérables [149] petits batimens tout
sembleroit devoir donner à Droitwich les apparences et la realité d'un Commerce utile, et cependant tout ce qui travaille aux salines paroit avoir à peine
le necéssaire. les femmes surtout ont l'air malsain et malheureux; leurs enfans
sont Couverts de haillons. la Campagne de Droitwich à Worcester, est aussi
belle aussi bien Cultivée qu'il est possible de l'imaginer. nous n'avons fait que
traverser la ville de Worcester que nous verrons demain plus en détail: ses deux
principales rues dont baties et ornées de trotoirs comme celles des beaux
quartiers de Londres. la severn baigne les murs de la ville et on la passe sur un
trés beau Pont de Pierre,[2] pour aller au faubourg ou se distribuent les routes
qui vont à Ludlow en schropscshire, à Bromyard, à hereford, et aux montagnes
de Malvern. c'est vers ce dernier point que notre marche s'est dirigée. après
avoir passé la petite riviere de teme à Powick, ou sont des forges nous sommes
arrivé au pied des malvern qu'on distingue par grande malvern, malvern du
milieu, et petite malvern.[3] la grande malvern ne s'éleve pas plus que les autres
dont je parlerai ensuite mais elle a à sa base les restes de deux anciennes abbayes
de [150] l'ordre de St. Benoit, ou une partie des personnes qui vont boire les
eaux de la malvern du milieu se logent. cette seconde malvern a deux sources
dont on dit les eaux très salutaires pour les maladies des yeux pour les cancers
et la guérison des maladies Cutanées et meme scrofuleuses. les buveurs y
trouvent une grande et bonne auberge, ou nous avons diné à table d'hote fort
décemment fort bien. mais tous les lits etoient occupés ce qui nous a obligé
d'aller chercher à Coucher à Worcester,[4] avant d'y retourner il nous restoit à
gravir au sommet des malvern, et l'on y arrive par des routes en pentes assez
douces pour ne point se fatiguer; en y montant de distance en distance on a
profité d'un arbre echapé à la sterilité du haut de ces montagnes pour y placer

---

1. Les salines de Droitwich étaient connues du temps des Romains et, en tout cas, exploitées
depuis le haut Moyen Age. Avec celles de Nantwich près de Chester, elles fournissaient en sel tout
un pays qui ne pouvait guère avoir de sel marin. Comme l'Angleterre ignorait la gabelle, l'exploitation
en était libre. En mai 1781 B. avait vu les salines du Jura, en particulier celles d'Arc-et-Senans
(Chaux) célèbres pour les aménagements de Ledoux.
2. Construit depuis peu sous la direction de J. Gwynn de Shrewsbury.
3. Les Malvern ne dépassent guère les 450 m. d'altitude.
4. Malvern Wells ne se trouve qu'à une quinzaine de kilomètres de Worcester.

autour de son tronc un ban d'ou l'on découvre, une vaste Campagne. quand je dis stérilité, c'est pour les arbustes et les grands arbres qu'elle existe un peu, car une herbe courte et fine croit jusque sur les Cimes des malverns, presque aussi belle, que dans les parcs soignés; seulement elle differe en ce que sa verdure est moins foncée. mais partout elle offre un marcher doux autant [151] qu'agréable, jusqu'au dernier degré d'élévation on Croit avoir tout vu, en planant sur les Comtés de Worcester de glocester et de Warwick, vorcester et glocester montrent leurs Clochers au milieu de belles et fertiles contrées dont l'aspect a beaucoup de ressemblance avec celui que l'on decouvre du haut des montagnes qui séparent yverdon du Pays de Vaud. mais arrivé au point interessant des malverns un autre univers se montre: hereford et son comté plus montueux que celui de vorcester, font les premiers frais de ce different tableau. c'est dans ce Comté de hereford que Croissent des pomiers d'une grandeur et d'une beauté que doit envier la normandie; ils fournissent du meilleur cidre une grande partie de l'angleterre; et lorsqu'au printems ils sont en fleurs on dit, et cela se Concoit, que rien ne peut se comparer à l'éclat qu'ils répandent sur la Contrée qui les vit naitre. on desire dans la vue du comté d'herеford, vue superbe et terminée par les montagnes du Pays de galles, ce qui manque à presque toutes les belles vues de ce Royaume, une riviere qui serpente. c'est en vain qu'on parcourt tous les points les plus elevés des malverns on ne parvient pas à découvrir le cours de la severn. a travers quelques [152] branchages moins toufus on croit en apercevoir des parties mais elles ne sont jamais assez distinctes pour etre certain si effectivement c'est la riviere ou l'eau stagnante de quelques étangs.

en descendant des malverns nous avons été prendre le thé dans l'apartement de Madame Talbot femme d'un M.Talbot de la famille de ce nom qui differe de celle des Talbot dont le comte de schewsbury est le Chef. cette bonne Dame nous a conté avec la tristesse la plus moderée, qu'aujourd'hui meme les médecins avoient decidé qu'il falloit tailler de la pierre son fils.[1] le malheureux est entré un moment après dans la Chambre, et je n'ai pas osé lui parler des eaux de Contrexéville,[2] que j'ai prié Madame Blair de Conseiller pour lui à sa mere; ces eaux dissolvent les pierres lorsqu'elles ne sont pas trop compactes, et ont été du plus grand secours à nombre de personnes en france notamment

---

1. L'opération de la taille consistait en une incision de la vessie pour l'extraction du calcul appelé pierre, opération pratiquée sans anesthésie ni asepsie, donc redoutable et redoutée. Un an plus tard, B. rencontrera à Paris la 'sœur du malheureux jeune homme qui devoit etre taillé de la pierre, qui effectivement l'a été deux fois et s'en porte très bien' (*Journal*, 27 juin 1785).
2. Les eaux de Contrexéville étaient recommandées pour les maladies de la vessie et les calculs. Le roi Stanislas les avait rendues célèbres. Madame de Bombelles que son époux, par une lettre du 1er septembre, avait prié de se renseigner sur les cures à Contrexéville, très émue par le sort du jeune Talbot, fit envoyer à celui-ci une douzaine de bouteilles d'eau de Contrexéville.

à M^r le Duc de Choiseul, et à M. de Vergennes. il y a d'heureux flegmes. si mon fils etoit dans la meme situation que M. Talbot je sens que je n'éxisterois pas. mes hotes ont été aussi surpris que moi du calme de M^de Talbot, en quittant cette societé nous sommes [153] venus coucher à Worcester, à l'auberge dont l'enseigne est à l'echalas du houblon. les Chevaux de Mr Blair dans les differentes Courses de la journée, et toujours au train de la Poste ont fait quarante milles ce qui fait prés de dix huit lieues de poste de france et seize de nos lieues communes. les rues de Worcester sont éclairées à peu prés comme celles de Londres, et un de mes gens s'etant promené avant notre souper, m'a dit que le libertinage éxcessif de la Capitale avoit gagné jusque dans cette ville de Province, ou la résidence assez permanente d'un regiment de Dragons contribue sans doute à ce desordre.

le 27. à clent

les Dragons anglois ont quitté depuis plusieurs années les tambours qu'ils avoient par éscadrons, et y ont substitué des trompettes. leurs bruyantes fanfares m'ont reveillé ce matin et par un tems frais et serein j'ai été parcourir tous les quartiers de la ville de vorcester. cette Capitale d'un des beaux et bons Comtés de l'angleterre en est aussi une des jolies villes.[1] on la dit fort bien habitée par une noblesse qui, quoique aisée ne se trouve pas assez riche pour soutenir l'éxcessive depense de [154] Londres. en parlant de noblesse il faut dire que l'idée qui attache les anglois n'est point la même que chez nous. il n'y a de noble en angleterre que les Pairs ceux de leurs Enfans qui succedent à leurs titres de Pairies, les Baronets et les Chevaliers, dont les uns n'ont qu'une noblesse personelle tels que les Chevaliers de l'ordre du bain. passé ces Classes, tout homme qui vit de ses rentes noblement est independant gentelman que nous traduisons par le mot de gentilhomme.[2] il ne faut pas une ancienne noblesse pour obtenir la pairie: la seule condition qui jusqu'a présent ait été rigoureusement éxigée c'est qu'on ait pas fait le commerce mais le fils d'un marchand peut etre Pair si son mérite, ou l'interet de la Cour lui valent cette distinction. Le Celebre avocat Duning fait recemment Pair sous le titre de Baron d'ashburton,[3] etoit le fils d'un Cordonnier et dut sa dignité au crédit de Milord de schelburn.

avant de rejoindre pour déjeuner ma société j'ai été voir la Cathedrale, batie

---

1. Gilpin qui visita Worcester en 1773 déclara: 'Worcester is one of the neatest, and most beautiful towns in England. The whole plan has an air of elegance' (*Observations on several parts [...] of North Wales, relative chiefly to picturesque beauty* [...], London 1809, p.202).

2. B. reviendra longuement sur ce point. Voir I.176-86; p.105-11.

3. John Dunning (1731-1783), juriste éminent que Lord Shelburne fit nommer en 1782 Baron Ashburton et Chancelier du Duché de Lancastre.

en 1086.[1] la nefe en est assez belle et le Chœur ainsi que les bas Cotés renferment nombre de tombeaux[a] plus précieux pour les familles qui y trouvent des ancetres que pour le voyageur curieux de beaux monumens. les modernes sont tous sans [155] éxceptions marquées au coin du mauvais gout, et le stile lapidaire n'y brille pas davantage. pour dire qu'un Eveque de Worcester a été religieux, aumonier,[2] bon Eveque et bon mari car cela se concilie on a gravé des volumes sur de très beau marbres.[3] L'Eveché de Worcester vaut de quatre a Cinq mille louis de rentes. les Chanoines de la Cathedrale ont des prébendes qui valent entre trois et quatre cents louis. on ne scait ce qui a pu engager lors de la réforme à garder ces chanoines car au moins les notres disent la messe dans leurs Chapitres à tour de rôle, et parfois deservent d'autres benefices comme aumoniers ou Chapelains, au lieu que les Chanoines anglicans ne servent absolument à rien.[4]

attenant à la Cathedrale de Worcester est une bibliotheque en forme de rotonde qui m'a paru bien Choisie et qui est augmentée journellement par de nouveaux livres dans les différentes langues mortes et vivantes.[5] L'Eveque de Worcester a une maison assez belle auprés de la Cathedrale mais en été il se tient à hartlebury Campagne attachée à l'Eveché et située prés de stourport dont je ferai mention plus bas. lors de la derniere vacance de L'archeveché de Canterbury le Roi voulut le donner à [156] M. hurd, Eveque de Worcester, mais il refusa ce siege et en se contentant du sien il indiqua à sa Majesté le sujet qu'il croyoit digne de passer à cet archeveché, et qui y fut éffectivement nommé. c'est le s[r]. moor ci devant précepteur des Enfans du Duc de marlborough. quoique l'Episcopat vaille d'assez grandes dignités en angleterre et que certains sieges soient d'un grand rapport plus ordinairement les Eveques sont

a. les plus remarquables sont ceux du Roi jean, la honte de son siecle et celui de la fameuse comtesse de salisbury la maitresse d'Edouard III. dont la jarretiere donna dit on naissance à l'ordre qui depuis a toujours été un des plus distingués de l'Europe.

1. En fait, la cathédrale fut achevée aux treizième et quatorzième siècles. On trouve dans le chœur le tombeau de Jean-sans-Terre, mort en 1216. Depuis 1724, les maîtrises des cathédrales d'Hereford, Gloucester et Worcester se rassemblaient chaque été pour un grand festival de musique sacrée, qui se tenait par alternance dans une des trois cathédrales, mais que B. n'aurait guère aimé, car on y exécutait beaucoup d'œuvres de Haendel. Ce festival continue de nos jours.
2. C'est-à-dire charitable.
3. Il s'agit probablement du monument funéraire de l'évêque Hough, chef-d'œuvre du sculpteur Roubiliac, élevé en 1743, dont l'inscription couvre deux colonnes de vingt-quatre lignes, complétées par quatre autres lignes.
4. B. est injuste ou mal informé. Le chapitre assure les divers offices quotidiens et dominicaux et gère les biens de la cathédrale. Par ailleurs, il y avait des chanoines non résidents, exerçant leur ministère dans des paroisses ou des collèges.
5. La bibliothèque était alors installée dans la vaste salle capitulaire romane et était fort riche en manuscrits et en archives médiévales.

des parvenus.[1] M. hurd a été precepteur du Prince de galles; il ne faut pas toujours juger les gens par le non succés des éducations qu'ils donnent. M[rs]. de fonsmagne et de Chateaubrun furent tous deux sous gouverneurs de M. le Duc de Chartres.[2]

Worcester fait un grand commerce avec londres, et dans les environs par les gants qu'on fabrique dans cette ville. on y fait aussi de la porcelaine.[3] nous avons été la voir travailler à la manufacture. si tous les objets d'industrie n'etoient pas plus redoutables pour la notre que celui la, nos ouvriers n'auroient aucuns efforts à faire pour obtenir à leur ouvrage la préférence sur les objets qui viennent de l'angleterre.

nous sommes partis à midi de Worcester pour aller diner à stourport. ce village qui dans peu d'année deviendra surement un [157] lieu important doit déja son prompt accroissement à la reunion de plusieurs canaux qui viennent se reunir dans un bassin d'ou les bateaux qui arrivent de l'interieur du Pays descendent au moyen d'ecluses dans la severn, ou en sortent pour etre elevés au niveau des eaux du bassin, soit pour y rester dans un entrepot soit pour remonter les Canaux de stourbridge, de Dudley de kedderminster et d'autres parties des comtés de worcester et adjacents. on ne Croyoit pas que l'etablissement entrepris il y a dix à douze ans à stourport deviendroit aussi important de sorte qu'aprés avoir fait un bassin il a fallu en Construire un second, et bientot on va en avoir un troisieme dans un emplacement ou dans ce moment on tire de la terre pour en faire de la brique. quoique, les eaux basses diminuent de l'activité de la navigation sur la severn, j'ai été surpris du mouvement de stourport. pendant que nous dinions il est entré et sorti par les écluses, continuellement des batteaux chargés de marchandises.[4]

stourport étoit si peu de choses que les cartes gravées il y a quelques années ne marquent pas ce village. il est au dela du Confluent de la stour dans la

---

1. Richard Hurd (1720-1808) avait été nommé évêque de Coventry en 1775, et en 1781 il avait reçu l'évêché de Worcester; en 1783 il déclina le titre de Primat d'Angleterre. Hurd est aussi connu pour ses *Letters on chivalry and romance* (1762), qui constituent l'un des premiers témoignages d'intérêt pour la culture médiévale. Ce fut effectivement John Moor (1730-1805), qui devint archevêque de Cantorbéry, ayant été lui aussi précepteur des fils du roi; ces fonctions assuraient généralement un évêché (en France aussi, d'ailleurs). Mais Richard Hurd n'était que le fils d'un fermier; en France, en dehors de quelques évêchés crottés, l'épiscopat était réservé à la haute noblesse.

2. E. Lauréault de Foncemagne (1694-1779), érudit et historien, de l'Académie des inscriptions à partir de 1722. J.-B. Vivien de Chateaubrun (1686-1775) fut élu à l'Académie française en 1753, mais ne fut qu'un fort médiocre dramaturge.

3. La manufacture de porcelaine avait été établie en 1751 par le Dr John Hall.

4. B. porte un intérêt particulier aux canaux qui jouent un rôle essentiel dans le développement économique entre la Severn et la Mersey. Il avait acquis pour sa bibliothèque *The History of inland navigation* (London 1779).

severn. sur la rive gauche de cette riviere en face d'areley un fort beau pont de Pierre joint les deux rives prés des bassins de [158] stourport. nous en sommes partis à six heures du soir et fort contens de notre course; nous ne l'avons pas été moins de revenir en un bon gite comme celui de Clent.[1]

le 28.

l'agrément de mon retour a clent a été fort augmenté par la satisfaction, d'y trouver des lettres de mon ange. oui c'est un ange dans tout ce qu'elle fait, dans tout ce qu'elle pense, dans tout ce qui la fait agir, et dans tout ce qu'elle ecrit. j'ai vu avec plaisir que l'abbé de Boismont[2] dont j'ai fait mention page 63 de ce volume a saisi fort honetement l'occasion du séjour de Mad^e de Bombelles à mauny chez M. D'Etampes pour joindre son éloge a Celui de Madame Elizabeth et de la jolie M^de de Blangis fille du Mis D'Etampes. L'abbé de Boismont a sans doute ou ignoré comment on ecrivoit mon nom ou trouvé plus Commode d'en abreger l'ortographe, au rest il y a deux cents ans qu'il s'ecrivoit Bombel. voici les Couplets que je suis bien aise de placer ici pour prouver de plus en plus à mes enfans que la vertu de leur mere fut toujours aimable, douce, attrayante et que si elle eut voulu etre à la mode comme nos belles Dames, la nature ne lui avoit refusé aucun des agrémens du Corps et de l'esprit.
[159]

Couplets de l'hermite du Landin sur l'air du serin qui te fait envie

je n'ai point vu cette Princesse
qui fixe à ses pieds tous les cœurs.
vertus, bontés délicatesse
sont fondues dit on dans ses mœurs;
helas! le bien de sa présence
pour un hermite n'est point fait.
tout le fruit de la pénitence
seroit perdu par ce bienfait.

———

mais un hermite qui déssine,
lorsqu'il voit Bombel et Blangis
d'Elizabeth à la sourdine
peut bien éssayer le croquis;
on respire dans ce qu'on aime,
on se peint dans ses favoris
je vois donc Elizabeth meme
en voyant Bombel et Blangis

1. Consulter à l'Annexe IV la lettre écrite par B. à sa femme le 28 août 1784.
2. L'abbé de Boismont (1715-1786), abbé de Cour, prédicateur et poète, avait été élu à l'Académie française en 1755.

[160]

toutes deux ont cet air aimable
sensible enjoué mais discret,
qui rend la sagesse adorable
et voila bien Elizabeth:

toutes deux ont ce doux sourire
ce tour fin ce charme muet
qui sans appret séduit attire
et c'est encore Elizabeth.
toutes deux dans cet art de plaire
n'ont d'autre maitre que leur cœur.
qu'il est touchant ce caractere
pétri des mains de la candeur;
on les chérit, on les honore
si l'amitié vous les donnoit
vous seriez trop heureux encore,
et c'est toujours Elizabeth.

[161]

à la bienfaisance, à son temple
veut on rendre un Culte éternel?
de Blangis on prendra l'exemple
pour pretresse on prendra Bombel.
mais si de la Déesse meme
vous voulez bien saisir les traits,
ne Cherchez point une autre embleme
vous Choisirez Elizabeth.

avec plus d'art plus de finesse
d'un pinceau plus sur et plus net
de cette Charmante Princesse
on peut crayoner le portrait.
ce n'est talent d'anachorete
je le scais, fut ce un raphael
mais lorsque j'ai pris la palette
j'avois vu Blangis et Bombel

Le 29.

je suis ici un peu comme les Egyptiens aprés sept ans de disette. je jouis d'une abbondance en proportion mes lettres de france retardées me sont [162] toutes arrivées à la fois. mon pauvre petit beau frere apres avoir souffert avec autant de Courage que de longueur va enfin mieux mais malgré des rechutes douloureuses pour lui on n'avoit pas encore trouvé le 17. ni la balle, ni le morceau du bas qu'elle a fait entrer dans les Chairs. on assure qu'il pourra garder cette balle sans en etre incommodé, mais je crains que ce Corps étranger en voulant se faire un passage, tot ou tard, ne l'expose à de nouvelles soufrances.

Le ch^{er} de La Luzerne est arrivé de Philadelphie[1] à Versailles et il avoit à peine eu le tems de saluer le ministre qu'on lui avoit déja offert l'ambassade de Lisbonne. mais heureusement pour moi, qu'independemment de Ce que le Ch^{er} scait mieux ce qui lui convient, il est d'une honeteté à toute épreuve et s'est déclaré, pour rechercher plutot, un poste militaire si on ne le faisoit pas ambassadeur comme il vouloit l'etre que de m'enlever une place qu'il scait m'etre destinée. ce sera la seconde fois que j'aurai eu à me louer des bons procedés de ce loyal Confrere. lorsqu'il fut question de me placer à Ratisbonne, après avoir fait des promesses formelles M. de Vergennes trouva encore fort simple d'y manquer pour proposer ce poste au ch^{er} de la Luzerne qui alors répondit que par sept ans de noviciat dans [163] les affaires Politiques j'avois plus de droit a etre employé que lui et que surtout à Ratisbonne, il me Croyoit d'autant plus propre à y etre envoyé que javois fait une étude du droit public d'allemagne dont il ne s'étoit pas occupé. on le nomma quelques mois après ministre Plénipotentiaire du Roi à munich, puis auprès des Etats Unis de l'amerique. ces deux Commissions en le dédomageant emplement du sacrifice qu'il m'avoit fait l'ont aussi mis à meme de developer des talens et un esprit de Conduite faits pour porter sa fortune au grand. il est aisé de juger que je la verrai prosperer sans envie et que dans tous les tems je suis lié par l'amitié et par la reconnaissance aux interets du ch^{er} de La Luzerne.

M^{de} Elizabeth a été instruite sur le Champs de la nouvelle démarche de M. de vergennes, et j'ai lieu d'esperer que la Connoissance qui en sera donnée à la Reine donnera a cette princesse une si entiere conviction de la duplicité du ministre qu'elle lui articulera plus positivement que jamais qu'elle veut ma nomination[2] et la retraite de M. O Dune.[3] mes lettres de Ratisbonne m'apprennent, qu'en fin bornant le Cours de sa galanterie [164] le Baron de Loeben tout de bon se marie et épouse la petite de greiffenheim dont ce journal fait souvent mention: la sœur de la B^{one} de Loeben qui rendit des soins si aimables à ma femme lors de la naissance de mon premier Enfant. voici par ce mariage les deux sœurs unies aux deux freres; sans doute que le nouveau ménage s'est résigné à une grande médiocrité car surement le Pere greiffenheim n'aura pas fait de grands sacrifices pour en assurer de son vivant l'aisance.

1. Anne-César de La Luzerne (1741-1791), avait été envoyé représenter la France auprès des Etats-Unis d'Amérique en 1779. Il sera nommé ambassadeur à Londres en 1788 où il restera jusqu'à sa mort.
2. Comme beaucoup de courtisans, B. croyait, à tort, que la reine avait quelque influence pour les nominations à des postes importants.
3. Jacques-Bernard O'Dunne avait été ambassadeur à Lisbonne en 1761-1762, puis, après deux postes en Allemagne, était revenu à Lisbonne en 1780, et il ne quittera pas son poste avant octobre 1785.

Le 30.

j'arrive d'une tournée qui m'a fait voir le premier et le plus beau village de l'univers puisqu'il est recu qu'une ville n'a ce titre qu'au moyen d'une administration municipale, et que Birmingham n'a ni magistrats ni bailli, ni aldermans enfin aucune Corporation.[1]

une industrie qui longtems n'a recu d'entraves a fait d'un vrai village la troisieme ville de fait de l'angleterre après Londres et Bristol. on regarde Birmingham comme la cité la plus florissante et la plus peuplée de ce Royaume.[2] Le nombre de ces habitans etoit évalué à Cinquante mille en 1781 et certainement il est augmenté depuis, ainsi que celui des maisons qu'on portoit alors à huit mille. la religion dominante, a deux Paroisses trois succursales, sans Compter les eglises des non conformistes. quoique Birmingham n'ait pas été Batie avec le soin qu'on aporte dans la Construction des villes [165] nouvelles de l'angleterre, c'est encore dans l'ensemble une belle ville. le marché de la nouvelle halle, le square, et les batimens autour de l'église de St. Philipe[3] forment trois places agréables. une des promenades publiques est le cimetiere de cette église, le Choix d'un pareil lieu pour aller prendre l'air et se recréer, fait peu d'honneur à la delicatesse et à la sensibilité des habitans de Birmingham. mais ils ne sont pas les seuls qui aient pris un aussi triste emplacement pour s'y promener. la platteforme de Berne fut longtems un Cimetiere; le Cimetiere planté de beaux arbres est une promenade à Zurich et à Lausanne, les Turcs plantent aussi leurs cimetieres et vont s'y promener au mépris des vapeurs dangereuses, que ces lieux éxhalent.[4]

il faudroit etre au moins huit jours à Birmingham pour bien voir toutes les manufactures, et on y parviendroit pas avec la simple qualité de voyageur curieux

1. B. utilise le mot *corporation* dans son sens anglais de conseil municipal ou comme on disait alors de corps municipal.

2. Birmingham était une bourgade ancienne, prospère dès le quinzième siècle et où l'on travaillait le fer et le cuivre; la population avait atteint les 15 000 âmes dès le début du dix-huitième siècle. En 1785, on y comptera 10 000 maisons, dont 6000 construites après 1765. En 1788, on lui attribuera 80 000 habitants. Mais Birmingham devra attendre 1832 pour avoir des députés, et 1838 pour devenir officiellement une ville et avoir maire et conseil municipal. On avait publié en 1782 une *History of Birmingham*. Ce 'village' avait un périodique, *The Birmingham Gazette*, depuis 1741. Les contemporains anglais étaient eux aussi séduits par l'agglomération: 'The houses are well built; the streets are broad and well-paved; and the spirit of industry is so universally predominant that not a person is seen, no, not even children, without being employed in some kind of business' (R. J. Sulivan, *Observations made during a tour through parts of England* [...] *in a series of letters*, London 1780, p.141).

3. Consacrée en 1715, bel exemple d'architecture palladienne.

4. On commençait en France à proposer des cimetières aménagés en jardins à l'anglaise, mais il faudra attendre les lendemains de la Révolution pour que soit réalisé, au 'Père Lachaise', un lieu d'inhumation paysagé que fréquenteront certains promeneurs.

de s'instruire.[1] les anglois Chefs de manufactures sont peu communicatifs et font tant qu'ils le peuvent des secrets de tout.[2] par exemple leurs propres compatriotes ne voyent pas travailler des tableaux qui au moyens d'une mechanique ingenieuse sont imprimés et retouchés ensuite par de bons Peintres. cette nouvelle invention avoit pour but de procurer [166] dans une égale perfection des copies des tableaux des plus grands maitres à un prix plus modique que celui des originaux, mais ce qui s'est fait jusqu'à présent n'a pas répondu à l'attente des inventeurs. j'ai vu plusieurs de ces tableaux, et les mieux exécutés coutent beaucoup plus cher qu'ils ne valent. on croit aussi généralement que le mistere profond dans lequel on laisse les operations de cette manufacture, nait en grande partie de ce que ses entrepreneurs sentent eux memes, qu'ils n'ont pas le succés qu'ils s'etoient promis.

ma curiosité quant au reste de ce qui se fait à Birmingham n'a pas éprouvé ces genes établies. grace à M. Blair un de ses amis M. Kire nous a fait entrer partout ou nous pouvions le désirer. quoique l'on fabrique à Birmingham une infinité d'objets differens, celui dont le commerce y est le plus considerable est le bouton,[3] on en fait de toutes les sortes et ceux de papier maché[4] ont un débit immense. j'ai vu dans tous ses détails la principale des fabriques ou ce papier consolidé par une préparation bien entendue acquére en conservant une grand legereté une solidité que n'a pas le bois le plus dur. on fait des Choses charmantes dans cette manufacture independemment des boutons comme des platteaux pour mettre des tasses, des panneaux de voitures, des boetes de toute espece. [167] cette manufacture entretient outre des peintres pour les choses communes des artistes plus distingués qui exécutent de trés agréables tableaux mais les prix de ces objets de luxe sont d'autant plus exhorbitans que l'entrepreneur de cette manufacture jouit encore du privilege exclusif.

lorsque quelqu'un invente dans quelque art que ce soit de quoi en ameliorer

1. Il y avait alors à Birmingham plus de 500 ateliers où l'on fabriquait de la petite quincaillerie aussi bien que de la joaillerie, des objets de luxe, de fantaisie ou utilitaires, du très coûteux au très bon marché. Il fallait une abondante main d'œuvre très qualifiée, assistée de machines ingénieuses.

2. Dutens souligne que la méfiance règne à l'égard des visiteurs 'parce qu'on en a découvert plusieurs qui avoient essayé de corrompre des ouvriers, ou de se procurer des plans des instrumens plus perfectionnés dont ils se servent' (*L'Ami des etrangers*, p.166). Mais, dès 1762, Arthur Young se plaignait de cette espionnite des fabricants. Cf. i.234; p.134-35.

3. Il y avait alors à Birmingham 184 fabricants de boutons. Pour protéger cette industrie, diverses lois imposaient aux vêtements d'apparat un nombre élevé de boutons ornés. Par ailleurs, on trouvait aussi 124 fabricants de breloques et de chaînes de montre. Chantreau se plaindra, 'le philosophe n'aime point à voir tant d'hommes arrachés aux travaux utiles de la charrue pour faire des chaînes de montre, des boutons, des tabatières' (*Voyage dans les trois royaumes* [...] *fait en 1788 et 1789*, Paris 1792, ii.315).

4. Il s'agit d'une matière mise au point en Angleterre vers 1750 à partir de pâte à papier ou de papier détrempé, qui permettait de fabriquer divers objets moulés, comme le plastique de nos jours.

le produit, et que son invention est constatée comme utile et reellement nouvelle, il obtient un privilege exclusif pour etre le seul pendant un certain nombre d'années à faire fabriquer ce que son genie lui a fait enfanter; mais il n'obtient son privilege qu'à la charge de consigner dans l'espace de quatre mois le secret qui le lui a valu et de l'exposer avec une sufisante Clarté pour qu'après la révolution des années accordées, Chaque personne puisse travailler aux memes objets d'après cette invention;[1] alors la Concurrence des differens ouvriers, rend les prix plus modiques et l'inventeur ayant joui d'un bénéfice assez Considérable devient lui meme interessé à baisser ses prix pour se conserver du débit et un débit de préférence.

cet encouragement donne l'essor au genie inventif et ses avantages porte sur les plus petits objets.[2] il y a un homme de Birmingham [168] qui au moyen d'une machine que j'ai vue, tresse le crin dont les fouets sont garnis, le travail de trois heures se fait en une et un enfant, en donnant du mouvement à la machine opere ce qui exigeoit de talent et de l'habitude; le meme artiste vient de trouver une nouvelle maniere de filer la laine[3] qui en simplifiant beaucoup ce travail doit influer sur la diminution du prix des draps et par consequent en accroitre la vente. on prétend qu'on vient de découvrir en Ecosse une qualité de laine qui vaut celle d'Espagne. j'ai peine à le Croire, mais si cela étoit cette découverte et celle d'une filature plus facile seroient deux atteintes majeures portées à nos manufactures de drap.

j'ai vu avec étonnement et plaisir le service qu'on tire à Birmingham de l'age le plus tendre. des enfans de dix ans sont déja d'excellents ouvriers, et travaillent avec une rapidité et une justesse dans leurs mouvemens qui se trouvent rarement dans les operations d'artisans plus agés.

si presque toutes les manufactures de Birmingham offrent des objets d'interet, il en est une a deux petits milles de cette ville qui seule par son importance et la varieté des travaux mériteroit qu'on vint de bien loin pour la voir. c'est celle de M. Bolton[4] et de son [169] associé. ici on peut suivre tous les degrés par

1. Le *Statute of Monopolies* de 1623 accordait le droit d'exclusivité aux nouvelles inventions pour quatorze ans, mais la France ne connut le système des brevets d'invention qu'après 1791. Entre 1760 et 1785, 776 brevets avaient été déposés en Grande Bretagne auprès du Patent Office. Certains brevets furent contestés, en particulier ceux d'Arkwright pour sa fileuse mécanique, qui perdit son monopole en 1785, après un long procès.

2. Autre élément d'encouragement, les prix donnés par la Society for the Encouragement of Arts, Manufactures and Commerce, créée en 1754, qui indiquait les besoins, les problèmes à résoudre, les obstacles, et récompensait les trouvailles les plus diverses. Voir Annexe v.

3. Le plus gros obstacle à l'expansion de l'industrie textile était la faible quantité de fil produite manuellement. Hargreaves fut le premier à mettre au point une fileuse mécanique vers 1765, qui fut améliorée par Arkwright en 1769, puis constamment perfectionnée jusqu'à la fin du siècle. Voir R. S. Fitton, *The Arkwrights: spinners of fortune* (Manchester 1988).

4. Matthew Boulton (1728-1809) fonda en 1762 les ateliers de Soho, aux portes de Birmingham.

lesquels un bouton passe pour devenir d'un morceau de Cuivre brut au point du plus grand poli et du travail le mieux soigné. l'histoire du bouton de métal est aussi Complette chez M. Bolton que celle du bouton de papier maché dans la manufacture dont j'ai fait mention. mais ce n'est pas à ces seuls ouvrages que M. Bolton s'est borné. peut etre y eut il trouvé son Compte, mais doué de cette ambition qui veut embrasser l'universalité des objets sa manufacture renferme des travaux d'industrie qu'on ne trouve pas quelques fois dans une ville considerable. c'est chez lui que s'est travaillé en premier lieu ce nouveau genre de vaisselle, qui n'est qu'une plaque d'argent sur du cuivre,[1] plaque qui recoit les differences du mat et du bruni, les ciselures et la gravure comme l'argent massif. M. Bolton a aussi entrepris des ouvrages en or moulu[2] mais quoiqu'il en soit sorti de fort beaux de sa manufacture il est resté trés en dessous de ce qui ce fait en ce genre à Paris, et la Chereté de la main d'œuvre angloise le fera renoncer vraisemblablement à un travail d'autant plus [170] ingrat, qu'il parait démontré que la qualité du charbon de terre en angleterre s'oppose à la beauté parfaite de la dorure, et que les ouvriers sont quoique on puisse en dire bien loin du gout qui en distingue un petit nombre en france. les vases étrusque envoyés par le C^{er} hamilton[3] qui les a tirés des ruines d'herculanum de Pompeya et d'autres parties du Royaume de naples ainsi que de la sicile sont des modeles d'apres lesquels toutes les manufactures d'angleterre en porcelaine en poterie en bijouterie et en orfévrerie travaillent. nombre de ces vases étoient du tems

Esprit inventif et pragmatique, il mit au point quantité de machines fort diverses. Il permit à James Watt de réaliser ses projets de machine à vapeur (voir I.171; p.103) et il en installa dans ses ateliers. Ami de B. Franklin, Priestley, E. Darwin, Wedgwood, il fit de sa demeure le rendez-vous des savants des Midlands et fonda avec ceux-ci la Lunar Society. Mr Boulton fut aussi membre de la Royal Society, mais il était également très fier d'employer plus de 1000 ouvriers et d'avoir pratiquement créé un faubourg. Les établissements de Soho recevaient de très nombreux visiteurs que Matthew Boulton accueillait avec plaisir. Toutefois, il ne semble pas que B. ait rencontré l'industriel; en tout cas cette rencontre n'est pas mentionnée dans les carnets de M. Boulton conservés à Birmingham. Voir E. Roll, *An early experiment in industrial organization* (London 1930); H. W. Dickinson, *Matthew Boulton* (Cambridge 1937).

  1. Il s'agit du *plaqué*, mis au point à l'origine à Sheffield en 1742, d'où le nom anglais de *Sheffield plate*, que les Français imitèrent dès 1770. Il y avait alors à Birmingham 88 ateliers produisant des objets en plaqué.

  2. L'*or moulu* désigne le cuivre, ou le bronze, recouvert d'une couche d'or qui conserve un aspect poudreux. La technique et le terme *ormolu* furent introduits en Angleterre vers 1765.

  3. Sir William Hamilton (1730-1803), ambassadeur à Naples de 1764 à 1800, se passionna à la fois pour la vulcanologie et l'archéologie. Il publia dès 1767 une étude sur les antiquités étrusques, grecques et romaines, et se procura de très nombreux objets des fouilles d'Herculanum et de Pompéi, redécouverts à partir de 1719 et 1748. Ses ouvrages illustrés, ses collections, et les conseils qu'il donnait aux visiteurs britanniques à Naples firent connaître l'art 'étrusque' en Angleterre et suscitèrent même une véritable étruscomanie, qui se manifesta en particulier dans les arts décoratifs, grâce surtout à Robert Adam. B. s'était vivement intéressé aux fouilles du Royaume de Naples; il possédait *Les Antiquités d'Herculanum* et *Observation d'Herculanum*. Cf. II.242, 252; p.306, 311.

de leur formation fort differents dans le gout qui y présidoient. alors comme à présent, le talent plus ou moins heureux d'un ouvrier douoit ou privoit d'élégance son ouvrage, les anglois en adoptant sans beaucoup de discernement toutes les formes antiques en ont encore souvent alteré les vraies beautés. c'est ainsi qu'en general ils donnent des anses grêles à un vase d'une bonne proportion, qu'ils font des colonnes hors de proportion aussi pour s'en servir de flambeaux: enfin en voyant en detail tous leurs ouvrages: il est plus ordinaire d'en admirer le fini que le dessein qui les a guidés. malgré ces observations que j'ose croire denués [171] de toute prévention, la fabrique de M. Bolton n'en est pas moins un des plus magnifiques établissemens qu'il soit possible de voir dans son ensemble; longtems ses profits n'ont pas répondu à ce qu'il falloit pour l'indemniser d'avances immenses, mais la decouverte de nouvelles pompes à feu remplace emplement le deficit dont il a eu à souffrir.[1] ces pompes à feu lui sont non seulement d'un secours surprenant pour toutes les operations premieres de ses differens travaux, mais par la maniere dont son associé est parvenu à les simplifier elles épargnent un tiers de dépense partout ou elles sont employées; ce qui fait que M. Bolton en ayant donné aux divers exploiteurs de charbon en angleterre, le tiers du profit qu'il s'est stipulé, sur le tiers du bénéfice en œconomie, lui raporte dit on de la part de ces entrepreneurs de mines ou des proprietaires prés de dix mille livres sterlings annuellement.

aprés avoir vu dans tous leurs détails les differentes fabriques reunies dans les vastes batimens de M. Bolton nous avons été diner dans une campagne voisine chez M. Kire et en revenant à Clent M. Blair a [172] bien voulu encore se détourner pour me reconduire à Birmingham afin d'y voir le port ou s'embarquent les marchandises qui ne vont point par terre et ou l'on débarque la prodigieuse quantité de Charbons qui se Consoment tant à Birmingham que dans les environs. le Canal qui part de ce port remonte en recevant en Chemin differentes branches jusqu'a Wolverhampton et par le Canal de Wolverhampton on remonte ou jusqu'a Liverpool par la mersey ou jusqu'a manchester comme on redescend a glocester et à Bristol par stourport et la severn. sous peu l'ouverture d'un nouveau Canal de Birmingham à tamworth établira par oxford et la tamise, une navigation non interrompue entre Londres et Birmingham.[2]

1. James Watt (1736-1819), de Glasgow, entreprit après 1760 de perfectionner la primitive pompe à feu de Newcomen. Il prit un premier brevet en 1769, mais ne put vraiment obtenir une machine à vapeur efficace qu'avec le soutien technique et financier de Boulton auquel il s'associa en 1775. Il obtint alors, exceptionnellement, un monopole pour vingt-cinq ans. De 1775 à 1800, les ateliers de Soho produisirent 350 machines à vapeur, dont une soixantaine avant 1785. Constamment améliorée, la machine de Watt devint en 1783 'à mouvement circulaire', put donc fournir directement une force motrice au lieu d'être seulement une pompe à vapeur perfectionnée.
2. En fait, en remontant vers Tamworth on se rapprochait surtout du Canal Trent-Mersey; mais on pouvait aussi redescendre de Tamworth par le Canal de Coventry et ensuite rejoindre le Canal

Wolverhampton dans le Comté de stafford est en réputation pour la maniere dont on y travaille l'acier.

Le 31.

nous avons ramené de Birmingham une Demoiselle que Madame Blair étant fille a connu dans le Comté d'Yorck et qui vient passer ici le reste de la belle saison: elle se nomme Melle Dowing. les mœurs des provinces de l'angleterre different autant de Celles de la Capitale et peut etre [173] plus encore, que Celles des habitans de nos Provinces avec celles des Parisiens. Melle Stowing, fraiche robuste, avec une grosse voye me rapelle assez les Baronnes des Chateaux allemands; elle touche du clavecin avec la mcmc Confiance et la meme dureté que le Claveciniste de Milord Dudley; elle rit volontiers, n'a pas pour un schelling de Phisionomie, et cependant il paroit qu'elle a de l'esprit dans un genre gai et meme délicat. elle aime de tout son cœur Mad^e Blair, c'est une preuve de discernement. elle nous a donné une autre preuve de son gout dans ces deux vers faits aujourd'hui à table, que je crois d'elle,^a et qui sont d'une précision Charmante les voici

> your gentle looks and sweetness void of pride
> might hide your faults, if you had faults to hide

et dans la traduction litterale cela signifie, 'votre joli regard et votre douceur sans aucune présomption nous voileroient vos torts si vous aviez des torts à voiler'. les anglois ont la prétention que leur langue est beaucoup plus énergique que la notre et surtout plus concise dans ses Phrases. je n'entends pas encore assez bien l'anglois pour convenir ou disputer de rien à cet égard, mais ce qu'il y a de vrai c'est que [174] l'on m'a déja fait sentir les beautés de vers anglois qui renferment de grandes idées en fort peu de mots. malgré cela je ne crois pas que l'angleterre ait jamais produit des hommes superieurs à racine, à la fontaine, et que milton ait donné plus de relief à sa langue que ces rares et heureux genie n'en ont donné à la leur.

a. j'avais raison d'en douter ces vers sont à quelques mots près tronqués par Melle Stowing dans la boucle enlevée de Pope‡ les voici

> yet graceful ease, and sweetness void of pride
> might hide her faults, if belles had faults to hide.

chant second vers 15 et 16.

‡ Alexander Pope (1688-1744), qui est un peu le Boileau de l'Angleterre, écrivit en 1712 *The Rape of the lock* (*La boucle de cheveux enlevée*), poème héroicomique remanié en 1717. Ce poème fut traduit en français à plusieurs reprises, en 1728, 1738, 1743, 1746 et 1748.

d'Oxford. Après une période d'initiatives dispersées on se souciait d'établir un réseau cohérent qui avait pratiquement Birmingham pour centre.

Le 1ᵉʳ Septembre

c'est aujourd'hui que la Chasse à tirer s'ouvre. aussi en allant diner au Leasowes avons nous entendu de partout un bruit qui ressembloit un peu à celui d'un petit Combat entre des patrouilles de troupes legeres. il faut pour avoir le droit de Chasser jouir d'un fond dont le revenu soit de cent livres sterling et lorsqu'on ne fait que louer une terre il faut qu'elle raporte cent cinquante livres; à moins de cela le port d'armes n'est pas permis et celui qui en jouit auroit encore dans la regle besoin de la permission du possesseur de la terre sur laquelle il chasse. mais on n'est pas pour l'ordinaire dificile à cet égard et respectivement de voisins à voisins cette permission est suposée tacitement accordée. celui qui est proprietaire d'une étendue de Chasse peut de droit suivre sur les terres voisines le lievre attaqué sur sa terre par ses lévriers. [175] le seigneur Territorial Connu sous le nom de Lord of the manor n'a pas un droit positif de chasser sur les terres de ses vassaux,[1] ou pour me servir d'un terme plus convenable de ceux qui tiennent des terres qui relevent de lui, car ce que nous entendons en france et plus encore en allemagne par les droits de Vasselage est extremement limité ici et ne donne gueres au scigneur d'autre superiorité sur ses Copiholders tenanciers que celle du plus riche sur celui qui l'est moins. cette espece de superiorité est aussi grande en angleterre que partout ailleurs.

j'ai revu avec plaisir le Leasowes et M. horn a qui appartient ce charmant séjour. il a voyagé avec fruit ainsi qu'un frere à lui que j'ai trouvé dans sa maison. ces deux hommes m'ont dédomagé par la solidité de leur Conversation, du retard qu'ont occasioné Milord et Miladi Valencia dans l'heure du diner en arrivant qu'aprés Cinq heures. ce sont ce qu'on appelle ici comme en france les grandes manieres, et ce qui ne réussit pas mieux dans un Pays que dans l'autre. je suis pourtant un ingrat en n'aprouvant pas celles de Milord Valencia, car il nous est arrivé la poche pleine de recommandations pour moi en Irlande. j'ai accepté ses lettres et ne les remettrai [176] que lorsque je serai sur de l'eficacité de ces recommandations.

Le 2.

Le droit de Chasse dont je viens de faire mention, me Conduit à parler des differens ordres d'angleterre. il n'y en a proprement que deux: la haute noblesse, et les gens vivant noblement, je vais entrer a cet égard dans plus de détail que n'en renferme la page 154 de ce volume.

Le Peuple qui forme en angleterre le second ordre comprend outre les

---

1. A la différence de la France où les grands seigneurs exerçaient ce privilège même à l'égard de leurs vassaux nobles, en particulier en 'capitainerie', territoire où le privilège allait même jusqu'à interdire d'établir des clôtures.

manœuvres et tous les gens de cette sorte les francs tenanciers qui possedent des biens fonds, les Copiholders espece de fermiers sujets à redevance et la Chevalerie ou basse noblesse (gentry) dans laquelle sont Compris les Baronets, les Knigts ou esquires tous appellés gentelmen.[1] on est si prodigue de ce titre à Londres et dans quelque villes de provinces qu'on le donne souvent a un riche Brasseur[2] ou à tout autre ouvrier considerable. Les Baronets et les Knigts sont qualifiés d'honorables. les differences d'Etat dans la societé tiennent à l'éducation recue et au ton qu'on prend dans le monde. il n'en existe aucune en matiere juridique. le fils du [177] Duc est justiciable comme le dernier manant anglois.

ce qui s'appelle la noblesse en angleterre est ce qui est regardé comme la haute noblesse dans d'autres Etats. celle ci en angleterre qui comme je l'ai déja dit ne prouve rien en faveur d'une naissance ancienne, a de grands privileges celui qui la possede a voix et séance au Parlement à l'instant ou devenu majeur il se trouve chef de famille. la majorité en angleterre est à vingt un an accompli. Le Roi seul est majeur à dix huit ans. le Pair d'angleterre ne peut etre arrcté que pour des Cas très graves et ou il ne suffit pas de donner caution; il faut dans les formes ordinaires un decret de la Chambre haute du Parlement qui a seule droit de les juger; mais il n'est pas vrai comme l'ont dit quelques auteurs que dans les Cas criminels on ne put les arreter sans un ordre du Roi signé de six conseillers privés. si un Pair est infracteur de la paix Publique il se met par son attentat au pouvoir du premier venu les loix d'angleterre n'ayant laissé à personne la liberté de s'evader après un Crime commis. [178]

Lord est un titre Commun qu'on donne aux nobles et quand il précede un nom de famille ou un surnom il désigne un Baron titre qu'il ne faut pas Confondre avec celui de Baronet. Lord veut dire seigneur et l'église anglicane ainsi que celles qui prient Dieu en anglois ne donnent point à cet etre supreme d'autre nom que Lord.

Les Pairs dont la noblesse est héréditaire sont de cinq classes Barons, vicomtes, Comtes, Marquis et Ducs. en 1767. il y avait en angleterre 69. Barons, 13. vicomtes, 83. comtes 1 marquis et 24. Duc. Le Mis de Rockingham étant mort sans enfant le titre de Mis est en ce moment éteint en angleterre,[3] mais on croit qu'il auroit été renouvellé en faveur de son heritier Lord Fitzwillem si celui ci n'étoit pas du parti de l'opposition. presque tous les Pairs des quatre

---

1. Il y avait quelque 800 *baronets* et *knights* et on comptait 5000 familles dans la *gentry* non titrée; quant aux *gentlemen*, leur nombre s'élevait peut-être à 20 000.

2. Les brasseries constituaient, surtout à Londres, de très grosses entreprises, et les brasseurs jouissaient de belles fortunes leur procurant une forte influence.

3. Il allait être relevé en faveur de Lord Shelburne qui recevra à la fin de 1784 le titre de marquis de Lansdowne.

Classes premieres sont en meme tems Baron quoique cela ne soit pas de necessité et qu'il y ait des exemples que le titre d'un vicomte ou d'un Comte ait passé sur la tete d'une personne qui s'est trouvée elevée à ce degré de Pairie sans passer par celui de Baron. Les Barons vicomtes et Comtes sont qualifiés de rigt honourable. Marquis et Ducs [179] ont la dénomination de most noble. les gens revetus d'un des titres de la haute noblesse peuvent aussi prendre ceux de toutes les Classes inferieures, les fils ainés d'un Duc et d'un Marquis ont le titre de Comte leurs autres enfans celui de Lord.

Le fils ainé d'un Comte est Lord, scs autres enfans et tous ceux des vicomtes et Barons sont appellés simplement Esquires. mais repetons le ces titres accordées aux enfans des titrés sont tous sans exception de pure courtoisie, et n'emportent avec eux aucune prerogative qui distingue le fils du Duc du dernier particulier dans la marche des loix angloises. lorsque dans la Chambre des communes ou dans quelque acte public on parle d'un de ces fils de Pair, on dit leur nom de bapteme et de famille en ajoutant communement nommé le Comte ou Lord un tel.

Les titres ne sont pas attachés a des domaines mais seulement au sang ennobli par le Roi en sorte qu'on voit en angleterre beaucoup de Chateaux, de fiefs, de seigneurie, mais point de Baronies, de comtés ni de Marquisats, excepté seulement le Comté D'arundel auquel le droit de premier comte Pair d'angle-terre est annexé. ce Comté appartient [180] au Duc de norfolk.

si le Roi Confere à quelqu'un les titres de Duc, de Marquis, Comte etc il lui fait prendre à son Choix un nom de Province, de ville, de bourg ou de Chateau et il l'en crée Duc ou Marquis sans que cela donne à ce titré l'apparence d'un droit sur la province ou le lieu dont il porte le nom en vertu de son titre. il arrive souvent que ces noms ont été portés par d'autres mais dans ce cas, il faut que ceux ci n'existent plus, parce que deux Pairs égaux en dignité ne peuvent en meme tems porter le meme nom. souvent aussi celui qui a une de ces dignités à recevoir la fait appliquer à son nom; un homme déja titré recevant du Roi un titre plus éminent, est libre d'adapter sa nouvelle dignité à son nom ou d'en Choisir un autre.

la veuve d'un Pair en se remariant à un homme d'un état inferieur à celui de son premier mari Conserve le nom et le titre qu'elle avoit, ou prend à volonté celui de son second mari s'il est plus distingué. La Duchesse d'hamilton[1] longtems celebre par sa beauté en se remariant au Duc D'argyle a preferé s'appeller la Duchesse [181] D'argyle. si elle eut épouse un Pair Comte, vicomte

---

1. Elizabeth Gunning (1734-1790), fille d'un hobereau irlandais, n'ayant pour dot que sa beauté et sa jeunesse, épousa d'abord, en 1752, le 6e duc d'Hamilton. Après la mort de celui-ci, elle épousa en 1759, John Campbell, marquis de Lorne, qui hérita du titre de duc d'Argyll en 1770. Sa sœur cadette, aussi belle qu'elle, devint comtesse de Coventry.

ou Baron, ou meme un homme non titré elle eut Continué de s'appeller la Duchesse d'hamilton mais alors le titre qu'une pareille Dame conserve ne lui est donné que par Courtoisie et elle cesse en se remariant à un homme d'un etat inferieur de jouir des prérogatives qu'a la femme et la veuve d'un Pair.

Les Eveques sont tous Pairs et par conséquent sont qualifiés de Lords, mais leur noblesse est inherente à leurs sieges et non transmissible à leurs enfans. la femme d'un Eveque n'est meme pas Miladi, et en general la Condition des familles des Éclésiastiques est fort à plaindre. Si les Eveques et les ministres de l'eglise dans un ordre inferieur n'assurent pas par des economies la subsistance de leurs femmes et de leurs enfans, aprés eux, la plupart meurent de faim, et l'on remarque à Londres que les mauvais lieu sont peuplés en grande partie des filles nées d'un Pere qui fut éclésiastique, elevées dans une aisance et un luxe qu'elles ne peuvent plus soutenir lorsqu'elles ne participent plus aux revenus de la Cure ou meme de l'Eveché; peu d'entre elles scavent chercher des moyens honetes de se procurer les douceurs de la vie, elles tentent de les trouver à l'aide du [182] libertinage, et se trompent toujours dans cette infame spéculation.[1]

Les differentes branches d'une famille noble mettent entre elles des differences par des distinctions dans leurs armes, et c'est une coutume assez generale parmi les nobles et meme ceux qui ne le sont pas d'ajouter des devises à ces armes.[2]

Richard III. institua une chambre de blason qui devroit tenir registre des noms et armes de toutes les familles. cet établissement sans avoir été detruit est a peu prés sans activité.

Les Cas de préseances sont assez rares aujourd'hui. voici Comme les rangs sont reglés alors:[3]

Les enfans du Roi et ses petits enfans

1. B. reprend une accusation assez répandue depuis une quarantaine d'années en Angleterre. Il semble que l'on se soit plu à imaginer les filles des ministres de la religion se livrant à la prostitution, en généralisant à partir de quelques scandales, et de la très réelle détresse des veuves et filles d'ecclésiastiques. Grosley, évoquant le sort des enfants d'ecclésiastiques après la mort du père, avait dit: 'Elles cherchent dans le libertinage, une vie qui, les dispensant du travail, les sauve de la mendicité, au moins dans le début. Ce sont ces filles qui fournissent pour la plus grande partie les *bagno* et les rues de Londres, encore plus fournies de cette denrée que celles de Paris' (*Londres*, ii.322, éd.1770).

2. Le College of Arms ou College of Heralds, créé en 1484, comprenant sous l'autorité du duc de Norfolk, maréchal à titre héréditaire, trois Rois d'Armes, six Hérauts et quatre Poursuivants, était une institution moins somnolente que ne l'affirme B.

3. B. s'est contenté de recopier un tableau que l'on trouvait dans beaucoup d'ouvrages, et que l'on retrouve dans le *Petit tableau de la constitution, des lois, du gouvernement du Royaume Uni* (London 1808). B., qui venait d'une Allemagne encore toute entichée de titres et de privilèges, toute empêtrée d'innombrables juridictions et traditions, devait trouver la hiérarchie anglaise d'une rare simplicité et la société anglaise d'une grande limpidité.

ses freres

oncles

neveux

L'archeveque de Canterbury

Le Chancelier (s'il est baron)

L'archeveque D'york

le p^{er} Lord de la trésorerie[1] ⎫

Le Président du conseil ⎬ s'ils sont Barons

Le Lord du sceau privé ⎭

[183] Le Lord grand Chambellan

Le Lord grand gouverneur ⎫

Le Lord grand maréchal ⎪ au dessus

Le Lord maitre d'hotel de la maison du roi ⎬ des pairs

Le Lord Chambellan de la maison de S.M. ⎭ dans leur

propre degré

Les Ducs

Les Marquis

Les fils ainés des Ducs

Les Comtes

Les fils ainés des marquis

Les fils cadets des Ducs

Les vicomtes

Les ainés des fils de Comtes

Les cadets des marquis

Le secretaire d'Etat (s'il est Eveque)

L'Eveque de Londres

de Durham

de Winchester

Les Eveques

un secretaire d'Etat s'il est Baron

[184]

Les Barons

L'orateur de la Chambre des Communes

Le lord de la commission du grand sceau

---

1. Le titre de *First Lord of the Treasury* était au dix-huitième siècle attribué à celui qui faisait fonction de premier ministre, mais celui-ci ne figurait pas officiellement près du sommet de la hiérarchie s'il n'était pas pair, ce qui fut le cas pour les deux Pitt. On remarque que ceux qui exercent le pouvoir ne figurent pas en tant que ministres dans la hiérarchie, sauf le *Chancellor of the Exchequer* (ministre des finances), à moins qu'on ne leur attribue des titres, *Lord Privy Seal, Privy Councillor*, etc.

Les fils aines des vicomtes
Les cadets des Comtes
Les ainés des Barons
Les Chevaliers de la jarretiere (s'ils n'étoient pas Pairs)
Les conseillers Privés
Le Chancelier de l'échiquier
Le Chancelier du Duché[1]
Le Chef de la justice du Banc du Roi
le grefier des régitres de la chancellerie
Le Chef de la Cour des Plaidoyers communs
Le Chef Baron de l'Echiquier
Juges et Barons de la coife[a]
chevaliers Bannerets royaux
Les cadets des vicomtes
Les fils cadets des Barons
Les Baronets
Les chevaliers Bannerets

[185]

Les Chevaliers de L'ordre du Bain
Les chevaliers Bacheliers
Les fils ainés des Baronets
Les fils ainés des Chevaliers
Les fils cadets des Baronets
Les cadets des Chevaliers
Les Colonels des troupes[b]
Les Docteurs en droit civil ou avocats
Les Docteurs
Les Ecuyers
Le gentilhomme
Le franc tenancier
Le marchand ou bourgeois
l'artisan
Le Laboureur

Les droits des seigneurs qui possedent un bien noble sont Comme je l'ai déja dit (page 175) extremement limités. ces seigneurs ou Lord of the manor,

a. ainsi nommés d'une sorte de coiffure qu'ils portent.

b. les généraux sont sous entendus et prenent rang sans doute au dessus des colonels. la plupart des colonels sont generaux.

1. B. a oublié de préciser 'de Lancastre', apanage de la Couronne.

n'ont que de legeres amendes a infliger dans l'exercice de leur justice territoriale, et doivent etre assistés par des francs tenanciers qui [186] prononcent avec eux les sentances.

Le Roturier possesseur d'un bien noble a les memes droits à cet égard qu'un Lord; on ascense aux fermiers les biens, les metairies ou les maisons pour 5, 10 ou 20 ans et le produit de ces ascensemens forme le revenu de la terre, de la vient qu'en angleterre tous les Paysans sont appellés fermiers (farmers).

on distingue les principaux d'entre ceux ci par le nom de gentlemen farmer, ceux par exemple qui tiennent à cens beaucoup de biens, ou qui sont devenus riches et qui vivent noblement. on appelle souvent aussi farmer l'homme qui fait valoir sa propre terre, et qui vit comme les riches fermiers.[1]

plusieurs possesseurs de terre ou simplement de maisons dans chaque comté acquerent une autorité bien plus grande que celle de seigneur territorial des qu'ils joignent la qualité de juge de Paix qualité accordée beaucoup trop facilement vu l'importance des fonctions, par les Lords Lieutenans des comtés,[2] qui font de cette nomination qui depend d'eux une politesse pour ceux de leurs voisins ou de leurs connoissances qu'ils veulent honorablement traiter. le juge [187] de Paix differe du Lord of the manor en ce qu'il peut juger sans l'assistance de francs tenanciers, et que sa juridiction s'etend sur tous les genres de delits commis dans l'arrondissement du lieu ou il réside; il y a des juges de Paix qui ont ce titre, sans en éxercer les fonctions pour lesquelles il faut avoir preté serment.[3]

Le 3. septembre

je m'etois souvent promené dans le parc d'hagley et Chaque fois j'en avois mieux apprécié les beautés, mais je n'etois jamais entré dans le Chateau, et mes amis de Clent m'y ont conduit aujourd'hui. Lord Lyttelton et plusieurs personnes celebres en angleterre pour leur esprit et leur gout ont présidé à l'architecture de cet édifice et aux distributions interieures.[4] ces distributions sont en réputation dans la Contrée et on les cite comme devant etre aussi agréables que

1. Le *cens* était la redevance due au seigneur; en fait, il s'agit ici de fermages et *acenser* ou *donner à cens* signifie affermer, donner à bail. On estimait que les grands propriétaires qui acensaient leur terres possédaient environ un cinquième des terres cultivées. Voir I.116; p.73.

2. Le *Lord Lieutenant* était le représentant du roi et exerçait l'autorité royale dans le comté, mais la fonction tendait à devenir honorifique, comme celle des gouverneurs de province en France.

3. *The lord of the manor*, ou seigneur du village, pouvait être un roturier. S'il ne résidait pas sur place, il était souvent éclipsé par le *squire*, gros propriétaire foncier. La justice seigneuriale avait très tôt quasiment disparu en Angleterre au profit des *justices of the peace*, notables locaux, souvent squires, désignés par l'autorité royale ou son représentant, mais ceux-ci tendaient, surtout à la campagne, à exercer leur pouvoir assez arbitrairement.

4. Lord Lyttelton avait agrandi et remanié la demeure familiale* dans le goût palladien, sur les conseils de quelques amateurs de qualité. Il faut bien avouer que l'architecture palladienne sacrifie souvent la commodité à la solennité.

commodes. il s'en faut pourtant de beaucoup qu'elles soient l'une et l'autre. ici comme en italie et dans la plus grandes partie de l'allemagne on ne Connoit ni dégagemens, ni cette séparation d'apartemens qui font dans nos Chateaux bien batis que chaque personne est chez elle pour ainsi dire comme dans sa propre maison. les gens relegués a hagley dans les hauts sont a une lieue de [188] leurs maitres et l'on n'y connoit pas les gardes robes de propreté. un grand éscalier bien eclairé et d'une forme assez heureuse est le seul moyen de Communication d'un étage à l'autre. le maitre et la maitresse de la maison logent au premier étage et quand ils se tiendroient habituellement au rez de Chaussée ils n'auroient aucune issue particuliere pour sortir de leur apartement.

Madame montagu celle qui a écrit avec succés pour défendre schakespear des reproches que lui avoit faits Voltaire[1] etoit l'amie intime de Milord Lyttelton et cette Dame s'etoit chargée de la partie de l'ameublement pour le Chateau de hagley, il est impossible de faire rassembler des meubles de plus mauvais gout, et quelques beaux tableaux de Van d'Eyck[2] sont entourés de Croutes dont l'encadrement soigné prouve qu'on ne les a pas crus déplacés à coté des ouvrages de ce grand maitre.

en sortant du Chateau nous avons été à l'eglise qui ainsi que le cimetiere qui l'environne est cachée par de beaux arbres qui ne laissent apercevoir que la pointe du Clocher. cette église est fort prés du Chateau et au milieu du jardin. c'est la que [189] Lord Lyttelton repose et qu'avant lui sa premiere femme fut enterrée. le monument qu'il lui eleva est remarquable par les vers qui y sont gravés. Lord Lyttelton regretta sa femme en Poete et la Chanta de meme. le portrait qu'il en fait seroit attendrissant si l'on n'apprenoit en meme tems qu'on le lit que cette femme si faite pour etre regrettée fut remplacée en moins de six mois. Lord Lyttelton à la verité paya cher par les désagremens de ce nouveau mariage, l'inconsequence des sentimens qui le porterent à le Contracter. quoiqu'il en soit voici ces vers

> made to engage all hearts and Charm all eyes
> Tho meek, magnanimous, tho witty, wise.
> Polite, as all her life in courts had been
> yet good, as She the world had never seen.

1. Elizabeth Robinson (1720-1800) épousa en 1742 Mr Montagu, fort riche. Elle en était veuve depuis 1755. Elle tenait salon à Londres avec celles et ceux qu'on appelait 'les bas bleus', et elle jouissait d'une grande autorité dans le monde des lettres en France comme en Angleterre. B. rappelle son *Essay on the writings and genius of Shakespeare* (1767), traduit en français en 1777 sous le titre *Apologie de Shakespeare*, au lendemain d'un séjour de cette dame à Paris. B. fera sa connaissance à Bath et en sera charmé. Il ne faut pas confondre Mrs Montagu avec Lady Mary Wortley Montagu (1689-1762), elle aussi femme de lettres connue de Voltaire. Cf. 1.222; p.295.

2. Il s'agit probablement, non de Van Eyck, peintre gantois du quinzième siècle, mais de Van Dyck, peintre anversois du dix-septième siècle qui fit surtout carrière en Angleterre.

[190]

The noble fire of an exalted mind
With gentle female tenderness Combined.
her speech was the melodious voice of love
her song, the Warbling of the Vernal grove
her eloquence, was sweeter than her song
soft as her heart and as her reason strong.
her form each beauty of her mind expressd.
her mind, was Virtue, by the graces dress'd.

Traduction litterale

faite pour engager tous les Cœurs et Charmer tous les yeux quoique douce, magnanime quoique spirituelle, sage dans les effets de son genie, polie comme si elle eut passé toute sa vie à la Cour, et bonne comme si elle n'eut jamais vecu dans le monde; le noble feu d'une ame exaltée etoit combiné en elle avec cette douce sensibilité des femmes; son langage etoit la voix mélodieuse de l'amour, son Chant, comme le ramage qui s'entend au printems; son Eloquence bien plus douce encore que son Chant, etoit tendre comme son cœur et forte comme sa raison: Chaque beautés de sa stature etoient l'expression de celles de son ame, et son ame etoit la vertu meme embellie par les graces.

lord lyttelton avoit aussi Celebré sa douleur par une autre piece de vers qui se trouve dans la Collection de ses ouvrages.[1] le sentiment qui alors guidoit sa plume a donné a quelques parties de ce poeme [191] un naturel et une grace qu'on trouve rarement dans les ouvrages de ce Poete.

Le 4.

il y a dans le voisinage d'ici, à Broomsgrove, une filature de cotton qui n'est montrée aux étrangers qu'avec beaucoup de difficultés et que graces à M.Blair je suis parvenu à voir aujourd'hui. le Cotton par le moyen de machines ingénieuses passe de son état brut à un degré de finesse qui lui donne l'air, d'un de ces fils de soyes qui forment les cocons. les diverses machines que j'ai vue chez M. holcker dans sa belle manufacture du fauxbourg St. Sever de Rouen,[2] sont trés inferieures à celles de broomsgrove, et ne supléent pas à beaucoup prés autant à la main d'œuvre, ce qui n'exige icy que cent quarante

---

1. Lady Lyttelton était morte en janvier 1747; la même année son époux écrivit une *Monody to the memory of a Lady recently deceased.*

2. James Holker (1719-1786) avait été artisan dans le textile à Manchester. Catholique et jacobite, il passa en France après 1746 et s'établit à Rouen où il créa en 1752 la manufacture royale de velours et de drap, après avoir recruté du personnel et acheté du matériel en Angleterre. Par la suite, il réussit à attirer en France beaucoup d'ouvriers anglais et à faire venir, clandestinement, les dernières machines, comme la *spinning jenny* d'Hargreaves en 1771 et le *spinning frame* d'Arkwright en 1779. Il avait été naturalisé en 1766 et anobli en 1774. En 1780, la manufacture de Rouen comptait 200 métiers. Voir André Rémond, *J. Holker, manufacturier et grand fonctionnaire en France au dix-huitième siècle* (Paris 1946).

ouvriers payés a peu de frais parce qu'il leur faut peu de talens, en demanderoit peut etre six fois autant sans les moulins que je viens de voir, et jamais un travail fait à la main n'auroit la perfection et l'egalité de celui qui sort de dessous des cilyndres Combinés dans leur pression reciproque avec une justesse extréme. le Cotton qui en sort par l'attraction que lui donnent des bobines dans un mouvement de rotation égale s'alonge, se ressere [192] et devient propre à etre ouvragé dans les étoffes les plus fines. les bobines tournent sur elles memes trois mille fois dans une minutte.[1] un seul ouvrier en a à son attelier de quarante à Cinquante. si le Cotton se rompt en quelque partie de quatre en quatre bobines, il a de quoi arreter celle qui tourne à faux sans suspendre le travail des autres et le mal est réparé aussitot qu'apercu.

des Cent quarante ouvriers qu'occupe la filature de Broomsgrove prés de quatre vingt dix sont des enfans de huit à douzce ans. le travail qu'ils font doit leur etre sain a en juger par leurs phisionomies, je n'en ai pas vu un qui n'eut l'air de la plus belle santé et beaucoup d'entre eux sont jolis; ils travaillent avec une assiduité Charmante, rien ne semble les distraire et tout annonce qu'ils tirent vanité de se sentir utile dans un age ou souvent on ne tire aucun parti de leurs Contemporains, j'ai déja eu occasion de vanter l'adresse des enfans en parlant des manufactures de Birmingham, ceux de Broomsgrove ne sont pas moins interessans à voir travailler. les plus essentiellement employés gagnent jusqu'a trois schellings par semaines, les nouveaux n'ont qu'un schelling et on les augmente en raison de ce qu'ils méritent. on n'a aucune peine à les contenir dans les bornes de leur devoir. l'Enfant, ainsi que l'homme occupé est rarement tenté de mal faire. il est fort rare qu'il se Commette quelque désordre [193] entre les soixante mille ames qui composent la population de Birmingham et comme je l'ai déja dit cette ville n'est soumise à aucun établissement de Police, mais comme tout le monde y est continuellement en action et les jours de fetes n'offrent qu'un repos indispensable dont l'artisan profite sans trop en abuser.

en sortant du moulin à Cotton nous avons été voir une manufacture d'eguilles. la maison ou elle se travaillent est presque ausi curieuse par sa propreté que les ouvrages qu'on y voit commencer et terminer; meme au sein de l'angletere, on est surpris de la netteté Charmante qui est entretenue dans les moindres parties de cette maison. la frequentation de dix huit ouvriers, celle des personnes que la Curiosité attire, ou qui viennent pour faire emplette d'aiguilles, ne dérange pas l'ordre satisfaisant qui regne dans ce joli établissement. une femme qui paroit douce et honete aidée d'une seule servante, maintient cette propreté,

---

1. Il semble que B. voie un exemplaire de la *mule jenny* mise au point par Crompton en 1779. Mais les améliorations et modifications, combinant souvent les innovations de machines différentes, rendent les identifications difficiles. Ces installations complexes nécessitaient une force motrice, parfois animale, souvent hydraulique, d'où l'appellation 'moulin à coton', *cotton mill*. Cf. I.233; p.134.

en aidant en meme tems son mari dans la direction de sa manufacture. elle et lui ont l'air du bonheur, leurs enfans qu'ils font travailler participent à la bonne tenue de la maison et leur Pere fait plaisir à voir par le contentement qui est peint sur sa Phisionomie. fort satisfait des justes éloges que [194] nous avons donné à l'arrangement de son manoir, il s'est empressé de nous montrer son jardin, ses espaliers, la petite tonnelle ou il se met à l'ombre avec sa famille, son Cellier, le lieu ou sont renfermées les provisions de la semaine, tout nous a été ouvert; enfin il nous a parlé de son Cheval, il vaut à ses yeux plus de cent guinées. le Cheval est fort médiocre, mais il en est enchanté, et il nous a scu trés bon gré de lui avoir dit du bien de sa monture. aprés avoir acheté des éguilles, afin de pouvoir reconnoitre d'une maniere convenable les attentions de ces bonnes gens, nous les avons quittés fort satisfaits d'eux, et eux fort contens de nous. le mari en se séparant de moi m'a donné la main et me l'a secoué en pressant la mienne avec une Cordialité qui m'a fait grand plaisir; ce sont encore pour la plupart des enfans qui travaillent dans cette manufacture

Le 5.

il faut etre en angleterre pour aller faire une visite d'une heure, visite d'avant diner, à treize milles de distances, ce qui equivaut pour aller et revenir à dix grandes lieues de france. c'est le divertissement que nous nous sommes procurés aujourd'hui pour aller voir [195] Milord Valentia dans son triste Castel d'over arley, Chateau qu'il a eu de feu Milord Lyttelton, et qui appartient du Chef de la premiere femme de Lord Valentia à ce joli seigneur, dont j'ai fait mention page 138. de ce volume. le nom de famille de Lord Valencia est annesley nom que porte son fils jusqu'a la mort de son Pere ou alors il prendra le titre d'Irlande.

malgré une Chaleur très forte pour tous les Pays on nous a promené sans misericorde au grand soleil sur une terrasse dont on domine une petite partie du Cours de la Severn. cette riviere embellit peu de ce coté le valon qu'elle traverse; son lit enfoncé la fait paroitre sombre et à la voir d'arley, on ne se douteroit pas de l'utilité majeure dont elle est au Commerce de toute cette Contrée. chaque fois qu'on veut aller promener dans les dehors d'areley il faut ou passer à travers le cimetiere, amusement qu'on nous a donné, ou au moins en cotoyer les murs. au retour de la promenade dans un jardin et un bosquet très médiocres, on nous a servi de très bons fruits et Milord nous a très pressé de rester chez lui pour manger le rostbeef,[1] mets de fondation le Dimanche

---

1. Le terme *roast beef* s'imposa en Angleterre vers 1640, et dès la fin du dix-septième siècle il passa, plus ou moins modifié, en français. Les Anglais considéraient le *roast beef* comme plat national opposé au ragoût français. Voltaire se moquait des anglomanes qui 'se sont signalés en appelant les

dans toutes les maisons angloises. mais M^de Blair a eu le bon esprit de [196] se refuser à cette invitation, et nous sommes revenus manger un excellent rostbeef à Clent, à Cinq heures du soir. il nous est resté assez de tems pour faire aprés le diner une promenade plus agréable que celle du matin; depuis quatre jours le tems est d'une beauté extreme[1] et le Ciel sans nuage; nous aurions pu souper en plein air à dix heures du soir tant la temperature etoit douce et nous aurions été sufisemment éclairé par la lune.

Le 6.

j'ai dit un mot de Milord Colvile et de son fils page 139. de ce volume, le jeune homme m'a plu chaque jour d'avantage, et sa facilité à me comprendre quoiqu'il n'entende pas un mot de francois et que je m'explique encore fort mal en anglois, m'a donné l'envie de l'emmener avec moi dans la tournée que je vais faire en ecosse et en Irlande. son Pere a Consenti fort honetement à ma demande, et le petit bonhomme est Charmé de faire avec moi ce voyage, ou certainement il me sera utile tant parce que sa famille est en ecosse que parce que je serai forcé de m'exprimer en anglois ne pouvant lui parler ma langue. Milord Colvile est un galant homme qui prend un grand soin de ses [197] enfans, dont il suit l'education à Bath, dans le Comté de somerset, ou il s'est retiré n'ayant pas une fortune sufisante pour vivre selon son rang à Edimbourg ou à londres. j'ai apris à son sujet un trait de générosité de M. Blair qui merite d'etre raporté.

Le Pere de M. Blair ainsi que sa mere ayant été depouillé de leurs biens, en punition de leur attachement à la cause du prétendant,[2] ne se soutenoient en écosse que des secours de quelques uns de leurs Parens. le frere de Milord Colvile mort il y a plusieurs années general au service d'angleterre, en laissant par testament à son frere le bien dont il jouissoit l'avoit grevé d'une pension de deux cent livres sterlings payable leur vie durante à M. et M^de Blair. M. Blair le fils celui chez lequel je suis, s'etant trouvé dans une passe de fortune avantageuse dit il y a deux ou trois ans à sa femme 'je Crois certainement que si le general Colvile eut pu prévoir que j'aurois aussi tot l'aisance dont je jouis, il n'auroit pas chargé son frere de payer sur le bien qu'il lui a laissé les deux cent livres qu'il doit en defalquer annuellement pour les donner à mon Pere et

---

aloyaux des rostbeef, et en se piquant d'avoir à leur table du rostbeef de mouton' (*Lettre à l'Académie*, 1776).

1. Les journaux d'alors confirment une chaleur exceptionnelle pour le début de septembre avec des maxima de 25°C.

2. Charles-Edouard Stuart (1720-1788), qui débarqua en Ecosse en 1745, et qu'on appela *the Young Pretender*. Son père, Jacques-Edouard (1688-1766), fut appelé *the Old Pretender*. Voir II.22; p.179.

à ma mere, si vous etes du meme avis que moi, je prendrai sur mon revenu la Charge de cette pension et j'en libererai lord Colvile [198] qui a plus besoin d'une pareille somme que moi.' Mr Blair en proposant une Chose aussi honete étoit bien sur de l'aprobation de sa femme. ce qu'il projettoit a été executé et pour ménager la delicatesse de Lord Colvile, c'est toujours ce seigneur qui paye comme de lui à M[de] Blair la mere une somme dont M.Blair le rembourse aussitot. M. Blair a perdu depuis M. son Pere, et M[de] sa mere dans un age fort avancé[1] habite Edimbourgh, ou sans le scavoir elle subsiste avec commodité des bienfaits de son fils.

Le 7. et le 8

j'ai employé ces deux jours aux préparatifs de mon départ d'ici, fixé à demain. nous avons eu des visites de voisins et celle que Milord et Miladi valentia sont venus rendre à M. et M[de] Blair. j'ai recu des nouvelles de mon ange et celle de la nomination de M. de Chazet[2] à la place de receveur général des finances de la ville de Paris. M. de Calonne aprés avoir varié comme cela est rapporté dans le tome XVI. de ce journal a été forcé par la Chose meme de Confier cette importante place de finance à un homme capable de l'exercer, avec l'intelligence la probité et les ménagemens [199] qu'elle éxige. M. de Chazet dit on pour cette fois au lieu de recevoir des conditions a fait les siennes. rien ne manqueroit en ce moment au bonheur de ma belle mere, la fortune de M. de Chazet assure celle de son gendre mais on craint que ce pauvre Baron ne reste boiteux et du fouar un de nos meilleurs Chirurgiens de Paris ne tient pas à cet égard un langage rassurant. il seroit affreux de rester impotant à cet age.

avant de quitter Clent ou depuis le maitre et la maitresse jusqu'au dernier des serviteurs j'ai recu toutes les attentions imaginables, il faut que je parle de Mad[e] johnson la mere de Mad[e] Blair. j'ai déja fait mention dans un autre volume de ce journal du mérite réel de cette Dame et de l'excellente éducation qu'elle a donnée à ses enfans. elle en avoit quatre, elle en pleure un, qu'elle a perdu il y a quelques années, mais sa tendresse maternelle trouve des consolations et des récompenses dans les trois autres. l'ainé est bien établi et heureusement marié à la haye, le second est dans les grands emplois de la Compagnie des Indes angloises et marche avec une extreme consideration, à la brillante fortune inséparable [200] de ces premiers Postes. la troisieme est Madame Blair qui rend à sa mere tout ce qu'elle en a recu de soins, et de preuve d'un sentiment vif et solide. l'été Mad[e] johnson le passe avec sa fille, l'hiver elle occupe une jolie maison à Londres prés de celle de M[de] Blair qui a aussi dans M[r] johnson

---

1. Mr Alexander Blair était mort en 1782, et Mrs Blair, née Margaret Colville, mourra en 1794.
2. M. de Chazet était le beau-père du baron de Mackau, frère de Madame de Bombelles.

un Pere estimable par les qualités de Cœur et de l'esprit. les Parents de M^de Blair trouvent chez son mari une maison Paternelle, les Parents de Mr Blair raffollent tous de sa femme, parce qu'elle n'est occupée que de tout ce qui peut leur plaire; parmi ces Parents, il y a ici une cousine de M. Blair, c'est Mademoiselle Scharp petite fille de l'archeveque de St. andrews en Ecosse, homme celebre par la violence de la persecution qu'il fit éprouver aux Presbiteriens, aprés avoir abbandoné leur parti et qui fut assassiné en 1679, par une troupe de gens apostés pour faire éprouver le meme sort à l'un de ses officiers et son homme de Confiance, Carmichael. ces malheureux voyant passer la voiture de l'archeveque Scharp regarderent comme un bienfait de la providence, le hazard qui mettoit dans leurs mains l'ennemi des presbiteriens, ils l'arracherent des bras [201] de sa fille et lui donnerent la mort à coups redoublés. le soin qu'on se donna pour venger cette mort ajouta beaucoup à la rigueur des persecutions dont les presbiteriens furent tourmentés.[1] plus douce, plus aimable que son ayeule, Mad^elle Scharpe s'est constamment fait aimer, et c'est à son tendre attachement pour son Cousin qu'est du le mariage de M^de Blair, elle a desiré le bonheur de ce galant homme et elle y a réussi en lui donnant une Compagne qui le rend parfaitement heureux.

Le 9 à Brigenorth [Bridgnorth] dans le schropshire

decidé à partir aujourd'hui de Clenth mes bons mes honetes hotes ont voulu m'accompagner jusqu'a Coalbrook-dale dont je ferai mention demain. en consequence de cette honeteté il fallu trois voitures pour conduire le nombre des personnes qui ont été de cette partie, et nous nous sommes mis en route à onze heures de matin. j'ai donné des regrets à une jolie habitation ou rien n'a été negligé pour m'en rendre le séjour agreable et ou dans le cœur de l'angleterre j'ai été comme dans une bonne maison Paternelle.

à dix sept miles de Clenth nous nous sommes arretés pour voir [202] une Campagne de Mr Withmoore nommée dudmeston.[2] cette terre dont le

---

1. James Sharp (1618-1679) avait été ministre presbytérien, avant d'accepter de devenir archevêque de Saint-Andrews en 1661. Il avait échappé à une première tentative d'assassinat en 1668. L'attentat du 3 mai 1679 à Magnus Muir entraîna une répression très brutale. L'épiscopat, qui n'avait pas été formellement aboli à la Réforme en Ecosse, disparut de 1638 à 1661, puis fut rétabli par Charles II, mais les évêques furent très impopulaires. La nouvelle constitution de l'Eglise d'Ecosse ratifiée en 1690 par Guillaume III supprima l'épiscopat.

2. Dudmeston, ou Dudmaston,* appartenait à Sir William Whitmore. Ce domaine figure dans la série *Seats of the nobility and gentry in Great Britain*, de W. Angus (1787): 'The House was built one hundred years ago, and is situated upon a rising ground, commanding a View of a fine pool, and the Upper Town of Bridgnorth, with the ruins of the leaning Tower upon the Castle Hill. It has a pretty Valley, well wooded, adjoining it, at the bottom of which runs a small Rivulet over a rocky ground, forming some natural Cascades. [...] Several walks are cut through the valley which terminate in a

propriétaire actuel a herité recemment offroit des moyens d'embellissemens qu'on n'avoit pas scu ou voulu saisir. M. Withmore s'y livre avec l'empressement qu'on a pour une nouvelle possession et avec un succés qui fait honneur à son gout, dans une dixaine d'années dudmeston sera un des jolis jardins de l'angleterre si l'on peut nommer de ce nom tout un Pays orné. en france cela s'appelleroit un Parc, mais on ne nomme ainsi que les Campagnes ou il y a des troupeaux de daims et qui par conséquent sont enfermées de hayes de fossés ou de barrieres assez considerables pour empecher ce leger animal de s'échapper de l'enceinte ou on veut le garder.

deux objets Contribuent infiniment à la beauté dont sont les points de vues de dudmeston; ce sont les rives de la severn et la ville de Bridgenorth qui se voit de plusieurs parties. la severn se dédomage ici de la tristese de ses bords sous la terrasse d'overareley; son Cours a de l'etendue et de l'agrement mais qu'il acquiert de beautés vraiment pittoresques en remontant vers le valon ou est bati le Pont et une partie de la ville de Bridgenorth; nous avons été diné à la ville haute, et nous regrettions que l'auberge ne fut pas sur le joli [203] rivage que nous venions de quitter. la promenade d'après diner nous a prouvé que nous avions tort. près de cette auberge est une terrasse qui regne autour des ruines du Chateau et d'ou l'on decouvre ce que j'ai vu de plus piquant et de plus singulier en paysage, depuis que je suis en angleterre; au pied de cette terrasse est la ville basse et un Pont de sept arches. cette basse ville se nomme lower town.[a] au dela de son faux bourg s'eleve une montagne qui n'est aride que dans les endroits ou elle présente des rochers placés et groupés à plaisir; l'etroit valon, varie dans sa direction et son genre de Culture, mais celle qui y domine le plus est en prairies, couvertes dans toute la force du terme de bestiaux; un autre valon se joint au principal et c'est dans ce second que l'on a taillé une belle route prise sur les rochers qui servent de fondemens à la ville haute, et qui y Conduit, le long d'habitations taillées dans ces rochers; elles paroissent saines, et logent des familles entieres dont les individus ne paroissent pas mécontens.

la ruine enceinte par la terrasse dont je viens de faire mention est infiniment curieuse une masse de muraille renversée par [204] une batterie voisine dont on voit encore l'emplacement est restée dans son entier, et semble prete d'écraser ce qui s'aprocheroit d'elle. mais elle a repris un si parfait aplomb dans cette fausse position que le tems n'a rien pu sur la solidité de sa structure. en bravant ses injures Cette belle ruine s'est laissée gagner par le lierre ambitieux.

a. basse ville en anglois.

beautiful prospect of the River Severn and the adjacent Country to a great Extent' (i. pl.vii).

le chateau de Bridgenorth qui a occupé une place distinguée dans l'histoire des differentes guerres civiles nous offre aussi deux anecdotes singulieres; la premiere, que lorsque henri 1ᵉʳ prit Ce chateau sur robert de Belesme fils de Roger de montgomery, un certain Ralph de Pitchford se conduisit si vaillamment que le Roi lui donna pour recompense une possession dans les environs qui fut nommée le Brugge^a à condition que cet officier fourniroit du bois sec pour la grande chambre du Roi dans le chateau de Bridgnorth chaque fois que sa Majesté y viendroit. le second fait est une generosité d'ame et une action vigoureuse dont henri II. fut l'objet, lorsqu'en 1165. il assiega ce Chateau dont hugues de mortimer s'etoit emparé, hubert de St. Clair Conétable du Chateau de Colchester voyant qu'on visoit sur son souverain du haut des murailles s'elanca en avant et recut dans la poitrine, la fléche qui partoit pour tuer le Roi.

c'est dans les dernieres guerres civiles que cc Chateau a été entierement [205] détruit, nous finirons d'en parler après avoir observé qu'il est assez éxtraordinaire que la ruine qui reste d'un chateau qui appartint à la maison de montgomery, ait infiniment de ressemblance avec celle qui subsiste encore à vire en normandie ou ces grands seigneurs habitoient.[1]

la ville de Bridgenorth envoye deux deputés au Parlement. la pureté de l'air qu'on y respire, l'agrément de sa situation, le mouvement qu'y donne le petit commerce que favorise la severn et un meilleur marché dans les denrées y ont attiré beaucoup d'officiers retirés qui y vivent avec leurs familles de la demi paye.

Le 10 à Withchurch [Whitchurch], dans le schropshire

nous sommes partis entre sept et huit heures du matin de Bridgnorth pour aller par un Chemin charmant quant à la fertilité, et à la beauté de la contrée à apley hall Campagne sur le bord de la severn, qui appartient au frere ainé de Mʳ Withmore.[2] la nature et fort peu d'art ont donné aux promenades de ce beau lieu un Charme inexprimable, la plupart des belles vues d'angleterre ne scauraient etre dessinées; vastes et uniformes elles ne présentent pas assez d'objets determinés [206] pour la Composition d'un tableau interessant. il n'en seroit pas de meme de celui qu'on viendroit d'esquisser sur quatre ou cinq

---

a. Burgh, Brugge ou Bridgnorth etoit le meme nom.

1. Roger de Montgomery, seigneur normand, fidèle compagnon d'armes de Guillaume le Conquérant, reçut de celui-ci le commandement des Marches galloises et presque tout le comté du Shropshire et fut fait comte de Shrewsbury (voir 1.209; p.123.) tandis que par son mariage il était devenu l'un des plus riches et plus puissants barons de Normandie.

2. Apley Hall* appartenait à Thomas Whitmore (1743-1795), membre du parlement pour Bridgnorth.

points choisis de la terrasse d'apley; la severn y a traité Mr Withmore en ami et se montre bien mieux encore ici que près des jardins de dodmeston. des batimens à voile suivoient les détours de cette riviere ou moment ou nous les contemplions, et il fallait etre aussi préssés que nous l'etions, par nos projets pour la journée, afin de se determiner à ne donner que des instans aux differents sites que nous avons parcourus. peu après nous en etre éloignés un nuage épais d'une fumée noire nous a averti que nous approchions de Coalbrook-dale.[1] au fond d'un valon et prés d'un petit lac que sans etre poete on peut comparer pour la couleur de ses eaux à l'acheron[2] sont, en grand nombre, des forges, ou dans la moins considerable il se fabrique chaque semaine quarante milliers pesant de fer,[3] les montagnes qui resserent ce triste mais pretieux valon, ont été soignées par les maitres de forges et leur forment de jolies promenades; une entre autres qui n'est encore qu'indiquée par les routes aura deux points de vue dont le contraste ne laissera pas d'etre agréable parce qui si d'un coté l'on considere avec une sorte d'effroi le valon [207] dont je viens de parler l'œil se repose avec plus d'agrement sur celui qui est arrosé par la Severn,[4] sur la droite sont toujours en grand nombre les batimens qui transportent le fer et le Charbon qui s'exploitent sur ses bords; sur la gauche est un pont de fer dont l'elégance fait honneur aux ouvriers de Coalbrook-dale et de madeley qui ont entrepris cet ouvrage en 1778, et l'ont terminé en 1780. madeley quoique séparé de Coalbrook-dale est aujourd'hui en quelque sorte Confondu avec ce dernier endroit dont l'importance augmente de jour en jour. le Pont d'une seule arche formée par cinq enormes demi cercles de fer a cent pied d'ouverture sur quarante cinq d'elévation.[5] les culées en pierre n'ont pas aussi bien reussi que

1. La vallée du Coalbrook était un site favorable à la sidérurgie, où l'eau fournissait la force motrice et les forêts voisines la charbon de bois. Deux dynasties de maîtres de forges, les Darby à Madeley et les Wilkinson à Broseley, firent passer la sidérurgie de l'artisanat à l'industrie, remplaçant le charbon de bois par le coke vers 1710, et la roue à aubes par la machine à vapeur vers 1775, et introduisant diverses innovations techniques. Les Darby vers 1784 y possédaient huit hauts fourneaux et neuf forges, produisant 12 000 à 15 000 tonnes de fonte. Wilkinson en 1788 fondit les 60 km de canalisation en fonte pour l'adduction d'eau à Paris. A l'époque, le secteur appelé Ironbridge regroupait neuf paroisses autour de Madeley et Broseley et 30 000 habitants. (Voir Arthur Raistrick, *Dynasty of iron founders: the Darbys of Coalbrookdale*, London 1953.)

2. L'Achéron est un des fleuves des Enfers. A l'époque la sidérurgie appelle fréquemment des références à la mythologie classique.

3. Environ 20 tonnes. Par fer, B. entend de la fonte. Ce ne sera qu'à partir de 1785 que l'on produira par puddlage de l'acier en quantités importantes.

4. Dès le milieu du siècle, Coalbrookdale vit de nombreux visiteurs attirés par le contraste entre une nature riante ou sauvage et un site dantesque, et fascinés par le spectacle cyclopéen des forges. Les estampes représentant des vues de Coalbrookdale avaient beaucoup de succès, et les peintres Wright de Derby et Loutherbourg multiplièrent les vues nocturnes des forges.

5. Réalisé par les forges de Darby et Wilkinson, sur les plans de Pritchard, architecte de Shrewsbury, le pont de Coalbrookdale fut le premier pont métallique au monde. Il était composé de pièces de fonte dont l'ensemble pesait près de 400 tonnes, et dont les premiers éléments furent

ce qui est fait en fer. ces Culées sont lézardées de partout; cependant il paroit que l'arche est sufisemment contenue et se soutient bien de son propre ensemble. il est dit, avec vérité, dans une inscription que ce Pont a été fondu ici; après l'avoir admiré après avoir vu ce qu'il y a de plus curieux dans les quatorze forges qui l'avoisinent j'ai pris congé de M^r et de M^{de} Blair, et deux heures après m'en etre separé je suis arrivé en compagnie de mon petit anglois le fils de milord [208] Colvile, à Shrewsbury. avant d'y atteindre nous avons vu un fort beau Chateau que lord Berwick fait rebatir sur les bords de la tern près du Confluent de cette riviere dans la severn ce Chateau est un des plus beaux que j'aye remarqué après Blenheim. son seigneur qui se nommait nool hill vient d'etre elevé tout recemment à la Pairie sous le titre de Lord Berwick.[1]

la situation de Shrewsbury est aussi heureuse qu'il est possible de le desirer. cette ville bien batie est sur une Colline en peninsule au bas de laquelle la Severn coule et ne laisse de Communication avec la terre que du Coté de la route qui mene à Chester. le nouveau pont sur lequel on passe en arrivant de Bridgnorth ou de la grande route de Londres est très élégamment bati; il y en a un autre dans la partie oposée de la ville qui se nomme le pont gallois parce qu'il est dans la direction qu'il faut suivre pour se rendre dans le Pays de galles soit par le Comté de montgomery soit par celui de denbigh.

malgré les éfforts de divers écrivains pour faire remonter aux tems les plus reculés l'origine de Schrewsbury, il paroit que cette ville [209] fut batie par les Bretons vers le milieu du sixieme siecle, afin de leur servir de rampart contre les saxons qu'ils forcerent de se retirer au dela de la severn. les historiens ont également varié sur l'étymologie du nom de la ville et du Comté de schrop. l'un et l'autre tant en latin que dans les actes publiques et sur les Pierres millieres se nomment Salop. le mot Sel en saxon vouloit dire plaisant, avantageux; celui de hope signifioit une situation elevée. de la Selhope puis Salop, doit avoir été l'origine de ce nom. d'autres prétendent, qu'anciennement le lieu ou est bati aujourd'hui schrewsburi renfermoit dans une maison des filles prostituées qu'on enterroit dans les Caves de cette maison à mesure qu'elles mouroient et que par analogie avec les mœurs de ces femmes leur demeure avoit gardé le nom de Salope. ce qui a appuyé cette opinion c'est que dans l'endroit supposé avoir

mis en place le 2 juillet 1779. Une portée de 30 m n'était pas exceptionnelle, mais c'était néanmoins la portée maximale pour l'époque. Joignant l'audace technique à l'élégance, le pont devint très vite célèbre: on en connaît de nombreuses gravures et peintures. Certains amateurs de jardins pittoresques firent construire dans leurs domaines des ponts imités de celui de Coalbrookdale. Le pont enjambe toujours la Severn, et à proximité on visite un musée de la sidérurgie du dix-huitième siècle.

1. Noel Hill (1745-1789) avait été fait Baron Berwick en 1784. La demeure, chef-d'œuvre de l'architecte George Stuart, s'appelle Attingham Hall.*

été celui qu'occupoit cette maison on a trouvé un grand nombre d'ossemens humains.

Shrewsbury avoit indépendamment de bonnes fortifications pour les tems reculés, une citadelle qu'avoit bati roger de mongommery Comte de shrewsbury. dans la suite cette forteresse devint Royale, et fut [210] donnée en garde a divers Capitaines. en 1651. le gouverneur mackworth Commandant les troupes Parlementaires refusa de rendre ce Chateau au Roi Charles quelque sommation qui lui en fut faite.[1] il existe une réponse de ce gouverneur au Roi qui par sa fierté mérite d'etre conservée.

Sire

j'ai recu par votre trompette deux ecrits dont l'un Contient une proposition, l'autre une sommation formelle de rendre la ville et la Citadelle dont j'ai la garde par autorité du Parlement, et si vous me Croyez un gentilhomme comme vous dites que je le suis vous devez suposer que je dois etre fidele à mon serment auquel ni caresses, ni menaces de violences, specialement par lettre ne peut m'engager de manquer. je ne scais quel jugement vous porterez de ceci, mais j'espere qu'il sera tel que l'honeteté le requere et jamais voye differente autant que je puisse le croire ne me fera deserter la Cause de ceux qui sont embarqués dans le meme engagement que moi et je suis resolu d'etre toujours comme je le suis le fidele serviteur de la république d'angleterre

signé humphry mackworth.

[211] ce meme Colonel mackworth fut, la meme année President d'une Cour martiale tenue à Chester et qui condamna à mort dix gentilshommes des premieres familles d'angleterre, pour le seul crime d'avoir Correspondu avec le Roi. on fit en meme tems le procés du Comte de Derby et d'autres qui pour avoir été pris servant dans les troupes de sa majesté furent jugés et exécutés en differens lieux pour répandre une terreur plus générale. le Comte de Derby fut executé le 15 octobre 1651 à Bolton.[2]

avant de diner, nous avons arpenté les principales rues de shrewsbury et l'une d'elles nous a Conduit au Chateau dont les ruines, l'enceinte, et une maison qui s'y trouve appartiennent aujourd'hui à M. Poulteney, l'un des deux membres du Parlement qui sont élus par Shrewsbury. un de ses gens montre moyennant une legere gratification les ruines et une tourelle d'ou l'on découvre une vue aussi étendue que belle et agréable. le Comté de shrop est peut etre le plus joli de l'angleterre par la varieté de son paysage; et les montagnes du Pays de galles

---

1. Après l'exécution de son père, Charles II débarqua en Ecosse en juin 1650, et descendit avec les troupes écossaises pour marcher sur Londres en août 1651. Il ne put prendre Shrewsbury et ses troupes furent écrasées par celles de Cromwell à Worcester.

2. Le comte de Derby avait épousé Charlotte de la Trémouille qui poursuivit la lutte après l'exécution de son mari.

terminent Majestueusement un riche et Charmant tableau. sur une de ces montagnes (la brything)[1] dans le Comté de montgommery est le monument récemment élevé à la [212] gloire de l'amiral Rodney, né dans ce comté; honneur qui lui a été decerné à l'occasion de la défaite de M. de grasse.[2] on voit ce monument très distinctement de la tour dont je viens de faire mention ainsi que le fameux Champ de bataille ou henri IV Roi d'angleterre defit Pierci Comte de Worcester après un des plus sanglans combats dont l'histoire fasse mention.[3]

la Population de shrewsbury peut aller de quelque chose au dela des dix mille ames. cette ville est fort bien habitée et assez generalement bien batie. comme rien de particulierement curieux ne pouvoit m'y arreter au dela de quelques heures j'en suis parti[4] pour aller coucher a Wem, mais on n'a pas eu de place a nous donner dans une auberge aussi mauvaise qu'elles le sont dans les petites villes de france, et il m'a fallu pousser jusqu'a Withchurch bourg plus considerable que Wem, ou j'ai été médiocrement logé.

Le 11. à Liverpool dans le Comté de Lancastre

Withchurch est le dernier endroit un peu considerable de comté de Shrop et a deux miles plus loin on entre en laissant à gauche la route de malpas dans le comté de Chester. le Pays plus ouvert mais moins [213] fertile et moins Cultivé marque la difference des deux comtés. du haut d'une colline a dix milles de Chester on découvre cette ville et toute la Campagne qui l'environne. cette vue est très belle sans etre fort interessante. on ne voit pas meme des paturages en proportion de ceux qu'il faut pour la nourriture des bestiaux dont la ville de Chester independemment de sa Consommation et de celle de sa banlieue tire de lait pour un Commerce d'exportation évalué a plus de 24000 tonnes de fromages,[5] dont quinze a seize mille vont à Londres et le reste dans d'autres parties de l'angleterre ou des Pays Etrangers.

tout concourt à assurer à la ville de Chester la prérogative de l'origine la plus

1. Il s'agit de la Breidden qui culmine a 400 m.

2. George Rodney (1719-1792), contre-amiral dès 1759, fit une belle campagne aux Antilles durant la Guerre de Sept Ans. Ayant dû se réfugier en France à cause de dettes criardes, il ne put rentrer en Angleterre en 1778 que grâce à la générosité d'amis français. En 1780, il remporta la victoire de Saint Vincent au large du Portugal, et, en 1782, il détruisit la flotte de l'amiral de Grasse aux Saintes, aux Antilles. Il fut alors considéré comme le sauveur de la Grande Bretagne et traité en héros national.

3. En 1403 Henry (Hotspur) Percy s'était soulevé contre Henri IV. N.B., il n'était pas comte de Worcester. Voir I.289; p.164.

4. A Shrewsbury, B. acheta *The History and antiquities of Shrewsbury from its first foundation to the present time* de Phillips (Shrewsbury 1779).

5. En fait, le fromage venait du Pays de Galles tout proche.

reculée: Ptolomée en fait mention ainsi qu'antonin,[1] celui ci la nomme deva du nom de la riviere de Dee qui baigne ses murs et par laquelle, les batimens d'un port leger se rendent dans la mer d'Irlande cette riviere avoit été entierement fermée par les galets, mais des travaux executés en 1731. par ordre du parlement ont rouvert la navigation. malgré cet avantage Chester n'a pas un commerce bien actif. cette ville doit l'art [214] de la fabrication de ses fromages, à la colonie Romaine que julius agricola y etablit. Les Romains mirent Chester dans le rang de leurs villes importantes, divers monumens attestent ce fait. on a trouvé des autels, des statues, dont plusieurs cabinets comme ceux du museum Britannique à Londres et celui d'oxford ont enrichi leur Collection. en 1779, en fouillant pour la fondation d'une rangée de maisons dans la rue de Watergate, on a trouvé des restes Considerables d'un bain et d'un sudatoire ainsi qu'un autel dedié à Esculape par un porte enseigne de la seconde légion; enfin ce n'est qu'en 1542 que cette ville a cessé de avoir un usage Commun dans les villes romaines, celui d'annoncer par des signes apparents les maisons de débauche; celles de Chester autorisées par l'administration avoient independemment de ces signes qui se voyent encore à Pompeya, une marque plus distinctive: elles étoient peinte en blanc, pour etre sans doute vues de plus loin et remarquées plus aisément.

le rampart de la ville est encore un objet de vanité pour [215] ses habitans. ils le Conservent avec soin dans une étendue de deux miles, et le montrent comme une des sept merveilles du monde. ce rampart est étroit on peut à peine y marcher deux de front pas un arbre dans sa plus grande partie n'offre son ombrage, et quoique un voyageur ait Comparé la vue dont on y jouit, à celle qu'on a du haut de la Colline de Richemond près de la tamise je n'ai rien decouvert de surprenant. la ville percée en Croix de deux rues principales est assez bien baties dans les nouveaux quartiers.[2] la Cathédrale[3] la salle du Chapitre sont encore des curiosités qu'on vous oblige de voir. rien de tout cela n'est fort remarquable. ce qui l'est davantage c'est la salubrité de l'air. si le Calcul est juste on ne Compte a Chester pour la mortalité annuelle qu'une personne sur quarante tandis qu'a Londres, elle est evaluée d'une personne sur vingt.

1. Nombreux sont les bourgs ou cités d'Angleterre dont le nom se termine en *-caster, -cester* ou *-chester* et qui eurent pour origine un camp fortifié romain. Le fort de Chester remonte à l'époque des campagnes de Claude, dans les années 50-60 après J.-C., et fut une base pour les attaques contre les tribus insoumises du Pays de Galles.

2. Il est surprenant que B. ne signale pas une des curiosités de Chester: *The Rows*, rues à arcades sur deux niveaux édifiées sur des substructions antiques et correspondant aux deux voies principales de la ville romaine.

3. La cathédrale est une des abbatiales sécularisées par Henri VIII; cf. II.205; p.285. Elle remontait partiellement à l'époque romane.

après avoir vu à peu près tout ce qu'on a à montrer à Chester j'en suis reparti pour aller par Sutton, eastham, Bromborow [Bromborough] et Bebbington, à new ferry. le pays ni les villages si j'en excepte [216] Bromborow, n'ont rien de beau ni d'agreable, en aprochant des bords de la mersey, la Campagne prend un aspect plus riant, new ferry qui signifie passage neuf est une seule maison ou l'on attend les bateaux qui viennent de Liverpool chercher les passagers. il y a differens endroits ou ils se rendent, il etoit six heures et demie lorsque je me suis embarqué, et le peu de vent que nous avions etant Contraire il a fallu ramer pendant une heure et demie pour une traversée d'un mile de distance. Le tems etoit superbe, le Ciel d'une pureté rare en angleterre et malgré l'eclat du soleil avant son Coucher, un nuage épais de fumée de Charbon enveloppoit tellement la ville de Liverpool, qu'en etant fort à portée nous ne pouvions distinguer que quelques Clochers qui paroissoient de tems en tems au dessus de la masse generale. il etoit nuit lorsque nous sommes entrés dans le port. le patron m'a procuré une Charette pour conduire mes effets fort loin dans la ville, à l'auberge du taureau noir. arrivé à cette auberge, il ne s'est pas trouvé assez de place pour me loger, et je ne scais ce que moi et mes gens serions devenus [217] si un honete anglois du Comté de Kent, n'eut parlé assez raison aux hotes de cette auberge pour qu'enfin ils m'indiquassent un logement dans la rue de la Chapelle près du Port. après avoir été m'y etablir, je suis revenu au taureau noir ou un mauvais souper m'a Charmé parce que de toute la journée je n'avois eu le tems de manger.

Le 12. à Liverpool

réveillé dès le grand matin par les Cloches d'une église attenant ma maison, j'ai été faire le tour d'un des plus beaux port de commerce qui existe.[1] près de Cinq cent batimens en occupent les differens bassins. tout est distribué dans le grand et les calles de constructions ou l'on répare en ce moment six gros vaisseaux marchands ont servi pendant la derniere guerre à Construire des fregattes de trente à quarante canons. mais le plus fort vaisseau qui puisse entrer dans la riviere, est de cinquante canons; les bancs de sable en rendent les aproches très difficiles et avant les derniers arrangemens pris pour le pilotage des batimens en entrant et en sortant les dangers qu'ils courroient étoient si

---

1. Liverpool était un bourg fort ancien, ayant reçu de Jean-sans-Terre sa première charte, mais il était resté un port de peu d'importance jusqu'à la fin du dix-septième siècle. Lorsque la Dee se ferma à la navigation, les bateaux se rendirent à l'entrée de la Mersey, on y construisit un bassin, le premier en Angleterre, achevé en 1715, et le port et la ville connurent un essor très rapide. Une des causes du succès de Liverpool fut que les navires s'y rendant s'éloignaient des parages menacés par les corsaires français.

grand que le prix de l'assurance etoit monté a un point destructif du benéfice necessaire au [218] soutien du Commerce.

le plus Considerable de Liverpool est la traite des negres, c'est de cette place que part annuellement un grand nombre de batimens qui vont à la Cote de guinée. on se plaint en ce moment, des entraves que rencontre ce Commerce par la superiorité du notre en ce genre dans cette partie de l'affrique. les négocians se plaignent partout et ne sont nulle part entierement de bonne foi.[1]

l'entrée du port de Liverpool du Coté dont on vient de la mer est deffendue par une batterie circulaire qui a intérieurement une assez belle place d'armes et une Caserne recemment batie ou logent un peu plus de deux cents hommes en quoi consiste toute la garnison de cette ville, Cinq cents hommes du meme regiment d'infanterie Composé de mille hommes sont dans l'isle de man le reste dans quelque autre partie éloignée de l'angleterre.

en revenant du Port, j'ai été à une église catholique ou le service divin s'est fait avec beaucoup de decence. les Catholiques ont deux églises à Liverpool[2] et leur nombre passe deux milles dont la plupart sont des Irlandois attirés ici par les avantages du [219] commerce et repoussés de leur isle, par l'exiguité des moyens de subsistance aisée qu'ils y trouvent.

en sortant de l'eglise, un de ces irlandois, m'a Conduit dans tous les quartiers de la ville. l'ensemble en est bien et très bien. il y a de belles places, quelques belles églises, mais le seul batiment remarquable par son architecture est la bourse. sa principale entrée est sur une petite Place à laquelle aboutissent trois grandes rues. on regarde la population de Liverpool Comme allant à quarante mille ames et Chaque jour, elle augmente ainsi que le nombre des maisons.[3] la grandeur des rues et la quantité de places font moins paroitre cette population que dans nos villes, ou on est logé bien plus à l'etroit. mon guide m'a mené dans sa maison qui est jolie et spacieuse; il y a une manufacture de papiers pour tapisseries et lorsque ses ouvriers n'y travaillent pas lui et une servante occupent a eux deux ce qui logeroit une famille étendue en france. cet honete Irlandois infatigable dans ses Courses et sa Complaisance, m'a mené chez M[r] [220] haywood banquier auquel j'avois une lettre de recommandation à remettre.

---

1. Depuis que le traité d'Utrecht en 1713 avait cédé aux Anglais pour trente ans l'Asiento ou le monopole de la traite pour les colonies espagnoles, Bristol et Liverpool se partageaient cette lucrative activité; les 'bonnes années', leurs négriers transportaient près de 40 000 esclaves. Bordeaux, Nantes et Saint-Malo armaient eux aussi pour la Côte de Guinée (la côte d'Afrique entre le Sénégal et le Gabon) et la dernière guerre leur avait permis de prendre une place prépondérante sur le marché, mais les armateurs français ne négocièrent jamais plus de 20 000 esclaves.

2. St Mary's, fondée en 1734, et une autre chapelle, fondée en 1777 plus particulièrement pour les Irlandais. Une troisième chapelle, St Peter's, sera ouverte en 1788.

3. Il y avait alors à Liverpool quelque 7000 maisons.

chemin faisant nous avons rencontré le mayeur[1] ou maire de la ville sortant de
l'eglise ou il va dimanches et fetes, avec appareil, il est revetu d'une robe noire
passée sur son habit et dont après la ceremonie il va se defaire à la bourse, ou
on lui la garde ainsi qu'un baton long et mince peint en blanc, il est précédé
de trois officiers de ville qui portent en habit de ceremonies des masses à peu
près comme celles des huissiers de la Chambre du Roi de france. ce cortege
ainsi que M. le maire est à pied. on est très exact ici dans la fréquentation des
églises et Liverpool aux heures d'offices a l'air d'une ville abbandonnée. au
sortir de la priere les Dames se répandent et se promenent dans les rues; j'en
ai vu d'assez jolies; en general elles marchent de meilleure grace que les
hommes. j'ai vu plusieurs personnes vetues de noir et ayant en écharpe de
droite à gauche de grande bandoulieres de taffetas: j'ai demandé ce que cette
distinction signifioit. on m'a dit qu'un jeune homme, qui après avoir fait une
grande fortune à la jamaique etoit revenu à Liverpool sa ville natale pour en
jouir venoit de mourir, et qu'etant fort bien apparenté [221] il avoit eu un
enterrement distingué ou vingt cinq proches ou amis avoient recus de ces
écharpes qui se donnent aux enterremens et qu'on porte le reste de la journée.
le ministre du St. Evangile recoit et porte de meme une parcille écharpe.

La maison de mon banquier a été pour moi comme celle de Dieu ou l'on ne
boit ni ne mange. j'ai apercu de loin sa femme qu'il a eu soin de me laisser
Cachée.

> il fut certain tems ou peut etre
> ce Monsieur eut il fort bien fait,
> un autre tems de moi s'est rendu maitre
> je ne suis plus ce qu'on dit qu'il faut etre
> pour inspirer ce charmant intérêt
> que jeunesse et beauté font si promptement naitre

j'ai cependant vu tout aussi bien qu'un jeune homme que Madame haywood
etoit jolie. M. son mari est venu me prendre chez moi après diner et par une
chaleur extreme il m'a mené le long du Port à un moulin peu distant de la ville.
deux bassins servent à lui fournir de l'eau, une roue est mise en action par la
marée [222] montante, l'autre se meut par la Chute de l'eau qui se perd à
marée basse. l'intervale ou le moulin est sans activité ne dure qu'une heure et
demie dans les vingt quatre heures, et l'inventeur de ce nouveau moyen de tirer
parti de l'eau de la mer après avoir fait son coup d'essai avec un grand succès

---

1. B. propose-t-il une transcription du mot anglais *mayor*, ou a-t-il recours au terme *mayeur* ou
maïeur, remontant au douzième siècle en langue d'oïl et qui subsistait encore en domaine picard et
wallon? Cf.: Mayeur 'c'est ainsi que l'on nomme dans quelques Provinces le premier officier de
l'Hôtel de Ville, que l'on nomme Maire dans d'autres' (*Dictionnaire de Trévoux*, 1752).

à Liverpool a perfectioné son ouvrage dans d'autres endroits de l'angleterre ou sa decouverte a été mise à profit.[1]

de ce moulin nous avons été à une promenade publique ou la verdure est plus brulée ou les arbres sont plus rabougris que dans les parties les plus meridionales de l'Italie. près de cette triste promenade ou Cependant on auroit une belle vue sans la fumée qui couvre la ville, est une Carriere d'ou l'on a tiré toutes les pierres pour les édifices publiques, les maisons des Particuliers n'etant baties qu'en brique, afin de charrier plus facilement cette pierre on a percé dans un roc assez tendre une route qui ressemble un peu à celle qui conduit de naples à Pouzzoles.[2] elle est beaucoup moins longue moins élevée, mais elle est éclairée de meme par des soupiraux qui tire leur jour perpendiculairement du haut de la montagne [223] dont la base est ainsi percée. cet objet assez curieux a été la terme de nos decouvertes pour aujourd'hui. M.haywood m'a souhaité le bonsoir et je pourrois dire, comme le Ch^er de Boufflers[3] de la Princesse Christine de Saxe que j'ai ajouté à l'honneur de l'avoir vu le plaisir de le quitter.

Le 13. à Prescot dans le comté de lancastre

je comptois me rembarquer sur la mersey et joindre en remontant cette riviere le canal du Duc de Bridgewaters;[4] mais faute d'assez d'informations j'ai manqué l'heure d'une marée favorable, et l'on m'a dit qu'une course de chevaux a six milles de Liverpool avoit fait sortir de la ville tous ceux qui étoient en etat de porter ou de tirer. j'ai mis ce Contretems à profit pour revoir differens quartier de cette importante ville et pour écrire ce journal. en allant Chercher a diner j'ai rencontré un francais et qui plus est un languedocien, qui n'a pas perdu par huit ans de séjour en angleterre la piquante vivacité de son Pays. il est Cuisinier et selon lui le meilleur de l'Europe. il est persuadé de plus qu'il parle anglois en perfection. le vrai est qu'il se fait entendre et que nous avons été bien heureux de [224] le trouver. a sa voix tous les obstacles se sont levés; il

1. En fait, il s'agit de ce qui est connu en Bretagne depuis le moyen-âge sous le nom de 'moulin à mer'. Quelques années auparavant, un moulin à marée avait été installé en aval de Nantes pour les besoins de l'arsenal d'Indret.

2. La galerie du Pausilippe, longue de 1500 m., large de 6 m., haute de 12 m., creusée dans l'Antiquité, remaniée au seizième siècle, reliait Naples à Pouzzoles. Elle passa longtemps pour un ouvrage unique et inimitable.

3. Stanislas, chevalier de Boufflers (1738-1815), gentilhomme lorrain, bel esprit et poète libertin, célèbre pour ses bons mots, et ses amours.

4. Depuis 1777, en remontant la Mersey, on pouvait emprunter le Grand Trunk Canal, qui permettait de rejoindre par la Trent la mer du Nord, ou par un autre canal de gagner la Tamise, ou encore la Severn et Bristol. Liverpool se trouvait donc à l'un des débouchés d'un réseau couvrant tous les Midlands. Cf. I.172, 227; p.103, 131.

m'a détérré des Chevaux et je suis parti après avoir été ranconné inhumainement par l'honete le poli gentleman qui avoit eu l'air de me recevoir jusqu'a ce moment dans sa maison par pure hospitalité. à Cinq miles de Liverpool la soupente[1] de ma voiture s'est entierement Cassée, ce petit accident vu l'intelligence et les provisions des Postillons anglois ne m'a pas retardé plus de Cinq minuttes. à quelque distance plus loin, nous avons vu passer dans un Carosse attellé de six beaux Chevaux, et suivi de quatre valets à cheval Milord Derby, le mari d'une jolie Miladi Derby qui ne s'est pas bornée à plaire à ce Milord. il a une fort belle Campagne ou il vit avec faste à huit milles de Liverpool.[2] le Pays ou elle est située ne seroit nullement celui que je voudrois Choisir pour jouir des agrémens de la Campagne. tout autour de Liverpool, le Charbon porte sa poussiere subtile, et l'espece de celui qu'on employe a plus d'odeur et une fumée bien plus facheuse encore que celle dont on se plaint à Londres et dans les autre contrées de l'angleterre. on ne voit point ici les beaux arbres des Comtés d'hereford, de Worcester et du [225] Shropshire ils sont petits et leur feuillage d'une verdure qui tire sur le jaune. la terre n'est pas non plus a beaucoup près cultivée comme elle pourroit l'etre. ici comme dans le Comté de Chester on rencontre en grand nombre, des enclos qui ne renferment ou que des ronces ou des prés mal soignés, ces enclos comme je l'ai déja dit trompent l'œil lorsqu'on domine la Contrée et l'on croit le Pays vu ainsi, bien mieux mis en valeur qu'il ne l'est effectivement. l'aproche de la nuit m'a determiné à rester à Prescot joli bourg bien bati et ou l'on voit beaucoup de maisons neuves. j'ai quitté Liverpool dans un moment ou la ville est dans tout son brillant; demain il y aura encore une Course de Chevaux et vendredi, Courses, mascarades, bal précédé d'un Concert. Liverpool ainsi que Chester et nombre d'autres villes moindres de l'angleterre a une Comédie mais plusieurs anglois m'ont avoué que la meilleure de ces troupes est extremement mauvaise.[3] n'importe il faut de la variation à un peuple fort sujet à s'enuyer, mais la dissipation qui lui convient le mieux est celle qu'occasione le mouvement; on ne voyage nulle part autant qu'en angleterre, aussi nulle part n'a-t on autant [226] de moyens d'aller. j'ai vu aujourd'hui sur ma route une voiture qui renfermoit six personnes; sur l'imperiale au moyen de courroies et de petits

1. *Soupente*: courroie soutenant la caisse de la voiture.
2. Le château de Knowsley,* propriété des Stanley, comtes de Derby, depuis le seizième siècle, est surtout un bâtiment de la fin du dix-septième et du début du dix-huitième. Le comte de Derby y vivait fastueusement, comme il convenait au plus grand seigneur du nord-ouest de l'Angleterre.
3. Manchester avait aussi sa 'comédie' depuis 1775, le Manchester Theatre Royal. Les troupes de province étaient peut-être fort médiocres, mais elles constituaient une pépinière d'acteurs de talent. Liverpool avait une vie intellectuelle et culturelle importante, il y paraissait un périodique depuis 1756, une bibliothèque de prêt avait été ouverte en 1757, et en 1784 on venait d'y créer un *music festival*.

accotoirs de fer il y en avait onze, et une à coté du Cocher faisoient dans l'ensemble dix neuf personnes trainées au trot par deux Chevaux. je n'oserois avancer ce fait peu croyable pour des francois qui n'ont pas voyagé, si nombre de ceux qui viennent en angleterre n'etoient à meme de voir de pareilles carossées aux environs de Londres.

Le 14 à manchester dans le comté de Leicester

la stricte exigeance de nos maitres de Poste n'existe gueres que dans les environs de Paris. en s'éloignant de la Capitale ils deviennent plus faciles, c'est le Contraire en angleterre, les difficultés, les chicannes, les differentes manieres d'extorquer de l'argent des voyageurs augmentent à chaque pas lorsqu'on est arrivé a Cent miles de Londres. mon hote de Prescot m'a fait inhumainement la loi pour me donner plus de chevaux qu'il ne le falloit, et pour me faire payer, independamment, mon bagage en détail. il m'a de plus arreté une heure à peser et à rebuter les guinées qu'il ne trouvoit pas de poids.[a] cette éxactitude juste en elle meme [227] le devient moins en ce que, très souvent pour une bonne guinée on vous rend de mauvais argent. il est peut etre peu de Pays ou la fausse monnoye soit plus Commune qu'à Londres et en angleterre. c'est à ce qui me semble à qui fera en passer, et l'on trompe à cet égard comme en vendant des Chevaux. tant pis pour vous dit on si vous ne vous y Connoissez pas.

mon hote m'avoit annoncé comme detestable la route de Prescot à Warington afin de Colorer de ce pretexte toutes ses demandes. cette route est belle, roulante et unie dans toute son étendue, Warington est un bourg Considerable près duquel est une grande verrerie. la mersey qu'on passe sur un Pont de Pierre sépare Warington d'un joli faux bourg, à un mile et demi plus loin est le Canal de Duc de Bridgwater.[1] ce seigneur obtint en 1759 un acte du parlement qui l'autorisoit à faire à ses frais un Canal de Worsley, ou il a d'immenses puits de Charbon, jusqu'a manchester. le succés de cette entreprise engagea à l'entendre et le Duc de Bridgwater en ouvrit un autre de manchester à Runcorn. ce canal etablit une Communication Commode et journaliere entre manchester et Liverpool, quoique le Pays qu'il [228] traverse dans une etendue

---

a. voyez pages 291 et 292.

1. Francis Egerton (1736-1803), 3e duc de Bridgewater après 1748, voulut mettre en valeur ses mines et fit réaliser une voie d'eau qui permettait à la fois l'évacuation des eaux des galeries et le transport du charbon. Ce premier canal une fois achevé en 1761, le duc fit entreprendre en 1767 le canal Manchester–Warrington qui fut terminé en 1772. Ces travaux parurent aux contemporains supérieurs à ceux des Romains. Ils avaient été conduits par James Brindsley (1716-1772), qui n'était pas ingénieur mais sut concevoir d'ingénieuses solutions aux multiples difficultés, et qui supervisa ensuite l'établissement de tout le réseau des canaux des Midlands.

de près de trente miles soit d'une surface assez plane, il n'en a pas fallu moins d'une dépense très considérable pour Construire au dela de trente ponts de Pierre, afin de laisser subsister les Communications des riverins, pour revetir en nombre de parties Ce Canal, pour le tailler dans d'autres au milieu d'un roc vif et pour le faire passer en plusieurs endroits au dessus de rivieres de ruisseaux et de Chemins creux. il a aussi fallu vaincre de bien plus grands obstacles entre manchester et Worsley Comme de passer sous terre, dans une immense voute d'une longueur prodigieuse et d'avoir elevé le canal par un pont de trois arches a assez de distance du lit de l'irvel pour que les batteaux qui naviguent sur cette riviere ne soient génés par rien. cette derniere partie du canal est vraiment curieuse parce que souvent les navigateurs de l'irvel voyent passer au dessus des arches sous lesquels vont etre leurs batteaux, ceux de Duc de bridgewater qui semblent ne passer que sur un pont comme le feroit une voiture.[1] un autre merite de ce Canal c'est qu'il fut le premier entrepris en angleterre et que ce n'est qu'a son imitation, que d'autres Compagnies ont [229] employé leurs fonds dans de pareils entreprises, qui aujourd'hui ont tourné au grand profit du Commerce interieur de l'angleterre, cependant ce Royaume à cet égard est bien inferieur à ce qui se voit en france et le Canal de Languedoc vaut à lui seul tout ce que ces Canaux ne raportent pas. celui de Duc de Bridgwater a longtems gené ses finances et ne lui vaut au plus aujourd'hui que l'intéret de son argent au denier Cinq.[2]

je me suis embarqué à une heure après midi, dans un dcs batteaux qui vont et viennent journellement de manchester à Liverpool. ils sont spacieux et propres comme les yachts en hollande. j'ai eu une chambre séparée, ou j'etois fort bien. la vue est peu variée de Warington jusqu'a manchester. le seul joli objet est une Campagne qui appartient à Milord Stempford,[3] le meme dont j'ai vu la Campagne qu'il a à Envile, dans le Comté de Stafford. près de manchester, les eaux du Canal sont teintes du noir qui se perd de toutes les teintureries aux environs de la ville. il etoit sept heures lorsque nous sommes entrés dans le port qui termine le Canal de Duc de Bridgewater. il a aussi un port à Liverpool ou [230] ses batimens, ne payent aucun droit d'ancrage. j'ai eu presque autant

1. C'est le pont de Barton, Barton Aqueduct, que les visiteurs considéraient comme la huitième merveille du monde. De nombreuses estampes témoignent de sa célébrité.

2. Même si les sommes investies ne rapportaient qu'un intérêt de 20 pour cent, le canal permettait une exploitation intensive de la mine et la vente d'énormes quantités de charbon, mais aussi la mise en valeur des terrains traversés par le canal et appartenant au duc. Par exemple, des marais furent comblés avec les déblais de la mine, et drainés par le canal, des terres pauvres furent fertilisées par la vase provenant du curage du canal et des bassins, des lotissements furent créés, construits de surcroît avec de la pierre des couches stériles des mines.

3. Dunham Hall,* près d'Altringham sur la Mersey, demeure du début du dix-huitième siècle, appelée aussi Dunham Massey.

de peine a etre recu dans l'auberge de la tete du teaureau à manchester qu'a parvenir à me loger à Liverpool. la maison ou je suis quoique fort vaste est pleine de la cave au grenier, je puis certifier qu'elle ne doit pas l'empressement avec lequel on y abbonde à la bonté du cuisinier: ce n'est pas en general par ou brillent les auberges d'angleterre.

Le 15.

Les trompettes du second regiment de Dragons en garnison ici m'ont rendu ce matin le meme service que les cloches de Liverpool. reveillé par leur tintamare j'ai commencé mes courses dans manchester pour m'orienter dans cette grande ville avant d'en voir les détails. contre l'ordinaire de l'amour propre des citadins pour la ville qu'ils habitent les gens de Liverpool disent que manchester est mieux batie que la leur. je ne suis pas du meme avis. quelques parties de cette ville ci sont plus belles mais liverpool est beaucoup mieux dans l'ensemble et recoit de son port un embellissement et une action qui manque à manchester. ce qui surprend un voyageur francois, c'est que les [231] que les anglois qui raffollent des belles vues, ne se les procurent pas dans leurs villes sur les bords de la mer ou des rivieres, ils abbandonnent ces beaux endroits au petit peuple qui y loge ainsi qu'a Londres sur les bords de la tamise dans de vilaines maisons, et les beaux quartiers en batimens sont toujours dans le centre de leurs villes.[1]

manchester s'est accrue par le Commerce, et l'industrie comme Birmingham.[2] ces deux endroits augmentent également tous les jours, et n'ont l'un Comme l'autre aucun droit de Cité. ces droits n'y sont point desirés; ils mettroient la désunion au milieu d'un Corps de negocians et de manufacturiers fort riches, lors des Elections, tant pour une Corporation, que pour l'envoi de députés au Parlement.

en 1717. la population de manchester n'alloit qu'a 8000
en 1757. elle etoit montée à 19839
en 1770 on y Comptoit plus de trente quatre mille habitans
et elle renferme en ce moment au moins quarante mille ames et dans cette prodigieuse augmentation depuis 1717 il est à remarquer que [232] les Calculs de mortalité sont plus favorables et moins considerables en proportion que lorsque la ville etoit moins grande et moins peuplée.

j'avois trois lettres de recommandation pour deux negocians et un scavant de cette ville. une de mes lettres etoit du laquais de M^{de} Blair qui ayant servi un

---

1. Essentiellement à cause des odeurs nauséabondes montant des cours d'eau livrés au commerce et à l'industrie et abondamment pollués. La Tamise empestait à marée basse.
2. Manchester et Salford rassemblaient 4500 maisons, et une vingtaine de bourgades avoisinantes complétaient l'agglomération.

de ces négocians m'a assuré qu'il avoit Conservé le droit de m'en faire bien recevoir, et c'est effectivement la recommandation qui a ce que je vois me sera la plus utile ici. cette lettre est adressée à M. Philipe falkner dont l'associé parle fort bien françois. cet associé s'est sur le champ emparé de moi et m'a montré tout ce qui se fabrique dans leur manufacture, en velours, draps, toiles et rubans de Cotton enfin ce qu'il y a de plus varié et de plus beau en fait d'etofes connues sous le nom de manchester. cette seule manufacture independemment d'un Commerce considerable dans l'interieur des trois Royaumes d'angleterre, d'Ecosse et d'irlande, fait encore pour plus de trente mille livres sterlings en éxportations à l'etranger, un seul négociant d'amiens tire annuellement en Contrebande pour douze mille livres de france, de marchandises de ces magasins. de petits rubans de Coton brodés en laine sont [233] un article important que M[rs] falkner envoyent à Lisbonne d'ou ces rubans passent dans les possessions portugaises aux indes et en amérique.[1] manchester a dans son enceinte plus de deux cents de ces manufactures, et à vingt milles à la ronde tout le peuple est fabriquant; des commissionaires de Chaque maisons, vont distribuer le Cotton dans la campagne[2] et à certaines époques ils rassemblent ces pieces éparses et manufacturées brutes, qu'ils aportent à la ville ou elles sont affinées lavées passées au cilindre ardent, teintes imprimées dans les divers atteliers disposés pour tous ces travaux; les procédés que j'ai vu suivre dans la manufacture de M. holker à Rouen et dont j'ai rendu compte dans le volume précédent sont à peu près les memes que ceux qui se voyent dans toutes les manufactures de manchester. le seul que nous n'ayons pas encore, est le moulin à Cotton dont j'ai fait mention à l'article de Broomsgrove page 191. de ce tome. c'est ici que les premiers de ces moulins ont été mis a éxecution et je suis d'autant plus aise d'avoir vu celui de Broomsgrove qu'on ne montre plus aux étrangers ceux de manchester, depuis l'aventure [234] arrivée à M. le Comte de Crillon dans le mois de juin de cette année, etant venu ici il y est parvenu à Corrompre un ouvrier qui lui a fait un petit modele Complet de toutes les machines inventées pour ces sortes de moulin. le modele bien emballé seroit parti d'ici et vraisemblablement arrivé à bon port en france, si M. de Crillon eut accompagné de plus de prudence le zele patriotique qui vraisemblablement l'avoit determiné à derober aux anglois cette découverte mais ayant ecrit sans assez de précaution et en francois à l'hote de l'auberge de la tete du taureau ou je suis logé de lui envoyer la caisse qui etoit chez lui, cet hote n'entendant pas notre langue a porté la lettre a un négociant, qui voyant qu'il s'agissoit d'un modele quelquonque a

1. Depuis le traité de Methuen en 1703, l'Angleterre avait pratiquement le monopole du marché du Portugal et de ses colonies.
2. Le tissage n'était pas encore mécanisé. Bien que Arkwright ait créé les premières usines textiles, presque tous les métiers se trouvaient chez des artisans travaillant à domicile.

averti ses Confreres; la Caisse a été saisie portée à la bourse, et le modele trouvé a été Confisqué. on devoit le bruler en place publique mais je crois que cette severe formalité n'a pas été mise à éxecution. on a fait ensuite des enquetes juridiques pour scavoir des gens de l'auberge par qui ce modele avoit ete aporté et qui l'avoit fait. ces enquetes n'ont pu servir à découvrir, l'ouvrier. bien lui en a pris, car surement on lui eut fait un mauvais [235] parti.[1]

il paroit que l'immensité et la prosperité du commerce du cotton à manchester a porté M. Pitt trop loin, dans les nouvelles taxes qui viennent d'etre mises sur tout ce qui sort des manufactures d'ici. chaque yard qui ne fait que trois pieds de long, paye pour des étofes communes, trois sols anglois (six sous de france) et quinze pour cent en sus, sur la somme de ces trois sols. on dit que cet impot n'est pas supportable et d'autres personnes que des négocians me l'ont assuré. de plus la gratification pour les objets éxportés ne balanceant pas assez la surcharge du Commerce interieur, il est question de porter a la rentrée du parlement les plaintes les plus serieuses, sur le tort que cet impot fait et fera aux manufactures et principalement à la ville de manchester.[2]

les commercans anglois ne sont gueres moins en peine du recouvrement de ce que leur doivent les americains. il ne vient pas un écu des états unis de l'amerique et les négocians de cette partie du monde continuent a demander de nouveaux envois, qu'il est aussi embarassant de leur refuser que dangereux de leur faire parvenir. une des principales maisons [236] de Londres a suspendu recemment ses payemens, parce que depuis noël dernier elle a fait passer des marchandises en amérique pour la valeur de deux cent vingt six a vingt sept mille livres sterling et qui ne lui est rentré aucun remboursement jusqu'a ce moment. cette énorme somme pour une seule nation prouve l'immensité du Commerce qui s'est ouvert aussitot après la Paix entre les americains et leur ancienne métropole. ce qui est inconcevable, c'est qu'ils ne payent pas car ils ne doivent pas manquer en ce moment de numéraire, nous et les anglois avons laissé dans ces Contrées de l'amerique des millions en espece.

---

1. Louis de Crillon (1742-1806) fut nommé maréchal de camp en 1784. L'espionnage industriel était bien sûr très pratiqué. C'est en vain que, de 1773 à 1786, on vota cinq lois interdisant toute exportation de machines ou de maquettes et l'émigration d'ouvriers qualifiés. Voir 1.165; p.100. Saint-Fond, passant à Manchester après Bombelles et Crillon, confirme que toute visite était impossible: 'car la vigilance des fabricans avoit redoublé depuis qu'ils étoient persuadés qu'un colonel françois venu quelque tems auparavant dans cette ville avoit eu le projet de se procurer des plans de ces machines pour les faire exécuter en France' (*Voyages en Angleterre, en Ecosse et aux Iles Hébrides*, ii.304).

2. Pitt multiplia les impôts sur tout ce qui n'était pas produit de première nécessité, mais la taxe sur les cotonnades était seulement doublée. Toutefois, devant les protestations, Pitt dut abroger cette taxe l'année suivante, ce qui suscita de grandes réjouissances à Manchester. En 1774, avait été créé le Manchester Committee for the Protection and the Encouragement of Trade qui avait les moyens de trouver des arguments convaincants.

L'article des toiles de Cottons imprimés sous le nom d'indiennes, de Calicut et d'autres dénominations[1] est encore un objet d'un grand produit pour certaines maisons de manchester. il en est qui font monter ce Commerce a cent soixante, cent quatre vingt mille livres sterlings par an.

l'activité de Rouen en fait de manufacture et celle du faux bourg de St. severe, ne peut etre Comparée à celle de manchester de quelque coté qu'on aille et celle de salford qui doit etre consideré absolument comme un faux bourg qui n'est séparé que par la riviere d'irvel, riviere qui en concurrence avec le Canal du Duc de bridgwater facilite singulierement le transport des marchandises vers la mer d'irlande et des canaux interieurs.

[237] au milieu de mes courses j'avois été remettre une lettre de M[r] horn qui me recommandoit au Docteur Percival,[2] j'y ai déjeuné et il m'a invité à prendre le thé avec sa famille à six heures du soir; avant ce tems son fils m'a mené voir l'hopital[3] ou il y a soixante lits: les malades y sont bien soignés, et ont Chacun un lit proprement tenu. cet hopital n'est point fondé, mais son batiment a été construit sur le produit de la bienfaisance publique et son entretien est assuré de meme: chaque année on imprime une liste des personnes qui souscrivent pour certaines sommes et par ce moyen l'amour de l'humanité est fortifié par l'amour propre. attenant à l'hopital des infirmes est celui des fous[4] qui sont aussi bien que leur etat leur permet d'etre. c'est encore par une souscription que cet établissement subsiste, il est ainsi que l'hopital situé en fort bon air. un beau Canal embellit une promenade publique qui fait partie, de l'ensemble des deux hopitaux, à l'entrée de cette promenade sont des bains nouvellement construits sur le modele des Thermes Romains[5] mais ils n'en ont pas l'élégance l'eau ne se renouvelle que deux fois par semaines dans un bassin ou Chacun se baigne si ce n'est avec plusieurs personnes au moins l'un après l'autre. heureux le premier venu après que [238] l'eau de cette piscine a été changée. Les anglois si propres si recherchés à certains égards, sont moins délicats que nous sous divers autres précautions de propreté. ils boivent tous souvent dans le meme verre, dans le meme pot de bierre comme ils se baignent dans le meme bassin.

1. Longtemps, pour protéger les textiles traditionnels, l'importation et la fabrication de calicots et d'indiennes furent interdites ou lourdement pénalisées. Il fallut attendre 1774 pour que la fabrication soit autorisée avec une légère taxe. Les indiennes servaient de monnaie d'échange pour la traite des noirs, et on en exportait beacoup aux Isles pour vêtir les esclaves.

2. Thomas Percival (1740-1804), médecin, ayant étudié à Edimbourg, ami de Robertson et de Hume, vint s'installer à Manchester en 1767. Il contribua à faire de Manchester un centre intellectuel et scientifique, et il veilla aussi à l'hygiène et à la santé publique. En 1784, sur rapport du Dr Percival fut créé le Manchester Board of Health.

3. La Manchester Infirmary fut créé en 1752, trois ans après celle de Liverpool.

4. Le Lunatic Asylum fut ouvert en 1765.

5. Le Public Bath fut ouvert en 1751.

j'ai fini ma journée en parlant anglais le moins mal que j'ai pu avec M^de et Mesdemoiselles percival. M. Percival membre de la societé royale de Londres et de la societé Royale de médicine de Paris a publié differens ouvrages estimés. Manchester lui est redevable de l'etablissement d'une societé litteraire et Philosophique,[1] ainsi que du plan d'un College d'arts et de science établi depuis peu dans cette ville et adapté au genre d'éducation que doit recevoir une jeunesse particulierement destinée au Commerce et qui ne peut que retirer de grands avantages de l'acquisition des differentes connoissances qui étendent la sphere des idées et des vues d'un grand négociant.[2]

Le 16.

j'ai passé une partie de la matinée à voir la bibliotheque du College des Enfans bleus.[3] elle est publique, assez volumineuse, et chaque année on l'augmente de livres bien Choisis tant anglois, francois, allemands, [239] italiens, que latins. le soin se porte jusques sur les belles éditions et je crois que le Choix des nouveaux livres est aussi soumis au bon gout de Docteur Percival.

le College des enfans bleus est fondé pour donner gratis de l'education à quatre vingt enfans dont les Peres sont hors d'etat de faire des frais pour leur entretien et leur instruction. il y a beaucoup de divers établissemens à manchester independemment de celui ci et des hopitaux. les malades les infirmes, les veuves, les enfans des pauvres ouvriers, eux memes lorsqu'ils ne peuvent plus gagner leur vie trouvent soit dans les Charités reunies de la paroisse soit dans des fondations ou souscriptions particulieres des secours suffisans dans leurs maisons sans que tous soient obligés de les Chercher dans les lieux publics.

La richesse des Commercans et leur humanité les portent d'autant plus à multiplier ces genres d'assistance, qu'il est infiniment rare de trouver parmi les ouvriers anglois un homme qui s'occupe de son avenir. quelques soient leurs profits pendant la semaine ils dépensent tout le Dimanche avec une profusion ridicule et l'on en tire peu de service le [240] lundi. c'est bien un peu comme cela en france, mais pas à beaucoup près poussé au meme point. on remarque une difference bien sensible à cet égard entre les anglois et les écossois; ces derniers par caractere, par habitude par éducation sont dit on en general plus portés à l'œconomie.

1. La Manchester Literary and Philosophical Society fut créée en 1781.
2. De toute façon, l'enseignement universitaire restait fermé aux enfants des non-conformistes qui formaient l'essentiel de la classe des négociants; mais il existait tout près de Manchester, à Warrington, une *academy* qui, depuis le milieu du siècle, donnait un enseignement de qualité à ceux-ci. Th. Percival y avait fait ses études avant de partir pour Edimbourg. Depuis 1774, Liverpool avait elle aussi une *academy* pour les enfants de négociants.
3. La Blue Coat School existe toujours. Le bleu désigne bien sûr le vêtement.

en allant diner à la campagne de M. falckner philippe, j'ai vu differens atteliers de teintures. c'est le genre d'ouvrage le plus en activité dans ce moment parce que tous les négociants s'empressent de faire teindre leurs étoffes avant le premier octobre époque de la perception des nouveaux droits. chaque ouvrier tout en suivant son travail avoit sous les yeux un des écrits satiriques publiés journellement contre la nouvelle taxe. celui qui a paru aujourd'hui est concu en ces termes

'parmi la varieté des maux suspendus sur nous par la taxe des Cottoneries,[1] l'introduction des Collecteurs de l'accise[2] n'est pas le moindre de tous. il nous en faut à l'avenir au moins trois cent Cinquante parce que sans ce nombre l'expédition de nos affaires seroit retardée d'une maniere ruineuse. [241] ces hommes sont pour la plupart vains, imperieux ignorans, et aussi resserés dans leurs idées que mesquins dans leurs principes. Etrangers à nous étrangers à nos interets, et insouciant de notre sort, ils n'ont d'objets que de vivre, de se vetir, d'etre suporté par notre industrie enfin de nous ravir l'aliment que nous avons tant de peine à procurer à nos femmes à nos enfans, et à nous; Comment soutenir cela. et ce n'est peut etre pas encore le pire de nos maux. la mort est préférable à l'esclavage, et ces étrangers visent à nous gouverner avec une verge de fer.

'ils viennent pour Connoitre dans notre Commerce ce qui jusqu'a ce jour n'étoit pas connu exactement de nous memes. j'entends le négoce dans toutes ses parties et ses Connexions, l'espece et la quantité des marchandises l'agiotage de chaque main d'œuvre particuliere le taux des ventes, la consommation interieure et l'exportation, ou il y a a faire plus ou moins d'affaires, toutes inquisitions totalement destructives de la liberté du Commerce et par conséquent de sa prosperité. ils mettent un grand prix à Connoitre nos secrets, et un plus grand prix le leur fera divulguer.

'notre Commerce a excité l'envie. nos ennemis veulent jouir du spectacle de notre infortune, mais que la malédiction celeste tombe sur ceux qui [242] secretement ou a découvert insulteront mechamment à notre detresse et à la subversion de cette importante partie de notre Commerce.

'La Taxe et le commerce ne peuvent subsister ensemble il faut que l'un ou l'autre tombe. si le Commerce de Cottonerie est ou anéanti ou porté ailleurs;

---

1. Le terme *cotonnerie*, qui d'ailleurs fut très peu usité, signifiait soit plantation de cotonniers, soit usine travaillant le coton; B. l'utilise au sens inhabituel de cotonnade, en formant cotonnerie comme soierie.

2. Le mot *accise* est apparu en français au début du dix-huitième siècle pour désigner l'*excise*, impôt levé en Angleterre sur les biens de consommation produits dans le pays et destinés à la clientèle du pays. Pitt venait de constituer le Board of Customs and Excise pour mieux percevoir impôts, taxes, droits.

ou sera le produit de la taxe? si le bill n'est pas revoqué avant que ses reglemens soient mis à execution, tout effort fait ulterieurement pour en reparer le mal deviendra vain. le ministre se repentira de sa Conduite en ayant sacrifié dans notre sein l'enfant qui étoit à peine naissant. mais il ne mourrera pas avec deshonneur, les Princes seront forcés de pleurer sur sa tombe et le Roi lui meme ne pourra s'empecher de répendre dans le silence des larmes sur ses funestes funerailles.'

cet écrit peut faire juger de l'exaltation des tetes, et l'on peut présumer de meme que les antagonistes de M. Pitt ne négligeront rien pour augmenter cette fermentation.

le diner chez M. falkener n'a duré que quatre heures, les allemands boivent encore quelques fois à tous les parents pour augmenter [243] le nombre des santés à porter, mais ici independemment de cette attention pour les familles de tous les Convives, on boit encore à des noms suposés par exemple un curé presbiterien[1] qui dinoit avec nous m'a porté la santé de Melle la riviere avec M. le ruisseau. on a beaucoup ri de cette gentillesse et de plusieurs autres du meme genre. après un grand et assez bon diner, après de bons fruits, après ces amples boissons auxquelles pour cette fois les Dames ont assisté on nous a apporté un plat d'ecrevisses qui ont été recues et expédiées comme si on n'avoit pas mangé de la journée.

en observant la difference de ces usages avec les notres je dois aussi rendre hommage à la bonhomie du maitre et de la maitresse de la maison.[2] eux et leur societé n'ont rien omis pour me bien recevoir. j'aimerois mieux habituellement etre dans la Compagnie de nos riches négocians de Lion, de marseille, de Bourdeaux, mais surement dans l'abord je n'y serois pas recu avec autant de démonstrations de Cordialité.

Le 17. à halifax dans le Comté D'york

après avoir recu les adieux et les bienfaits du Docteur Percival qui m'a [244] donné deux de ses ouvrages,[3] après avoir été faire mes adieux à mon honete négociant M. falkener et son obligeant associé M. Travis je suis parti a onze heures du matin de manchester. le faux bourg par lequel on passe pour aller à

1. Les *Dissenters* ou non-conformistes, calvinistes ou presbytériens, voire quakers, étaient nombreux dans le nord, en particulier chez les notables du commerce et de l'industrie, où se formait une élite intellectuelle. On remarquera que le puritanisme n'interdisait pas la bonne humeur.

2. Mr et Mrs Falkner sont sûrement flattés de recevoir un grand seigneur français, mais surtout, ils ont cette cordialité propre aux gens du nord de l'Angleterre. B. connaîtra également cette hospitalité chaleureuse et généreuse à Halifax et à Leeds.

3. On trouve dans l'inventaire de la bibliothèque de B. l'un des deux ouvrages offerts le Dr Percival: *Moral and literary dissertations* (London 1784).

halifax n'est pas digne de figurer a coté du plus beau quartier de la ville dont il fait partie. les environs moins arides que ceux de Liverpool n'offrent pas encore cette belle verdure d'autres Comtés de l'angleterre mais en avanceant vers le Comté D'york la Campagne sans etre aussi bien Cultivée qu'elle pourroit l'etre présente à l'œil de jolies variétés et un paysage riant. c'est dans un de ces agréables cantons qu'est la Campagne de Milord gray qui s'y batit un chateau considerable. plus loin près de Midleton est une autre parc fort heureusement situé. la petite ville de Rochdale que j'ai traversé fabrique et fait un commerce assez considerable en etoffes de Cotton et de laine. à trois milles plus loin est littleburough ou j'ai changé de Chevaux. c'est le dernier village du Comté de lancastre dans cette partie. en en sortant on grimpe par un beau Chemin une longue montagne qui dans une étendue de trois miles, jusqu'a ce qu'on atteigne son sommet,[1] et la ligne de séparation des deux Comtés, n'est couverte que de serpolet et d'un mauvais jonc qui croit sur un tufe noir. au milieu de cette [245] espece de desert on a songé à la Commodité du voyageur et à mi cote est une fontaine dont une cuve de pierre conserve l'eau et qui peut également par son élévation servir a desalterer les hommes et à abreuver les chevaux. cette traversée pénible, fait trouver plus interessante la premiere découverte de terres Cultivées dans le comté d'York. bientot la scene s'embellit, et en redescendant on voit un valon vraiment pittoresque qui prepare l'œil au delicieux pays dont halifax est environné. a deux milles de cette ville on passe sur un pont de pierre la Calder, et près de ce pont est la tete d'un Canal qui suit paralellement le cours de cette charmante riviere. c'est sur ce canal que les marchandises de manchester et de Rochdale s'embarquent pour aller par de longs et etroits bateaux jusqu'a hull, ou est ouverte la grande navigation vers l'ocean germanique.[2] un autre canal plus près d'halifax en recoit de meme les marchandises et vient se jetter dans le premier à peu de distance du bassin ou s'embarquent tout ce qui s'exporte d'halifax. ces deux canaux n'en faisant plus qu'un se Confondent aussi dans la Calder lorsqu'elle est navigable et l'on a fait des écluses partout ou il a fallu s'elever ou se baisser.[3] [246] en arrivant à halifax j'ai été remettre à la femme d'un des premiers négocians de cette place une lettre de recommandation qu'avoit bien voulu me donner Melle Stowing. sur le Champ M^de Watterhouse m'a prié à souper et à diner pour demain. elle vouloit que je restasse chez elle, et j'ai eu de la peine a obtenir la permission d'aller m'arranger plus convenablement, j'avois encore un autre motif celui de diner à mon aise. cela fait et un peu de toilette j'ai été chez M^de Waterhouse. son mari est revenu de

1. Ce sommet culmine à 400 m.
2. La mer du Nord que l'on appelait alors *German Ocean*.
3. Il y avait 27 écluses pour un parcours de 21 milles.

la Campagne et m'a aussi bien accueilli que sa femme et ses filles. l'ainée qui a vingt ans et une tournure assez agréable, a joué du Clavecin, fort bien. handel toujours un peu de ce triste handel, Pergolese et Corelly ont été les auteurs dont Melle Waterhouse a passé en revue la vielle musique, un peu de hayden,[1] est venu m'empecher de m'endormir et comme j'avois diné à la hate, un bon souper, du Punch les meilleurs gens du monde tout cela m'a reveillé et tenu en gaité jusqu'a minuit. avant de terminer le Compte que je rends de cette journée je ne veux pas obmettre de parler pour l'exactitude que je me suis proposé de parler du spectacle assez nouveau que j'ai eu [247] aujourd'hui sur ma route; celui de jeunes filles de près de douze ans demandant la Charité en faisant le long du chemin la roue comme les policons de france; ce genre d'ecercice qu'elles repetent jusqu'a ce qu'on leur ait donné quelque argent ne laisse rien ignorer sur leur Conformation, d'autant plus qu'elles mettent du soin et de l'art à se tenir assez long tems les jambes en l'air.

le Chemin que j'ai fait aujourd'hui en passant par les montagnes incultes qui separent les comtés de york et de lancastre m'a mis à meme de recueillir une observation sur ces terres vagues et les Communes en général qui merite quelque attention et qui pourroit bien tendre à modifier ce que j'ai dit pages 123. et 124. sur les Communes et l'utilité de les partager. Le Commerce de laine est certainement une grande source de richesse pour l'angleterre, et l'on remarque que ces Communes offrent un genre de paturage aux moutons qui est infiniment plus propre à leur donner une belle laine que lorsqu'ils paissent dans de meilleurs herbages.[2] et depuis que ces Communes ont diminué on a trouvé en proportion une grande diminution dans la bonté de la laine. cette observation est surement éxagerée par l'intéret des marchands de [248] draps, mais cependant elle doit meriter l'attention du gouvernement.

Le 18.

avant de parler d'halifax, de son Commerce et de l'hospitalité que j'y ai trouvé je dois faire mention de l'heureuse rencontre qui m'en a rendu le séjour plus agréable et plus utile, c'est celle de M. Camson ci devant sécrétaire de légation d'angleterre à munich et à Ratisbonne, depuis nommé à la place de premier secretaire de l'artillerie; décu dans les promesses que lui avoit faite le Duc de Richemond,[3] un ami plus vrai l'archeveque D'york lui a donné en attendant

1. Les Anglais restaient fidèles aux compositeurs de la première moitié du siècle, mais les œuvres de Haydn commençaient à s'imposer. Lorsque Haydn viendra en Angleterre à la fin du siècle, il connaîtra des triomphes.
2. Effectivement, la laine est meilleure chez les moutons paissant sur des pâtures plutôt maigres.
3. Charles Lennox (1735-1806), duc de Richmond, ambassadeur en France après la Guerre de Sept Ans, soutint activement le parti Whig et Rockingham, puis Pitt, et remplit des fonctions officielles. C'était un personnage haut en couleur et assez capricieux.

mieux la direction d'une Ecole de droit fondée à halifax, ou il s'est établi jusqu'a ce que des évenemens heureux ou la mort de son Pere le mette en jouissance de la fortune à laquelle il est appellé. il s'est fait annoncer ce matin chez moi, et s'est destiné avec toute sorte d'honeteté, à m'accompagner toute la journée.

nous avons Commencé par déjeuner chez le bon M. Waterhouse. ensuite on m'a mené en attendant l'heure du Commerce à la halle chez un libraire, dont les deux fils ont poussé a un point de perfection vraiment surprenant l'art de la reliure.[1] ils ont une collection en ce genre, d'une beauté et d'une variété vraiment remarquables. le prix de leurs ouvrages est excessif, mais il faut scavoir payer ses fantaisies, [249] et j'ai Commandé deux petits livres de la belle édition du télémaque de Didot qui me reviendront à Cinq guinées, mais qui seront certainement dignes d'etre offerts à Madame Elizabeth, à laquelle je me propose de les présenter, comme une Chose inconnue en france, et faite pour orner la bibliotheque de cette Princesse.[2] independemment de l'élégance des desseins qui décorent ces reliures, leurs inventeurs ont encore imaginé d'insérer dans la tranche dorée du livre un paysage très soigné qui ne paroit que lorsque le livre étant ouvert les feuilles sont étagées. les plus belles gravures, et les vues de tous les Pays enrichissent encore le cabinet de ce libraire d'halifax.

de Chez lui nous avons été à la halle. c'est un grand batiment quarré, dont les galleries donnant sur la Cour interieur servent d'entrées à trois cent soixante Chambres louées par autant de fabriquans qui y tiennent les etoffes de laine comme serge de rome Calemande, burat[3] qu'ils ont travaillé précedemment chez eux soit à halifax soit dans les environs de la ville. les marchands acquereurs se promenent dans les galeries et ne peuvent rien acheter qu'après que la Cloche à sonné pour avertir que le marché est ouvert. le négoce [250] Commence à onze heures du matin et finit à midi. toutes les etoffes de laine qui y sont mises en vente n'y sont que sortant du metier et les Commercans qui les achetent se Chargent ensuite de les faire teindre et lustrer. les divers travaux que cela éxige depuis la filature de la laine jusqu'a la perfection de l'etofe occupent sans

1. William Edwards (1723-1808), libraire à Halifax à partir de 1755, avait retrouvé l'art de décorer les tranches des volumes, art que perfectionnèrent ses fils, en particulier James (1756-1816), et John, qui s'installèrent à Londres à la fin de 1784, et mirent au point de nouveaux procédés de reliure de grand luxe. Les vraies reliures des Edwards avec leurs tranches peintes sont très recherchées; on en trouve fort peu en France, bien que le bibliophile A. Renouard en ait acquis quelques-unes. Voir C. R. Ramsden, *Bookbinders of the United Kingdom, 1750-1850* (London 1954).

2. Malheureusement, cet ouvrage n'est ni à la Bibliothèque nationale, ni à celle de l'Arsenal, ni à celle de la Ville de Versailles; il ne figure pas non plus dans le catalogue des ouvrages saisis dans la bibliothèque de Madame Elizabeth à Montreuil. La princesse fit venir beaucoup de livres aux Tuileries, et en emporta quelques-uns au Temple. Le *Télémaque* offert par B. fut peut-être volé lors du pillage des Tuileries.

3. La calemande ou calmande est une étoffe lustrée d'un côté; le burat est une bure assez grossière.

Compter les voisins d'halifax soixante mille ames dont cette Paroisse est Composée. la ville en elle meme ne renferme gueres plus de cinq mille habitans, mais le reste l'environne et douze succursales nommées cures dependent du Curé d'halifax qui en ce moment joint à cet important bénéfice les fonctions de juge de Paix.

les ventes et les achats se font dans le plus grand ordre à la halle, chacun s'y parle bas, et les marchés se concluent en se parlant à l'oreille. l'édifice est aussi simple dans sa Construction qu'il est spacieux et propre à sa destination. il a meme quelque noblesse dans sa structure.

en en sortant j'ai été voir tant dans la ville qu'au dehors les superbes établissemens de M. Waterhouse. son Commerce consiste dans l'acquisition qu'il fait de laines qu'il distribuent pour qu'elle soient employées à deux cent cinquante familles du yorkshire et à cent [251] cinquante familles du Comté de Lancastre. ces fabriquans mercenaires raportent, leur ouvrage dans les magasins de M. Waterhouse qui ensuite les fait achever chez lui, ou dans les differens lieux qui lui appartiennent, comme teinturerie, moulin à fouler le drap, à le ratiner, à raper les bois de teintures, enfin les divers autres atteliers ou toute espece d'etoffe de laine est mise en état de vente et de service.[1] un Commis de confiance et intelligent dirige ces travaux, et va soit au loin, en angleterre, soit dans l'etranger partout ou M. Waterhouse aprend qu'il y a quelque nouveau moyen de simplifier et d'ameliorer les machines de ses manufactures. Capitaliste[2] immense et jouissant d'un Crédit prodigieux, il pourroit s'emparer des principales affaires d'halifax, mais il se contente d'un profit annuel qui va a plus de dix mille livres sterlings, et malgré cet enorme revenu en ne se laissant manquer de rien pour lui et sa famille il est impossible de voir un interieur plus modeste et de meilleurs gens.

M. Waterhouse m'a donné une charmante voiture attelée de deux superbes chevaux pour me conduire à ses fabriques. ses gens sont bien payés, et surement n'excedent pas le nombre de quatre pour la Chambre [252] et l'ecurie. on dine sur une table couverte d'un beau linge, et de ce qu'il faut pour diner sufisemment bien sans la moindre profusion, le maitre de la maison a l'air de nos bons fermiers de normandie, et sous ce simple éxterieur il a fait parce qu'il l'a Cru nécéssaire, la loi aux ministres d'angleterre dans la Personne du Mis de Rockingham et du Chevalier Saville, ces Messieurs portoient pour député du

---

1. L'industrie lainière était encore très peu mécanisée, et filature et tissage se faisaient chez des artisans à la campagne; les villes lainières du Yorkshire étaient surtout des centres de finition et des marchés.

2. Contrairement à ce que l'on pourrait croire, le mot *capitaliste* n'est pas un anglicisme. Il apparut d'abord en France, discrètement, vers 1750. B. l'emploiera à plusieurs reprises. *Capitalist* n'est attesté en anglais qu'après 1790.

Comté de york au Parlement M. foljambe leur ami intime. les gros Commercans de ce Comté Crurent intéressant de Contrecarrer cette Election, et sans que d'autres, que des francs tenanciers ayent le droit de voter pour l'envoy d'un deputé de la province ces Commercans par leur influence firent nommer M. Wilberforce. ceci demande éxplication et je vais essayer de la donner.[1]

il faut pour etre franc tenancier avoir une terre libre de la valeur de quarante schellings de rente, mais le plus petit terrein libre sufit, lorsqu'on a bati sur ce terrein jusqu'a la valeur de ces quarante schellings de rente. Les Lords of the manor, soit par une suite de dérangement, soit par facilité, et ne pouvant prévoir ce qui arrive, toutes les fois qu'on leur a offert beaucoup d'argent du [253] terrein qu'un particulier desiroit d'acquerir en franchise ils l'ont vendu. un tisserand, un autre ouvrier dans la Campagne ou dans une ville qui a été assez sage pour mettre en œconomie les profits de son industrie a bientot eu de quoi se batir une bonne maison sur un terrein devenu libre. presque toute la ville de birmingham est batie par des proprietaires de maisons élevées sur terrein affranchi et c'est ainsi que sans avoir ni Corporation, ni membre du Parlement, elle est parvenue à balancer l'autorité des anciens francs tenanciers dans les Elections des deux députés du Comté de Warwik. ces deux députés par comtés existent independemment des autres députés des differentes villes du meme Comté. ceux ci élus par des citadins, au lieu que les Deputés des comtés sont Elus et ne peuvent etre élus comme je l'ai dit que par des possesseurs de bien fonds en terre, et souvent dans des villes, de tels fonds n'existent pas;[2] par exemple lorsque j'ai fait mention de l'influence du Duc de marlborough sur les Elections de Voodstock, c'est que les Electeurs de ce bourg sont pour la plupart vassaux du Duc et tenant de lui des Copiholds.*a* chaque ville a des regles differentes pour ce qui donne droit d'en nommer [254] les députés du Parlement. mais quant aux deputés du Comté la franche tenure est le seul titre qui fasse qu'on puisse voter. les députés des Comtés ont toujours joui d'une

---

a. voyez page 176.

1. William Wilberforce (1759-1833), de Hull, condisciple et ami de Pitt le Jeune, avait déjà été élu député de Hull en 1780; il sera député du Yorkshire de 1784 à 1812. Il deviendra l'un des chefs de file du mouvement évangélique et philanthropique.

B. a probablement mal compris les explications de son hôte, car Rockingham était mort dix-huit mois avant les élections, et Sir George Savile, député du Yorkshire depuis 1759, était mort en janvier 1784. Mais il est bien certain que les grands propriétaires fonciers voulurent imposer leurs candidats, en particulier Mr Foljambe, époux de la nièce de Sir George Savile, soutenu par le clan des Savile qui possédaient de grands domaines autour d'Halifax. Il y avait 16 000 francs tenanciers dans le Yorkshire et ils choisirent de soutenir Pitt contre la coalition Fox, North, Portland et l'oligarchie foncière. Voir I.255; p.145.

2. Sur quelque 200 bourgs, 20 avaient plus de 1000 électeurs, et 26 autres comptaient entre 500 et 1000 électeurs.

Consideration superieure au Parlement à celle des députés des villes, moyennant quoi les fils, les freres des grands seigneurs ont constamment recherché ces commissions et jusqu'a présent la préponderance des proprietaires de grandes terres avoit été décisive. la richesse du Commerce, l'accroissement de son importance semble avoir donné lieu à un nouvel ordre de choses. les Commercans non content d'etre nécéssairement considerés, veulent influer encore davantage dans les resolutions du gouvernement, et visent aujourd'hui à se faire accorder, sans avoir besoin de posseder des biens fonds, les memes prérogatives dont jouissent les francs tenanciers, et pour commencer à montrer à la Cour ainsi qu'aux grands seigneurs possessionés ce qu'il est en leur pouvoir de faire, ils débutent par contrarier ceux ci dans les Elections des deputés des Comtés.[1]

Le comté d'york est quatre fois plus étendu que le comté [255] de Warwik, et les villes de Leeds, halifax, Wakefield, sheffield, et Rotherham, n'ayant comme birmingham, aucun droit particulier à la nomination de membres du Parlement ont comme cette ville dicté la loi aux francs tenanciers du comté d'York. a halifax M. Waterhouse passif en apparence et n'ayant pour son compte aucun droit de voter a donné à M. Wilberforce deux cent sufrages pris dans le nombre des deux cent cinquante familles qui travaillent dans les environs d'halifax pour la maison Waterhouse.

incessemment le commerce déja associé pour éxaminer l'origine de la representation au Parlement et les moyens d'en diminuer les abus insistera pour que l'argent donne en angleterre des droits équivalents à la possession territoriale, et le commerce a bien des moyens de se faire ecouter du ministere.[2]

le produit annuel des terres en angleterre est estimé au plus à 24 millions sterlins[a] la dette nationale est de 230 millions,[b] en enlevant ce qui est impossible, tout le produit territorial il faudroit près de quinze ans pour la liquidation. cet etat de detresse et cette masse énorme de dette ne peut se soutenir et se diminuer que par le produit que fournit à l'etat le commerce, ce commerce est presque entierement le créancier de la dette, et lorsque les [256] principaux

a. environ 504. millions de Francs.

b. la terre ne paye que 4 shellings taxe rigoureuse. la taxe payée n'est que de deux shellings. un homme qui a 400£ sterlings paye environ 50£, c'est a dire le huitieme mais cet impot ne l'affranchit pas des autres taxes, sur le nombre de fenetres, les gens, les chevaux.

1. B. analyse fort bien la situation, mais ne signale pas que les comtés n'étaient représentés que par 122 députés, contre près de 400 pour les bourgs. De surcroît, la plupart des petits bourgs se trouvaient dans le sud, et le nord et les Midlands étaient donc très sous-représentés. La réforme de 1832 redistribuera 86 sièges.

2. A l'occasion des élections de mars 1784, se formèrent dans le Yorkshire des comités pour une réforme parlementaire, et une campagne fut menée par le Rev. R. Wyvill pour la création d'une association permanente pour la réforme. Il est probable que, si la Révolution française n'avait pas effrayé les gouvernants britanniques, la réforme parlementaire aurait été accordée bien avant 1832.

négocians s'uniront pour lutter contre la volonté la plus opiniatre du Ministere et peut etre celle du Parlement ils parviendront certainement à obtenir ce dont ils auront bien envie et a Culbuter ceux qui leur seront opposés. il y a donc lieu de croire que sous peu de tems, le Commerce aura fait le pas important de se procurer en raison des Capitaux les avantages qu'on n'a en angleterre jusqu'a ce jour qu'en raison des bien fonds.

le Commerce a plus d'interet que jamais à influer dans la représentation au Parlement parce que la Chambre des Pairs et tout ce qui est tenancier dans la Chambre des Communes dirige toujours sur ce Commerce le surcroit des impots, dont la terre cherche à etre exemptée et qu'il lui est éssentiel de trouver des moyens éfficaces de se defendre contre cette terre, depuis longtems et par éssence son ennemie.[1]

revenons à M. Waterhouse et à son ami M. Camson. j'ai passé la journée à les questionner et à trouver dans leur attention à me répondre une véritable satisfaction. après diner, nous avons été voir le canal qui sert à conduire tout ce qui se fabrique à halifax dans la Calder, et de la, comme je l'ai dit à hull. halifax envoye peu de draps [257] en Comparaison de ce qui s'y expedie en autres étoffes de laine, ce genre de Commerce y est prodigieux avec l'allemagne, l'italie et surtout avec le Portugal. on n'a pu me dire ce qui pouvait etre la Cause que dans ce Pays meridional, on recherca les étoffes les plus pésantes et les plus épaisses. on fait notemment pour Lisbonne des doublures qui ressemblent a des couvertures de lit.

rien n'est plus joli, plus champetre, que le Cours de la Calder auprès d'halifax. je n'ai encore vu en angleterre que le valon de Bridgenorth qui puisse faire balancer entre la préférence a donner soit à l'un ou à l'autre de ces deux Charmans Pays.

Le 19. à Leeds

je parlerai encore de M. Waterhouse qui au moment de mon départ m'a aporté à mon auberge un panier de delicieuses prunes de reines claude et qui après m'avoir obligé de regarder sa maison comme la mienne etoit presque faché contre moi de ce que je ne voulois pas accepter de l'argent pour me rendre à Edimbourgh. il a fallu que je lui démontrasse qu'a moins d'événémens bien dificile à prévoir j'aurois plus qu'il ne me faudroit pour me rendre à cette ville, ou j'ai à recevoir le payement d'une lettre de Change. Mad^e et Mesdemoiselles Waterhouse n'ont pas été moins honetes [258] que ce galant homme, et en

---

1. Au moins deux tiers des députés étaient gros propriétaires fonciers et un cinquième étaient pairs d'Irlande ou fils de pairs ou alliés à la haute noblesse. Une cinquantaine de députés étaient négocians, encore tendaient-ils à acheter des domaines pour acquérir un fief électoral.

vérité cela a été a regret que j'ai quitté cette excellente famille. le joli Pays m'a quitté aussi à un mile d'halifax, du somet de la montagne[1] jusqu'au de la de bradforth [Bradford] ville bien batie, on traverse des hauteurs arides et mal cultivées d'ou l'on decouvre cependant de fort belles contrées dans le lointain. après bradforth ou sont nombre de manufactures on trouve une terre plus fertile et un peu mieux soignée. le bassin de Leeds est agreable mais l'industrie dans toute cette contrée ravit trop de bras à la terre, et le profit de la main d'œuvre nuit à celui qu'offre plus lentement une soigneuse et pénible agriculture. à trois mille de leeds, du Pont de Pierre sur lequel passe la riviere d'aire on voit, dans un valon riant la superbe ruine de l'abbaye de Kirkstall.[a]

Leeds est fort bien bati, et chaque jour, cette ville, qui fait un Commerce aussi solide que Considerable dans une espece de draps dont la Consommation est de premiere nécessité, s'agrandit en proportion de l'augmentation de ses habitans et de leur fortune. le nombre de ce qui est renfermé dans leeds et son territoire à un mile à la ronde est porté à vingt mille ames. ce Peuple bien vétu sortoit [259] des églises au moment ou je suis arrivé et se rependoit dans de très belles et très spacieuses rues.[2] après avoir diné, après avoir bien joui du plaisir d'avoir trouvé ici des lettres de mon ange j'ai été porter dans la ville mes lettres de recommandation, et M. Walker m'a retenu pour passer la soirée chez lui j'y ai apris que le Canal qu'on m'avoit montré à Liverpool sous le nom de canal de Leeds, Canal gravé dans bien des cartes, n'est fait encore qu'en partie il est ouvert, d'environ 35. miles du coté de Liverpool;[3] et à peu près d'autant en partant d'ici, mais ces deux parties sont encore separées par une étendue de plus de soixante miles parce que la Compagnie qui en a fait l'entreprise n'a pas trouvé son Compte à l'achever èt à poursuivre cet ouvrage dans un Pays qui présente de grandes difficultés pour son éxecution. les actions de cette compagnie sont baissées de Cent cinquante à Cinquante livres sterlings. cependant les deux parties de Canal faites ne sont pas à beaucoup près inutiles: la partie qui aboutit ici sert à aporter des Charbons et des Pierres ainsi que d'autre objets dont le port par charroi seroit beaucoup plus difficile et couteux. on retire à Liverpool [260] les memes avantages de ce qui est navigable vers Cette partie.

a. abbaye autrefois fameuse fondée en 1157. par henri de Lacy.

1. Qui n'atteint pas 500 m.
2. B. arrive sans doute trop tard pour la messe, mais il n'y avait pas encore de chapelle à Leeds et le culte catholique se célébrait en appartement.
3. Le canal de Liverpool à Leeds, ou canal Mersey-Humber, commencé en 1770, ne fut achevé qu'en 1816. Il est vrai qu'il devait traverser un secteur montagneux et nécessitait 104 écluses pour 142 milles, mais la lenteur des travaux fut surtout justifiée par l'absence de véritable intérêt économique pour cette liaison.

Le 20.

j'ai déja dit que parmi les nombreux repas qu'on fait en angleterre le déjeuner occupe une place distinguée. ce matin M^{rs} hollings et harisson auxquels j'etois recommandé par M^r le ch^{er} harries m'ont régalé en ce genre et j'ai cru bien faire de ne rien éxiger de plus d'eux. M. Walker a tout une autre tournure que ces Messieurs; les grandes affaires agrandissent le cercle des idées. M^{rs} hollings ont un Commerce très borné, M. Walker en fait un très Considerable en fournissant à toutes les manufactures de ce Pays les Couleurs necessaires à la teinture. il m'a fait voir dans differens attelliers quelques procedés qui sont plus simplifiés encore et par conséquent plus parfaits que ceux des fabriques des villes circonvoisines. on teint et on lustre à Leeds mieux que quelque part que ce soit en angleterre. on m'a montré une Cuve de fer qui a été fondue en écosse,^{a} qui est revenue à 500 livres sterlings et dans laquelle on teint à la fois cent vingt pieces d'etofes de laine.[1]

Leeds ne fabrique pas des draps aussi fins que ceux qui sont faits dans le Wiltshire et quelque autre partie de l'angleterre, mais [261] c'est la place de ce Royaume d'ou il sort le plus de draps. le Commerce de Leeds est le meme que celui d'halifax les négocians font de meme manufacturer en premiere main d'œuvre dans les environs de la ville et le drap brut s'apporte chez eux, lorsqu'ils n'ont pas acheté les laines d'avance, ils vont aux deux halles prendre comme à Leeds des fabriquans vendeurs les draps ou etofes de laine qui leur Conviennent.

Leeds a deux halles fort grandes, mais moins bien baties que Celle d'halifax. la plus grande des deux etoit hors de la ville il y a douze à quinze ans, bientot elle se trouvera dans le Centre d'un très beau quartier bati en entier depuis que jeffris dans sa vaste Carte du Comté d'york a donné un plan fort exact de ce qu'etoit en 1771. la ville de Leeds.[2] cette grande halle a exterieurement l'air d'une immense serre chaude tant les fenetres sont multipliés et le batiment écrasé pour son étendue.[3] voici sa distribution interieure

1: mur. 2: la porte d'entrée. 3: les batiments. 4: la rue chapside.
5: la rue de la reine. 6: la rue de marie. 7: l'allée du change.
8: la rue du Roi. 9: sont les portes d'entrée dans le batiment separé dans les deux ailes par un mur qui est ouvert en deux endroits et ces deux longues galeries dans chaque aile se nomment rues, dans le batiment du fond il n'y a point de separations.

a. à Carron.

1. Voir II.61; p.201.
2. Thomas Jefferys était éditeur de cartes, plans, guides et ouvrages de géographie.
3. La halle aux draps teints avait 179 fenêtres et plus de 1500 stalles.

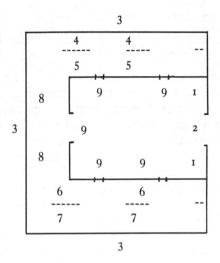

La Grande halle aux draps de Leeds.

[262] dans chaque galerie des ailes et du Corps de logis il y a deux rangées de tables Couvertes de pieces de drap les vendeurs sont placés entre ces tables et la muraille, les acheteurs circulent dans l'espace vuide que les deux rangeés de tables laissent entre elles dans le milieu de la galerie. cette grande halle est pour les draps teints mais non encore tondus et lavés, l'autre halle construite depuis dans la partie de la ville voisine de la principale église, est pour les draps non teints.[1]

il y a en outre ici une manufacture de Bougran,[2] et une manufacture de fayance. à Leeds Comme à halifax une des plus importantes places pour le débouché des draps est Lisbonne. on tire de france une grande partie d'indigot. la riviere d'aire au moyen de quelque petits canaux, dans les endroits, ou des moulins, ou des bas fonds interromproit son Cours, est navigable jusqu'a son embouchure dans l'ouse d'ou les gros batimens vont par l'humber à hull et à la mer germanique. les magasins sur les bords de l'aire comme à la tete du Canal dont j'ai fait mention sont tous construits pour la plus grande celerité et facilité du Commerce. celui qui est fait pour le Canal recoit les batteaux dans son rez de chaussée on les charge ou les décharge [263] à Couvert, et moyennant des poulies on monte ou l'on descend des greniers et des differens étages ce qui doit en sortir ou y entrer. après de longues et interessantes Course j'ai été

1. La halle aux draps non teints offrait 1176 stalles.
2. Le *bougran* était une étoffe épaisse et raide employée pour les doublures.

diner et passer le reste de la journée chez M. Walker.

Le 21. à York

après avoir vu le mouvement des deux halles, et un fort agréable emplacement ménagé dans la nouvelle halle pour y tenir en hiver des assemblées,[1] des bals et des concerts après avoir vu l'hopital et la bibliotheque, je suis parti vers midi. la route de Leeds à tadcaster, traverse un fort mauvais sol, aussi les habitations sont elles très clair semées et analogues au terrein. des buissons d'épines, gagnent partout les friches qui serviroient à nourrir les moutons. c'est au milieu d'une de ces communes qu'est à huit miles de Leeds, la Campagne de M. goodrich. les arbres qui s'elevent au dessus d'un grand mur d'enceinte prouvent que si l'on vouloit cependant la terre dans cette partie y seroit moins inutile. ce M[r] goodrick est le meme qui après avoir été obligé de sortir d'angleterre pour une vilaine affaire a été longtems ministre de la grande Bretagne en Suede. c'etoit un des arcs boutans du parti [264] des Bonnets parti en opposition à celui des Chapeaux qui étoit celui sur lequel influoit l'ambassadeur de france.[2] après avoir passé la Wharfe à tadcaster, le Pays s'ameliore et les Clochers d'york s'élèvent au milieu d'un territoire uni assez bien cultivé, mais jusqu'a cette heure je n'ai rien vu encore qui merite les éloges données, à la superbe et florissante culture du Comté D'york.

un vieux gentilhomme Campagnard qui n'a pas fait fortune et dont le Chateau dépérit, se Console en arrettant les passans pour leur dire qu'il est bien plus noble, et d'une plus ancienne Chevalerie que ses voisins. les habitans de la ville D'york sont un peu dans le meme cas; ils vantent l'antiquité de leur cité, ils se plaisent a raconter qu'elle fut Chere aux Romains, que deux Empereurs y habiterent et y moururent, que Constantin le grand y naquit, et que la sixieme légion si recommandable par sa valeur nommée la victorieuse, avoit pour quartier la ville d'york;[3] alors ses murs servoient d'asile aux peuples qui fuyoient devant les bandes des barbares. depuis ils offrirent à la religion et surtout à ses

---

1. B. emploie le terme au sens anglais, *assembly* signifiant surtout au dix-huitième siècle une réunion offrant à la bonne société divers divertissements de bon ton. Presque chaque ville d'Angleterre avait alors ses *assembly rooms*. Cf. 1.265; p.151.

2. Les Suédois étaient divisés en deux factions, les 'chapeaux', en faveur de l'absolutisme, ou du moins loyaux au souverain, et les 'bonnets' démocrates. Cette division et la faiblesse du pouvoir tenu en bride par les 'bonnets' rendaient le pays bien vulnérable aux convoitises de la Prusse et de la Russie. Vergennes, nommé en 1771 ambassadeur auprès de Gustave III, soutint celui-ci, lorsque le 19 août 1772, il s'empara du pouvoir absolu, en dépit des ultimes manœuvres de Goodrich.

3. A partir de 72 après J.-C., les Romains firent d'Eboracum (York) leur base pour la conquête du nord de la Bretagne et les campagnes d'Agricola. La VIe légion 'Victrix' fut cantonnée à Eboracum à partir de 120 après J.-C. et elle y resta trois siècles. Les empereurs Sévère et Constance Chlore y moururent.

ministres de nombreux établissemens que la reforme a enlevé à l'eglise Romaine et que la dépopulation de York laisse tomber en grande partie en ruine.[1]

[265] Le Commerce, l'industrie des villes voisines ont attiré un nombre d'habitans d'york et celle ville ne Compte plus que dix sept mille ames dans son enceinte de trente mille qu'elle renfermoit sous le regne d'henri V, mais son maire a Comme celui de Londres le titre de Lord, mais elle a pour elle et tout son territoire de grands priviléges, mais il lui reste une belle Cathédrale peut etre le plus beau des temples gothiques,[2] et francis Drake un de ses citoyens a énuméré dans le plus grand détail, en un gros volume in folio tout ce qui de tems immemorial, comme plus recemment, a pu illustrer sa Patrie.[3]

york n'est point mal bati, et reunit en hiver une assez nombreuse noblesse, dont les maisons sont aparentes. une salle de spectacle, une redoute,[4] de belles promenades, quelques rues larges et fort étendues plusieurs autres batimens publiques, et la riviere qui sépare cette ville, en rendent l'habitation agreable.

son Chateau a été converti en prison il y a nombre d'années.[5] je l'ai été voir, et cet établissement devroit servir de modele pour tous ceux ou la necessité de reprimer le vice et de punir le crime force a renfermer des Coupables. une cour spacieuse et bien arée contient trois batimens [266] qui ressemblent a un joli Chateau qui auroit deux ailes separées du corps de logis. le principal batiment dans le fond de la Cour sert à loger dans le rez de Chaussée et le premier etage les prisoniers détenus pour debtes. ils sont sainement et proprement dans des Chambres séparées, et se promenent la plus grande partie de la journée dans la grande cour. une grille sépare cette cour d'une autre plus petite et plus basse qui donne du jour et de l'air aux Chambres des Criminels, qui a certaines

1. York comptait alors deux douzaines d'églises paroissiales, dont la moitié avaient été fondées avant le douzième siècle. Certaines étaient en partie romanes et fort vénérables, quelques-unes étaient peut-être délabrées, mais la plupart en furent restaurées au dix-huitième siècle. B. a probablement été frappé par les ruines de l'abbaye de St Mary* non loin de la cathédrale.

2. La cathédrale, St Peter's,* construite du treizième au quinzième siècle, est la plus grande des cathédrales du pays. L'évêché d'York remonte au début du quatrième siècle, et il est siège métropolitain pour le nord de l'Angleterre depuis le septième siècle.

3. Francis Drake, *Eboracum, or the history and antiquities of the city of York, together with the history of the Cathedral church and lives of the archbishops* (London 1736), 2 vol. in folio.

4. A partir du début du dix-huitième siècle se répandit la mode italienne de se réunir en soirée dans un lieu public pour danser et écouter de la musique, ce que les Italiens appelaient un *ridotto*, mot que les Anglais empruntèrent tel quel. En France, la terme devint *redoute*, et désigna bientôt une salle où se donnaient bals et concerts.

5. La vieille citadelle d'York fut détruite (à l'exception du donjon théâtre de l'holocauste de 1189) et la prison fut construite de 1701 à 1705. La Cour d'Assises fut élevée en 1733, sur les plans de John Carr, et son pendant, la prison des femmes, à partir de 1780. B. est excusable de croire qu'il s'agit d'un château converti en prison, car l'ensemble* est réellement majestueux. Defoe décrivait déjà la prison comme la plus belle d'Europe. Arthur Young affirmait: 'The castle or prison in this city is perhaps the most airy, healthy, and pleasant prison in Europe, and for these circumstances well worth seeing' (*A six months tour through the north of England*, London 1770, p.202).

heures se promenent avec une chaine aux pieds dans cette Cour plus interieure. des deux autres batimens l'un a gauche servira de prison lorsqu'il sera entiere- ment arrangé et sera bien mieux encore que celui dont je viens de faire mention l'autre a droite contient une belle et grande salle terminée à Chaque bout par une grande rotonde éclairée de la Coupole; l'une sert pour tenir les assises des Causes Criminelles et les y juger l'autre est pour la decision des Causes civiles. ces deux batimens sont construits avec une sorte d'élégance et meme ont un peu trop l'air de Colifichets.[a]

en rentrant à mon auberge à nuit tombante j'ai trouvé le fils de Mr Markham l'archeveque qui m'envoyoit une voiture en meme tems pour m'engager à aller loger chez lui à la Campagne. je n'ai accepté [267] que le diner pour demain.

Le 22.

ma matinée s'est passée a voir les parties de la ville que je n'avois pas parcouru hier. je suis entré dans une manufacture de poudre à poudrer, ou j'ai trouvé toutes les étiquettes en francois, comme poudre fine à la violette faite à Paris chez M. ... rue du Roule. par ce moyen cette poudre dont la plus grande partie va aux indes et à la jamaïque y est vendue pour de la poudre de france, plus estimée que celle qui se fabrique en angleterre. york fait aussi un petit commerce en boetes de Cuir en peignes et lanternes de Corne; mais la principale exportation, et qui occupe quelques uns des batimens qu'on voit sur la riviere d'ouse consiste en beurre dont le comté aprovisionne Londres.

depuis le Pont jusqu'a une demie lieue plus loin la rive gauche de cette riviere est plantée de beaux arbres qui forment une promenade publique agréablement soignée. les femmes du Peuple ont souvent dans ce Pays des especes de patins qui enfoncent dans la terre et qui gateroient une cour nouvellement sablée. pour empecher cet effet on a mis aux deux extrémités de la promenade des écritaux qui marquent les [268] égards que les premiers citoyens ont et doivent avoir pour les classes inferieures; il y est dit qu'on désire que les personnes qui ont des patins s'abstiennent de se promener dans l'allée principale.[1]

la voiture de l'archeveque est venue me prendre a deux heures. sa Campagne

---

a. Le chateau d'york connut en 1189. un effroyable exemple de ce que peut le desespoir sur les hommes les moins accoutumés a braver la mort. à l'avenement de Richard Ier la populace interpreta mal un mot de ce Prince et massacra à Londres tous les juifs qui ne purent échapper à sa furie. cette phrenesie s'étendit sur toute l'angleterre et les juifs d'york s'étant retirés au nombre de cinq cents dans le chateau et voyant que le Peuple avoit juré leur perte tuerent leurs femmes et leurs enfans en jetterent les cadavres du haut des murs du Chateau dans la ville, puis ayant mis le feu à ce Chateau s'enveloperent dans ces flammes qui le Consumerent.

1. On peut s'étonner de ce que B. ne mentionne pas les remparts d'York, très longue enceinte médiévale encore intacte, dont les habitants étaient très fiers.

ou il est toujours lorsque le Parlement n'est pas assemblé est a trois quarts de lieue de la ville dans une situation riante sur le bord de l'ouse. les jardins sont agréables et la maison partie ancienne partie moderne, est très décente.[1]

L'archeveque est Pere de treize enfans vivants. l'ainé à vingt six ans le dernier qui est une fille est agé de 20 mois. la mere de cette nombreuse famille, est honete affable, et paroit jouir avec une sensibilité interessante du bonheur de n'avoir perdu aucun de ses enfans, et de les voir tous bien tournés, et partie placés avantageusement. M.Markham a l'air fort noble fort imposant; il est d'un serieux glacial mais on le dit un excellent homme et fort consideré dans son ministere.[2] il vit grandement dine longuement, boit solidement, et se fait rendre des respects dont sa femme est la premiere a donner le ton l'appellant toujours Milord. les femmes des Eveques et archeveques ne sont pas Miladis; on ne les nomme que Madame.

[269] la salle ou nous avons diné est ornée des tableaux d'une grande suite d'archeveques d'york, et leurs armes sont peintes sur verre dans les fenêtre. cette file de portraits de gens qui n'existent plus n'a rien de bien gai pour celui qui fera bientot place à de nouvelles armoiries et a un autre tableau. mais soit philosophie; ou apathie les anglois sont moins soigneux que nous d'écarter d'eux l'image de la destruction. indépendemment de ce j'ai raporté sur les promenades dont ils ornent leurs cimetieres les plus belles maisons dans toutes leurs villes se trouvent frequemment avoir vue sur les Cimetieres et les environnent.

la salle à manger de Bishopsthorpe[a] est encore remarquable parce que ce fut dans cette meme salle que Scroope archeveque D'york fut jugé et Condamné à mort sous le regne d'henri IV pour prétendu crime de Rébellion;[3] jugement dont les motifs répugnerent à l'intégrité de guillaume de gascoigne, et dont se Chargea avec moins de scrupule guillaume fulthorpe. malheureusement dans tous les tems et dans tous les pays les Rois vindicatifs n'ont trouvé que trop d'instrumens de leur volonté.

a. C'est le nom de cette campagne.*

1. Les évêques anglais habitaient rarement les antiques palais épiscopaux à l'ombre de leurs cathédrales, et ils jouissaient presque tous d'une belle résidence plus confortable à la campagne; mais ils devaient séjourner à Londres quand la Chambre des Lords siégeait, car le roi comptait sur les pairs ecclésiastiques pour soutenir sa politique.

2. William Markham (1719-1807), d'une famille irlandaise modeste, grand érudit, avait été principal du Westminster College, puis doyen de Christ Church à Oxford, ensuite précepteur des deux fils aînés du roi Georges III et évêque de Chester de 1771 à 1777; il avait été élevé au siège d'York où il restera jusqu'à sa mort.

3. Richard Scrope fut accusé d'avoir soutenu la révolte des Percy (voir I.212; p.124), et fut exécuté en 1405. Les gens du Yorkshire le considérèrent comme un martyr et le vénérèrent comme un saint.

en revenant de Bishopsthorpe j'ai été souper chez le Docteur hundert [270] chez lequel à mon grand regret j'etois engagé presque au moment de mon arrivée a york. sans cela j'aurois passé le reste de la soirée avec la famille de l'archeveque, et ses petites filles se proposoient de jouer pour moi une comédie francoise; elles parlent assez bien notre langue; une surtout doit bien faire tout ce qu'elle voudra, à en juger par une Phisionomie singulierement spirituelle, qu'anime deux yeux bleus au milieu d'un tein fort blanc, et de Cheveux d'un noir d'ebene; cette jolie enfant va avoir douze ans. l'ainée des filles en a vingt et vient d'etre marié à un M. Law qui a fait sa fortune au service de la Compagnie des Indes.[1]

Le 23. à Rippon dans le Comté D'york

muni de lettres de l'archeveque pour Rippon, et pour Durham je suis parti d'york par une pluie qui sembloit devoir durer toute la journée et qui a cessé au moment ou je suis arrivé à Boroughbridge. on m'avoit recommandé d'aller voir des blocs de pierre que quelques antiquaires ont regardé comme les restes d'un temple de druide. ces blocs sont dans trois differens champs fort près de Boroughbridge a peu près dans une forme et une distance égale, mais ils ne sont pas sur le meme alignement et [271] rien ne prete dans leur structure au moyen de deviner à quoi ils ont pu servir.[2] les hommes du Pays les appellent les éguilles et les femmes, les cornes du Diable. je n'ai pu penetrer le motif de la difference, dans cette nomination, si ce n'est une repugnance naturelle aux hommes de se servir du nom de Cornes, et une pente naturelle chez les femmes de sourire à l'idée qui y a été attachée.

Boroughbridge, et un autre petit bourg presque attenant nommé aldborough, ne forment qu'une paroisse a eux deux, et une paroisse peu étendue, cependant chacun de ces bourgs a deux deputés au Parlement qui sont par son influence sur ces deux bourgs de fait à la nomination du Duc de Newcastle qui par ce moyen a quatre membres à sa dévotion dans la Chambre des Communes.

de Boroughbridge j'ai été à Newby Campagne appartenant à M. Wedel, membre du Parlement et dans l'opposition. son Chateau est une des plus élégantes maisons que j'aye vue depuis que je voyage en angleterre; et sa recherche l'agréable varieté qui y regne la magnificence des objets qu'on y trouve tout cela doit faire passer sur les déffauts d'architecture et de distribution commode [272] qu'on rencontre ici comme dans tous les batimens anglois. mais ce qui est propre à ce superbe édifice quant à l'interieur ce sont des Pieces

---

1. Consulter à l'Annexe IV la lettre écrite par B. à sa femme le 22 septembre 1784.
2. Il s'agit de monolithes de l'âge du bronze, dont le plus élevé est haut de 7 m. De nos jours on les appelle 'les flèches du diable'.

d'une grandeur et d'une décoration très noble qui renferment un nombre considerable de belles statues tirées de l'italie et dont la plupart sont d'une bonne antiquité:[1] les trois salles ou elles sont placées avec ordre et intelligence, sont d'une legereté d'un agrément et d'un fini extreme. la salle du milieu de ce museum est une rotonde en lilas et blanc eclairée par une Coupole dont la sculpture est ravissante. au fond de la troisieme piece est un sarcophage de breche violette aussi beau que bien Conservé.[2] ces trois pieces sont en enfilade avec une quatrieme salle, remarquable par son stile different, mais également bon on y voit des peintures d'une Composition heureuse et d'un Coloris brillant; d'autre beaux tableaux ornent un petit salon attenant, duquel on entre dans le salon proprement destiné a recevoir la Compagnie qui y arrive par un vestibule peu digne de lui. ce salon est meublé de ce que les gobelins ont peut etre fait de plus achevé et de mieux [273] dessiné, de belles glaces de france, de la plus grande proportion, de riches bronzes, des sieges, Canapés, et tables à l'avenant, font de cette piece, le plus magnifique ensemble.[3] quelques autres parties de la maison comme l'escalier meritent d'etre vues, mais ne peuvent entrer en Comparaison avec ce que je viens d'indiquer et ce qui seroit dificile de bien décrire.

Le jardin de M. Wedel n'est qu'un accessoir, sufisemment soigné pour n'etre pas trop disparate avec le Chateau; mais enceint en plus grande partie par la riviere d'yore ou d'eure [Ure], quand on voudra ce jardin sera digne du joli Palais qu'il environne.[4]

de Newby j'ai été à Rippon petite ville bien située au confluent des rivieres d'Eure et de Skell. elle a presqu'autant de membres de sa corporation[5] que de Bourgeois. le Maire a siegeant avec lui un garde des archives, douze aldermans[6] et vingt quatre assistans.

1. William Weddell (1736-1792), membre du parlement de 1766 à sa mort, avait fait le 'Grand Tour' en 1765-1766, et en avait rapporté de nombreux antiques. Dès son retour d'Italie, il voulut faire remanier et agrandir la demeure de la fin du dix-septième siècle que son père lui avait donnée, et il eut recours pour ces travaux à ses amis des Dilettanti et à Robert Adam.

2. Les salles conçues par R. Adam et décorées selon ses dessins présentent de nos jours le même aspect que lorsque B. les admira, elles abritent toujours les trésors rapportés par W. Weddell et ce que B. appelle un sarcophage: une baignoire antique en marbre d'une contenance de près de 1000 l.

3. W. Weddell profita de son passage à Paris en 1765 pour commander une série de tapisseries aux Gobelins, tapisseries qui furent livrées de 1767 à 1771; elles représentent les amours des dieux d'après Boucher. Quatre autres séries identiques furent commandées par des amateurs anglais. Les sièges de Chippendale étaient aussi recouverts de Gobelins. La décoration du plafond est d'après R. Adam. Cette pièce, achevée en 1776, est telle que B. la vit en 1784; elle unit de la manière la plus satisfaisante le goût anglais et le goût français.

4. Ce qui sera réalisé au début du vingtième siècle.

5. C'est une charte d'Alfred le Grand qui avait constitué cette *corporation*, c'est-à-dire, ce conseil municipal.

6. Un *alderman* est un échevin.

en arrivant j'ai remis ma lettre de recommandation de l'archeveque D'york a un de ses Chapelains M. Wadilove, qui ci devant a été en Espagne Chapelain de Milord grantham,[1] lors de son ambassade à madrid. M. Wadilove est de plus Chanoine de la Collégiale de [274] Rippon; Cette Collegiale[2] fut originairement batie par Wilfrid, archeveque d'york, que deux Rois de Northumberland et un Roi de mercie depouillerent successivement des Dignités qu'il avoit obtenu d'eux, et que la Cour de Rome mit au rang des saints dans le meme tems ou ses Contemporains l'avoit regardé Comme un sujet dangereux, et un de ces hommes ennemis de toute autorité.

mon Chanoine m'a montré un zele dont je profiterai demain, mais pour aujourd'hui je l'ai prié de tenir Compagnie à sa femme qui arrive des bains de mer et de me dispenser d'etre en tiers avec eux.

Le 24. à Richemond

decu quelques fois par l'enthousiasme anglois je ne m'attendois pas à trouver les jardins de Studley fort superieurs aux éloges qu'on leur donne. à deux miles de Rippon on entre dans un Parc de onze cents acres d'etendue[3a] dc beaux arbres, des bandes de daims, de belles pelouses, de belles eaux sont les objets qu'on rencontrent avant d'arriver à un assez joli Chateau. ces memes objets continuent d'etre soignés jusqu'a un mile au dela, ou après etre passé une grille vous entrez seulement dans ce qui s'appelle le jardin, jardin de trois cents acres d'etendue, de sorte que reuni au Parc les habitans du Chateau [275] de Studley ont sans sortir de leur enceinte 1400 acres de terrein embelli soigné et ombragé de differentes manieres.

il y a soixante ans qu'un M. Aislabie travailla au jardin et plusieurs des parties qui y furent faites dans le principe n'eussent pas été désavouées par le gout de notre habile Le nostre. M. Aislabie le fils en respectant les beautés de trois superbes bassins, qui servent de miroirs aux grands arbres dont ils sont entourés, a pratiqué sur deux Collines qui regnent le long de cette suite de bassins, des routes qui présentent à tout moment de nouveaux point de vue; jamais en aidant un peu à la nature, on n'a plus Conservé la noblesse et la simplicité de ses

a. l'acre d'angleterre contient ordinairement 720 pieds de Roi sur 72 de large.

1. Lord Grantham était cousin de Mr Weddell et gros propriétaire foncier dans le comté.
2. La collégiale de Ripon est devenue cathédrale au dix-neuvième siècle.
3. Depuis 1730, les jardins de Studley Royal*, appelés 'the wonder of the North', étaient loués en vers et en prose et tous les guides en signalaient l'intérêt exceptionnel, dû autant aux sites pittoresques qu'à l'aménagement. De nombreuses descriptions en détaillaient les beautés dignes, comme le disait A. Young, des tableaux de Claude Lorrain, de Poussin, de Vernet.

L'*acre* ou arpent représentant 0,40 hectare, le parc de Studley couvrait 450 hectares, auxquels s'ajoutaient les 120 hectares du jardin.

formes.[1] une route assez longue percée dans le rocher ne présente dans aucune de ses parties un souvenir du travail qu'elle a couté; ou il a fallu supléer par de la maconerie au defaut des blocs de ce rocher, le lierre amené adroitement, s'est empressé de Cacher la main d'œuvre; en sortant de cette Caverne on trouve sur une hauteur un petit temple qu'il étoit presque impossible de n'y pas placer.[2] de ce point ou après avoir gravi des routes assez roides on a besoin de se reposer, on voit le vallon embelli par les pieces d'eau et par un [276] autre temple, élevé à la pieté filliale. ce temple n'est pas une de ces fabriques mesquines dont on surchargoit ordinairement les jardins anglois faits il y a trente ans; c'est un superbe monument qui dans un emplacement, bien choisi, rapelle par sa noble architecture les temples de Pestum:[3] le médaillon de la charité Romaine,[4] est placé dans le sanctuaire mais sa sculpture n'auroit pas du recevoir l'honneur de se trouver dans ce beau batiment. revenons au temple gothique ou le repos est si agréable: le riche vallon n'est pas son seul point de vue, on découvre une autre vallée plus agreste, arrosée par la riviere de Skell, et sur des hauteurs au dela de ses bords, hauteurs qui font partie du Parc de studley sont d'autres sites ménagés avec la meme intelligence que celle qu'on admire dans les autres parties de ce jardin. au dela de la vallée Champetre on voit dans une grande étendue la Campagne du Comté d'york. quittant le petit temple on s'enfonce dans des bois sombres et leurs feuillages ne s'eclaircissent que pour montrer dans ses plus belles parties les ruines de l'abbaye de fontaine, et du vaste monastere qui joignoit son église. ces ruines appartenoient à la

---

1. John Aislabie (1670-1742) avait hérité de Studley Royal en 1699; après avoir dû renoncer à ses fonctions de chancelier de l'échiquier à la suite d'un scandale, il se retira sur ses terres et employa sa fortune, à partir de 1720, à aménager une vallée assez sauvage dans le goût classique cependant adapté au site. Il y introduisit des fabriques élégantes, dont la grotte en 1730. Son fils William Aislabie (1700-1781) aménagea des sites proches, en attendant d'hériter de Studley où il bâtit diverses fabriques classiques, gothiques, chinoises; en 1768 il put enfin acquérir les ruines de Fountains Abbey qu'il convoitait depuis 1720.

Dix-huit mois plus tard, B. conservait un excellent souvenir de l'heureux mariage du style de Le Nôtre et du goût anglais: 'Après diner le comte de Caraman m'a mené voir ses jardins. Pour conserver de belles allées, on a voulu marier le genre anglais à celui de nos anciens parcs français, et cette entreprise que j'ai trouvée si heureuse dans le beau parc de Studley dans le comté d'York, n'a pas aussi bien réussi à Roissy' (le 24 mai 1786, *JD* ii.141).

2. Ce petit temple évoque, bien sûr, celui de la Sibylle à Tivoli, très célèbre et très souvent représenté. Nombreux sont les jardins pittoresques qui présentent sur un escarpement au-dessus d'une rivière une copie du temple de Tivoli.

3. C'est un temple dorique construit en 1742 à la mémoire de John Aislabie. Les trois temples doriques de Paestum, dans le sud du royaume de Naples, furent 'découverts' vers 1730 par les voyageurs anglais que la sobriété du dorique séduisit, et le néodorique, sévère et austère, s'imposa vite aux dépens du néocorinthien. Les temples de Paestum furent l'objet d'une série de gravures par Piranesi en 1778. Voir J. Raspi Serra, *Paestum and the Doric revival, 1730-1830* (Florence 1986).

4. La 'Charité Romaine' est un des sujets favoris de la statuaire et de la peinture depuis la Renaissance: une jeune femme allaite son vieux père emprisonné et mourant de faim.

famille de messenger. M. aislabie les acheta il y a quinze ans [277] pour les enclore dans son jardin, après avoir joui de loin de l'effet qu'elles font, on s'en approche en cotoyant une petite riviere semée de cascades parties naturelles, parties formées avec un art singulierement heureux.

tout ce qui s'est trouvé trop solide pour etre brulé arraché enlevé lors de la reformation subsiste encore à l'abbaye. les piliers, l'enceinte d'une très belle église, serviroient encore si on la recouvroit. le dortoir le refectoir, le cloitre la cuisine, tout est reconnoissable. la tour qui étoit le clocher est parfaitement conservée, on y voit plusieurs inscriptions et des dattes de 1200. une herbe fine et bien entretenue offre un marcher commode à travers ces élégantes ruines et de grands arbres reunissent leurs tetes pour garantir des ardeurs du soleil les curieux qui s'arretent a contempler les restes d'un temple auguste; partout ou il s'est lézardé, un feuillage verd et touffu s'est emparé de ces ouvertures; enfin le soin du proprietaire actuel, les Caprices de la végetation, la resistance d'une maconnerie partie saxonne,[1] partie gothique, la situation d'ou s'elevent ces ruines tout sert a en faire ce que j'ai vu de plus extraordinaire dans ce [278] genre de beauté. M[r] aislabie ne jouit plus de ses ouvrages, il est mort depuis peu, et c'est une Madame allanson[a] qui a herité de sa fortune, de ses possessions, et qui suivant l'ordre de la nature doit les abbandonner bientot à un jeune homme de vingt ans, qu'on dit bien élevé et Capable de faire un bon usage du revenu prodigieux et des belles habitations qui lui arriveront.

ravi de tout ce que j'avois vu à studley; j'y ai pris congé de M. Wadilove, qui m'avoit guidé dans mes courses et m'a procuré un des gens de Mad[e] allanson pour m'ouvrir des barrieres et me mener à hackfall, autre campagne qui appartient à cette Dame et qui est aussi une production du bon gout de feu M. aislabie.[2] il s'y est emparé d'une montagne éscarpée Couverte de grands arbres et dont la base est bordée par la riviere d'Eure qui coule à travers des bancs de roc. M. aislabie a tiré de cette situation tout le parti possible; il a profité d'une infinité de sources qu'il a reunies en Cascades perpetuelles. partout ou il a été

a. cette Dame par sa fortune et ses possessions à Rippon influe décidemment sur la nomination des membres du Parlement pour ce bourg.‡

‡ Ce qui explique que William Aislabie ait été député de Ripon de 1721 à sa mort.

1. Le dix-huitième siècle appelait 'saxon' ce que nous appelons 'roman'. L'abbaye cistercienne,* nommée Fountains à cause de nombreuses sources, fut fondée en 1132, et elle devint vite l'une des plus riches du Yorkshire; elle fut abandonnée en 1539, quelques années après l'achèvement de la tour, qui est bien postérieure à 1200. L'abbatiale est un superbe édifice roman, avec un arrière-chœur gothique.

2. Hackfall fut aménagé de 1730 à 1750. On en vantait les points de vue *romantic* et la *banqueting house* que découvrit B. Non loin de là, W. Aislabie avait aussi aménagé Kirby Fleetham aux panoramas sublimes. Les guides recommandaient de parcourir les trois parcs, du plus soigné, Studley, au plus sauvage, Kirby.

possible de pratiquer une route, d'ouvrir un point de vue de les multiplier il n'a rien laissé a desirer. au sommet de la montagne on trouve dans une ruine [279] bien dessinée une salle à manger d'ou l'on domine sur le cours de l'Eure sur un Pays immense, au dela et sur le valon opposé ou l'on voit marsham bourg à trois miles de hackfall. au bas de la montagne sur un rocher que les eaux bruyantes de l'Eure sont forcées de respecter est un Pavillon octogone; on y decouvre à la fois, la riviere, des routes à l'infini dans la montagne des sites bien placés et deux Cascades dont le volume d'eau et l'elevation sont Considerables. on remonte vers l'endroit ou l'on est entré en cotoyant un ruisseau qui ne se précipite vers la riviere qu'en franchissant tous les obstacles que l'art et la nature présente dans sa Course. hackfall n'a point de maison habitable pour y coucher, mais on peut y passer, bien agréablement, les jours chauds de l'été; il y a un batiment pour la Cuisine, un autre pour les gens, un autre pour les maitres, un quatrieme, pour les Chevaux, et ces differents batimens, servent tous à l'embellissement des differentes parties de cette montagne.

je suis arrivé à richemond à la chute du jour, et cela après avoir traversé surtout depuis Bedall un Pays riche, bien cultivé et meublé [280] d'un grand nombre de belles Possessions. depuis york la terre est bien mieux soignée que dans la partie du yorkshire que j'avois vu précedemment.

le 25. à durham

une jolie situation sur les bords de la swale, deux rues principales assez bien baties, une grande Place, ornée d'une bonne grosse pyramide, les ruines d'un ancien Chateau, voila tout ce qu'il y a à voir à Richemond.[1] cette petite ville envoye deux representans au Parlement; elle fait aussi un petit commerce de bas, de bonnets et d'etoffes de laine qui s'y fabriquent.

de richemond jusqu'a la tées qui sépare le Comté D'york, du comté de Durham on ne voit pas un pouce de terre qui ne soit en valeur et la partie du Comté de Durham que j'ai traversé joint à l'avantage d'une Culture également bonne, celui d'un Paysage bien plus joli qu'aucun des Wapontakes que j'ai parcourus dans le yorkshire: Wapontake ou Wapentake signifie aujourd'hui division, canton; dans d'autres Comtés c'est le mot hundred qui est employé. ce mot hundred est venu de ce que dans l'origine il falloit cent habitations pour former un Canton. celui de Wapontake est propre à la Province d'york, qui etoit autrefois plus guerriere que les provinces intérieures.[2] le jour que le chef

---

1. B. aurait pu signaler que le château avait été bâti par Alain, comte de Bretagne, et que le fief de Richmond fut, jusqu'au quinzième siècle, l'un des apanages de la couronne de Bretagne.

2. En fait, le terme se retrouve dans d'autres comtés au sud du Yorkshire, mais qui comme celui-ci avaient une population à majorité danoise.

d'un canton [281] etoit installé dans sa place, il assembloit tous les membres de son district qui ne paroissoient que bien armés. de la est venu que le nom de prise d'armes Wapentake a designé les Cantons ou cette cérémonie guerriere avoit lieu.

les divisions du comté de Durham se nomment Ward qui signifie quartier aussi bien que guet;[1] etre au guet avoir l'oreille au guet, etoit le devoir d'un Canton situé sur la frontiere et vraisemblablement ces dénominations tirent toutes leur origine de quelques causes pareilles.

Durham excepté un long faux bourg est presque environnée par la riviere de vere [Wear] qui plus escarpée que la severn ne l'est à Shrewsbury a des bords plus pittoresques. trois ponts de pierre à distance a peu près égale sont au pied du Rocher sur lequel est inégalement et assez mal batie une ville passablement grande; dans sa partie la plus elevée, est une porte aussi sombre aussi noire que l'etoit celle du petit Chatelet à Paris, heureusement démolie depuis quelques années, cette Porte conduit à la Cathedrale et aux maisons des chanoines renfermées dans une seconde enceinte.[2] ce quartier est desert comme tous nos vieux Chapitres. ici la réformation n'a presque pas Changé les formes: en entrant aux heures du service dans la Cathedrale l'on pourroit se [282] croire fort aisement dans une église catholique, les chanoines sont en surplis, les enfans de Chœur habillés Comme les notres, les Chants fort ressemblans, et empechant de distinguer qu'ils sont en anglais et non en latin; j'ai vu sortir le Doyen du Chœur, deux bédauts le précedoient ayant des batons noirs et argent a la main, et l'ont accompagné jusqu'au Doyenné. les enfans de ces Messieurs jouent à la verité dans le Cloitre, mais nos Chanoines n'ont ils pas les neveux de leurs freres et les enfans de leurs servantes!

L'Eveque de Durham jouissoit autrefois de droits presque souverains, henri VIII. en 1536, reduisit de beaucoup ses prérogatives.[3] celles qui lui restent font de son siege un des plus desirables de l'angleterre, comme il est un des plus riches. ses Chanoines sont aussi fort à leur aise[4] et comme ils ne sont astreints qu'a une très Courte résidence ils font comme les Chanoines allemands ils joignent par d'autres prébendes un revenu très considerable. aussi c'est a qui des Demoiselles du Canton, plaira et pourra se marier à un de ces réverends

1. Le terme *ward* se retrouve aussi dans le Cumberland et le Northumberland, entre l'Ecosse et le comté de Durham.

2. Le Petit Châtelet sur la rive gauche de la Seine fut détruit en 1782. Louis XVI prévoyait de faire disparaître les prisons et les portes fortifiées médiévales, y compris la Bastille. La porte vue par B. sera détruite en 1820.

3. Avant 1536, le comté de Durham était comté palatin, c'est-à-dire que le roi y déléguait ses pouvoirs temporels au comte; dans le cas du Durham, c'était l'évêque qui était comte avec le droit de battre monnaie, de lever des armées, etc.

4. Les douze chanoines prébendés de Durham étaient appelés alors *the golden canons*.

Docteurs, c'est le titre qu'ils ont. un des trois ponts dont j'ai fait mention a été bati aux frais du Chapitre[1] il est très beau et conduit à une promenade le long de la riviere [283] qui est aussi agréable que Champetre.

Le 26.

la route de durham à newcastle traverse quelques communes assez mauvaises, mais d'une petite étendue en raison des bonnes terres qui les avoisinent, on dit que la partie ouest de ce Comté, est montagneuse et stérile. ce que je viens de parcourir du sud au nord est certainement un pays abbondant et bien Cultivé, quoique tardif par son Climat; on y est en pleine moisson, et beaucoup de bleds sont encore sur pied.

le bassin au milieu du quel est la ville de newcastel, est aussi riant que fertile, ici les hayes n'empechent point de découvrir toute une belle Campagne et de nombreux villages. le seul terrein qui n'est pas Couvert de verdure est celui d'ou l'on tire cette immense quantité de Charbons qui nonobstant ce que newcastle et les environs consomment, occupe en exportation tant pour Londres et les cotes d'angleterre que vers l'etranger, trois mille six à neuf cents batimens de transport.[2] la riviere de tyne, près du Pont de newcastle porte des vaisseaux de trois à quatre Cent tonneaux et à trois miles plus loin vers l'embouchure de cette riviere dans la mer les [284] plus gros batimens du commerce peuvent jetter l'ancre. les forges et les verreries,[3] joint à la navigation, occupent une Population qui passe trente mille ames.

gateshead, quoique sur le territoire du C[té] de Durham, et ayant une administration differente de newcastle, est cependant regardé comme faisant partie de la ville et partageant les avantages de son commerce. ce faux bourg n'en est séparé que par la riviere, et la communication est établie tant par un beau pont de Pierre que par les batteaux qui passent continuellement d'une rive à l'autre, le quai sur la rive gauche est spacieux et assez bien bati, c'est la plus belle partie d'une ville[a] construite, anciennement sur une colline, et dont les rues sont inégales, étroites, et sales, celles du fauxbourg de gateshead, n'offrent pas plus

---

a. le faux bourg ou sont les rues de Northumberland et de Percy est un superbe quartier. il augmente journellement.

1. Ce pont* datait de 1778, ainsi que les promenades; les deux autres ponts* remontaient au douzième siècle.

2. On exploitait le charbon autour de Newcastle depuis le Moyen Age, et une véritable noria de bateaux distribuait ce charbon tout au long des côtes d'Angleterre, et plus particulièrement à Londres, où l'on appelait ce combustible du charbon de mer. Le transport du charbon formait d'excellents marins.

3. Les verreries consommant d'énormes quantités de charbon étaient établies à proximité des houillères.

de régularité; il faut enrayer[1] pour descendre sans danger par celle qui aboutit au Pont.

en 1772 le produit annuel, de la douane, des accises, de la taxe nommée, landtaxe, et celle sur les fenetres raportoit au gouvernement pour newcastle et gateshead 140 000 livres sterlings. ce fait difficile à croire paroit etre constaté par des régistres autentiques. quoiqu'il [285] en soit newcastle par l'exploitation de son charbon est une des villes de ce Royaume des plus importantes. après avoir recueilli ces renseignemens, et n'ayant rien à voir de nouveau pour moi dans les forges et les verreries je suis parti pour avancer ma route jusqu'a morpeth.[2] les quinze miles de Chemins entre cette petite ville et newcastle sont peut etre ce qu'il y a de plus varié et de plus joli à voir dans les Campagnes d'angleterre, des parcs en nombre près les uns des autres, ne sont separés que par de petits villages ou des hameaux bien batis ou des prairies soignées et des Champs cultivés à plaisir. on voyage beaucoup à cheval dans ce Pays ci et j'ai rencontré nombre de femmes en Croupe derriere leurs maris. près d'arriver à morpeth j'en ai vu une d'une figure agréable et bien mise qui avoit la main gauche appuyée avec grace sur l'epaule de son jeune époux, Celui ci sur un bon Cheval, bien sur, tenoit du bras droit un petit garcon d'environ deux ans et le frere ainé de six ans au plus, frais, couleur de rose et riant etoit à coté du Papa et de la maman sur un cheval proportioné à sa taille.[3]

[286] je n'ai point encore parlé du soin que les Possesseurs de beaux Parcs mettent à donner à ces Parcs un air de grandeur. ordinairement une lisiere de bosquets etroits mais étendus renferme une grande partie de la terre affermée; du Chemin on ne voit que cette lisiere, et l'œil est encore mieux trompé par des pavillons accouplés entre lesquels sont des portes ou des grilles d'entrée qui se trouvent souvent a plus d'un quart de lieue du Chateau et séparée par des Champs ou des Prés. on a de ces belles entrées en deux ou trois Cotés de sa terre.[4]

morpeth est une jolie petite ville sur la riviere de Wansbeck qui ne sert qu'a laver les jambes des demoiselles de la ville. elles sortoient de l'eglise au moment ou je suis arrivé, et plusieurs m'ont paru d'une figure agréable. sept siecles ont sans doute suffi pour adoucir le Caractere du beau sexe de morpeth car on

1. *Enrayer*: freiner.
2. De toute façon, en ce dimanche, les visites n'auraient guère été possibles. A ce propos, remarquons que B. ne mentionne pas d'office catholique bien qu'il y ait eu alors deux chapelles catholiques à Newcastle.
3. B. est sans doute ému par le bonheur tout simple de ce jeune couple accompagné d'enfants qui lui rappellent ses deux fils.
4. C'était l'un des principes de Capability Brown: enfermer le maximum de terres dans une enceinte ou ceinture de bois, qui avait une double fonction, tromper le voyageur et isoler le domaine de la campagne environnante.

prétend que les femmes de concert avec les hommes incendierent leur ville en 1225. par un excés de haine pour le Roi jean afin qu'il n'y trouva pas d'asile dans la marche qu'il fit de Douvres à Berwick lorsqu'il commandoit une armée de mercenaires, contre ses barons, qu'il vouloit [287] faire annuller la grande chartre.[1]

Le 27. à Berwick derniere ville d'angleterre aux confins de l'Ecosse

parti de bonne heure de morpeth je suis arrivé à dix heures du matin à alnwick, lieu celebre dans l'histoire d'Ecosse parce que le Roi guillaume y fut pris par henri II. et que le prix de sa rançon fut non seulement exhorbitant par les cessions que le monarque anglois exigea mais encore parce que ce fut de cette époque que les prétensions de suseraineté de la couronne d'angleterre sur celle d'Ecosse s'appuyerent de l'engagement que guillaume fut forcé de prendre pour etre remis en liberté de faire homage pour tout son Royaume aux Rois de l'angleterre.[2] Richard successeur d'henri eut la génerosité de renoncer à cet homage,[a] mais les Princes qui regnerent après lui furent moins délicats et s'appuyerent souvent de ce titre pour attaquer l'Ecosse. d'autres évenemens comme la Conclusion d'une treve entre l'angleterre et l'Ecosse negociée en 1471. rendirent cette ville fameuse. elle l'est encore aujourd'hui, dans la province de northumberland par le Chateau qu'y a le Duc qui porte le nom de ce Comté. la Porte principale est en face d'une assez belle rue et ressemble a une vielle Porte, d'une de ces anciennes cités baties du [288] tems des gaulois. la premiere cour est enfermée de hautes murailles sans aucune ouverture sur la ville ou sur la campagne. un portier fort stilé à recevoir les générosités des curieux vous conduit a une écurie ou le ratelier de chaque cheval est fait en hote de fer et sert de devant à une niche ornée comme les stalles des chanoines dans les chœurs des églises gothiques. de l'ecurie on va au chateau et le portier vous remet dans les mains d'une autre quémandeuse, qui vous montre, un

a. Robertson fait honneur à Richard d'une prétendue génerosité qui couta à l'Ecosse 10 000 marcs d'argent. Richard dans son enthousiasme pour les croisades fit argent de tout et rendit au Royaume d'Ecosse une indépendance qu'elle reperdit sous ses successeurs.

1. En 1215; de fait, Jean-sans-Terre dut à plusieurs reprises châtier et tenter de soumettre les barons du nord.
2. En 1174, le roi Guillaume fut pris près d'Alnwick, le jour même où Henri II faisait pénitence à Cantorbéry. Voir II.262; p.317. Du douzième siècle à l'union des deux couronnes, les rois d'Angleterre tentèrent fréquemment d'imposer leur autorité ou leur suzeraineté sur l'Ecosse. De leur côté, les Ecossais multiplièrent les campagnes contre les Anglais, parfois avec le soutien des barons du nord révoltés contre leur roi. Les marches du nord furent donc le théâtre d'innombrables batailles, sièges et massacres, et Alnwick vit passer et repasser souverains victorieux ou en fuite, armées menaçantes ou troupes en déroute.

escalier assez singulier et une suite de pieces baties nouvellement et ou l'on a maladroitement cherché a imiter, la maniere qu'on avoit de se loger il y a cinq cents ans.[1] une chapelle de ce moderne gothique est dorée avec plus de dépense que de gout, elle est ornée d'un monument de marbre Blanc elevé en l'honneur de la mere de M. le Duc de northumberland. dans ce petit temple consacré, à la priere, à l'oubli de soi meme pour ne penser qu'à l'etre supreme, on voit en lettres d'or et en nombreux écussons deux généalogies de M. et de M[de] la Duchesse de northumberland. celle de Monsieur malgré tout l'etalage qui y regne ne peut faire remonter au dela de l'année 1766. son Elévation au titre de Duc.[2] il paroit que son intention [289] dans tout ce qu'il a fait a alnwick est de se persuader ainsi qu'aux autres, qu'avec de grosses tours, des machicoulis, quelques canons et une légion de vilaines petites figures qui sont sur les Crenaux et les Combles, un seigneur se reporte au tems ou les grands vassaux étoient autant de souverains et de déspotes.[3] ce ridicule est moins pardonnable en angleterre que partout ailleurs, parce que ainsi que je l'ai déja dit nulle part les droits de seigneurie ne sont aussi restraints. on Comprend qu'on habite tel qu'on l'a trouvé, le triste et sombre chateau qui vient de ses Peres; mais qu'à plaisir on se Construise une bastille et l'on releve de vieux murs qui vous bornent de partout, c'est ce qu'il est difficile de Concevoir.[4] il ne m'a pas été plus facile de partager l'admiration que j'ai trouvé dans bien des personnes pour ce monstrueux édifice.[5]

1. Il s'agissait d'un décor néogothique, réalisé par Robert Adam, qui avait conçu tout un ensemble, très riche, très élégant et très fantaisiste. Malheureusement, presque tout cela sera détruit un siècle plus tard; nous ne connaissons l'œuvre d'Adam que d'après ses dessins. Voir Terence Davies, *The Gothic taste* (London 1974).

2. L'antique famille des Percy possédait Alnwick et d'immenses domaines à l'entour depuis 1309. Les Percy combattaient tantôt les Ecossais, tantôt leur souverain. Ils devinrent cependant comtes de Northumberland au quinzième siècle. A la mort du 11e comte en 1670, sans descendance mâle, le titre s'éteignit. Toutefois, l'arrière-petite-fille de celui-ci et son unique descendante, épousa en 1740 Sir Hugh Smithson (1715-1786), 4e baronet Smithson, qui fut fait comte de Northumberland en 1750, chevalier de la Jarretière en 1757 et enfin duc en 1766. La duchesse mourut en 1776.

3. C'est en fait surtout la duchesse qui exigea du gothique partout et voulut faire croire à une restauration de l'antique puissance des Percy. Le duc, membre de la Society of Arts et de la Royal Society, était un homme éclairé et cultivé, qui sut admirablement mettre en valeur les biens et la fortune de son épouse.

4. Le château remontait au douzième siècle, il subsistait encore beaucoup de constructions des quatorzième et quinzième siècles. La restauration, ou reconstitution, dura de 1755 à 1766 et les travaux se poursuivirent jusqu'à la mort du duc. Par ailleurs, à partir de 1760, Brown transforma en un gigantesque parc paysager les terres avoisinantes.

5. Tous les visiteurs, d'Arthur Young à Horace Walpole, tous les guides, se déclaraient émerveillés. A titre d'exemple, citons le texte qui accompagne la planche LVII du recueil de W. Watts, *The seats of the nobility and gentry* (1779-1786): 'the owner with great taste and judgment restored and embellished it as much as possible, in the stile it had originally been; so that it may truly be considered as one of the noblest and most magnificent Models of a great baronial Castle.'

depuis alnwick jusqu'a Berwick le pays est moins bien Cultivé que dans la partie sud du Comté de northumberland. cependant, de distances à autres on rencontre de jolies parties et de charmantes positions telle que celle du bourg de Belford et du Chateau qui y tient sur la droite de belfort. mais un peu plus loin on découvre l'isle sainte (holy island) autre fois un siege Episcopal et le berceau [290] de celui de durham.[1] cette isle a entre elle et la terre d'autres petites isles qui forment un charmant Coup d'œil; l'ocean vu du haut de la montagne d'ou l'on descend à Berwick, se présente au dela de ces isles dans toute son immensité.

la situation de Berwick sur les bords de la tweed est un diminutif de celle de newcastle. la twed [Tweed] ne sépare l'angleterre de l'Ecosse qu'environ à trois miles de Berwick. le territoire de cette ville forme au dela de cette riviere un triangle a peu près égale pris sur le terrein qui naturellement devroit faire partie de l'Ecosse. ce territoire fut donné avec la ville, le Chateau et leurs dependances par Edouard Bailleul Roi d'Ecosse à Edouard III. Roi d'angleterre. quoique Berwick ait été souvent prise et reprise par les armes des deux nations à chaque paix elle est restée sous la souveraineté de l'angleterre.[2]

elle est bien batie et son hotel de ville à un Clocher qui se voit de très loin. on jugera de son étendue en sachant que quatre petits bastions et quatre courtines dont l'une rejoint une batterie basse sur la riviere, forme son enceinte, enceinte mal entretenue et mal dirigée dans ses points de défense: chaque bastion est surmonté d'un cavalier en terre,[3] dont deux sont [291] dominés presque à la portée du fusil. je me suis promené tout à mon aise sur le rempart, un seul invalide etoit assis dans une guérite et ne s'est pas donné la peine de se lever pour voir ou j'allois.[4]

la Peche du saumon est un objet de Commerce assez important pour cette ville; elle envoye aussi en grande quantité de la laine d'une qualité estimée.

avant de sortir des limites de l'angleterre vers l'écosse il faut que je rectifie ce que j'ai dit page 226. sur l'exigeance des maitres de Poste. je ne l'ai éprouvée qu'a Liverpool et à prescot. depuis ce dernier endroit j'ai été servi avec autant de ponctualité, que de modération dans les prix. je ne paye pas pour un repas

---

1. Lindisfarne, appelée aussi Holy Island, avait effectivement eu au septième siècle un évêque, St Cuthbert, et, jusqu'aux premiers raids danois, elle avait été un des hauts lieux du christianisme.
2. En 1333, mais en conservant un statut très spécial, ne faisant juridiquement pas partie du royaume d'Angleterre. Le comté de Berwick resta territoire écossais.
3. C'est-à-dire une plate-forme qui peut recevoir de l'artillerie pour mieux commander la campagne et les glacis; d'où l'expression 'vue cavalière'.
4. B. réagit en officier d'un pays qui croyait en la nécessité de villes fortifiées, de citadelles, de forts, et de nombreuses sentinelles pour écarter les intrus. Plus tard, il écrira: 'Les anglois qui n'ont pas une seule bonne forteresse sont surpris de la quantité de celles dont les frontieres de France sont hérissées' (*Journal*, 11 juin 1785).

et quatre Chambres que j'occupe chaque nuit la moitié de ce qu'on me demanderoit en france. et partout j'ai été logé à merveille, les chaises les Chevaux de Postes ne laissent de meme, rien à désirer, et je suis encore à Comprendre comment avec de gros impots à payer, cinq, six bonnes auberges se trouvent dans un village, et Chaque auberge a ses relais et ses équipages dont je le repete ce qu'il en faut payer n'équivaut [292] pas l'agrément et les facilités qu'on en retire. ce Pays est en reputation pour la fabrication du beau linge, aussi la nuit derniere avois-je à morpeth des draps d'une finesse surprenante. la seule Chose que les cabarets anglois ont de Commun avec ceux de france c'est que leurs vitres sont de meme ornées des belles productions en vers et en prose que des voyageurs oisifs se sont plu a y accumler. le nom de molly[1] est surement Celui de beaucoup de jolies angloises car je le trouve célébré presque partout. au lieu des servantes dégoutantes qui sont dans nos auberges on a dans ce Pays des filles proprement vetues qui n'ont que le soin de l'arrangement de la Chambre; des domestiques intelligens et polis servent à table et repondent ordinairement fort bien aux questions qu'on leur fait sur ce qui se trouve dans leur ville. enfin ces petits réduits si malpropres en france et qui s'annoncent de si loin par une odeur qui souvent infecte toute la maison, sont dans les auberges angloises d'une neteté exterieure et d'une recherche fort agréable,[2] j'ai vu aujourd'hui un de ces Cabinets bati en rotonde gothique, trois sieges gothiques interieurement annonceoient qu'on se trouve la parfois en Compagnie. cet édifice, entouré d'un joli bosquet est une dépendance, d'un cabaret placé dans un petit village.

fin du XVIIeme volume

[Cahier XVIII]

Septembre 1784

[1]

Septembre Le 28 à Edimbourg en Ecosse

il n'est au monde que ma femme que je puisse voir tous les jours avec mes deux Enfans sans que jamais près de ce groupe l'ennui ait osé m'atteindre. il n'y a que cette douce, cette aimable cette vertueuse Compagne qui ait semé sur tous les instans de ma vie un égal bonheur et un Charme toujours nouveau. tout autre objet vu trop longtems quelque agrément qu'il offre perd par

---

1. Molly, diminutif de Mary, souvent attribué aux servantes, et pratiquement terme générique pour les demoiselles légères ou de petite vertu, comme Catau ou Catin en France.
2. Les Anglais connaissaient depuis longtemps ce que les Français découvraient sous le nom de *lieux à l'anglaise*, avec chasse d'eau et siphon.

l'habitude une partie de son mérite. un bon concert ne doit pas etre long, un spectacle cesse d'amuser s'il dure plus qu'il ne faut, varieté est le besoin géneral, et je commencois à me fatiguer de ne voir toujours que les terres assez semblables de l'angleterre. il me tardoit de m'aprocher des montagnes de l'Ecosse: en entrant dans ce Royaume ma Curiosité n'a pas eu de quoi se satisfaire, un sol assez sterile de grandes landes des montagnes pelées m'ont paru plus maussades encore par l'obscurité du jour et une pluie qui n'a cessé que vers deux heures après midi.

deux heures avant j'avois Changé de Chevaux à Dunbar petite, très petite ville, la premiere qu'on voye depuis Berwick mais que divers évenemens ont rendu Celebre dans l'histoire d'Ecosse notamment deux batailles données sur son territoire également funestes aux armes [2] Ecossoises, l'une en 1296. lorsque les comtes de Surry et de Warwick generaux d'Edouard 1er defirent l'armée de Bailleul prirent le Chateau de Dunbar et livrerent les prisonniers entre les mains du Roi d'angleterre qui les fit tous périr.

l'autre en 1650. ou l'aveuglement des ministres de la réforme fut poussé au point de leur faire croire que Dieu leur avoit revelé que l'armée Ecossoise devoit remporter une victoire Complette sur celle que commandoit olivier Cromwel. tandis que cet habile homme jugeant mieux de sa position crioit à ses soldats que Dieu lui livroit les Ecossois. éffectivement jamais bataille ne fut plus Complettement gagnée; quoique les Ecossois eussent le double de troupes que les anglois trois mille des leurs furent tués 9000 pris prisoniers et Cromwel s'empara de Leith et d'Edimbourg.[1]

Dumbar n'a qu'une seule rue passablement batie, celles qui conduisent au port sont misérables; le port quoique d'une entrée dificile, est bien garanti par un mole soigneusement fait, il peut renfermer une vingtaine de petits batimens qui naviguent principalement vers les Cotes de greenland et exportent une assez grande quantité de grains.[2]

la route de Dunbar à haddington traverse des campagne mieux cultivées que celle du Comté de Berwick. haddington la Capitale du Comté de meme [3] nom, n'a d'interessant pour un voyageur francois que de lui rapeller que six mille hommes de sa nation prirent sur les anglois en 1548 cette ville et la fortifierent pour la garnir en qualité d'auxiliaires des Ecossois.[3]

1. Après s'être alliés à Cromwell et lui avoir livré Charles Ier, les Ecossais voulurent soutenir la cause de Charles II. La défaite de Dunbar, puis celle de Worcester, livrèrent l'Ecosse à Cromwell qui lui imposa l'union au Commonwealth d'Angleterre et d'Irlande.

2. Il serait surprenant qu'il s'agisse effectivement de Groenland. B. a sans doute mal entendu. Dunbar commerçait surtout avec la Finlande et les pays de la Baltique.

3. Après la mort de Jacques V en 1542, sa veuve, Marie de Guise, tenta de maintenir l'indépendance du royaume menacé par Henry VIII. Elle fit appel à la France qui envoya des troupes; celles-ci dégagèrent Edimbourg et libérèrent Haddington en 1548; un traité y fut signé prévoyant le départ

la route cependant ne devient reellement agréable qu'après avoir passé le bourg de tranent le golphe de forth se ressere l'autre partie du comté de fife qu'on decouvre des isles des promontoirs une campagne habitée et qui se ressent de l'aproche d'une grande ville, tout cet ensemble occupe d'une maniere Charmante le voyageur jusqu'a Edimbourg. Cinq mille avant d'arriver à cette Capitale on passe par une petite ville située sur le bord du golphe et embellie par la riviere d'esk qui se passe à gué en été et meme à présent mais sur laquelle un fort beau pont est bati. musselburgh, c'est le nom de Cette ville est éclairée en hiver par des lanternes placées de distance en distance sur des pieux de neuf a dix pieds d'elevation.

je suis arrivé à Cinq heures du soir à Edimbourg ce que j'ai vu de la ville et de sa situation me plait infiniment.[1] je suis logé dans la nouvelle ville, allignée et batie dans le genre des rues de nanci ou ne sont point d'hotels. plus d'Elevation dans les maisons d'Edimbourg que dans celles de Londres et leur batisse en pierre de taille joint à un [4] meilleur gout d'architecture raprochent les batimens de cette ville de l'aspect de ceux que nous avons en france. ce qui nous manque c'est la largeur des rues et la Commodité des trotoirs ceux de la nouvelle ville ici sont vraiment superbe.[2] les fenetres de mon auberge donnent d'un Coté sur la Place de St. andré beau et vaste quarré orné dans son milieu d'une pelouse bien verte. une autre fenetre de ma Chambre me fait decouvrir une partie de la vielle ville et de la montagne sur laquelle elle est placée. à l'aproche de la nuit je jouis d'un autre spectacle fort agréable celui des deux rangées de lanternes qui bordent les trotoirs et la file qui suit les quarrés de la Place. Le Pont qui joint la ville neuve à l'ancienne est éclairé de meme, ce Pont est très beau et d'une élevation prodigieuse quatre voitures peuvent aisement passer de front entre ses deux trotoirs et ce qui le rend plus singulier c'est qu'il s'eleve au dessus de marais bien cultivés et d'un quartier de la ville dont les toits sont fort en dessous du niveau de ses arches.

pour la France de la jeune Marie Stuart, promise au Dauphin. Les troupes françaises restèrent jusqu'en 1560.

1. Edimbourg était alors, avec plus de 80 000 habitants pour la cité, les faubourgs et Leith, la ville la plus peuplée d'Ecosse, mais elle n'en était la capitale que depuis Charles Ier qui y avait créé un évêché et établi le parlement.

2. Depuis longtemps la vieille ville d'Edimbourg étouffait sur son rocher, entre ses remparts. En 1767, il fut décidé de bâtir une ville nouvelle résidentielle, à trame orthogonale, sur les plans du jeune architecte J. Craig. Les rues, bordées de maisons uniformes à deux étages, avaient bien sûr trottoirs et chaussée pavés, et la rue principale était large de 35 m. avec une grande place à chaque extrémité. La ville nouvelle ne fut guère achevée avant la fin du siècle. Le pont du nord fut construit de 1765 à 1772.

Le 29.

mes Courses ont Commencé par aller voir le Chateau d'Edimbourg une des plus celebres forteresse de l'Ecosse. l'art n'a pas sufisemment profité de [5] tout ce que la nature lui a offert pour en assurer la défense. c'est cependant, tel qu'il est, la meilleure place d'armes que j'aye vu dans la grande Bretagne, il domine d'un Coté les deux villes et la mer de l'autre une Campagne Charmante par la varieté qu'y mettent des montagnes singulierement pittoresques; la principale rue de la vielle ville d'Edimbourg aboutit vers le nord à l'esplanade du Chateau, et vers le sud à l'ancien Palais et dans sa longueur a plus d'un mile qui fait huit cent vingt cinq toises de france. c'est dans cette meme rue qu'on voit des maisons de douze étages et qui par la largeur de la rue ne l'obscurcissent pas; cette belle rue est la seule bien batie de la vielle ville et Communique de droite et de gauche à d'autres rues paralleles par des ruelles ou il est impossible d'avoir jamais un jour sufisant et un air pur.[1] l'élévation des maisons tient à ce que dans les tems de trouble Chacun s'aprochoit le plus qu'il lui étoit possible du Chateau pour etre sous sa protection, et on se logeoit en hauteur plutot que de s'étendre en surface. ici plus encore qu'à Paris les maisons renferment un nombre étonant de differentes familles. la meme maison a divers proprietaires avec un escalier Commun. cet entassement, la difficulté de faire arriver l'eau necessaire à la propreté a un septieme huitieme douzieme étage, a [6] merité aux habitans d'Edimbourg les reproches Consignés dans differens ouvrages sur la saleté de leur ville. depuis quelques années une meilleure police a fort contribué a diminuer une partie de cet inconvenient, mais il est encore vrai que le passant dans les rues etroites a dix heures du soir, n'est pas plus en sureté qu'a Marseille et qu'on jette par les fenetres une grande partie des ordures qui ailleurs vont se perdre dans des Cavaux.[2]

revenons au Chateau. il est toujours gardé par une garnison qui pourroit etre de mille a douze cents hommes et qui en ce moment Consiste en un regiment d'Infanterie qui détruit en grande partie dans les iles de l'amerique n'avoit en arrivant à Edimbourg que soixante hommes pour garder ses drapaux et qui depuis s'est recruté jusqu'au nombre de Cent cinquante. les régimens d'infanterie ont été Considerablement diminués à la paix et ne sont pas Composés de beaucoup plus que de quatre cents hommes mais ces échantillons de régiments sont beaux et bien tenus au moins ceux que j'ai vus. nombre de ces soldats sont

1. Cette voie est appelée traditionnellement 'The Royal Mile'. Elle était considérée à l'époque comme la rue la plus longue, la plus large et la plus belle du Royaume Uni. B. n'exagère pas en affirmant qu'il y avait des maisons de douze étages.

2. Les ordures, dont on devine la nature nauséabonde, étaient jetées par les fenêtres au cri de 'gardyloo', dérivé du français 'gare à l'eau'. L'air empesté d'Edimbourg épouvantait les visiteurs.

[7] engagés à vie, et leurs officiers en genéral ne jouissent pas des memes égards qu'on a en france pour les notres.

un de ces officiers qui étoit de garde m'a envoyé ouvrir la Chambre ou la Reine marie, cette Charmante Princesse fut forcée de se confiner pour accoucher en sureté de son fils jacques VI. malheureusement ce ne fut pas la seule indignité qu'elle eut a éprouver. quelques ayent été ses torts, on lit toujours avec peine, et avec humeur Contre Elizabeth le détail des differentes prisons ou cette Princesse fit garder marie jusqu'au moment ou elle la dévoua à la mort, autant par jalousie que par politique.[1]

en descendant du Chateau j'ai vu le superbe hopital que fit batir et que fonda georges herriot jouallier de jaques VI. Lorsque ce Roi d'Ecosse joignit à cette Couronne celle d'angleterre herriot suivit son maitre à Londres et y fit une si énorme fortune, qu'en éxpiation de ce qui pouvoit n'avoir pas été de légitime gain, il institua cet hopital destiné à recevoir les pauvres enfans des marchands et commercans d'Edimbourg. ils sont sufisemment bien entretenus et l'on dit qu'ils y recoivent une bonne éducation.[2]

[8] cet hopital n'est pas la seule fondation d'Edimbourg ou l'humanité souffrante trouve de l'assistance parmi ces établissemens le plus distingué est celui qu'on nomme l'infirmerie Royale.

La ville s'etend considerablement vers le couchant et la place St georges est à l'extremité de l'angle dont la rue principale forme un des cotés. près de cette place est une promenade publique à peu près dans le genre du Parc de St. james et que je lui préfererois.

de retour de cette premiere incursion j'ai apris que l'on se proposoit de lancer un ballon, et la Curiosité du Peuple marquoit assez par la foule que j'ai suivie le chemin que je devois suivre pour augmenter le nombre des badauts d'Edimbourg. entre le mont arthur et la nouvelle ville il est une colline[a] sur

a. calstown hill

1. La vie de l'infortunée Marie Stuart avait ému toute l'Europe catholique depuis la fin du seizième siècle. Dès 1600, Antoine de Montchrétien avait écrit une tragédie *L'Ecossoise ou Marie Stuart*, le premier de nombreux drames sur le sujet dans toutes les langues d'Europe. En 1742 Fréron et l'abbé de Marsy publièrent une *Histoire de Marie Stuart*. Les Français purent aussi lire dès 1760 *L'Histoire de la Maison de Stuart*, traduction de l'ouvrage de David Hume, et en 1764 la traduction de *History of Scotland during the reigns of Mary and James VI*, (1759) de William Robertson, dont deux autres traductions en 1772 et 1775 prouvent l'intérêt des Français pour Marie Stuart. B. a lu Robertson. Voir II.21; p.178. Par ailleurs, il avait acquis *An Inquiry historical and critical into the evidence against Mary Queen of Scots* (Edinburgh 1772), 3e édition d'un ouvrage paru en 1760, et qui étudiait les thèses de Robertson et de Hume à la lumière de documents inédits, et qui fut lui aussi traduit en français en 1772.

2. 'L'Hôpital' construit de 1628 à 1659 avec l'argent légué par George Heriot (1563-1624) est en fait un collège qui en 1784 avait une centaine d'élèves et jouissait d'une excellente réputation. L'établissement fonctionne encore dans les bâtiments du dix-septième siècle. Par contre, la Royal

laquelle est batie un observatoire. c'est de la que jouissant d'une vue qui presque pourroit le disputer en beauté a celle du golphe de naples, j'ai attendu en nombreuse compagnie le moment de l'elévation du ballon; un chimiste de la ville devoit monter dedans pour la premiere fois mais son mat s'est rompu a blessé un homme a tué un Enfant, et ces deux malheurs joints à, je crois, de la maladresse ont fait renoncer le Chimiste, a conduire au moins pour aujourd'hui son éxperience à bien.[1] tandis que j'etois sur cette colline, Milord [9] morton y est venu et je l'ai trouvé aussi honete en Ecosse qu'en angleterre et dans ses voyages. il m'a présenté à ce qu'il y avait de bonne Compagnie dans cette foule, et je le rejoindrai après demain chez lui.

j'ai passé le reste de ma journée chez M. Adam Schmith,[2] scavant de ce Pays et Commissionaire de la douane place Considerable et considérée. il m'a donné à diner avec le fils du Docteur Robertson qui paroit n'avoir pas moins d'esprit que son Pere.

Le 30.

à en juger par le voisinage d'une grande ville, et par l'avantage de sa position, je croyois le Port de Leith tout autrement important qu'il ne l'est. j'ai été le voir ce matin. la marée etoit basse et il n'y avoit dans le port que le peu d'eau qui vient de la petite riviere de Leith. dans les plus fortes marées il est impossible d'y recevoir des batimens plus forts que de trois cents tonneaux, je n'en ai pas vu de cette grandeur parmi une Cinquantaine de navires; en avant du Port l'encrage est dit on assez sur pour de plus gros vaisseaux et dans ce moment il y a deux frégattes de la marine Royale qui y mouillent; mais dans les gros tems, il faut que ces batimens remontent plus haut vers quensferry pour eviter la dérive et dans cette partie plus à l'abri du [10] vent on a à y Craindre un grand

Infirmary, fondée en 1729, installée en 1738, est bien un hôpital, comportant alors 228 lits.
    1. Après les premières démonstrations de Montgolfier à Paris en septembre 1783, les ascensions se multiplièrent un peu partout. Le *Gentleman's magazine* signala en septembre 1784: 'Mr Tytler, of Edinburgh, having perfected an air balloon, on the 27th of August last made a successful attempt to navigate the air. The balloon being filled at Comely Gardens, he seated himself in his basket, and the ropes being cut, he ascended very high [...]. He claims the honour to be the first person who has navigated the air in Great Britain.' B. assiste donc à une seconde tentative d'ascension. La colline est Calton Hill, haute d'une centaine de mètres, et l'observatoire y fut construit à partir de 1776; par la suite on y élèvera divers monuments, dans le style grec. Le Mont d'Arthur, ou Trône d'Arthur, culmine à près de 300 m.
    2. Adam Smith (1723-1790) est très représentatif des Lumières d'Ecosse; il avait enseigné à Edimbourg et à Glasgow, avant d'accepter d'accompagner en France le duc de Buccleuch, puis de se consacrer à la rédaction de son *Inquiry into the nature and causes of the wealth of nations*. Cet ouvrage, publié en 1776, séduisit les politiciens Whigs et valut à son auteur une riche sinécure. Il ne semble pas que B. connaisse l'œuvre de Smith, qui avait pourtant eu deux éditions en français en 1778-79 et 1781 et qui, prenant le relais des théories des Physiocrates français, prônait la liberté d'entreprise et la fin du protectionisme. Pour Robertson, voir II.66; p.204.

nombre de rochers qui ne se font pas voir au niveau de l'eau la plus basse.

la ville de leith est assez mal batie, le principal commerce du Port est en planches et en Chanvre qui viennent de norvege et de la baltique.[1]

j'ai été diner à six milles D'Edimbourg chez le Duc de Buccleugh dont le Chateau joint la petite ville de Dalkeith dont il est seigneur. Le Duc de Buccleugh est Pair d'Ecosse et d'angleterre, de plus possesseur d'une des grandes fortunes de ce Pays.[2] c'est l'arriere petit fils du Duc de montmouth fils naturel de Charles II. on voit dans le Chateau une Chambre entierement meublée par ce Prince à l'occasion du marriage du Duc de Montmouth avec l'heritiere de la maison de Buccleugh. Le Chateau de Dalkeith est noblement bati et meublé; les jardins qui l'environnent sont simples, mais agréables; ils sont traversés par deux bras de la riviere d'esk. enfin l'ensemble de cette Campagne est digne de l'habitation d'un grand seigneur. le Duc de Buccleugh en a les manieres et la représentation. sa table est bien servie, ses gens sont en nombre, et sa politesse ne laisse rien à desirer. La Duchesse de Buccleugh, n'est pas moins honete que son mari.

[11] j'ai trouvé chez eux M. Fraser ci devant Comissaire anglois à Dunkerque et qui dans l'exercice d'une commission odieuse a scu, ce qui etoit très difficile concilier son devoir, avec des égards, une douceur une droiture qui lui ont merité l'estime et l'affection de tous les francois; depuis que nous nous sommes affranchis de cette humiliante sujettion,[3] M. Fraser est employé par sa Cour en qualité d'ingenieur en Chef a Edimbourg: ses fonctions en cette nouvelle destination se réduisent à peu de Choses, mais il est Ecossois, et aussi consideré dans sa patrie qu'il l'etoit en france, ce qui lui procure accueil et agrémens partout.

Le 1ᵉʳ octobre à pitferren en fifeshire

des le grand matin je suis parti d'Edimbourgh pour me rendre à dalmahoy une des terres de Milord morton, ou il a un beau Chateau dans une situation

---

1. En fait Leith était un port au trafic beaucoup plus important et diversifié que ne le croyait B.

2. Henry Scott (1746-1812), depuis 1751 chef du clan Scott et 3e duc de Buccleuch, allié par sa mère au duc d'Argyll, épousa en 1767 la richissime Elizabeth Montagu. Il avait eu Adam Smith comme compagnon du 'Grand Tour' et celui-ci avait ses entrées à Dalkeith. Protecteur des arts, des lettres et des sciences, il fut le premier président de la Royal Society of Edinburgh, fondée en 1783. Il soutenait le gouvernement de Pitt mais ne cherchait pas à jouer un rôle politique. Le château de Dalkeith* datait pour l'essentiel du début du siècle, avec un tour médiévale.

3. On sait que le Traité d'Utrecht en 1713 avait imposé à la France le démantèlement des remparts et la destruction des bassins et digues de Dunkerque. Un commissaire britannique veillait depuis lors sur place au respect de ces mesures, qui avaient bien sûr ruiné Dunkerque. Dès la rupture avec l'Angleterre en 1778, Louis XVI avait fait expulser le commissaire Andrew Frazer (1720-1792), officier du Génie, qui s'y trouvait depuis 1763. Louis XVI veilla ensuite à ce que le Traité de Versailles

agréable et au milieu d'un Parc dont il seroit très aisé d'augmenter les beautés. après un bon déjeuné nous nous sommes mis en route pour aller à Cheval, nos gens nous suivant en voiture gagner quenferry ou nous nous sommes embarqués pour traverser le firth de forth. ce mot firth n'est traduit [12] ni en anglois, ni en francois. c'est un terme Ecossois qui rend plus particulierement l'idée du large canal que forme une riviere lorsqu'a son embouchure elle devient un bras de mer.[1] L'Ecosse étant beaucoup plus longue que large produit dans ses montagnes une infinité de sources qui Comme torrents ou en rivieres vont bientot se jetter soit dans la mer d'irlande ou dans celle du nord. les terres decoupées considerablement laissent de grands passages à ces eaux et c'est ce qu'on nomme jusqu'a la pleine mer des firths expression dont je me servirai lorsque je serai dans le Cas d'en parler désormais Comme étant plus précise que détroit qu'embouchure, que canal et que golphe. les principaux firths d'Ecosse sont ceux de solway, de forth, de Clyde, de tay, de murray, de cromarty et de Dornoch.

depuis bien des années on avoit entrepris de joindre par un canal les firths de forth et de Clyde mais le manque de fonds avoit arreté l'entiere éxécution, d'un ouvrage qui certainement sera fort utile. le Parlement d'angleterre ou pour mieux le nommer celui de la grande Bretagne vient de preter Cinq cent mille livres sterlings [13] à la Compagnie chargée de l'entreprise et l'on se flatte que cet argent suffira pour la mener entierement à bien.[2]

notre traversée du firth de forth a été très agréable. Milord a associé à la tournée que nous nous proposons de faire,[3] un jeune anglois M. de Swinburn, fils d'un bon gentilhomme du Comté de northumberland, et neveu par sa mere d'Edouard Dillon mon ami.[4] ce jeune homme bien élevé a déja beaucoup voyagé parle bien plusieurs langues et paroit digne de l'amitié qu'a pour lui Milord morton qui pour son Compte est, comme je l'ai déja dit page 85. du tome précedent un des seigneurs de ce Pays qui s'annonce avec le plus de distinction. n'ayant que vingt trois ans, il vient dans la derniere Election d'etre nommé un

en 1783 comporte l'abrogation des mesures touchant Dunkerque. Voir II.71; p.207.

1. On remarquera le souci d'exactitude de B. voulant définir avec précision un trait géographique propre à l'Ecosse avant d'utiliser le terme employé dans les pays.

2. Voir II.62; p.202.

3. Nous aimerions bien savoir si le voyage de Lord Morton était préparé de longue date et si B. est arrivé à point pour se joindre à Lord Morton, ou si celui-ci a attendu l'arrivée de B. Le voyage fut-il au contraire improvisé après que B., rencontré à Edimbourg, ait fait part de son projet de découvrir les Hautes Terres?

4. De Louis XIV à Louis XVI, de nombreux membres de la famille irlandaise, catholique et jacobite de Dillon vinrent servir en France. Edouard Dillon (1750-1839), appelé 'le beau Dillon' pour le distinguer de ses nombreux cousins de la cour de France, servit comme page de Louis XV, puis dans la maison du duc d'Artois. Il fréquenta beaucoup la société de Trianon, mais fit aussi campagne en Amérique et remplit plusieurs missions à l'étranger.

des seize Pairs d'Ecosse, qui représentent leur Corps dans la Chambre haute du Parlement de la grande Bretagne.[1]

dans notre trajet de quensferry à nord ferry nous avons passé près d'une isle nommée inchgarvey ou en tems de guerre il y a un poste pour la défense du firth. cette isle est groupée à merveille.[2] le Pays de Dalmahoy à quensferry ressemble beaucoup à la brie du Coté de Provins. celui de nord ferry à pittferren sur les cotes du [14] comté de fife n'est point mal Cultivé et se défriche de plus en plus Chaque jour. nous avons laissé sur la droite la petite ville de Dumferlin [Dunfermline], située sur la petite riviere d'Eden, et ou sont diverses manufactures de linge ouvré. plusieurs Rois D'Ecosse ont fait leur principale résidence à Dumfermlin. on y voit les ruines d'un Chateau bati par malcolm et d'un monastere que fonda David Ier. plus recemment le Roi Jacques VI. habita cette ville.[3]

pittferren à quelques miles plus loin est une bonne et commode habitation qui appartient au Ch[er] halket.[4] miladi halket sa femme est sœur de miladi Morton et mere de quatorze Enfans tous vivans dont nous en avons vu onze. cette famille, le Chateau et l'hospitalité que nous y avons trouvé rapellent parfaitement les mœurs de l'ancienne Chevalerie, à l'exception que le maitre de la maison scait lire, et possede dans sa bibliotheque des livres et surtout deux manuscripts prétieux sur les raports qui ont éxisté depuis Charlemagne entre la france et l'Ecosse.[5]

une partie du revenu de sire jean halket consiste dans le charbon qu'il fait éxploiter et qui n'a que deux miles de [15] trajet pour etre conduit à la mer d'ou on le transporte soit en Ecosse en angleterre, ou en france; le havre de grace en a tiré cette année pour plus de mille livres sterlings, et vraisemblablement en demandera davantage par la suite vu la rareté du bois en normandie et aux environs de Paris.[6] Le Ch[er] halket a par un ancien titre reconnu au Parlement

1. En fait, le gouvernement de Westminster s'assurait que les seize représentants de la centaine de pairs d'Ecosse soient choisis parmi les nobles favorables au pouvoir en place. Par ailleurs, certains pairs d'Ecosse avaient aussi un titre de pairie anglaise. En 1782, il fut décidé que les titres de pair d'Ecosse conférés après le Traité d'Union étaient en fait des titres de pair de Grande Bretagne, ce qui permettait de siéger à la chambre des lords de Westminster.
2. L'îlot d'Inchgarvie avait été armé en 1779 par crainte d'une attaque du corsaire américain John Paul Jones.
3. Jacques VI avait fait restaurer pour son usage le logis abbatial*; Charles Ier y naquit en 1600.
4. Le château* remontant au Moyen Age avait été remanié et agrandi au seizième et au dix-septième siècle.
5. En fait l'alliance des rois de France et d'Ecosse ne remonte qu'au treizième siècle. Cette alliance, que les Ecossais appellent encore 'the Auld Alliance', fut confirmée et renforcée par de nombreux traités jusqu'au seizième siècle.
6. On exploitait le charbon dans la région depuis le Moyen Age, les veines de houilles étant peu profondes et proches de points d'embarquement. Les mineurs y étaient depuis le début du dix-septième siècle soumis à un régime bien proche du servage.

le droit d'exporter son charbon sans payer les memes taxes, que celles qu'on préleve sur cette denrée.

Le 2. à aberdower [*Aberdour*] en *fife shire*

retournant ce matin par la meme route d'hier nous sommes venus nous embarquer un peu au dessus de nord ferry en face du Chateau que Milord hopton à sur la rive opposée, ce Chateau présente une étendue considérable de batimens d'une architecture dans le genre le plus noble.[1]

Milord morton et M. swinburn se sont amusés à tirer des oiseaux de mer qu'on appelle ici murrats,[2] bientot la marée et un peu de vent nous sont devenus contraires. nous n'avions pour rameurs et pour tout conducteurs que quatre enfans de dix a douze ans. j'ai cru prudent avec un tel équipage de gagner promptement la [16] terre, et après avoir laissé a gauche l'anse et le petit Port de inverkeithing nous avons abordé à celui de St davids d'ou nous sommes allés par terre à aberdower. Chemin faisant sur les bords de la mer nous avons vu le Parc et la maison de milord moray qui se nomme dunibrisal.[3] ses possessions joignent celles de Milord morton seigneur D'abberdower.[4]

L'ancien chateau d'aberdower a été brulé a l'exception des écuries et le grand Pere de milord morton se logea alors dans une maison qui avoit ci devant appartenu à un gentilhomme son vassal. cette maison n'est pas analogue à la terre, milord se propose de batir un Chateau dans un excellent emplacement et jusqu'a ce moment il peut etre logé fort Commodement ainsi que plusieurs amis dans une maison que les anglois nomment very Confortable.[5] ce terme ne se traduit pas en francois et rend mieux que Commode l'idée d'une maison ou d'un apartement ou l'on ne manque de rien.

cette maison est occupée depuis quelques années par un general anglois nommé Watson, bon et brave militaire dont le P^{ce} ferdinand de Brunswick[6]

---

1. Le comte de Hopetoun résidait dans une superbe demeure* édifiée en 1703 sur les plans de Sir William Bruce et agrandie en 1721-1726 par William Adam, et entourée de vastes jardins à la française. On considérait le domaine comme le Versailles de l'Ecosse.

2. Ce terme dialectal désigne vraisemblablement les guillemots et autres alcidés nichant dans les îles du Forth.

3. Le 9e comte de Moray venait de faire planter des milliers de chênes dans le parc du château de Donibristle.

4. La seigneurie d'Aberdour appartenait aux comtes de Morton depuis le seizième siècle; le château,* remontant au quatorzième siècle, agrandi aux seizième et dix-septième siècles, avait brûlé au début du dix-huitième siècle.

5. B. est l'un des tout premiers à relever le terme *comfortable* et à le définir. Le mot ne fut adopté en France que très tardivement, à la fin du dix-neuvième siècle, mais, dès le début du siècle, Nodier en recommandait l'introduction: 'ce mot exprime un état de commodité et de bien être qui approche du plaisir et auquel tous les hommes aspirent naturellement' (*Littré*).

6. Le prince Ferdinand de Brunswick (1721-1792) commanda avec succès l'armée anglo-hanovrienne pendant la Guerre de Sept Ans.

faisoit beaucoup de Cas, et après une vie bien [17] employée dans les armées d'angleterre, se repose sur ses vieux jours en s'amusant d'agriculture. dans la minorité de Milord morton on avoit loué la maison d'aberdower et ses dépendances au général Watson, et Milord, depuis qu'il est majeur, on l'est en angleterre a vingt un an, a permis que le général continua d'habiter dans un lieu qui lui plait et qu'il soigne comme si c'etoit sa propriété.

il y a peu de situations plus agréable et aussi singulierement heureuse que celle du Parc d'aberdower. un petit Port en fait partie. des rochers, entrecoupent des pelouses et des bouquets de bois qui sont aussi frais, aussi verts que dans les Contrées de l'angleterre ou les arbres Croissent le mieux. avant et après diner nous avons parcourus des promenades dont les points de vues varient à Chaque instant. plusieurs iles des ecueils en grand nombre rompent l'uniformité d'un bras de mer assez large pour présenter une vaste surface, et dont les bords opposés ne sont pas assez éloignés pour n'en pas distinguer le riche Paysage, Edimbourg, son Chateau les montagnes adjacentes se voyent sans l'aide d'un thélescope. la rive du Comté de fife offre en meme tems une variété dans ses [18] promontoirs, dans ses cotes bien Cultivées partout ou cela est possible et par de petits ports dont le plus joli à l'œil est celui de burntisland. des plantations nouvelles et qui reussissent à merveille, des routes pratiquées dans ce Charmant domaine, quelques ornemens simples et que la nature du terrein indique, comme une ruine sur la cime d'un rocher comme des sites faits au trois quart par la nature donneront à abberdower un Caractere de beauté que les plus superbes Parcs de l'angleterre ne pourront jamais atteindre.

Le 3 à Perth

nous sommes partis d'aberdower par un tems peu favorable pour la decouverte d'un Pays et le ciel ne s'est un peu eclairci qu'au moment ou nous nous sommes arretés a Kinross. ce bourg situé sur le bord d'un lac est dans une Contrée dont il sera toujours difficile de tirer un grand parti. les cotes du Comté de fife valent bien mieux que l'interieur et malgré les progrés qui a fait la Culture on pourroit encore dire comme l'avouoit lui meme un Roi d'Ecosse que ce comté ressembloit à un habit de bure gallonné d'or.

Le Lac levin [Loch Leven] est remarquable en ce qu'on voit encore sur une petite isle les Ruines du Chateau, ou la Reine marie fut mise sous la [19] garde de guillaume Douglas, et d'ou elle s'échappa en 1568 par le secours de george Douglas jeune homme de dix huit ans frere de guillaume. ce jeune homme touché du sort d'une Princesse Charmante séduit par les Charmes de sa Personne et par l'espoir d'en devenir le mari surprit le jour de Dimanche les Clefs des portes et des barrieres tandis que son frere soupoit, et secondé par deux de ses amis Lord seaton et jaques hamilton ils Conduisirent la Reine en toute sureté dans le Chateau de Lord seaton. mais elle avoit souscrit à l'abdication de sa Couronne dans cette prison, et le Régent murray qu'elle avoit été forcée de nommer ne lui laissa pas profiter du recouvrement momentané de sa liberté.[1]

Kinross est un des bourgs qui envoye au Parlement d'angleterre les quarante cinq membres que fournit l'Ecosse à la Chambre des Communes, ce bourg alterne avec Klackmannan. d'autres bourgs en Ecosse, sont associés à trois pour l'envoi de ces représentans.[2]

de Kinross à Perth, on ne voit d'un peu riant que la vallée qu'arrose la riviere d'Earn, elle est séparée par d'autres montagnes d'un fort beau bassin ou Perth est situé sur le bord de la riviere de tay. cette riviere qui est navigable depuis Perth fournit un grand nombre de saumons dont le Commerce joint à celui de [20] linge et d'autre espece de toiles, fait de Perth une ville aisée. elle a deux rues assez bien baties et un beau Pont sur la tay, il semble qu'on en aurait pu mieux Choisir l'emplacement. il n'aboutit a aucune rue principale.[3]

c'est à Perth, qu'après un sermon du Celebre Knox un Pretre catholique s'etant présenté en Chasuble pour dire la messe les sectaires le Chasserent renverserent les autels et commencerent par cette église les desordres qu'ils commirent ensuite dans le reste de l'Ecosse jusqu'a ce que le Culte Calviniste ait été entierement substitué à celui de l'église Romaine.[4]

Ce Culte s'est établi dans ce Royaume avec une rigidité qu'il n'a pas dans les autres contrées. on a dans les églises en hollande des orgues, les Presbiteriens d'Ecosse les ont proscripts de leurs temples.[5] c'est d'un scandale extreme a

---

1. George, 5e Lord Seaton, emmena effectivement Marie Stuart dans son château, mais quelques jours plus tard ses troupes furent écrasées à Langside et la reine fut à nouveau captive. James Hamilton vengea Marie Stuart en assassinant le Régent Moray en 1570.

2. En fait ce n'était pas les bourgs qui alternaient mais les comtés de Clackmannan et de Kinross. Le Traité d'Union de 1707 n'accordant que 45 députés à l'Ecosse, dont 30 pour les 33 comtés, les 6 plus petits comtés ne députaient que par alternance.

3. La ville de Perth fut longtemps l'une des principales cités d'Ecosse et pratiquement sa capitale pendant le Moyen Age. En 1784 la ville était encore très prospère; plus de 10 000 métiers y tissaient le lin, et on commençait à y construire une ville neuve. Le nouveau pont avait été inauguré en 1771. Perth était estimé pour ses collèges et ses élites intellectuelles.

4. John Knox (1512-1572), prêtre catholique qui adhéra au calvinisme, fut persécuté, passa en Angleterre, puis à Genève et rentra en Ecosse en 1559 pour lutter contre le camp catholique soutenu par les troupes françaises. Il y avait déjà eu de nombreux incidents et le calvinisme était bien implanté quand John Knox prononça son sermon dans l'église St Jean de Perth le 11 mai 1559. Mais cette fois-ci, l'hostilité contre les Français s'ajoutant au mépris pour un clergé catholique très corrompu et ignorant, l'église catholique fut totalement balayée. La nouvelle église d'Ecosse imposa, avec le soutien des autorités civiles, des mœurs puritaines d'une austérité extrême, peu d'églises poussèrent aussi loin le rigorisme et le fanatisme; toutefois, vers 1780, l'autorité de l'église d'Ecosse était beaucoup affaiblie.

5. Voir II.71; p.208.

Edimbourg et dans le reste du Royaume de Chanter ou de siffler, le Dimanche il n'est permis que de s'enivrer, un francois il y a quelques années qui ignoroit ces regles jouoit du violon dans la chambre de son auberge; sa fenetre etoit ouverte le peuple s'assembla dans la rue et lui jetta des pierres.[1]

on évalue au dela de dix mille habitans la population de Perth. [21] j'ai peine à le Croire en raison de l'etendue de la ville et du mouvement dans les rues.

on m'a mené voir l'ancienne maison ou le Comte de govrie ayant recu chez lui jacques VI. fut massacré dans le tumulte d'une prétendue Conspiration contre la vie de ce Prince, jamais événement ne resta dans un doute plus grand, sur ses Causes et sur l'autenticité du fait.[2] jacques VI. crut qu'on vouloit l'assassiner. un te deum fut chanté en action de graces de ce qu'il avoit échappé aux meurtrieres intentions des deux freres govrie, et quoique on ait fait le procès criminel a leurs cadavres et qu'ils aient été jugés Coupables de lesc Majcsté au premier Chef, l'opinion la plus générale en Ecosse et surtout à Perth est que ces deux seigneurs n'etoient pas capables d'un forfait semblable. robertson[3] paroit pencher vers la croyance de la part qu'eut Elizabeth a cet évenement, et que sans en vouloir à la vie de jacques VI. elle avoit engagé les deux freres govrie, à venger sur ce souverain, en se saisissant de sa personne et l'enfermant dans quelque chateau, la mort de leur Pere qui avoit été décapité à Sterling.

cette maison sert aujourd'hui de Caserne à quelques Compagnies d'artillerie.

[22]

Le 4. à Dunkeld

en sortant de Perth comme hier en y entrant nous avons vu sur les rues et dans les Chemins un grand nombre de femmes nues jambes et Couvertes d'un manteau brun avec un Capuchon qui leur donnent à la barbe près, parfaitement l'air de nos Capucins. en general les femmes du Peuple en écosse, surtout celles qui sont au dessous de quarante ans vont continuellement pieds nuds.[4]

à une demie lieue de Perth nous avons laissé sur la droite au dela de la tay dont la route Cotoye les bords, le Chateau de scone ou plusieurs Rois d'Ecosse

1. Ce jour est un dimanche, et cependant B. et ses compagnons voyagent, comme ils voyageront les autres dimanches, alors que l'église d'Ecosse interdisait tout déplacement le jour du Seigneur. Est-ce la preuve que les notables ne craignaient plus les foudres de l'église, ou que le rigorisme s'affaiblissait?

2. Devenue propriété de la ville après la conspiration, la maison avait été donnée au duc de Cumberland après 1715; elle sera détruite en 1805. Jacques VI avait d'excellentes raisons de se méfier des Gowrie, turbulents seigneurs de Ruthven qui l'avaient retenu dans leur château pendant près d'un an durant sa minorité, mais il avait aussi d'excellentes raisons de se venger.

3. Voir II.66; p.204.n.4.

4. Tous les voyageurs jusqu'à la fin du dix-neuvième siècle remarqueront les pieds nus des femmes écossaises.

furent Couronnés et ou l'on les installoit dans un fauteil de bois qu'Edouard
Ier fit transporter à l'abbaye de Westminster au grand chagrin des Ecossois.[1]

Charles II avant la bataille de Worcester fut encore couronné dans la Chapelle
de scone. le Pere du Pretendant encore existant résida assez longtems dans ce
Chateau en 1715. et lui meme y fut quelques jours en 1745.[2]

ce Chateau est habité maintenant par Milord Stormont, qui vient quelque
fois s'y Consoler de ce que ses indecentes déclamations contre la france, n'ont
pas servi à lui donner la Considération à laquelle la [23] nullité de ses talens
ne lui permettra jamais d'atteindre.[3]

avant de passer le ruisseau d'ordie on traverse le Champ de bataille ou le
Paysan Hay et ses deux fils armés du joug qu'ils avaient enlevé à leurs bœufs,
ameuterent d'autres Ecossois, et suppléant par leur valeur à l'insufisance de
cette armure et au petit nombre de leurs Combattans mirent les danois en fuite.

plus loin on laisse à gauche une Colline célebre par la bataille de machbeth
dont sakespaer fait mention dans une de ses pieces.[4] L'Ecosse offre partout des
souvenirs de la fureur guerriere qui animoit ses anciens habitans. moins inquiets
aujourd'hui, ils Commencent a tirer un peu plus de parti d'un Pays qui ne se
refuse pas autant à la Culture qu'on le Croyait, les essais faits sur quelques
montagnes n'ont pas été sans succès, le bois qu'on y a planté et qu'on y

---

1. Le château,* très tardif, n'avait aucun rapport avec le couronnement qui avait lieu à l'abbaye
de Scone ou à proximité, depuis le neuvième siècle, sur une pierre qui fut emportée en 1296 par
Edouard Ier ainsi que le trône de bois qui l'enchâssait. La Pierre de Scone* se trouve toujours à
l'abbaye de Westminster.

2. Il y eut deux tentatives de restauration des Stuart, celle de 'Jacques VIII' (1688-1766), qu'on
appellera 'le Vieux Prétendant', à la fin de 1715 et qui échouera très vite, et celle de son fils, le
prince Charles-Edouard (1720-1788), 'le Jeune Prétendant', en 1745, qui eût pu réussir mais
s'acheva neuf mois plus tard dans le désastre de Culloden. Charles II fut proclamé roi à Edimbourg
en 1649 à l'annonce de l'exécution de son père, et couronné à Scone le 1er janvier 1651, mais les
troupes écossaises déjà très éprouvées à Dunbar furent écrasées à Worcester en septembre 1651
et Cromwell soumit l'Ecosse à son autorité.

3. David Murray (1727-1796) hérita en 1748 du titre de 7e vicomte Stormont. Diplomate à
partir de 1751, en Saxe, en Pologne, puis à Vienne et, à partir de 1772, auprès de la cour de France,
il ne sut pas convaincre Louis XVI de se désintéresser de la cause américaine. Au contraire, ses
rodomontades durent renforcer la détermination du roi de France. Il quitta la France après la
signature du traité d'amitié et de commerce entre la France et les Etats-Unis au début de 1778.
Mais il avait été apprécié comme fin lettré et érudit; D. J. Suard écrira: 'Lord Stormon à Paris,
quand ses fonctions de ministre étaient remplies, vivait plus avec nos grands écrivains qu'avec nos
grands seigneurs; et dans ces sociétés, trop pénétrantes pour être trop indulgentes, ce qui frappait
le plus dans cet anglais si beau, c'était l'excellence de son esprit, de son caractère, de son âme.
C'est à l'époque de son ambassade et de son séjour à Paris, que se développa d'une manière plus
générale et plus remarquée cette haute estime mutuelle des talents anglais et français' (*Mémoires
historiques*, Paris 1820, ii.87-88). B. juge, lui, le diplomate qui a échoué.

4. Il s'agit de Dunsinane qui aurait été la dernière forteresse tenue par Macbeth. Dans le drame
de Shakespeare, les sorcières avaient promis à Macbeth qu'il ne serait battu que si la forêt de
Birnam venait jusqu'à Dunsinane, mais une ruse de guerre réalisa la prophétie.

plante journellement, vient assez bien jusqu'a la moyenne région; les vallées se défrichent et quoique souvent le froid arrive avant que le bled n'ait atteint sa maturité, on en voit des Champs assez vastes et couverts de nombreux épis.

Dunckeld est à quinze miles de Perth dans un vallon, qu'arrose les rivieres de tay et de brand, et qui est resseré par des montagnes moins hautes, [24] moins pittoresques et plus sauvages que celles du valais et meme du Pays des grisons.

Dunckeld est une des résidences du Duc d'athol,[1] il y a un Chateau qu'il habite en hiver lorsqu'il ne va pas à Londres. ce Chateau en lui meme est peu de chose, mais il est environné de belles promenades dans lesquelles sont renfermées les ruines d'une ancienne Cathédrale. quoique Dunckeld ne soit à proprement parler qu'un village, c'etoit avant la reformation un siege Episcopal; une partie de la Cathedrale sert encore au Culte Presbiterien. le reste s'est ruiné de maniere à former un point de vue agréable au salon ou l'on se tient le plus habituellement. les Potagers ne se ressentent absolument pas des rigueurs du Climat. ils sont bien tenus et ce qui n'y pourroit murir est elevé dans de belles serres. au milieu d'un des potagers on voit un Cavalier de gazon sur lequel sont plusieurs pieces de Canon. le tems que le Duc n'employe pas à la Chasse, il l'occupe en faisant retentir ses montagnes du bruit d'une artillerie qui lui rappelle l'ancienne souveraineté qu'il avoit sur l'ile de man; cette isle avoit passé de la maison de Darby dans celle de murray, nom de famille du Duc D'athol. en 1764. le Parlement forca le Duc à vendre cette isle à la Couronne parce qu'elle etoit devenue l'azile de tous les Contrebandiers.[2] Le Duc recut soixante [25] mille livres sterlings, et quinze cent livres en rentes annuelles et perpetuelles. son jardinier nous a montré plusieurs branches d'arbres détruites par les boulets que Le Duc envoye se perdre dans les montagnes, toutes les manieres de tirer au blanc, sont mises en usage. ces amusemens n'ont cependant pas empeché ce seigneur de se livrer à des ameliorations dans ses terres. poursuivant les travaux entrepris par son Pere, il a boisé une des plus hautes montagnes dans le voisinage de son Parc, et en a fait un objet de promenade. on s'eleve jusqu'au sommet par des routes bien ménagées à mi Cote; on trouve près d'une Cascade le rocher qu'un hermite

1. John Murray (1755-1830) devint, en 1774, 4e duc d'Atholl et chef du clan Murray. Bien que son père et son oncle aient soutenu la cause des Stuart, il fut un loyal sujet des Hanovre et en 1778 leva un régiment de Highlanders qui alla servir en Amérique. Comme son père, et son fils, le 4e duc d'Atholl se passionna pour l'amélioration des terres et le reboisement: de 1740 à 1830 les ducs d'Atholl plantèrent plus de 14 millions de mélèzes!

2. L'Ile de Man, colonisée par les Vikings, fut longtemps disputée entre les Anglais et les Ecossais. Elle fut le fief souverain des Derby avant de passer aux ducs d'Atholl en 1735; ceux-ci durent la vendre, mais obtinrent le titre honorifique de gouverneur de l'Ile de Man. Toutefois, l'île resta autonome et n'est pas soumise aux lois du Royaume Uni.

doit avoir habité autrefois, le crane du solitaire est encore dans son hermitage et l'on en fait tant de cas qu'il seroit je crois facile de persuader au peuple de cette contrée d'y boire avec le meme respect que si c'etoit le crane d'odin.[1] plus haut que l'hermitage les arbres commencent à devenir rares et vers le sommet on ne trouve plus gueres que le genet. de ce sommet on voit la vallée de Dunckeld, les Contrées vers le comté d'aberdeen et une troisieme vallée ou sont des Etangs qu'on honore du nom de Lac. cette vue excepté du coté de la riviere de tay a la triste étendue de celle des montagnes du morvan, on voit une contrée immense, dont [26] la sterilité afflige.

ce qu'il y a de plus beau à Dunckeld c'est un bois soigné et routé sur le bord de la riviere de Brand, elle coule a travers des quartiers de rochers et par intervalle sur une surface moins inégale, des fleurs des arbustes de toute espece embelissent les sentiers d'ou l'on entend ou d'ou l'on découvre son Cours. au milieu de ces sentiers sont des blocs imposans dont il faut faire le tour, mais qui sont couverts ou de lierre ou en partie masqués par de jolis feuillages. en s'enfonceant dans ce bois vraiment délicieux, on entend le murmure des eaux augmenter considerablement. un joli sallon en rotonde s'offre pour le repos des Curieux. a peine y est on entré qu'un grand tableau assez bon, représentant un vieux montagnard Ecossois disparoit, au moyen d'un ressort et le vuide qu'il laisse est l'entrée d'un autre sallon bati sur un rocher escarpé en face d'une Cascade formée par tout le volume de la riviere de brand qui après s'etre précipitée dans un long espace en differentes cascades tombe en trois parties de plus de Cinquante pieds du bassin ou se reunissent les eaux de la riviere; de ce bassin elles passent entre deux rochers resserés et joints à leur sommet par un pont de [27] pierre dont l'arche a toute la hardiesse convenable à sa position.

les glaces placées dans les plafonds produisent rarement d'heureux effets, ici leur emploi est parfait, en ce qu'elles reflechissent entierement cette superbe cette imposante Cascade et qu'il semble qu'on ait sur sa tete le meme volume d'eau qui s'echape de toute part en écume sous les pieds. de beaux arbres, des blocs de marbres de vieux Chenes courbés sous le poids de leurs ans et l'abbondance de leur branches, ornent les deux bords du torrent qui meme en ce moment ou il y a le moins d'eau en contient surement la forte moitié du volume qu'on admire près de schaffouse à la chute du Rhin.[2]

Milord Morton ayant scu que Lord Breadalban[3] son ami devoit passer ce

1. B. a-t-il lu les poèmes d'"Ossian', traduits par Le Tourneur en 1777, qui suscitèrent un très vif intérêt et firent connaître la mythologie scandinave? Voir I.129; p.80.

2. Le spectacle sublime des 'cataractes du Rhin' attirait alors de très nombreux voyageurs. Passant par Schaffhouse, B. avait vu les chutes du Rhin le 14 juillet 1781.

3. John Campbell (1762-1834) devint le 4e comte de Breadalbane et le chef du clan Campbell

soir à Dunckeld pour se rendre à une assemblée des francs tenanciers à Perth, m'a prié de rester ici ce soir, pour n'aller que demain matin à Blair. je devois au moins cette Complaisance a cet aimable jeune homme dont les soins, et la conversation me font faire un voyage très agréable.

Lord Breadalben est arrivé a sept heures du soir, nous avons soupé [28] avec lui. avant de nous mettre à table, le meilleur menetrier de l'Ecosse qui habite Dunckeld en été et Edimbourg dans le tems des bals nous a régalé de danses Ecossoises. mes Compagnons de voyage n'ont rien négligé pour me faire sentir les beautés l'originalité de ce genre de musique. je crois qu'il faut le doux amour de la Patrie, et des oreilles particulierement organisées pour s'accomoder de cette discordante mélodie.[1]

Le 5. à Blair

la route de Dunckeld à Blair ressemble beaucoup à celle de martigny à sion, les rivieres de tay, de tumel, et de garri qu'on cotoye successivement et qu'on pourroit aisément prendre pour le meme courrant d'eau arrosant une vallée aride, comme le Rhone parcoure celle du valais. mais les montagnes sont bien plus dépouillées ici que dans les environs de sion. on dit que lorsque la bruyere est en fleur, ces montagnes présentent un aspect plus riant, je crois que je ne reviendrai pas pour verifier cette assertion. ce que j'ai vu de plus miserable depuis que je voyage en Europe, ce sont les maisons des montagnards Ecossois, un amas informe de grosses pierres à la hauteur de six pieds est couvert d'une terre melée d'herbes ou de genets. la fumée du peu de cuisine qui se fait sous ces hutes, après avoir circulé dans l'interieur, sort ou par la fenetre qui est un trou de deux [29] pieds en quarré ou par une porte qui meme en hiver est rarement fermée. la plupart des hommes, tapis sous ces tanieres préferent dit on d'y vivre au milieu de la fumée que d'avoir une Cheminée dont le tuyau passe par le toit. malgré la défense faite il y a nombre d'années d'etre sans culotte plus de la moitié des montagnards, ne sont couverts qu'avec le petit

---

de Glenorchy. Voir II.35; p.186.

1. A cette époque le mot *ménétrier* désignait encore 'toute sorte de joueurs d'instrumens, surtout quand ils jouaient pour faire danser' (*Dictionnaire de l'Académie*, 5e édition, 1811); il s'agit donc très probablement ici d'un sonneur de cornemuse. Traditionnellement chaque seigneur chef de clan avait son sonneur. Les danses et airs écossais commençaient à être appréciés dans les milieux élégants et même en Angleterre; à la fin du siècle, J. Haydn et plus tard Beethoven en transposèrent un certain nombre. La bonne société d'Edimbourg organisait des concours de sonneurs. Faujas de Saint-Fond assistera à l'un de ceux-ci à la mi-octobre, mais ne sera pas plus séduit que Bombelles par les sonneurs 'tirant les sons les plus bruyans et les plus discordans d'un instrument qui déchire l'oreille', et il précisera: 'l'air ainsi que l'instrument me rappelaient involontairement la danse de l'ours' (*Voyage en Angleterre, en Ecosse et aux Iles Hébrides*, ii.281-85).

jupon qui leur vient jusqu'au dessus du genoux.[1] le genoux est à découvert absolument, et le bas ne vient qu'au dessous du gras de jambe, ces bas ainsi que les tabliers sont ordinairement d'une étoffe de laine teinte en carreaux de differentes couleurs. ces teintures sont l'ouvrage des femmes de ce Pays en général beaucoup plus laborieuses que les hommes. elles scavent se servir du suc de diverses plantes pour former de bonne couleurs. le rouge vif et beau est le résultat d'une espece de mousse dure et blanche qui croit sur la surface des rochers, en la faisant bouillir elle donne une teinte écarlate qu'on dit de durée, depuis quelques années il est des manufactures d'Ecosse et d'angleterre qui employent du monde à la recolte de cette éspece de mousse.[2]

nous sommes arrivés un peu avant trois heures à Blair. Le Duc D'athol etoit à Perth pour l'assemblée dont j'ai parlé. Madame La Duchesse nous [30] a recus avec une politesse aussi noble qu'aimable. elle est sœur de Miladi Stormont et de Milord cathcart Pair d'Ecosse fils de celui qui a été long tems ministre D'angleterre à Petersbourg. La Duchesse D'athol avoit suivi son Pere en russie, et a joint, à des graces naturelles, aux avantages d'une bonne éducation, au ton qu'inspire sans orgueil une grande naissance, le poli qu'on acquiet en voyageant et en habitant les principales Cours de L'Europe. nous n'avons trouvé à Blair pour toute Compagnie de la Duchesse que sa belle sœur, qui si elle en avoit besoin contribueroit par sa laideur et son air ignoble à faire valoir la belle et l'agréable figure de la maitresse de la maison.

Le Duc D'athol est revenu a onze heures du soir s'est mis à table sans dire un mot, ensuite n'a repondu qu'avec une peine extreme et par oui ou nom aux questions de sa femme et de sa sœur. petit à petit il s'est mis à parler de Chiens et de gibier jusqu'a l'heure du Coucher, m'a conduit à ma Chambre sans m'avoir une seule fois adressé la parole m'a salué à la porte et s'est en allé. jusqu'a son arrivée notre tems s'etoit passé fort doucement. La Duchesse vers le soir avoit fait danser deux de ses filles. elle a quatre Enfans: l'ainée est jolie comme un ange la cadette à quatre ans danse à faire plaisir, et c'est sa mere qui lui [31] donne des lecons de grace, dont cette petite poupée profite aussi bien que sa sœur.

1. Après la rébellion de 1745, il fut interdit de porter le costume traditionnel; toutefois l'ordre ne s'appliquait avec rigueur qu'aux clans ayant soutenu les Stuart, et dans les secteurs accessibles aux autorités. En fait, la loi tomba assez vite en désuétude et fut abrogée en 1782. Le jupon, ou kilt, décrit par Bombelles, ne remontait guère qu'au début du siècle; auparavant les montagnards s'enveloppaient d'une vaste toge de laine, le plaid, dont une partie s'enroulait autour de la taille. Chaque clan avait ses couleurs pour le plaid ou le kilt, le motif 'en carreaux' s'appelant tartan.

2. Il s'agit en fait d'un lichen, *lecanora tartarea*, ou orseille terrestre, dont l'on peut tirer l'Orseine, colorant rouge vif. Dès 1766, le Dr C. Gordon avait breveté un procédé de fabrication de teinture à partir du lichen. Ce procédé fut exploité industriellement par son neveu George Macintosh qui, à partir de 1777, installa à Glasgow une fabrique pour produire cette teinture rouge qui prenait très bien sur la laine et la soie et eut un grand succès.

Blair est un vieux Chateau sans aucun ornement exterieur mais qui a bien l'apparence de la demeure d'un grand seigneur par la masse de son batiment, et de toutes ses dépendances; au milieu d'un Pays ingrat, à force de bras et de dépenses on a crée de grandes et belles promenades, deux Chutes d'eau Considerables sont comprises dans l'étendue d'un Parc, ou se trouve aussi une grande partie de bosquets traités dans le genre des allées du Parc de Versailles, un torrent souvent incomode a sur ses bords des routes solitaires et joliment variées, il a obligé de Construire quatre ponts, qui font differens bons effets.[1]

ici plus encore qu'a Dunckeld, on est choqué du Contraste trop fort entre la magnificence de la Demeure du seigneur, et la misere de celle de ses Paysans. l'interieur du Chateau de Dunckeld est celui du Palais, d'un comte D'Empire bien logé. Les seigneurs Ecossois ont peut etre de fait plus d'autorité sur leurs vassaux que ces Comtes souverains d'allemagne sur les leurs. le montagnard Ecossois regarde, un Duc d'athol, un Duc de gordon un Comte de Breadalben, comme son [32] souverain, et Chacun de ces seigneurs dans un moment de trouble mettroit encore aisément sous les armes mille et douze cents hommes, mais ils sont généralement bien traités du gouvernement, et n'ont aucune envie d'entrer dans de nouvelles factions.

Le Duc D'athol est dit on malgré sa maussaderie un excellent homme, bon voisin, bon seigneur, et bon Patriote, on dit aussi que ce n'est qu'une éxcessive timidité, et l'habitude de vivre dans ses montagnes ou il chasse continuellement, qui lui donne des dehors aussi désagréables. sa taille est superbe et sa figure seroit agréable s'il le vouloit il a le regard beau et même assez doux.

Le 6. à Teymouth

je suis parti de Blair, charmé de l'accueil que j'y ai recu de Mad^e La Duchesse d'athol et de la singularité qu'il y a à sortir d'une maison ou on a été à merveille à tous égards sans que le maitre de cette maison vous ait adressé une seule parole. Milord morton m'a dit qu'indépendemment de l'embarras qui s'empare aisément du Duc dès qu'il voit un visage nouveau, il etoit un peu honteux de ne pouvoir pas s'expliquer en francois, langue que parle tous les seigneurs

1. Le château de Blair*, siège ancestral des comtes, puis ducs d'Atholl, remontait au treizième siècle, mais il avait été remanié et agrandi au cours des siècles. Occupé par les troupes hanovriennes en 1745, il avait été assiégé par les rebelles (dernier exemple d'un siège de château dans l'histoire de la Grande Bretagne). Il fut restauré et modernisé par James Winter de 1747 à 1756 et perdit tout son appareil guerrier. Ses vastes jardins réguliers étaient célèbres, mais après 1745 on commença des aménagements pittoresques et aussi des reboisements massifs. Les secteurs pittoresques devinrent à leur tour très célèbres et furent représentés dans divers recueils de 'vues pittoresques' et dans *Les jardins Anglo-Chinois*, de Lerouge, ii (1766). Ces jardins étaient alors les plus étendus d'Ecosse.

d'angleterre et d'Ecosse pour peu qu'ils ayent recu une éducation conforme à leur naissance.

[33] nous avons rebroussé Chemin de Blair jusqu'auprès de l'embouchure de la tumel dans le tay. avant de quitter le vaste territoire du Duc D'athol il faut faire mention d'un monument elevé à trois miles de Blair près du Celebre passage de Killchrankie [Killiecrankie].

on sait qu'après avoir fait tout ce qu'il falloit pendant longtems pour perdre sa couronne jacques II. repassa de france en Irlande et ne s'y prit pas mieux pour se maintenir dans ce Royaume qu'en angleterre. des que ses Partisans le scurent à Dublin, ils s'empresserent par une diversion en Ecosse de lui frayer un retour victorieux à Londres. parmi ses amis le plus zélé, celui dont le Caractere etoit le plus propre a un Chef de Parti étoit Dundée. il courut a inverness, il y rassembla une poignée de montagnards et le seize de juillet ayant laissé les troupes de guillaume penétrer sous la Conduite de M'Kay dans le defilé de Killchrankie il remporta tout l'avantage qu'il devoit se promettre du Choix de sa position, mais s'etant trop avancé à la poursuite des fuyards, il fut remarqué, et tué sur le champ de bataille. son armée lui eleva un monument qui sans inscription sans ornement offre dans une simple Pierre le sujet d'une tradition gravée dans le souvenir de tous les habitans de cette contrée.[1] la mort de [34] Dundée entraina bientot la défection du Parti dont il etoit le Chef, et jacques II. de son coté quitta pour retourner en france les Cotes d'Irlande comme il s'etoit échappé ci devant de celles d'angleterre.

après avoir passé dans un bac la tumel après s'etre élevé sur une montagne d'ou l'on découvre la vallée du tay, le Pays devient à chaque pas plus agréable, mieux boisé sur les montagnes beaucoup plus fertile près de la riviere, à trois miles de taymouth, on quitte la rive gauche de cette riviere et après avoir passé sur un beau pont de pierre bati par le gouvernement après la révolte de 1745.[2] on cotoye la rive droite du tay jusqu'a taymouth.

la Chateau ne se découvre que peu d'instans avant d'y arriver. quoique une étendue considérable de terrein et la riviere le séparent de la montagne il semble

---

1. John Graham (1648-1689), que Jacques VII (Jacques II d'Angleterre) créa Vicomte Dundee, avait toujours soutenu la cause des Stuart. Il s'installa au château de Blair puis repoussa les troupes du général Hugh Mac Kay à Killiecrankie, le 27 juillet 1689 (16 juillet, calendrier julien). Son corps fut ramené au château de Blair. Peu après les troupes jacobites furent battues à Dunkeld.

2. Pour faciliter la pacification des zones rebelles dans les montagnes d'Ecosse, Londres ordonna l'établissement d'un réseau de voies stratégiques. Le général Wade de 1726 à 1738 fit construire près de 400 km de routes et une quarantaine de ponts, dans un pays qui n'en avait jamais eus auparavant. L'effort fut repris après 1745 et, à la fin du siècle, le réseau atteignit 1600 km. Le pont* que traverse B., celui d'Aberfeldy, superbe ouvrage à cinq arches, est en fait antérieur à 1745 et fut édifié par le général Wade. D'autre part les comtes de Breadalbane firent réaliser à leurs frais des routes et des ponts dans leurs vastes domaines.

y etre adossé, et au premier aspect on le trouve mal situé, mais lorsque l'on voit que tous les objets qui bornent sa vue sont doux et agréables, et que sans etre sur un sol humide il est à l'abri des vents les plus considerables on trouve que sa situation est fort bien Choisie.

la fortune a fait de meme un excellent Choix, en commandant [35] au destin de faire arriver cette superbe possession au jeune homme qui en a recemment hérité.[1] né avec un revenu fort médiocre, il a fallu plusieurs heureux hazards pour qu'il succeda au titre et aux terres de feu le Comte de Breadalban, qui en mourant ordonna que son Chateau et son Parc fussent soigneusement entretenus pour qu'au retour de ses voyages son successeur trouva ses nouvelles possessions assez agréables pour s'y attacher, et pour en résidant souvent dans cette contrée faire profiter ses vassaux de la circulation de son revenu.

les terres de Milord Breadalban s'etendent depuis le pont du tay dans une longueur de cent vingt miles d'angleterre jusqu'a la mer atlantique. il est proprietaire des deux rives du lac tay et son territoire a une largeur fort Considerable. on jugera de la valeur des terres dans cette partie de l'ecosse, puisque ce seigneur ayant à lui, un des plus jolis valons de cette contrée, et d'aussi vastes possessions ne fait cependant monter son revenu au plus qu'a dix mille livres sterlings, ce qui équivaut à deux cent quarante mille livres de france.

[36] il a recu Milord morton comme un ami dont il connoit la valeur, et j'ai participé à l'agrément de cet accueil.

Le 7.

la plus grande partie de notre voyage d'hier s'etoit faite sur les mauvaises rosses qui montent nos gens depuis Edimbourg et dont nous nous emparons souvent, j'etois hier soir rendu de fatigue, et j'avois grand besoin de dormir la grasse matinée; c'est ce que m'a permis le calme qui a regné dans le Chateau jusqu'a près de dix heures. on se leve tard en Ecosse comme en angleterre, dans les villes les boutiques ne s'ouvrent qu'après huit heures. à la Campagne on n'est gueres plus matinal. le premier bruit qui s'est fait entendre aujourd'hui à Taymouth m'auroit surpris si à Blair je n'avois entendu une pareille musique. c'est celle d'un instrument Chinois fait comme le Couvercle d'un de ces grands cartons qui renferment les Chapeaux des Dames: on frappe cet instrument avec un baton garni par le bout d'une boule de toile fisselée, les premiers coups se donnent doucement, les autres doivent etre plus forts par degrés, et le bruit qui

1. Le 3e comte de Breadalbane, né en 1696, mourut en 1782; pour trouver un héritier il fallut remonter l'arbre généalogique jusqu'au seizième siècle.

en résulte est aussi singulier que sonore.[1] on a cherché a imiter cet instrument en angleterre [37] mais on n'y a pas pu parvenir, soit parce qu'il entre dans la Composition de son métal quelque partie inconnue en Europe, soit qu'il faille une précision que les ouvriers Chinois possedent seuls.

un domestique battant de cet instrument commence a parcourir les Corridors de la maison puis en fait le tour éxterieur. chaque Pays à ses usages. on sonne de la Cloche dans la plupart des maisons de Campagne en france. on sonne de la trompe en allemagne chez les grands seigneurs allemands, ici on avertit comme je vient de le dire qu'on va déjeuner, diner ou souper.

après le déjeuner Milord Breadalban nous a mené promener, près du Chateau est une allée de tilleuls tous parfaitement beaux et fort élevés, cette allée longue de plus de deux cent toises est jointe dans ses deux éxtrémités par une autre allée circulaire qui suit les bords de la taye, ces allées ainsi, que toutes les autres promenades d'un Parc aussi vaste qu'agréable sont toutes garnies d'une plouse[2] si bien entretenue qu'on marche comme sur un tapis.[3] Le lac tay est a un demie miles du Chateau. il a quinze miles de long mais on n'en découvre qu'une partie, du haut d'une petite colline sur [38] laquelle est le temple de venus. L'architecte qui a elevé ce temple n'a jamais sacrifié au grace. mais Milord Breadalban Compte le faire décorer avec plus dc gout. son emplacement mérite cette dépense: assis sur les marches de ce temple on voit la tay sortir du Lac et passer sous un pont en pierre de taille d'une Elégante structure. ce pont etablit la Communication entre le village de Kinmore et l'église paroissiale dont le Clocher, chose rare en Ecosse s'eleve et fait ornement. l'église le village tout a été bati par le prédécesseur de Milord qui en logeant bien une quinzaine de familles a singulierement embelli cette éxtrémité de son lac.[4] au dela du village on voit une isle ornée des ruines d'un ancien monastere, deux routes bordent les rives du Lac et les montagnes qui s'elevant en amphitéatre resserent cette belle nape d'eau sont aussi vertes aussi Majestueuses aussi pittoresques qu'il est possible de le désirer. des Chevaux d'une belle espece nous attendoient sur une prairie près du lac et nous ont porté près d'un petit bois routé ou nous

1. Le gong, connu depuis les voyages au Siam à la fin du dix-septième siècle, fut introduit en Angleterre au début du dix-huitième siècle, mais ne fut pas utilisé en France avant la fin du dix-neuvième et le terme ne s'y diffusa pas avant cette époque.

2. Cette graphie correspond à la prononciation recommandée par Richelet pour *pelouse*.

3. Le château de Taymouth* avait été construit sur les plans de W. Adam, à partir de 1720, dans un site superbe dans une boucle de la Tay, et entouré de magnifiques jardins réguliers, qui furent remaniés dans le goût pittoresque à partir de 1750. On en admirait beaucoup les beautés naturelles et aussi les nombreaux monuments et temples.

4. Les grands seigneurs, après 1745, entreprirent de grands travaux d'aménagement et d'amélio-ration de leurs domaines; souvent, dans un but esthétique autant que social et utilitaire, ils créérent de nouveaux villages ou firent rebâtir les anciens. A Inveraray, Lord Argyll avait fait déplacer et rebâtir la petite ville.

avons vu une Cascade dans un genre different que celle de Dunkeld et que j'ai eu grand plaisir à Contempler.

[39] M. Coxe dans son voyage de suisse a observé en homme d'Esprit,[1] que la nature est bien plus riche dans la varieté qu'elle donne aux mêmes genres de beautés, que toutes les langues connues pour rendre d'une maniere nouvelle et interessante la distinction de ses caprices. c'est pour cette raison que je n'ai pas entrepris de joindre à la description de la cascade de Dunckeld celle de rumbling bridge à un mile plus loin ni celles de Blair, ni plusieurs autres que j'ai rencontré dans ma route; dont la moindre seroit la merveille du jardin d'un de nos financiers et qu'il payeroit bien Cherement.[2] quant à taymouth je me bornerai pour aujourd'hui à dire que je n'ai point vu en Ecosse de plus beau lieu pris dans son ensemble et dans ses détails.

son lac vient il y a peu de tems d'eprouver une variation trop singuliere pour n'etre pas raportée. le 12. septembre au matin les eaux de la partie orientale se sont retirées de leur bord ordinaire de plus de trois cent pieds et cette partie ou l'eau est ordinairement de trois pieds de hauteur s'est trouvée entierement à sec, les eaux qui venoient de l'abbandoner, se sont refoulées vers l'ouest dans une étendue d'environ trois cent pieds, lors rencontrant une autre vague qui les heurtoient elles se sont [40] elevées avec violence et en se Couvrant d'ecume, au dela de la hauteur de quatre pieds, la reunion des eaux, parties de deux

---

1. 'Maintenant, le Rhin excepté, nous avons vu à leurs sources, les plus considérables rivieres de la Suisse; nous avons suivi les trois principales dans tous les détours de leur cours impétueux, à travers un Pays où la nature offre une partie de ses ouvrages les plus grands et de ses merveilles les plus imposantes. Mais combien n'ai-je pas senti mon impuissance quand j'ai tenté de vous donner une idée juste de ses formes toujours étonnantes, toujours majestueuses, mais sans cesse variées? Sous ma plume tout se ressemble, tandis que, dans le fait, pas une montagne, un roc, un précipice, qui ne soit distingué de tout autre objet de la même espece, par une infinité de modifications et par toutes les nuances imaginables de la beauté ou de la magnificence, de l'étonnant ou de l'horrible; mais toutes les variétés distinctives, quelques frappantes qu'elles soient pour l'œil le moins attentif, sont nulles pour le récit, éludent toute espèce de description et se défient également de l'adresse de la plume et de la fidélité du pinceau. En un mot, ne jugez point des beautés de cet étonnant Pays, par les foibles esquisses que j'ai jettées sur le papier' (*Lettres de M. William Coxe*, Paris 1782, i.219-20).

William Coxe publia en 1780 *Sketches of the natural, civil and political state of Swisserland*, qui connurent un vif succès et furent adaptés en français par Ramond de Carbonnieres dès 1781 sous le titre de *Lettres de M. William Coxe sur l'état politique, social et naturel de la Suisse*. Original et adaptation connurent plusieurs éditions successives.

2. B. doit songer au fameux rocher de la Folie Saint-James, à Neuilly (de 43 m de long et 12 m de haut), que le financier Claude Baudard de Saint-James (1736-1787), trésorier général des colonies et de la marine, avait fait ériger dans ses jardins sur les plans de Bélanger. Saint-James fut pour tous, selon le mot de Louis XVI, 'l'homme au rocher'. Mais, en fait, chacun voulait sa grotte et son chaos de rochers, à l'imitation des Bains d'Apollon réalisés sur les plans de Hubert Robert, selon les désirs de Louis XVI, de même que le chaos de rochers du Petit Trianon. Madame Elizabeth à partir de 1783 fit aménager des grottes dans son domaine de Montreuil, et, après 1784, le financier de Laborde fera construire de grandes cascades à Méréville.

directions differentes n'a plus formé qu'une seule grande vague qui s'avanceant vers le midi toujours à plus de quatre pieds du niveau du lac a duré dans cet etat plusieurs instans. ensuite cette espece de marée a été une heure et demie a diminuer jusqu'a ce qu'elle ait disparu.

ce qu'il y a de singulier c'est que pendant la durée de ce phénomene il n'y avoit pas le moindre vent et le tems etoit parfaitement beau. on ne s'est apercu de rien à l'autre bout du lac; deux jours de suite on a observé le meme fait mais a une heure plus tard et d'une maniere moins marqué.

tous les Paysans de Kinemore ont fait un raport assez uniforme de ce qu'ils ont vu pour ne pouvoir douter de la vérité du Compte qu'ils en ont rendu, le ministre de leur église a ajouté un nouveau poid à leur assertion en assurant a Milord Breadalban qu'il avoit vu des fenetres de sa maison l'agitation du lac et la singularité de la marche de ses eaux. quelques Paysans prétendent aussi que les ondes de la riviere du tay ont remonté vers le lac au lieu de suivre leur Cours ordinaire mais ceci ne paroit pas aussi Constant que ce qui vient d'etre raporté. il eut été à desirer que quelques Personnes de la societé de milord eussent pu juger par [41] elles memes, de cet étonnant Phénomene,[a] au moins le lendemain, mais comme j'en ai déja fait mention on se leve tard en angleterre, et l'on ne sort gueres de Chez soi à jeun.[1]

Le 8.

j'ai dit plus haut que l'existence des grands seigneurs Ecossois dans les montagnes ressembloit beaucoup à Celle des Comtes immédiats de L'Empire mais elle nous retrace bien mieux encore l'entiere maniere de vivre des Chefs de famille, du tems ou les souverains n'etoient pas encore parvenus à abolir l'autorité féodale.

on trouve encore dans ce Pays ci que les tribus que l'on distinguoit sous le nom de Clans, ne sont pas seulement unies entre elles par le lien féodal, mais encore par le nœud patriarchal.[2] le Chef de la famille en est le souverain: la plupart de ses principaux vassaux sont descendus d'une souche commune avec

---

a. Le Duc D'argyle a dit a des personnes dignes de foi que le lac tay éprouva la meme agitation lors du tremblement de terre à Lisbonne.

---

1. Le phénomène fut mentionné dans plusieurs journaux; il semble avoir été lié à des manifestations telluriques qui se répétèrent dans d'autres secteurs d'Ecosse à cette époque.

2. B. analyse parfaitement le système du clan, très différent du système féodal. Le terme, d'origine celtique, signifiant 'la descendance', mentionné pour la première fois par l'abbé Prévost dans son *Dictionnaire portatif* en 1750, fut très peu diffusé et ne servit longtemps qu'à désigner les tribus écossaises ou irlandaises.

lui, et le droit de primogéniture est aussi respecté que Chéri.[1] Chaque membre de ces familles nombreuses tire vanité des titres dont l'ainé est le représentant, et cet amour propre le dispose à se rendre utile au premier d'un nom, dont la gloire est la sienne. d'après ce principe on trouve tout simple dans ce Pays d'etre l'homme d'affaire, le regisseur, le garde d'archives de son Parent. [42] Milord Breadalban, a pour l'administration de ses vastes domaines autant de Mrs Campbell qui veillent sur ses interets. La maison de Campbell s'est divisée en deux branches, l'ainée a pour chef Le Duc D'argile, la Cadette Milord Breadalban, qui a vingt trois ans a passé comme je l'ai déja raporté de l'etat de simple gentilhomme à celui de Pair D'Ecosse et d'un seigneur Puissant; son Pere etoit a feu Milord Breadalban ce qu'aujourd'hui ses autres parents lui sont: des vassaux zelés attachés et entierement dévoués, à celui d'entre eux que l'ordre de la naissance a placé au dessus d'eux.

souvent le Chateau de Taymouth rassemble une légion de ces Campbells. il y sont bien recus, ils n'envient point l'opulence du maitre de la maison et y regardent avec Complaisance et les anciens tableaux de leur famille, et un livre nommé le livre noir, ou leur généalogie, est ornée de figures dessinées et peintes par un dc leurs ancetres.[2] les vieux content aux jeunes les prouesses des héros de leur maison; cette tradition est rarement l'histoire d'une grande fidelité aux souverains de l'Ecosse. ce Pays, si fertile en révolutions a vu Chaque grandes familles fournir [43] des Chefs de Partis. il a fallu que la civilisation devint entiere dans toute l'Europe et que le grand ressort de l'autorité absolue, des troupes toujours sur pied, enlevassent à ces vassaux du premier ordre toute aparence de succés pour qu'ils cessassent de hazarder leur fortune et leur vie dans les horreurs de la guerre civile.

ceux qui habitent les montagnes en se vouant au meme repos que les seigneurs établis dans le plat Pays ont cependant conservé un ton d'independance, et des formes de leur ancienne autorité que l'on ne trouve plus dans les grands plus raprochés de la cour.

Milord Morton et M. de Swinburn ont été Chasser aujourd'hui sur le sommet des montagnes et en ont raporté une espece de gibier qui est je crois propre à cette partie de l'ecosse ainsi qu'aux contrées montagneuses de l'angleterre. c'est un oiseau plus gros que notre gelinotte et qu'on nomme moors game.[3] il est

---

1. En fait le droit de primogéniture était d'introduction relativement récente, et l'antique loi des clans prévoyait la *tanistry*, c'est-à-dire la transmission au plus digne des descendants, mais cette coutume tombait en désuétude.

2. Le *Black Book of Taymouth*, contenant la chronique enluminée du Clan Campbell de Glenorchy de 1432 à 1648, est un document inestimable. D'autres clans possèdent des manuscrits du même genre. Le château de Taymouth contenait aussi un gigantesque arbre généalogique avec toutes les alliances de la maison de Glenorchy.

3. *Moorsgame* ou *grouse*: coq de bruyère, tétra ou lagopède, effectivement de la même famille que

assez délicat et je ne me rapelle pas d'en avoir vu en france ni en allemagne. pendant que ces Messieurs prenoient le plaisir de la Chasse, j'ai parcouru plusieurs livres prétieux, de la belle bibliotheque de Milord Breadalben, et lu des details curieux sur l'expédition du Pretendant [44] avant que la bataille de Culloden n'eut mis fin aux succés qui précederent cette déroute.[1]

c'est aujourd'hui que je suis arrivé à la révolution de quarante années de ma vie. desormais je ne ferai que décliner et la viellesse va m'atteindre dans peu de tems. puissai je au moins avoir celui d'assurer à ma femme et à mes enfans une éxistance qui soit independante de la mienne.

Le 9 à Dalmally, en argyleshire

nous sommes partis à huit heures de Teymouth sur de bons chevaux de Milord Breadalban qu'il nous a preté pour nous conduire jusqua Tyndrum hameau qui se trouve sur les Confins du Comté de Perth du côté du Comté D'argyle.

nous nous sommes arretés à Killin pour donner le tems aux Chevaux de se rafraichir. c'est encore un petit hameau au bout oposé du lac de teymouth. les bords de ce lac sont d'une monotonie fatiguante et perdent beaucoup à etre vus en détail. les environs de Killin sont plus agréables, mais la meilleure partie de cette contrée est Taymouth et ses entours.[2]

j'ai rencontré dans l'auberge de Killin M. faujas de St. fond un [45] de nos naturalistes qui revient des isles hebrides. il a pour Compagnon de voyage un anglois M. Thornton et le Comte andriani, italien il m'a paru fort occupé, du Phenomene arrivé le 12 du mois dernier sur le lac Tay et fort desireux de trouver dans ce fait et vérité et singularité sufisante pour en Composer un bel article du livre qu'il publiera. il m'a prié de lui laisser Copier ce que j'ai recueilli à cet égard et j'y ai consenti.[3]

la gélinotte, et toujours très recherché des chasseurs.

1. L'épopée du Prince Charles-Edouard, commencée en juillet 1745, s'acheva le 16 avril 1746 lorsque les troupes hanovriennes, commandées par le duc de Cumberland, écrasèrent les dernières troupes jacobites. Les Campbell qui, depuis 1690, soutenaient le nouveau pouvoir, participèrent activement à la répression qui suivit.

2. Il est curieux que B. ne mentionne pas les chutes de Dochart, toutes proches de Killin et très spectaculaires. Cela témoigne peut-être d'une certaine satiété, voir II.39; p.188.

3. 'Nous allions nous mettre à table, lorsque je fus étonné de m'entendre appeler par mon nom, l'étranger qui le prononçoit demandoit à me parler. Je distinguoi à sa tournure et à son langage qu'il étoit François; sa figure m'étoit connue; je lui dit que je croyois l'avoir vu à Paris, mais que je ne pouvois me rappeler dans le moment à qui j'avois l'honneur de parler: "Je suis Bombelles, me dit-il, je voyage, comme vous pour mon plaisir et mon instruction. Je vais gagner Port Patrick, et m'embarquer pour l'Irlande". C'étoit par un domestique qu'il avoit appris que j'étois dans l'auberge, où il arrivoit lui même avec des chevaux et une des voitures du Comte de Breadalbane, chez qui il étoit allé passer quelques jours. Je n'avois jamais eu de liaison avec M. de Bombelles; mais deux François qui se rencontrent à l'extrémité de l'Ecosse ont bientôt fait connaissance; nous avions d'ailleurs des amis communs. Je jugeois par la carrière que suivoit M. de Bombelles, par

de Killin à Dalmally on voyage dans un Pays aussi sauvage aussi inculte, aussi difficile à Cultiver qu'il est possible de l'imaginer. la nuit nous a surpris à quelques miles de notre gite. alors nous étions en voiture et si elle eut cassé certainement il auroit fallu passer la nuit au milieu d'une vaste solitude dont le silence n'est interrompu que par quelques voyageurs bien curieux ou par le Croassement des Corbeaux.

une foire de Chevaux, qui aura lieu dans peu de jours à Crieff[1] bourg du Comté de Perth sur la riviere d'erne nous a fait rencontrer trois ou quatre troupeaux, d'une vingtaine de petits chevaux chacun que des montagnards faisaient marcher devant eux comme un [46] troupeau de mouton. ces petits chevaux achetés à vil prix dans les montagnes et vendus à fort bon Compte dans le sud de l'Ecosse ont dit on des qualités. ils sont si peu soignés qu'on ne peut gueres voir s'ils scroient susceptibles de prendre un peu de figure.

l'auberge ou nous sommes arretés est moins mauvaise que nous ne nous y attendions.

Le 10. à Inveraray

De Dalmally jusqu'a trois miles d'Inveraray on voyage dans un Pays à peu de Chose près aussi sterile que celui que j'ai traversé hier. il y a telle montagne sur laquelle on n'apercoit pas un seul arbuste, et ou le serpolet croit à peine. il passe cependant pour certain que beaucoup de ces monts Pelés etoient autrefois couverts de bois, la preuve en est dans la quantité de souches que renferme encore les entrailles de la terre, il est connu que si après une coupe on laisse arriver dans cet emplacement du bétail, il empeche la repousse, et dans peu d'années elle cesse d'avoir absolument lieu. un peuple guerrier et pasteur comme le montagnard Ecossois, d'une part s'est détruit par ses hostilités, de

beaucoup de cartes militaires et autres qu'il avoit avec lui, que la diplomatie et la politique étoient plus de son goût que les sciences naturelles et les arts, et qu'il avoit probablement quelque mission particulière, bien étrangère à l'objet de mes études. Je dois cependant rendre justice aux talens et à l'activité de M. de Bombelles, et dire qu'il ne négligeoit rien de ce qui pouvoit intéresser son pays; j'ai été à portée d'en juger par quelques parties ostensibles d'un journal très bien fait, qu'il me communiqua alors, et dans lequel je vis des articles qui avoient rapport à l'économie rurale, au commerce et même à un fait physique très curieux relatif à un mouvement de flux et de reflux très extraordinaire qu'avoit éprouvé le lac de Tay.' Suit le texte des pages 39 et 40 recopié fidèlement, à deux ou trois détails de style près, et présenté comme 'Note extraite du Journal de M. de Bombelles, 9 Octobre 1784' (Faujas de Saint-Fond, *Voyage en Angleterre, en Ecosse et aux Isles Hébrides*, ii.182-85). Arrivé à Kenmore, Faujas interrogera les témoins du phénomène et trouvera que ces réponses concordent avec le récit de B. (p.204-209).

1. Les foires aux bestiaux de Crieff rassemblaient d'énormes quantités d'animaux élevés dans la montagne et destinés au marché anglais. Déjà en 1730, on y vendait plus de 30 000 têtes de bétail par an. Après 1745 et la pacification, les chiffres doublèrent, mais Crieff fut bientôt concurrencé par Falkirk. Ici B. découvre les poneys que les montagnards appelaient *garrons*. Voir II.63; p.202.

l'autre abbandonnant ses bois aux troupeaux, bientot les forets mal soignées ou devastées, ont disparu et le jonc s'est élevé avec d'autres plantes inutiles sur la meme surface ou [47] un siecle avant on avoit de beaux arbres. dans toute cette partie interieure de l'Ecosse, on ne se chauffe qu'avec de la tourbe. cette mauvaise qualité de terre sert de lit a la plupart des rivieres qui descendent de la montagne, et c'est sans doute ce qui donne aux eaux la teinte brune qu'elles ont partout dans cette Contrée.[1]

a un mile et demie de Dalmally le Chemin cotoye les bords du lac aw [Loch Awe] et l'on voit encore sur une petite ile les ruines du Chateau de Kilchurn qui etoit autrefois le lieu de la principale résidence des Comtes de Breadalbane.[2] le prédecesseur du Cte actuel répara une grande tour et y établit un poste en 1745. pour empecher les troupes du Pretendant de s'emparer d'un passage important. huit autres islots embelissent le lac aw, mais le seul objet agréable qui se decouvre sur la rive oposée est la maison d'un gentilhomme dont je n'ai pu scavoir le nom. la riviere aw joint le lac auquel elle donne son nom avec le lac Etive et celui ci à son embouchure dans la mer en face de l'isle de mull.

Inveraray jouit en Ecosse de la reputation qu'a Chantilly en france, il n'est pas permis de voir les Campagnes de ce Pays sans venir voir les beautés de celle ci. située sur un bras de mer nommé le lac fyne Inveraray est à l'entrée d'une gorge dont les deux premieres montagnes [48] sont Couvertes jusqu'a une certaine hauteur de beaux arbres, surtout pour les montagnes d'Ecosse, au lieu d'un amas informe de maisons qui composoient l'ancien bourg, le Duc a bati plus loin sur le rivage du bras de mer une jolie petite ville dont l'aspect orne son Paysage et qui en logeant beaucoup mieux ses vassaux lui a permis de Changer en une belle pelouse le terrein qu'occupoit l'ancien bourg. on prétend qu'il vient un assez grand nombre de batimens et de la plaine mer et de Port glascow[3] ainsi que de greenock mouiller au mole d'ynveraray ce mole est remarquable par la grosseur des blocs de granite qui y sont employés, cette

1. Effectivement les eaux des torrents sont colorées, et parfumées, par la tourbe. C'est ce qui donne au whisky une partie de ses qualités.
2. Il s'agissait d'un manoir fortifié édifié à la fin du quinzième siècle par les Campbell de Glenorchy, et progressivement agrandi et modernisé jusqu'à la fin du dix-septième; les Campbell quittèrent ensuite l'antique demeure pour s'installer au château moderne de Taymouth. B. n'est pas aussi sensible que certains contemporains au charme romantique du site. Comparons avec un autre texte: 'Ce bâtiment, placé entre des montagnes dans une île qui est en Ecosse à l'entrée du lac de Lochaw, fut jadis habité par les ancêtres du Lord Breadalbane. Aujourd'hui la tour est tombée en ruine. L'aspect désert de ce vieux château, sa situation entre des montagnes en grande partie chauves et rocailleuses, qui de leurs ombres noirâtres rembrunissent l'enceinte du lac, l'aspect de quelques îles isolées et des ruines d'un couvent, tout sert à achever ici le caractère de la mélancolie' (C. C. L. Hirschfeld, *Théorie de l'Art des Jardins*, Leipzig 1785, v.319).
3. La graphie 'Glascow' est la plus courante au dix-huitième siècle.

pierre ailleurs si prétieuse et si belle lorsqu'elle est polie est très commune ici ainsi que dans d'autres parties de L'Ecosse.

Le Duc D'argyle est parti ces jours passés pour une autre Campagne d'ou La Duchesse se rendra dans les provinces méridionales de france afin d'y soigner sa santé.[1] nous avons vu aussi bien et en moins de tems inveraray que si nous y eussions trouvé le maitre de la maison. les jardins excepté à l'entour du Chateau sont peu soignés: une Cascade qu'on nous a mené voir a un grand quart de lieue ne s'attendoit pas à notre visite, et comme il n'a pas plu depuis longtems notre conducteur a été obligé [49] de nous dire qu'elle etoit fort belle, et que tous les Etrangers l'admiroient beaucoup lorsqu'il y avoit de l'eau. ici Comme à Dunckeld on vous pousse sans miséricorde jusqu'au sommet d'une haute montagne d'ou l'on voit qu'excepté ce qu'a force de tems de peine et d'argent on a défriché orné et bati dans l'espace d'une lieue environ le reste du Pays est une vraye thébayde; malgré cela malgré le mauvais gout d'un Chateau bati dans une maladroite imitation du gothique, malgré des distributions intérieures qui n'offrent aucune commodité, l'ensemble de ce lieu est l'habitation d'un grand seigneur, et sa sauvagerie à de quoi plaire.[2] Le Duc y vit avec un faste convenable à sa naissance. deux écuries, une ferme superbe, des Potagers immenses sont autant de batimens separés qu'on apercoit à travers le feuillage des hetres et frenes qui sont épars ou en groupe dans les environs du Chateau. la riviere d'aray qui coule entre le Chateau et la plus haute montagne se passe

1. Les chefs du clan Campbell, antique mais modeste, n'émergèrent d'une relative obscurité qu'à partir du quinzième siècle. Une politique habile leur permit d'évincer d'autres clans et de s'imposer dans le comté d'Argyll. Après avoir soutenu les Stuart, et ainsi assuré la fortune des Campbell, les comtes d'Argyll les combattirent. Leur soutien à Guillaume III leur valut le titre de duc, et, de l'acte d'Union de 1707 à 1760, l'Ecosse fut pratiquement abandonnée à l'autorité des ducs d'Argyll. La vive hostilité, voire la haine, qu'ils suscitèrent explique le succès des rébellions de 1715 et surtout de 1745. Le 5e duc, qui régna de 1770 à 1790, n'avait pas d'ambitions politiques; il se consacra à la mise en valeur de ses immenses domaines, introduisant l'agronomie nouvelle et favorisant l'artisanat. Ses efforts furent récompensés car ses revenus et ceux de la population augmentèrent. Sur la duchesse d'Argyll, voir I.180; p.107.

2. Le château ancestral des Campbell fut remplacé à partir de 1746 par la construction néogothique,* attribuée à Roger Morris, en fait due à W. Adam et à ses fils, et qui ne fut guère achevée qu'à la fin du siècle. C'est l'un des tout premiers exemples de château pseudomédiéval, comme on en construira beaucoup en Ecosse. Le parc fut aménagé dès 1751, on y multiplia les allées et les constructions diverses. Le pont admiré par B. fut dessiné par Adam en 1761, la cascade fut aménagée en 1756. Quant à la ville nouvelle, les travaux commencèrent en 1750. Voyons ce que Faujas de Saint-Fond, qui fut reçu par le duc d'Argyll un mois auparavant, dit d'Inveraray: 'Le château, malgré son apparence ancienne, est de construction très moderne, on a choisi le genre gothique de préférence, en l'associant aux meilleures formes pour l'intérieur, parce que les bâtimens du dixième siècle figurent bien au milieu des bois et aux pieds des collines; ils rappellent des idées de chevalerie qui tiennent à la bravoure et aux aventures galantes de ces tems de loyauté. Les ressouvenirs répandent une sorte de charme sur la scène; ils l'embellissent et la rendent touchante. Nous aimons tous un peu les romans' (*Voyages en Angleterre* ..., i.285).

sur deux ponts d'une excellente structure l'un est à l'embouchure de cette riviere dans le bras de mer, et sert à la route d'ynveraray à Dumbarton glascow stirling et Edimbourg l'autre pont joint deux parties de jardin et sert en meme tems d'acqueduc pour conduire les eaux d'une fontaine au Chateau. ces deux [50] Ponts, dont l'utilité réelle ajoute au mérite de leur situation et de leur élégance sont batis de la meme Pierre dont on s'est servi pour le Chateau. elle est d'un gris tirant sur le verd d'un très beau grain et taillée avec un soin qui fait honneur aux macons Ecossois.

Le Duc employe en ce moment un peintre qu'on m'a dit etre francois, et qui orne deux grandes Pieces dans le genre des arabesques. ce qui est fini est très agreable tant pour le dessin que le coloris.

j'oubliois de parler d'une édifice veritablement curieux et particulier c'est une grange à trois étages ou chaque gerbe de bled, ou d'avoine est mise séparement et placée de maniere à recevoir l'air nécessaire pour secher la Paille et le grain. dans ce Pays souvent la moitié de la récolte n'a pu arriver à maturité, ou si elle y parvient le bled moissoné trop tard, est humide, et se gate dans les meules. on n'engrange point toute la récolte reste en plain air et malgré l'art avec lequel les meules sont faites, les bons fermiers conviennent qu'ils perdent une grande quantité de grains faute d'avoir des granges. Le Duc D'argyle a paré à cet inconvenient, mais comme son batiment a couté fort Cher, que la maniere d'y arranger le bled exige un soin [51] particulier, et que plus que tout cela L'Empire de l'habitude domine dans toute sa force parmi un Peuple comme le montagnard écossois il y a apparence qu'il n'y aura pas d'imitateurs.[1]

Le 11. à Dumbarton

nous nous sommes embarqués à Inveraray, tandis que notre voiture tournoit le bras de mer, nous l'avons longé jusqu'a Cairndow. de ce hameau jusqu'au lac long on suit sur un bon Chemin deux vallées dont la premiere est ce qu'on peut imaginer de plus hideux, dans son étendue de six miles on ne voit ni habitations ni arbres, ni le plus petit terrein cultivé. après avoir passé près du petit lac bell on descend dans la seconde vallée, ou l'on compte dans l'espace de quatre miles, sept à huit Chaumieres et quelques terrein autour de ces malheureuses habitations sont Cultivés par des montagnards qui souvent abbandonnent après quelques années la place qu'ils ont défriché, et qui ne répond pas à leurs travaux, j'ai vu un assez grand nombre de petites vaches sans cornes. du lac

---

1. Certes, seuls les grands seigneurs pouvaient entreprendre de tels travaux, mais beaucoup de propriétaires tentèrent d'améliorer le rendement de leurs terres, et le sort de leurs paysans. En 1784, on venait de fonder la Highland and Agricultural Society destinée à favoriser la diffusion des méthodes modernes.

long jusqu'au lac lomond le valon qui les sépare est un peu moins aride. j'avois fait plus de quatre lieues à pied pour arriver [52] au hameau de Tarbet ou j'ai déjeuné. un tems Charmant nous a engagé à nous embarquer de nouveau sur le lac Lomond, et dans un miserable petit bateau, deux rameurs sans Culottes, et parlant le galic[1] que mes compagnons anglais n'entendent pas plus que moi nous ont Conduit à Luss ou nous avons rejoint notre voiture. Le Lac lomond est Certainement le plus beau des lacs d'Ecosse comme il est le plus grand de tous ceux qui occupent une bonne partie de l'etendue de ce Pays. ses bords moins sauvages que ceux du lac tay deviennent très agréable en aprochant de Dumbarton et vingt huit isles bien boisées dont quelques unes sont habitées achevent d'embellir cette petite mer. vers le soir une heure avant le Coucher du soleil il a paru pour nous offrir un spectacle superbe: Celui des montagnes que nous laissions derriere nous éclairées en demie teintes d'une maniere vraiment ravissante.[2]

Dumbarton est dans une situation également agréable et favorable au commerce, elle est batie sur la riviere de leven sortie a cinq miles plus haut du lac lomond et qui se jette dans la riviere de clyde sous les murs du Chateau de Dumbarton.

ce Chateau est au dessus d'un rocher escarpé de tout coté et d'autant [53] plus singulier qu'il est isolé, et loin des montagnes au milieu d'un valon fort uni.[3]

cette forteresse regardée anciennement comme imprenable fut surprise et emportée d'assaut par un valeureux Ecossois le Capitaine crawford qui conduisit cette entreprise avec autant de présence d'esprit que d'audace.[4] étant arrivé à minuit au bas du Rocher il planta des échelles. la premiere mal attachée tomba sous le poids de neuf hommes qui perirent; leur Cris ne reveillerent point la garnison du Chateau. Crawford parvint aux premieres assises du rocher mais

---

1. B. a sans doute entendu parler le gaélique depuis Dunkeld, voire Perth, ce langage étant celui de tous les montagnards, en dépit des efforts des autorités et de l'Eglise pour imposer l'anglais, ou du moins l'anglo-écossais. Ce gaélique était en fait de l'irlandais, ou erse, introduit à partir du cinquième siècle. La forme *gallique* avait été retenue par les Français; elle se répandit avec le succès d'*Ossian, poésies galliques*, traduites par Le Tourneur en 1777.

2. Le Loch Lomond était devenu, et à juste titre, une étape obligée pour les voyageurs, épris de beauté pittoresque. Faujas de Saint-Fond évoque lui aussi ses souvenirs: 'Le superbe lac Lomond, le beau soleil qui doroit ses eaux, les roches argentées qui bordoient ses rives, les mousses verdoyantes et fleuries, les bœufs noirs, les moutons blancs, les bergers sous les pins [...] ne sortiront plus de ma mémoire' (*Voyages en Angleterre ...*, i.274).

3. Bonne observation de B.; de fait, un certain nombre de pitons volcaniques jalonnent la grande faille Glasgow-Edimbourg, et portent des forteresses, comme celles de Dumbarton, Stirling, Edimbourg.

4. Le château royal de Dumbarton* fut tenu de 1568 à 1570 par des troupes loyales à la reine Marie et à l'alliance française.

il falloit grimper bien plus haut, dans cette escalade un de ses soldats se trouva mal et perdant connoissance sur l'echelle empechoit ses camarades de monter. au lieu de le jetter ce que l'embarras du moment pouvoit suggerer il le fit attacher au revers de l'echelle et l'on continua à monter. enfin tout servit ensuite une si belle valeur, et le Commandant du Chateau Milord fleming étant seul parvenu à se sauver, sa femme fut surprise avec verac l'Envoyé de france en Ecosse et L'archeveque de St. andré que le Regent Lennox fit pendre à Sterlings comme Coupable de trahison quoiqu'il fut adherent au parti de la Reine marie la seule souveraine légitime à cette époque.[1] ce Chateau celebre est aujourd'hui commis [54] à la garde d'une Cinquantaine d'invalide.

la ville de Dumbarton consiste en une seule rue assez passablement batie, on y fait et dans les environs du linge de table. il y a à l'extremité de la ville une verrerie, mais il s'en faut de beaucoup que son Commerce réponde à sa situation. le Pont sur la riviere leven est bien bati ainsi que tous les édifices de ce genre qu'on trouve en nombre dans les plus mauvaises parties de ce Pays.

Le 12. a stirling

je me suis séparé ce matin de Milord morton et de M. swinburn; ils vont à glascow, et j'avois à voir divers autres objets de curiosité avant d'arriver a cette ville que je trouverai sur ma route d'Edimbourg à Port Patrick.

après les horribles vallées dont je sors je me suis cru dans la terre promise, depuis Dumbarton jusqu'a Stirling tout le Pays que j'ai parcouru est bien Cultivé. on voit sur la route de jolies maisons de Campagne les villages sont en nombre et sans etre aussi beaux que ceux de l'angleterre on voit que des familles sont logées sainement et ont assez d'espace. la vue du lac lomond les montagnes dans l'eloignement une plaine arrosée par deux rivieres, une belle route voici ce dont j'ai [55] joui aujourd'hui.

les environs de stirlings sont aussi agréables quoique que moins pittoresques que ceux de Dumbarton. la vue du chateau de stirling est superbe, sa situation et celle de la ville qu'il domine ont quelque ressemblance avec celle d'Edimbourg. la riviere de forth qui passe au pied du Rocher sur lequel est bati le rocher forme tant de sinuosités qu'en suivant son cours on Compte vingt miles de stirling à alloa petite ville du Comté de Clackmannan qui par la route de terre n'est qu'a cinq miles de distance.

le chateau de Stirling est certainement le lieu le plus celebre de toute L'Ecosse

1. L'archevêque de Saint-Andrews était John Hamilton qui avait essayé de réformer l'Eglise d'Ecosse, mais s'était opposé à John Knox. Il resta en Ecosse après la Réforme, fidèle à Marie Stuart; ce fut lui qui baptisa Jacques VI.

par la foule d'evenemens singuliers qui s'y sont passés.[1] Les Rois D'Ecosse dans les tems les plus reculés, au milieu de la vie ambulante que leur inclination, ou l'inquietude ou les tenoient leurs sujets, leur faisoit mener, se plurent principalement dans une forteresse qui reunissoit pour eux la sureté à l'agrement et qui Commandoit des lors à la plus florissante de leurs provinces. mais ce ne fut que depuis que la maison de stuart monta sur le throne que Stirling devint une residence en quelque sorte permanente. jacques II. nacquit dans ce Chateau et quoique ce Prince l'eut souillé par le meurtre de Douglas il y fixa sa demeure et jacques III. l'embellit et l'agrandit considerablement.[2] ce qui est distingué par le nom [56] de Palais et par des sculptures travaillées avec plus de soins que de gout fut Construit sous le regne de jaques V, dont le Couronnement eut lieu dans ce Chateau. sa veuve marie de guise fit faire la partie de fortification qu'on nomme encore aujourdhui la batterie francoise, et y fit couronner sa fille marie Stuart alors agée de neuf ans.[3] dans la suite cette Princesse choisit le Chateau de Stirling pour y faire célebrer avec une pompe extraordinaire le bapteme du seul enfant qu'elle eut de Lord Darnly connu dans l'histoire sous le nom du Roi henri, plus connu encore par son ingratitude envers marie, sa Conduite miserable et la maniere dont il périt. ce bapteme offre deux circonstances remarquables, Darnly n'y voulut pas assister quoique se trouvant à Sterling. Buchanan[4] en donne pour raison que marie tenoit son mari dans un tel état de pauvreté qu'il n'avoit pas un habit decent pour la cérémonie, il paroit plus vraisemblable qu'étant instruit du peu d'egard que L'ambassadeur d'angleterre auroit pour lui, il préfera de ne pas etre présent au bapteme de son fils.

l'autre circomstance sert à prouver le fanatisme de ce tems, la Comtesse

1. Le château-fort de Stirling,* remontant au douzième siècle, fut la principale résidence des rois d'Ecosse aux quinzième et seizième siècles, et Stirling fut pratiquement la capitale du pays à la fin du Moyen Age.

2. Jacques II (1430-1460) dut lutter contre la puissante famille des Douglas, et assassina en 1452 le 8e comte de Douglas qui s'était allié à ses ennemis.

3. Jacques V (1512-1542), proclamé roi dès 1513, après la mort de son père Jacques IV à Flodden dans une guerre contre l'Angleterre, chercha l'appui de la France; il épousa d'abord Madeleine, fille de François Ier, en 1537, puis, après le mort de cette princesse, Marie de Guise, (1515-1560) en 1538. Après une lutte désastreuse contre des rebelles soutenus par l'Angleterre, Jacques V mourut en 1542. Marie de Guise, soutenue par la France, réussit à règner au nom de sa fille Marie, mais ne put empêcher les progrès du calvinisme, ni finalement la révolte de ses sujets appuyés par l'Angleterre. Lorsque Marie Stuart (1542-1587), veuve de François II, rentra en Ecosse en 1561, le pays lui fit cependant un accueil favorable; elle épousa son cousin, Henry Lord Darnley, en 1565, et en 1566 naquit le futur Jacques VI (Jacques Ier d'Angleterre), mais elle fut contrainte d'abdiquer en 1567.

4. George Buchanan (1506-1582) étudia à Saint-Andrews et Paris; soupçonné d'hérésie, il revint en France et y séjourna, surtout à Paris, de 1551 à 1561; il y était admiré comme un des plus grands maîtres de l'humanisme et de la néolatinité. De retour en Ecosse, il se montra très hostile à Marie Stuart et au camp catholique: son *De Maria Scotorum Regina*, traduit en français dès 1572, est surtout une œuvre de propagande contre la reine.

D'argyle présentant au bapteme cet enfant au nom d'Elizabeth qui etoit sa maraine entra dans la Chapelle catholique, tandis que [57] L'ambassadeur D'angleterre et tous les seigneurs Ecossois protestant s'arrèterent à la porte et pour ce seul fait elle fut citée devant l'assemblée de l'église réformée et admonetée durement.

L'archeveque de St. andrews qui baptisa Jacques VI. est le meme qui fut pendu quelques années après à Stirling pour sa fidelité dans le parti que marie avoit conservé en Ecosse. enfin ce fut encore à Stirling que Le fils de cette infortunée Princesse fut couronné, n'ayant encore que treize mois d'après la renonciation éxtorquée à marie dans le prison du Lac levin.

tant d'evenemens me donnerent une grande Curiosité de voir le local ou ils s'etoient passés. en arrivant à Sterling j'ai profité de ce qu'il me restoit de jour pour voir le Chateau. tout y est dans le delabrement. la salle du Parlement batie par jacques III. et que de son tems l'on regardoit comme un Chef d'œuvre d'architecture est en partie exposée aux injures du tems faute de réparer sa toiture et le Palais sert de Caserne a une soixantaine d'invalides qui y sont assez malproprement logés. les Chambres d'en haut sont occupées par le major qui commande. autour du Chateau et dans la ville on ne voit [58] aucun édifice qui rapelle qu'elle fut une résidence Royale et que par conséquent des seigneurs attachés à la Cour auroient du s'y former de belles habitations. mais dans ce tems il n'y avoit gueres que la Cour de france ou sous le regne de francois Ier le gout et la magnificence recommencerent à passer de l'italie dans les autres parties de L'Europe. les grands de l'Ecosse toujours occupés de factions, variant souvent de partis, ne batissoient que pour faire de leurs Chateaux des forteresses, et ne pensoient pas à se donner des demeures Comodes dans la résidence d'un souverain qui ne pouvoit Compter sur leur fidelité qu'aussi longtems que ces seigneurs trouvoient de l'avantage a etre du parti du Roi.

La ville de Stirling peut renfermer de sept à huit mille habitans, dont un assez grand nombre trouvent une subsistance aisée dans le produit de plusieurs manufactures d'Etoffes de laine; les teintures de Stirling ont de la réputation dans le Pays. la saleté de la ville, n'a d'égale que celle de l'auberge ou je suis.

Le 13 à Edimbourg

après avoir eu bien de la peine à me procurer une voiture et des [59] chevaux je suis parti à neuf heures du matin de Stirling, j'ai fait dix miles dans un Pays qui ressemble beaucoup à la belle plaine de Colmar bordée par les montagnes des vosges. j'étois attendu chez M. Bruce gentilhomme Ecossois, le meme qui prétend avoir remonté le nil jusqu'à ses sources, et qui dans un séjour de dix ans en affrique en a passé quatre a etre general du Roi d'abbissinie. cet extraordinaire voyageur use dit on fort amplement du privilege de mentir accordé à qui vient de loin.[1] on lui dispute son talent pour le dessein et l'on prétend que ceux qu'il montre ne sont pas faits par lui, ceux que j'ai vus sont d'une si grande beauté que s'ils etoient l'ouvrage d'un autre artiste je crois que ce bon dessinateur auroit peine à garder le silence. quoiqu'il en soit, j'ai passé une heure fort agréablement, en parcourant le portefeuille de M. Bruce. deux autres volumes de vues des antiquités de l'affrique sont dans les mains du Roi d'angleterre, qui a donné à M. Bruce tant pour ses desseins que ses découvertes six mille livres sterling encouragement digne d'un souverain, qui si meme il n'etoit pas entierement merité seroit [60] encore très convenable pour exciter l'emulation et le désir de voyager utilement dans des contrées aussi peu connues. M. Bruce fait l'eloge de l'hospitalité qu'il y a trouvé.

après un bon déjeuner dont M^{de} Bruce m'a fait très honetement les honneurs après que son mari en qualité de juge de paix a eu condamné un voleur à la prison à stirling jusqu'a ce qu'aux assises prochaines son sort soit décidé nous sommes partis M. Bruce et moi pour aller voir ensemble les forges de Carron situées a un mile de sa maison sur le bord de la riviere de Carron.[2]

la quantité de mines de fer répandues dans cette Contrée fit naitre l'envie d'en profiter par un établissement majeur. une Compagnie occupée de cette spéculation, fit chercher pendant longtems l'emplacement le plus convenable à

1. James Bruce (1730-1794) fut d'abord consul à Alger et étudia les ruines romaines d'Algérie, puis il partit pour l'Egypte et remonta vers les sources du Nil en 1768. Il atteignit les sources du Nil Bleu en 1772 et rentra par Marseille en 1773. Quand il publia ses *Voyages* en 1790, la plupart des lecteurs restèrent, à tort, incrédules et sarcastiques.

2. Les forges de Carron furent fondées en 1759 par deux métallurgistes anglais et un négociant écossais, dans un site très favorable, à proximité de mines de charbon et de minerai de fer, de rivières fournissant la force motrice, non loin de la mer et du canal Forth-Clyde en projet. Elles fournissaient le premier exemple d'une aciérie, conçue rationnellement, intégrant dès le départ toutes les étapes de la production, et utilisant la vapeur en complément de l'eau. Elles devinrent le plus grand complexe sidérurgique d'Europe, mais il faut souligner qu'elles étaient la seule entreprise industrielle d'Ecosse, Une grand partie du succès fut due à l'effort d'armement de la Guerre de Sept Ans puis de la Guerre d'Amérique. Les forges de Carron étaient très visitées. Faujas de Saint-Fond consacra plus de douze pages à les décrire: 'On nous introduisit d'abord dans une immense cour, entourée de murs élevés et de vastes angars: cet emplacement étoit couvert de canons, de mortiers, de bombes, de boulets, et de ces énormes pièces, courtes et renflées par la culasse qui portent le nom de caronnades. Au milieu de ces machines de guerre, de ces terribles instrumens de mort, des grues gigantesques, des cabestans de toutes les sortes, des leviers, des machines à moufles, servant à mouvoir tant de lourds fardeaux, sont disposées dans des places convenables à ce service. Leurs mouvemens, les cris aigus des poulies, le bruit répété des marteaux, l'activité des bras qui donnent l'impulsion à tant de machines: tout offre ici un spectacle aussi nouveau qu'intéressant' (*Voyages en Angleterre* ..., i.210-11). Le visiteur fut fasciné par les quatre hauts-fourneaux d'où, toutes les six heures, sortait une coulée: 'L'on ne sait si l'on a été transporté, par quelque effet magique, sur les bords de l'antre où Vulcain avec ses Cyclopes s'occupe à préparer la foudre. Je voudrois que le peintre du Vésuve, que Volaire, qui a si bien rendu les effets terribles de ce volcan dans ses plus fortes éruptions nocturnes, vint exercer ici ses pinceaux' (i.217).

ses vues et le trouva sur les bords d'une riviere qui à trois miles au dessous de Carron a son embouchure dans le firth de forth. en 1760. cette Compagnie après avoir acheté le terrain qui lui etoit necessaire fit une dépense prodigieuse mais bien entendue pour construire, les atteliers, les forges, la machine à feu et les reservoirs d'eau qui dans tous les tems assure le travail et le mouvement [61] des roues dont il dépend. bientot un produit considérable justifia les calculs des entrepreneurs et leur permit d'employer pendant la derniere guerre jusqu'a deux mille ouvriers.

depuis la mine de fer jusqu'a sa fonte en fer propre au travail depuis la marmite jusqu'au Canon de tout Calibre, depuis l'ancre d'un vaisseau de guerre, jusqu'au fer à repasser d'une blanchisseuse tout se fabrique a Carron dans l'immensité des détails et de l'emploi d'un métal si utile. c'est a Carron que ce sont faits des Canons courts mais portant quarante livres de balles avec lesquels une fregatte inferieure nous a pris la belle frégate qui étoit recemment sortie de St. malo sous le Commandement de M. de vigni. ce genre de Canon est appellé Carronade[1] du nom de la fonderie ou il fut inventé.

la Paix a diminué les travaux des forges de Carron quant aux objets de l'artillerie mais l'intelligence du Directeur de ce grand Etablissement lui a déja fourni les moyens d'étendre vers d'autres parties le cercle de ses travaux, et de remplacer ainsi le déficit d'un débit qui etoit tres important. moins pressées d'ouvrage, les forges sont mieux soignées, et la délicatesse de ce qui s'y fait en ce moment est aussi [62] surprenante que le gout qui y préside est digne d'eloge. des sculptures en bois ne sont pas plus deliées que les reliefs de plusieurs Cheminées à l'angloise qui m'ont ete montrés.

à une portée de fusil de Carron dans une direction paralelle à la riviere est le Canal destiné à joindre les deux bras de mer de forth et de Clyde. ce Canal entrepris en 1768 a été Conduit jusqua quelques miles du firth de Clyde mais

---

1. La *carronade* fut mise au point pendant la Guerre d'Amérique, et le mot apparut en anglais en 1779, surtout comme arme antipersonnel, projetant une gerbe de mitraille redoutable. Dès 1783, l'*Encyclopédie méthodique*, i: *Marine*, évoquait la *caronade*: 'Espèce de canon dont les Anglois ont fait récemment l'essai. [...] Toutes les connoissances que nos tentatives ont pu nous procurer sur cette bouche à feu, se bornent à celles-ci: que ces canons ne sont pas à chambre sphérique.' A l'article 'Barce', on précisait: 'Il paroit que les Anglois voudroient revenir aujourd'hui à cette espèce de canons d'un grand calibre, relativement à leur longueur, même pour de grosse artillerie; ils ont fait l'essai sur une de leur frégate, de canons légers et courts, ayant seulement 5 pieds à 5 pieds et demi de longueur, portant à une très grande distance des boulets de 66 à 68 livres: il nous en a coûté une frégate sortant de dessus les chantiers, portant du 18, qui s'est rendue à ces forces estimées supérieures,' Effectivement, le 4 septembre 1782, la frégate l'Hébé, 38 canons, conduisant un convoi de Saint-Malo à Brest, fut attaquée, dans les parages de l'Ile de Batz, par le Rainbow, 48 canons, et se rendit, mais M. de Vigny, capitaine de vaisseau, fut condamné par un conseil de guerre, nonobstant l'emploi par l'ennemi de la carronade,

Le terme *caronade* ne fut pas admis dans le *Dictionnaire de l'Académie* avant la 6e édition en 1835.

un manque de fonds avoit empeché son entiere éxécution.[1] le Parlement vient de preter une somme de Cinquante mille livres sterlings,[2] avec la quelle la Compagnie qui s'est livrée à cette grande entreprise espere de la mener totalement à bien. Le Canal dans une étendue de vingt sept miles d'angleterre aura partout Cinquante quatre pieds de large dans sa superficie vingt quatre dans sa base et contiendra sept pieds d'eau en hauteur en sorte que des vaisseaux de soixante pieds de long sur vingt de largeur portant de soixante dix a quatre vingt tonnaux pourront se rendre de la mer germanique dans l'ocean atlantique en traversant par son centre fertile tout le Royaume D'Ecosse. des villages considerables, batis sur les bords de ce nouveau canal, et dans des emplacemens ou n'y avoit pas une maison il y a quinze ans, prouvent sans replique tout l'avantage que l'on retire déja de la partie mise en état de navigation.

[63] a un mile plus loin que le Canal est la petite ville de falkirck connue dans l'histoire par les deux batailles qui se donnerent près de ses murs en 1298. et en 1746.[3] elle est remarquable en ce moment comme etant peut etre la seule ville en Ecosse ou le zele des réformateurs n'ait pas fait abattre les Croix qui surmontent les deux Clochers.[4] c'est aussi dans ces environs que tous les ans en automne les montagnards Ecossois viennent établir une foire de bestiaux dont le nombre passe dit on fort souvent celui de Cinquante milles.[5] c'est sur une vaste Commune que sont assemblés ces bestiaux et tant pour leurs Conducteurs que pour les marchands qui viennent faire leur emplettes on dresse des tentes. ce spectacle attire un grand nombre de Curieux.

j'ai quitté à falkirck M. Bruce et la meme Chaise de Poste m'a Conduit de cette ville à Edimbourg.

en sortant de falkirk on voit sur la droite du Chemin une fort belle Campagne achetée recemment avec les terres qui en dependent pour la somme de quatre vingt mille livres sterlings par un M[r] forbes, qui etoit Chaudroniers il y a vingt ans et qui s'etant brouillé avec son frere quitta l'Ecosse fut travaillé en angleterre

---

1. Le relief de l'Ecosse interdisait bien sûr la création d'un réseau de canaux de navigation intérieure, mais on pouvait envisager des canaux reliant une mer à l'autre, par exemple à l'endroit le plus étroit, du Forth à la Clyde. Entrepris en 1768 les travaux furent abandonnés en 1775 et ne reprirent qu'en 1785. Le canal sera achevé en 1790, et permettra le passage de bâtiments de cabotage.

2. Bombelles corrige une erreur faite II.12 (p.173), où il attribuait à la générosité du gouvernement britannique une subvention de £500 000.

3. En 1298 les Ecossais furent battus par les Anglais; en janvier 1746 le prince Charles-Edouard défit les troupes hanovriennes.

4. Souvent on abattit aussi les clochers; par ailleurs, presque partout on supprima les carillons pour ne conserver qu'une seule cloche.

5. La pacification, après 1745, avait permis un grand essor de l'élevage en montagne et surtout du négoce des bestiaux.

eut le bonheur d'inventer la maniere de doubler les vaisseaux en Cuivre[1] et a du a cette découverte et à l'entreprise qu'elle lui a valu une fortune evaluée aujourd'hui à [64] trois cent mille livres sterlings.[a]

après avoir diné a linlithgow avec deux officiers de Dragons anglois je suis arrivé à neuf heures du soir à Edimbourg.

Le 14.

L'espoir de recevoir ici des lettres de france, le plaisir de m'y retrouver bien logé, et d'y etre attendu par differentes personnes empressées de me marquer honetetés tout cela rend mon retour à Edimbourg fort agréable. je m'y trouve moins étranger que dans ces horribles montagnes dont le seul souvenir pese encore sur moi.

M. Schmitt des qu'il m'a scu arrivé est venu me Chercher et dans la promenade que j'ai faite avec lui, nous avons compris le Palais d'holy Rood house. cette residence des derniers Rois d'Ecosse faisoit partie d'une ancienne abbaye fondée en 1128 par David Ier Jacques V construisit les tours qui ont resisté à l'incendie ordonné ou souffert par Cromwell.

elles ont été raccordées avec un batiment plus moderne, dans un gout et une intelligence qui fait honneur au talent du C[er] guillaume Bruce qui sous le Regne de Charles II. fut l'architecte du nouveau Palais.[2] Bruce avoit été longtems en france, et le genre d'architecture qu'il a employé est une heureuse reminiscence de ce qu'il avoit vu [65] de beau à Paris. la Cour interieure du Palais est quarrée. les quatre parties de batimens sont soutenues sur des arcades ornées de pilastres d'ordre dorique, les deux etages au dessus ont de meme des pilastres dans les entrecroisées, au p[r]. étage d'ordre yonique au second en Corinthien. l'interieur

---

a. 17 millions deux cent mille livres de france.

1. L'*Encyclopédie méthodique*, ii: *Marine* (1786), consacre près de vingt-cinq pages sur double colonne à cette nouvelle technique: 'le doublage en cuivre, qui réunit les deux avantages de garantir les vaisseaux de l'insulte des vers, et de leur procurer une marche avantageuse.' La Marine Royale française fit les premiers essais de doublage en cuivre dès 1778 en s'inspirant d'un cutter anglais que l'on venait de capturer. Cette innovation avantageuse, introduite en Angleterre dès 1761, fut vite adoptée par la plupart des marines de guerre après 1780.

2. On retrouve à Edimbourg la même disposition qu'à Westminster: une résidence royale, jouxtant une abbaye, hors les murs de la cité. Mais à Edimbourg, l'abbaye d'Holyrood, Sainte-Croix, était en ruines. Il ne restait que peu de murs du palais dans le goût de la première Renaissance française. La restauration entreprise sous Charles II, à partir de 1671, ne conserva que quelques éléments anciens. Sir William Bruce (1630-1710) y travailla plus dans le goût palladien que dans le goût classique français. Le palais, voulu par Charles II, ne reçut jamais de prince régnant, mais il accueillera, de 1796 à 1810, le comte d'Artois et une petite cour d'émigrés (à la même époque des prisonniers de guerre français seront enfermés dans la citadelle), qui y reviendront en 1830. Comme Saint-Germain avait abrité les Stuart en exil, le palais des Stuart abritera les Bourbon en exil.

étant meublé offrirait encore une demeure plus belle et plus convenable à un souverain que celle du Palais de St. james. une des pieces de holy rood house sert à l'assemblée des Pairs d'Ecosse lorsqu'ils nomment les seize d'entre eux qui ont sceance au Parlement de la grande Bretagne.

Les Duc D'argyle et D'hamilton ainsi que Milord Dunmore occupe trois grands apartemens de cette résidence gardée par quelques soldats du Regiment en garnison au Chateau.[1]

l'apartement du Duc d'hamilton est curieux en ce qu'on y voit encore le lit qui servoit à la Reine marie dans la meme Chambre ou les assassins de Rizzio conduits par le Roi henry, massacrerent sous les yeux de cette Princesse un parvenu pour lequel on lui croyoit trop de foiblesse. l'escalier par ou le Roi, Ruthven et ses complices arriverent etoit presque au pied du lit de la Reine et masqué par une tapisserie qui est encore dans cette Chambre.[2] cet attentat fut le premier et un des plus sensibles outrages auxquels, l'infortunée marie fut si cruellement exposée dans la suite d'une vie dont les premieres années [66] avoient été si brillantes.

l'apartement de Lord Dunmore, n'est montré aux curieux qu'a cause d'un grand tableau ou Charles Premier est représenté avec henriette de france tous deux prets à monter à Cheval. ce tableau de Mytens Peintre qui fut fort estimé avant que Vandyck ne l'eut surpassé a des beautés de dessein, et de détails. dans une autre piece de cet apartement est un portrait de Charles Premier par Wandyck qui appartient à un M. Bruce et qui n'est qu'en dépos chez Lord Dunmore. je n'ai pas vu sans en excepter le beau tableau qui est a Versailles une tete plus expressive que celle que Wandick a rendue dans ce Chef d'œuvre.[3]

sortant du Palais j'ai été diner chez M. Schmitt et de chez lui j'ai été voir le fils du Docteur Robertson esperant qu'il me feroit faire la connoissance de son Pere mais cet écrivain éstimable[4] commence à s'affoiblir par les infirmités de

---

1. Le duc d'Argyll y résidait en tant que Heritable Keeper of the King's Household, et le duc d'Hamilton en tant que Heritable Keeper of the Palace of Holyrood.

2. David Riccio, ou Rizzio (1533-1566), venu en Ecosse dans la suite de l'ambassadeur de Savoie, devint le compagnon favori et le secrétaire de la reine Marie, et il suscita la jalousie de Henry Darnley, le roi consort, qui l'assassina le 9 mars 1566. L'épisode inspirera artistes, romanciers, dramaturges, et permettra de beaux effets aux guides du lieu!

3. Daniel Mytens (1590-1642), peintre hollandais, d'une famille qui compta beaucoup d'artistes, vint en Angleterre vers 1618 et travailla beaucoup pour Jacques Ier et sa cour, puis pour Charles Ier, mais il quitta Londres quand Antoine Van Dyck (1599-1641) s'y installa, appelé par le roi en 1632. Van Dyck, couvert d'honneurs et de faveurs, peindra toute l'aristocratie anglaise. Il a laissé de nombreux portraits de Charles Ier et de sa famille. Charles Ier, prince éclairé amateur d'art, se constitua de superbes collections, dispersées sous Cromwell, et dont une partie vint alors enrichir les collections françaises. Le portrait de Versailles est maintenant au Louvre.

4. Le Dr William Robertson (1721-1793), théologien et érudit, jouissait alors d'un grand prestige dans toute l'Europe savante et contribuait au renom de 'l'Athènes du Nord'. Son *History of Scotland* (1759) connut treize éditions jusqu'en 1793, et lui valut en 1761 le titre d'Historiographer Royal

la viellesse, et depuis huit jours il s'est joint a un Rhume inquietant une surdité assez grande pour l'empecher de se montrer à un étranger. il est président du College principal d'Edimburgh et en cette qualité occupe une maison qu'on dit etre rebatie sur le terrein ou l'on fit sauter par une mine de poudre celle qu'henri Darnly Pere de jacques VI occupoit après la maladie mortelle qu'il eut à glascow. [67] c'est ce meurtre, dont les ennemis de marie ont Cherché à la faire croire complice et toutes les erreurs de sa Passion pour Bothwell n'ont fourni que de trop fortes suspicions contre elle au moins contre sa legereté dans cette circonstance.[1]

a Chaque pas on rencontre dans ce Pays des monumens qui rapellent la férocité des mœurs du moyen age.

Le 15.

Je devois aux honetetés du Duc de Buccleugh, d'aller lui faire une visite et suivant l'usage de ce Pays je me suis rendu à Dalkeith à dix heures du matin. c'est le tems du déjeuner. le point de ralliement des habitans du meme Chateau, et vers onze heures chacun va se promener a pied, à Cheval ou en Caleche suivant son gout. j'ai trouvé chez le Duc son beau pere le Duc de montagu, Le grand Ecuyer du Roi d'angleterre qui a ses gens à la livrée du Roi comme nos Ecuyers grands premiers et ordinaires en france. les autres seigneurs en visite comme moi chez le Duc de Buccleugh étoient M. Mackensie frere de milord bute[2] et Milord Kinnoul.[3]

Mr Mackensie a été longtems ministre d'angleterre à Turin, Milord Kinnoul a été employé dans la meme qualité à Lisbonne celui ci s'est retiré depuis une

---

of Scotland, et le poste de principal du collège, c'est-à-dire de l'université. Il publia en 1769 une *History of Charles V*, traduite en français dès 1771, et une *History of America* (1777), traduite en français en 1778 et aussi en 1780. Comme historien, il était aussi célèbre que David Hume et Edward Gibbon, et, par ailleurs, il fut le premier 'universitaire' auquel ses ouvrages permirent d'avoir un équipage!

1. Cousin germain et époux de Marie Stuart, Darnley (1545-1567) fut effectivement la victime d'un attentat qui fit sauter le logis d'une ancienne collégiale, le 10 février 1567. Il est fort probable que Bothwell (1535-1578), qui épousa la reine le 15 mai 1567, ait organisé l'attentat. Quoiqu'il en soit, le meurtre et le remariage coûtèrent la couronne à Marie Stuart.

2. John Stewart (1713-1792), 3e comte de Bute, neveu du duc d'Argyll, avait été premier ministre de Georges III de 1761 à 1763; il en avait profité pour placer beaucoup de nobles écossais à de hautes fonctions, en particulier dans les affaires étrangères. D'ailleurs, la monarchie hanovrienne avait nommé de nombreux Ecossais dans les ambassades, autant pour récompenser leur fidélité que pour éloigner d'Ecosse ses élites. Ce qui explique que B. rencontre beaucoup d'Ecossais, anciens diplomates.

3. James Stewart-Mackenzie (1718-1784) fut ambassadeur à Turin de 1758 à 1761. Thomas Hay (1710-1787), 9e comte de Kinnoul, fut ambassadeur à Lisbonne de 1759 à 1762, puis il se consacra à son splendide domaine de Dupplin, y plantant près de 100 000 arbres par an. C'est à lui que l'on devait le nouveau pont de Perth.

vingtaine d'année dans son chateau de Dupplin près de Perth ou il vit en grand et bon seigneur. l'autre M. Mackensie a aussi [68] une belle terre dans le Comté de Perth. sa Conversation est très interessante et a eu pour moi un double merite parce qu'il parle très bien le francois. il me paroit qu'en angleterre comme en france il n'y a nulle comparaison à faire entre la politesse des vieux et celle des jeunes gens. celle qu'on rencontre dans la maison du Duc De Buccleugh est du ton le plus aisé et le plus aimable.

de retour de Dalkeith j'ai passé la soirée chez Melle Dundas sœur du garde des sceaux D'Ecosse et qui est en meme tems trésorier de la marine d'angleterre.[1] Dundas est un des premiers orateurs de son Pays, j'ai connu sa sœur à naples. elle sert de mere à ses nieces depuis que leur mere est divorcée et s'est remariée à un autre. ces jeunes personnes sont tres bien élevées, l'ainée est très bonne musicienne, la seconde peint d'une maniere distinguée, la troisieme qui sera fort jolie n'a point encore de talens marqués. j'ignorois l'avanture ou les avantures de leur mere, et comme leur tante me faisoit le détail de toute cette famille, et du soin qu'on prend d'une Cousine très agréable elevée avec Melle Dundas, j'ai cru pouvoir demander quand Mad^e Dundas etoit morte. la tante a répondu avec embaras; il y a plusieurs années [69] les filles ont rougi, et un voisin obligeant m'a dit tout bas. on ne parle pas ici de M^de Dundas, mais elle n'est morte que pour son mari et ses enfans.

Le 16.

je n'ai pas moins à me louer des attentions et des prévenances des habitans d'Edimbourg que de celles dont j'ai été l'objet en angleterre. si je devois rester dans cette ville j'aurois des diners et des soupers à Choisir, quoi que la plus grande partie de la societé soit a la Campagne jusqu'après noel. Melle Dundas n'est en ville que parce qu'elle y attend son frere et je la nomme principalement comme s'étant occupée avec une recherche particuliere à me rendre mon séjour agréable. ce matin elle m'a mené à la maison d'une Mad^e scott située délicieusement entre la ville et les bords de la mer du Coté de leith. il n'y entre pas un vaisseau dans ce Port que l'on ne le voye des fenetres de cette belle

1. Henry Dundas (1742-1811), d'une famille de juristes éminents, juriste lui-même, fut dès 1766 Solicitor General et à partir de 1774 Lord Advocate, en fait responsable de l'administration de l'Ecosse et représentant du gouvernement. B. ne nous dit pas, mais il doit le savoir, que Henry Dundas est le tout-puissant intermédiaire entre le pouvoir en place à Westminster et l'aristocratie et les notables d'Ecosse. On l'appelait Henry IX, roi d'Ecosse! Il distribuait prébendes, sinécures et honneurs, et s'assurait que l'Ecosse n'envoie à Westminster que des députés favorables au pouvoir. Il cumulait les fonctions locales et nationales, et de surcroît venait de devenir le principal dirigeant de la Compagnie des Indes Orientales. Son pouvoir et sa fortune finiront par lui valoir tant d'inimitiés qu'il connaîtra en 1800 une disgrâce que compensera en 1802 le titre de Vicomte Melville.

maison d'ou l'on decouvre aussi une grande étendue du Comté de fife ainsi que les iles qui varient le Coup d'œil de la mer.[1]

M^de scott est veuve du géneral de ce nom qui après avoir gagné une fortune immense au jeu etoit venu pour en jouir à Edimbourg. il avoit entouré de jolis jardins une maison bien batie bien meublé; il s'etoit placé dans une position ravissante, et la mort l'a enlevé à [70] tous ces agrémens. il a laissé une veuve Riche et trois filles dont l'ainée aura en se mariant, si c'est à seize dix millions de notre monnoye et infiniment plus si on ne l'etablit qu'à vingt ans. on prétend que par le testament de feu son Pere, elle ne doit pas épouser un Pair du Royaume, mais on dit aussi qu'il est plus d'un moyen d'éluder le texte d'un pareil testament et que d'ailleurs il n'est pas assez clairement motivé, pour tenir strictement à ses clauses. Milord halifax en circonstance à peu près pareille prit le tablier d'un sellier, se fit inscrire dans la liste des ouvriers en ce genre et par ce moyen obtint en mariage une fille qui de meme ne devoit pas donner sa main à un homme titré.

Mad^e Scott a tant d'envie de parler francois qu'il faut lui en marquer reconnoissance en tachant de Comprendre un barraguoin qu'elle débite avec une volubilité sans pareille. elle fait encore mieux que d'aimer notre langue elle se meuble de ce qui se travaille chez nous, et vient dans ce moment d'acheter une superbe suite de tentures et de meubles des gobelins.[2] je crois que c'est une femme de Chambre francoise qui lui a persuadé qu'il falloit se livrer à cette dépense pour etre bien et noblement meublée.

[71] les trois filles de M^de Scott, et surtout l'ainée, sont fort jolies. cette ainée a été singulierement avantagée par le testament du Pere et cet article ne sera surement pas regardé Comme douteux.

en revenant de chez Mad^e Scott M. Frazer dont j'ai fait mention page 11. de ce volume, m'a montré une église qu'il s'est chargé de faire batir dans la nouvelle ville et qui pourra servir d'ici à six semaines. M. Fraser n'est pas moins bon architecte que doux et raisonnable interprete des droits de son Pays. comme je l'ai déja dit, il parvint à se faire aimer et regretter à Dunckerque.[3] il parvient

---

1. Le domaine du général Scott, qui s'appelait justement Bellevue, se trouvait à la sortie d'Edimbourg dans de superbes jardins. Tout fut détruit en 1802 pour construire un nouveau quartier élégant.

2. Nous avons vu la même chose au château de Newby, non loin d'York. Voir I.272-73; p.154-55. Les Français succombaient peut-être à l'anglomanie, mais les Anglais, en dépit d'un engouement pour le style néoclassique lancé par les frères Adam, continuaient à constituer leurs décors en important de France et d'Italie.

3. B. se souviendra longtemps de Mr Frazer. Rencontrant sa veuve à Lausanne le 29 septembre 1793, il écrira: 'M. Fraser tout en s'acquittant fidelement de sa commission se rendit agréable et estimable aux habitans de Dunkerque. Depuis je le trouvai à Edimbourg occupé a faire batir une église dans la ville neuve. Il eut dans la suite des désagremens avec le duc de Richemond. On nomma M. Fraser pour aller exercer un emploi aux Indes. Je crois qu'alors sa femme étoit à Nice,

ici à donner à ses Concitoyens un temple bien plus Elégant et plus orné que tous ceux d'Edimbourg. depuis la réforme dans le principe, les Presbiteriens crurent ne pouvoir pousser trop loin, en opposition de nous, le dénuement de leurs eglises, aujourd'hui ils se repentent d'avoir trop oté de dessous les yeux du Peuple des objets qui l'interessent et l'attachent. ils voudroient au moins avoir conservé une partie de la pompe éxterieure des églises anglicanes et M. Fraser m'a dit: je ne desespere pas que d'ici a dix ans il n'y est un orgue dans ma nouvelle église; mais en lui reservant une [72] place convenable je n'ai pas osé proposer d'etablir encore cet instrument.[1]

Le 17. à glascow

j'ai parlé de la maniere dont le Culte Catholique a lieu en angleterre. il faut que je fasse mention de son éxistence en Ecosse. quoique le nombre des Catholiques y soit peu considerable, la Cour de Rome y entretient deux vicaires apostoliques et quelques pretres tous elevés et formés a un pénible ministere dans les seminaires Ecossois repandus en france, en espagne et en italie. un des vicaires apostoliqucs rcside ordinairement à Edimbourg, l'autre habite le Canton le plus au nord du Comté d'inverness.[2] lors de l'espece de révolte dont le frere du Duc de gordon fut le chef il y a six ans, les Catholiques D'Ecosse coururent les memes dangers que ceux d'angleterre, leur Chapelle fut brulée

et en arrivant dans l'endroit ou elle se trouvoit, il se cassa la tête d'un coup de pistolet' (*Journal*).

1. Deux églises furent prévues pour la ville nouvelle, St George's, inaugurée seulement en 1814, et St Andrew's, dont fut chargé M. Frazer. La première pierre fut posée en 1781 et le premier office y fut célébré le 12 décembre 1784. L'église, destinée à des paroissiens riches et cultivés, est effectivement, bien que très sobre, élégante de dessin et de décoration, avec un superbe plafond dessiné par Robert Adam. Comme M. Frazer l'espérait, le rigorisme s'estompa: on ajoutera un clocher en 1787 et même un carillon en 1789, mais il faudra attendre près d'un siècle pour que l'on ose en 1880 placer un orgue dans St Andrew's. Toutefois quand en 1984, pour le bicentenaire de l'église, on restaura complètement l'édifice on n'hésita pas à installer un orgue neuf. (D'après des renseignements et documents aimablement communiqués par Miss Marjorie McNeill et Miss Evelyn M. Scott, de la paroisse de St Andrew's.)

2. Après la Réforme, en 1560, l'église catholique avait disparu; il ne subsistait guère de fidèles que dans les îles et les montagnes du nord-ouest et dans la haute noblesse, Quand un vicaire apostolique pour l'Ecosse fut nommé en 1694, il restait peut-être 50 000 catholiques. La répression, qui suivit les rébellions de 1715 et 1745, et l'émigration des Jacobites avaient fait tomber ce nombre autour de 25 000 fidèles – moins de deux pour cent de la population – privés de tout droit civique. Les prêtres catholiques étaient formés à Douai, à Paris (au célèbre Collège des Ecossais remontant à 1325), à Rome depuis 1600, à Madrid depuis 1613, puis à Valladolid à partir de 1772, mais il y avait aussi un séminaire dans le nord de l'Ecosse. Le second vicariat apostolique fut créé en 1727. La relative tolérance qui régnait depuis les années 1760 n'empêcha pas de violentes émeutes en 1779, causées par un projet de législation autorisant officiellement le culte catholique; mais ces émeutes se produisirent un an avant celles de Londres. Les catholiques d'Ecosse devront attendre 1793 pour être officiellement tolérés et avoir un statut, les maintenant d'ailleurs dans les limbes politiques.

à Edimbourg. les fanatiques entrerent dans la Chambre du vicaire apostolique et ne le Connoissant pas lui demanderent ou il etoit, il leur répondit qu'il etoit déja pris, ils le crurent et lui laisserent le tems d'echapper à leur fureur pendant qu'ils alloient voir, l'Eveque prétendu pris. cet Eveque homme dit on d'une grande vertu et fort scavant avoit exercé son ministére avec plus de zele que de circonspection, soit qu'il l'ait senti soit que son age l'ait invité à chercher du repos, il a demandé un coadjuteur [73] et l'ayant obtenu la laissé à sa place à Edimbourg et s'est retiré à aberdeen ou il a moins de travail. son Coadjuteur est un M. geddes, qui édifie tous les Catholiques d'Edimbourg au nombre d'environ huit cents et qui jouit de l'estime de tous les Chefs de l'administration de cette ville, des seigneurs des environs, et de plusieurs ministres de l'Eglise dominante.[1] par sa sagesse il est parvenu a rebatir une chapelle et la maison ou il loge avec ses missionaires sans que l'on ait pensé à troubler ses travaux. tout jusqu'au peuple a eu honte d'une intolérance plus Conforme au ton du quinzieme siecle qu'a celui du dixhuitieme. la congregation des Catholiques entre et sort journellement de la Chapelle sans en recevoir la moindre insulte mais elle doit essentiellement cette tranquilité à la suite que son Eveque met dans la prudence de ses précautions. il ne procure aucun avantage à son église qu'après en avoir informé les principaux magistrats: la porte, la facade de sa maison, sont sans aucune aparence, dans une petite rue. on scait que c'est la que loge la mission Catholique mais rien ne l'annonce de maniere à donner de nouveau de l'humeur. la Chapelle est à un quatrieme étage, ses fenetres donnent sur une cour, le service se fait à voix basse, la petite clochette pendant la messe ne sonne que comme celles qui sont dans toutes les maisons particulieres pour [74] avertir les gens. L'Eveque et ses pretres ne provoquent pas les conversions il s'en fait meme assez frequemment parmi les gens du bas peuple et magistrat ferme les yeux parce qu'on scait qu'il n'y a eu aucune manœuvre, ni vue d'interet de la part des Eclesiastiques. rien de ce qu'il est indécent qu'on paye ailleurs ne l'est a la chapelle d'Edimbourg. on s'y marie gratis, les enfans sont baptisés sans retributions pour les pretres, et il s'en faut bien que ces honetes et zélés serviteurs de Dieu soient payés d'ailleurs comme il le faudroit pour les soutenir avec décence. la Cour de Rome évalue leurs honoraires en raison du bon marché des Etats du Pape, l'Eveque ou vicaire apostolique n'a que vingt cinq

---

1. John Geddes (1735-1799) étudia à Rome où il fut ordonné en 1759. De 1770 à 1780 il dirigea le collège de Madrid qu'il transféra à Valladolid, puis il rentra en Ecosse pour administrer l'église catholique de la moitié méridionale. (N.B. Mgr Geddes n'était pas évêque d'Edimbourg; la hiérarchie catholique ne sera rétablie en Ecosse qu'en 1878, et, par ailleurs, il n'y avait pas de diocèse d'Edimbourg avant la Réforme.) Mgr Geddes était un homme de la plus grande érudition; il écrivit une Vie de Sainte Marguerite d'Ecosse et collabora à l'*Encyclopaedia Britannica* publiée à Edimbourg à partir de 1781.

louis. M. geddes joint à cela une pension d'Espagne, et on lui conte environ deux cent louis de revenu dont la grande moitié est donnée aux pauvres.

avant de partir d'Edimbourg j'ai entendu la messe de ce Prélat. il inspire autant de respect dans la maniere dont il officie que d'interet par celle dont il Cause; parlant bien diverses langues on trouve dans sa conversation le dévelopement d'idées douces et agreables, ainsi que celui d'une grande instruction. il a été fort utile a robertson pour lui procurer les materiaux avec lesquels il a écrit son histoire de [75] Charles quint. nos Eveques de france se trouveroient bien à plaindre d'etre logés meublés Couchés comme l'est M. geddes,[1] lui se trouve fort heureux, et son exemple soutient le Courage des pretres de sa mission. j'en ai vu un qui arrive D'Espagne et qui va s'enfoncer dans un malheureux hameau du Comté D'ynverness ou il sera enterré sous la neige Cinq à six mois de l'année. il se rend gaiment à cette triste destination. enfin ce que j'ai vu à Edimbourg retrace parfaitement la vie des premiers Disciples des apotres, et M. geddes merite la plus grande véneration.

je suis parti à midi. la route D'Edimbourg à glascow, ne traverse aucune ville, ni bourg, mais on passe par un assez grand nombre de beaux villages. le Pays est genéralement bien cultivé, et son aspect a toute la varieté d'une Contrée ou un grand nombre de jolies Collines s'elevent au milieu d'une grande étendue de plaines. à droite on voit dans le lointain les montagnes du Comté de Perth à gauche celles des Comtés qui joignent le nord de l'angleterre. un beau soleil nous a fait jouir doublement de ce riche Paysage, et il nous est resté assez de jour pour voir que les environs de glascow ne sont pas moins agréables que le reste du comté de Lanerk. sa capitale paroit etre une des belles villes de la grande Bretagne. elle est éclairée des la Chute [76] du jour par deux rangées de lanternes.

Le 18.

de grand matin un plan de glascow à la main je me suis rendu par de superbes rues au pont qui joint la ville avec le fauxbourg de gorbell. ce pont bati par L'archeveque Rae vers l'an 1350 a été reconstruit depuis dans un meilleur genre mais le nouveau pont en face de la rue de la jamaique est d'une architecture remarquable. on a scu profiter ici des bords de la riviere de Clyde

---

1. B. se doutait peu que, moins de dix ans plus tard, les évêques de France en exil en Grande Bretagne seraient bien heureux de vivre comme Mgr Geddes et retrouveraient le véritable dénuement apostolique. A ce propos, on remarquera que souvent B. condamne, au moins implicitement, un certain parasitisme clérical et dénonce prébendes et sinécures. De même, on sent chez B. un refus de mêler le religieux aux affaires civiles ou politiques. B. aura dû attendre de connaître le catholicisme d'outre-Manche pour découvrir les valeurs primitives du christianisme vécues quotidiennement.

et d'un pont à l'autre dans toute la longueur de la ville il regne un beau quai orné de batimens dans un bon stile, les moindres rues annoncent le gout des habitans pour une batisse décorée, et glascow est peut etre la ville du second ordre la plus faite pour etre admirée en ce genre. partout ou il a été possible on a placé des frontispices d'eglises ou d'edifices publics en face des grandes rues, et des Clochers elevés ajoutent à l'efet de ces points de vue.[1]

La riviere de Clyde après avoir parcouru une promenade publique et le quai dont j'ai parlé offre au Commerce de glascow un port au dessous du pont neuf d'ou à l'aide de la marée des alleges[2] en grand nombre descendent cette riviere jusqu'a port glascow ou greenock deux petites villes à vingt miles de celle ci ou de gros batimens arrivent de la pleine [77] mer.

L'etablissement de port glascow ou sont tous les facteurs des négocians de glascow est remarquable par une circonstance particuliere. l'union de L'Ecosse à l'angleterre fut de la plus grande utilité au Commerce de cette ville,[3] et ses Chefs prévirent tous les avantages qu'ils recevroit si on avoit un port dans la riviere de Clyde. ils proposerent donc à la ville de Dumbarton, de batir à leurs frais ce qui seroit necessaire pour que les marchandises d'importations et d'exportations fussent aussi surement en dépot que les vaisseaux employés à leur transport. les magistrats de Dumbarton furent assez peu éclairés pour se refuser à cette proposition qui auroit fait de leur ville une cité florissante et le Commerce de glascow acheta un terrein sur la cote sud de la riviere de Clyde, ou on batit port glascow, qui répondit bientot par son utilité aux sages spéculations qui porterent à fonder cet entrepot.

l'objet le plus important et celui qui donna a glascow la nombreuse population et la magnificence qu'on y remarque fut la Commission du tabac. tout celui que la virginie envoyoit à la grande Bretagne venoit presque en totalité à glascow, et cette ville éxpedia de 1771. à 1772, seulement pour la france 20, 774, 843. livres pésant de cette denrée

1. En 1670 Glasgow était déjà la seconde ville d'Ecosse; elle devint vite la capitale économique et financière du pays, et essaya de rivaliser avec Edimbourg sur le plan intellectuel. Sa rapide expansion au dix-huitième siècle n'avait pas empêché l'application d'un plan d'urbanisme assurant cette élégance qui séduit tant B., surtout lorsqu'il compare Glasgow à Edimbourg alors essentiellement malcommode, malpropre, malsaine. Sur les bords de la Clyde tout témoignait d'une réelle prospérité; toutefois l'afflux de travailleurs pauvres, venus des montagnes, entraînait déjà un taux de mortalité assez élevé (3%). B. s'est peut-être documenté en lisant *History of Glasgow* de John Gibbon, publiée en 1777.

2. *Allège*: embarcation à faible tirant d'eau pour le transbordement des cargaisons.

3. L'acte d'Union de 1707 ouvrait aux négociants écossais, non seulement les marchés anglais et irlandais, mais aussi les colonies anglaises d'outremer. Certes, il y avait déjà tout un trafic en contrebande, mais la marine écossaise se voyait offrir la possibilité de rivaliser à armes égales avec la flotte marchande anglaise et de profiter de l'hégémonie anglaise sur les mers. Toutefois, signalons que Port Glasgow fut créé dès 1668.

[78] dans la repartition suivante pour Bourdeaux 3, 150, 875 livres

pour Cette 1, 683, 007

pour Diepe 1, 180, 023

pour Le Havre 4, 918, 784

pour Dunkerque 5, 014, 116

pour Marseille 198, 469

pour Morlaix 4, 629, 569

la revolution de l'amérique a presque anéanti ce Commerce et sa perte devoit ruiner la Ville de glascow mais l'industrie de ses habitans et la richesse de ses Capitalistes ont surmonté a peu de Choses près les inconveniens de cette perte.[1] d'autres branches du Commerce ont été saisies avec activité et fleurissent. déja glascow s'eleve en rivalité de manchester pour certains ouvrages de Cotton. la mousseline s'y fabrique avec soin et trouve un grand débit. les autres manufactures sont des batistes, des toiles de toute espece, du linge damassé, des mouchoirs de soie, des mouchoirs de toile peinte en imitation des indes, des Chapeaux, des gants, de la Clinquaillerie, des tanneries, des papeteries, des verreries, et de grandes rafineries de sucre.

Le Charbon de terre qui se tire des puits aux environs de la ville est un grand objet d'exportation. on en envoye en Irlande au nord de l'amerique et l'on commence a en faire un grand usage dans les antilles. l'abbondance [79] de ce Charbon facilite tous les travaux en fer et en cuivre dont tant dans la ville de glascow que dans la banlieue il y a une grande quantité de fabrique. les verreries qui dans l'origine ne faisoient que des bouteilles se sont très perfectionées, et le verre blanc de toute qualité est aujourd'hui presque aussi bien travaillé qu'a Newcastle.

un des grands obstacles que plusieurs manufactures de glascow ont eu à vaincre, c'est la difficulté de trouver dans la Campagne assez de bras pour la filature du Cotton et de la laine. l'inventeur des moulins à Cotton dont j'ai parlé aux articles de broomsgrove et de manchester vient de reconnoitre près de Lanerck a dix lieues d'ici un emplacement convenable pour établir un de ces moulins, et profitant d'une Chute d'eau naturelle il doit construire un édifice qui sera plus en grand qu'aucun de ceux qui subsistent.[2] ce nouveau moulin

1. Progressivement Glasgow avait supplanté Londres et Bristol comme principal port d'importation de tabac de Virginie, recevant plus de la moitié de la récolte. Cela suscita toute une industrie locale destinée à fournir les divers produits nécessaires aux colons d'Amérique et que ceux-ci payaient avec le produit de la vente de leur tabac. Les grands négociants de tabac, *the Tobacco Lords*, investirent à la fois dans l'industrie locale et dans de grands domaines fonciers, et ils surent vite retrouver de nouveaux champs d'activité. Les importations étaient montées à la veille de la guerre à 50 millions de livres dont l'essentiel était réexporté, pour moitié en France, ce qui représentait les trois-quarts des importations françaises de tabac.

2. Il s'agit d'Arkwright qui renoncera assez vite à son projet au profit de son associé écossais,

auquel on va travailler au retour de la belle saison ne peut qu'augmenter considerablement l'activité qui regne déja dans tous les atteliers de glascow en fournissant plus de matiere à ouvrager.

après avoir reconnu à peu près toutes les principales rues d'une ville ou il n'y a pas un seul vilain quartier j'ai été remettre mes lettres de recommandation, et M. Richardson[1] professeur de l'université s'est emparé de moi pour [80] une grande partie de la journée. il m'a mené voir la Cathédrale divisée depuis la réforme en trois églises. young l'auteur de ces nuits dont les jeunes gens suportent seuls la mélancholie auroit trouvé un Champ propre à la bisare sublimité de ses idées dans le Cimetiere qui entoure cette Cathedrale il est environé de monumens dont une grande partie des ornemens ont resisté à la fureur des fanatiques et aux injures du tems. ce desordre des tombes, les ruines d'une muraille du Coté de la Campagne un ruisseau qui Coule avec murmure entre ce cimetiere et une montagne qui s'eleve en un amphitéatre Couvert de pins et de Ciprès pretent à ce lieu une belle horreur.[2]

La Cathedrale batie dans le treisieme siecle fut regardée depuis par le peuple de glascow comme une des merveilles du monde. lorsqu'en 1579. Melvil, un des zelés reformateurs, eut obtenu a force de sollicitations près du Magistrat la permission, de detruire ce monument, il assembla un grand nombre d'ouvriers pour procéder à sa démolition, mais le peuple en plus grand nombre, menaca de tuer le premier qui oseroit entreprendre ce travail et Melvil n'echapa à la Colere des habitans que par l'entremise des Chefs de la ville.[3] je connois cent

David Dale (1739-1806), qui profita des chutes d'eau de Cora Lynn sur la Clyde pour établir les filatures de New Lanark. Celles-ci devinrent célèbres, d'une part, parce que, comme à Carron, il s'agissait d'une entreprise industrielle conçue d'emblée comme un complexe autour d'une source importante de force motrice, d'autre part, parce qu'il s'agissait d'une œuvre philanthropique, assurant le logement, la nourriture, la formation de la main d'œuvre. Mais d'aucuns parleront d'une exploitation rationnelle et paternaliste d'adolescents. A partir de 1800, le gendre de D. Dale, Robert Owen, introduisit à New Lanark des mesures sociales audacieuses, reprises plus tard par les Fouriéristes et les Cabetistes.

1. William Richardson (1743-1814), professeur, poète et dramaturge, spécialiste du théâtre de Shakespeare.

2. Edward Young (1683-1765), universitaire qui entra tardivement dans les ordres, en 1728, pour devenir aumônier de Georges II, et se maria en 1730. Veuf en 1741, et inspiré par ce deuil et la mort d'autres membres de sa famille, il écrivit *Night thoughts*, 1742 et 1744, qui éclipsèrent ses tragédies et ses poèmes de circonstance. Traduites, ou plutôt adaptées, par Le Tourneur en 1769, *Les Nuits*, connurent un succès énorme. La traduction en 1770 des *Tombeaux* de James Hervey s'ajouta à celle du *Cimetière de campagne* de Thomas Gray pour convaincre les Français que les Anglais n'aimaient que le 'genre sombre'. Quels que soient les sarcasmes de B., il est certain que notre voyageur est sensible au caractère du site qu'il analyse fort bien. B. possédait *Les Nuits* de Young.

3. Le diocèse de Glasgow remontait au onzième siècle et la cathédrale Saint Mungo avait été construite à partir du douzième. Des treize cathédrales d'Ecosse, celle de Glasgow fut la seule à échapper aux iconoclastes; la plupart des autres n'étaient plus que des ruines à la fin du dix-septième, bien que l'on ait pu en restaurer certaines au dix-neuvième siècle. Quoique modeste,

églises plus belles que celle de glascow dont on ne parle pas. on voit encore les ruines du Palais archiepiscopal mais elles n'offrent rien de curieux.[1]

[81] Les archeveques de glascow, etoient des especes de souverains dans cette ville et l'attachement du peuple pour eux fit que la réforme eut de la peine à s'introduire, enfin elle prévalut, et le dernier archeveque Catholique jacques beaton se retira en france lorsqu'après la mort de la regente marie de guise les troupes francoises y repasserent.

cet archeveque fut depuis ambassadeur de marie et de jacques VI. à Paris ou il mourut en 1603 laissant une grande reputation de talens et de probité. sa Correspondance avec la Reine marie tient beaucoup de la noble simplicité qu'on admire dans celle du Cardinal d'ossat.[2] Beaton legua tout ce qu'il avoit tant aux Chartreux de Paris qu'au College des Ecossois fondé dans cette ville. il avoit emporté de glascow ses titres les plus importans relatifs à ce siege dont les richesses furent envahies par les seigneurs qui surent aussi bien profiter de la réforme en Ecosse que les grands de l'allemagne en tirerent partis pour se rendre plus puissans en germanie.

de la Cathedrale nous avons été voir l'hotel de ville, le marché le Corps de garde l'hopital, et un grenier public; tous ces batimens sont très convenables, et décorés avec recherche, en face de l'hotel de ville, il y a une statue equestre de Roi guillaume III.[3]

[82] on s'imagine bien que M. richardson n'a pas manqué de me montrer l'université dans tous ses détails. le batiment qui renferme quatorze professeur, un Principal et d'autres membres de cette université est vaste, et d'une ancienne construction. la bibliotheque belle par le nombre le Choix des livres et le vaisseau qui les contient va etre considerablement augmentée par celle que M. hundert celebre medecin à Londres a laissé par testament au College de

comparée aux cathédrales françaises, la cathédrale de Glasgow n'en était pas moins la plus grande des églises d'Ecosse. Andrew Melville, principal de l'Université de Glasgow, théologien, avait sans doute rapporté d'un long exil à Genève son zèle iconoclaste.

1. Le palais archiépiscopal abandonné à la fin du dix-septième siècle, lors de la suppression définitive de la hiérarchie en Ecosse, était installé dans l'ancien château royal qui remontait au treizième siècle. Le siège de Glasgow devint métropolitain à la fin du quinzième siècle.

2. James Beaton (ou de Béthune) (1517-1603), d'une famille fidèle aux Stuart, et qui avait donné deux archevêques à Saint Andrews, fut nommé archevêque de Glasgow en 1551, après des études en France. Il jouissait effectivement d'une rare réputation d'intégrité et de piété, et il fut le seul prélat écossais à préférer l'exil en 1561. En France, il géra avec rigueur les biens de Marie Stuart. Le Collège des Ecossais qu'il ranima en 1569 subsista jusqu'en 1846. Sa correspondance resta inédite; quant aux archives, elles furent rapportées en Ecosse à la Révolution.

Le Cardinal d'Ossat (1536-1604), ambassadeur, servit Henri IV dans de difficiles négociations avec Rome; ses *Lettres au Roi Henri le Grand de 1594 à 1604*, publiées en 1624, connurent une dizaine de rééditions jusqu'en 1758.

3. Les Ecossais étaient surtout reconnaissants à Guillaume d'Orange d'avoir rétabli l'église calviniste presbytérienne comme seule église officiellement reconnue et admise.

glascow.[1] il y a quatre universités en Ecosse, à Edimbourg à glascow, à St. andrews et a aberdeen; celle de glascow Compte toujours ses ecoliers au nombre de Cinq cents, les études y sont bonnes, et l'on pretend que la jeunesse y employe mieux son tems qu'a oxford et a Cambridge les deux seules universités de l'angleterre.[2] celle de glascow a dans son enceinte un fort beau jardin ou le professeur d'astronomie à son observatoir. en travaillant au Canal qui doit joindre les firth de forth et de Clyde on a trouvé dans les fouilles plusieurs inscriptions, un autel à la fortune et d'autres pierres bien conservées, qui ajoutent à l'autenticité de ce que l'histoire nous a apris du rempart élevé par L'Empereur severe contre les Calédoniens dans la meme direction que celle qu'on donne aujourdhui au Canal.[3] ces monumens ont [83] eté donnés à l'université de glascow et seront placés dans le batiment qu'on arrange pour la nouvelle bibliotheque

après avoir vu tout ce que glascow offre à la curiosité du voyageur, j'ai diné chez M. Richardson que j'ai laissé finir avec quelqu'un ses amis un boll de punch[4] dont je ne me sentois pas Capable d'attendre l'épuisement. en le quittant j'ai été terminer la journée chez le Docteur stivinson,[5] homme d'esprit qui parle le francois assez facilement et qui connoit, de l'aveu de ses Concitoyens, mieux qu'aucun deux son Pays.

1. William Hunter (1718-1783), chirurgien et gynécologue écossais exerçant à Londres, Médecin de la Reine, Président du Royal College of Physicians, laissa de superbes collections à l'Université de Glasgow.

2. Les étudiants écossais allèrent longtemps dans les universités du Continent, en particulier Paris jusqu'à la Réforme, et Leyde et Genève après la Réforme. Saint Andrews fut fondée en 1413, Glasgow en 1451, Aberdeen en 1493 et Edimbourg en 1582. Autour de 1780, il y avait 2000 étudiants dans les universités d'Ecosse, dont près de la moitié à Edimbourg; parmi ceux-ci on trouvait des presbytériens venus d'Irlande et d'Angleterre, et parfois des calvinistes venus du Continent. Les universités écossaises formaient effectivement des élites intellectuelles, alors qu'en Angleterre on se contentait de compléter la formation de l'aristocratie; Edimbourg et Glasgow rivalisaient dans la recherche et l'enseignement des disciplines philosophiques, scientifiques, médicales, et abordaient de nouveaux domaines, comme l'économie politique.

3. Les campagnes d'Agricola, vers 80 après J.-C., avaient permis de soumettre le sud de l'Ecosse. Entre 140 et 160 fut édifié le mur d'Antonin (et non de Sévère), mais peu après les Romains se replièrent sur le mur d'Adrien. Les campagnes de Sévère, de 207 à 211, eurent pour but de refouler des tribus hostiles plutôt que d'occuper le pays. Notons à ce propos que B. ne mentionne pas le mur d'Adrien qu'il aurait pu voir près de Newcastle. En 1780 avait été créé la Society of Antiquaries of Scotland, pour l'étude et la protection des antiquités écossaises.

4. Le mot *bol* est d'origine anglaise et il signifie écuelle, bassin; il n'apparaît en français, sous la forme anglaise *bowl*, qu'en 1771 dans le *Dictionnaire de Trévoux*, et les Français ne l'utilisent guère alors que pour parler d'un bowl de punch ou de grog. Il est encore ignoré de la 5e édition du *Dictionnaire de l'Académie* en 1811. B. offre un des premiers emplois du mot francisé.

Le punch au rhum se répandit aux dix-huitième siècle dans la bonne société en Ecosse aux dépens du bordeaux que l'on y buvait traditionnellement. Le mot *punch*, connu en France depuis la fin du dix-septième, s'y diffuse peu car les Français n'adoptent guère cette boisson qui reste typiquement britannique.

5. Le Professeur A. Stevenson était professeur de médecine.

Le 19. à Paisley

avant de quitter glascow il faut que je dise un mot des établissemens de Charité qui y existent. independemment d'hopitaux fondés pour recevoir un certain nombre de pauvres des deux sexes qui par leur age avancé ne peuvent plus gagner leur vie il y a encore nombre d'associations qui au moyen d'une somme annuelle que fournissent les membres, donnent des pensions aux personnes de leur état que des revers de fortune ou des infirmités reduiroient a la misere. cet esprit d'une prevoyante bienfaisance n'est pas seulement dans les classes distinguées. de la bourgeoisie de glascow; le Corps des loueurs de Chevaux, les porte faix, les Charettiers, ont leurs caisses [84] pour leurs pauvres. l'auberge[1] ou je loge apartient à une societé de montagnards Ecossois qui l'ont fait batir,[2] et le produit du loyer que donne l'aubergiste sert a pensioner des veuvcs, des orphelins de montagnards, et eux memes lorsqu'ils viellissent. ce loyer est de plus de deux cent livres sterling. au milieu de tant de fondations utiles on est surpris de ne point trouver dans une ville comme glascow un hopital general pour les blessés et les malades. quoique plusieurs soient soignés dans les maisons particulieres un établissement public vaudroit d'autant mieux qu'inde-pendemment de ce que les malades seroient plus exactement surveillés, les Etudiants en medecine de l'université auroient des moyens de s'instruire par la pratique qui leur manquent jusqu'ici et qui font qu'a cet égard l'université D'Edimbourg a de la superiorité sur celle de glascow.[3] on croit toucher au moment de pouvoir ajouter a tout ce qui existe déja pour le soulagement de l'humanité dans la ville de glascow, ce genre d'hopital que tous les citoyens principaux désirent depuis lontems de voir batir. la ville n'a que six mille livres sterlings de revenu et peut à peine sufire aux dépenses éxistantes, mais parmi ses habitans il y a un grand nombre de Capitalistes prets à se [85] cottiser pour tout ce qui peut tendre au bien etre de leur patrie. j'ai vu hier dans la partie de la promenade publique ce qui, je crois, n'est point encore dans aucune autre ville; c'est un batiment quarré ou les blanchisseuses sont non seulement à l'abri du grand froid, mais ou pour une bagatelle qu'elles donnent par semaine on leur fournit autant d'eau Chaude qu'il leur en faut. je finirai ce long article de glascow par dire qu'en 1775. sa population etoit evaluée à quarante trois mille

1. Il s'agit peut-être de l'auberge aménagée à partir de 1780 par la Tontine Society, en utilisant l'ancien Hôtel de Ville édifié entre 1737 et 1760.

2. L'exode des montagnards, qui commençait alors, se dirigeait surtout sur Glasgow. Des contemporains affirmaient que dans certaines rues on n'y entendait guère que la gaélique.

3. La Faculté de Médecine de Glasgow remontait à 1599, et Edimbourg avait dû attendre 1726 pour avoir une Ecole de Médecine qui devint vite célèbre. Les habitants de Glasgow auront leur hôpital, la Royal Infirmary, édifié à l'emplacement des ruines du palais archiépiscopal, seulement en 1791.

ames, et que quoique elle ne soit pas aujourd'hui comme bien des personnes le pretendent portée à soixante mille, il paroit certain qu'elle aproche de Cinquante mille.

je suis parti de Cette vraiment belle ville a dix heures du matin.[1] un joli Pays la separe de Renfrew petite et laide capitale d'un comté bien Cultivé, ou l'on trouve, la ville de paislay ville qui depuis vingt ans s'est accrue des deux tiers par le travail de la gaze et du linon, ainsi que par la fabrication de la mousseline.[2]

M[rs] nelson et Compagnie m'ont fait voir leurs magasins et tous les differens travaux de leurs fabriques, malgré les prohibitions et les risques de la Contre-bande c'est Paris qui tire le plus d'objets des [86] manufactures de Paislay. M[rs] nelson m'ont dit qu'ils ne pouvoient comprendre quel etoit le motif qui attachoit toujours les fabriquans en gaze de france à l'ancienne largeur, que s'ils élargis-saient leurs gazes à l'exemple de ce qui se fait à Peslay ils diminueroient beaucoup le debit de cette place parce que les gazes de france suivant ces M[rs] sont d'une meilleure qualité. en attendant Melle Bertin jouit ici d'une consideration que n'y ont point les premiers personages de notre Pays. certaine-ment lorsqu'elle commença à Chiffoner avec grace les premieres gazes qui bientot ornerent toutes les têtes et en firent tourner quelques unes elles ne se doutoit pas qu'elle porteroit une atteinte reelle à notre Commerce de lion parce qu'on a abbandonné les belles étoffes en faveur des garnitures bouffantes.[3] elle ne se doutoit pas qu'elle pourroit etre regardée comme la fondatrice d'une ville en Ecosse que toute une Contrée fabriqueroit les gazes le linon le Crepe qu'elle a rendu de mode de Paris à Petersbourg, et de moscou au fond des indes orientales. l'anglois et l'Ecossois qui unis voudroient donner la loi à l'univers se soumettent aux Caprices de nos marchandes de mode, on entre dans un attelier ou Cinquante métiers travaillent [87] sur Cinquante differents modeles, pourquoi tant de peine tant de varieté, Melle Bertin le veut ainsi, mais comme

1. Nous apprenons, en lisant le *Journal* pour le 29 décembre, que B., de retour à Versailles, a 'présenté à M. le marquis de Bouillé, une paire de pistolets dont la ville de Glasgow lui a fait hommage en considération de sa noble conduite envers les Anglois pendant la dernière guerre'. Il se tait ici sur cet épisode, et il est probable que fréquemment le *Journal* ne rapporte pas tout ce qui s'est passé, surtout ce qui relève des formalités et des mondanités, ce qui prouverait que son voyage prend parfois un caractère quasi officiel.

2. L'essor de la mousseline avait été rendu possible par la 'mule jenny', mise au point par Samuel Crompton en 1779 et qui permettait de filer un fil très ténu. La mousseline 'tout coton' fut produite pour la première fois en 1780 par James Monteith de Glasgow. En 1783 il y avait près d'un million de broches dans la région de Glasgow et Paisley.

3. Marie-Jeanne Bertin (1744-1813), dite Rose Bertin, ouvrit un magasin à Paris dès 1770 et fut dès 1772 la marchande de mode attitrée de Marie-Antoinette. Elle devint, disait-on, le ministre de la mode dont les arrêts étaient obéis fidèlement. On l'accusera de favoriser la prodigalité de la reine et d'imposer des modes excentriques. Au Salon de 1783, un portrait de Marie-Antoinette, par Mme Vigée-Lebrun, en robe de mousseline blanche à la créole, suscita de telles réactions qu'il fallut lui substituer un portrait plus solennel avec de belles étoffes françaises.

l'elégance de son gout ne s'est pas étendu autant que ses modes sur la surface du globe on travaille à Paisley en Conséquence de ce qu'il faut pour chaque partie du monde. les desseins simples et galants vont en france recevoir leur derniere forme des mains de Melle Bertin, les desseins confus sont pour l'amérique et le Dannemarck, ici comme à Birmingham à broomsgrove à manchester et dans d'autres parties de l'angleterre on tire un parti considerable de l'enfance, et l'ouvrier bien salarié pour son Compte ne Craint pas de donner la naissance a des enfans dont il scait la subsistance assurée.[1] Paisley renferme aujourd'hui dix sept mille habitans on y batit de tous cotés ainsi que dans ses environs.

c'est Milord abercorn qui en est seigneur. jadis ses ancetres acquirent lors de la reformation toutes les terres qui appartenoient à l'abbaye de Paisley. l'eglise actuelle dc la partie de la ville sur la rive droite de la carte[2] etoit celle de ce Celebre monastere, le Chœur separé aujourd'hui de l'eglise est montré aux étrangers a cause d'un echo très sonore qui y retentit. la maison d'abercorn dont le nom veritable est hamilton avoit été obligée de vendre Paislay à cause du dérangement de ses affaires mais elle est depuis rentrée [88] dans cette possession qui devient de jour en jour plus pretieuse par la valeur qu'acquerent des terreins. Milord abercorn vient de faire batir recemment l'auberge ou je loge. on y est comme dans une maison de Campagne vaste et bien soignée.

Le 20. à girvan dans le comté d'air [Ayr]

l'aubergiste de Paisley est aussi raisonable que la Maison qu'il loue est belle et Comode: j'y ai été reveillé à Cinq heures du matin par une perfide cornemuse, qui chaque jour se fait entendre à la meme heure et à huit heures du soir. dans tous les plus petits bourgs d'Ecosse on bat du tambour ou un homme joue de la musette, pour avertir les habitans de penser à se retirer chez eux le soir, et à se lever le matin. il en est peu qui obeissent à l'avertissement du matin, avant huit heures vous ne voyez sur la rue que la plus basse Classe du peuple et encore en fort petit nombre; les boutiques ne s'ouvrent que longtems après Cette heure et jusqu'a dix on y trouve gueres qu'un petit garcon qui repond aux demandes; le maitre de la maison ne descend ordinairement qu'après son déjeuner qui dure fort long tems.

je suis parti à sept heures du matin de Paisley et ne suis arrivé qu'a deux

---

1. Les nouvelles théories affirmaient que l'abondance du travail favorisaient l'accroissement de la population, et qu'ensuite cet accroissement élargissait les marchés … et ainsi de suite …, ce que Malthus contestera plus tard. B. décrit bien le début du phénomène, mais il ne sait pas que cela va déboucher sur la prolétarisation, le sort de l'ouvrier dépendant totalement des lois du marché, et l'ouvrier devenant uniquement pourvoyeur de main d'œuvre.

2. Cart est le nom de la rivière.

heures à air, la capitale d'un Comté considerable par son étendue, et sa Culture. air avoit dit on autrefois un commerce important. il n'en reste pas vestige [89] et cette ville ne tire plus d'autre parti de son port sur l'ocean atlantique pour la peche.

sa situation est agréable. la mer forme un golphe à l'embouchure de la riviere d'ayr et son Coup d'œil est embelli par l'isle d'arran, la presqu'ile de Cantire [Kintyre], et deux autres petites isles, ailsa et Lady, qui forment un très beau tableau.

jusqu'a la fin du jour, qui a cessé d'eclairer notre route peu de tems après notre sortie de maybole, tout le Pays que j'ai vu est aussi joli que bon; les villages sont couverts de Chaume mais la batisse de chaque maison est bonne, et l'espece d'arbre qui entoure les hameaux les Censes[1] les eglises souvent isolées, multiplient dans cette contrée les situations qui preteroient à de Charmans desseins. en tout la basse Ecosse depuis Stirling jusqu'ici est dans l'ensemble un bel et bon Pays.

nous sommes arrivés à sept heures du soir à girvan. heureusement qu'aucun voyageur ne m'avoit précedé, car je n'aurois scu ou trouver un gite. l'auberge petite et mauvaise sufit à peine pour me loger avec mes gens.

Le 21. à Port Patrick

malheur à qui a le someil leger lorsqu'il doit passer la nuit à girvan j'avois au dessus de moi des servantes qui ont parlé et chanté fort longtems [90] au dessous un petit enfant qui a pleuré presque continuellement. ses cris etoient accompagnés par Ceux de plusieurs Chats qui couroient sur les goutieres du voisinage. enfin au bas de l'escalier une Chienne en disposition de galanterie repondoit aux aboyemens de trois soupirans qui malgré la pluye et le froid restoient à la porte de la maison. le besoin absolu de dormir surmontoit ces obstacles lorsque la cornemuse m'a appris qu'il etoit Cinq heures du matin.

deux heures après je me suis remis en marche. depuis air on m'a forcé de prendre quatre Chevaux et le Chemin de girvan à Port Patrick éxige un bon attelage. la premiere partie jusqu'a balantrae [Ballantrae] se fait sur le bord de la mer a peu près comme d'honfleur à Dive; il faut que la marée soit basse.[2] on trouve un grand nombre de rochers regardé par les habitans du Pays comme une de leurs merveilles; deux entre autres sont nommés le vieux et le jeune

---

1. *Censes*: métairies, terme picard et wallon, dérivant de cens: fermage.
2. Il est certain qu'à marée basse une grève offre une surface bien plus roulante que la meilleure des chaussées du dix-huitième siècle. La Bretagne offre aussi plusieurs exemples de grèves utilisées ainsi jusqu'à la fin du dix-huitième siècle.

Laird[a] et n'ont rien de remarquables ni par leur grosseur, ni par leur forme, un voyageur a Comparé la suite d'autres rochers à une allée d'arbres; son imagination se plaisoit à embellir les objets les moins agréables: je n'ai vu que des roches éparses et sans ordre qui sont entre la mer et des falaises incultes. Balentrae, est un village habité par des pecheurs, ou les memes chevaux qui devoient me servir de girvan à stranraer se sont rafraichis ayant treize grandes lieues à faire dans de très mauvais Chemins. on ne trouve une Chaussée qu'a environ deux miles du golphe appellé loch Rîan [Ryan]. Les bords de ce golphe sont un peu moins [91] sauvages. nous avons vu trois batimens à l'ancre dans l'anse de Cairn, bon village attenant à un chateau qui appartient à un M. Dunlop.

Stranraer est un gros bourg joliment situé au fond du golphe, il est environné de maisons de Campagne et des terres de Milord Stair; la route de ce bourg à Port Patrick traverse des montagnes incultes et couvertes de bruyeres.

Port Patrick est un mauvais village dont les Chaumieres ne valent pas mieux que celles des montagnes d'Ecosse; on est surpris que le Commerce subsistant entre l'irlande et l'ecosse n'ait pas contribué a ameliorer l'etablissement principal des paquebots; surtout lorsque l'on aprend que la circulation des especes à Port Patrick est annuellement de plus de dix mille livres sterlings. on m'a aussi dit que sous ces chaumieres il y avoit quelques riches habitans, qui restent dans l'etat de malpropreté ou ils naquirent. la mousse qui couvre leurs Cabanes empeche de les distinguer de loin du terrain sur lequel elles sont baties.

en arrivant à la seule auberge de ce village j'y ai trouvé dix sept officiers du soixante deuxieme régiment d'infanterie qui s'etoient déja emparé de toutes les chambres. j'avois deux lettres de recommandation pour M. Campbell le collecteur de la douane; il etoit à la Campagne, et l'aubergiste d'un ton brusque m'a assuré qu'avec toutes les recommandations possibles je Coucherois sur [92] la rue parce qu'il n'y avoit pas une Chambre libre dans tout le village trop petit pour mettre a Couvert le régiment qui attendoit son passage en irlande. sans etre convaincu que la menace de ce M[r] s'effecturoit j'ai commencé par aller m'assurer d'un paquebot et pendant que je faisois mon marché, un M. Ross est venu à bord m'offrir ses services. il a lu une de mes lettres et après bien des allées et venues, on m'a ouvert une maison ou faute de mieux je me trouvois heureux de passer la nuit. des réflexions ulterieures ont changé mon gite. M. Ross après m'avoir sufisemment éxaminé après avoir bu une bouteille de vin de porto, ayant assisté à mon diner souper dans cette meme auberge, ou j'avois été d'abord si mal recu s'est déterminé à me loger dans la maison de M.

---

a. Laird est un nom écossois pour distinguer le Chef d'une famille noble non titrée. on dit Le Laird de M[c]Net, Le Laird de M[c]intosch, Le laird M[c]glach.

Campbell. mon premier apartement est devenu celui de mes gens, et j'ai été établi dans une fort bonne Chambre bien Close, bien meublée et loin du tapage des officiers et de la soldatesque.

M. Ross est un gentilhomme des environs qui vient de tems à autre à Portpatrick dont il est le juge. la seigneurie appartient à M. hundert Blair Prevost de la ville D'Edimbourg et Banquier auquel j'etois recommandé.[1] c'est sa lettre et celle de M. schmidt qui m'ont valu de ne pas subir le sort auquel m'avoit condamné l'aubergiste de Port patrick. sa maison étant la seule logeable, il est dans l'habitude [93] de dicter la loi aux malheureux passagers forcés de s'arreter chez eux.

Le 22. à Port Patrick jusqu'a trois heures après midi

un grand vent et un vent Contraire nous a empeché de profiter de la marée à Cinq heures du matin comme nous en avoit flatté hier soir le Capitaine du paquebot.

le Regiment anglois attend lui aussi le moment favorable pour s'embarquer. ce regiment ne monte pas à deux cents hommes. j'ai vu cette foible phalange sous les armes à neuf heures du matin. Le Lieutenant Colonel a fait son inspection; les hommes sont beaux, lestes et bien tenus; pour quelques mouvemens qu'on leur a fait faire, le major a fait avancer un homme d'aile comme nous en avions il y a quelques années. pendant l'inspection une musique assez bonne a executé de jolis airs d'harmonie. ce qui m'a le moins édifié c'est la tenue des officiers; la plupart etoient d'une malpropreté Choquante et quelques uns en habit gris.

Melle Campbell une des filles de M. Le Collecteur qui garde la maison en l'abscence de ses parens nous a fait avec beaucoup d'honeteté les honneurs d'un déjeuner ou suivant l'usage écossois on mele de la confiture avec les tartines de beurre. après avoir essayé le gout de ce mélange tant avec ces Confitures qu'avec du miel, je m'en tiens aux tartines de beurre.

[94] d'après les informations que j'ai été à meme de prendre le commerce d'irlande en Ecosse dans cette partie des deux cotes, est absolument à l'avantage de L'Irlande qui exporte beaucoup plus que les Ecossois n'importe chez elle. cette année il a passé de Donaghadée à Port Patrick aux environs de six milles pieces de betail, en chevaux et surtout en betes à cornes qui se sont vendues

---

1. James Hunter-Blair (1741-1787), *Lord Provost* – c'est-à-dire Lord Maire – d'Edimbourg de 1784 à 1786, riche négociant qui sera anobli en 1786. Encore un exemple de silence: B. n'a point mentionné sa rencontre avec ce notable lors de son séjour à Edimbourg.

dans les marchés de L'Ecosse et vont de la pour la plus grande partie en angleterre.[1]

Le 22 à donaghadée en Irlande

Le vent ayant tout d'un Coup changé le capitaine du Paquebot m'a pressé de partir et de quitter mon diner parce que plutard nous n'aurions plus eu la marée. je n'ai jamais été aussi secoué que dans cette traversée; nous avons embarqué plusieurs grosses vagues, la mer etoit très grosse, et se jouoit du petit batiment dans lequel nous étions. quoique le trajet ne soit que de vingt neuf miles, il a fallu pomper parce que notre paquebot faisoit trop d'eau, près des cotes d'Irlande le vent est redevenu contraire; enfin après une navigation desagréable nous sommes entrés dans le port de Donaghadée à neuf heures du soir. cette petite ville un peu mieux batie que Port Patrick apartient à M. de la cherois le petit fils d'un refugié francois, d'une famille de St. quentin en Piccardie.[2] des que M. de la cherois m'a scu arrivé, il m'a envoyé prier à [95] souper et à un fort bon souper; avec la meme honeteté il m'a forcé d'accepter un lit chez lui. M^de de la Cherois est comme son mari d'une famille francoise, elle a une figure décente et douce.[3]

Le 23 à Belfast dans le Comté d'antrim

le beau tems nous a quitté avec les cotes de l'Ecosse, à ce désagrement se joint celui de recevoir la loi des aubergistes irlandois qui moins bien fournis de Chevaux qu'en angleterre les font payer plus Cher et vous forcent à en prendre d'avantage. malgré tout ce qu'a pu faire M. de la Cherois je n'ai pu partir de

1. Jusque vers 1750 il était interdit aux Irlandais d'exporter du bétail en Angleterre, d'où le passage par l'Ecosse. L'interdiction ne fut rapportée officiellement qu'en 1776, et les circuits d'exportation n'étaient pas encore modifiés. De La Tocnaye, passant par Donaghadee en décembre 1796, affirme: 'La quantité de bestiaux que l'on fait passer d'ici en Ecosse est quelque chose d'incroyable. Le jour où je passai on transporta d'Irlande en Ecosse, environ quatre cents bêtes à corne et dans les six dernières semaines, on en aurait passé à peu près trente mille' (*Promenade d'un Français dans l'Irlande*, 1801, p.285-86).

2. B. arrive en Irlande en même temps qu'un régiment anglais et y est accueilli par un seigneur d'origine huguenote: ce qui est bien symbolique de la situation de l'Irlande où domine une oligarchie d'origine étrangère, et où campe une armée étrangère.

3. La résidence où B. fut reçu existe toujours et est encore habitée par la descendance de M. de La Chérois. Trois frères de La Chérois, d'Ham en Picardie, officiers de Louis XIV, passèrent en Hollande, puis en Irlande, au service de Guillaume d'Orange. Deux d'entre eux s'installèrent à Lisburn où ils épousèrent des demoiselles Crommelin, picardes elles aussi. L'hôte de B., Daniel de La Chérois (1735-1790), petit-fils de Nicolas de La Chérois, épousa une de ses cousines Crommelin et hérita en 1771 de la seigneurie de Donaghadee, provenant d'une de ses cousines, veuve d'un riche gentilhomme scoto-irlandais. (Renseignements aimablement communiqués par Mrs G. M. Stone, arrière-arrière-petite-fille de Daniel de La Chérois.)

Octobre 1784

Donaghadée qu'a midi parce qu'il a fallu toute la matinée pour me rassembler cinq mauvaises rosses et pour accorder les differents entre les gens qui me les ont fournis. le seul endroit remarquable sur la route que j'ai faite aujourd'hui, est newton [Newtownards] petite ville du comté de Down batie sur le bord et à l'extremité du lac de strangford qui communique avec la mer d'irlande.

Newton a un bel hotel de ville, et plusieurs maisons bien baties au milieu de Chaumieres et de vielles baraques. cette ville est dans un état d'amélioration qu'elle doit à son Commerce de linge ouvré. les environs de belfast sont agréables. avant d'y arriver j'ai vu plusieurs jolies maisons de Campagnes, et quelques autres maisons [96] de particuliers aisés. le toit de celles ci est enduit de mortier et blanchi comme les murailles; de loin ces maisons ont l'air d'etre couvertes de neige, le coup d'œil est plus propre que joli.

Belfast est dans la plus heureuse situation pour son Commerce et pour l'agrement de ses habitans. la riviere de lagan qui sépare la ville d'un fauxbourg, à sur la droite du pont son embouchure dans la mer par la baye de Carrickfergus. cette baie offre dans tous les tems un bon ancrage aux vaisseaux de toute force, et ceux de deux cent à deux cent cinquante tonnaux peuvent remonter de la mer jusqu'au quai de belfast et dans les deux bassins de cette ville qui malgré toutes les entraves mises par l'angleterre sur le Commerce de l'irlande voit fleurir tellement celui de ses toiles[1] que depuis vingt ans les batimens nouvellement construits ont augmenté belfast d'un grand tiers. ces nouveaux batimens, sont dans le genre d'architecture adopté en angleterre et de meme faits en brique. une belle halle pour le marché des toiles un bel hotel de ville une redoute une salle de Comédie enfin tout ce qui caracterise une grande cité se trouve dans celle ci dont la population est de plus de trente mille ames.[2]

j'ai passé la soirée et j'ai soupé chez le banquier auquel j'etois [97] recommandé. il est en meme tems capitaine d'une compagnie de volontaires de cent vingt hommes, membre du Parlement d'Irlande pour la ville de Carrickfergus, et dans l'opposition. il m'a fait voir son uniforme, et m'a parlé de la beauté, de la discipline, et de l'adresse des volontaires dans le maniement des armes.[3]

1. Au dix-huitième siècle, l'Angleterre multiplia les réglements interdisant les importations de divers produits irlandais en Angleterre et aux colonies, et limitant le commerce de l'Irlande avec les autres nations; par ailleurs, elle imposait à l'Irlande l'importation de produits anglais. La plupart de ces mesures furent levées en 1782. La toile et le fil de lin avaient fait exception car l'Angleterre ne pouvait en produire, alors que les conditions étaient très favorables dans le nord et l'est de l'Irlande. La culture et l'industrie linières s'y developpèrent, surtout après 1690. En 1750 l'Irlande exporta 10 millions de mètres de toile de lin, 16 millions en 1783 et 35 millions en 1800.

2. D'autres sources ne donnent que 12 000 habitants, mais Belfast était effectivement une belle cité, le marquis de Donegal, son propriétaire, ayant veillé à la qualité de l'urbanisme. Le théâtre venait d'être inauguré, de même que la Halle au Lin. La redoute avait été installée en 1777 au-dessus de la Bourse construite en 1769.

3. Les premiers groupes de 'volontaires' se constituèrent dans le nord dès 1778; ils se multiplièrent

ces volontaires sont au nombre de soixante dix mille hommes[a] bien armés et dit on très résolus à défendre les droits de l'Irlande ainsi qu'a ameliorer la Condition de leur Pays. il sont sous les ordres du Comte de Charlemont, on scait que c'est le ministere anglois qui lui meme a provoqué un établissement, dont il n'a pas tardé à voir les inconveniens. l'angleterre ne pouvant faire face à tous les ennemis qu'elle s'etoit sucité dans la derniere guerre fut obligé de retirer toutes ses troupes d'Irlande et d'engager les Irlandois à s'occuper de défendre leurs Cotes, ils saisirent promptement une aussi belle occasion d'armer pour ce sujet et pour obtenir l'anéantissement des loix qui depuis longtems les rangeoient trop durement dans la Classe d'un Peuple conquis. depuis ce moment le gouvernement anglois n'a plus été assez fort pour résister à des demandes justes, et pour calmer l'inquietude [98] et l'ambition qui s'est emparée de toutes les tetes en Irlande.

Le 24. à Newry

si toute l'Irlande ressembloit au Pays que l'on voit de belfast à hilsborough ce seroit la plus belle contrée de l'univers. au milieu de cette riante partie de notre route nous avons traversé la ville de Lisburn ou se fait comme a belfast un Commerce avantageux de toiles de toute espece.

Lisburn est le berceau de l'industrie qui s'est répandue dans tous ses environs, elle y fut aportée par les réfugiés francois que l'odieuse révocation de l'Edit de nantes obligea d'abbandonner un Pays, que la plupart de leurs descendans aiment encore.[1]

Hilsborough à dix miles de belfast est un gros bourg qui envoye deux membres

a. c'etoit ainsi il y a trois ans, mais depuis la paix nombre de volontaires se sont retirés et le nombre de ceux qui s'assemblent encore de tems à autre dans differentes parties de l'Irlande monte au plus à trente mille hommes.

très vite dans tout le pays, aristocrates et notables protestants se mettant à leur tête. Les estimations pour les maxima de leurs effectifs varient de 50 000 à 100 000. Lord Charlemont devint colonel des 'volontaires' d'Armagh, puis commandant en chef pour l'Irlande. Voir II.134; p.246.

1. 10 000 à 12 000 huguenots, réfugiés en Hollande et en Angleterre, furent dirigés après 1690 sur l'Irlande, principalement dans les villes de la côte est, pour y renforcer la présence protestante et loyaliste; ils y retrouvèrent d'autres protestants français installés depuis Cromwell, voire Charles Ier. La plupart réussirent dans le négoce et l'artisanat et contribuèrent à la prospérité du pays. Ils s'agrégèrent vite à l'élite anglo-irlandaise, mais, pendant plus d'un siècle, conservèrent leur identité et leur langue, et même des lieux de culte particuliers; par exemple, à Lisburn il y eut une paroisse huguenote francophone jusqu'en 1819. A Lisburn, bourg de 3000 habitants d'origine anglaise, 70 familles huguenotes arrivèrent en 1698; douze ans plus tard, il y en avait 120. Elles se consacrèrent, sous la conduite de Louis Crommelin, huguenot picard, à l'industrie linière. Cependant, on admet aujourd'hui que le rôle de la colonie huguenote et de Louis Crommelin dans le développement de l'industrie linière en Ulster fut quelque peu surestimé. Voir l'ouvrage collectif, *The Huguenots in Ulster* (Lisburn 1985).

au parlement d'Irlande. Milord hilsborough depuis qu'il n'est plus dans le
ministere d'angleterre y fait sa principale residence dans un joli chateau.[1] par
ses bienfaits, l'eglise est décorée avec recherche d'autres édifices publics sont
soignés. il fait batir une salle de bal et l'on dit que la noblesse des environs est
assez nombreuse pour composer une assemblée brillante. hillsborough, est un
des anciens chateaux du Royaume d'Irlande et Milord est le Constable héréditaire du fort qu'il a converti, en un chateau gothique entouré d'un joli boulingrin.
[99] on a eu grand soin de rendre tout absolument gothique dans ce moderne
édifice. il faut baisser la tete pour passer sous la petite porte ou le guichet mais
la salle est belle et jouit d'une vue étendue sur un pays bien cultivé. les soldats
payés pour la garde de ce Chateau servent de gardes à Milord hillsborough et
sont vetus richement.

d'hillsborough à newri on passe par Drumore [Dromore] Bannbridge et long
brickland. le premier de ces petits endroits est le siege d'un Eveque et n'a rien
qui annonce la ville Episcopale.[2] le Pays dans cette partie est moins bon que
du Coté de lisburn cependant à voir sa Culture on est surpris de rencontrer
sous de miserables chaumieres un peuple couvert de haillons et cela aujourdhui
dimanche ou vraisemblablement il est habillé de ce qu'il a de mieux. cette
mauvaise tenue ne paroit pas influer sur sa santé car tout ce que j'ai vu est sain
et robuste, les femmes en general sont d'une figure agréable grandes et bien
faites.

La ville de newri est bati sur les deux bords de la riviere du meme nom qui
à son embouchure a peu de distance dans la baie de Carlinford d'ou les batimens
venant du Canal de St. george remontent jusqu'entre les deux ponts de newri.
un Canal joint de là la riviere de bann qui se jette dans le lac neagh. au moyen
de ce Canal on peut traverser l'interieur de l'irlande [100] depuis la baye de
Carlinford jusqu'a l'embouchure de la Bann[a] dans la mer du nord.

Newry s'est fort accru depuis la Confection de son Canal.[3] on voit beaucoup

a. la bann n'est pas navigable au dela du lac neagh.

1. William Hill (1717-1793), possesseur depuis 1742 de vastes domaines, comte Hillsborough
et Pair d'Angleterre depuis 1772. Il avait soutenu Lord North et fait partie du Cabinet. Non
seulement il améliora beaucoup Hillsborough, mais il créa ausi Banbridge, petite ville de marché.

2. Lorsque l'église d'Irlande s'était formée à partir du sixième siècle la société celtique était
essentiellement rurale, et au douzième siècle les diocèses avaient été constitués en prenant pour
sièges des monastères ou des sanctuaires de campagne. Au dix-huitième siècle la plupart des dix-
huit evêchés et des quatre archevêchés se trouvaient donc dans des bourgades, et encore avait-on
réuni à d'autres sièges épiscopaux une dizaine des sièges les plus modestes. Voir II.163, 165; p.262,
263.

3. Le canal avait été achevé en 1742, et les quais du port dataient de 1760. La liaison Newry-
Belfast par les canaux était possible depuis 1763, et, en 1769, le canal de Newry avait été porté au
grand gabarit.

de maisons neuves et d'autres qu'on batit. on compte environ deux cent metiers occupés à faire des etoffes de Cotton dans le genre de celles de manchester et la population de cette ville passe sept mille ames. Ses auberges ne valent pas mieux que celle de belfast une des plus mauvaises que j'aye trouvée sur ma route, mais au moins a newry l'aubergiste est il attentif empressé et honete. il m'a apris que ce meuble que nous nommons en france pot de Chambre s'apelle ici lorgnette. on a peint la providence avec un œil qui voit tout mais je crois qu'on ne s'est avisé qu'a newri de donner un nom aussi plaisant a un vase également utile aux deux sexes.

Le 25 à Drogheda

toutes les montagnes des environs de newri etoient Couvertes de neige et grande partie de la Campagne l'etoit de meme lorsque je me suis remis en route, mais un soleil brillant a bientot redonné à toute la contrée l'agrément dont elle etoit susceptible et le Charme d'un beau jour d'automne nous avons fait quelques miles dans un terrain qui ne produit gueres que de la tourbe, mais en aprochant de la baye de Carlinford la route cotoye la rivicrc de flurry, et le valon ou cette riviere serpente est orné par les [101] plantations du Parc de M. fortescue. bientot après on jouit d'une vue aussi belle qu'etendue. elle embrasse à la fois les bayes de Carlinford et de dundalk au dela desquelles on voit la pleine mer, et une longue suite de Cotes.

La ville de Dundalk etoit animée par une foire lorsque nous y sommes arrivés. une place publique formée par de beaux batimens quelques bonnes maisons dans la principale rue annoncent que cette ville est dans un état de prosperité qu'elle doit au commerce des toiles qui s'y fabriquent. lord Clanbrassil a près de Dundalk un beau chateau et un parc très vaste. la proximité de la mer ne nuit point à la beauté de ses arbres, ses avenues sont superbes, et contribuent à l'embellissement de la ville. c'est une des anciennes cités de l'Irlande. Edouard Bruce frere de Robert Roi d'Ecosse y fut Couronné Roi d'Irlande mais son regne finit peu de tems après par la bataille qu'il perdit sous les murs de Dundalk et ou il fut tué en 1318.[1] les anciennes chroniques disent que les premieres forces navales de l'Irlande remporterent une victoire signalée sur la flotte Danoise dans la baye de Dundalk et rendirent la liberté au bon Roi de munster Ceallachan que sitrick envoyoit prisonier en norwege;[2] à trois miles de

---

1. Edouard Bruce fut appelé en 1315 par les Irlandais soulevés contre le roi d'Angleterre.
2. Après avoir multiplié les incursions sur les côtes d'Irlande au début du neuvième siècle les Vikings occupèrent divers points du littoral et fondèrent des villes au fond des estuaires, comme Dublin, Waterford, Limerick, etc. Ce ne fut qu'en 1014 que le roi irlandais Brian Boru en écrasant les troupes du roi danois de Dublin libéra le pays du joug viking, et le onzième siècle vit une fusion fructueuse des cultures celtique et viking.

Dundalk on voit à droite de la route le chateau de Lord Clermont, et à quatre miles plus loin nous [102] nous avons changé de Chevaux à Castelbellingham joli village attenant à un Chateau qui appartient à un M. Bellingham. Edouard Bellingham vice roi d'Irlande au Commencement du seizieme siecle, merita par la sagesse de son administration et sa douceur envers Desmond l'un des fameux chefs de ce tems le nom de bon Bellingham.

Le Pays de castelbellingham jusqu'a Drogheda est riant et fertile, les habitations y sont en grand nombre, mais toutes les anciennes maisons sont affreuses et le Chaume qui les couvre est a peine entretenu. l'avidité des habitans paroit tenir à la rareté de l'argent et si leur misere n'est pas reelle au moins ont ils l'air de la plus grande pauvreté. cependant comme je l'ai déja dit leur Condition paroit devoir s'améliorer.

Drogheda situé sur les deux rives de la boyne près de son embouchure dans la mer d'Irlande a du à cette heureuse position un Commerce plus florissant que celui qui s'y fait à présent. malgré cette diminution on peut compter cette ville au rang des considerables de ce Royaume;[1] sa principale Rue et celle qui conduit au pont sont très spacieuses et fort bien baties. le quai est commode, les Casernes l'embellissent et des vaisseaux de plus de trois cent tonnaux remontent jusqu'au pont. des manufactures de toiles une saline des tanneries, des fabriques de [103] cotton sont les objets principaux du Commerce de Drogheda. son hotel de ville est un beau batiment. la societé est assez nombreuse pour payer une troupe de Comédien une partie de l'année et pas assez dirigée vers le bien pour faire les frais d'un hopital qui manque à cette ville ou les pauvres n'ont d'autres ressources que les Charités Précaires.

la religion Catholique y jouit d'une entiere liberté quoique ses pretres n'aillent pas en public vetus en habit eclesiastique. non seulement il y a ici un archeveque et nombre de curés, mais encore on y compte trois couvents de moines et la Conduite du Clergé est dit on généralement bonne sage et édifiante.

Drogheda est remarquable par le Parlement qui s'y tint en 1494. et ou passa la loi Connue sous le nom du vice roi qui la fit dresser. cette fameuse loi Poyning, si odieuse aux irlandois et qu'ils sont parvenus recemment à faire annuller.[2] ce fut aussi à drogheda ou se prononca la sentence de mort contre Desmond, un des ancetres de celui dont il est parlé plus haut, contre Plunket

---

1. Drogheda comptait alors quelque 20 000 habitants.
2. L'Irlande ayant soutenu des prétendants yorkistes, Henri VII Tudor entreprit de soumettre le pays. Son envoyé, Sir Edward Poynings, contraignit le parlement irlandais à accepter une loi l'assujettissant totalement à l'autorité du roi d'Angleterre, et par la suite à l'autorité de Westminster. En 1719, une Déclaration de George Ier avait soumis les travaux du parlement de Dublin aux vétos du parlement de Londres. C'est cette mesure qui avait été rapportée en 1782, mais cela revenait aussi à annuler les effets de la loi Poynings et à rendre à l'Irlande l'indépendance législative.

et contre Kildare. ce dernier plus heureux et plus adroit que les deux autres échappa de sa prison et fut à Londres ou Edouard IV non seulement cessa de le [104] considerer comme un Coupable, mais le nomma Vice Roi d'Irlande à la place de tiptoft son persecuteur qui vint perir sur un échafaud en angleterre.[1]

Le 26 à Dublin

on est souvent trompé lorsqu'on s'en raporte uniquement à l'amour propre ordinaire dans Chaque Citoyen pour les avantages de sa ville.[2] ce n'a été qu'avec peine qu'on m'a avoué à Drogheda que le Commerce y etoit très diminué mais on m'en avoit assigné pour unique cause, l'accroissement de celui de Dublin et de belfast. mais il en est une autre qui dans peu d'années réduira la ville de drogheda à la seule condition d'une ville intérieure et sans navigation. une barre qui s'augmente journellement a déja rendu l'entrée de la riviere impossible aux gros batimens et ceux que j'ai vus près du Pont sont construits de maniere a tirer peu d'eau et par conséquent hors d'état de soutenir dans l'eloignement les efforts de la pleine mer. La riviere de boyne dans un Cours assez peu considerable n'a pas une pente sufisante pour que ses eaux puissent entrainer le galet aporté par la mer a son embouchure. avant de nous éloigner des bords de cette riviere j'observerai qu'elle est remarquable dans l'histoire D'Irlande par la maniere audacieuse dont guillaume III. la fit passer à son armée [105] pour aller Combattre Jacques II. la victoire qui courrona cette brillante témérité decida la question entre les deux competiteurs et couta la vie au Duc de Schomberg auquel guillaume III. fit élever un monument qui se voit à trois miles de Drogheda à la place ou l'armée de ce Prince passa la boyne.[3] la Cavalerie rompit d'abord l'effort de l'eau et l'infanterie en eut encore jusqu'a la hauteur de l'estomac. ces braves soldats porterent leurs armes sur leur tete. il est remarquable qu'un grand nombre d'entre eux relevoient des maladies qui avoient reduit peu de tems avant l'armée commandée par Schomberg. celle de jacques II. partageoit le decouragement de leur chef. on scait avec qu'elle

1. En 1468, John Tibetot, ou Tiptoft, comte de Worcester, du clan d'York, envoyé d'Edouard IV, voulut briser la puissance des Fitzgerald, grands seigneurs anglo-irlandais, et fit condamner les comtes de Desmond et Kildare, mais au retour au pouvoir des Lancastre, il fut rappelé et exécuté en 1470.

2. On s'étonne que B. oublie la prise de Drogheda par les troupes de Cromwell en 1649; celles-ci passèrent toute la population au fil de l'épée et mirent la ville à sac.

3. La bataille de la Boyne, le 1er juillet 1690, opposa 30 000 Hollandais, Danois, Allemands, Anglais et Français huguenots (4 régiments, soit 3000 hommes), sous les ordres de Guillaume d'Orange, secondé par Schomberg, huguenot allemand, âgé de plus de 80 ans, qui avait été maréchal au service de Louis XIV, aux 25 000 hommes de Jacques II, troupes composées de jeunes recrues irlandaises et de régiments français fournis par Louis XIV. Le monument ne fut élevé qu'en 1736. Pour décisive qu'elle fût, la bataille de la Boyne ne signifia pas la fin de la campagne; les dernières forces fidèles à Jacques II ne capitulèrent pas avant l'été 1691.

précipitation il fut s'embarquer à Waterford et laissa guillaume III. jouir des fruits de sa victoire. j'en ai assez parlé reprenons maintenant notre route.

le Pays entre Drogheda et Dublin d'aussi loin que la vue puisse s'etendre dans une contrée fort unie est de la plus grande beauté et dans un bon état de Culture. la route cependant fourmille de mandians ils sortent des plus mauvaises Chaumieres, et le seul endroit dont les habitans paroissent moins miserables, est Balbriggen ou ils sont alimentés par la manufacture de toile et d'etoffes de Cotton recemment établie. les memes Cabanes se voyent jusqu'au fauxbourg de Dublin. je ne connois pas [106] de grande ville qui s'annonce plus mal. à l'éxception de deux parcs qui bordent la route, aucune jolie maison ne précede celles qui forment les premieres rues de cette ville dont la beauté surprend en raison de ce Contraste.

Dublin après Paris Londres et Naples[a] est je crois la cité de l'Europe la plus étendue, et de la beauté la plus generale dans ses differens quartiers exceptant l'ancienne ville. il m'a fallu une grande demie heure pour arriver à la rue ou je suis logé. elle est près du Parlement de la bourse et du Palais du vice-Roi.[1] je parlerai plus en détail de cette superbe Capitale; dans ce moment je me bornerai a dire que nombre de ses rues ressemblent aux plus belles rues de Londres, que les maisons sont toutes baties dans le meme gout; seulement les barrieres devant plusieurs de ces maisons sont moins légeres moins élégantes que dans la Capitale de l'angleterre. en general le bois ne se travaille pas si bien en Irlande le Charonage est plus lourd. mais sur ce que j'ai vu dans l'ensemble de Dublin je pourrois assurer qu'il y a plus de beaux Edifices publics et particuliers qu'a Londres, et que l'architecture en est meilleure.

il m'en coutera douze francs par jour pour mon logement et celui de mes gens mais je serai proprement et à la portée de tout. j'ai déja joui de la situation de ce logement parce qu'a deux pas de Chez moi [107] j'ai eu à la Poste les lettres[2] qui m'y attendoient qu'elles m'ont annoncé que mon ange et mes enfans se portoient bien, que Mad[e] Elizabeth n'avoit pas été blessée d'une Chute de Cheval dont les détails m'ont fait frémir, et que la Reine continuoit de s'interesser au sort du mari de M[de] de Bombelles; car, c'est, je ne puis assez le repeter à mes enfans oui c'est à la vénération qu'elle inspire que je devrai ma fortune et tout ce que je pourrai obtenir pour celle de ces chers Enfans.

---

a. j'aurois du ajouter Berlin Petersbourg, et peut etre Stokholm ainsi que Koppenhague avant que cette derniere ville n'ait perdu sa marine militaire.

1. B. est logé au cœur de la ville, sur la rive sud, dans Dame Street ou à proximité. Le Parlement est depuis devenu la Banque d'Irlande, la Bourse est l'actuel Hôtel de Ville, le Palais du Vice-roi est le 'chateau', ensemble disparate de bâtisses de divers styles, résidence du représentant du roi du treizième siècle à 1921.
2. On venait juste de créer le service des postes du royaume d'Irlande.

Le 27.

toujours un plan à la main et me livrant au plaisir de questioner en anglois d'etre entendu et de Comprendre les reponses qu'on me fait des qu'il y a eu assez de jour pour distinguer les objets, je me suis mis en route. ma premiere course m'a Conduit au pont d'Essex, jusqu'ou remontent maintenant les vaisseaux de quatre a cinq cent tonnaux. le liffey partage aujourd'hui en parties presques égales la ville de Dublin; au dessus du Pont d'Essex vers l'ouest sont quatre autres pont: celui d'ormond, le vieux pont, celui de la Reine, et le Pont sanglant. il est question d'en Construire un sixieme au dessous du Pont d'Essex qui joindra le quai d'aston avec la rue de drogheda.[1] le Pont d'Essex est dans le meme genre d'architecture que celui de Westminster à Londres; celui de la Reine est élegamment bati; les [108] trois autres plus anciens sont moins beaux mais ils sont tous bien placés.

du Pont d'essex j'ai suivi par de superbes quais la rive gauche de la riviere jusqu'au batiment qu'on Construit pour y établir la douane et la déplacer d'ou elle est maintenant; ce nouvel édifice sera immense et le plus considerable en ce genre qui existe en Europe.[2] par l'accroissement journalier de cette ville, cette douane sera sufisamment à portée des Commercans surtout après que le nouveau pont sera bati. la riviere depuis cet emplacement jusqu'au pont d'Essex est remplie de vaisseaux et cette partie de la ville ressemble assez au beau canal d'amsterdam avec cette difference que les maisons de Dublin sont mieux Construites que celles de hollande. suivant toujours le quai j'ai vu de l'autre coté de la riviere un batiment qui m'a fait desirer de m'en aprocher. c'est une école de marinier dont je ferai mention ailleurs. un batelier après m'avoir refusé de me passer à la rive droite, s'est laissé attendrir à l'aspect d'un schelling. n'ayant pu voir l'Ecole, j'ai continué mon chemin vers la place de St. Etienne, vaste et beau quarré embelli par quatre allées d'arbres qui renferment dans leur quarré une pelouse verte au milieu de laquelle s'eleve la statue équestre du Roi georges II.[3] pour arriver [109] du quai de rogerson à la place St Etienne on

1. Le pont d'Essex avait été construit en 1753, celui de la Reine en 1764. Le sixième pont sera construit sur les plans de James Gandon (1743-1823), architecte londonien d'origine huguenote; la première pierre en sera posée en 1791 et il s'appellera Carlisle Bridge. La rue de Drogheda, la plus large de Dublin, deviendra Sackville Street, avant de s'appeler O'Connell Street.

2. Le superbe bâtiment néo-classique de l'Hôtel des Douanes, construit par James Gandon, ne sera pas achevé avant 1791, la première pierre ayant été posée en 1781. On s'étonne que B. ne mentionne pas les Four Courts, abritant diverses juridictions, commencées en 1777, et un peu en amont.

3. St Stephen's Green, tracé dès 1663 et dont les demeures furent construites au début du dix-huitième siècle. Les Dublinois affirmaient que cette place de 300 m. de côté était la plus grande d'Europe, ou du moins qu'elle formait le plus grand square. La statue de Georges II avait été érigée en 1753.

passe par des rues nouvellement baties et par la place de Mérion quartier dans toute son etendue d'une grande beauté. de la place St. Etienne, à l'eglise de St. Patrick, l'ancienne Cathedrale,[1] on trouve des rues étroites et mal alignées, de vieux batimens, de petits carrefours, enfin tout ce qui caracterise la barbarie des anciennes villes, mais on en sort pour trouver la belle rue de St. francois, et celles de St. thomas et de St. jacques qui conduisent jusqu'a la tete du Canal qui va de dublin dans l'interieur du Royaume. ce Canal est d'une grande utilité pour le Chauffage de tous ses riverains qui recoivent par cette voie le Charbon aporté par mer, d'angleterre dans le port de Dublin. voulant profiter du beau tems qui devient de jour en jour plus rare, j'ai été jusqu'a l'hotel des Invalides nommé l'hopital Royal, ou hopital Kilmainham.[2] ce batiment fondé pour servir d'asile à quatre cents soldats véterans, est moins étendu que celui de Chelsea, mais les invalides y sont beaucoup mieux. Chaque Escouade de six hommes à sa Chambre avec sa Cheminée et trois lits, proprement tenus, ou ils couchent deux à deux; ils mangent dans ces Chambres et le refectoir ne leur sert que pour la distribution de leurs alimens. la Chapelle est belle et sculptée avec soin. les promenades qui entourent [110] cette maison en rendent l'habitation fort agréable.

en revenant chez moi j'ai passé le long des differens quais qui continuent depuis le pont sanglant jusqu'au pont d'Essex. quelque part qu'on aille on voit dans toutes les rues et sur ces quais une activité qui annonce et le commerce de Dublin et sa population qui est evalué à cent soixante mille ames.

le Colonel Dundas et M. Lees[3] auxquels je suis recommandé sont venus me prendre à midi pour me Conduire chez le premier secretaire de la vice royauté. il etoit à la Campagne ainsi que le Duc de Rutland le vice Roi; de la ces Messieurs m'ont mené à la bourse.[4] le batiment est vaste et noble sa rotonde interieure est ornée de la statue pédestre du Roi regnant;[5] sa facade forme un superbe point de vue pour le Pont d'Essex et la rue du Parlement.

Ensuite j'ai été au College de la trinité, la seule université de l'irlande. ce Pays fertile en saints qui porterent la foi dans bien des parties du monde, fut

---

1. Il y a deux cathédrales à Dublin, toutes deux fort anciennes, et à l'époque assez délabrées: Christchurch, où siège l'archevêque protestant, et Saint-Patrick, illustrée par Swift, qui est plutôt une collégiale; elle était le siège de l'Ordre de Saint-Patrick, et abritait une chapelle réservée aux huguenots français.

2. Le Royal Hospital de Kilmainham,* construit entre 1680 et 1701, fut le premier grand édifice classique d'Irlande. Il s'inspire de l'Hôtel des Invalides de Paris.

3. Thomas Dundas (1750-1794), Ecossais, combattit en Amérique de 1779 à 1782, et fut fait prisonnier à Yorktown.

Sir John Lees avait servi sous les ordres du marquis de Granby, père du duc de Rutland.

4. Le Royal Exchange construit à partir de 1769, ouvert en 1779.

5. La statue de Georges III s'y trouve toujours.

distingué dans les tems de barbarie par ce qu'on appelloit alors scavans. henri de St. germain qui vivoit sous le regne de Charles le Chauve fait l'eloge du courage avec lequel un grand nombre d'irlandois méprisant les dangers de la navigation, apportoient en france les lumieres de la Philosophie. Bede dit qu'Oswald Roi des anglosaxons, tira des scavans d'Irlande pour sortir [111] ses sujets des erreurs du Paganisme. Charlemagne temoigna une éstime particuliere pour une nation ou fleurissoit des sciences si oubliées dans le reste de L'Europe, nombre de nos monastères furent fondés par des hommes celebres tels que St. Colomban et d'autres Irlandois.[1]

Les Chroniques Irlandoises raportent que des l'an du monde 3236 ollamh fodlah Roi d'Irlande[2] favorisoit tellement les lettres qu'il eleva un superbe édifice a tarah nommé mur ollemhan qui veut dire le rampart des bardes, pour que ces premiers litterateurs pussent former plus aisément des Eleves par la Communication de leurs connoissances. mais bien des siecles s'accumulerent, durant l'époque ou l'Irlande ne fut pas mieux partagé en hommes instruits que les Etats du Continent. ce ne fut qu'en 1311. que jean Lech, archeveque de Dublin, obtint une bulle du Pape [Clement] V pour établir une université dans cette ville. ses successeurs s'occuperent de tems à autres de ce projet qui n'eut son éxecution qu'en 1591. sous le regne D'Elizabeth. Jacques Ier et Charles Ier mirent le meme intéret a cet établissement qui recut sa constitution présente en 1637. les batimens déja fort étendus et fort beaux doivent etre augmentés suivant un plan qui fera de ce College un magnifique édifice.[3] son museum renferme divers morceaux assez curieux pour l'histoire ancienne et naturelle de l'Irlande. [112] on y montre avec respect la harpe du Roi o brian,[4] le soulier d'un géant et d'autres parties d'habillemens et d'armures qui doivent avoir été celles des guerriers les plus fameux de ce Pays. les productions de ses mines, ses marbres ses cocquillages sont rangés en fort bon ordre, on y voit aussi des habits Complets des Chefs de l'isle d'otahiti.[5]

L'université est frequentée par six à sept cents Ecoliers qui dit on en

---

1. De la fondation de l'abbaye de Luxeuil par Saint Colomban à la fin du sixième siècle à l'arrivée du philosophe Jean Scot Erigène à la cour de Charles le Chauve, les clercs irlandais apportèrent pendant trois siècles une contribution considérable à la culture et à la foi de l'Europe occidentale.
2. Ollam Fodlah, législateur de l'Irlande paienne, ordonna une assemblée triennale de tous les rois, nobles, druides et bardes à Tara, capitale du royaume de Meath, au nord de Dublin, et capitale spirituelle et intellectuelle de toute l'Irlande.
3. Les bâtiments que B. put voir étaient tous récents. Certains étaient l'œuvre de Chambers, l'architecte 'palladien' anglais. La belle façade palladienne, face au Parlement, était de 1750.
4. Il s'agit de la harpe dite 'du roi Brian Boru', qui ne remonte en fait qu'au quinzième siècle.
5. Les vêtements tahitiens furent rapportés par l'une des expéditions de Cook, en 1771, 1775 ou 1780. La visite du prince tahitien Omai, ramené à Londres en 1774, avait suscité un engouement très vif pour la Polynésie. Voir II.252; p.312.

sortent généralement assez peu instruits.[1] la plupart s'amusent à aller écouter assiduement les débats du Parlement dont les assemblées se tiennent dans un batiment qui n'est separé que par la largeur d'une rue de ceux de l'université. ces deux Edifices ornent la place qu'on nomme College green et sur laquelle est la Statue Equestre de guillaume III. élevée en 1701. en l'honneur de la victoire remportée par ce Prince près de la riviere de boyne.

comme je ne veux pas fatiguer autant mon lecteur en me suivant que je l'ai été en parcourant encore d'autres quartiers de la ville, je vais le laisser reposer pour aujourd'hui.[2]

Le 28. à Cartown [Carton]

Le Premier seigneur de ce Pays est le Duc de Leinster de la maison de fitz-gerald. il a le plus bel hotel qui soit à Dublin, et il vit une grande [113] partie de l'année à Cartown, grande et magnifique terre ou il a toute la représentation d'un souverain, et la simplicité d'un honete gentilhomme, il nomme huit membres de la Chambre des Communes, et dispose a peu près à son gré de tout dans le Comté de Kildare.[3]

je suis arrivé chez lui à midi. comme lui, la Duchesse et une nombreuse societé avoient passé la nuit au bal le déjeuné n'etoit pas encore commencé et plusieurs Dames n'y ont meme pas paru. après le déjeuné, le Duc m'a mené voir les parties de ses jardins qui joignent le Chateau; ensuite il m'a conduit en Caleche dans les autres parties d'un des plus beaux parcs que j'aye vu.[4] ce qui s'y appelle la Chaumiere seroit une fort jolie maison de Campagne pour une famille de Cinq à six personnes. une belle riviere traverse cet immense Parc au bout duquel est un village bati par le Pere du Duc. on y voit des maisons uniformes, commodes et allignées; il se nomme maynooth[5] et l'on y voit encore

1. D'autres sources n'indiquent que 500 étudiants, encadrés par une trentaine de *fellows*. Les deux-tiers des étudiants se destinaient à l'Eglise, protestante bien sûr. Les catholiques étaient évidemment exclus de l'université. B. est informé par des gens malveillants; les études qui duraient quatre ans formaient des diplomés d'un bon niveau.

2. Consulter à l'Annexe IV la lettre écrite par B. à sa femme le 27 octobre 1784.

3. William Robert Fitzgerald (1749-1804), d'une très ancienne et prestigieuse maison qui avait pratiquement régné sur l'est et le centre de l'Irlande depuis la conquête anglaise. A la mort de son père en 1773, il était devenu 21e comte de Kildare et 2e duc de Leinster, et propriétaire de plus de 6 000 arpents de terres rapportant plus de £20 000. Par se mère il descendait de Louise de Kéroualle et de Charles II. Il avait dix sœurs et huit frères. En septembre 1778 il avait été élu à la tête des 'volontaires' de Dublin et en 1783, lors de la création de l'ordre de Saint-Patrick, il en avait été nommé le premier chevalier.

4. Le château de Carton,* construit avant 1740, était entouré d'un vaste parc, qui, à partir de 1750, fut encore considérablement agrandi et aménagé dans le nouveau goût pittoresque, à la manière de Brown, bien que Brown ait refusé de venir en Irlande à la demande du duc de Leinster.

5. Maynooth annonçait les nombreux villages modèles reconstruits par leurs seigneurs entre 1770 et 1790.

les ruines de l'ancien Chateau ou logeoient les ancetres du Duc. leurs épaisses tours dominoient un Pays ravagé par les guerres civiles, et négligé par un peuple belliqueux. aujourd'hui toute cette Contrée est bien cultivée et ses villages fourmillent [114] d'habitans de tout age nourris en grande partie par l'industrie naissante et prospere que des Seigneurs plus éclairés y ont établi. Le Duc de Leinster a fait les avances d'un grand nombre de metiers qui servent a fabriquer des rubans de fil, de coton, de laine, et des bas. il a bati une excellente auberge ou est une salle de bal dans laquelle il reunit souvent plus de deux cents personnes des environs. c'etoit un de ces bals qui a fait passer la nuit derniere à la Duchesse et aux Dames qui sont Chez elle.

toutes ont paru à Cinq heures et demie du soir et l'on s'est mis à table à six heures; à quelques mets près, j'ai diné comme à nos bonnes tables de france et bu d'excellens vins. La Duchesse de Leinster est aussi polie que son mari et ses beaux-freres; cette famille paroit vivre dans la plus grande union, et le Duc a un ton parfait avec ses freres et sa sœur. La Duchesse Douairiere sœur du Duc de Richmond vit dans une autre Campagne aux environs de Dublin.*a* Le Duc est par sa mere Cousin germain de M. fox. il est dans l'oposition tant au Parlement d'Irlande que dans celui d'angleterre dont il est Pair mais c'est un homme sage moderé, et qui est incapable de [115] seconder les vues des brouillons qui excitent en ce moment le Peuple Irlandois.[1]

j'ai trouvé chez lui Milord et Miladi harrington. Milord harrington est Colonel du 65eme regiment, après avoir été aide de Camp du general Burgoyne et pris avec lui à Saratoga.[2] on lui a donné un regiment qu'il commande dit on avec distinction et qui est en garnison à Dublin. Miladi harrington avec moins d'esprit dans la figure que Mad^e Le Brun, notre habile peintresse,[3] lui ressemble singulierement; elle a suivi son mari dans ses Campagnes militaires, en amerique

a. elle s'est remariée à un homme de rien; mais elle conserve comme je l'ai déja dit son nom et son titre.

1. Charles Lennox, 3e duc de Richmond, arrière-petit-fils de Charles II, avait trois sœurs: la puînée, Lady Louisa, qui épousa Mr Conolly, Lady Elizabeth, la cadette, qui épousa le 20e comte de Kildare, et Lady Catherine, l'aînée, qui épousa Henry Fox, 1er Lord Holland. Charles James Fox (1749-1806), fils cadet de celui-ci, député dès 1768, soutint d'abord Lord North, puis, en 1774, passa dans l'opposition. En 1782, il entra, comme Charles Lennox, dans le ministère Rockingham, et, ministre des affairs étrangères, signa les traités de 1783. Il était favorable à la cause irlandaise. Il défendit toujours les mesures libérales, mais ses mœurs dissolues le desservirent.

2. Charles Stanhope, 3e comte Harrington. Il avait été aide-de-camp du roi de 1782 à 1783. Il commandera de 1805 à 1812 les troupes britanniques en Irlande.

3. Madame Vigée-Lebrun (1755-1842). Elève de J. Vernet et de Greuze, elle connut vite le succès grâce à ses portraits des dames de la Cour; elle fit dès 1778 le portrait de la Reine et, en 1783, elle fut admise à l'Académie de Peinture.

Bien qu'ignoré du *Dictionnaire* de l'Académie, le terme '*peintresse*' était employé au dix-huitième siècle.

et en a raporté un petit air martial assez drole. elle parle passablement francois ainsi que toutes les Dames qui etoient à Cartown. Milord harrington a beaucoup d'usage du monde et une tres bonne conversation.

Le 29. à Dublin

Milord Edouard un des freres du Duc de leinster[1] a eu la complaisance de me mener en Caleche, voir ce matin, la plus belle maison de l'Irlande, celle de M. Conolly, un des plus riches gentilshommes de ce Pays. ses terres sont contigues a celles du Duc de Leinster dont il est l'oncle parce que Milady conolly est sœur de la Duchesse Douairiere de Leinster. il n'y a que deux miles de [116] Cartown, à Casteltown nom du Chateau de M. Conolly, et l'oncle ainsi que le neveu vivent dans un excellent voisinage.[2]

Casteltown est reellement une superbe habitation, et plus commodément distribué que la plupart des Chateaux en angleterre. le grand salon ou l'on se tient habituellement est en meme tems bibliotheque museum et salle de musique.[3] on y trouve à s'occuper de quelque maniere qu'on le désire. les amateurs de la Chasse et des Chevaux n'ont rien à desirer en ce genre. le maitre de la maison, lui meme grand Chasseur, a un équipage Complet. il etoit à Leinster-lodge une maison de Chasse du Duc de Leinster, a dix mille de Cartown, ou il Chassoit avec le vice Roi. près de Casteltown est un joli village, Celbridge que M. Conolly a rendu industrieux comme celui de mainhooth. on fait entre autres Choses à Cellbridge des Chapeaux de bois de tilleul, dont on envoye une grande quantité à Londres; les Dames les prèférent aux Chapeaux de paille ils sont beaucoup plus légers. le fabriquant est en meme tems l'inventeur de ces sortes de Chapeaux, et par un contract passé avec un marchand de Londres, il s'est engagé à n'en pas vendre de quelques années à

1. Ce frère cadet milita à partir de 1791 dans la Society of United Irishmen, et mourut pour l'indépendance irlandaise en 1793.

2. Thomas Conolly (1738-1803) hérita en 1754 du domaine et des biens de son grand-oncle, qui avait accumulé une fortune immense en collectant les impôts d'Irlande. Il était arrière-petit-fils d'un aubergiste, mais aussi petit-fils du 1er comte de Strafford. Thomas Conolly, bien que jouissant de plus de £25 000 de revenus, allié aux meilleures familles, ayant une grande influence, était très modeste et refusa tout titre de noblesse, se contentant de siéger de 1761 à 1800 aux Chambres des Communes d'Irlande et de Grande Bretagne. Il était grand chasseur, certes, mais aussi homme de grande culture. Voir II.127; p.242.

3. Castleton,* commencé en 1722 sur les plans d'un architecte italien, était la plus belle et la plus vaste demeure d'Irlande, et elle inspira beaucoup de châteaux dans le goût palladien. Les appartements étaient somptueux, le grand salon possédait même un orgue. On peut voir encore les intérieurs tels que les vit B. et qui venaient d'être refaits avec beaucoup de goût. La parc aménagé à partir de 1740 avec d'extraordinaires folies, devint après 1760, sous l'autorité de Lady Louisa, l'un des premiers exemples du genre pittoresque. Les travaux s'y poursuivaient encore, autant pour employer les pauvres que pour orner un terrain qui manquait d'agréments naturels. Voir II.127; p.242.

d'autres marchands, mais il en vend en détail aux personnes de ce Pays ci qui en veulent pour leur usage et n'en font pas commerce. ce Chapeau [117] qui revient ici à quatre schellings, se vend en angleterre une guinée, et sans doute les dames disent elles à Londres comme à Paris, qu'en vérité c'est pour rien.[1]

ces Chapeaux se font au metier; après que les brins ont été rabotés l'ouvrier qui les prépare a une petite planche de tilleul d'environ neuf lignes d'epaisseur placée entre deux étaux, avec un fer il raye d'un seul tems les linéamens, et ensuite d'un coup de rabot il les enleve, et leur réunion ressemble à un echeveau de gros fil. deux enfans travaillent à un meme metier; l'un à gauche présente les brins de tilleul, l'autre passe avec la main droite un baton entre la trame, et va chercher le brin qu'il attire par le moyen d'un crochet au bout de ce baton qui fait l'office d'une navette. les metiers sont montés diversement pour faire differens desseins.

de Celbridge, Milord Edouard m'a Conduit à leixlip, gros bourg qui apartient encore à M. Conolly et ou il a un joli Chateau loué à vie au général sandford.[2] comme nous arrivions chez le général toute la societé de Cartown venoit lui faire visite. il nous a montré les embellissemens qu'il s'est plu a donner à sa retraite. son jardin [118] fort agréable, est borné par le liffey la meme riviere qui traverse Dublin; elle se précipite en une très belle cascade qui semble faite exprès pour l'ornement des jardins de Leixlip. cette Cascade s'apelle le saut du saumon parce que dans le printems un grand nombre de ces poissons sautent effectivement de rochers en rochers contre le courant de l'eau et remontent la riviere.

ma voiture m'attendoit dans le bourg de leixlip ou sont diverses manufactures de toiles de Cotton peintes et imprimées. la lenteur de mes Chevaux m'a donné tous le tems de Considerer le beau Pays entre ce bourg et Dublin; la route est bordée de superbes campagnes et l'on rencontre plusieurs beaux villages.

Je suis arrivé a tems pour aller diner chez le Colonel Dundas avec des officiers généraux, fort honêtes, mais fort pressans pour vous faire boire. les anglois sont sobres en Comparaisons des Irlandois.

Le 30.

Je suis enfin parvenu à voir M. Orde le premier secretaire de la vice Royauté, grand personage à Dublin et l'homme par qui passe toutes les affaires aux

---

1. Avec le goût des bergerades et des pastorales, les chapeaux de paille devinrent à la mode dans la haute société. Madame Elizabeth en réclamait à B., selon la marquise qui écrivait 'elle voudroit aussi des chapeaux de paille dont le fond seroit bien profond' (lettre du 21 septembre 1784, Archives départementales de Seine et Oise, fonds Bombelles E 433), ce qui confirme l'engouement de la Cour pour cette coiffure simple et champêtre.
2. Mr Conolly avait hérité le domaine de Leixlip* de sa mère, fille du comte de Strafford.

quelles le Duc de Rutland le vice Roi donne seulement son nom.[1] il a fallu que Mr Pitt placa son ami et l'Irlande se voit successivement gouvernée par les partisans [119] de la faction dominante à Londres.

M. orde et moi, nous nous sommes reconnus pour nous avoir vu à naples. il est d'une belle figure, sa conversation est sage, mais on prétend qu'il n'a ni l'acquis ni la fermeté nécessaires pour sa place; et que lui ainsi que son principal sont menés par M. Lees, le meme auquel je suis recommandé, homme Chaud et auquel on reproche d'aimer trop à se mêler. ce dernier est fort occupé de mon séjour ici, et par son affectation à me prévenir continuellement, sur ce qui peut m'etre dit d'ailleurs, touchant les affaires du moment; il me prouve que le gouvernement n'est pas plus rassuré qu'il ne faut sur la suite des mouvemens du parti contraire. cependant tout ce que je vois et entends me porte à Croire, que la Conduite de ce parti le rend peu redoutable. j'en parlerai plus en détail lorsque je me serai procuré des renseignemens qui me manquent et lorsque j'aurai eu plus de tems pour fixer mes idées.

j'ai été diner a une Campagne formée et batie par M. Lees dans un promontoire[2] qui s'avance sur des rochers éscarpés dans la baye de Dublin: cette baye est d'une grande beauté; depuis les Caps qui sont à son ouverture jusqu'à la ville qui en meuble le fond les deux rives sont enrichies par un grand nombre de jolies maisons, qui jouissent d'une magnifique vue. Mr Lees après avoir égalisé un large plateau a pratiqué des allées qui suivent [120] les contours des rochers et descendent jusques sur le bord de la mer.

on m'avoit annoncé comme une des beautés de Dublin une Mad[e] hamilton qui a diné avec nous. jamais rien d'aussi ridicule en fait de précieux n'a certainement éxisté. cette petite figure fort Commune, ne se donne pas un mouvement sans regarder avec des yeux minaudierement langoureux, l'effet qu'elle croit produire, elle a une main qui a été jolie et qui ne l'est plus, en servant du poulet elle se tord le poignet pour presenter toujours cette main

---

1. Thomas Orde Powlett (1746-1807). Il avait soutenu Lord North puis Pitt. Maladif et velléitaire, craignant toujours le pire, il n'etait guère l'homme de la situation; il rentra en Angleterre en 1787 à la mort du duc de Rutland, et il fut créé Baron Bolton en 1797. Orde, qui voyait des espions et des ennemis partout, affirmera à Pitt qu'il se méfiait de B. mais n'avait aucune preuve de tentative de subversion (lettre du 6 novembre 1784). Orde chercha sans doute au début à éviter tout contact avec B., puis dut se rendre compte qu'il serait préférable au contraire de multiplier les occasions de rencontre au plus haut niveau pour séduire et 'retourner' le diplomate français dont il était impossible d'ignorer la présence. (Je remercie tout spécialement le Dr James Kelly, de St Patrick's College, Dublin, qui a bien voulu rechercher dans la presse et les archives de Dublin, les traces du passage de B., et dont l'érudition m'a permis de rédiger certaines notes, signalées par les lettres JK.)

2. La péninsule de Howth au nord de Dublin. Il y avait une dizaine de superbes propriétés, dont le célèbre domaine de Marino, aménagé à partir de 1760 par Lord Charlemont dans le goût pittoresque, avec une 'casino' palladien.

dans une position avantageuse, elle parle comme un serin, enfin c'est l'ensemble le plus compassé et le plus fade que j'aye vu.

Mad^e Lees et une autre de ses amies sont aussi naturelles que M^de hamilton est affectée. nous sommes revenus a neuf heures du soir en ville et quoique nous formassions trois voitures, le general baugh qui me menoit dans la sienne a cru necessaire d'y avoir un grand sabre deux pistolets Chargés, et une Courte Carabine qu'il tenoit à la main faisant passer le bout du Canon par dehors la portiere. quoique ces précautions soient un peu étendues il est cependant certain qu'il faut en prendre parce que Dublin et ses environs sont encore moins policés s'il est possible que Londres.[1] M^de hamilton a ete arretée il y a huit jours [121] par six voleurs qui ont bien voulu se Contenter de sept guinées qu'elle avoit dans sa bourse

Le 31.

si, Comme il y a tout lieu de le Croire le dénuement des biens de ce monde est un moyen de plus pour parvenir à la félicité de l'autre, les Irlandois Catholiques auront certainement beaucoup de places en paradis. j'ai été ce matin à l'une des treize chapelles qui sont ici, et je me suis trouvé au milieu d'une foule de mandians; à la porte de la Chapelle ils obstruent le passage pour recevoir des Charités et deux hommes avancent des Casseroles de Cuivre dans lesquelles ils recueillent les aumones destinées à l'entretien des Pretres qui recoivent cette assistance indépendemment des secours de leurs familles; tant seculiers que moines il y a cent vingt éclesiastique à Dublin et un archeveque que j'ai vu aujourd'hui,[2] il est joliment logé et paroit ne manquer de rien pour l'honete aisance qui lui est nécessaire. ses pretres ne sont pas si bien malgré l'assistance de leurs parents et des fideles; plusieurs vivent dans une détresse, qui nuit à leur consideration et souvent à la décence de leur conduite. c'est parmi cette classe de pauvres Eclesiastiques que l'on trouve des etres plus remuans qu'il ne faudroit pour la situation ou les Catholiques sont maintenant en Irlande. depuis quelques années, ils ont [122] obtenu divers avantages dont les gens raisonables sont satisfaits, mais qui ont accru l'ambition des autres Catholiques moins sensés. Les Presbiteriens, secte qui depuis sa naissance a toujours été en opposition de toute autorité Royale mécontens du gouvernement Cherchent à se fortifier des Catholiques et ont persuadé a plusieurs de ceux ci

---

1. Ce ne fut qu'en 1786 qu'un *Dublin Police Act* permit d'organiser sérieusement la police de Dublin et de ses alentours, et de recruter 700 gardes.
   2. L'archevêque catholique de Dublin était alors le Dr John Carpenter qui avait été consacré en 1770. Ce prélat cultivé, respecté et respectable, tint à exercer une influence très modératrice, afin de consolider prudemment les acquis enfin obtenus après les temps de persécution et de mépris. Il mourut à la tâche en 1786. [JK]

de solliciter un droit de suffrage dans le Parlement,[1] cette demande ne peut etre accordée, et doit naturellement indisposer l'administration; il est aussi sage de traiter avec douceur, les membres de differentes communions, d'assurer leurs proprietés, de tolerer leurs cultes avec quelques restrictions, qu'il seroit imprudent d'admettre dans telle sorte de Magistrature ou d'emploi public que ce soit d'autres individus que ceux qui professent la religion dominante du Pays. L'Irlande, est gouvernée par les memes loix que l'angleterre,[2] et a adopté la meme lithurgie; elle ne pourroit sans s'exposer à de nouveaux troubles, étendre sur les Catholiques plus nombreux des deux tiers que les protestans des prérogatives dont les seuls protestans doivent jouir.

j'ai vu L'archeveque Catholique penetré de ces principes et s'il est de bonne foi le gouvernement peut compter sur tout ce qui pourra dépendre de son influence. partout ou avant la réforme il y avoit des archeveques ou des Eveques en Irlande, ils y sont constemment restés quoique dépossedés [123] de leurs Eglises, des maisons Episcopales et des revenus dont jouissent depuis les Prelats de la religion Protestante.[3] cette circonstance seroit une raison de plus pour ne pas admettre les Catholiques au droit d'avoir des representans en Parlement parce que certainement on ne tarderoit pas à voir les Eveques Catholiques demander a reprendre leurs anciennes places dans la Chambre des Pairs.

Le 1ᵉʳ novembre

j'ai vu ce matin la Chambre des Pairs et celle des Communes; elles repondent par leur grandeur leur noblesse à la dignité de leur objet, et à la beauté éxterieure du batiment qui les renferme.[4] en sortant de l'hotel du Parlement, on m'a mené voir dans le jardin du college les salles d'anatomie; il en est une qui renferme des modeles en cire représentant des femmes dans toutes les circonstances

1. Les Lois Pénales qui, s'ajoutant à diverses mesures discriminatoires prises sous Elisabeth, Jacques Ier, Charles Ier, Cromwell, réduisaient les catholiques à une non existence sociale et civique, avaient été partiellement levées en 1774 pour ceux qui acceptaient de prêter un serment de loyalisme à l'égard de la Maison de Hanovre, puis pour tous par les *Catholic Relief Acts* de 1778 et 1782; mais les catholiques, et les protestants non épiscopaliens, restaient exclus de la vie politique et de toute charge officielle. Ce ne fut qu'en 1793 que tous reçurent le droit de vote.
2. C'est une erreur. L'Angleterre faisait la loi en Irlande, mais cette loi était propre à l'Irlande. Les Lois Pénales, en contradiction avec le traité de Limerick qui, en 1691, garantissait les droits des catholiques, furent décidées entre 1695 et 1727 par le parlement de Dublin, et ce fut sous la pression de Londres que Dublin accorda les *Relief Acts*.
3. La hiérarchie catholique, privée de tout statut officiel dès la fin du seizième siècle, avait été expulsée sous Jacques Ier, sous Cromwell et en 1696; mais elle avait souvent pu se maintenir, tantôt dans la clandestinité, tantôt dans une très prudente neutralité.
4. Le Parlement d'Irlande, construit entre 1729 et 1739, fut le premier grand édifice public des Iles Britanniques dans ce style palladien si caractéristique de Dublin.

differentes de la grossesse et dans l'etat d'accouchement.[1] ces ouvrages faits avec un grand soin et fort estimés par les anatomistes furent achetés à Paris et donnés à l'université de Dublin par Milord schelburn.

M. orde m'a donné un grand et bon diner servi avec magnificence dans la maison de Campagne attachée à sa place. Le vice roi et son premier secretaire sont logés en ville au Palais, et à la Campagne [124] ont Chacun une maison dans l'enceinte du Parc du Phoenix parc Royal qui forme une des promenades publiques de la ville mais qu'on ferme deux fois l'an pour Constater le droit qu'auroit le Roi de ne point laisser ce parc à l'usage du public.[2] les deux maisons dont je viens de faire mention, ainsi que le Palais sont meublés par sa Majesté et le Changement frequent de vice rois a rendu cet arrangement necessaire. ce représentant du souverain a vingt mille livres sterlings d'apointemens et son secretaire six mille livres. M. orde joint à cette fortune précaire un revenu plus solide qu'il a de sa femme une fille naturelle du Duc de Bolton; cette jeune femme fort bien élevée jouit dans ce moment de cent mille livres de rente argent de france et après la mort de son Pere son revenu sera quadruplé.

Le Duc de Rutland[3] est venu diner à la Campagne de M. orde ou je lui ai été présenté. il a dans son maintien tout l'embarras d'un homme fort au dessous de sa place et qui ne s'etoit jamais destiné a remplir des emplois conformes à sa naissance. il est fils de Milord grambi qui commandoit la Cavalerie angloise dans la guerre d'allemagne, et qui étoit aussi mince general que son fils est mince vice Roi. malgré cela on lui rend de grands respects, et [125] ses aides de Camp le servent comme ils serviroient le Roi, il passe le premier partout et seroit fort attrapé s'il prenoit trop l'habitude parce que sa gloire est toujours de très Courte durée.

un des griefs des Irlandois est qu'autant que cela se trouve possible on donne à des anglois toutes leurs places lucratives dans l'eglise comme dans l'ordre civil. la plupart des Chapelains des vice rois passent aux Eveches d'Irlande. M.

---

1. Ces modèles en cire témoignent de la disparition des interdits, ce qui permet l'essor de la gynécologie et de l'obstétrique.

2. Phoenix Park, de plus de 7 milles de tour et de 1700 arpents (850 hectares) de superficie, fut ouvert au public par le vice-roi Lord Chesterfield, en 1747. Celui-ci fit édifier la colonne du Phénix au centre du parc et fit tracer les allées convergentes. A cette époque, il n'y avait pas de résidence officielle dans le parc, mais Mr Clements, jouissant de la sinécure de maître des gardes du parc, s'y aménagea une belle et agréable demeure et un joli parc privé; c'est ce qui fut acheté en 1782 pour le vice-roi. Voir II.149; p.254.

3. Charles Manners (1754-1787) devint 4e duc de Rutland en 1779. C'était un ami de Pitt, et il succéda à Lord Northington en février 1784. C'était un bon vivant, grand chasseur, amateur d'art cependant et cultivé. Quoiqu'en dise B., son père, le marquis de Granby, était un soldat courageux qui se distingua pendant la Guerre de Sept Ans. Si, à la première rencontre, B. ne fut guère impressionné par le duc de Rutland, il en vint à reconnaître les qualités humaines du vice-roi et à apprécier la chaleur de son accueil. Voir Annexe VII.

Preston ci devant secretaire d'ambassade à naples, puis voyageur en allemagne et que j'ai connu dans ces deux contrées vient d'etre nommé à L'Eveché de Killalla dans la Connacie[1] en recompense de ses services et de ce qu'il a été depuis sept mois chapelain du Duc de Rutland. cet Eveché sur le bord de la mer au nord de la Connacie partie de l'Irlande la plus sauvage vaut deux mille cinq cent louis et moyennant que le possesseur soit bien rendu à la Cour ce qui arrive presque toujours il sort de la à la premiere vacance pour un siege d'une habitation plus agréable et d'un plus grand produit.[2] en attendant, ces Messieurs ont grand soin de n'etre presque jamais dans leurs Evechés meme lorsque le Parlement n'est pas assemblé et plusieurs d'entre eux ne Croyent en Dieu que très mediocrement.[3] [126] M. Lees m'a mené souper chez M. Swans un de ses amis, car on soupe à Dublin deux heures après avoir quitté la table du diner et les Irlandois comme les anglois soupent aussi bien qu'ils dinent, je me borne à les admirer sans pouvoir les imiter.

Le 2. à Cartown

j'avois promis au Duc de Leinster de retourner chez lui et j'ai profité d'un des plus beaux jours de l'année pour lui tenir parole. des rosses détestables m'ont presque laissé en route et au lieu d'arriver a Cartown a dix heures du matin il etoit pres de midi lorsque mon triste équipage est entré dans la cour du Chateau. je craignois de trouver Le Duc et sa societé partis après le déjeuner heureusement ils etoient encore rassemblés dans le sallon et le Duc a fait atteler une Caleche pour me mener voir a un mille plus loin que Celbridge un moulin a filer le Cotton que vient de faire batir M. Broock et qui sera en activité dans quinze jours ou trois semaines. sa construction est absolument la meme que celle d'un moulin pareil dont j'ai fait mention à l'article de Broomsgrove. je verrai demain les manufactures ou se travaillent le Cotton. de ce moulin nous sommes revenus à Casteltown. M. Connolly alloit monter à Cheval pour aller a un rendez vous de Chasseurs a Kildare; il a retardé son départ pour me montrer en détail son Charmant [127] Parc, la riviere de Liffey semble avoir

1. Le Connaught, à l'ouest de l'Irlande, province pauvre, catholique et gaélique pratiquement à cent pour cent.
2. Effectivement, dès 1787, William Preston fut nommé évêque de Ferns et Leighlin, dans une province moins pauvre et moins sauvage. Il mourut en 1789 avant d'avoir pu obtenir un évêché plus prestigieux. [JK]
3. Depuis le début du dix-huitième siècle, il était de règle de nommer aux vingt-deux évêchés d'Irlande des clergymen anglais qui évidemment se souciaient peu d'aller résider dans des évêchés crottés, au milieu d'une population catholique et parlant gaélique. On ne demandait à ces évêques que de voter à la Chambre des Pairs selon les ordres de Londres. Mais beaucoup s'avérèrent des prélats consciencieux et dévoués; B. exagère leur indifférence ou leur absentéisme, et l'accusation d'irréligion est assez gratuite. Voir II.157, 181; p.258, 271.

été faite pour l'embellissement des vastes possessions de M. Connolly. moins élevée dans ses cascades à Casteltown qu'a leixlip elle les multiplie en parcourant des promenades ou l'on ne s'apercoit pas que L'Irlande soit moins bien partagée en beaux arbres que L'angleterre.

M. Connolly jouissant de l'existence et de tous les agrémens d'un grand seigneur est simple et bon homme comme le vestern de Tome Jones.[1] il parle très bien francois, il accueille de si bonne grace qu'on est des le premier instant à son aise avec lui et qu'on voudroit passer sa vie avec un aussi galant homme. il est adoré de tout ce qui l'environne et sa femme ne vit que pour faire du bien. on l'appelle dans le canton la bonne Milady Louise; elle étoit a un hopital que la famille de M. Conolly a fondé et qu'elle a fort augmenté depuis quelques années ce qui nous a empechés de la voir aujourd'hui. nous sommes revenus diner chez mon honete Duc et ses jolies petites filles nous ont amusés une partie de la soirée par leur gaité et leurs danses. j'ai trouvé a Cartown Miladi Mazarin mere de Milord Mazarin qui est depuis seize ou plus d'années en Prison pour dettes à Paris, et qui préfere sa captivité à payer des créances qu'il croit injustes. [128] sa mere, et les autres personnes de sa famille entre autres sa sœur Miladi Leitrim ont fait l'impossible pour le determiner à payer; sa fortune est fort superieure à ce qu'il doit et il lui resteroit une vraye aisance; mais rien n'a pu vaincre son obstination.[2]

Le 3.

toutes les Cartes anciennes et recentes du Royaume d'Irlande indiquent un Canal de Dublin à la riviere du Schanon comme devant joindre par ce moyen la navigation de cette riviere à Celle de la mer d'irlande. mais il s'en faut des deux tiers de la distance que ce Canal soit fini, et l'on est meme determiné a en changer la direction. par le premier projet il aboutissoit au shannon entre

1. *Tom Jones*, publié en 1749 par Henry Fielding (1707-1754), connut un grand succès en France grâce à la traduction de P.A. de La Place, parue dès 1750 et souvent rééditée par la suite. Plusieurs adaptations, *Tom Jones*, comédie lyrique en 3 actes, musique de Philidor (1765), et *Tom Jones à Londres*, comédie en 5 actes en vers de Desforges (1782), popularisèrent en France les héros de ce roman. Mais B. confond sans doute deux personnages: Western, hobereau pittoresque, bon vivant au franc parler, mais grossier et brutal, et son voisin, Allworthy, sage et généreux, simple mais cultivé. Mr Conolly est plutôt Allworthy que Western.

2. Milady Massereene était venue en voisine car elle habitait Leixlip. Un contemporain français affirme que 'Lord Mazarens' fut détenu à la Conciergerie près de vingt ans 'en vertu de sentences portant contrainte par corps pour dettes, billets à ordre, lettres de change. C'était une espèce d'escroc: il avait fait grande figure, il avait contracté des dettes immenses; il ne vouloit point les acquitter. Il prétendait que ses créanciers avaient abusé de sa confiance et l'avaient porté à souscrire des engagements plus forts que les sommes dont il était débiteur. [...] Il a été mis en liberté à l'époque de la révolution, et aucun de ses créanciers n'a touché un denier' (Pillet, *L'Angleterre vue à Londres et dans ses provinces*, Paris 1815, p.37).

Banagher et Clonefert et de cette embouchure jusqu'a Dublin, il ne devoit traverser qu'une Campagne denuée d'habitations ou qui en etoient trop éloignés pour profiter des avantages de sa navigation. un nouveau plan mieux Combiné Conduira une branche de ce Canal par le Comté de longfort au shannon; en suivant par des sinuosités autant que cela sera possible la direction des villages des bourgs et des villes à portée, mais cette branche du Canal ne sera entreprise qu'après qu'on aura Conduit le Canal actuel jusqu'a a monasterevan ou il tombera dans la riviere de Barrow qui a son embouchure [129] dans la mer au dessous de Waterford: un des objets des plus instans de ce Canal est de Conduire dans le Comté de Kildare et les Comtés voisins le Charbon qui commence a etre exploité du coté de monasterevan et qui tant pour le Chaufage que pour les manufactures devient de jour en jour plus necessaire dans les parties interieures de l'Irlande.[1]

Le Duc de Leinster aussi bon Patriote que bon Pere de famille et bon Parent, ne s'est interessé dans la Compagnie qui fait les frais du Canal que depuis qu'il voit suivre dans cette entreprise un sisteme plus raisoné que ci devant. maintenant on travaille à force, et j'ai vu ce matin l'acqueduc nouvellement fait, pour conduire le Canal au dessus de la riviere liffy. le plan et l'elévation de ce bel ouvrage sont très bien exprimés dans la Carte du Comté de Kildare que mes enfans trouveront parmi celles que j'ai rassemblées ce qui me dispense d'en faire une description particuliere. ce Canal à présent va jusqu'a tougher of greag village à vingt miles de Dublin ou l'on vient des environs chercher le yacht qui tous les jours conduit les passagers et les marchandises à Dublin. j'ai vu passer ce bateau à Sallens [Sallins] ou il y a un relai des deux chevaux qui le conduisent, et un magasin pour deposer des balles de laines, des effets de toute espece et du Charbon qui vient [130] de Dublin. le yacht est aussi Commode que celui du Canal du Duc de bridgewater dont j'ai fait mention à l'article de manchester. il y avoit plus de trente personnes qui attendoient à Sallens et qui s'y sont embarquées pour aller par eau à Dublin; le trajet est de cinq heures.

de l'acqueduc auquel on a donné le nom du Duc de Leinster, j'ai eté à Prosperous ville naissante qui s'eleve sur un terrain ou il y a quatre ans on ne recueilloit que de la tourbe.

1. L'Irlande avait été, elle aussi, saisie par la fièvre des canaux. Voir II.99, 169; p.225, 265. Dès 1751, un Board for Inland Navigation avait été constitué, mais les travaux ne commencèrent que bien plus tard. Le 'Grand Canal', décidé dès 1756, commencé en 1772, n'avait pas atteint le Shannon en 1800. La branche nord, le 'Royal Canal', commencée en 1789, n'avait pas dépassé vingt miles en 1806. En fait, ces canaux ne correspondaient guère à un besoin, car il y avait peu de choses à transporter dans un arrière-pays resté essentiellement rural et sans grandes ressources.

M. Broock,[1] le meme qui fait batir le moulin a cotton près de felbridge après avoir acquis une grande fortune au service de la compagnie des Indes angloise, au lieu d'en jouir tranquillement s'est occupé du moyen de rendre ses richesses de la plus grande utilité à sa patrie. ayant acheté un terrein près du marais de Clushaghbane il a profité de la qualité des eaux qu'il en a reuni en differens canaux pour la teinture des étofes et toiles de Cotton dont il a établi des manufactures qui reunies dans le meme local forment des à présent une ville batie à ses frais et qui s'augmente avec autant de rapidité que le nombre de ses habitans. leur consommation en bœufs est déja de plus de trente par semaine. les principaux [131] ouvriers se batissent des maisons dans les allignemens donnés.

les premiers ouvrages faits à Prosperous n'avoient ni la bonté ni l'agrément de ceux qui se fabriquent à manchester, mais les manufacturiers se forment chaque jour et les progrès qu'ils ont déja faits ne permettent pas de douter que dans peu de tems L'Irlande n'aura pas à Chercher hors de son royaume toute espece d'etoffes de Cotton.

Le Parlement est venu au secours de M[r]. Broock en lui pretant vingt cinq mille livres sterlings à raison de quatre et demie pour cent d'interet.[2] il est question meme de cesser d'exiger cet interet et tout le monde sent combien l'etablissement de Prosperous merite l'appui et les encouragemens du gouvernement. la mutinerie de la basse Classe des ouvriers a présenté quelques obstacles qui maintenant paroissent entierement surmontés. il a fallu dans ce nouvel établissement faire certaines loix de police qui déplaisoient dans le principe à une populace accoutumée à mener une vie oisive et aussi débauchée que sa pauvreté pouvoit le lui permettre. le Wisky est une eau de vie tirée de la fermentation de l'avoine et dont les Irlandais font un usage immodéré. cette liqueur qui les abbrutit et leur enleve le peu d'argent qu'ils peuvent avoir pour le soutien [132] de leur famille est entierement prohibée à Prosperous. M. Broock s'est vu forcé d'avoir recours à une garde de troupes reglées pour mettre de sages réglemens à éxecution. Mais il croit pouvoir s'en passer sous peu de tems parce que les mutins ont eu celui de s'eclairer sur l'interet qu'ils ont à ne plus troubler l'ordre d'un établissement aussi avantageux à tous ceux qui y sont employés.

1. Robert Brooke (1740-1802) rapporta des Indes, où il avait servi de 1764 à 1774, une fortune qu'il investit à partir de 1780 dans l'établissement de Prosperous. Il y eut jusqu'à 1400 métiers et 6000 travailleurs, hommes, femmes et enfants, mais, bien que Mr Brooke y ait englouti plus de £30 000, ainsi que £30 000 du parlement, l'entreprise échoua et fit faillite en 1787. Ruiné, Mr Brooke fut nommé gouverneur de l'île de Sainte-Hélène.

2. A la différence du parlement de Westminster, qui laissait les particuliers trouver les fonds pour de grands projets d'aménagement, le parlement d'Irlande votait volontiers des subventions pour des projets qui pouvaient avoir un intérêt général (routes, canaux, etc), mais aussi manufactures,

en revenant avec le Duc de Leinster de Prosperous à Cartown nous avons trouvé une nombreuse et jolie societé qui a passé la soirée au Chateau. sur douze femmes il y en avoient dix parlant fort bien le francois. toutes les femmes de la bonne Compagnie en angleterre et en Irlande scavent cette langue mais attendent souvent pour la parler qu'on ait payé un tribut à la langue angloise et qu'on soit un peu connu d'elles.

Le 4. à Dublin

une Cerémonie assez singuliere et curieuse pour un Etranger m'a ramené ce matin à Dublin.

guillaume III ayant pris terre en angleterre le meme jour que celui de sa naissance Les Irlandois après que la bataille de la boyne eut affermi leur Couronne sur la tete de ce Prince deciderent que tous [133] les ans le 4 de decembre ce jour seroit fetée. et depuis ce tems cet usage est resté en vigueur.[1]

la Création des volontaires a ajouté une nouvelle solemnité à la Cérémonie. les détachemens de leurs differens Corps après avoir fait le tour de la Place St. Etienne se rendent à College green et forment une enceinte autour de la statue de guillaume III. quatre pieces de leur artillerie sont placées entre l'hotel du Parlement et celui de la Poste aux lettres le Corps d'artillerie tournant le dos au College et faisant face au derriere de la statue. les troupes disposées ainsi on fait trois salves de Canons et de mousqueterie. j'ai vu environ mille volontaires habillés suivant les Couleurs de leurs corps respectifs, et cinquante à soixante dragons également volontaires. Dragons et soldats ont un air de guerre, une tenue aussi surprenante que la maniere dont ils marchent, dont ils tirent, et dont ils font leur maniement d'armes. le simple volontaire est aussi bien vetu que son officier. ces Corps entretiennent des tambours, des fifres, de la musique, habillés à la livrée des Colonels. le Regiment du Duc de Leinster est entre autres vraiment superbe, et je Crois qu'aucun Pays n'a jamais eu de pareilles troupes bourgeoises. [134] quelque ridicule qu'on se plaise à jetter sur ces associations il est certain que leur institution fut utile au gouvernement, que tandis que ces volontaires s'armerent pour la defence de L'Irlande, L'angleterre put employer les troupes qui auroient du garder ce Royaume à d'autres éxpeditions; il est certain que sans ces volontaires L'Irlande porteroit encore le

et pour beaucoup d'œuvres charitables.
1. Il s'agit, bien sûr, du 4 novembre. Né en 1650, Guillaume d'Orange, stathouder des Provinces Unies depuis 1672, petit-fils de Charles Ier et époux de la fille de Jacques II, débarqua à Torbay le 4 novembre 1688, répondant à l'appel des Anglais mécontents de la politique de Jacques II, catholique. Il fut proclamé roi en janvier 1689. Les protestants d'Irlande vouaient quasiment un culte à la mémoire de Guillaume d'Orange, et toutes leurs manifestations de loyalisme et d'intransigeance se plaçaient, et se placent encore, sous l'invocation du vainqueur de la Boyne.

joug qu'elle a secoué, et que ce n'est que de cette époque que l'industrie a Commencé a ranimer ses villes et ses Campagnes.[1] il est également certain que quelques boutefeux abusent de la circonstance comme j'aurai occasion d'en parler; mais pour les volontaires Considerés en Corps et en en rejettant une trentaine de factieux, est l'association la plus singuliere et la plus estimable de l'Europe; leur général en Chef, Milord Charlemont est un homme distingué par son honeteté, sa sagesse et sa fermeté. il étoit aujourd'hui à la tete des divers detachemens.[2]

après cette cérémonie que les membres du gouvernement se refusent de voir avec une petitesse d'autant plus grande qu'ils ne peuvent empecher que ces troupes s'assemblent, et qu'il seroit plus convenable alors de paroitre aprouver leur réunion, j'ai été au Lever du vice Roi. ce lever est annoncé deux ou trois jours d'avance dans les papiers Publics. Le Vice Roi suivi et précédé d'une vingtaine d'aide de Camps paroit habillé en [135] cérémonie, avec ses ordres passés au dessus de son habit. il est de droit grand maitre de l'ordre de St. Patrick,[3] mais cette dignité et le Cordon étant attachés à sa place, il les quitte en cessant d'etre vice Roi. Le Duc de Rutland est aussi Chevalier de l'ordre de la jarretiere.

la salle ou il recoit est ornée d'un dais,[4] mais ordinairement il ne s'assoit pas et fait le Cercle parmi les personnes présentes. après avoir été harangué par le Lord maire il est venu à moi et m'a prié à diner. le chancelier, tous les autres justiciers étoient à son audience, en habits analogues aux differens tribunaux. la robe du Chancelier est de velours noir, avec des brandebourgs en or.

Les autres ordres de L'Etat militaires et Eclesiastiques étoient également représentés par leur Chefs. une partie de ces Chefs a fait cortege au vice Roi, qui, dans une voiture d'aparat, s'est rendu du Chateau à la place de College green ou les troupes du Roi bordoient la haye, de la le Cortege a été à la Place de St. Etienne, et revenant par celle de College green, le vice Roi est retourné

1. Les rassemblements de 'volontaires' le 4 novembre 1779 amenèrent Lord North à envisager d'accorder à l'Irlande la liberté de son commerce et l'indépandance législative; toutefois, il temporisa, et il fallut la grande revue des 'volontaires' de juin 1782 dans Phoenix Park, sujet de plusieurs tableaux et même d'une toile imprimée, pour faire céder Londres. Les effectifs des 'volontaires' bien équipés et disciplinés, étaient impressionnants, mais ce qui était le plus inquiétant pour Londres c'était que toute l'élite irlandaise prenait la tête de ces milices et dirigeait leur action, en formulant des revendications précises.

2. James Caulfield (1728-1799), créé comte Charlemont en 1763, fin lettré et bon officier, amateur d'art et homme du monde, décida de s'installer dans son pays natal pour servir l'Irlande. Sans démagogie, il s'imposa vite comme le chef incontesté des 'volontaires', laissant Grattan être leur porte-parole.

3. L'Ordre de Saint-Patrick fut établi en 1783 en faveur de la noblesse d'Irlande dont il fallait acheter ou récompenser les services; il comprenait un Grand Maître et seize chevaliers.

4. *Dais* avait aussi le sens d'*estrade*; c'est le cas ici.

au Chateau. après sa rentrée, les troupes Royales ont tiré trois salves de mousqueterie; on m'avoit préssenti pour scavoir si je voulois suivre le vice Roi dans [136] cette tournée. j'ai vu que je désobligerois si je m'y refusois, et j'ai pris place dans la voiture de M. fitzgibbon, l'attorney general office qui répond à la Charge de procureur general du Parlement en france. c'est un jeune homme qui au dépens de son someil et de sa santé suit du meme pied les affaires et son plaisir. il est reconnu généralement pour etre l'homme de L'Irlande qui en Connoit le mieux les Loix et la constitution et l'on pense également bien de sa probité.[1]

J'ai dit que je ferois mention plus en detail d'un établissement utile celui de L'Ecole de la marine à Dublin: ayant vu aujourd'hui sur la place de College green, cette troupe d'aprentifs navigateurs rassemblée c'est le moment de parler des avantages que l'on a déja tiré de cette fondation.[2] les fils de matelots, de Pilotes et d'autres marins que leurs Peres ne sont pas en état d'elever, sont recus et entretenus très convenablement à l'ecole de la marine jusqu'a ce qu'ils soient assez instruits pour etre placés sur les vaisseaux de guerre ou du Commerce. cette pepiniere de bons marins a déja grandement repondu au but de son institution. le Parlement a voté differentes sommes successivement pour l'accroissement d'une fondation aussi avantageuse dans un grand port de mer et au milieu d'une nation Commercante. L'Ecole consiste en ce moment [137] dans plus de quatre vingt dix Eleves, qui sont venus se mettre en bataille sur la place de College green tant à la cérémonie des volontaires qu'a celle des troupes du Roi.

ma journée s'est finie à Phoenix parc dans un grand diner fort magnifique qui a donné le vice Roi. il étoit six heures passées lorsque nous nous sommes mis à table et dix heures bien sonnées lorsque nous avons levé le siege.[3]

Le 5.

Je ne donnerai pas les memes eloges à la prison principale de Dublin nommée Newgate qu'a celle que j'ai admirée à yorck. L'architecte Irlandois semble s'etre

1. John Fitzgibbon (1749-1802), nommé *attorney general* en décembre 1783. Opposé aux réformes et surtout à l'émancipation des catholiques, il prônait une ligne dure et devenait très impopulaire. Il devint chancelier d'Irlande en 1789, vicomte en 1793 et comte de Clare en 1795.

2. C'était bien sûr nouveau, puisque Londres s'était longtemps opposée au développement de la marine marchande irlandaise. La Dublin Marine School était somptueusement installée sur les bords de la Liffey. Elle disparaîtra au dix-neuvième siècle.

3. La présence de B. à la revue des volontaires, au lever du vice-roi, dans la voiture de Fitzgibbon et au dîner avait été remarquée. Mais la presse, mal informée, avait cru avoir affaire au marquis de Pombal fils du feu premier ministre portugais! Voir *Dublin evening post* 6 novembre (1784). Le *Volunteer evening post* 9 novembre (1784), publication soutenue par l'administration, tint à rectifier et à bien souligner que le visiteur était un diplomate français de haut rang que les autorités recevaient avec les égards qu'il méritait. Habile opération de récupération! [JK]

attaché a donner à son batiment autant d'incommodité pour les malheureux Captifs que celui d'yorck a taché d'ecarter d'eux tout ce qui pouvoit agraver sans motif leur misere. à travers des fentes étroites on entend sans voir les prisoniers les cris lamentables, qu'ils font ici continuellement, pour obtenir dans des bourses pendues a des ficelles les Charités des passants.[1] le batiment quarré qui renferme ces objets de la vindique publique et de la pitié des ames sensibles présente sa masse noire et vraiment éffrayante au milieu [138] d'un marché mal pavé et fort sale. près de ce vilain quartier et tout autour sont de très belles rues dans la partie de la ville située sur la rive gauche du Liffey. la rue de la Reine anne est terminée par un batiment considerable pour son étendue et son office c'est la halle aux toiles, ou sont renfermées six cent Chambres, ou autant de fabriquans déposent le genre de toiles faite chez eux.

L'Irlande au plus fort des entraves mises par l'angleterre à son industrie vit fleurir le Commerce de ses toiles qui est encore le principal article de ses exportations, et sera toujours la source la plus constante de ses richesses. Wentworth le vice roi le plus tirannique qu'eut L'Irlande, Wentworth connu par son attachement à Charles Ier qui le créa Comte de Stafford [Strafford], plus connu encore par la perte de sa vie sur un échaffaud, perte qui entraina celle de son maitre fut en quelque sorte cependant le Createur du Commerce de lingerie en Irlande. genant ce Pays sous tout autre point il encouragea la Culture de lin et du Chanvre dans les provinces du nord, il obtint les primes qui donnerent à cette branche d'industrie, l'essor qu'elle prit rapidement et qui s'est soutenu depuis.[2]

près de la halle aux toiles est celle qui est destinée uniquement à [139] la vente du fil. après avoir vu ces deux batimens, j'ai été visité la fondation la plus interessante de toutes celles qui sont à Dublin c'est l'hopital des femmes en Couches. Barthelemy mosse Chirurgien dont le nom doit etre Cher à tous les Cœurs sensibles, touché de la misere et de la quantité d'accidens qu'éprouvoient en couche les femmes du Peuple trop pauvres pour se faire soigner, prit une maison à ses frais, ou il recut tout ce qu'elle put contenir: une si belle Charité s'attira les encouragemens convenables; divers particuliers concoururent à la bonne œuvre de mosse, et les fonds s'accrurent assez pour qu'il entreprit de batir un superbe hopital, qui recut sa perfection au moyen de douze mille livres

---

1. Les prisons de Dublin, quoique récentes, étaient si mal conçues que de nombreuses organisations charitables s'étaient constituées pour améliorer le sort des malheureux prisonniers et acheter la liberté des prisonniers pour dettes.

2. Thomas Wentworth (1593-1641) gouverna l'Irlande à partir de 1632, mais n'obtint le titre de vice-roi qu'en 1640, et devint comte de Strafford en 1639. L'industrie linière, victime du conflit qui ravagea l'Irlande pendant dix ans, ne se développa pas vraiment avant l'arrivée des huguenots et surtout l'arrêt des importations en Angleterre des toiles de Bretagne.

sterlings accordées en 1755 et 1756. dans deux sessions du Parlement. en 1757 Cinquante cinq femmes furent accouchées. des l'année suivante le nombre en monta jusqu'a 455; et toujours en augmentant il a été l'an passé de 1230. enfin en moins de trente ans cet établissement a assuré la naissance de 18835 enfans. les meres n'ont d'autres titres à faire valoir pour etre recues que leur pauvreté constatée, nulles distinctions de nation, de religion ni meme de Conduite n'arrettent les effets de cette bienfaisante fondation. on ne voit dans la femme qui se présente que le besoin qu'elle a d'etre délivrée. les salles sont belles et aerées les lits sont propres la nourriture est bonne. ce [140] sont des sages femmes qui accouchent ordinairement, mais outre qu'avant d'etre recues en cette qualité elles sont instruites soigneusement un Medecin en Chef, deux autres médecins et des Chirurgiens veillent a leur Conduite et viennent à leur aide toutes les fois qu'il se présente des Cas particuliers. la Chapelle répond à la beauté des autres parties de l'hopital. ce batiment le mieux construit que j'aie vu en ce genre recoit Clarté et bon air d'un grand jardin qui en depend et qui forme une promenade publique. l'amusement des citoyens fournit a une partie des besoins de cet hopital on y a joint une vaste rotonde ou se donne des Concerts et des bals. la jeunesse qui se divertit a le plaisir de penser que l'argent qu'elle dépense tourne au profit de pauvres femmes de leur age.[1]

M. Clarck un des médecins de l'hopital m'y rencontrant conduit par une servante peu intelligente, est venu à moi de la maniere la plus obligeante m'a tout fait voir, et m'a mené ensuite dans son apartement ou il m'a rendu sa conversation si interessante sur toute sorte de Chapitres que ce n'a été qu'a regret que je l'ai quitté pour venir m'habiller. mon regret s'est fort accru, en arrivant chez le géneral baugh, ou j'ai diné, ou il a fallu jouer, et souper et ou le ton etoit celui d'une garnison allemande dans une petite ville de l'Empire. vers onze heures du soir il [141] nous est arrivé un très joli Cavalier, aide de Camp du vice Roi et qui a fait la guerre en amérique, nous nous sommes je crois convenu reciproquement et j'etois charmé de sa tournure lorsqu'il a diminué mon sentiment en me disant a une heure du matin qu'il ne profiteroit pas de la meme voiture qui me ramenoit chez moi parce qu'il n'avoit pas encore assez bu de vin. la societé des Dames s'etant retirée quelques bons Compagnons sont restés a boire chez le general, qui pour son Compte est un franc soudard. il Commande en second toutes les troupes du Roi en Irlande et c'est un general Pitt qui les Commande en Chef et qui a un peu plus de dignité dans son

---

1. La maternité de Dublin, ou Lying-in Hospital, fondée en 1745, construite à partir de 1751, ouverte en 1757. La Rotonde qui fournissait un complément de ressources, fut ouverte en 1764, elle pouvait accueillir 2000 spectateurs; depuis 1772 on y donnait trois concerts par semaine. La maternité serait la plus ancienne des Iles Britanniques, elle est toujours utilisée, de même que la Rotonde devenue théâtre.

maintien.[1] le general en Chef loge toujours à l'hopital des invalides ou il a un fort beau logement et dont il est le gouverneur tant qu'il Commande en Irlande.

Le 6.

enfin je suis parvenu a voir la bibliotheque de l'université dont on m'avoit fait un pompeux éloge.[2] le vaisseau en est assez beau et le bibliothecaire vous montre deux anciens manuscripts assez médiocres avec un autre manuscript chinois auquel il n'entend rien tout comme les gens auxquels il le fait voir. cette bibliotheque n'est qu'a l'usage d'un certain nombre d'Eleves de l'université, et le public ne peut en profiter.

[142] en rentrant chez moi j'y ai trouvé L'Eveque de Killala. ce nouveau Prelat Irlandois est arrivé à cette dignité avec l'approbation de tous les gens honetes meme dans le parti de l'opposition. c'est un homme doux, sage et fort instruit qui certainement sera marquant dans le nouvel ordre ou il se trouve et que la Cour d'angleterre portera à la tete du Clergé de ce Royaume-ci dès que cela se pourra. M. orde sachant que L'Eveque de Killala est depuis longtems lié avec moi à arrangé un petit diner, entre cinq ou six personnes du meme bord. Milord Earlsfort devoit me prendre pour me conduire à Phönix parc, on avoit oublié de le lui dire. voyant arrivé six heures j'ai envoyé chercher une voiture. lorsque le Cocher a été au milieu du parc il m'a avoué qu'il ignoroit complettement ou etoit située la maison de M. orde et en conséquence il m'a promené à l'aventure au milieu de grands arbres qui augmentoient l'obscurité.[3] seul avec ce guide dans un lieu ou frequemment on attaque et l'on vole, je me résignois non sans quelque humeur a etre dévalisé lorsque un homme de mauvaise mine nous a offert de nous mettre en bon Chemin et nous a tenu parole. on ne scavoit chez M. orde ce qui avoit pu m'arriver et on y avoit les pensées sinistres qui venoient de m'occuper. je n'en ai été que mieux [143] recu. ma soirée s'est passée très agréablement et j'ai été ramené chez moi par Milord earlsfort grand justicier de la Cour du banc du Roi place qui répond à Celle de Premier Président de nos Parlemens. Milord earlsfort doit à une ambition soutenue par de l'esprit des talens et de l'amabilité la fortune qu'il a

1. Le général Baugh n'est pas passé à la postérité. William-Augustus Pitt (1728-1809), qui s'était distingué pendant la Guerre de Sept Ans, fut nommé lieutenant général en 1777, et commanda les forces royales en Irlande de 1784 à 1791.
2. La Bibliothèque de l'Université, construite de 1712 à 1732, contient en particulier deux superbes manuscrits enluminés, le *Livre de Durrow*, fin septième siècle, et le *Livre de Kells*, début huitième siècle, déposés à Trinity College depuis la fin du dix-septième siècle. On conçoit que, en homme des Lumières, B. ait peu apprécié ces trésors de l'art celtique.
3. En dehors du réseau d'avenues convergentes, il y avait une avenue qui faisait le tour du parc en multipliant les détours pour le plaisir de la promenade.

faite. nouvellement Crée Pair d'Irlande, il n'etoit avant que M. scott.[1] Cadet mal apanagé d'une famille fort ordinaire non seulement il est parvenu à la tete du premier tribunal de Royaume n'ayant guere plus de quarante ans, mais il s'est fait et l'on dit honetement un revenu en bons capitaux, en belles terres de plus de six mille livres sterlings qui se trouve porté a douze par les émolumens de sa place. sa Maison est après l'hotel de Leinster la plus belle habitation de Dublin. Les meubles en sont aussi riches qu'élégants. Les gens de Robe en angleterre et memc en Irlande ou l'etoffe est plus courte accumulent des richesses considerables en fort peu de tems. Milord Earlsfort m'a dit qu'il y avoit tel avocat de Dublin qui faisoit plus de cinq mille louis de son Cabinet. ces Messieurs des qu'ils ont de la Célébrité joignent à ces profits ceux des Emplois que leur donne le gouvernement afin de les tirer de l'opposition ou de les empecher d'en devenir les appuis. ces emplois sont tous lucratifs et la plupart sont ou sans fonctions ou donnent fort peu de Choses à faire. il y a ici un sécrétaire d'Etat [144] qui recoit annuellement deux mille Cinq cent louis, et sa quittance est la seule écriture qu'il ait à faire parce qu'il ne seroit en activité que si le Roi venoit à Dublin. cet excellent bénéfice simple est percu dans ce moment, par un M. hely hutchinson Prevot de L'université autre place qui lui vaut à vie un superbe logement et plus de deux mille louis; il a fallu lui procurer tous ces avantages pour l'enlever à l'opposition,[2] ainsi que deux de ses fils qui ont de grandes graces aussi. on regarde le Pere comme l'homme des trois Royaumes le plus avide et il faut que cela soit poussé bien loin puisqu'on en fait l'observation dans un Pays ou il est très établi de se vendre.

M. heli hutchinson ayant été à Londres du tems du ministere de Milord north celui ci dit au Roi avant de lui présenter son sécrétaire d'Etat d'Irlande: Sire c'est un homme qui si votre majesté lui donnoit Le Royaume d'angleterre pour s'en faire une Campagne demanderoit encore l'isle de man pour en faire son potager.

Le 7.

La Musique de la Cathedrale du Christ est regardée à Dublin comme la reunion de belles voix et d'une scavante harmonie. en conséquence on m'a engagé a

---

1. John Scott (1739-1798), juriste, *attorney general*, puis *chief justice of the king's bench* en 1784, vicomte en 1789, puis comte Clonmell en 1793. Il avait soutenu Lord North. Sans scrupule et avide mais habile, à la différence de Fitzgibbon, il souhaitait une ligne souple pour mieux désarmer l'opposition irlandaise.

2. Il était important d'acheter la coopération du Prévôt de l'Université pour s'assurer le loyalisme d'une institution tentée par le nationalisme et qui envoyait deux représentants au parlement de Dublin, comme Oxford et Cambridge en envoyaient à Westminster. Hely Hutchinson était peut-être vénal, mais c'était un précurseur de l'économie politique, auteur en 1766 d'un traité, *Commercial restraints of Ireland*, dénonçant les entraves qui paralysaient l'économie du pays.

assister au service aujourd'hui, jours ou les meilleurs chantres [145] étoient à l'eglise. ils ne m'ont fait aucun plaisir. une seule voix passable une haute Conte module sans gout des difficultés, et je crois que les oreilles irlandoises, se contentent à aussi bon marché que les Ecossoises.[1] il ya deux Cathedrales dans cette Capitale et l'humidité de celle de St. Patrick fait que L'archeveque se trouve plus souvent dans celle du Christ. le service Divin s'y fait avec beaucoup de decence. toutes les prieres auxquelles j'ai assisté sont traduites mot à mot de nos prieres en latin, ainsi que les pseaumes les collectes, les versets et les répons; Les Irlandois ont conservé comme en angleterre une grande partie de nos cérémonies. Le sermon a roulé sur les dispositions qu'il faut apporter à la Communion, sujet que le prédicateur a traité de la maniere la plus ordinaire. joint à ce que dans tous les pays du monde le nombre des bons Prédicateurs est rare, il est difficile avec la frequence des sermons dans l'eglise anglicane que les ministres qui les prononcent ayent le tems de les soigner.

le monument le moins autentique et le plus remarquable dans l'eglise du Christ est le tombeau du fameux Comte de Pembrock[2] Connu dans l'histoire d'Irlande sous le nom de strongbow et le premier avanturier [146] anglois qui sous le regne d'henri II. lui fraya la Conquete de L'Irlande un des evenemens des plus extraordinaires du douzieme siecle et qui fait le moins d'honneur à une nation qui s'etoit distinguée dans des tems les plus reculés par sa valeur guerriere et son amour pour L'indépendance. ce que l'histoire de ces premiers tems nous présente peut etre de plus interessant sont les reglemens de la Célebre milice Irlandoise dans le troisieme siecle de L'ere Chretienne. un des articles de ces reglemens etoit qu'aucun membre ne fut admis qu'après avoir prouvé son genie poetique et avoir fait des vers qui plussent à l'assemblée. Les volontaires d'a présent sont moins difficiles sur les conditions requises dans leur association.[3]

Le vice Roi m'a donné en petite societé un second diner bien bon bien long. nous y avons bu toutes les santés des Rois, Reines et autres souverains de L'Europe. je ne donnerai pas un détail sur les tosts; ils ont des regles severement observées par les buveurs, et très connues aujourd'hui parmi nos francois qui

1. Les chœurs des deux cathédrales de Dublin étaient fort réputés dans une ville où la musique était fort appréciée et où les concerts de musique sacrée ou profane étaient très fréquents et très courus. On y vouait un véritable culte à Haendel, qui y avait créé le *Messie* en 1742; on comprend donc pourquoi B. n'aime guère ce qu'il entend à la cathédrale.

2. L'authenticité du tombeau n'est guère mise en doute. Richard de Clare, comte de Pembroke, vint en 1170 aider le roi du Leinster à reconquérir ses terres. Il en épousa la fille et hérita du petit royaume en 1171, mais accepta de faire hommage du Leinster à Henri II en 1172; voir II.163; p.262.

3. Voir II.111; p.232. En fait des 'volontaires' composèrent, ou suscitèrent la composition, de nombreux poèmes, chants, discours, spectacles, sur le thème du patriotisme et de la liberté.

ont adopté indistinctement les usages anglois. je dirai seulement qu'il est assez singulier de voir des gens tristement assis autour d'une table couverte de bouteilles boire à la santé [147] d'une femme qui est souvent à cent lieues d'eux et que personne de la Compagnie ne Connoit que de nom. Les vieux Irlandois au milieu de ces orgies se plaignent que leurs compatriotes ont fort degeneré. on cite à cet égard le propos d'un de ces piliers d'ivrognerie. autrefois disoit il on n'avoit qu'un verre entre vingt personnes et Chacun avoit sa bouteille, aujourd'hui, chacun à son verre et le nombre de bouteilles est bien diminué.

en sortant de Chez Le vice Roi on m'a mené a un pretendu concert chez Miladi moira[1] vielle femme de beaucoup d'esprit et de beaucoup d'influence dans ce Pays influence employée en faveur du gouvernement. elle est la mere de Milord Rawdon jeune militaire qui s'est fort distingué en amerique, qui a son retour a été fait Pair d'angleterre et dont on parle pour lui confier le gouvernement des grandes Indes. j'ai soupé chez Milady Moira, avec quelques femmes d'une assez passable figure. sa fille a chanté un air francois que je lui ai accompagné sur le Clavecin. nos rieurs francois auroient je crois eu bien de la peine a tenir contenance pendant tout le tems que cette ariette a duré. la jeune personne grande de cinq pieds six à sept pouces a recu les applaudissemens [148] de tout le monde, avec cette confiance que donne un grand talent, et j'ai repeté avec la foule, it is very well.

Le 8.

depuis plusieurs jours on me faisoit des instances reiterées avec affectation pour que j'allasse voir la parade des troupes du Roi. je m'y suis rendu ce matin en uniforme et monté sur un fort beau Cheval. Milord harrington qui etoit venu au devant de moi, m'a prévenu que la garde a l'entrée du Corps de Caserne prenoit les armes pour me faire honneur. j'ai trouvé, tous les officiers de la garnison rassemblés, et la parade pouvoit etre d'environ deux cent cinquante hommes, de divers régimens, bien tenus. le total des troupes à Dublin est au plus de deux mille cinq cents hommes. Les Casernes n'en logent que deux mille dans de très beaux batimens je les ai visitées après avoir déjeuné chez Milady harrington avec les Chefs des Corps. la propreté angloise est prise en défaut dans toutes les Chambrées qu'on m'a fait voir. il y a un hopital militaire dans la rue qui Conduit du marché à l'hotel des Invalides mais cet hopital est

---

1. Lady Moira (1731-1808), fille du 9e comte de Huntingdon, épousa en 1752 son cousin Lord Moira, qui fut fait comte Moira en 1762. Elle occupa vite une place éminente dans la société de Dublin comme amie des lettres et des arts, mais elle fut aussi connue pour son dévouement à la cause irlandaise. Son fils, Francis Rawdon-Hastings (1754-1826), avait été créé Baron Rawdon en 1783, probablement pour l'éloigner des 'volontaires', mais on ne lui confiera pas de poste aux Indes. [JK]

sur un si médiocre pied qu'on n'y envoye que fort peu de soldats on va en batir un près des Casernes, qui sera plus convenable. Les troupes réglées en tems de Paix répugnent beaucoup à la Constitution des Royaumes [149] d'angleterre et d'Irlande ce qui fait que les deux Parlemens en diminuent le nombre[1] autant qu'ils le peuvent et sont toujours très récalcitrans pour toutes les demandes en batisse de Casernes ou autres édifices purement militaires.

en sortant des Casernes j'ai été au parc de Phoenix que je n'avois encore vu que de nuit, et qui mérite la Curiosité d'un voyageur. il y a deux ou trois ans que le Parlement a donné vingt cinq mille Louis à M. Clements l'ainé aujourd'hui Milord Leytrim pour la maison de Campagne qu'occupe aujourd'hui le vice Roi. elle ne valoit pas cet argent, mais elle est d'une habitation fort agreable. au milieu d'un beau Parc est un parc qui y appartient particulierement et la ville de Dublin vient de placer une file de lanternes fort raprochées les unes des autres qui éclairent à merveille toute l'etendue du Chemin jusqu'a la grille de la maison. mon ami Preston y loge et l'ayant été voir il m'a fait entrer chez le vice Roi et m'y a laissé. Le Duc de Rutland, est dit on un très bon homme dans son interieur, et j'ai été content de sa conversation. pendant une heure que nous sommes restés tete à tete; ce qui m'a le plus interessé sont les regrets qu'il donne au [150] frere qu'il a perdu dans la derniere guerre. Robert Manners mort de ses blessures à vingt quatre ans a merité un monument de sa nation pour s'etre distingué dans diverses occasions et avoir montré comme Capitaine de vaisseaux autant de talent que de valeur.[2] Le Duc de Rutland Conserve une lettre de cet étonnant jeune homme ecrite le jour meme qu'il mourut a un de ses amis. j'en ai pris copie comme d'une chose vraiment remarquable. il la traca lisiblement du meme bras qui etoit Cassé. la voici

I am as Well as a man can be With one leg off, one Wounded and a right arm broke, the Doctor Who is sitting by me at present says there is every hope of recovery: I thank you much for your present Whenever it shoud suit you I shall be happy to see you

Believe Dear Reynolds

your most etc

R. Manners.

Traduction

Je suis aussi bien qu'un homme qui a une jambe de moins, l'autre blessée et le bras droit cassé peut etre: le Docteur qui à ce moment est assis près de moi dit qu'il a tout espoir de [151] guerison, je vous remercie infiniment de votre présent. lorsque cela vous Conviendra je serai très heureux de vous voir

1. Les effectifs normaux en Irlande étaient de 12 000 hommes.
2. Robert Manners (1758-1782), honoré d'un beau monument dans l'Abbaye de Westminster.

Novembre 1784

Croyez moi mon Cher Reynolds votre
très humble serviteur R. Manners.

en quittant le vice Roi je suis venu à la maison d'industrie[1] établissement
mieux calculé que ne l'ont été nos dépots en france. Tous les pauvres en état
de travailler sont employés, mais mieux nourris, mieux logés, mieux couchés
qu'on ne devroit l'attendre dans une maison qui recoit tout ce qui se présente
et qui renferme en ce moment plus de treize cent personnes. on y admet jusqu'a
des fous quoiqu'il y ait un autre hopital fondé pour eux, par le fameux Swift
qui se nomme l'hopital de St. Patrick. on ne scauroit trop donner d'Eloge au
nombre de maisons destiné dans la ville de Dublin au soulagement de l'humanité. il est facheux que la plupart ne soient pas sufisemment fondées et que le
Parlement a Chaque séssion soit obligé de mettre de nouvelles taxes pour
subvenir au déficit de ces établissemens et faire face à d'autres Charges qui
augmentent annuellement.

après avoir diné chez M. Brown docteur en théologie et Curé d'une des
premieres paroisses protestantes de la ville, j'ai fait mon entrée au spectacle
anglois.[2] quoique il soit du bon air de dire que la troupe de Dublin ne vaut
rien, j'ai remarqué que tous les spectateurs paroissoient Charmés [152] de la
tragédie, qui a été représentée et d'un M. Young qui a joué le role d'Orcnoco,[3]
comme un portefaix en Colere, et pret à faire le Coup de poingt. suivant l'usage,
trois hommes et une femme se sont tués sur le théatre et à chaque coup de
poignard le parterre et les loges ont applaudi avec rumeur. pendant les entractes
on a joué une bouffonnerie et dans les momens ou la toile a été baissée, le
public a été diverti par les Cris indecens et la Chanson d'un homme yvre qui
des troisiemes loges faisoit par moment la Conversation avec les gens du
parterre. on apelle cela la liberté.

Le 9.

j'ai employé ma matinée à voir l'hopital de Steevens et les enfans trouvés.

la premiere de ces maisons est solidement fondé par les terres qu'y attacha

1. Il s'agit d'une *house of industry*, c'est-à-dire une *workhouse*. En 1796, elle contenait 1700
pauvres, selon M. de La Tocnaye.

2. Il y avait alors deux théâtres à Dublin, où se produisaient d'excellents acteurs irlandais, et où
venaient aussi les meilleurs acteurs anglais pour la saison: Crow Street Theatre et le Theatre Royal
de Smock Alley. C'est à celui-ci que B. vit *Oroonoko* suivi d'une comédie, *The agreeable surprise*.

3. *Oroonoko or The royal slave*, pièce de Thomas Southerne (1660-1746); créée en 1695, elle fut
jouée jusqu'à la fin du dix-huitième siècle, dans une version remaniée en 1760. La tragédie fut
traduite en français en 1751. Le roman de Mrs Behn dont la pièce était une adaptation, fut traduit
en 1745 par P. A. de La Place, et connut un grand succès grâce au personnage d'Oroonoko, sauvage
noble et généreux, prince africain déporté aux Amériques. B. se moque de la violence du théâtre
anglais; rappelons que le théâtre classique français interdisait le sang sur la scène.

M. Stevens un medecin de cette ville. il laissa ces terres en mourant à sa sœur à la Charge qu'après elle leur produit seroit affecté au batiment et à l'entretien du bel hopital qui existe maintenant. Melle Steevens ne recueillit la succession de son frere que pour mettre de son vivant en exécution les volontés du Docteur Steevens et par sa genérosité devint la seconde fondatrice d'un hopital ou cent vingt malades ou blessés peuvent etre recus et Couchés chacun dans un lit [153] particulier.[1] M. harvey Le medecin de cet hopital y entretient une si grande propreté qu'on ne sent nulle odeur dans les salles. Les malades y sont si bien nourris des qu'ils sont en convalescence, qu'il faut les obliger de faire place à ceux qui ont besoin des secours qui leur sont devenus inutiles. lorsque le nombre des malades est peu considerable on garde les convalescens aussi longtems qu'il est raisonablement possible de le faire. enfin cette belle fondation est si bien administrée que nombre de personnes pour en accroitre l'utilité y laissent en mourant des legs considerables.

Les Enfans trouvés ne sont pas moins bien gouvernés mais quoique ils ayent un revenu de Cinquante mille ecus de france que ce revenu soit geré avec une parfaite œconomie, le nombre des enfans est si Considerable qu'il faut un secours annuel de trois a quatre mille Louis, au moment ou j'etois à cet hopital on venoit d'y recevoir le 633eme enfant depuis le 1er de juin. c'etoit une petite fille d'environ quinze mois jolie comme un ange que ses parens inconnus venoient de laisser à la porte presque nue. on l'habilloit très proprement lorsque je suis entré dans la salle ou elle interessoit plusieurs des femmes [154] chargées du soin de ces petites Créatures. quel excés de misere, ou d'insensibilité, pour arracher de ses bras un Enfant qui vous sourit. ce qui m'a surpris c'est que cette petite fille environnée de figures nouvelles ne paroissoit ni émue, ni inquiette elle m'a donné la main ainsi qu'a M. hervay qui me Conduisoit. comme il préside a cette maison comme à l'hopital de Stevens il a ordonné qu'on n'envoya ce joli enfant en Campagne que lorsqu'il le diroit.

le general des enfans est confié à des nourices qui les gardent jusqu'a six à sept ans à raison de trois livres sterlings la premiere année, et de quarante schellings toutes les autres. ces enfans sont marqués au bras de la maniere dont les americains se tatouent[2] au moyen de quoi jamais cette marque ne s'eface ni

---

1. Dr Steevens's Hospital, construit à partir de 1720 et ouvert en 1733. Il était habituel de mettre deux ou trois malades par lit, cet hopital est donc exceptionnel!

2. Il s'agit d'un des premiers emplois du terme en français. Ce terme d'origine Maori apparut d'abord dans les relations des voyages de Cook en 1771, puis dans les traductions de ces voyages. *Le Dictionnaire de l'Académie* l'admit dans sa 5e édition en 1811, en faisant la même erreur que B., c'est-à-dire en l'attribuant aux Indiens d'Amérique, alors que les Anglais parlaient de coutumes des 'Indiens' des Mers du Sud. Voir II.112; p.232.

Les Anglais avaient été très frappés par les tatouages très élaborés des Maoris, et dont Omai était orné. On connaît plusieurs portraits d'Omai; sur celui peint par Reynolds les mains sont

ne peut etre imitée ailleurs dans le Pays. ils s'elevent bien et sainement pour la plupart. s'ils meurent on raporte leur Corps aux Enfans trouvés pour justifier qu'ils sont morts naturellement. tous les ans on les présente, à sept ou huit ans, on les aplique à leur retour au travail que leur age peut permettre, et plus tard on les met en metiers. il sort dit on de ce bel établissement de fort bons sujets pour tous les Etats de la societé. j'ai été on ne peut plus satisfait de la conversation que j'ai eue avec [155] la Superieure des femmes employées à cet hopital, je n'ai pas été moins content de la propreté qui regne dans la maison et de la douceur des soins qu'on donne aux enfans.[1]

j'ai été diner et finir la journée à une jolie Campagne chez M. Clements le frere de Milord Leytrim. sa femme est la fille d'un Mr Beresford qui avoit épousé une demoiselle de Ligondes venue de france, je ne sais trop pourquoi et sœur d'une Mad[e] de masselange dont le mari est un homme de mes amis. M[de] Clements parle très bien francois et avoit chez elle deux autres femmes très jolies et très aimables.[2] j'ai quitté cette agréable societé ou l'on vouloit me garder en m'effrayant sur les dangers de mon retour à Dublin; mais en s'arretant un peu partout je finirois par passer mon hiver en Irlande ce qui n'est pas mon projet.

je suis revenu sain et sauf à la Capitale et un moment après etre rentré chcz moi j'ai recu une lettre fort honete du vice Roi qui croyant que je pars demain me faisoit ses adieux.

placées de manière à mettre en évidence les tatouages rituels.

1. Le 6 mars 1786, B. alors à Paris, notera dans son journal: 'Je viens d'apprendre avec plaisir que l'établissement des enfans trouvés à Dublin qui m'avoit tant interessé, s'est attiré la juste attention du Parlement d'Irlande, après avoir accordé le 7 du mois passé un nouveau subside de 102,398 livres sterling et sept mille livres pour etre appliquées à l'avancement de la navigation inérieure, il a arreté qu'il seroit levé annuellement une somme de dix mille livres sterling au profit de l'hopital des enfans trouvés independemment des six sous pour livres pris sur les rentes de Chaque Maison à Dublin pour le soutien de cet établissement Charitable. J'ai déja fait mention de son utilité et de la sagesse avec laquelle il est administré; j'ajouterai seulement qu'au moyen de cette fondation et des principes qu'on y suit on n'entend jamais parler à Dublin du meurtre d'un Enfant naturel, une mere sans etre connue, peut y porter son enfant elle meme, ou le faire mettre dans le berceau qui se trouve dans un tour à coté de la porte de l'hopital qui les recoit tous indistinctement. il y a une Cloche qu'on sonne pour avertir que l'enfant vient d'etre deposé, et sur le Champs, il est tiré de ce berceau general pour etre placé avec soin dans une des salles. quelques fois si la mere se fait connoitre elle peut etre admise dans la maison pour y nourrir son enfant à condition qu'elle veuille se Charger en meme tems d'un autre nourrisson. dans ce cas non seulement elle est entretenue à l'hopital pendant qu'elle allaite, mais on lui donne meme ensuite, lorsque son tems est fini et qu'elle sort, une petite gratification en argent.'

2. Un an plus tard B. pourra témoigner sa reconnaissance à ses hôtes: 'M et Mme Clements qui se sont occupés de moi d'une maniere Charmante en Irlande sont arrivés de Spa à Paris, et je leur ai proposé de passer la journée d'aujourd'hui [...] à Versailles, [...] Ils sont arrivés a midi avec M[de] Staffort, autre jolie Irlandoise, niece du Ch[er] Hamilton, le ministre d'angleterre à Naples, M. Crosbie, gentilhomme d'une maison très distinguée en Irlande. [...] M[de] Clements dont la mère étoit Melle de Ligondes a été voir sa tante qui est religieuse à St Cyr' (*Journal*, 30 octobre 1785).

Le 10.

j'ai courru les marchands de Dublin pour voir tout ce qui se fabrique particulie-rement en Irlande, et le seul article ou les ouvriers de ce Pays ci [156] aient atteint la perfection des anglois. c'est celui des ouvrages de verre. les plus beaux Cristaux sont aussi bien travaillés dans la manufacture de M. Williams que dans celles de newcastle et du Comté de Worcester.

un valet de Chambre francois m'a fait voir l'hotel du Duc de Leinster ou de superbes pieces sont ornées du plusieurs bons tableaux, l'ensemble ainsi que les détails de cet hotel conviennent à la demeure d'un très grand seigneur.[1]

Lorsque je suis arrivé à Dublin un prétendu congrés annoncé avec emphase dans les papiers publics y etoit assemblé, pour agiter les moyens d'introduire une réforme essentielle dans la composition des membres du Parlement, et pour procurer à L'Irlande de nouveaux avantages regardés comme nécessaires pour l'entiere prosperité de son commerce[2] ces deux objets sont certainement dignes de l'attention de tous bons Patriotes Irlandois, mais les plus zelés, les plus honetes d'entre ceux-ci, se sont refusés à faire Corps avec des boutefeux, des mécontens et des gens tarés tels qu'un naper tandi qui obtint il y a quelques années sa grace après avoir été Condamné pour Crime de meurtre. Le President du Congrés etoit un M. Scharman que le gouvernement a negligé de payer et auquel meme on a oté une recette qu'il avoit.[3] L'Eveque de Derry Milord [157] Bristol, mauvais Eveque, mauvais mari, mauvais Pere[4] venu à Dublin pour

---

1. L'hôtel du duc de Leinster, édifié à partir de 1745, sur les plans de Cassels, architecte allemand, était le plus vaste et le plus élégant des édifices privés de Dublin. Il est devenu le siège du Parlement de l'Eire.

2. Depuis 1779 les 'volontaires' se rassemblant par comtés ou par province, débattaient en congrès ou en convention et réclamaient diverses réformes. En février 1782, un congrès national, réuni à Dungannon, demanda l'indépendance législative; un autre, en septembre 1783, réunit 500 délégués d'Ulster pour exiger une réforme du parlement et l'élargissement du corps électoral. Le 10 novembre 1783, une grande convention nationale à Dublin reprit ces revendications. Mais, la paix signée, quelques mesures libérales accordées réduisirent de beaucoup l'influence des 'volontai-res', qui par ailleurs se démarquèrent des 'radicaux'. Le congrès d'octobre 1784 aurait dû être l'apogée de la campagne lancée un an plus tôt, et Londres redoutait le pire. Les autorités de Dublin surent toutefois désamorcer le mouvement et discréditer les meneurs radicaux. [JK]

3. B. reprend les calomnies lancées contre les radicaux que l'on ne pouvait acheter ou intimider. James Napper Tandy (1740-1803) jouait depuis 1776 un rôle de premier plan, en véritable tribun de la plèbe à Dublin. William Sharman (?-1803), député au parlement de Dublin, était l'un des porte-parole des radicaux, et les autorités avaient maladroitement sanctionné son audace. [JK]

4. Frederick Augustus Hervey (1730-1803), entré dans les ordres en 1754, chapelain de Georges III en 1763, avait été nommé évêque de Cloyne en 1767, alors que son frère le comte de Bristol était vice-roi, puis en 1769, évêque de Derry. Ce personnage, excentrique, esthète, et fort peu mystique, devint un prélat très actif, utilisant les revenus de son diocèse, et une partie de son immense fortune personnelle, ayant hérité de son frère en 1779, en des travaux au profit de tous. Il se consacra aussi à la défense des intérêts irlandais, sans oublier les catholiques; il soutint activement le mouvement des 'volontaires', appuyant les revendications radicales. C'est le comte

entretenir un feu séditieux, est retourné à Londonderry parce qu'il s'est cependant trouvé trop humilié de sieger avec l'espece de gens qu'il a vu former un congrés qui devant etre de huit à neuf cents personnes n'a pu reunir au dela de quarante membres pris en partie dans toute la force du terme parmi la canaille de Dublin. ce Congrés voyant son impuissance s'est séparé après avoir fait des arretés aussi insignifians que toute l'assemblée etoit miserable. Le Peuple passe promptement de l'entousiasme au mépris pour des defenseurs sans forces et sans adresse. il falloit que les agents du gouvernement profitassent spirituellement de la circonstance pour attaquer par le ridicule des gens qui y pretoient autant. au lieu de cela les papiers devoués à la Cour été remplis de Choses plus aigres que plaisantes. Le vice Roi M. orde, et tous leurs adherens ont montré une sensibilité deplacée aux injures grossieres qui leur ont été dites, et L'attorney general vient de dénoncer au tribunal du banc du Roi, le Scheriff de Dublin comme Criminel de lese majesté pour avoir autorisé une assemblée illégale et avoir contribué à la nomination de plusieurs membres. ce scheriff est un homme qui doit sa fortune à une usure honteuse mais enfin il est riche et peut se payer des appuis. cette denonciation le rend interessant; quoique [158] on la dise conforme aux réglemens établis, elle paroit au public dictée par de l'animosité et la suite d'un plan d'opression formé par le ministere. elle Comprend aussi une plainte contre la liberté de la presse. certainement on a peut etre rencheri à Dublin sur l'indecence des libelles imprimés à Londres, mais cette liberté licentieuse fait partie de la liberté politique et en pareille matiere les gens les plus modérés dans l'opposition n'entendent gueres raison. on trouve M. fitzgibbon bien ardent et peut etre sa démarche donnera t'elle des partisans au scheriff qu'il n'eut jamais eu sans cela, et une consistence au Congrés ajourné pour le mois de janvier qu'il devra à l'honneur qu'on lui fait en attaquant ses membres.

Le 11 à Cartown

Je suis parti définitivement de Dublin ce matin, ne pouvant assez me louer des honetetés que j'y ai recues, et cedant aux aimables instances que m'a fait faire LeDuc de Leinster, sa femme et sa famille, j'ai pris ma route par Cartown. les postes etant moins établies encore vers le Sud qu'au nord de L'Irlande, pour n'etre pas gené et ranconné en route j'ai pris une berline et quatre Chevaux qui me meneront jusqu'a Waterford,[1] l'allée et le retour de ces Chevaux etant

de Charlemont qui l'accusait d'être 'mauvais évêque' ... et même déiste. Découragé ou déçu, le turbulent et généreux évêque-comte partit pour l'Italie de 1785 à 1787, puis quitta l'Irlande définitivement en 1791, abandonnant les somptueuses résidences qu'il y avait fait construire.

1. B. choisit de descendre jusqu'à Waterford pour découvrir un autre aspect de l'Irlande, mais aussi pour rejoindre plus rapidement le sud de l'Angleterre et Bristol, car les bâtiments quittant

calculés pour sept jours il m'en coutera à raison de trente schellings chaque journée [159] et avec les pour boire des Postillons plus de Cents écus de france pour un trajet de trente sept lieues. il est vraisemblable que d'ici à dix ans on voyagera avec plus de facilité en Irlande, mais à présent il faut compter sur le double de la dépense qui se fait en angleterre en courant les grands chemins et se résigner a etre mal logé et mal nourri en raison de ce que sont les auberges angloises.

j'ai trouvé chez le Duc, sa Mere la Duchesse Douairiere qui a soixante ans, est encore une fort belle femme.[1]

Le 12 à Timolin

je me suis séparé à regret des habitans de Cartown. je le repete je crois qu'il est impossible de vivre en meilleure, en plus simple en plus douce societé. j'ai été déjeuner à Naas ville du Comté de Kildare qui pour avoir l'honneur d'envoyer deux membres au Parlement[2] et d'etre le Siege des assises du Comté n'a rien dans sa structure generale et particuliere qui la distingue beaucoup d'un village. un Pays plat généralement bien Cultivé, mais sans points de vue agréables est celui qui sépare naas des environs de Timolin, dans un espace de treize à quatorze miles. à un mile et demie de Timolin la Campagne devient plus varié, plus riante et le village de Ballytore sur la droite de la route [160] présente une suite de jolies maisons baties et habité par des quakers. leur sepulture publique est ornée de divers arbres plantés avec le soin et l'ordre qui distingue l'élégante simplicité dont ces sectaires se piquent. la petite riviere de griss serpente au milieu des jardins qui entourent chaque maison. le village de ces quakers est aussi remarquable par la Charité de ses habitans que par son agreable ensemble, tous les pauvres des environs de Ballitore recoivent de grands secours, et des secours d'autant plus necessaires que la misere du Peuple dans cette contrée est excessive. surpris de la voir regner dans le centre d'un Pays Cultivé à merveille j'ai demandé ce qui pouvoit y donner lieu et l'on m'en a assigné pour cause premiere l'abscence de la plupart des proprietaires qui vivent habituellement ou en angleterre ou sur le Continent de l'Europe. ne venant point en Irlande ou n'y venant que passagerement le revenu qu'ils tire

---

Dublin se dirigeaient habituellement sur Liverpool ou Chester, et notre voyageur tenait à ne pas parcourir des itinéraires déjà connus.

1. Consulter à l'Annexe IV la lettre écrite par B. à sa femme le 11 novembre 1784.
2. Comme en Angleterre, les députés étaient élus à raison de deux pour chacun des 32 comtés, et de deux par 'bourg'. Mais en Irlande la plupart des 116 'bourgs' n'étaient que de petites bourgades, où quelques personnes avaient le droit de vote. Pratiquement les deux tiers des 300 sièges étaient la propriété des seigneurs locaux, ou des évêques, voir II.113, 169, 170; p.233, 266; et étaient souvent vendus au plus offrant. C'est Jacques Ier qui avait plus que doublé le nombre des 'bourgs' pour obtenir une majorité loyaliste.

de leur terre est entierement perdu pour la circulation du Pays.[1] a ce mal reel se joint celui de leur avidité et de celle de leur Commettant; plusieurs ont un forfait exhorbitant avec un Chef d'Economie, qui pour se tirer d'affaire écrase les fermiers; ceux ci à leur tour subdivisent les taxes entre de malheureux paysans qui pour avoir un Champ duquel [161] ils tirent l'aliment de leur famille le louent à un taux trop cher pour y trouver un profit sufisant. si l'année est bonne ils payent et végétent, mais si la recolte manquent la plupart du tems ils désertent leur Chaumiere faute d'y pouvoir subsister, et tenir leurs engagemens. de la vient qu'ils se tapissent sous de miserables huttes ou le peu d'animaux qu'ils peuvent entretenir sont pele mele avec eux, et que ces horribles Chaumieres ne sont faites que pour durer le tems toujours trop court qu'ils comptent les habiter. on en voit un grand nombre d'abandonnées. cependant depuis quelques années, plus d'industrie, plus d'encouragemens generalement répandus ont fait batir de moins mauvaises barraques. les Catholiques qui forment la partie la plus considerable en nombre des habitans de ce Royaume ne pouvant ci devant acquerir aucune propriété avec sureté se contentoient d'avoir uniquement ce qu'il leur falloit pour ne pas mourrir de faim et craignant à chaque instant, de nouvelles additions à la misere de leur condition etoient bien loin de Chercher à s'etablir un peu solidement dans un Pays d'ou ils s'imaginoient pouvoir etre Chassés d'un moment à l'autre.[2] mieux traités aujourd'hui, ils commencent à s'arranger moins mal, et dans le peu de tems écoulé depuis que l'on a adouci leur Etat Civil il est dit on surprenant de voir combien il y en qui se sont évertués.

[162] Timolin ou nous avons terminé pour aujourd'hui notre course est un petit endroit, ou dans une petite auberge est la plus grosse hotesse des trois Royaumes et peut etre de L'Europe. une voix douce sort de cette figure colossale. cette femme autrefois dans le service du Pere de Milord Leitrim a Conservé les facons qu'elle a acquises en voyant la bonne compagnie qui affluoit chez feu M. Clements, elle est attentive honete et sa maison assez propre.

1. Depuis plus de deux siècles les domaines confisqués aux catholiques étaient généralement attribués à des Anglais, et par ailleurs, une partie de l'aristocratie irlandaise choisissait d'aller vivre près du pouvoir à Londres; toutefois, à partir de 1770, le mouvement patriotique favorisa le retour de nombreux propriétaires, et cette tendance s'accrut après 1780 et la perspective d'une 'indépendance' irlandaise. A. Young signalait en 1780 que plus de £750 000 de revenus fonciers passaient encore en Angleterre; par exemple Lord Shelburne tirait d'Irlande £18 000 et Lord Valentia £4000 par an.

2. Non seulement les Lois Pénales privaient les catholiques de toute représentation, de toute expression, les excluaient de l'enseignement, de l'armée, de la marine, leur interdisaient un enseignement propre, mais elles visaient aussi à les réduire à un prolétariat de journaliers et de tâcherons corvéables à merci. En 1780, moins de cinq pour cent des terres cultivables était propriété de catholiques, et il était interdit d'accorder aux fermiers catholiques des baux de longue durée.

Le 13. à Killkeny

il n'y a point de partie de la france si l'on en excepte les environs de Paris ou l'on trouve, la quantité de Chateaux et de parcs qui couvrent toute l'etendue du Leinster. ce Pays depuis bien des siecles a presque toujours eté traité comme une terre conquise, et par la multiplicité des Confiscations qui ont eu lieu en divers tems, les favorisés par la Couronne se sont emparés de tout ce qu'ils ont pu et L'Irlande est devenue bien plus la terre des seigneurs que celle du peuple. en sortant de timolin on longe les murs du Parc de Milord aldborough qui tandis qu'il s'amuse à batir une ville a sept ou huit mile de son Chateau laisse ses Paysans sous des chaumieres qui inspirent et degout et pitié.[1]

a deux miles plus loin est Castel Dermot mauvais petit endroit ou [163] Les Rois de Leinster faisoient autrefois leur résidence et ou il ne reste plus vestige du Palais qu'ils habitoient. le dernier des Princes du nom de Dermot a fait une des plus importantes epoques dans l'histoire de son Pays en se soumettant au Roi henri II. D'angleterre et en facilitant à Strombow et aux autres guerriers anglois les établissemens qu'ils maintinrent depuis.[2] ce qu'il y a de plus curieux à Castel dermot, se sont les ruines d'une abbaye que fonda dans le treiziemc siecle un Comte de Kildare.

Carlow moins distinguée dans son origine est une jolie petite ville egalement agréable par sa situation par la propreté de ses maisons et la beauté de la Campagne qui l'environne, on y fabrique des draps grossiers, et le commerce de cette ville située sur le bord de la riviere de barrow augmentera Considerablement lorsque par les travaux qui se suivent avec rapidité il y aura une navigation établie entre Dublin et Waterfort par le Canal qui aboutira comme il a déja été dit à monsterevan.

nous nous sommes arretés pour déjeuner à leighlin bridge. ce bourg est ainsi que Carlow bien situé pour le Commerce et son Pont sur la barrow est de sept arches, c'etoit anciennement un siege Episcopal qui [164] a été reuni à celui de ferns.

à trois miles de leilingh on sort du Comté de Carlow pour entrer dans celui de Kilkenny. nous sommes arrivés à quatre heures du soir à la ville de ce nom,

---

1. Edward Augustus Stratford (1734-1801), fait comte Aldborough en 1777. En plus du domaine de Timolin, il possédait aussi le superbe domaine de Belan. Il venait de créer Stratford-on-Slaney, au plan ambitieux, pour former un centre d'industrie linière. B. est un peu injuste; le but de Lord Aldborough est justement d'offrir à ses paysans la possibilité de quitter leurs chaumières et d'améliorer leur sort.

2. Si le dernier des rois du Leinster appela à son aide en 1168 des seigneurs normands du Pays de Galles, il ne se soumit pas à Henri II, car il mourut avant l'arrivée de celui-ci. Par contre, le roi des rois d'Irlande accepta en 1175 de reconnaître Henri II comme suzerain et seigneur souverain d'Irlande.

ville Celebre par differens événemens qui s'y passerent[1] et principalement par le traité qui s'y fit entre Charles premier et les Catholiques, traité dont les folies du nonce Rinuncini[2] empecherent l'exécution et qui eut peut etre sauvé le Roi de la malheureuse Catastrophe qui termina sa vie.

Kilkenny etoit un des Domaines du Duc D'ormont si connu par son attachement à la maison de Stuart. après la Confiscation de tous ses biens en Irlande une branche de sa maison, racheta les terres et le Chateau de Kilkenny ou reside depuis Mr de Buttler qui ayant été Catholique jusqu'a celui ci n'ont point pu parvenir a se faire retablir dans le titre du Chef de leur famille.[3]

M. de Butler a Changé recemment la religion de ses Peres pour celle qui permet d'aspirer aux honneurs en angleterre, mais il ne paroit pas agir d'une maniere bien conséquente à l'ambition qui semble avoir dicté son abjuration. c'étoit le cas de se rendre entierement [165] agréable à la Cour ou par une sage neutralité ou par l'adoption des principes du gouvernement. au lieu de cela M. de Butler est volontaire entousiaste, et dépense dans ce tems de paix des sommes considerables pour vetir une troupe dont les assemblées sont devenues désagreables à la Cour. J'avois une lettre pour lui et une pour M. Beresfort Eveque d'osseri et de Kilkenny ou ce Prelat reside. c'est à ce dernier seul que j'ai envoyé ma lettre de recommandation. peu de tems après M. Beresfort est venu me prendre dans sa voiture et m'a mené à sa maison Episcopale. il etoit six heures je n'avois pas diné lorsqu'on m'a offert de prendre du thé. J'ai avoué qu'une nourriture plus solide m'etoit necessaire. sur le Champs Milord et Mad^e l'Eveque ont sonné, et jamais meilleur diner n'a été servi avec autant de promptitude. L'Eveque vouloit me garder à Coucher chez lui, mais je m'en suis éxcusé et il m'a ramené à mon auberge avec une politesse égale à celles que j'ai recu de lui et de sa femme du moment ou ils m'ont scu à Kilkenny.

Le 14 à Waterfort

une bonne vielle me voyant dans la Cathedrale de fréjus et pret a en sortir me crioit de toutes ses forces en bon provencal: avez vous vu les [166]

---

1. Parmi les autres événements célèbres, il en est un que B. oublie: la proclamation des *Statutes of Kilkenny* en 1346, qui délimitaient la zone sous autorité anglaise, *the Pale*, où ils interdisaient toute fraternisation avec les Celtes et réduisaient ceux-ci à l'hilotisme.

2. Les Irlandais se soulevèrent en 1641, en 1643 une première trêve fut signée, puis en 1645 un traité fut conclu entre les catholiques et Charles Ier. Rinuccini, le nonce du pape, qui venait d'arriver, dénonça les accords, interdit tout compromis; il s'ensuivit une situation fort confuse, des désastres pour les catholiques, puis l'arrivée de Cromwell et la fuite de Rinuccini en 1649.

3. Les Butler, comtes d'Ormond, après avoir quasiment régné sur la région depuis le douzième siècle, firent de mauvais choix et furent dépossédés de leurs biens; ils perdirent toute influence, au profit des Beresford. John Butler, né en 1740, ne fut pas reconnu comte d'Ormond avant 1791. Le château de Kilkenny était fort beau, et richement orné et meublé. Il ne subsistait que quatre

EVESQUES de marbre? c'etoient deux miserables petites tombes qui lui paroissoient dignes d'etre mises au rang des merveilles du monde. on vous demande a Kilkenny et dans tout le sud de l'Irlande si vous avez vu la Cathédrale de cette ville. son humble structure est considérée comme le plus beau morceau d'architecture gothique dans ce Pays ce qui prouve que les goths avoient gardés l'emploi de leurs talens et de leurs richesses pour des Contrées plus favorisées. sans compter nos églises modernes dans nos grandes villes nous avons nombre de paroisses en france mieux baties que la Cathedrale de Kilkenny.[1] la Colonade qui la joint à la maison de L'Eveque ne merite pas davantage les éloges qui lui sont donnés.

Kilkenny s'appelloit autrefois la ville sainte à cause de la quantité d'eglises qu'on y voyoit avant la réformation. leurs ruines donnent aujourd'hui un air de dévastation a cette Cité generalement laide quoique il y ait plusieurs belles maisons et que sa situation soit agréable. deux des anciennes églises ont été converties en Casernes une autre a été reprise pour le Culte Catholique dont les Chapelles à présent sont bien plus nombreuses que les eglises protestantes. L'Eveque de Kilkenny est un peu comme certain de nos Eveques en Langue-doc:[2] le nombre de ses fideles n'est presque rien en Comparaison de celui des Catholiques de son [167] Diocese. il m'a dit beaucoup de bien de L'Eveque Catholique mais je crois que j'ai mieux fait de diner hier chez L'Eveque Protestant.

il y a un bon College à Kilkenny dont les batimens viennent d'etre reparés et augmentés; il est dans une bonne et jolie situation.

j'avois envie de voir une carriere de marbre qui s'exploite à un mile de la ville sur la rive droite de la riviere de nore qui separe Kilkenny en deux parties. une pluie un vent épouvantables ne m'ont pas empeché de distinguer qu'en été des arbres plantés entre la riviere et un canal doivent former une promenade fort agreable dans le Centre d'un pays qui ne l'est pas moins. mais il m'a été impossible de decouvrir ce que je cherchois quoique j'aye été fort au dela. les maisons etoient fermées quelques unes m'ont paru inhabitées dans les autres tout le monde etoit ou encore couché ou sorti pour la messe. j'ai frappé vainement a plusieurs portes, je n'ai rencontré sur mon Chemin qu'une femme

---

pairs catholiques (les autres ayant été privés de leur titre ou s'étant convertis) mais ils n'étaient pas autorisés à siéger au Parlement de Dublin.

1. Toute modeste qu'elle soit, la cathédrale St Canice de Kilkenny est effectivement considérée en Irlande comme un bel exemple d'architecture gothique. N'oublions pas que tous les monastères et beaucoup d'églises médiévales n'étaient plus que des ruines.

2. C'est-à-dire dans les Cévennes. On considérait alors que les trois quarts des Irlandais étaient catholiques, un huitième protestants dissidents et un huitième protestants épiscopaliens, ceux-ci étant un peu plus nombreux dans les villes, en particulier à l'est. Les protestants dissidents étaient majoritaires dans le nord-est.

qui ne parloit que la langue celtique Chose fort Commune dans ce Pays.[1] enfin j'ai pris le parti de retourner sur mes pas et l'on m'a Consolé de les avoir perdus en me disant qu'une machine assez curieuse pour polir plusieurs morceaux de marbres à la fois n'est plus employée et que [168] la carriere d'un marbre noir veiné de blanc n'a rien de remarquable en elle meme. cette pierre est si commune qu'effectivement Kilkenny en est pavé en grande partie, mais ce marbre n'est plus beau que le Calcére [calcaire] ordinaire qu'après avoir recu le poli et cette magnificence n'existe pas plus à Kilkenny[2] que dans les villes frontieres de la suisse et du valais ou le marbre est également commun.

on tire du Charbon de terre des environs de Kilkenny et il en prend le nom. ce Charbon dont l'odeur sulphureuse est très dangereuse dans une petite Chambre a la qualité de bruler longtems et sa fumée n'est point épaisse comme celle du Charbon D'angleterre. il a donné lieu à un distique anglois que voici   fire without smoak

       air without fog

     Water without mud

     and land without bog   voici la traduction

feu sans fumée, air sans brouillard, eau sans vase et Pays sans marais, tels sont les avantage accordés à Kilkenny et au Comté dont cette ville est la Capitale. ce qu'il y a de plus vrai c'est qu'effectivement on n'y trouve pas de marais, quant au Charbon malgré qu'il s'en exporte beaucoup dans differentes parties de L'Irlande quiconque peut s'en procurer d'angleterre [169] au meme prix ou meme a un taux un peu plus Cher prefere le Charbon anglois à Celui de Kilkenny.

j'ai parlé d'un Canal qui suit parallelement le Cours de la riviere il a été abbandonné par manque des fonds necessaires pour le finir, mais il est question d'y travailler de nouveau, et cet ouvrage porté à sa perfection sera d'une grande utilité pour la ville et le Comté de Kilkenny. ce Canal dirigé jusqu'a l'endroit ou la noire est navigable les bateaux partant de Kilkenny pourront descendre de la noire dans la barrow jusqu'a Waterfort Comme remonter par cette derniere riviere jusqu'a monasterevan et de la par le Canal jusqu'a Dublin.[3]

1. La langue celtique avait fort bien résisté, en dehors du nord-est et de la région de Dublin, comme le confirmait Twiss en 1775:'The Irish language is still understood and spoken by most of the common people, but by few of the better sort' (*A tour in Ireland*, 1777, p.45). Elle ne s'effacera qu'au milieu du dix-neuvième siècle, ne survivant que dans l'extrême ouest.

2. Du moins les rues étaient-elles pavées, ce qui valait à Kilkenny une propreté rare dans les villes irlandaises, trop souvent fangeuses. Cette propreté, associée aux avantages mentionnés dans le quatrain qui suit, était appréciée des visiteurs, qui disaient le plus grand bien de cette petite capitale provinciale, assez prospère et ayant une vie de société. La population de Kilkenny atteignait 15 000 âmes.

3. Le canal de Kilkenny ne sera jamais repris. Par contre le canal de la Barrow sera achevé en 1790, et en 1791 il sera possible d'aller de Waterford à Dublin par les canaux.

on fait à Kilkenny d'excellentes couvertes de lit, c'est le seul travail d'industrie des habitans de cette ville qui malheureusement pour eux sont beaucoup plus occupés de politique que de Commerce. quoique dans un meme ensemble de rues et de maisons, on distingue deux villes, Kilkenny proprement nommée ainsi et Irish Town,[1] ces deux divisions ont Chacune une Corporation particuliere, et envoye chacune deux membres au Parlement. L'influence de M. de Buttler fait les deux de Kilkenny, L'Eveque fait les deux d'Irish Town. ces deux parties villes, ont souvent été divisées d'interet et ont eu des querelles serieuses. depuis plusieurs années elles vivent en bonne [170] harmonie.

la partie sud du Comté de Kilkenny par la route qui traverse Knoctepher [Knocktopher] ne vaut pas à beaucoup près le Pays que nous avons vu hier. Knoctopher quoique honoré du droit d'envoyer deux membres au parlement n'est qu'un mauvais village ou mes postillons ont trouvé l'auberge trop detestable pour s'y arreter, ils nous ont conduit à un mile plus loin a ballyhale, ou il y a un Cabaret tant soit peu meilleur. il etoit rempli par une cinquantaine de Mrs de Waterfort qui escortoient un mort de Cette ville qu'on Conduisoit à Kilkenny. Le Mort etoit dans une bierre couverte d'un voile noir le tout attaché sur la fleche du train d'une voiture. les Chevaux etoient detellés, le Cocher neuf freres du mort et ses amis buvoient tumultueusement tandis que j'attendois dans ma voiture qu'ils m'eussent fait place. je crois qu'a peu de Choses près ma mine etoit aussi triste que celle du defunt près duquel j'etois remisé. enfin le cortege s'est remis en route, le cocher seul etoit en manteau noir avec un linge blanc qui entouroit son Chapeau rabattu; tout le reste de la troupe etoit à Cheval et sans en excepter les parents du mort Chacun a repris son Chemin assez gaiement.

il etoit quatre heures après midi lorsque nous sommes arrivés à un [171] petit village, ou l'on s'embarque pour passer à la rive oposée de la suire [Suir] sur laquelle est batie la ville de Waterfort, ce passage n'est ni Commode, ni plaisant par le tems affreux qu'il faisoit, le grand batteau qui passe les voitures étoit rempli de Cochons. nous avons été fort heureux de trouver une petite barque qui s'est Chargée de nous et de nos effets. il a fallu presque user de violence pour empecher qu'on n'entra en foule dans notre barque, enfin nous sommes arrivés à bon Port à Waterfort, et j'ai employé le reste du jour à voir que la quai de cette ville, une promenade et une nouvelle rue sont fort bien, et que le reste de la ville est étroit tortueux, mal pavé et d'une saleté excéssive.[2]

---

1. Situation assez fréquente en Irlande, conséquence des *Statutes of Kilkenny*. Les Anglo-irlandais vivaient dans l'enceinte de la vieille ville et les Irlandais celtes et catholiques vivaient dans la ville basse hors les murs.
2. Waterford, fondée par les Vikings, était restée une ville médiévale, prisonnière de son enceinte. Les visiteurs admiraient le fameux quai, construit à partir de 1705, long de 750 m., bordé de belles

Novembre 1784

Le 15. à Curraghmore

tous les paquebots étant arretés à la Cote du Pays de galles ou en mer par le vent qui me seroit favorable et qui les empeche d'arriver à Waterfort je suis parti a onze heures pour me rendre à la Campagne de Milord Tyrone laissant Thevenin[1] à la ville pour m'avertir des qu'il arriveroit un des paquebots. j'etois encore dans le faux bourg, lorsque j'ai rencontré dans un bel et leste equipage atellé [172] de six Chevaux gris, Milord Tyrone qui venoit me Chercher et qui m'a pris dans sa voiture pour me Conduire à Curraghmore. cette terre une des plus belles de l'Irlande est a dix miles de Waterfort et fut donné en 1177. par henri II. Roi d'angleterre à Robert le Picher ou le Poer son maréchal auquel il donna la garde et le gouvernement de Waterfort. un des descendans en ligne directe de ce Robert le Poer, Richard le Poer fut crée Baron le Poer et de Curraghmore en 1535. un autre le Poer fut fait vicomte de desies, et Comte de Tyrone le 9 octobre 1673. et l'unique heritiere de cette illustre famille ayant épousé un de ses Parents M. de beresfort, George Premier créa son mari Comte de Tyrone en 1746. et Milord Tyrone est né de ce mariage.[2]

nous sommes arrivés d'assez bonne heure à Curraghmore, et le tems etoit assez beau pour nous permettre de faire une promenade très agreable dans de vastes potagers et le long de la riviere de Clodulgh qui traverse le Parc de Milord Tirone. ce Parc bien soigné est peut etre le plus grand de tout ceux qui Couvrent L'angleterre, L'Ecosse et L'Irlande. son Proprietaire m'a assuré que pour suivre toutes les allées qui y sont renfermées il faudroit faire vingt huit milles d'Irlande[3] que je regarde étant plus longues que celles d'angleterre, comme formant chacune une demie [173] lieue de Poste en france. ce qui ajoute à la beauté du domaine de Curraghmore c'est que dans un Pays ou le manque d'arbre est general il y a autour du Chateau quatorze cent acres de bois d'une belle venue. l'acre d'Irlande est à Celui d'angletere Comme[4]

---

demeures, et un mail. Lord Tyrone, gouverneur de Waterford, faisait entamer des travaux d'urbanisme, et on venait d'achever la reconstruction de la cathédrale protestante, d'y construire un hôpital, un palais de justice, une Bourse.

1. Thévenin est l'homme de confiance de B., mais on remarquera que, en cinq mois, son nom n'apparaît qu'une seule fois, et que, par ailleurs, son maître ne parle que fort rarement de 'ses gens', refusant d'inclure l'anecdotique familier dans le journal.

2. George Beresford, né en 1735, succéda à son père comme comte de Tyrone en 1763, il épousa en 1769 la petite-fille du duc de Portland, en 1786 il fut fait pair d'Angleterre et en 1789, marquis de Waterford. Son frère cadet, qui devint trésorier général d'Irlande, était considéré comme l'homme le plus influent du royaume, mais Lord Tyrone ne chercha jamais à jouer un grand rôle politique. Il passait en moyenne neuf mois de l'année à Curraghmore et depuis vingt ans il embellissait son domaine et améliorait ses terres.

3. Le mille d'Irlande représentait environ 1 1/4 mille d'Angleterre. Les allées du parc représentaient donc quelque 55 Km.

4. B. ne donne pas le renseignement. Huit arpents d'Irlande équivalaient à cinq arpents d'Angle-

Le Chateau moins beau que Ceux de Casteltown et de Cartown a une superbe Cour, et l'interieur du principal Corps des logis est arrangé à merveille. feue Miladi Tyrone etoit une femme de bon gout. les plus beau meubles et des distributions agréables dans les apartemens du Chateau sont son ouvrage. elle a aussi bati dans une futaye qui n'en est pas loin un pavillon octogone dont tout l'interieur est revetu de Cocquillages rassemblées a grand frais et placés par elle meme en cent huit jours d'un travail heureux; car tout est assorti et se dessine bien dans cette Collection. son fils en Conservant avec autant de raison que de soin ce monument y a fait placer la statue de sa mere sculptée en marbre blanc.[1] elle est au milieu d'une de ses Créations, et l'artiste en faisant sortir d'un beau bloc une figure noble et bien proportionée a dit-on reussi également dans la ressemblance qu'il lui a donnée.

[174] Milord Tyrone va faire elever sur le haut d'une des montagnes de son parc, un autre monument pour eterniser le souvenir d'une perte affreuse qu'il a eprouvée l'an passé dans la personne de l'ainé de ses fils. cet Enfant pret d'avoir quatorze ans promettoit d'etre aussi interessant par ses qualités que par une figure Charmante, lorsqu'en sautant à Cheval une barriere il s'est fendu la tete. son portrait est sur la Cheminée du sallon, il est dans une Charmante mignature dans la poche de son Pere. il est gravé dans le Cœur et la memoire de quiconque a Connu ce Charmant jeune homme. Milord Tyrone m'en a parlé les larmes aux yeux, j'aurois voulu qu'il ne m'ajouta pas que celui de ces fils qui est devenu l'ainé seroit aussi joli que son frere, est il des Compensations pour une pareille perte. ah mon fils ton frere en ce moment est bien plus agréable dans sa figure que toi mais devint-il un adonis jamais ses graces ne me dédomageroient de toi si j'avois l'horrible malheur de te survivre.

il est arrivé peu de tems après nous à Curraghmore cinq ou six gentilshommes qui viennent au dela des montagnes, du Comté de Corck. nombre de pareils oisifs passent une grande partie de l'année [175] à faire la tournée des Chateaux de leur province et vont quelques fois piquer les tables plus au loin encore. dans cette partie de L'Irlande on les recoit avec leurs Chevaux leurs Chiens leurs suivans et en échange de la bonne Chère qu'ils recoivent et du vin qu'il faut leur donner en ample quantité, ils s'attachent a l'opinion du seigneur qui a la meilleure table, la meilleure Cave, et qui les recoit le mieux. c'est aussi ce

---

terre; il y avait donc 400 hectares de bois, mais l'ensemble du parc couvrait quelque 2000 hectares! A. Young décrit longuement les beautés de ce parc aux arbres superbes et aux magnifiques panoramas.

1. Les grottes et pavillons ornés de coquillages et de cristaux coûtaient fort cher, mais il y eut une véritable mode et on en trouvait beaucoup. Mylady Tyrone réalisa sa décoration entre 1752 et 1754. La statue est de John van Nost, sculpteur de talent qui réalisa la plupart des monuments funéraires d'Irlande entre 1760 et 1780.

qui fait qu'il est infiniment plus Cher pour les anglois riches, et les Irlandois possessionés de vivre à la Campagne qu'a Londres ou à Dublin.

Le 16.

nous avons depuis hier matin ce beau tems qu'on appelle en france l'Eté de la St. martin, et ne pouvant trouver de batiment pour repasser en angleterre il est heureux d'etre en pareille circonstance dans une magnifique Campagne ou une grande quantité de ces arbres qui gardent leurs feuilles toute l'année prolonge par un soleil brillant la jouissance de la belle saison. après le déjeuner Chacun s'est repandu dans les jardins comme au mois de juin, et j'etois faché que Milord Tyrone n'eut pas pris une voiture découverte pour la Course que nous avons faite ensemble, il m'a mené a quatre miles de Chez lui a une petite ville joliment batie sur la rive droite de la suire et [176] qui se nomme Carrick, nom qui signifie en langue Irlandoise Chateau escarpé, c'est pour cela que l'on trouve dans ce Pays nombre d'endroits nommés de meme: Carrick fergus, Carrick sur Le schanon, Carrick près de Wesford, Carrick sur la suire et plusieurs autres encore.

Carrick fergus etoit le Chateau de fergus Prince de la race d'heremon. Carrick près de Wexford est le premier Chateau que batirent les anglois pour avoir une place d'arme et un point de défense jusqu'a ce que l'arrivée de nouvelles forces leur permirent de pousser plus loin leur conquétes. Carrick sur la suire est aussi le premier des Domaines qu'eut la maison de Buttler en Irlande et son Chef se nommoit Comte de Carrick avant d'avoir le titre d'ormond. M. de Butler dont j'ai parlé à l'article de Kilkenny est encore seigneur du vieux Chateau de Carrick et d'une magnifique terre dans les environs. Le Chateau de Carrick qui seroit encore fort habitable a une vue Charmante sur les Comtés de Kilkenny de Waterfort et de tipperary, c'est dans ce dernier qu'est bati Karrick. Le Comté de Tipperary dans la partie qui avoisinent la riviere du suire presente en le voyant du haut des montagnes qui dominent la rive oposée une suite de terres fertiles et bien Cultivées qui sont ornées par quatre beaux Chateaux fort près l'un de l'autre. le plus soigné dans son architecture [177] exterieure a ete bati par le dernier archeveque de Cashel: le siege de cet archeveque le troisieme en rang des quatre qu'il y a en Irlande est à Cashel et cette ville aujourd'hui reduite a six ou sept cent maisons est remarquable parce qu'autrefois elle fut la residence des Rois de munster et que plusieurs de ces Princes reunirent à l'Exemple de Cormac qui fonda la Cathedrale le pouvoir de L'Episcopat à celui de la souveraineté.

revenons à Carrick,[1] cette petite ville est animée par une population qu'on

---

1. Un canal achevé en 1767 reliait Carrick à Waterford.

porte a dix mille ames, quoique j'aie de la peine a le Croire en raison de son peu d'etendue. ses habitans doivent au Comte D'ormond depuis Duc l'etablissement de manufactures de draps qui sont de differentes finesses et de bonne qualité. depuis on s'y est appliqué à faire des ratines qui reussissent également bien. deux Compagnies de Cavalerie ont à Carrick de bonnes Casernes. le fauxbourg a la rive droite de la riviere offre les ruines d'une église qui ne fut jamais achevée et qui avoit été Commencée par les templiers.

en revenant de Carrick Mylord Tyrone m'a montré sur la gauche de notre route dans le Comté de Kilkenny une Chaine de montagne qui ont donné le nom de Walsh à la famille ancienne et distinguée dont M. de serrent Walsh est issu tres positivement malgré tout ce qui a été [178] dit en france contre sa naissance lorsqu'il eut le Regiment Irlandois qu'il y Commande.[1]

Le 17.

nos Campagnards sont repartis ce matin. un d'entre eux s'est sauvé la vie il y a quelques années par sa force, son Courage son adresse à nager et sa présence d'esprit. venant de bristol a Corck son vaisseau fit naufrage dans l'obscurité de la nuit. il etoit à près de trois miles de la Cote et rien ne la lui indiquoit, il se jetta à tout hazard à la mer et fut assez vigoureux pour arriver jusqu'a terre, le seul de tout l'equipage qui échapa à la fureur des flots une circonstance particuliere et dit on constatée c'est que ses boutons de manche le genant il les défit tout en nageant et ne les perdit pas les ayant mis dans sa bouche.

j'avois grande envie de retourner aujourd'hui à Waterford pour voir s'il ne seroit pas possible de m'y embarquer, mais Milord Tyrone a insisté si honetement sur ce que je restasse encore aujourd'hui chez lui que je n'ai pu m'y refuser. nous avons fait par un tems Charmant la tournée de son parc et au bon pas de nos Chevaux il nous a fallu quatre grandes heures.

[179] au retour de ces promenades on trouve un diner excellent appreté à la francoise, à L'exception de quelques plats anglois fort bons à rencontrer, Milord Tyrone a nos meilleurs vins de france, Miladi Tyrone est polie et paroit aussi aisée à vivre que bonne mere.

après le diner, ou joue jusqu'au souper qui se sert trois heures après etre sorti de table, dans ce court intervalle un Irlandois trouve le moyen de prendre des tasses de Café de thé et des tartines de beurre, sans que cela l'incommode.

---

1. Après la défaite de Jacques II, le traité de Limerick en 1691 permit aux troupes irlandaises fidèles aux Stuart de passer en France. Ainsi se constitua la Brigade Irlandaise qui compta jusqu'à 30 000 hommes et 15 régiments et qui s'illustra au service des Bourbon. Les officiers étaient le plus souvent des cadets de grandes familles irlandaises catholiques. Sous Louis XVI, il ne restait plus que trois régiments: Dillon, Berwick et Walsh. Les Walsh de Serrant s'étaient établis en France après 1691 à Saint-Malo et à Nantes, puis en Anjou.

on a indépendemment des Pommes qu'on mange en jouant pour se tenir la bouche fraiche. je suis revenu souvent sur cet article, mais c'est qu'il excite encore journellement mon étonnement. ce qui n'excite pas L'admiration, c'est de voir le tems énorme que le general de cette nation perd à table dans ce qu'on appelle la bonne Compagnie et meme dans les Classes inférieures.

Le 18. à Waterford

Milord Tyrone n'a jamais voulu me laisser retourner seul à Waterford et me voyant déterminé à y aller attendre le paqucbot, il m'a ramené dans sa voiture, m'a recommandé dans cette ville a toutes les personnes qui pourront m'arranger plus Commodément mon passage et m'en rendre l'attente moins [180] en- nuyeuse. enfin il m'a présenté à L'Eveque, viellard fort respecté dans ce Pays et qui s'est empressé de m'y accueillir aussi bien que l'a fait Milord Tyrone. après avoir pris congé de cet honete seigneur je me suis promené le reste du jour sur le quai et dans les rues bien sales de Waterford. j'ai vu plusieurs atteliers de tueries pour les bœufs qui doivent etre salés,[1] ce Commerce est en grande activité ici ainsi que celui du beurre qui s'exporte, il ya dans ce moment plusieurs vaisseaux qui sont entierement Chargés de ce Comestible. un d'entre eux est de Lisbonne. il y a aussi aux deux extrémités de la ville deux raffineries de sucre on m'a fait voir la plus considerable, et dans ce travail on suit ici absolument les memes procedés que dans toutes les autres raffineries.

Les marins me font esperer qu'il arrivera d'ici à demain matin un paquetbot et si cela est il faudra ensuite que le vent qui l'amenera change pour pouvoir partir. d'autres passagers partagent mon impatience et leur nombre diminuera beaucoup les moyens de me bien arranger dans un petit batiment qu'il ne me sera plus possible de prendre à moi seul.

Le 19.

on est plus matinal à Waterfort que dans les autres villes D'Irlande. il n'etoit pas huit heures lorsque L'Eveque a passé a ma porte. une demie [181] heure après il m'a renvoyé sa voiture pour me Conduire a un déjeuner chez lui ou j'ai trouvé beaucoup de monde. M. Newcome etoit ci devant Eveque de Kilkenny, mais Comme il a une famille nombreuse qu'a l'exception d'un garcon tous ses autres enfans sont des filles il a preferé le siege de Waterford qui vaut huit cent louis de plus, mais qui est moins honorifique que celui de Kilkenny

---

1. L'Irlande exportait, bon an mal an, 60 000 carcasses de bœuf salé, surtout vers les Antilles et la France. La marine royale française s'en procurait quand c'était possible, car il était de qualité supérieure et de très bonne garde; le bœuf salé d'Irlande fut choisi pour les vivres de l'expédition de Lapérouse.

ou L'Eveque fait deux membres de Parlement et ou par une Collation[1] fort Considerable il peut laisser une grande aisance a ceux de ses enfans qui embrassent L'Etat Eclesiastique état aussi bon ici qu'en france et qui n'exige aucun sacrifice. les ministres sont de tous les amusemens de la societé et on en voit un grand nombre au spectacle.

M. Newcome a un bras de moins, on pretend qu'etant jeune et galant ce bras fut pris dans une porte dont la jalousie d'un mari le faisoit sortir promptement. depuis, la grace l'a touché, mais a en juger par L'Eleve qu'on lui Connoit, cette grace ne fut pas sur le Champs eficace au moins, doit croire qu'elle n'etoit pas transmissive en sachant qu'il fut précepteur de M. fox. cet Eleve plus distingué par ses talens que par sa pieté s'est occupé de la fortune de son précepteur et c'est à lui que M. Newcome doit son Eveché.[2]

[182] après le déjeuner j'ai été voir une verrerie établie depuis un an à Waterford et qui y reussit si bien qu'en dernier lieu elle a envoyé à la seule isle de Ste. Lucie pour deux mille louis de ses ouvrages. L'isle de Ste. Lucie ainsi que celles qui sont restituées reciproquement par le traité de Paix dernier peut recevoir des marchandises angloises jusqu'au premier mars de l'année prochaine.[3]

Les habitans de Waterfort sont singulierement prévenus en faveur de tout ce qui se fait chez eux et prétendent que leur nouvelle verrerie surpasse de beaucoup toutes celles de Dublin. je ne suis pas de leur avis, mais il est possible que cela arrive dans quelques tems lorsque les ouvriers déja fort bons se seront encore perfectionés.

en rentrant chez moi j'ai trouvé le Capitaine d'un vaisseau anglois qui m'a proposé de me passer d'ici à Swansey [Swansea] petit port du Canal de bristol. j'ai été très tenté par cette proposition, et j'ai été voir aussitot son batiment qui etoit à L'ancre près du mole de passage. il m'auroit assez convenu, mais le

---

1. Ce qui veut dire qu'il a la possibilité de nommer à des bénéfices ecclésiastiques. En Angleterre et en Irlande, la plupart des ministres chargés de paroisse étaient en fait nommés par les seigneurs, d'autres par les chapitres, et, habituellement, l'évêque avait peu de postes à pourvoir à sa discrétion.

2. William Newcome (1729-1800) fut chapelain de Lord Hertford, vice-roi, et obtint le siège de Dromore en 1766, celui d'Ossory en 1775, puis celui de Waterford en 1779; enfin il fut élevé au siège primatial d'Armagh, en 1795, juste récompense de son érudition, de son intégrité et de sa piété. Lorsqu'il était vice-principal du Hertford College à Oxford, Fox avait été de ses étudiants, et c'est celui-ci qui lui avait accidentellement cassé le bras. B. avait écouté de mauvaises langues. [JK]

3. Les cristalleries de Waterford sont encore en activité et leurs produits très admirés. Les verreries irlandaises avaient été ruinées en 1746 à la suite d'une loi interdisant l'exportation de verre d'Irlande et ouvrant l'Irlande au verre d'Angleterre; mais depuis 1782 ce commerce était à nouveau libre pour les Irlandais.

Sainte-Lucie, petite île des Antilles, fut l'enjeu de combats entre la France et l'Angleterre pendant tout le dix-huitième siècle.

Capitaine homme de mauvaise tournure que personne ne connoit à Waterfort, m'a demandé un prix si ridiculement Cher que tout le monde m'a Conseillé d'attendre le paquet bot comme plus sûr plus prompt dans sa marche, et plus disposé à [183] recevoir Commodement des passagers.

Le petite ville du Passage couvre une petite plage entre la riviere de suire et des rochers escarpés qui menacent en quelques parties les toits des maisons. cette ville a Cinq miles de Waterfort plus près de l'embouchure de la riviere dans la mer, est près d'un excellent mouillage pour de gros vaisseaux. une fregatte du Roi et deux Cutters etoient ce matin à L'ancre, et toujours des batimens de la marine royale sont en station dans cette partie pour faire la guerre aux contrebandiers. Passage est principalement habitée par des officiers de la douane.[1]

à mon retour en ville j'ai été diner chez M. Samuel newport dont la famille s'est établie, venant d'hollande dans ce Pays sous le Regne du Roi guillaume. M^rs newport sont les plus riches négocians de Waterfort. en arrivant en Irlande ils habitoient Carrick mais depuis ils se sont fixés dans une ville plus propre à l'étendue de leur commerce.[2] Mad^e newport est de Londres, sa figure à de l'elegance ainsi que sa taille, elle me parait persuadée et avec raison que c'est du bien perdu à Waterford dont en Comparaison de la Capitale de l'angleterre [184] elle trouve les dimensions aussi petites aussi étroites que celle de M. son mari. ce bon ce très bon jeune homme a toutes les prétentions d'un sot, il croit chanter comme un ange, et m'a régalé de deux airs rendus avec la meme grace qu'il met dans sa conversation.

de Chez lui j'ai été avec sa femme au spectacle ou on donnoit un opera-comique dont la musique est assez bonne.[3] les principaux airs etoient Chanté

1. Il y avait une très importante contrebande, d'une part entre l'Irlande et l'Angleterre, en raison des différences de taux de taxes, et d'autre part entre l'Irlande et la France, à cause du haut niveau des droits de douane. Les services des douanes avaient dû acquérir une flotte de petits bâtiments très rapides, les *cutters* ou cotres, pour intercepter les contrebandiers, mais comme ceux-ci n'hési-taient pas à résister, voire à attaquer, il fallait le soutien de bâtiments de guerre.
C'est l'un des premiers emplois du mot *cutter*, qui deviendra *cotre* en français. Voir l'*Encyclopédie méthodique*, i: *Marine* (1783) qui décrit le 'cutter, prononcé cotr'', et précise: 'Le gouvernement anglais entretient aussi pour la même raison, plusieurs de ces bâtiments pour arrêter les contreban-diers; ils sont armés de trente hommes, et portent six à huit canons et quelques pierriers.'
2. Les Newport s'étaient fixés à Waterford vers 1719, et vers 1760 avaient combiné banque et négoce. En 1784, plusieurs cousins, dont Samuel Newport, étaient associés et régnaient sur le monde des affaires à Waterford. Ils connaîtront une faillite retentissante au début du siècle suivant. (Je remercie Mr Richard Fennessy, bibliothécaire à Waterford, pour les renseignements concernant Waterford autour de 1784, Samuel Newport, Cornelius Bolton et Charles Smith.)
3. Les villes de province recevaient souvent des troupes de Dublin en tournée, et certaines avaient des salles permanentes et même pouvaient entretenir une troupe. Waterford, ville prospère, avait des spectacles depuis 1730 et la salle où B. assiste à un opéra comique avait été inaugurée le 26 juillet 1784. La salle de spectacle était installée dans le même bâtiment que l'hôtel de ville et la redoute, construit par John Roberts, responsable des autres bâtiments publics de Waterford.

par une jolie personne qui joint a une voix Charmante une très bonne méthode. son mérite etoit diminué par le ridicule de ses gestes. le reste des acteurs vraiment détestables, n'en étoient pas moins aplaudis et le public m'a prouvé son peu de discernement en musique, lorsque je l'ai vu demander une seconde fois un quatuor qui d'un bout à l'autre avoit été chanté faux et sans que les Chanteurs fussent en mesure avec l'orchestre.

Le 20. à ballycanvan [Ballycanan]

quelques Curés de L'Irlande ont l'opulence de nos plus riches Curés de normandie, celui de Curraghmore est un des gros bénéficiers du Pays, en consequence il n'habite sa paroisse qu'en été, et pendant l'hiver il l'a fait desservir par un vicaire pour etre plus Chaudement à Waterford. ce Curé auquel j'ai été recommandé par son seigneur Milord Tyrone est venu me prendre ce matin dans une belle et bonne voiture pour me conduire chez Mr. Bolton*a* [185] un des membres du Parlement et l'un de ces Citoyens dont l'activité et les entreprises tournent au profit de la contrée qu'ils habitent. M. Bolton, heritier d'environ trois mille cinq cent louis de rente que lui a laissé il y a quelques années son Pere a depuis ce tems employé tout son revenu en amelioration de sa terre, située près de la riviere de suire en face du Confluent de celle de noire et de Barrow. profitant de cette heureuse et agréable position il jette les fondemens d'une maison qui sera Charmante et qui sera à portée des differentes manufactures qu'il a etabli dans une petite ville naissante à laquelle il a donné son nom et ou les habitans se présentent en foule pour occuper les maisons qu'il a fait batir. M. Bolton en embrassant un plan moins vaste que M. Brook à Prosperous raproche davantage l'epoque de ses profits.[1] il construit aussi un bon port à l'endroit ou les paquebots de Waterfort s'arretent, et l'auberge qu'il a également établie, rend déja par l'affluence des passagers et la satisfaction qu'ils ont de trouver un excellent gite soit en arrivant d'angleterre soit en attendant que les paquebots mettent à la voile. M. Bolton va aussi dans peu élever un moulin à Cotton dans le genre de ceux dont j'ai déja fait mention. tous ces divers batimens paroissent d'une dépense au dessus des

a. il y a cent vingt ans qu'un de ses ancêtres etoit maire de Waterford, dignité donnée alors aux nobles du Pays.

Cette salle est actuellement le plus ancien théâtre d'Irlande.

1. A la différence de Mr Brooke, Mr Cornelius Bolton réussit à Checkpoint. La plupart des visiteurs, dont Arthur Young, signalent l'intérêt et le succès de ses entreprises. La prospérité des Bolton à Waterford ne remontait qu'aux campagnes de Cromwell, celui-ci ayant attribué à un de ses officiers le domaine de Ballycanan. Cornelius Bolton aménageait son domaine, en plantant les arbres d'un parc entourant la superbe résidence, Faithlegg House, dont la construction avait commencé en 1783.

[186] forces de leur entrepreneur mais tout le monde qui connoit l'ordre et l'intelligence de M. Bolton a la plus grande confiance dans la sureté de ses Calculs.

après avoir vu tous ses établissemens nous avons été en voir un autre plus considérable et que bien des gens regardent comme une des erreurs de l'administration de Milord Temple, c'est cette nouvelle ville Construite a sept milles de Waterford sur la rive droite de la suire pour y recevoir les exilés et les mécontens de geneve.[1] l'azile qu'on leur prépare coutera un million de livres de france. pour cette somme le gouvernement fait batir soixante dix maisons, sur un plan uniforme et qui seront habitables l'année prochaine elles sont distribuées en huit groupes égaux et forment une place quarrée qui sera ornée dans son centre par la statue de Milord Temple; huit rues pourront aboutir à cette place, mais on doute beaucoup qu'elles soient jamais baties ou habitées par des genevois, et dans le cas ou ils n'en viendra pas un nombre pareil à celui que leurs députés avoient annoncé on Compte les remplacer par les manufacturiers quelquonques qui se présenteront et c'est pour cela qu'on differe a donner le nom de nouvelle geneve [187] à une Construction decidée et executée sur la perilleuse parole de gens qui meritoient moins de Confiance. Milord Tyrone président de la commission établie a cet égard me disoit ces jours passés que si tous les genevois attendus en Irlande ressembloient a ceux avec lequels il avoit eu à traiter, geneve faisoit une petite perte et le Royaume d'Irlande une bien mince acquisition.

en Cottoyant les bords de la suire j'ai eu le plaisir de voir arriver le paquetbot qui doit nous passer et le Capitaine nous a promis que pour peu que le vent le permis, il remettroit demain à la voile cet espoir m'a fait revenir fort content à la ville, ou L'Eveque m'attendoit a diner, son repas nombreux en Convives a été suivi d'une assemblée des plus belles Dames de Waterford et j'ai quitté tout ce beau monde pour venir Coucher à la Campagne de M. Bolton ou je suis plus à portée du paquetbot.

Le 21. en mer

M. Bolton après m'avoir défrayé d'une Conversation aussi interessante que sa maison est bonne à tous égards ma Conduit à midi au port et le paquetbot a

---

1. La Nouvelle Genève, ou New Geneva, est un exemple des nombreuses tentatives faites pour augmenter la population protestante en accueillant des réfugiés de toute origine. En 1782, le gouvernement patricien de Genève fut renversé par un soulèvement populaire. Après l'intervention des troupes françaises, bernoises et piémontaises, les meneurs avaient dû quitter la petite république. Lord Temple, qui venait d'être nommé vice-roi, crut bon d'appeler ceux-ci en Irlande; l'entreprise échoua et les maisons de New Geneva servirent de casernements aux troupes anglaises! La présence à Waterford d'une forte communauté huguenote francophone, avec sa propre paroisse, avait peut-être paru justifier le projet de Lord Temple.

fait voile à deux heures et demie par un tems [188] trop serein pour esperer un vent assez fort. notre depart ressembloit à une partie de plaisir. à un lieue de Checkpoint nous avons passé sous le Canon du fort de Duncanon, vieux Chateau qui gardé par des Invalides est en face de la nouvelle geneve. un peu avant il nous etoit arrivé de Passage une jeune personne peu jolie venue hier du Pays de galle pour se marier a Waterfort avec un jeune homme qui vraisemblablement a fait une sottise. ces mariages sont très Communs en angleterre. on passe soit en Ecosse[1] ou en Irlande ou l'on a des pretres Connus pour marier sans difficultés, et sans etre obligés par la loi d'exiger les sages formalités qui precedent nos unions, et qui obligent la jeunesse à deferer aux avis des auteurs de leurs jours.

nous avons à bord une autre Dame mariée dans toutes les regles depuis six semaines, à un petit Monsieur qui en paroit fort amoureux et dont les soins sont médiocrement accueillis. cette Dame son mari, mon jeune Collville, deux autres messieurs et moi sommes obligés de Coucher dans la meme Chambre et pour nous Consoler d'un gite aussi resseré, aussi incommode que Celui ou nous nous trouvons le Capitaine nous promet que nous déjeunerons demain dans le Pays de galles. [189] la nuit nous a pris après avoir rencontré à la hauteur de la Barre trois batimens du Roi d'angleterre. cette barre est le seul obstacle que l'on rencontre pour la navigation des gros vaisseaux depuis la mer jusqu'a Waterfort n'etant couverte à marée basse que de treize pieds d'eau dans le passage le plus favorable. à marée haute tout batiment passe en sureté.

Le 22.

un calme plat nous a arreté à peu près à moitié Chemin depuis minuit jusqu'a onze heures du soir, mes Compagnons et Compagnes de voyage ont passé ce tems dans leur lit, à gemir à vomir, ou à dormir. je me portois assez bien pour manger Comme à terre et pour reposer sur ma Couchette ou le someil m'auroit abregé la longueur du tems si je n'avois eu dessous moi le plus cruel ronfleur qui je Crois ait jamais éxisté: lorsqu'il interrompait sa musique c'etoit pour se retourner dans l'etroit espace ou il etoit renfermé, et je sentois chacun de ses mouvemens comme on s'appercoit de ceux d'un gros Chat qui fait gros dos sous le Coussin de votre Chaise.

on se plaint du nombre de nos écrivains et de leur médiocrité. anglois Ecossois, Irlandois, n'ont pas moins la rage d'ecrire que nos francois. un apothicaire de Dungarvan a publié quatre volumes d'histoires de Kerry de Cork

---

1. Gretna Green de l'autre côté de la frontière écossaise était l'exemple le plus connu.

et de [190] Waterford.[1] son ouvrage s'est vendu par une suite de l'amour propre de tous les particuliers qui y sont nommés, et j'ai lu le volume de Waterford parce que cette lecture quelque dénuée qu'elle soit d'interet valoit mieux qu'une Contemplation Continuelle des vagues de la mer et des brouillards qui toute la journée terminoient notre horizon. cette histoire de Waterford est une preuve de plus que les Cités comme les individus ont bien souvent des réputations usurpées. la devise de la ville est *urbs intacta manet*, et il s'en faut de beaucoup qu'elle ait conservée sa virginité aussi bien que cette devise l'annonce, si dans le quinzieme siecle elle se refusa a reconnoitre, les imposteurs Lambert Simnel et Perkin;[2] Jacques Ier ne trouva pas le meme respect pour ses droits dans les Citoyens de Waterford que celui qu'ils avoient eu pour les Princes ses predecesseurs. son vice Roi montjoye forca la ville intacte de lui ouvrir ses portes, et dit au maire, qui lui objectoit que par une Chartre du Roi jean ils etoient dispensés de recevoir des troupes qu'il Couperoit la Chartre de ce Roi jean avec l'epée du Roi jacques et que si lui et ses Concitoyens n'obeissoient sur le Champ, il ruineroit leur ville de fond en Comble et semeroit de sel la place ou elle existoit. Waterford ceda à la force de ce langage et des troupes qui la soutenoient.

[191] Charles Ier rendit à Waterford ses anciens privileges moyennant trois mille livres sterlings qu'elle paya au trésor de ce Prince, et la vielle devise *urbs intacta manet*, s'est conservée; il est de vielles opinions de vertus dans le monde qui se soutiennent de meme on ne scait trop comment.

si mes enfans en voyageant un jour en Irlande ont envie d'avoir plus de détails historiques sur Waterford ils les trouveront dans mon apothicaire de Dungarvan dont j'ai emporté avec moi le livre. ce que ce Monsieur mort depuis quelques années n'a pu dire c'est que cette ville s'accroit journellement et que son Commerce par la derniere guerre est devenu assez Considerable pour multiplier de grosses fortunes parmi les négocians.[3] mais ce qui en diminue la solidité c'est leur gout en general pour le luxe.

Waterford lorsque j'en suis parti etoit dans une joie générale à la nouvelle

1. Il s'agit d'un ouvrage de Charles Smith: *Ancient and present state of the city and county of Waterford* (Dublin 1746), 1 vol.; … *of Cork* (Dublin 1750), 2 vols; … *of Kerry* (Dublin 1756), 1 vol. Cet ouvrage n'était pas sans mérite puisqu'il fut réédité en 1774.

2. Lambert Simnel et Perkin Warbeck furent deux imposteurs qui se prétendaient fils d'Edouard IV et qui furent bien accueillis en Irlande. Le premier fut couronné à Dublin en 1486, mais vaincu et capturé l'année suivante en Angleterre; le second assiégea en vain Waterford en 1495. Waterford dut ouvrir ses portes, non seulement aux troupes de Jacques Ier, mais aussi à celles de Cromwell et de Guillaume III.

3. C'est surtout à Waterford et à Cork que se fournissaient en vivres la marine royale et l'armée britannique, et l'avitaillement très important nécessaire pour la Guerre d'Amérique avait fait la fortune de Waterford et la prospérité des campagnes du sud-ouest. Waterford avait alors quelque 20 000 âmes.

qu'on y Croyoit sure d'une guerre déclarée entre L'Empereur et les hollandois;[1] alors les batimens sous pavillon autrichien, ainsi que ceux des provinces unies ne pouvant plus courrir les mers aussi librement ceux de L'Irlande doublent d'avantages et la Consommation des flottes en bœuf salé devient sur le Champs d'un grand profit pour les villes de Corck et de Waterfort, ou cette branche de Commerce est le premiers des [192] articles.

la Peche par les encouragemens de particuliers riches et du gouvernement est devenu aussi un objet d'une grande importance dans le Commerce de L'Irlande.

la gratification de 20 schellings accordée par chaque tonne de batimens au dessus du port de vingt tonnaux, et qui a été tant de mois à la peche ne se montoit en 1776. qu'a 12690St 16^{Schelings} 4^{pences} elle a été après des progressions annuelles de 18547.St 6$^{Shell.}$ 4^{pences} l'année 1781.

Ci devant les pecheurs irlandois sufisoient à peine aux besoins de leur Contrée a présent independemment de la Consommation interieure l'exportation à l'etranger est telle que la gratification qui n'etoit montée en 1774. qu'a 130.St 10$^{Sch.}$ 10^{pences} 1/4 a été en 1781. de 2375St 18$^{Schell.}$ 5 1/4^{pences}.

Comme les vaisseaux propres à la peche ne doivent pas exceder le port de Cent tonneaux, la gratification ne se paye que jusqu'a cette concurrence.

la gratification est de deux schellings par barrils de 32 gallons contenant des harangs, et de 2 schellings 6 pences pour les barrils de macquereaux.

Le 23 à Hulberston

vers six heures du matin le vent qui avoit été depuis minuit [193] foible et contraire est tourné en notre faveur et peu d'heures après nous voyons les deux fares qui indiquent l'entrée du havre de milfort [Milford Haven] les dames se sont rencontrées sur le tillac les malades ont cessé de l'etre Chacun s'occupoit du débarquement et de la route qu'il suivroit des qu'il seroit à terre; encore une fois ces Calculs ont été derangés et nous ne sommes arrivés au terme de notre navigation qu'a deux heures du soir après Cinquante six heures de traversée.

le Capitaine m'a mené chez lui à hulberston ou sa femme tient une auberge assez propre. un des officiers de la douane est venu visiter mes effets avec un respect et une discretion dont je m'etois assuré en lui faisant donner la valeur d'un écu de six francs. voyant pourtant que j'avois aussi avec moi, un jeune gentilhomme il n'a pas eu honte de me demander un écu de plus et à tant par tete j'aurois pu faire tout à mon aise telle contrebande qui m'eut plu.

mon Capitaine a été aussi raisonable chez lui que pour le prix de ma traversée,

---

1. Voir II.228; p.298.

il ne m'en a couté en tout que Cinq guinées pour venir d'Irlande, avoir un bon lit en arrivant une jatte du meilleur lait et le portrait de l'amiral rodney[1] dans le fond de [194] la jatte.

Le 24. à haverfort Vest [Haverfordwest], Comté de Pembroke

Je n'ai pu avoir une voiture et des chevaux qu'a deux heures après midi en les attendant je me suis amusé à voir des hauteurs qui dominent hulberston le superbe havre de milford. les vaisseaux de toutes les marines de L'Europe pourroient y etre rassemblés, sans se gener dans leurs mouvemens, ce havre referme plusieurs enfoncemens qui sont presque tous en particuliers d'excellents ports, les cotes sont assez elevées, assez variées dans leur forme pour présenter de toutes les parties de ce vaste bassin des points de vue agréables. ils le seroient davantage si l'on voyoit un plus grand nombre d'habitations. les endroits les plus remarquables sont nangle, minlick et hulberston; ce dernier appartient presqu'en entier au Ch[er] hamilton depuis la mort de Milady qui lui a laissé en mourant tout le bien qu'elle avoit dans le Pays de Galles ou la famille de barlow dont elle etoit a des possessions considerables.[2] cette femme aimable autant qu'intéressante me parloit souvent à naples du plaisir qu'elle auroit si elle me montroit les bords du havre de milford. ce souvenir m'a attendri et a renouvellé mes regrets pour une personne à laquelle j'ai du bien des instans agréables et qui me donna dans des occasions essentielles de vraies preuves d'amitié.

je n'ai pu aller avant la Chute du jour qu'a haverfort vest ville [195] assez considerable du Comté de Pembrocke et qui a un Commerce fort bien établi par la navigation d'une riviere dont je n'ai pu scavoir le vrai nom[3] mais qui va à la mer par le havre de milfort et prend sa source dans le nord du Comté de Pembroke. le premier Comte de cette province du Pays de Galles fut le fameux Strongbow dont j'ai fait mention page 145. de ce volume. anne de boulen si Connue par l'amour d'henri VIII pour elle, par le mariage qui l'unit à ce Roi, et par la Cruauté avec laquelle il la fit perir, porta le titre de Comtesse de Pembroke avant d'etre Reine d'angleterre. quelques parties de ce Comté sont nommées la petite angleterre derriere le Pays de galles parce qu'effectivement et surtout aux environs du havre de milfort le peuple ne parle pas le gallois. henri Ier pour réprimer les excursions de ces montagnards, reste des anciens

---

1. Pour l'amiral Rodney, voir I.212; p.124. En Angleterre, l'art populaire multipliait sur les faïences d'usage courant les hommages naïfs aux héros du jour.
2. Miss Barlow, de Lawrenny Hall, avait épousé en 1758 Sir William Hamilton qui fut ensuite ambassadeur à Naples de 1764 à 1800, voir I.170; p.102. Elle mourut en 1782, et en 1791 Sir William épousa Emma Lyon, la fameuse Lady Hamilton tant aimée de Nelson.
3. Western Cleddau.

bretons établit dans le Comté de Pembroke une Colonie de flammands qui depuis l'année 1111 a Conservé une difference encore sensible entre ces Colons et les naturels du Pays.

tout le petit peuple de haverfort vest, parle le gallois qui avec les differences qu'ont les patois chez toutes les nations, est foncierement le Celtique que les Ecossois et les Irlandois ont conservé.[1] j'ai vu avec plaisir depuis hulberston jusqu'ici des maisons de paysans proprement et solidement [196] baties. j'etois bien ennuyé du triste aspect des Chaumieres de l'Irlande.[2]

Le 25. à Caermarthen

nous avons eté depuis la pointe du jour jusqu'a quatre heures du soir en voiture pour faire fort peu de Chemin[3] dans une Contrée montueuse ou les routes sont peu soigneusement entretenues. ce Pays sans etre remarquable par sa fertilité ou sa Culture l'est pour de jolis paysages, salvator rosa[4] auroit tiré un grand parti du vallon ou l'on passe le pont de Cannaston [Canaston Bridge]. la situation de Caermarthen n'est pas moins agréable, la riviere de Towy baigne ses murs et y ammene du Canal de Bristol par la baye de Carmarthen des vaisseaux d'un port considerable. le Charbon qu'on brule dans cette ville étant a peu près de la meme qualité que celui de Kilkenny ne la Couvre pas de cette épaisse et noire fumée qui envelope les autres villes de l'angleterre, mais l'abbondance de ses parties sulfureuse augmente beaucoup l'incommodité de l'odeur qu'a en general le Charbon de terre.[5] les montagnes du Comté de Caermarthen renferment des mines d'un excellent plomb qui se fond ici et qui s'exporte partie à Bristol partie à Londres et en allemagne. près de cette fonderie est une forge de ferblanc et de liens de fer pour la Construction des vaisseaux. dans les fauxbourgs de Carmarthen sont un grand nombre de tanneries; cette ville la plus Considerable de celles qui se trouvent dans la partie sud du Pays de galles, est assez bien batie, et contient une vingtaine de maison Construites [197] avec dépense, et décoration. l'hotel de ville est un batiment Considerable

1. En fait les langues celtiques sont divisées en deux groupes que séparent d'assez nombreuses différences; d'un côté, le gaélique: irlandais et écossais; de l'autre, le brittonique: gallois, breton et cornique.
2. B. ne songe pas que la différence dans la qualité de l'habitat est due essentiellement à la précarité de la tenure du paysan catholique d'Irlande.
3. Environ 45 kilomètres.
4. Salvator Rosa (1615-1673), peintre napolitain, particulièrement apprécié en Angleterre au dix-huitième siècle, pour ses marines et ses paysages. Il représentait la plus souvent des chaos de rochers, des arbres torturés, de vieux ponts. Dans la seconde moitié du siècle, le peintre gallois Richard Wilson s'inspira de la manière de Salvator Rosa pour représenter les sites pittoresques de son pays natal.
5. Il s'agit du fameux anthracite gallois.

et fort orné. depuis henri VIII. le Pays de galles est gouverné par les memes loix que celles de l'angleterre, mais les villes de cette principauté n'envoyent qu'un membre de Parlement au lieu qu'en general les villes et les bourgs de l'angleterre se font representer par deux membres. la ville de Carmarthen envoye un deputé à la Chambre des Communes et joint à ce privilege devenu lucratif par la Corruption qui a prévalu[1] l'honneur d'avoir la Chancellerie et la trésorerie de la partie sud du Pays de galles.

j'avois grande envie de pousser plus loin ma Course, mais on m'a assuré que je serois trois heures à faire quinze miles distance de la premiere station, et Madame Scharter que nous avons retrouvé la avec son mari la meme Dame avec laquelle je suis venu de Waterfort à milforthaven nous a prié si honetement de lui tenir compagnie ce soir, que je me suis déterminé à rester ici.

Le 26. à Brecknock[2]

j'ai déjeuné ou j'aurois couché et l'auberge est si mauvaise que je me suis scu fort bon gré d'etre resté à Carmarthen, ou pour egayer notre soirée nous avons eu un joueur de harpe en verité fort passable. cet instrument est [198] fort en vogue dans le Pays de galles, mais les pedales au moyen desquels on peut jouer et moduler dans tous les tons n'y sont pas Connus.[3]

la route de Carmarthen jusqu'au bourg de llanymdovry [Llandovery] dans une étendue de vingt six miles Cotoye presque toujours la riviere de towy et plus on aproche du Comté de Breckenock plus les aspects sont agreables. il y avoit une foire de bestiaux lorsque nous avons relayé à llanymdovry ce qui m'a mis à meme de voir que decidemment l'espece des bœufs comme celle des Chevaux est beaucoup plus petite dans ce Pays qu'en angleterre et meme qu'en Ecosse. mais les petits Chevaux gallois ont generalement plus de figure que ceux des montagnes d'Ecosse. la foire se tenoit dans un prés entre une belle ruine d'un ancien Chateau, et l'auberge qui est certainement la meilleure du Pays de galles.

de llanymdovry jusqu'a Brecknock la route ressemble plutot à une Charmante promenade dans un parc varié qu'a un simple grand Chemin. j'en ai fait la plus grande partie à Cheval et après m'etre remis en voiture à nuit Close le Clair de lune est venu completer la beauté d'une soirée si Calme qu'en arrivant après

---

1. Lucratif pour les quelques citoyens jouissant du droit de vote!

2. De nos jours on écrit 'Brecon', mais l'orthographe 'Brecknock' était courante alors.

3. Dans les pays celtiques la harpe avait été très en honneur au Moyen Age dans les cours seigneuriales. Au Pays de Galles, la harpe était devenue un instrument populaire tout en évoluant vers plus de complexité et exigeant beaucoup de virtuosité. Les concours de harpe et de chant, retrouvaient alors la faveur du public gallois. La harpe à pédales n'était connue en France que depuis le milieu du siècle.

six heures à Breckenock j'avois toutes les glaces de ma voiture baissées comme l'on feroit au mois d'aout.

[199] une Chose particulierement bonne dans toute cette Contrée c'est le mouton; il fait la base de ma nouriture depuis hulberston et partout on m'en a donné d'excellent. indépendemment d'autres avantages le Pays de galles joint au Charme de son aspect a la bonté de l'air qu'on y respire d'etre de toutes les parties de la domination du Roi d'angleterre celle ou l'on vit à meilleur marché.

Le 27. à Chepstow dans le Comté de montmouth [Monmouth]

La ville de Brecknock est batie au confluent des rivieres de hodney et d'usk, cette ville a un assez bon Commerce de draperie; elle envoye un député au parlement mais son plus grand relief à mes yeux est d'etre la Capitale du plus joli petit Pays qu'il y ait peut-etre sur la surface du globe.[1] les belles vallées de suisse ne présentent pas une culture plus soignée les montagnes n'y sont pas mieux habitées que tout ce qui se voit depuis Brecknock jusqu'a Crickhowel [Crickhowell], le dernier bourg de ce Comté avant d'entrer dans celui de montmouth; dans un trajet de quatorze miles quelque part ou la vue se porte on ne voit pas un pouce de terre négligée: c'est bien ici que le voyageur pouvoit dire il y a deux mois

> dans cet heureux canton partout on voit éclore
> et les dons de Pomone et les présens de flore

[200] meme en ce moment si peu favorable pour jouir des agrémens d'une belle Campagne la vallée qu'arrose l'usk et toutes les montagnes des environs sont moins depouillées des ornemens de l'ete que les terres que je parcoure depuis un mois. un grand nombre de Chenes ont encore des feuilles assez vertes, le pin de Weymouth le laurier, le houe enfin ce les anglais appellent les *evergreen*, *toujours verts*[2] trompent agréablement l'œil sur la saison ou nous sommes, une immense quantité d'arbres quoique depouillés de leurs feuillages sont embellis par le lierre qui en envelope le tronc et les branches. c'est dit on nuisible à ces

1. Depuis une quinzaine d'années les voyageurs épris de pittoresque parcouraient le sud du Pays de Galles, d'accès assez facile, pas trop éloigné de Londres, point trop sauvage et offrant de jolis points de vue. En 1778, Thomas Pennant avait fait paraître un *Tour of Wales* pour guider les voyageurs vers les sites les plus pittoresques. En 1783, le Rev. W. Gilpin disait du comté de Brecon qu'il était 'a very romantic place, abounding with broken grounds, torrents, dismantled towers, and ruins of every kind. I have seen few places where a landscape painter might get a collection of better ideas' (*Observations on the river Wye, and several parts of South Wales, relative chiefly to picturesque beauty made in the summer of the year 1770*, London 1783, p.91).

2. Les Anglais avaient multiplié dans leurs parcs les essences à feuillage persistant d'origine indigène, puis d'origine exotique, comme la plupart des conifères acclimatés en Europe Occidentale. Le pin de Weymouth, *pinus strobus*, fut rapporté d'Amérique Septentrionale et acclimaté à partir de 1705 dans les domaines de Lord Weymouth à Longleat.

arbres mais c'est fort joli à rencontrer. passé Crickhovel le pays toujours également bon prend un aspect plus serieux: les montagnes s'elevent[1] de leur sommet on découvre les plus beaux valons et ces somets ne sont point frappés de l'aridité des montagnes d'Ecosse, des forets de bois taillis les Couvrent, et ce sont les premieres forets Considerables que j'aye vues depuis que je voyage dans les trois Royaumes.

il y a trois routes pour se rendre à Bristol, les gens qui craignent la traversée de la Saverne [Severn] vont la passer a glocester sur un pont, [201] les autres cherchent un passage reputé plus sur que celui d'aust et remontent jusqu'a Newnham. on concevra aisement que j'ai Choisi la route la plus courte lorsqu'on scaura que des nouvelles de ma femme et de mes enfans m'attendent à Bristol. en conséquence laissant monmouth à gauche j'ai pris ma route vers ragland [Raglan] et suis arrivé à quatre heures et demie à Chepstow. le tems étant aussi beau qu'hier je voulois sur le Champs me rendre au bateau mais on m'a representé tous les inconveniens de traverser de nuit un fleuve rapide et de trois miles de largeur. on m'a dit que d'aust à Bristol en voyageant de nuit je courrois les plus grands risques d'etre volé. mon jeune Compagnon de voyage, *de tout embarquement l'ennemi Capital*, m'a montré tant d'inquiétude qu'il a bien fallu se déterminer à rester ici ou M. et M^de Scharter nous ont suivi avec une constance qui ne me plait nullement et qui a mise ma galanterie en défaut. M^de Scharter parle fort peu a toujours un flaccon sous le nez, et je ne scais si c'est préjugé mais il me semble que nos francoises ont des vapeurs de meilleure grace que les angloises. M. Scharter parle pour sa femme et pour quatre, sans que dans ce [202] flux de paroles il y en ait une seule interessante. en arrivant à l'auberge, le mari et la femme n'ont rien trouvé de bien, j'ai pris ma chambre je les ai laissés pérorer l'hotesse et jusqu'au moment ou le diner souper nous a réuni j'ai été courir les rues de Chepstow. ce bourg annonce par la maniere dont il est bati l'aisance que ses habitans recoivent de leur commerce. la riviere de Wye qui remonte jusqu'a herefort [Hereford] est navigable pour de gros bateaux depuis monmouth et des vaisseaux de trois à quatre cents tonneaux viennent jusqu'au pont de Chepstow.

Le Duc de Beaufort de la maison de Somerset qui possede des terres Considerables dans les Comtés de Brecknock de montmouth et de glocester a sur les bords de la wye dans Chepstow meme un vieux Chateau dont les ruines sont très belles.[2] ce chateau doit avoir été bati par le juif Longinus qui perca

---

1. Mais sans guère dépasser les 600-700 m.
2. Chepstow avait été une place très importante, car elle était la porte méridionale du Pays de Galles. Le château qui appartenait depuis 1491 à la maison de Somerset, avait été construit à la fin du onzième siècle, et, constamment remanié et agrandi, joua un rôle militaire important jusqu'à la fin du dix-septième siècle, puis il fut abandonné et devint une ruine fort pittoresque.

d'une lance le coté de notre Seigneur. les habitans du Pays ne doutent pas de la vérité de cette tradition. une des plus belles Campagnes de l'angleterre est a une demi lieue de france de Chepstow: c'est Persefield[1] qu'un M. Morris n'a cessé d'agrandir et d'embellir que lorsque ses debtes l'ont conduit de ce superbe manoir dans la prison de Londres ou ses créanciers le detiennent encore [203] parce qu'en vendant recemment persefield au general Schmits; le prix de cette vente n'a pas suffi pour éteindre toutes les dettes de M. Morris.

Le 28. à Bristol

Spenser dans des vers estimés, a celebré les beautés de la tamise de la Medway, et de la reunion des rivieres de suire de noire et de Barrow en Irlande,[2] j'ignore si les rives de la wye ont recu le meme honneur, mais certainement elles en sont dignes si dans le trajet que parcoure cette riviere elle offre dans ses Changemens de scene plusieurs tableaux semblables a celui qui se présente des montagnes en face de Chepstow lorsqu'on va gagner Beachley.[3] l'on voit du meme Coup d'œil sur le penchant d'une Colline Chepstow bati en amphitéatre, les ruines de son Chateau des Campagnes ornées le pont sur la Wye les vaisseaux qui y sont à L'ancre ou en marche l'embouchure de cette riviere dans le canal de Bristol[4] et ses bords reserrés quelques miles avant par des rochers d'ou sortent en meme tems des arbres vigoureux des Chenes altiers des frênes d'une grosseur prodigieuses et une foule d'arbustes dont les branches se sont

1. Tous les guides et les relations de voyage pour cette région vantaient Persefield, et les ouvrages sur l'art des jardins soulignaient l'art avec lequel Morris avait mis en valeurs les beautés naturelles des sites pittoresques de son domaine de 120 hectares. Contentons-nous de deux exemples: 'At Persfield near Chepstow is the seat and fine gardens of Mr Morris; which possess the most beautiful and magnificent scenery in all their parts and varieties of any place in the kingdom' (Thomas Kitchin, *The Traveller's guide through England and Wales*, London 1783).
    Arthur Young dans son *Six weeks tour through the southern counties of England and Wales* (London 1768) consacra quinze pages (p.130-45) à Persefield auquel il trouvait des beautés que Claude Lorrain, Poussin ou Vernet n'auraient pu rendre. Il concluait en affirmant: 'Upon the whole, it exceeds anything of the kind I ever saw. In point of striking picturesque views, in the romantic stile, Persefield is exquisite' (p.140).
    2. Edmund Spenser (1552-1599), l'un des plus grands poètes élisabéthains, qui séjourna long-temps en Irlande, chanta les rivières d'Angleterre et d'Irlande dans ses *Eglogues*. On peut douter que B. ait pu apprécier les œuvres de Spenser dans le texte original, et il n'y avait pas alors de traduction de celles-ci.
    3. La vallée de la Wye avait été 'découverte' à la fin des années 1760 par les amateurs de pittoresque qui avaient multiplié les descriptions de cette vallée assez encaissée et sinueuse dans une région montueuse et boisée. Le fameux théoricien du pittoresque, le Rev. W. Gilpin, élabora sa doctrine en explorant la vallée de la Wye, et fit connaître celle-ci dans ses *Observations on the river Wye*, ouvrage qui eut un très grand succès.
    4. Le Canal de Bristol est l'estuaire de la Severn et le bras de mer séparant l'Angleterre du Pays de Galles.

frayées un passage à travers des toufes de lierre et des guirlandes [204] formées par le houblon.

Bechley est un joli hameau sur un rocher qui domine la saverne. ici cette riviere près de meler ses ondes à celles de l'ocean a plus de deux miles de largeur. Sa traversée est en médiocre reputation[1] bien des gens comme je l'ai déja dit remontent jusqu'a glocester pour éviter ce passage, cependant il m'a paru aussi assuré qu'il est possible, par la bonté, la force du bateau et l'experience de ses Conducteurs. au moyen d'un pont sur quatre roues on fait entrer très promptement et très aisément les Chevaux dans le bateau. en vingt minutes nous avons été rendus à la rive oposée. on aborde au pied de rochers escarpés et, ce qui n'est pas commode, il faut laisser sur le rivage ses effets jusqu'a ce que d'une auberge a un demi quart de lieue plus loin il soit venu une voiture qui nous a Conduit ensuite à Bristol. le Pays, d'aust jusqu'a cette ville est beau fertile, bien cultivé mais ne devient agréable à l'œil qu'a environ trois miles de la ville et surtout depuis Westbury; tout a l'entour de Bristol, ce ne sont que des Campagnes soignées à l'envie l'une de l'autre,[2] et de beaux Chateaux [205] parmi lesquels on distingue celui du Capitaine Phelps, membre du Parlement pour le Comté de glocester.

Bristol ne se decouvre pas de loin tant par ce que cette ville est en grande partie, batie dans un valon que parce qu'elle est couverte par un nuage de fumée augmenté par la réunion de plus de douze verreries renfermées dans cette vaste cité.[3] l'arrivée par la route du Pays de galles est une des plus belles parties de la ville; on traverse une place nommée college-green ornée de belles maisons et d'arbres, qui les séparent de la Cathedrale dont l'ancien édifice a quelque mérite. ce fut disent les historiens en 1140 que Robert fitzharding fils d'un Roi de Dannemarck fonda cette église mais l'establissement d'un Eveque à Bristol ne date que du Regne d'henri VIII. en 1538, après que ce Prince eut fait main basse sur tous les monasteres de son Royaume. il érigea pour appaiser les rumeurs du Peuple a cette occasion, six nouveaux Evechés, ceux de Westminster oxford, Peterborow, Bristol, Chester et gloucester,[4] celui de Bristol

---

1. En effet la vallée de la Severn est souvent balayée par des vents violents, et, par ailleurs, la marée montante provoque fréquemment un dangereux mascaret. Il était conseillé de passer à marée étale.

2. Comme à Saint-Malo, Nantes ou Bordeaux, les négociants et armateurs de Bristol avaient multiplié les résidences luxueuses et confortables à quelque distance de la cité. Voir II.213; p.289.

3. Il y avait de fait de nombreuses verreries, mais aussi une quinzaine de raffineries de sucre, des distilleries, des fonderies alimentées en charbon par des mines toutes proches.

4. Il s'agissait d'utiliser comme sièges épiscopaux de grands monastères urbains qui ainsi échappèrent à la destruction. Détail curieux, l'autorité de l'évêque de Bristol s'exerçait sur le comté de Dorset, séparé de Bristol par le Somerset.

est un des moins riches du Royaume,[1] à l'exception de quelques uns du Pays de galles. celui de Westminster n'existe plus.

[206] il ne faut pas voir une ville de Commerce le Dimanche, et remettant à demain mes courses dans Bristol j'ai été diner et passer la soirée a stoke chez Mad^e La Duchesse de Beaufort une ancienne Connoissance faite à Naples.[2] comme nous sortions de table, la Duchesse de Rutland sa fille est arrivée de Londres; un francois auroit mauvaise grace de se refuser aux ordres de la plus belle femme de l'angleterre, et en demandant la permission de revenir Coucher à la ville pour mettre demain ma matinée à profit j'ai promis de retourner ensuite diner et coucher à Stocke.

Le 29. à Stoke

Bristol est certainement un séjour aussi bruyant que Londres et que Paris. sa population qui passe cent mille ames[3] la quantité des horeloges de ses nombreuses eglises, le passage continuel des voyageurs tout contribue a empecher de dormir quiconque n'est pas fait à ce tintamare. a chaque heure ainsi qu'en flandres il y a des carillons qui jouent des airs fort maussades et très faux pendant plus de dix minutes,[4] a peine cette musique est elle finie qu'on entend pendant un autre quart d'eure des braillards payés pour veiller qui avec des voix de Charetier crient que dix heures, qu'onze heures [207] sont passés. ces Messieurs m'ayant apris de Concert avec les cloches que sept heures venoient de sonner, je me suis mis en route et j'ai commencé par suivre le quai depuis le pont-levis en face de la rue de Clare jusqu'au Pont[5] qui joint les deux parties de la ville separées par la riviere d'avon. ce quai qui cerne dans une presqu'ile le plus beau quartier de bristol est lui meme fort beau et fort Commode pour le Commerce. mais ici comme à Londres on est surpris de voir que ce bel emplacement ne soit bordé que par les maisons les plus médiocres de la ville. la presqu'ile dont je fais mention est formée par les rivieres d'avon et de froom

---

1. B. veut dire que les revenus épiscopaux étaient bien limités, les nouveaux évêchés ayant fort peu de biens fonciers.
2. Elizabeth Berkeley, épousa en 1740 le 5e duc de Beaufort. Elle hérita de son frère, Lord Botetour, le domaine de Stoke Park, à 8 km. au nord de Bristol, dont le parc avait été aménagé dans le goût pittoresque autour de 1760, et dont le château avait été gothicisé vers 1770.
3. Bristol était depuis le haut Moyen Age la seconde ville du royaume. Elle avait, comme Londres et York, un Lord Maire. Son port rivalisait avec celui de Londres, mais la ville n'était pas seulement une grande place commerciale, elle avait aussi une vie intellectuelle et culturelle très active. D'autres sources limitent à 70 000 habitants la population de Bristol vers 1784.
4. B. a dû loger au cœur de la vieille ville dans Broad Street, à proximité de Christchurch, célèbre pour son jacquemard. Il y avait à Bristol une vingtaine d'églises et une quinzaine de lieux de culte dissidents.
5. Le pont de Bristol avait été reconstruit en 1769; en aval se trouvait un pont levant pour permettre le passage des bateaux.

qui toutes deux a marées basses laissent les vaisseaux presque à sec sur un bon fond mais dont la vue est très désagréable. c'est peut etre ce qui fait preferer aux gens riches de batir dans les quartiers qui n'ont pas la vue du port, cependant dans tous les momens l'activité qui regne sur les quais, la foret de mats qui Cachent en grande partie la vase, le retour des flots, l'arrivée le départ des navires semblent offrir des points de vues plus interessans que ceux d'une rue ordinaire.

[208] Bristol est certainement la premiere ville d'angleterre après Londres et je croyois son port fort superieur, à celui de Liverpool tandis qu'il s'en faut de beaucoup qu'il soit aussi beau, aussi vaste et aussi bien distribué. je n'ai pu scavoir si cela tenoit à la saison mais Certainement il y avoit à Liverpool lorsque j'y etois le double de batimens que j'ai trouvé à Bristol. cette derniere ville a vu diminuer son Commerce d'exportation en Europe depuis l'acroissement de celui de Liverpool; mais elle en fait encore un avec l'interieur de l'angleterre, les isles de l'amerique et les Indes, dont l'importance sufit à sa prospérité.[1] ici comme dans presque toutes les autres villes de ce beau Royaume on batit de tous cotés mais cela prouve moins en faveur de l'augmentation de la population que cela n'indique les progrès du luxe. l'anglois ainsi que le francois ne peut plus se contenter de la maison qu'habitoit son Pere, le meme nombre d'hommes occupe plus de surface.

près des trois parties du quai est une place qui ressemble à celle de Stephens green à Dublin mais les batimens en sont plus beaux, les arbres d'une plus grande proportion.[2] cette place est [209] ornée de la Statue Equestre du Roi guillaume III. le gout de se loger sur des cimetieres regne à Bristol comme dans les autres villes de l'angleterre. le cimetiere de Redclift planté comme un jardin est entouré de fort belles maisons.[3] son eglise est d'un beau gothique; le tableau de l'autel est d'hogarth.[4] le Ch^{er} William Penn, Pere du fondateur de

---

1. Bristol avait commercé avec l'Amérique et les Antilles dès le seizième siècle; mais le port souffrait d'être beaucoup moins accessible que celui de Liverpool ou de Glasgow, se trouvant à une douzaine de km. de la mer au fond d'un étroit estuaire, très encaissé. Par ailleurs, en temps de guerre, les corsaires français guettaient les bâtiments au débouché du Canal de Bristol. Toutefois, l'industrialisation des Midlands avait compensé le déclin du commerce colonial, car la Severn, grâce aux canaux, était la grande artère du centre de l'Angleterre. Voir I.113, 157; p.71, 95. On estimait encore le trafic à 2000 bâtiments.

2. Il s'agit de Queen Square, tracé sous le règne de la reine Anne, au début du dix-huitième siècle, et qui avait été, en son temps, la plus vaste place d'Europe. On y trouvait la Douane, l'Hôtel de Ville et d'autres bâtiments officiels.

3. C'est peut-être le cimetière accordé par Charles II aux quakers, alors nombreux dans cette ville. W. Penn, fondateur de la Pennsylvanie, était quaker.

4. St Mary Redcliffe est effectivement une superbe église du quatorzième siècle, un des chefs-d'œuvre du gothique tardif. Le peintre Hogarth, plus connu pour ses gravures satiriques, a cependant laissé quelques œuvres religieuses, dont ce retable peint en 1756.

la Pensilvanie et qui etoit natif de Bristol est enterré dans cette eglise. elle est au sud de la ville dans un vieux quartier mal bati. c'est au nord et à l'ouest que Bristol s'agrandit. pour juger de son étendue je suis monté sur la tour de la paroisse St. michel. les gens fertiles en Comparaisons trouvent que Bristol ressemble à Rome, que ces deux villes sont de meme baties sur sept Collines, que l'avon partage Bristol comme le tibre divise Rome. ce qu'il y a de plus conforme c'est que les deux rivieres sont également bourbeuses; mais on Chercheroit aussi vainement la magnificence de Rome dans Bristol, que le Commerce de Bristol dans Rome.

Bristol a pour ce Pays-ci quelques beaux batimens tels que la bourse,[1] la douane et d'autres. la ville renferme dix sept hopitaux ou lieux d'auspices.[2] après avoir employé près de quatre heures à la [210] voir dans toutes ses parties, M. Lewsly négociant auquel j'etois recommandé m'a mené dans sa voiture à Hotwell village bati comme bien des villes voudroient l'etre; il est à proprement parlé quoique hors du territoire de Bristol un fauxbourg de cette ville qui située partie sur le le Comté de glocester, et partie sur celui de Somerset est independante de l'un et de l'autre et forme à elle seule un district particulier. hotwells qui veut dire sources chaudes a recu son nom de l'eau de bristol qui s'y boit, et qui s'exporte dans toutes les parties du monde. ces eaux remarquables par leur salubrité se boivent, pour certaines maladies, depuis le mois de mars jusqu'a celui de septembre.[3] les buveurs d'eaux trouvent autour de la source de Charmans logemens, tous les vaisseaux qui remontent de la mer a bristol passent sous les fenetres de ces logemens et de jolies promenades sont a portée. de hottwels j'ai été voir Kings Weston superbe Campagne qui appartient aujourd'hui à milord Cliffort.[4] d'un Pavillon au bout du Parc on decouvre du meme Coup d'œil le Canal de Bristol l'embouchure des rivieres de severn, de Wye, d'usk et d'avon, le Pays de galles, et les Comtés de glocester de somerset et [211] de Wilt. nous avons joui de cette belle de cette magnifique vue comme si nous avions été au cœur de l'été; un soleil brillant eclairoit les Cotes du Pays de galles, brillantoit les ondes de la mer et nous faisoit distinguer tous les vaisseaux qui étoient à l'ancre dans la rade nommée la rade du Roi.[5] de la par la riviere il y a

1. La Bourse avait été construite en 1740.

2. Il s'agissait surtout de petits hospices fondés au Moyen Age et hébergeant chacun une à deux douzaines de pensionnaires.

3. Les sources d'Hotwells, dans la paroisse de Clifton, avaient été découvertes au début du siècle et elles rivalisaient avec celles de Bath. La saison allait de mai, plutôt que mars, à septembre. Tout un quartier élégant s'était construit à proximité, aussi bien pour la bourgeoisie de Bristol, délaissant les vieux quartiers, que pour les curistes. C'est l'exportation en bouteilles de 'l'eau de Bristol' qui avait favorisé la création de nombreuses verreries.

4. Le château de King's Weston* avait été construit en 1710, sur les plans de Vanbrugh, et modernisé vers 1760; le parc avait été paysagé dans le goût pittoresque par Brown.

5. B. n'exagère absolument pas! Le panorama est effectivement exceptionnel.

douze miles et plus jusqu'au quai de Bristol. en cotoyant les rives de l'avon[1] on est effrayé, des rochers escarpés qui resserent le lit de la riviere et l'on a de la peine à concevoir que cette navigation ne soit pas du plus grand danger, surtout par la quantité des sinuosités de cette riviere. mais les rochers ne vont point jusques au bord du lit; ils le laisse couvert d'un sable ou les vaisseaux a marée basse ne risquent rien et ou ils peuvent toujours s'echouer sans danger; joint à ce que les Pilotes sont formés avec grand soin jusqu'a ce qu'ils soient employés a entrer et à sortir de la riviere, les batimens de toute grosseur.

il etoit six heures du soir quand je suis arrivé à Stoke; et la Duchesse de Rutland trouve que c'est diner de bien bonne heure, sa mere plus bourgeoise sans doute trouve que c'est se mettre à table un peu tard. moi je m'arrange fort bien de ne manger, qu'après avoir fait tout [212] ce que je me suis proposé pour la journée, et je voudrois que le meme usage de diner tard fut introduit en france. mais alors plus de souper, et que deviendroient nos jeunes femmes. elles feroient bientot comme en angleterre elles souperoient deux heures après avoir diner et je crois cela detestable pour la santé.

Le 30. à Bath

il est difficile d'habiter un lieu plus agréable que Stoke, le Chateau bati sur une Colline au milieu d'un Parc Charmant est encore élevé par une terrasse en pierre de taille entourée d'une belle balustrade. la Cour, l'avant Cour, tout est analogue à une demeure dont les distributions interieures sont nobles et Commodes; du salon principal et des apartemens au sud ouest, on découvre une Campagne immense dont Bristol est le point de vue le plus remarquable. Lord Botetourt Pere de la Duchesse de beaufort pour donner plus de Confiance a ceux qui venoient le voir avoit placé sur la porte d'entrée, ces deux mots latins, mihi vobisque. si sa femme etoit jolie les mauvais plaisans pouvoient trouver à s'amuser de cette épigraphe, mais les esprits bien faits n'y voyoient surement [213] que l'honeteté de dire aux arrivans: regardez vous chez moi Comme chez vous. la maniere dont la Duchesse de beaufort fait les honneurs de sa maison prouve qu'elle a suivi les erremens de son Pere.

je Comptois etre de retour à bristol a dix heures du matin je n'ai pu y revenir qu'a une heure après midi, tant j'ai trouvé de plaisir à me promener par un beau soleil au milieu des bosquets, dont la verdure ne laisse rien a desirer. les *evergreen* que les anglois Cultivent dans leurs jardins, font qu'au plus fort de l'hiver ils ont des heures des jours d'été. le laurier le mirthe d'autres arbustes ravissans,

---

1. L'Avon est le petit fleuve que les bateaux remontent jusqu'à Bristol. Il ne faut pas confondre cet Avon avec celui qui passe à Stratford. *Avon* signifiant rivière en celtique, ce toponyme est assez répandu.

Croissent aux pieds des Pins de Weimouth[1] espece de Pin bien plus belle que celle des Pins ordinaires. le tems etoit si doux que nous aurions pu déjeuner en plain air et que la Duchesse Rutland s'est vu forcée pour en profiter de se lever à onze heures du matin. il ne lui a pas fallu plus d'une heure pour mettre un Chapeau; vers midi elle s'est montrée à nos regards Charmés de sa beauté.

La route de Bristol a bath n'est qu'une suite de belles campagnes [214] ornées avec une recherche extreme; les bords de l'avon sont plus jolis que de Bristol à la mer. cette riviere n'ayant pas au dessus de Bristol le flux et reflux remplit son Canal constemment et sa profondeur sufit à ce que des bateaux remontent jusqu'a Bath et aprovisionent cette ville de Charbons.[2]

le seul endroit un peu Considerable entre Bristol et Bath est Keinsam [Keynsham] ou guillaume Comte de glocester fonda en 1170. une Celebre abbaye dont l'eglise subsiste encore.

il etoit quatre heures lorsque nous sommes arrivés à Bath, Lord Colville auquel je ramenois son fils etoit à moitié de son diner. au lieu de nous recevoir avec l'empressement de tout Pere francois, il m'a fait faire des excuses de ce qu'il ne pouvoit pas me donner à diner. j'ai diné au Cabaret en face de Chez lui avec son fils et deux heures après avec toutes les formalités dont les anglois se moquent tant en allemagne nous avons été admis au thé.[3]

Le 1ᵉʳ Decembre

Tant de voyageurs ont écrit sur la ville de Bath ses agrémens ont été si exhaltés le petit livre intitulé le nouveau guide de Bath en [215] detaille si minutieusement les beautés qu'en l'indiquant je puis me dispenser de repeter ce que les autres ont dit;[4] mes enfans trouveront ce petit livre dans ma bibliotheque et ne le liront j'espere que dans le Cas ou ils viendront ici sans quoi cette lecture seroit du tems perdu. je me bornerai à parler de bath en general comme de la plus jolie ville qui existe. ses places publiques, le Croissant, le cirque, la Place de la Reine, ce qui s'appelle la Parade du nord et la parade du sud, seroient

---

1. Voir II.200; p.282.

2. On remarquera que B. est sensible à la fois à la beauté d'une rivière et à son intérêt économique: l'agréable est d'autant plus apprécié qu'il s'associe à l'utile. Il faut toutefois signaler qu'il avait fallu canaliser l'Avon.

3. B. oublie qu'il avait plus de trois heures de retard et qu'il avait probablement bien dérangé les préparatifs du Lord Colville, et que, par ailleurs, au lieu d'aller directement à Bath ramener le petit Charles, il a choisi de s'attarder deux jours à Bristol, ville qu'il aurait pu visiter après Bath.

4. Dès 1742, il y avait un guide pour Bath et Bristol: *The Bath and Bristol guide or the tradesman's and traveller's pocket companion*. En 1762, était paru *The New Bath guide or useful pocket companion*, qui eut de nombreuses éditions, refondues et mises à jour, jusqu'en 1801.

des ornemens pour les premieres villes de L'Europe.[1] d'autres places moins Considerables servent encore à embellir et a donner de l'air dans tous les quartiers. les trotoirs sont de la plus belle proportion, nombre de superbes rues sont pavées en large dalles et ne servent qu'aux gens de pieds. les differentes fontaines ou l'on va boire les eaux salutaires sont toutes commodément et proprement baties. le principale nommée la Pomp room a une grande salle ou est une assez bonne musique pendant les heures que les buveurs d'eau la fréquente.[2] tout est calculé pour la plus grande aisance des gens malades, et tout ce qui les environne est si riant qu'un tel séjour doit beaucoup contribuer à accelerer leur [216] retablissement. mais bath qui a du sa premiere réputation à l'efficacité de ses eaux est bien plus habité aujourd'hui par les oisifs de tous les Pays que par les gens que leur santé y ammene.[3] l'anglois plus desireux de s'amuser qu'ingénieux dans les moyens de se procurer les vraies jouissances d'une bonne societé, va ou la foule se rassemble et fait surtout un Cas particulier de la vie de Cabaret.[4] des seigneurs des trois royaumes qui ont de superbes Campagnes, qui pourroient dans ce tems ci revenir habiter, leurs belles maisons de Londres, de Dublin d'Edimbourg preferent de venir se loger pour plusieurs mois dans des bicoques qui n'ont que de l'exterieur et qui faisant partie de l'ensemble de beaux batimens sont chacun separement très insufisans.[5] le Commerce a fondé les grandes villes de l'angleterre, et Bath qu'on peut ranger dans cette Classe doit toute sa splendeur au besoin que les oisifs ont de se

1. Bath est le premier exemple d'une ville essentiellement conçue pour l'agrément de visiteurs privilégiés, et réalisée uniquement avec des capitaux privés par quelques entrepreneurs avisés, comme Ralph Allen et William Pulteney. On adopta d'abord le style palladien, puis le style néo-classique, sous la direction des architectes John Wood, père et fils. Queen Square fut construite à partir de 1728, le Circus, place circulaire, à partir de 1754, le Crescent, place en hémicycle, à partir de 1767.

2. On venait de reconstruire la Pump Room;* la précédente remontait à 1704. Cette salle était digne d'un palais.

3. Les sources chaudes de Bath avaient d'abord attiré des thermes romains. Puis, au dix-septième siècle, les malades de Londres redécouvrirent les bienfaits des eaux thermales, et dès le début du dix-huitième siècle ils étaient assez nombreux pour qu'il faille créer une ville nouvelle et y fournir tous les agréments d'un séjour. Pendant la saison, de novembre à mars, l'aristocratie, les élites intellectuelles, les artistes venaient en foule; la famille royale elle-même ne dédaignait pas de se rendre à Bath.

4. L'expression n'a rien de péjoratif; à l'époque le cabaret est autant un lieu où l'on mange qu'un lieu où l'on boit. Littré appelle 'dîner de cabaret, dîner que l'on fait chez le traiteur'. Decremps signale: 'L'Anglois qui veut régaler ses amis les conduit ordinairement à la taverne, qui est le rendez-vous ordinaire des désœuvrés et des politiques' (*Le Parisien à Londres, ou avis aux François qui vont en Angleterre*, Amsterdam, Paris 1789, i.154).

5. Ce qui explique qu'il n'y ait pratiquement pas eu de vie de société à Londres. L'étonnement de B. est sans doute justifié, mais il oublie que les gentilhommes français avaient eux aussi choisi de déserter leurs châteaux et leurs beaux hôtels pour habiter de médiocres logis à Versailles. En fait, comme Versailles, Bath attirait une élite sociale, mais, en Angleterre, celle-ci cherchait à échapper ainsi à la plupart des contraintes de son rang.

reunir en Cohue. une autre Classe d'habitans est celle de viellards qui viennent chercher en bon air des quartiers tranquiles et d'anglois qui, n'etant pas assez riches pour vivre dans la Capitale se retire à Bath ou ci devant on vivoit à fort bon marché, mais le concours de monde et les progrès du luxe rencherissent journellement [217] tant les denrées que l'habillement et les autres objets de dépense, cela à tel point qu'on calcule qu'en très peu de tems Bath sera aussi Cher que Londres.

après avoir passé la matinée soit à Courrir la ville soit à grimper sur les montagnes pour en voir l'etendue, j'ai diné chez Milord Collville et ma soirée s'est passée a un Concert ou malgré les talens du Celebre fischer[1] je me serois fort ennuyé par le Choix de la musique si je n'avois trouvé dans miladi harris la femme du chevalier harris ministre d'angleterre à la haye[2] une conversation aimable et assez piquante.

Le 2.

bien m'en a pris d'apporter des lettres de recommandation pour plusieurs personnes. Milord nugent Pair d'Irlande[3] et ci devant president du Commerce à Londres est un viellard honete autant qu'enjoué qui s'est occupé de moi depuis mon arrivée d'une maniere Charmante. ce matin il m'a mené chez une Demoiselle cristie d'une famille ancienne et distinguée en Irlande grande belle fille qui touche du Clavecin à merveille qui a de l'esprit, de la grace et de l'instruction. [218] elle est ici chez une tante qui lui sert de mere. son grand Pere a perdu une fortune brillante par son attachement pour la maison de Stuart. que de victimes le plat Jacques II. n'a-t il pas fait.

un diner gai et bon chez Milord nugent nous a occupé jusqu'a l'heure du bal. tous les jeudis il y a ce qu'on appelle bal de Cottillons parce qu'on y danse nos Cotillons francois,[4] et nos airs oubliés depuis vingt ans ont ici le mérite de

1. Il y avait alors plusieurs virtuoses allemands du nom de Fischer, mais celui qu'entendit B. était Johann Christian Fischer (1733-1800), hautboiste. La *Bath Chronicle* nous apprend qu'il s'agissait du quatrième d'une série de huit concerts hebdomadaires, donnés aux New Assembly Rooms, tous les mercredis à 18h 30, par un petit ensemble, piano-forte, violon, flûte, violoncelle et hautbois, accompagnant deux chanteuses et un chanteur italien, Signor Rauzzini. Le programme précisait que la première partie du concert serait consacrée à la musique ancienne, c'est-à-dire du temps de Haendel. (Renseignements aimablement communiqués par Mrs M. Joyce, Bath Reference Library.)

2. Voir II.248; p.309.

3. Robert Nugent (1702-1788), fait Baron Nugent et Vicomte Clare en 1767, et Comte Nugent en 1776.

4. Alors que les Français commençaient à découvrir les contredanses anglaises (*country dances*), les Anglais dansaient encore le cotillon, danse collective mêlée de figures et de mimes, que l'on réservait à la fin des bals, d'où l'expression 'mener le cotillon': mener le bal. On appela aussi cotillon, une réunion joyeuse accompagnée de jeux et de danses.

la nouveauté. a ce bal de Cottillons il y avoit au moins trois cent femmes dont nombre de jolies; cela promet de l'enjouement à l'etranger qui trouve cette reunion dans une superbe salle, et jamais je n'ai vu bal plus triste. avant qu'il ne Commence, les femmes assises sur trois rangs de hauteur sont graves et rangées Comme les Peres du Concile de Constance. au haut de la salle sont les banquettes pour les Pairesses et les femmes qualifiées.[1] on se range par rang de Création de Pairie pour danser, et comment danser des menuets, dans ce Pays ou la liberté semble devoir surtout a un bal de Cottillon etablir plus d'egalité? une petite fille de quinze ans me disoit je ne puis pas danser à cette place; cherchez moi le maitre de Cérémonie pour qu'il me fasse rendre le rang qui [219] m'appartient comme fille d'Eveque. ce maitre des cerémonies est un personage à Bath.[2] il est élu à la majorité des souscrivans pour les Plaisirs, et souvent la société de Bath a été troublée en cas d'Elections, il a fallu meme que cette importante place fut divisée; il y a aujourd'hui deux maitres de cérémonies, un pour la vielle salle l'autre pour la nouvelle chacun porte une médaille en sautoir attachée à un ruban et cette décoration inspire un respect que meritent peu ceux qui la portent. leurs profits vont à près de trente mille livres de notre monnoye. le tout pour faire ce qu'un maitre a danser fait dans un de nos bals avec la difference que l'un est poli, et que Mrs Les maitres de Cérémonies ne le sont pas plus qu'il ne faut. ils ont inspection sur la toilette des hommes et des femmes, celles ci ne peuvent pas avoir de Chappeaux[3] et cette regle quelques fois ignorée par des étrangeres leur a valu le désagrement ou de se décoiffer, ou de sortir du bal. on ne danse on ne prend du thé quoiqu'on l'ait payé d'avance à la porte que lorsque l'ordonne le maitre des cérémonies, et les anglois si fanatiques de la liberté [220] si licentieux au spectacle, obeissent comme des moutons à un pollicon qui après s'etre mal conduit le plus souvent vient queter ici un emploi que tout homme de bonne Compagnie refuseroit.

Le 3.

on fait du matin au soir de la musique et generalement de la mauvaise musique à Bath, mais il s'agit d'y tuer le tems et pour cela tout est bon. on m'a mené ce matin chez L'Eveque de Rochester pour entendre Chanter sa fille qui a une

1. C'est-à-dire titrées, ou dont les époux jouissaient de titres ou d'offices.
2. Lorsque Bath était devenu le rendez-vous de la bonne société, il n'y avait aucune autorité pour en régler les divertissements, faire respecter les préséances et éviter les conflits. Un certain Richard Nash (1674-1761), qu'on appela 'Beau Nash', fut nommé en 1706 *Master of Ceremonies*, et, sans autres armes que sa prestance, sa distinction, sa culture, son entregent, s'imposa comme l'arbitre des élégances, et fut reconnu véritablement comme 'le roi de Bath' pendant près d'un demi-siècle. Ses successeurs furent surtout chargés de faire respecter une certaine étiquette.
3. Les chapeaux étaient alors de véritables échafaudages de plumes et de tissus, très encombrants.

petite voix assez drole. là deux ou trois Dames avec une Confiance vraiment édifiante nous ont ennuyé au moins moi, Complettement. le soir autre concert. trois laidrons sœur du Duc d'atholl[1] qui sont ici avec leur mere La Duchesse Douairiere se sont mis autour d'un malpeigné qui est, et le Chapelain et le musicien de la maison. ces quatre figures nous ont Chanté des Canons et puis tous les airs les plus tristes de handel, quinze femmes rangées en cercle, de cinq minutes en cinq minutes disoient Charming, Charming.[2]

si on reproche à nos abbés de se meler un peu trop avec la societé des mondains, on peut faire avec bien plus de raison ce meme [221] reproche aux Eclésiastiques anglicans. ils sont de toutes les parties gayes on les voit au spectacle au bal et ils y dansent comme des Capitaines de dragons, ce qui les distingue c'est en general le ridicule de leur maintien.[3]

le bal d'hier etoit à la salle neuve, celui de ce soir moins nombreux et un peu plus agréable; etoit à l'ancienne salle[4] ou mon bon milord nugent m'a présenté au Duc de northumberland.[5] cette ville possede aussi dans ce moment le general burgoyne[6] et l'amiral howe.[7] ce dernier vetu comme un operateur[8] promene sa grande figure partout et l'on ne se douteroit pas a le rencontrer sans le connoitre que ce fut un des meilleurs officiers de l'angleterre.

une femme celebre dans un autre genre occupe l'attention des habitans de cette ville. c'est une M^de hasting, ci devant actrice puis la femme d'un peintre qui ennuyé d'elle lui decouvrit qu'il avoit une autre femme. sur quoi elle devint libre d'epouser le gouverneur des Indes hasting.[9] de retour en angleterre ses

1. Voir II.24, 30-32; p.180, 183, 184.
2. B. ne s'est toujours pas habitué à Haendel, voir I.118-19, 246; p.74, 75, 141.
3. 'Toutefois le clergé anglois n'est pas sans défaut. Il néglige trop ses devoirs, il aime trop les plaisirs, il donne trop de bals, il se mêle trop aux fêtes du monde. Rien n'est plus choquant pour un étranger que de voir un jeune *ministre* promener lourdement entre les deux files d'une contredanse angloise,' écrira Chateaubriand en 1800 dans *De l'Angleterre et des Anglois* in *Mélanges littéraires, Œuvres complètes* (Paris 1834), iv.1.
4. L'ancienne salle, Old Assembly Room, remontait à 1708, la nouvelle, New Assembly Room, avait été ouverte en 1771. On trouvait dans toute ville anglaise un peu importante, une *assembly room*, où la bonne société se réunissait pour des bals ou des concerts. Voir I.265; p.151.
5. Duc de Northumberland: voir I.288; p.163.
6. John Burgoyne (1722-1792) est le général qui dut capituler à Saratoga en 1777, donnant ainsi aux insurgés américains la victoire qui les rendait crédibles.
7. Richard Howe (1726-1799) est l'amiral dont l'escadre dispersa en 1782 la flotte franco-espagnole qui bloquait Gibraltar; il fut élevé à la pairie en 1782 et nommé *first lord de the Admiralty* en 1783.
8. A l'époque, le terme *opérateur* est péjoratif et désigne le charlatan qui débite des drogues sur la place publique.
9. Warren Hastings (1732-1818) partit pour les Indes dès 1750, et fut de 1773 à 1785 gouverneur général du Bengale. En 1777, il avait épousé en secondes noces la dame que rencontra B., mais celle-ci aurait été la femme d'un officier allemand servant aux Indes. La colossale fortune de W. Hastings vaudra à celui-ci l'envie, puis la haine, et un procès pour concussion, mais il sera finalement acquitté.

trésors lui ont valu l'honneur d'etre admise à la Cour contre toutes les regles établies et ses tresors lui valent ici des homages dont les gens honetes s'indignent mais [222] ces memes trésors et lui permettant de se Couvrir de Perles et de diamans, ne servent pas a corriger sa laideur, que tant d'ornemens font encore mieux ressortir.

Le 4.

j'ai fait connoissance aujourd'hui avec Madame de montagu[1] dont j'ai dit un mot en parlant du Chateau d'hagley. je lui etois recommandé par M^{de} La Duchesse de beaufort qui ne pouvoit mieux m'adresser. M^{de} de montagu a tout l'amabilité d'une femme faite pour plaire dans le grand monde et la simplicité qui accompagne le vrai mérite. aimée, recherchée de tous les gens distingués de son siecle ayant passé la vie avec les gens de lettre de son Pays et des autres parties du monde sa Conversation n'a rien de l'affectation si ordinaire aux femmes scavantes. son amitié et sa parenté avec l'archeveque d'armagh[2] l'ont attiré ici pour y voir ce prélat que sa santé a Conduit à Bath; elle en repartira dans peu pour retourner à Londres ou elle m'a permis de l'aller voir et ou je desire fort de la retrouver. la viellesse aimable inspire la plus douce vénération.

toute la ville s'attendoit à voir ce soir au spectacle la Duchesse de Rutland qui m'avoit offert une place dans sa loge.[3] mais elle reste à stoke jusqu'a lundi et je n'attendrai pas son arrivée. j'ai vu tout ce [223] que je verrois à peu près en dix ans de tems à Bath et il est un séjour plus interessant pour mon Cœur dont il me tarde de me raprocher.

Le 5. à Marlborough

je Comptois en partant de bath aller chez Milord shelburne qui vient d'etre fait Marquis de landsdown, mais à Chippenham poste qui mene à son Chateau de beauwood [Bowood] on m'a dit qu'il etoit encore à Londres en sorte que j'ai continué directement ma route.[4] je lui dois des remerciemens pour toutes les

1. Née Elizabeth Robinson. Elle habitait Sandleford Priory, un joli domaine entre Londres et Bath. B. ne dit pas l'avoir revue à Londres; voir 1.188; p.112.

2. Richard Robinson, archevêque d'Armagh de 1765 à 1794, fut un prélat éclairé et philanthrope.

3. Bath avait eu un théâtre dès 1705. Celui dont parle B. remontait à 1750 et avait été refait en 1775. Les meilleurs acteurs ne dédaignaient pas de s'y produire; Mrs Siddons y obtint ses premiers succès en 1778. Le soir du 4 novembre on y joua *King Lear* de Shakespeare, et *Rosina*, opéra-comique de Mrs F. Brooke, créé en 1782. (Renseignement aimablement communiqué par Mrs M. Joyce, Bath Reference Library.) B. assista-t-il au spectacle?

4. Il est bien dommage que B. n'ait pas visité Bowood,* superbe domaine, acheté par le père du Marquis de Lansdowne en 1754, dont le parc avait été redessiné par Brown et le château remanié par Robert Adam. Le Marquis de Lansdowne y vivait fastueusement, mais en véritable mécène, recevant artistes, savants, qui pouvaient travailler dans le laboratoire, philosophes, érudits, gens de lettres britanniques ou étrangers. L'abbé Morellet y séjourna d'octobre à décembre 1784.

bonnes recommandations qu'il m'a donnée pendant ma tournée. elles m'ont valu un accueil agreable dans les trois Royaumes ou j'ai recu des honetetés dont je ne puis assez me louer.[1] j'etois prié à diner aujourd'hui a Bath par quatre personnes du nombre desquelles etoit le Duc de northumberland qui y vit avec un grand faste et je serois resté un mois dans cette ville que si j'avois voulu reponde aux invitations je n'aurois pas été un seul jour chez moi.

Chippenham dans le Comté de Wilt est une jolie ville sur l'avon. on y fabrique ainsi que dans d'autres villes de ce Comté telles que malmsbury, Castlecomb, Calne, devizes bradfort, trowbridge, Westbury Warminster et mere les draps les plus fins d'angleterre. [224] de Chippenham à marlborough la route traverse la petite ville de Calne dont les fauxbourgs ne se sentent pas des avantages de ses manufactures. j'y ai vu Chose bien rare en angleterre une populace presqu'aussi mal Couverte et cela aujourd'hui dimanche qu'elle l'est en Irlande.[2]

marlborough ou je me suis arrreté est une assez jolie ville dont la principale rue est éclairée par des lanternes. son Commerce est en beurre, en fromages très estimés, et le passage frequent de londres à Bristol et à Bath est une source considerable d'aisance pour marlborough ou parmi nombre d'auberge il y en a une nommée le Chateau qui est dans toute la force du terme un beau Chateau. il appartenoit ci-devant au Comte d'hertford depuis Duc de Somerset et l'on y trouve encore tout ce qui constitue la demeure belle et commode d'un grand seigneur. c'est au reste la seule auberge de l'angleterre ou j'aye été ranconé et je ne concois pas comment les autres aubergistes soutiennent le luxe de leurs maisons, en n'exigeant des voyageurs que des prix singulierement raisonables. nuit et jour dans cette saison ils ont des salons de beaux salons échaufés, et prets [225] a recevoir le voyageur qui souvent est mieux logé mieux couché mieux servi que chez lui.

le 6. à Londres

La route de marlborough à Londres dans une etendue de soixante quatorze miles est vraiment superbe par la beauté de la Campagne la quantité des belles

---

1. Voir 1.89; p.58. Dutens affirmait que le voyageur devait avoir 'de bonnes lettres d'un ami à son ami, et dont celui qui les donne sait qu'elles produiront l'effet désiré. Alors il peut s'assurer qu'il sera bien accueilli, on l'invitera à dîner, aux assemblées, aux maisons de campagne: et s'il veut se disposer à jouir de la Société Anglaise, telle que je viens de la lui représenter, il ne sera pas frustré dans son attente' (*L'Ami des étrangers qui voyagent en Angleterre*, Londres 1787, p.27). B. corrobore cette affirmation, en témoignant une reconnaissance justifiée au marquis de Lansdowne qui spontanément avait adressé des lettres à ses amis. Voir Annexe VII.

2. Cette région avait connu une très grande prospérité au Moyen Age, grâce à la laine et au drap, mais le temps de la richesse était révolu, à cause de la forte concurrence du drap du Yorkshire et des nouveaux textiles. Oubliées par la révolution industrielle, les petites villes du Wiltshire sont déjà sur le déclin.

possessions des beaux Chateaux qui la bordent de droite et de gauche par la propreté des villages leur nombre et celui des villes qu'on traverse.[1] celle de newbury ou la Kennet est navigable jusqu'a son embouchure dans la tamise est grande autant que bien batie. son Commerce plus considerable avant que Celui de l'angleterre fut aussi repandu dans le Royaume l'est encore sufisamment pour laisser à cette ville toutes les apparences de la prosperité. les villages des environs ne sont pas moins florissans et l'on remarque celui d'entourne par le singulier usage qui y subsiste encore. la veuve d'un Copyhold[2] Conserve si elle ne se remarie, et si elle vit d'une maniere Chaste le manoir et usufruit de feu son mari, et meme si il est prouvé que son honneur est en defaut ses biens alors saisis lui sont rendus a la Condition de monter à Cheval le visage et le Corps tournés en face de la Croupe tenant la queue [226] du Cheval dans sa main et se rendant dans cet équipage à la maison ou se tient la justice et y proferant les paroles suivantes

> here I am mounted on a black ram
> like a Whore as I am
> and for my crincum crancum
> have lost my bincum bancum
> and for my tail's game
> am brought to this Worldly Shame
> Therefore, good M. Steward, let me have my lands again.

il faut croire qu'il s'est trouvé peu de femmes disposés à se soumettre a une ceremonie et une declaration aussi infamantes, et que la galanterie de plusieurs a échappé à l'observation de l'envie.[3]

Reading près du Confluent de la Kennet dans la tamise est une grande et belle ville qui tire de sa situation tous les avantages qu'elle lui offre. on croit que cette ville éxistoit déja lorsque les Danois firent un fossé entre les rivieres de Kennet et de la tamise.[4] maidenhead à vingt huit miles de londres est encore une bonne ville et du Pont sur lequel on passe en en sortant la [227] tamise on

1. La plupart des voyageurs français, qui s'aventuraient hors de Londres, suivaient cette route et, ne connaissant rien d'autre de l'Angleterre, ils en tiraient des conclusions erronées.

2. Le *copyhold*, à l'origine tenure précaire et révocable, était devenu en fait propriété transmissible, mais soumise à des droits seigneuriaux, parfois symboliques ou 'folkloriques', et à quelques petites restrictions; en particulier le *copyhold* ne donnait pas le droit de vote, réservé au *freehold*, la franche-tenure.

3. Cette coutume insolite et la formule burlesque étaient bien connues, au moins depuis que le *Spectator* d'Addison et Steele, no 623, 22 novembre 1714, avait consacré une chronique savoureuse et malicieuse à cette 'curious piece of Antiquity'.

4. Du milieu du neuvième au milieu du onzième siècle, l'Angleterre fut à plusieurs reprises soumise, totalement ou partiellement, par des envahisseurs danois, et il n'est guère d'endroits où la chronique ne mentionne pas leurs exactions ou leurs exploits.

découvre un vallon délicieux.[1] en fin depuis Brentford a huit miles de la Capitale la route n'est plus à proprement parler qu'une belle rue dont les boutiques sont ornées comme celles de Londres et ou l'on trouve ce meme mouvement de voitures qui veritablement est surprenant.

en arrivant j'ai été descendre chez mes bons amis Blair qui m'ont logé bien et agréablement dans leur voisinage au Coin de la rue de Cavendish dans la rue Charlotte près de la Place de Portland tout ce quartier le plus beau le plus aeré de Londres est nouvellement bati et s'augmente Chaque jour.

Le 7.

Les affaires du moment on ramené a Londres M. Le Cte D'adhemar plutot qu'il n'y Comptoit et qu'il ne vouloit. j'ai passé chez lui une grande partie de la matinée à me remettre un peu au courant de ce qui se passe dans mon Pays. je vois avec plaisir qu'au moins en cet instant nous prenons avec L'Empereur le seul ton qui convient à la Majesté de la Couronne et à l'Equité du Roi. L'Empereur ne s'etant nullement pressé de repondre à une lettre particuliere de la main [228] du Roi sa Majesté de l'avis dc tout son Conseil avis que chaque ministre a eu ordre de motiver par écrit a fait dresser une note fort noble et fort précise que M. le Mis de noailles a été Chargé de remettre ministeriellement à vienne. Le Roi en ne se servant que du langage qui Convient à un Prince modéré mais juste et ferme déclare à L'Empereur qu'il ne peut etre indiferent sur le sort de la hollande et que si sa Majesté Imperiale Continue a faire filer vers la flandre un aussi grand nombre de troupes la france se verra obligé de garnir également ses frontieres, et d'empecher sous toute hypothese que les hollandois soient frustrés de l'avantage des traités multipliés qui ont été en vigueur depuis tant d'années.[2] Les hollandois de leur coté ont présenté à Londres ainsi que dans les principales Cours de L'Europe un précis de leur Conduite envers L'Empereur et du peu d'utilité dont il leur a été d'user des plus éxtremes ménagemens envers ce Prince. La Cour de vienne répondra sans doute à cette piece mais toutes les ressources de sa logique ne sufiront pas pour masquer l'odieux de ses principes. la cause des hollandois est celle de toutes

1. B. passe tout près de Windsor, et non seulement il ne visite pas, mais il ne mentionne pas le château qu'il a dû au moins voir de loin.
2. Les Pays-Bas espagnols (en gros, l'actuelle Belgique) avaient été attribués à l'Autriche par le Traité d'Utrecht en 1713. Joseph II voulut abroger certaines dispositions contraignantes de ce traité, et, en juillet 1784, il menaça la Hollande, suscitant des incidents graves en octobre. Il comptait, à tort, sur l'influence de Marie-Antoinette et la neutralité bienveillante de Louis XVI. Celui-ci refusa de trahir la Hollande, alliée de la France, et adressa le 22 novembre un note très ferme qui amena Joseph II à renoncer à ses projets belliqueux, et à se résoudre, l'année suivante, à des mesures d'apaisement. Joseph II s'était déjà heurté à plusieurs reprises à l'hostilité de Louis XVI lorsqu'il avait voulu remettre en cause des traités et poursuivre des visées annexionnistes.

les Puissances qui peuvent tot ou tard avoir des démêlés avec L'Empereur. un Prince [229] qui ose dire hautement que des traités que rien n'a détruit sont devenus caducs paroit assez Clairement avoir foulé au pied tout ce qui plus ou moins a fait jusqu'à présent la sureté des nations et qui a été de quelque frein pour les Princes les moins délicats.

Le 8.

j'ai été présenté ce matin au Roi par M. Le Comte d'adhemar. il y avoit au plus vingt personnes au lever de sa Majesté qui ne s'est nullement pressée de venir à M. L'ambassadeur de france quoique le seul homme de marque qui fut là. enfin après avoir longtems causé avec le ministre ad interim de L'Espagne*a* et M. de Lusi le ministre de Prusse, Le roi nous a donné notre tour. il m'a parlé de mon voyage en Ecosse et en Irlande m'a dit qu'il m'y avoit suivi et qu'il avoit scu partout ou j'avois été.[1] il m'a demandé quel étoit mon uniforme mon grade militaire,[2] et des détails sur l'ordre de St. Lazare,[3] cela l'a conduit à nous faire un grand éloge des vertus, de la sagesse de Monsieur frere du Roi et surtout de ce que ce Prince n'etoit jamais mélé en rien. cela n'est vrai que jusqu'a un certain point. Le Roi a queté notre sufrage sur un éloge encore plus grand qu'il a fait de Madame et [230] nous nous sommes renfermés dans les generalités. il seroit difficile d'avoir l'air de bonne foi en louant une Princesse aussi loin de cette bonne foi.[4]

Le Roi d'angleterre grand gros et sans grace a l'air d'etre toujours au moment d'avoir une attaque d'apoplexie. sa Cour est moins brillante, moins decente de beaucoup que celle du Duc de Saxe meynungen ou de tout autre petit, petit Prince d'allemagne.[5] en sortant du Palais de St. James j'ai été faire mes visitoo,

a. le Cte del Campo.

1. Malheureusement les archives royales de Windsor n'ont pas conservé les rapports qui parvinrent au roi, et nous ne pouvons pas savoir si B. était sous une surveillance discrète mais constante, ou si seulement des comptes rendus signalaient ses principales étapes.

2. Voir 1.130; p.81.

3. B. était depuis 1775 chevalier de Saint-Lazare, et depuis 1779 commandeur de cet ordre. L'ordre de Saint-Lazare de Jérusalem remontait aux croisades, et avait connu divers avatars avant de devenir un ordre de chevalerie français, sous la protection du roi de France, en 1608. Sous Louis XVI, l'ordre était surtout conféré aux officiers supérieurs qui portaient alors une croix d'or à huit pointes, suspendue à un ruban violet. Le comte de Provence était le Grand Maître de l'ordre de Saint-Lazare, ce qui explique que la conversation porte sur Monsieur, frère du roi.

4. Madame est aussi bien le titre de la fille aînée du roi que de l'épouse du frère cadet du roi. Ici, il s'agit de Marie-Joséphine de Savoie (1753-1810), que le comte de Provence avait épousée en 1771.

5. Les branches cadettes de la maison de Saxe s'étaient multipliées, provoquant l'émiettement de leurs domaines en minuscules états. Le duc de Saxe-Meiningen régnait sur moins de 200 000 sujets. Ironie de l'histoire, la maison de Hanovre au début du dix-neuvième siècle s'alliera beaucoup avec la maison de Saxe, et Guillaume IV épousera en 1818 la fille du duc de Saxe-Meiningen.

aux ministres D'Etat, aux Charges de Cour et aux ministres Etrangers. Le Corps diplomatique est dit on fort mincement composé ici; le représentant du Roi de Prusse etoit ci devant officier recruteur en allemagne, italien de naissance et avanturier que sa Majesté Prussienne a envoyé ici dans un moment ou mécontente de L'angleterre elle vouloit marquer le peu d'importance qu'elle mettoit à cette mission par le Choix de son ministre. le malheureux Lusi meurt de faim ici. en y arrivant il eut le bonheur de gagner cinq mille [231] louis à la lotterie mais depuis il s'est avisé de jouer maladroitement dans les actions et il ne scait ou donner de la tete. j'ai diné avec lui aujourd'hui chez M. d'adhemar qu'il se Charge de faire rire en échange du repas qu'il y trouve repas qui lorsqu'on est ce que M. L'ambassadeur appelle entre amis n'a rien de bon ni de Convenable à la representation du ministre d'une grande cour aussi parfaitement payé.

Le 9.

Si la ville de Londres n'offre pas une seule place publique dont la régularité des batimens et la beauté de l'architecture puisse etre Comparée à nos places de Paris en échange le nombre de Celles de Londres embellit singulierement cette ville ci dont surtout les nouveaux quartiers ne laissent rien a desirer dans la largeur des rues et la Comodité des trotoirs. pour me rendre aujourd'hui de Chez moi dans la cité j'ai passé par les Places de bedfort et de bloomsbury, cette derniere sert d'avant cour à l'hotel de bedfort bati par Inigo Jones architecte dont les anglois font bien plus de cas qu'il ne le meritoit.[1] c'est [232] cet hotel de bedfort qui a fourni le modele d'un arrangement aujourd'hui uniforme dans toutes les maisons baties depuis cette epoque: c'est à dire un fossé de quatre de cinq pieds de large qui sépare la maison de la rue et qui donne un jour obscur aux souterrains ou sont les Cuisines offices et habitations des domestiques, l'œconomie a donné naissance a cet arrangement on met plus a profit les fondations et dans un Pays ou il a peu de bonnes caves, peu de particuliers qui soit assez riches pour ammasser beaucoup de vins on a trouvé

---

1. Quelques familles de la haute aristocratie, possédant de vastes domaines autour de leurs hôtels particuliers, en tirèrent d'énormes revenus en y faisant construire des quartiers résidentiels très élégants. Bedford Square fut construit entre 1775 et 1780, mais Bloomsbury Square remontait à la fin du siècle précédent. Il y avait alors une cinquantaine de *squares*, presque tous dus à l'initiative privée.

Inigo Jones (1573-1651), que ses contemporains appelèrent le Vitruve Britannique, est considéré par les Anglais comme le plus grand architecte de l'époque. Il fut l'introducteur du style palladien qui sera très utilisé au dix-huitième siècle; il travailla beaucoup pour la Cour, aussi bien pour des décors éphémères que pour des édifices plus durables, mais dont beaucoup ont disparu. On lui doit, entre autres, la salle des banquets de Whitehall, et le premier exemple d'urbanisme à Londres autour de Covent Garden. Bedford House sera détruite en 1800.

Commode de se débarasser ainsi du voisinage des gens. mais outre que cette maniere de les loger est en general mal saine pour eux on est toujours fort longtems avant que de les avoir parce qu'il y a peu de maisons ou ils se tiennent dans une antichambre et qu'il faut qu'ils arrivent des souterains lorsqu'on en a besoin. l'art de mettre a profit les places dans la distribution des maisons est encore peu connu en angleterre. je crois de plus en plus pouvoir assurer qu'il s'en faut bien que ce soit le Pays du bon gout. mes amis Blair [233] m'ont mené aujourd'hui chez le premier tapissier Ebeniste et miroitier de Londres.[1] j'ai vu dans des magasins qui occupent quatre cents ouvriers des meubles de toute espece et pas une forme agréable ou simple. L'ouvrier, L'artiste anglois croyent etre arrivés à la perfection en rendant tout ce qu'ils font bien mince bien delié c'est un moyen d'arriver à l'elégance mais genéralement ils en abusent. on admire tous les details de leurs ouvrages, leur fini a de la superiorité sur ce que font aussi généralement nos ouvriers. mais Comme Londres n'a pas encore un bon un veritablement bon dessinateur d'ornement, Chaque ouvrier Copie le genre ancien en le tronquant et depuis qu'ils Connoissent comme je l'ai déja dit les vases étrusques tous leurs ornemens sont Calcquées d'après ceux qu'ils y trouvent et qu'ils adoptent sans discernement.

j'ai vu aussi aujourd'hui la lampe dont quinquet sans peut etre en etre l'inventeur a eu le merite à Paris comme le premier qui l'ait éxecutée.[2] on vient à present la voir comme une curiosité [234] chez le S^{er} Parker, qui dit qu'avant de la vendre il veut lui donner une perfection que n'a pas celle de Paris. je lui ai observé modestement que si la notre avoit des défauts nous ésperions de les Corriger; il m'a répondu que nos ouvriers n'etoient pas en état d'effectuer une pareille correction. ce langage est l'expression franche de ce que d'autres anglois plus honetes pensent sans vouloir le dire surtout lorsqu'ils ne sont pas sortis de Londres; et quand ils voyent qu'on peut travailler ailleurs aussi bien que chez eux ce n'est qu'avec une peine extreme qu'ils se le persuadent et plus encore qu'ils en conviennent. les prix de tout ce que j'ai vu en differens genres dans ma tournée d'aujourd'hui sont excessifs

1. B. a probablement visité les magasins de la maison Chippendale & Haig, qui s'était mise au goût nouveau, connu depuis sous le nom de style Hepplewhite, inspiré par le néoclassicisme de Robert et James Adam, et dont le dépouillement contrastait avec les ornements du style rocaille anglais, dit Chippendale. Ce goût néoclassique, qui s'imposa à partir de 1775, favorisa la répétition de motifs géométriques, mais ce furent surtout les nouvelles techniques et les nouveaux matériaux, en particulier l'acier et l'acajou, qui permirent la légèreté et l'élégance que B. n'apprécie guère.

2. Le pharmacien Quinquet se serait attribué le mérite de l'invention d'un Genevois installé en France, Argand, qui avait dès 1780 mis au point la lampe à huile à mèche circulaire et à double courant d'air. En 1784, Quinquet mit sur le marché les nouvelles lampes. Un procès rendit en 1785 à Argand la paternité de la lampe, mais *quinquet* était déjà devenu un nom commun que la lampe conserva, même modifiée par des améliorations successives.

Le 10.

La nuit passée et ce jour ci sont regardés comme le tems le plus froid qu'on se rapelle de mémoire d'homme à Londres. nombre de vitres se sont cassées.[1] j'ai eu trois carreaux de la fenetre de ma Chambre a coucher fendues. le peu d'epaisseur des murs ici rend le froid interieur plus insuportable qu'ailleurs lorsqu'il est à ce dègré. cependant la [235] Chaleur du Charbon beaucoup plus forte que celle du bois fait que les Chambres sont en general chaudes, agrement qu'elles doivent aussi aux tapis, et à la Cloture des portes mieux soignées ici qu'en france. quant au Charbon plus j'en fais usage et plus il me paroit au moins désagréable, si comme on le dit il n'est pas nuisible à la santé. la propreté recherchée des servantes angloises, est presque insufisante pour lutter contre la poussiere noire que le Charbon reproduit sans cesse et dont il couvre tout ce qui est dans une Chambre. cette poussiere subtile penetre dans les armoires, et par les parties grasses qu'elle porte avec elle s'attache plus surement et plus solidement encore. une paire de bas de soie est pour l'avoir portée un jour dix fois plus sale que si on l'eut gardée aux jambes pendant huit jours en france. le linge se noircit sur le Champs, les habits se ternissent ainsi que les métaux, enfin il est tres vrai que tous les matins on Crache noir.

j'ai passé la matinée d'aujourd'hui chez M. hodges le peintre auquel nous devons les desseins du dernier voyage de Coock, et qui s'etant arreté plusieurs années depuis au bengale, vient d'en raporter un portefeuille [236] très précieux.[2] on assure que M. hodges a entre autre merite celui de s'etre astreint a rendre fidelement les objets qu'il a Choisi. un grand nombre de belles ruines dont il a fait de superbes desseins annoncent à la fois son talent, et Combien ses Indiens qui nous sont encore si imparfaitement connus avoient Cultivés les beaux arts avant que nous n'allassions porter la dévastation dans cette magnifique partie du monde. les ruines d'agra, celles d'une quantité de mausolées sont d'une élégance extreme. dans un de ces monumens, dont M. hodges pretend que l'antiquité, établie par les histoires du Pays et par des conjectures dignes d'attention, remonte a beaucoup plus de trois mille ans il a trouvé tous les ornemens que les artistes grecs ont depuis employé avec un gout et un discernement plus heureux mais qu'ils avoient certainement recu des Indiens

---

1. Les journaux anglais de l'époque confirment un mois de décembre très rigoureux, avec des températures descendant le 9 à -15°C, et le 10 à -17°C.

2. William Hodges (1744-1797) embarqua avec Cook en 1772 et rentra en Angleterre en 1775, avec une importante collection de toiles et de dessins dont il tira les illustrations de la relation du second voyage de Cook. Puis, en 1780, il alla aux Indes, d'où il ne rentra qu'en 1784; il publiera en 1786 une série d'aquatintes: *Select views of India*. Ses œuvres, documents très sérieux et très précis, ne plurent qu'à moitié aux contemporains trop habitués au paysage classique pour sentir la vérité des tableaux exotiques.

par les Perses.[1] cette question offrira aux scavans de toute les parties de L'Europe une ample matiere à dissertation lorsque M. hodges en faisant graver ses desseins y joindra l'historique, qu'il est fort en état de bien [237] donner. il a peint en huile quelques une des vues les plus agréables et les plus pittoresques; son ton de Couleur est bon surtout pour l'éxpression des montagnes et des lointains, mais il ne donne pas a l'eau cette vérité qu'on rencontre dans les tableaux de Vernet, et de Volaire.[2] le talent de M. hodges est encore plus en défaut quant au dessein de la figure: il semble qu'il n'a pu se faire une juste idée des proportions, ou qu'il ne respecte pas assez les regles connues à cet égard.

ma journée s'est terminée chez le Duc de quensberry Pair d'Ecosse[3] qui vit ici avec magnificence qui à soixante ans, très passés, à tous les gouts des vingt premieres années de la vie, et qui en conseqence à tous les ridicules, d'une vielle jeunesse.

Le 11.

parmi differentes personnes de ma Connoissance j'ai retrouvé ici M. de Simolin[4] ministre de L'Imperatrice de Russie depuis quelques années à Londres et nommé au Poste de Paris ou il va remplacer au mois de mai Le P[ce] de Baratinski qui n'avoit pas dans son maintien et dans ses propos toute l'insolence recue aujourd'hui dans un representant de Catherine II. [238] M. de Simolin avec de l'esprit de l'adresse une grande fausseté a toute la boufissure du Pays qu'il sert. La maison qu'il occupe ici dans upper harley Street a été acheté depuis peu par L'Imperatrice pour ses ministres à Londres et M. Simolin s'est fait payer les meubles au prix qu'il lui a convenu, ils nous a donné aujourd'hui un long diner, qui m'a empeché d'arriver assez tot au theatre de drury lane[5] ou la

1. On exagérait beaucoup l'ancienneté des antiquités des Indes. En tout cas, la théorie d'une influence indienne sur l'art grec est bien peu vraisemblable et l'on admet plutôt une influence hellénistique en Inde. Nous avons ici un témoignage des théories des premiers orientalistes qui voulaient voir aux Indes la source de toutes les civilisations.

2. Joseph Vernet (1714-1789), qui travailla d'abord en Italie, était renommé pour ses marines, et est resté célèbre pour sa série des ports de France. Jacques Volaire fut le disciple et le collaborateur de Vernet mais il resta en Italie et se fixa à Naples où il peignit de nombreuses vues du Vésuve et de la baie; sa biographie n'est pas établie avec précision.

3. William Douglas (1724-1810), 4e duc de Queensberry, avait hérité de sa mère et d'un cousin une immense fortune. Il était l'un des compagnons de débauche du prince de Galles.

4. Après avoir été ambassadeur à Londres de 1779 à 1785, M. de Simolin restera à Paris jusqu'en 1792. B., qui le rencontrera souvent, persistera à détester ce personnage qu'il trouvait à la fois hypocrite et insolent.

5. Les représentations débutaient à 18h. pour se terminer après 22 h. Il n'y avait que trois théâtres à Londres, Drury Lane, théâtre royal, fondé en 1663, Haymarket, théâtre royal également, fondé en 1721, et Covent Garden, fondé en 1732. A l'époque, Drury Lane était le mieux fréquenté.

fameuse Mademoiselle Sydon jouoit.[1] je ne l'ai vue que dans les deux derniers actes d'une piece que, les anglois trouvent eux meme mauvaise.[2] son organe n'est pas heureux, elle m'a rapellé l'energique expression de Mademoiselle du mesnil. on dit qu'elle est superieure à cette actrice qui rendoit si bien les grands élans de l'ame en ce qu'elle n'a pas l'inégalité qu'on reprochoit avec raison à Melle du menil.[3] Melle Sydon a le malheur d'avoir pour interlocuteurs de detestables acteurs.

Le 12.

un M. d'althon homme aimable et piquant dans sa conversation m'a mené passer une partie de la matinée chez Milord Loughborough [239] Lord Chief Justice du tribunal du Common pleas, fait Baron en 1780. et fort connu avant sous le nom d'alexandre Wedderburn qu'il rendit illustre par ses talens pour le barreau et l'eloquence qu'il montra dans tous les débats du parlement ou il influa d'une maniere marquée.[4] ami de Milord north il se rapprocha de M. fox lors de la fameuse coalition[5] et fut fait alors premier Commissionaire à la garde du grand sceau, ce qui etoit un ministere dont il a été privé des que le parti de M. Pitt a prévalu.

Le tribunal du Common Pleas, le King's bench, et la Cour de L'Echiquier, sont trois démembremens de l'aula regia établie par guillaume le Conquerant, le grand justicier ayant depuis acquis un pouvoir qui paru redoutable au Roi Jean ce Prince saisit promptement l'occasion que lui fournit l'etablissement de la grande Chartre pour Commencer une division de juridiction qui fut reglée dans la suite par Edouard Ier.

Le tribunal du Common pleas dans le principe ne doit connaitre que des differens de sujets à sujets dans le Royaume d'angleterre; le banc du Roi est

1. Sarah Siddons (1755-1831), d'une famille d'acteurs, connaissait le plus vif succès depuis 1782 dans les rôles tragiques. Reynolds venait d'exposer au Salon de 1784 son tableau célèbre: *Mrs Siddons as the Tragic Muse*. Mrs Siddons fera sur Chateaubriand, qui la verra souvent jouer Shakespeare, une impression ineffaçable.

2. La pièce, dont B. manque le début, était *The Carmelite*, créée le 27 octobre 1784, tragédie de Richard Cumberland (1732-1811). Ce jour-là, elle était suivie de la comédie *The Deuce is in him* (*Il a le diable au corps*), écrite en 1763 par George Coleman. Dans *The Carmelite*, drame médiéval, Mrs Siddons tenait le role principal, celui de Matilda.

3. Marie-Françoise Marchand (1713-1803), dite Mademoiselle Dumesnil, fut une actrice très appréciée de Voltaire et qui connut des triomphes; elle n'abandonna la scène qu'en 1777.

4. Alexander Wedderburn (1733-1805), Ier Baron Loughborough, intrigant, ambitieux, sans scrupule, mais juriste très compétent et très brillant, sera finalement nommé *lord chancellor* en 1793.

5. Il s'agit de la coalition, contre nature, d'extrémistes Whigs et Tories contre Lord Shelburne qui dut se démettre en février 1783. N'ayant ni la confiance du roi, ni celle du pays, la coalition dut céder le pouvoir à Pitt en décembre 1783; ses membres, discrédités, restèrent longtemps en disgrâce.

institué pour redresser tout ce qui trouble la paix publique [240] attaque les droits du Roi et de la Couronne. L'Echiquier est fait pour le maintien et le recouvrement des finances et pour juger sur toutes les matieres qui y sont relatives. cependant l'usage a prévalu, de porter à Choix et sans distinction presque toutes les memes causes a l'un ou l'autre de ces tribunaux, et la Consideration du Chef Justicier décide principalement du plus ou moins de vogue de son tribunal. c'est ainsi que Lord mansfield[1] a donné au banc du Roi une sorte de suprémacie, qui lui sera peut etre enlevée par le Common Pleas, si le successeur de Lord mansfield ne peut pas soutenir le paralele de ses talens avec ceux de Milord Loughborough. il y a quelque apparence que si celui ci n'est plus dans l'opposition à la mort de Lord mansfield il le remplacera parce qu'il est plus lucratif de présider le banc du Roi, que le Common please. Milord Loughborough est aussi désigné par son parti, et appellé par ses talens au poste de Chancelier; mais ses amis intimes et il en a pensent qu'il auroit la sagesse de refuser cet emploi brillant, mais qui n'est exercé que durant le bon plaisir du Roi, pour garder une place qui ne peut etre enlevée à son possesseur, qu'en lui intentant un procès criminel, et [241] qu'après avoir été jugé coupable de quelque delit avéré.

Milord Loughborough ne s'est pas borné à palir sur les livres de droit, il a Cultivé avec succès les belles lettres, et se délasse souvent de ses occupations graves en faisant valoir à neuf miles d'ici une belle ferme que j'aurois été voir, si la neige ne Couvroit pas la terre et si j'avois plus de tems à moi.

J'ai diné avec le Corps diplomatique chez Milord Carmathen le ministre des affaires étrangeres, bon et honete jeune homme qui dit on ne se doute pas de son affaire.[2] c'est un M. fraser premier commis depuis bien des années qui mene tant bien que mal la barque. la politique intericure des anglois jointe à lcur dissipation les absorbe à un tel point qu'il est très rare que leurs notions sur leurs interets au dehors soient justes et suivies.

j'ai fini la journée chez le B[on] de nolken ministre de suede à Londres, ou il a épousé une angloise de peu de Chose mais qui avoit de l'argent, chose qu'il aime infiniment. c'est un de ces terribles musiciens qui en depit des muses veulent avoir des talens. il compose [242] il a des concerts à la diable ou toujours on exécute comme de raison quelques morceaux du maitre de la maison.

1. Lord Mansfield fut *Chief Justice of the King's Bench* de 1756 à 1788; juriste éminent et efficace, il abolit beaucoup de dispositions et de traditions désuètes et permit d'adapter le droit anglais à la société et à l'économie modernes.
2. Lord Carmarthen (1751-1799), 3e fils du duc de Leeds, ami fidèle de Pitt, avait été nommé ambassadeur en France, mais avait renoncé à ce poste; il passait pour n'aimer guère la France. C'était un amateur d'art et d'antiquités fort éclairé et cultivé.

Le 13.

plus je vois les différens magasins de Londres plus je me Confirme dans l'opinion que les anglois sont aussi bons ouvriers que médiocres artistes. tout ce qui éxige un veritable gout les trouve en défaut. j'ai vu aujourd'hui ce qui se fait de plus beau dans la manufacture de porcelaine du Comté de Derby qui est à l'angleterre ce que celle de Sevre est pour la france. ce qui se fait de passable à Derby est une imitation imparfaite des belles formes des desseins soignés de Sevre et le prix de la porcelaine angloise est de beaucoup plus considerable.[1]

ce qu'il y a de plus joli en fayence est ce qui se fait à Etruria dans le Stafordshire nouvel établissement[2] qui a du sa premiere vogue à l'imitation des formes trouvées dans les vases Etrusques.[3] Wedgewood homme intelligent a fait une grande fortune par le prodigieux débit qu'il a eu sur le Champs, mais aujourd'hui [243] cette fayence se vend moins aisément, elle a perdu le merite de sa nouveauté, et Wedgewood pour fixer les acheteurs chez lui a été obligé de rafiner sur plusieurs articles qui laissent sa fayance trop au dessous de la porcelaine, et qui la rendent trop chere pour de la fayence.

j'ai assisté à une représentation entiere d'un spectacle à Drury Lane, qui a duré Cinq heures. l'ecole du scandale a été assez bien rendue et cette piece quoique souvent languissante par ses longueurs a de vraies beautés. on est surpris de voir sur le meme théatre pour petite piece, une pastorale héroique où le diable et les anges jouent tour à tour leurs roles. nous avons des démons dans nos ballets de l'opera, mais nous ne les representons que comme les sujets de Pluton. ici dans arthur et emilie tout est confondu la fable et la religion et l'on est plus confondu encore des aplaudissemens qu'un public nombreux donne à un pareil spectacle.[4]

1. La manufacture de Derby avait été créée en 1750 et avait obtenu un privilège royal en 1773. B. est un peu trop sévère à l'égard de ses produits.

2. Josiah Wedgwood (1730-1795) établit en 1759 une fabrique près de Burslem dans les Midlands. Dès 1762, la qualité de ses produits fut reconnue par la Cour, et, dès 1763, une partie de la production était exportée. En 1769, il créa les ateliers d'Etruria qui donnèrent du travail à près de 10 000 personnes, et où l'on employa la machine à vapeur dès 1782. Wedgwood avait, d'une part, le sens de l'organisation et il fit passer la faïence de l'artisanat à l'industrie, et il sut créer une entreprise intégrant tous les stades de la fabrication et de la commercialisation. D'autre part, c'était un homme au fait du progrès scientifique et d'une grande culture, d'un goût très sûr quoique très éclectique, en 1783 il avait été élu *Fellow* de la Royal Society. Preuve du succès de Wedgwood: de nombreuses contrefaçons continentales des productions d'Etruria, que même Sèvres imitera!

3. Voir I.170; p.102.

4. *The School for scandal*, écrite en 1776 par R. B. Sheridan (1751-1816), connaissait un vif succès depuis sa création en 1777. Sheridan étant l'un des propriétaires de Drury Lane, on y jouait souvent cette pièce. Ce soir-là, on jouait aussi *Arthur and Emmeline*, créé au début de la saison, divertissement adapté du *King Arthur* de Dryden, revu par Garrick, accompagné d'une musique de Purcell. Le

Le 14.

parmi les choses à voir dans cette ville, plus curieuse par son ensemble que par ses monumens, on peut ranger le Pantheon grande salle [244] octogone c'est à dire Composée de quatre grandes et quatre petites parties qui supportent sur deux rangs de Colonnes de stuc une fort belle coupole. ce Pantheon est destiné a donner des concerts des bals masqués ou il est du bon ton de ne pas danser et des assemblées ou dans des chambres voisines on va prendre le thé.[1] le ballon de M. Lunardi occupe en ce moment une grande partie de la Salle du Pantheon et on y travaille a un nouveau moyen de direction à l'aide d'ailes de fer que le globe aura certainement bien de la peine à enlever.[2] Les anglois tout en Cherchant à ridiculiser une invention dont ils sont fort jaloux, s'occuppent infiniment mais avec peu de succès d'en diminuer la gloire en s'attribuant celle de l'avoir perfectionnée

en sortant du Pantheon j'ai été à Westminster. le cahos qui y regne dans l'arrangement de tous les tombeaux qu'on y voit répond à la Confusion et à l'egalité que la mort met dans toutes les Classes de la societé. L'implacable Elisabeth à ses cendres dans le meme temple ou reposent celles, de la touchante, de la jolie [245] marie, toutes les nations de la terre ont envoyé de leurs enfans finir leur Carriere sous les murs imposans et majestueux de ce temple, St Evremond, handel des ambassadeurs de diverses puissances, se voyent à Westminster ainsi que Shakespeare tous les talens, toutes les vertus ont obtenu ici un honneur que la france a refusé à turenne; une basse jalousie éffaca l'epitaphe qui indiquoit sa sepulture à St. Denis. un sentiment plus grand rassemble à Westminster les inscriptions et les monumens qui retracent à la nation ses bienfaicteurs dans tous les genres.[3] Le tombeau de M. Pitt depuis Lord Chatham est un de ceux qui frappent le plus par sa grandeur, et la noble simplicité du compte rendu à L'angleterre des services de Ce respectable

divertissement, ou petite pièce, avait pris de plus en plus d'importance et finalement attirait le public autant, sinon plus que la grande pièce. *The School for scandal* venait d'être traduite en français sous le titre *L'Ecole de la médisance*.

1. Le Panthéon, près d'Oxford Street, avait été construit en 1770-71 et ouvert en 1772. Toute la bonne société s'y retrouvait en hiver quand les *tea gardens* (voir II.256; p.314) étaient fermés. Paris avait eu l'équivalent sous le nom de Colisée, entre 1771 et 1780.

2. Lunardi, Napolitain, avait fait plusieurs ascensions à Londres à partir du 15 septembre 1784, sous le patronage du prince de Galles. Après la France, la Grande Bretagne s'engoua à son tour pour la navigation aérienne, et les ascensions se multiplièrent à Londres et en province en cette fin d'année 1784. On joua alors à Londres un divertissement: *The Aerostation*.

3. Depuis Voltaire et les *Lettres philosophiques*, les Français comparaient Saint-Denis et Westminster, en regrettant que la France ne rende pas les mêmes hommages à ses grands hommes. Le 20 décembre, quelques jours après le passage de B., le Dr Johnson, mort le 13 décembre, y sera inhumé en grande pompe au pied de la statue de Shakespeare.

patriote. quel encouragement pour son fils, quelles obligations un pareil monument ne lui impose t il pas![1]

L'admiration, le respect qu'inspire l'église de Westminster sont un peu refroidies par la maniere, dont elle vous est montrée. un petit monsieur vous arrete à une grille et ne vous permet [246] de la passer qu'après que vous lui avez donné dix sols, alors une grande baguette en main il fait la tournée des tombeaux et dit depuis le matin jusqu'au soir tous les jours mot à mot la meme Chose avec une volubilité qui seroit plaisante sur un theatre.[2] ses remarques sur les Rois, et les Reines sont quelques fois critiques, et ses deux yeux bien betes vous aprennent que rien de ce qu'il dit ne lui a jamais appartenu. arrivé à la Chapelle d'henri VII. il montre la sculpture des stalles ou les Chevaliers de l'ordre du bain[3] sont recus. le sujet de toutes ces sculptures est uniformement une femme qui bat un homme et qui le terrasse dans toutes les postures. Cette Chapelle cst ornée des armes des Chevaliers du bain, armes dorées et Colories sur des drapeaux suspendus. lorsqu'on recoit un nouveau Chevalier, on cnterre avant, dessous ses yeux l'etendart du mort dont il va remplir la place.

le dernier tombeau que montre le Conducteur est celui du géneral monck auquel Charles II. dut sa restauration. un pareil service meritoit un monument plus distingué que celui d'une figure ridiculement habillée et modelée en cire qui est enfermée dans [247] une armoire.[4] c'est la que repose aussi le bonnet de laine rouge que le petit monsieur vous présente pour lui donner une nouvelle gratification.[5] une petite lime sort aussitot de sa poche il s'assure de la valeur du scheling ou des schellings car il en exige plusieurs et ne remercie que lorsqu'il voit que la monnoye est décidement de bon aloi.

1. William Pitt (1708-1778), le grand homme d'état et orateur Whig, qui mena son pays à la victoire pendant la Guerre de Sept Ans, fut fait Lord Chatham en 1766. Dans les *Mémoires d'outre-tombe*, Chateaubriand racontera comment, enfermé dans Westminster, il passa la nuit allongé sur le mausolée de Lord Chatham. Voir P. Christophorov, *Sur les pas de Chateaubriand en exil* (Paris 1961), p.47-64.

2. Tous les visiteurs se plaignaient de la rapacité et de l'ignorance des guides qui récitaient sottement leur texte et rançonnaient les curieux.

3. *The Order of the Bath* était un ordre médiéval rétabli en 1725, pour récompenser la loyauté à l'égard des Hanovre. Il comprenait trente-huit chevaliers, qui pouvaient porter un cordon rouge. La chapelle d'Henri VII est un joyau de l'art gothique tardif.

4. On déposait sur le catafalque des souverains et des dignitaires inhumés à Westminster un mannequin de cire revêtu des habits et ornements du défunt; ces mannequins étaient conservés dans l'abbatiale et montrés aux visiteurs.

5. En 1793, Jacques de La Tocnaye, émigré breton, visitant l'abbaye, se vit montrer par le guide 'avec de grandes cérémonies de vieux haillons qu'il disoit avoir appartenu à differens grands personnages; il nous présenta entre autres le bonnet crasseux de Thomas Moore, autant que je m'en rappelle, dans lequel il nous invita à jeter de l'argent' (*Promenade d'un Français dans la Grande Bretagne*, Brunswick 1801, p.50).

Décembre 1784

Le 15.

avant d'aller au lever du Roi j'ai vu la maison du Prince de galles, maison ou l'on travaille à grands frais pour lui donner une tournure francoise.[1] lorsqu'elle sera terminée ce sera une habitation fort agréable et dont le maitre fera dit on les honneurs à merveille. les amis du Prince de galles ainsi que les personnes moins contentes de lui se reunissent pour faire l'eloge de ses formes sociales, et l'on est généralement faché que par son abbandon au libertinage il se presse autant de vivre. je partirai vraisemblablement d'ici sans l'avoir vu parce qu'il vient d'etre assez serieusement incommodé des suites d'une imprudence: chassant avec le Roi il y a trois semaines, il est tombé avec son Cheval dans une [248] mare profonde d'ou sortant mouillé jusqu'aux os il est revenu dans une Chaise à Londres faisant plus de vingt miles sans avoir quitté ses humides vetemens. il paroit qu'en ce moment Le Pere et le fils sont dans de meilleurs raports quoique le Prince de gales soit toujours du parti de l'oposition.[2]

Le lever du Roi a été plus long et plus nombreux que la derniere fois, j'y ai trouvé une ancienne connoissance le C^{er} york ci devant ambassadeur d'angleterre en hollande, et qui par son peu de moderation sa hauteur son imprudence a beaucoup contribué à la revolution de sisteme qui s'est faite en notre faveur dans ce Pays là,[3] il en a ramené une vielle femme ridicule qui l'avoit subjugué pendant vingt ans et dont il a eu la foiblesse de faire sa femme. notre réunion a ressemblé à celle du beau Léandre et de la belle Javotte;[4] nous nous sommes trouvés bien viellis, et cette triste découverte réciproque a fait l'amusement du cercle.

1. Il s'agit de Carlton House, achetée en 1732 à la comtesse de Burlington par le prince Frédéric, père de Georges III. En 1783, cette demeure fut attribuée au prince de Galles qui venait d'avoir vingt-et-un ans.
2. On attribuait à Charles Fox, joyeux vivant et adversaire irréductible de Pitt, une fort mauvaise influence sur le jeune prince dont il était devenu l'ami intime et dont il favorisait la débauche et encourageait la fronde. Le roi en était d'autant plus affligé que, lui-même, il menait une vie austère et vertueuse et qu'il était pénétré des devoirs des rois.
3. B. avait suivi Breteuil à La Haye en 1768, et il y resta plus d'un an. Sir Joseph Yorke (1724-1792), officier et diplomate, avait été ambassadeur à La Haye de 1751 à 1780. Si, par sa maladresse, il avait contribué à laisser la Hollande sortir de l'orbite britannique et même à devenir l'alliée de la France dans la guerre d'Amérique, son successeur, Sir James Harris, voir II.217; p.292, réussira à reconstituer un parti pro-anglais qui soutenait la maison d'Orange contre les Patriotes pro-français et républicains. En 1787 une intervention anglo-prussienne rétablira l'autorité du Stathouder et l'influence britannique.
4. Depuis le dix-septième siècle, 'le beau Léandre' était, dans les chansons, les comédies, les opéras comiques, le personnage traditionnel du jeune amoureux, mais habituellement accompagné d''Isabelle' et non de 'Javotte', la bergère bavarde et coquette. En juillet 1784 on avait joué aux Italiens *Léandre-Candide ou les reconnaissances*.

Le 16.

je ne scais plus par qui il a été dit, que la grace étoit cent fois plus belle que la beauté, mais on en sent la vérité en voyant la [249] Reine d'angleterre.[1] elle est laide dans tous ses traits elle plait dans son ensemble. elle a meme de la noblesse, et sa Conduite, son affabilité ont subjugué une nation qui etoit acharnée à lui donner des dégouts lorsqu'elle est arrivée en angleterre. aujour-d'hui anglois, Ecossois, irlandois, partis oposés Courtisans magistrats gens du peuple tout ne parle de la Reine qu'avec vénération. des qu'elle m'a vu elle m'a rapellé combien le ministre d'hanovre le Bon de Beulwitz m'etoit attaché et lui avoit mandé de bien sur mon Compte. Le Cercle de sa Majesté est un peu plus decent que celui du Roi; la piece ou on est présentée est aussi mal meublée mais plus grande. il y avoit environ vingt femmes assez médiocrement mises, exceptée M^de Johnston la femme du Commodore,[2] et une quarantaine d'hom-mes. la Reine est suivie de deux Princesses ses filles et le Roi cause du Coté opposé ou est la Reine jusqu'a ce qu'ils se rejoignent devant un vieux dais et que la Conversation devienne un moment génerale entre Leurs Majestés et le Corps diplomatique, corps qui dans ce moment est bien mincement composé à Londres.

[250] en sortant de la Cour nous avons eté diner en nombre chez Le Comte de Kagueneck le ministre de L'Empereur.

J'avois vu dans differentes maisons d'angleterre des statues présentées d'une maniere embarassante pour la pudeur des femmes;[3] mais je ne croyois pas qu'on osat éxposer aux regards de qui que ce fut le bas relief qui orne la Cheminée du salon du Comte de Kagueneck, c'est feu Milord Le Despencer qui a arrangé cette maison et qui dans son gout pour les nudités indecentes, s'est plus à dévoiler sans équivoque, ce que le cigne de Leda indique dans les statues anciennes et dans les tableaux de boucher.[4] ce Lord Le despencer etoit

---

1. Charlotte (1744-1818), fille du duc de Mecklembourg-Strelitz, épousa Georges III en 1761, alors qu'il venait de monter sur le trône; elle lui donna quinze enfants, dont neuf fils, et fut une épouse exemplaire.
2. Probablement, l'amiral George Johnstone (1730-1787), adversaire malheureux de Suffren aux Indes.
3. Il suffit de voir certaines gravures de Hogarth pour s'en faire une idée. Toutefois, Sir Francis Dashwood, qui devint Baron Le Despencer en 1762, et qui mourut en 1781, était un amateur d'art éclairé et cultivé. Il fut à la fois un homme politique avisé et efficace, et un joyeux vivant, animant le fameux Hell-fire Club aussi bien que la Dilettanti Society.
4. On sait que Jupiter, désirant Léda, se transforma en cygne pour l'approcher plus facilement. Boucher multiplia les tableaux évoquant les amours des dieux ou inspirés par les *Métamorphoses* d'Ovide, mais on ne connaît de lui qu'un seul tableau représentant *Léda et le cygne*, peint en 1742, dont il y eut une douzaine de copies et que la gravure fit connaître dès 1758. Voir Catalogue de l'Exposition Boucher (Paris 1986).

un des Compagnons de débauche de Wilkes, de Milord sandwich et d'autres celebres Epicuriens.

Wilkes dont il a été tant question ne fait plus parler de lui. sa langue s'est épaissi et lorsqu'il veut parler il se fait moquer de lui; mais ses insurrections soit disant patriotiques ont abouti à ce qu'il s'en proposoit, on lui a fermé la bouche en le faisant Chamberlain de la Cité place à vie et qui raporte un gros [251] revenu.[1]

j'ai été finir la journée chez Miladi Clairmont qui revenue depuis peu de france ou elle a été très accueillie s'en ressouvient encore assez pour trouver bon qu'on lui présente des francois.

Le 17.

je n'ai pu donner que quelques heures à l'examen d'un etablissement qui occuperoit quelques années d'une maniere aussi agréable qu'instructive, cet établissement est le Museum Britannique.[2] je n'examine pas en ce moment, si cette Collection est entierement digne du nom qu'on lui a donné, si la maison des sciences d'une Capitale comme Londres répond à l'idée qu'un voyageur peut s'en faire. Le Museum est d'une formation récente. on ne le montre pas comme un objet arrivé à son point de perfection. M. Planta à qui j'ai eu l'obligation de le voir, scait ce qu'il a à desirer, et montre ce qu'il possede avec une intelligence aussi faite pour interesser les curieux, que pour présenter ses richesses sous leur jour le plus favorable.

[252] L'angleterre a de plus belles bibliotheques que celle du museum mais ce qui distingue cet établissement de plusieurs autres, en ce genre c'est la varieté de ce qu'il renferme et l'ordre qui y préside. tous les tresors enlevés à l'italie par le Ch^{er} hamilton sont placés ici avec discernement, et telle Chose qui manque au museum de Portici se trouve dans le museum britannique ou surtout on voit de superbe vases étrusques.[3] Les voyages du fameux Coock ont

1. John Wilkes (1727-1797), élu membre du parlement en 1757, attaqua brutalement le gouvernement en 1763. La réaction des autorités fit passer Wilkes pour une victime du despotisme et de l'arbitraire, et le rendit très populaire, en particulier entre 1768 et 1778. Il fut même élu Lord Maire de Londres en 1774. En 1779, le gouvernement acheta sa neutralité en lui donnant la sinécure lucrative de City Chamberlain, qu'il conserva jusqu'à sa mort. Redoutable agitateur, il avait su faire croire qu'il luttait pour le peuple et la liberté.

2. Le British Museum fut créé en 1753, à partir des collections léguées par Sir Hans Sloane, et installé dans Montague House. Les collections s'accrurent rapidement, de même que la bibliothèque qui comptait déjà en 1784 80 000 volumes, y compris les célèbres fonds Cotton et Harley. A cette date la bibliothèque royale de Paris était de fait bibliothèque publique depuis le début du siècle, et en 1784 Louis XVI nomma Hubert Robert conservateur du Museum qu'il se proposait d'installer au Louvre.

3. Voir I.170; p.102. C'est en 1772 que Sir William Hamilton vendit sa première collection d'antiquités au British Museum.

également servi à remplir une grande Chambre de tout ce qui peut nous faire bien connoitre, les habillemens ordinaires, les parures guerrieres les armures les vetemens de deuil, les ustencile, les vases d'usage, des instrumens aratoirs, et l'ensemble de l'industrie, des insulaires d'otahiti et des peuples leurs voisins, ainsi que de ceux que le Capitaine visita dans d'autres parties du monde. on ne peut assez s'etonner de l'adresse avec laquelle ces peuples dont la plupart n'ont point d'outils en fer travaillent et perfectionnent ce qui leur est nécessaire.[1]

Le museum britannique a de fort beaux manuscripts, et nombre de particuliers se sont plu à l'enrichir de monumens historiques sauvés ainsi de l'insouciance des heritiers d'un homme Curieux. on voit des lettres [253] fort intéressantes de plusieurs Rois et Reines d'angleterre surtout d'Elizabeth dont le stile ampoulé caracterise le ton du siecle ou elle vécut. mais la piece la plus singuliere conservée parmi ces manuscripts est la Carte blanche donnée au Parlement par Charles II. sur une grande feuille de papier on ne voit au bas que son Cachet et sa signature *Charles P.* et au revers sont écrits de sa main ces mots, en anglois carte blanche au Parlement pour sauver la tete de mon Pere. le parlement avoit pris son parti et il ne s'agissoit plus de Capituler sur les moyens de Conserver la vie au malheureux Charles Ier on ne remplit donc pas cette feuille mais ce qu'il y a d'extraordinaire, c'est qu'elle ait été laissée à la posterité, ainsi que la sentence prononcée contre le Roi et signée de tous ceux qui y eurent part. enfin on voit encore au museum la Celebre chartre[2] obtenue par la nation sous le regne de jean si meprisé, si souvent confirmée depuis, et qui aujourd'hui est le rempart de la liberté des anglois, l'exemplaire qu'on m'a montré est dit on très autentique au moins est il fort dechiré, et l'on peine à en [254] lire le Contenu sans une Copie plus au net qui est placée à Coté.

L'entretien du Museum britannique monte annuellement à deux mille livres sterlings dont une partie ne peut etre trouvée que dans les secours accordés par le Parlement et ces secours, ne sufisent pas pour les acquisitions journalieres qu'il conviendroit de faire à mesure que les decouvertes augmentent.

Le 18.

si les anglois ont de l'originalité dans le Caractere il n'y a rien qui leur appartienne en fait de beaux arts, leur architecture est comme je l'ai déja dit

1. Voir ii.112; p.232. On voit que le British Museum se voulait encyclopédique, et que, d'autre part, on y dépassait le 'cabinet de curiosités' pour en faire un instrument de connaissance. On remarque également l'apparition de préoccupations ethnographiques. B., tout comme ses contemporains, s'intéressait aux expéditions dans le Pacifique. Il avait acquis la première relation du premier voyage de Cook, et il avait dû beaucoup rêver aux charmes d'Otahiti. Voir Eric Vibart, *Tahiti: naissance d'un paradis au siècle des Lumières* (Bruxelles 1987), W. Weit (ed.), *Captain James Cook: image and impact: South Seas discoveries and the world of letters* (Melbourne 1972).

2. La *Magna Carta* signée en 1215 par Jean-sans-Terre.

un amas confus et sans discernement des beautés en ce genre qu'offrent les autre Pays. il y a vingt ans que nous imitant gauchement leurs ornemens etoient ou à la francoise ou à la venitienne actuellement, tout est étrusque chez eux. j'ai vu aujourd'hui une des maisons de Londres qu'on admire le plus c'est l'hotel du Comte de Shelburn actuellement Mis de Lansdown.[1] il n'y a pas une piece de cette grande maison qui soit noblement et agréablement meublée, la salle à manger est ornée de vielles statues qui pour etre antiques n'en sont pas meilleures. [255] il y a une bibliotheque fort nombreuse et fort mal rangée, il y aura dans quelques années un museum dans les memes dimensions que celui de M. Wedel, mais il s'en faut bien que les morceaux qui y seront placés vaille ceux qui forment la belle Collection de newbi hall[2] et s'il est quelques beaux apartemens à Londres pour une représentation fort rare chez les plus grands seigneurs, il n'est pas un seul hotel dans cette Capitale qui approche de la beauté ct de l'elégance de ceux qui se trouvent en nombre à Paris.

j'ose enfin prononcer aussi sur le gout anglois pour la musique depuis que je les ai vu aplaudir a l'opera qui s'est donné ce soir de mauvais Chanteurs de plus mauvaises Chanteuses ont été aplaudis avec fureur. nos francois viennent se gater ici. Melle Dorival a dansé comme elle danseroit chez nicolet, et nivelon n'a été gouté que lorsqu'il a commencé à sacrifier la grace, a des Contorsions.[3]

Le 19.

quoique Renelag ne soit pas en ce moment ci au nombre des amusemens de Londres, j'ai voulu en voir l'emplacement, cette rotonde de 180 pieds de diametre est décorée d'aussi mauvais gout que le Panthéon. c'est bien [256] mais malgré cela il est aisé de Concevoir que lorsque cette immense salle est illuminée, et le rendez vous de tous les ordres de la societé de Londres le Coup

---

1. Lansdowne House,* dans Berkeley Square, avait été commencée pour Lord Bute par Robert Adam; elle fut achevée par Lord Shelburne qui l'avait acquise en 1765. Lord Shelburne avait rapporté du Continent les premiers éléments de sa collection d'antiques dès les années 1770, mais c'est dans sa résidence de Bowood qu'il réalisera sa galerie-musée.

2. Voir I.271; p.154.

3. Ce soir-là, B. se rendit au King's Theatre, connu aussi sous le nom de Haymarket Theatre, et il y vit un opéra comique *Il Curioso indiscreto*, dont c'était la première londonienne et qui avait été créé à Rome en 1777. Après l'opéra comique, on représenta un ballet composé par Charles Lepicq, chorégraphe français. (Renseignements aimablement communiqués par Mrs E. M. Forster, de la British Play Library à Londres.)

Nivelon, danseur, avait fait en 1777 ses débuts à l'Opéra de Paris, où Melle Dorival dansait depuis 1773. J. B. Nicolet (1710-1796) avait créé à Paris un spectacle très populaire mêlant danses, mimes, scènes bouffonnes, tours d'équilibristes. On disait alors à Paris 'de plus en plus fort comme chez Nicolet', ce qui souligne la nature du spectacle.

d'œil doit etre très singulier.[1] le Centre de cette rotonde est porté par quatre Colonnes isolés qui laissent voir dans leur interieur une Cheminée dont le brasier présente la flamme de quatre cotés; flamme qui dit on ajoute à l'eclat repandu par l'illumination generale. des lustres d'une grandeur énorme et de ce Cristal brillant qui se travaille si bien dans les verreries angloises accompagnent et réflechissent des Cordons de lumiere simetriquement distribuées dans toute l'etendue de la salle. plusieurs amphitéatres élevés en gradins contiennent des orchestres, dont le bruit est souvent couvert par celui de la foule qui se promene dans le cirque et dans les galeries. le premier étage donne ouverture à cinquante reduits ou loges profondes ou l'on prend le thé ou l'on soupe si l'on veut, les galeries superieures offrent aussi des distributions qui a l'aide d'un rideau de gaze voilent légerement les erreurs des jeunes angloises et l'empressement de leurs amans. enfin ce temple du Plaisir, l'est aussi du libertinage, mais surtout l'asile des oisifs plus nombreux en proportion à Londres que partout ailleurs.

[257] sortant de Renelag j'ai été voir un des grands hopitaux qu'on m'avoit cité comme étant un des mieux tenus; je n'ai rien remarqué de mieux en propreté que la plupart de nos hopitaux, et ceux que l'on m'a montré à Dublin etoient fort superieurs en ce genre.[2]

La santé du Prince de galles s'étant retablie il est venu souper chez Milady Payne ou j'ai eu l'honneur de lui etre présenté par M. d'adhémar qui s'y trouvoit. M. le Prince de galles est d'une grande politesse, et d'une familiarité qui meme à Londres est trouvée peu convenable; il aime la musique Chante tant que l'on veut, et nous en avons fait ensemble pendant une heure. après quoi il est allé avec ses jeunes Courtisans et les vieux libertins qui s'y joignent passer ailleurs la nuit.[3]

Miladi Payne est femme du Ch[er] dont j'ai fait mention page 86 du tome

1. Depuis le début du siècle, les *tea gardens* s'étaient multipliés aux alentours de Londres, le long de la Tamise. Ils offraient au printemps et en été, dans un cadre pittoresque et verdoyant, les divertissements les plus éclectiques pour les loisirs de la bonne société. Ceux établis dans le domaine de Lord Ranelagh à Chelsea devinrent, à partir de 1733, les mieux fréquentés de ces lieux de plaisir. La fameuse Rotonde avait été édifiée en 1742. Le Ranelagh était ouvert d'avril à juillet, et on pouvait y entendre les meilleurs musiciens. En 1774, on aménagea près du château de la Muette un 'Ranelagh' à l'imitation de celui de Chelsea, avec une rotonde, et qui connut beaucoup de succès. Paris imitera aussi d'autres jardins de plaisir fameux tels le Vauxhall et le Tivoli.

2. La charité, ou la philanthropie, avait créé à Londres plus d'une douzaine d'hospices, d'hôpitaux, de maternités, de dispensaires. B. visite-t-il St George's Hospital, près de Hyde Park corner, ouvert en 1773, ou Westminster Infirmary, ouvert en 1720?

3. M. de Ségur qui se trouvait à Londres à cette époque dira: 'Pendant mon séjour en Angleterre, je fus admis dans la société du Prince de Galles, aujourd'hui roi. Ce jeune prince était l'un des plus aimables et des plus beaux hommes de son temps. Son penchant pour l'opposition, la vivacité de ses goûts pour les plaisirs, et le choix de ses amis, ne pouvaient alors faire préjuger le système qu'il a suivi' (*Mémoires*, 1827, ii.78).

précedent, il s'est marié à vienne et Milady Payne a conservé l'amabilité presque generale chez les Dames de ce Pays-la.[1] sa maison à Londres est à peu près la seule ou on puisse journellement etre recu et passer la soirée, les etrangers comme les anglois y sont [258] accueillis avec une grace parfaite.

Le 20.

par un soleil brillant et voyant sur les deux cotés de la route partout ou il y avoit des intervales de maisons patiner la jeunesse angloise nous nous sommes rendus Mr Mde Blair et moi à greenwich. Voltaire en parlant du Roi des poetes grecs dit, plein de beautés et de défauts le viel homere a mon estime on pourroit en dire autant de ce grand établissement ou les marins anglois trouvent asile, lorsque la viellesse ou des blessures les rendent inutiles au service de leur Patrie.[2] l'architecture de l'hotel des invalides de greenwich a de la prétention sans gout sans choix dans les ornemens mais la situation sur les bords de la tamise est aussi belle que Convenable, tous les vaisseaux qui partent de Londres passent sous la terrasse ou se promenent les vieux marins, ils animent de la voix les jeunes matelots qui entreprenent des voyages ils les félicitent à leur retour. si dans les Palais des Rois, si dans les Places publiques les trophées élevés avec trop d'insolence pour les nations rivales ou ennemies choquent avec raison le voyageur, il ne doit pas s'offenser de meme en voyant représenté partout a greenwich les victoires [259] remportées par L'angletere, c'est la que ces images sont placées pour Consoler d'anciens serviteurs de leurs infirmités et pour exciter le courage des generations futures; c'est la qu'il convient que l'espece de peuple auquel ces marins tiennent, s'eleve l'ame à l'aspect des triomphes de la nation.

La tenue des dortoirs de greenwich la propreté des salles, tout est infiniment mieux qu'a Chelsea; et lorsque tous les lits seront en fer ce qui est déja pour la plupart, les vieillards alors débarassés du fléau des punaises seront aussi bien logés qu'il est raisonable de la souhaiter. chacun dans de grandes salles ont leur petite Chambre separée par des Cloisons et dont ils peuvent prendre la Clef, les dortoirs rajustés nouvellement sont surtout arrangés à merveille. mais les

1. Sir Ralph Payne (1738-1807), né aux Antilles, avait en fait épousé à Londres une dame elle aussi créole, mais d'origine saxonne, qui aura un salon très fréquenté. Les Payne continueront à manifester beaucoup de sympathie à B. qui accueillera à Paris en 1786 Miss Payne. Ils viendront à leur tour à Paris au printemps 1789.
2. Les rois d'Angleterre avaient un superbe domaine à Greenwich; les Stuart y firent reconstruire le château qui, modifié et agrandi par Sir Christopher Wren, devint en 1705 l'Hôtel des Invalides de la Marine, le Royal Hospital, dont le Dr Johnson avait dit: 'The buildings of Greenwich are far too magnificent for a place of charity.' C'était un but de promenade pour les Londoniens, mais habituellement on s'y rendait en barque. Il est étonnant que B. ne mentionne pas l'observatoire de Greenwich.

détails œconomiques de ce grand établissement ont tous les défauts des notres. près du grand hotel est un autre batiment uniquement destiné aux malades et ou ils sont bien soignés. greenwich renferme environ deux mille cinq cent hommes, et en supporte avec les externes près de Cinq milles.

[260] a mon retour de greenwich j'ai terminé mes emplettes et pris de l'argent a un taux bien onereux puisque pour cent guinées le Change de ce moment est 2668[H]. enfin il faut en passer par ou M[rs] les banquiers le veulent[1] et j'ai eu affaire au plus honete de Londres le Ch[er] herries, qui avoit de plus le motif de m'interesser dans des affaires dont il voudroit etre Chargé par la ferme generale, dont il etoit avant la derniere guerre le Commissionnaire pour l'achat des tabacs.[2]

Le 21. à Douvres

m'etant associé pour Compagnons de voyage M. D'ermenonville[3] et mon petit Colvile[4] que j'ammene en france, je suis parti ce matin à huit heures de Londres et les Chemins sont si mauvais que je ne suis arrivé ici qu'a onze heures du soir.

La neige couvre si parfaitement la Campagne qu'il m'a été impossible d'aprécier celle du Comté de Kent. elle ne m'a rien ravi du plaisir que cause la vue des rives de la medway et la situation de rochester: cette ancienne ville à trente miles de Londres est tellement [261] jointe à Chatam que ces deux endroits forment une grande rue de trois miles de longueur, y compris Stroud qui comme un fauxbourg de Rochester est bati sur la rive gauche de la medway.[5]

avant d'arriver à ces trois villes on traverse à seize miles de Londres celle de dartford, remarquable en ce que fut dans ses murs et sur la riviere de Darent que sous le regne de Charles Ier jean Spilman établit la premiere papeterie

1. La monnaie de compte alors en France était la livre: [H], déja appelée aussi franc. Une livre représentait environ le salaire d'une journée de travail ordinaire. Le louis d'or correspondait à 20[H]. La guinée, pièce d'or, valait une livre d'Angleterre et un shilling. Le 10 juin 1785, B. obtiendra à Calais, pour les Blair, 'vingt cinq livres huit sols pour chaque guinée changée en louis'. Le change moyen était donc alors de 25 livres de France pour une livre sterling.

2. Voir II.77; p.211. En fait, désormais la France importera directement son tabac des Etats-Unis, et même en réexportera à partir de Lorient devenu port franc.

3. M. d'Ermenonville est le fils de M. de Girardin (voir I.131; p.81). Le petit Colville trouvera qu'il parle fort bien l'anglais.

4. Pour le voyage de retour nous disposons de deux longues lettres en anglais du petit Colville à son père, datées du 24 à Calais et du 27 à Versailles, aimablement communiquées par M. le vicomte Colville of Culross, Q.C. Ces lettres confirment le récit de B. en y ajoutant quelques détails et anecdotes.

5. A l'entrée de la Tamise, le vaste estuaire de la Medway a toujours attiré les bateaux et les hommes. Rochester, d'abord port et fort romains, fut l'un des premiers évêchés d'Angleterre, puis devint place forte sous les rois normands. Chatham est toujours le principal arsenal de la marine royale britannique.

connue en angleterre.[1] on laisse entre dartford et rochester, sur la gauche de la route la ville de gravesend, un des principaux port de la tamise celui de Chatam, il est dominé par une montagne dont les aproches sont defendues par une enceinte et quelques redoutes avancées. je n'ai pas plus tenté de voir en detail ce port de la marine royale que ceux de Portsmouth et de Plimouth, parce que depuis peu Le Lord howe a donné de nouveau ordres pour qu'on redoubla de vigilance dans le soin d'interdire à tout francois l'entrée des Chantiers.[2] cet ordre ne nous empechera pas d'avoir toutes les Connoissances à cet égard qu'il pourra nous convenir de nous procurer; mais il me defendoit [262] de risquer de penetrer, sans permission, dans un de ces Chantiers.

il etoit nuit avant que nous arrivassions à Canterbury ou nous ne nous sommes arretés que pour diner; cette ville Célebre par le premier Culte chretien qui s'y soit exercé en angleterre cette ville ou l'on voit encore la salle dans laquelle un des plus grands Rois de la grande Bretagne s'est fait fesser par des moines, en expiation du meurtre de Thomas bequet,[3] cette ville qui dut ses manufactures de soye a l'azile qu'elle offrit aux refugiés francois,[4] ne nous a paru ni grande ni bien batie, à la voir à la lueur d'un beau Clair de lune:[5] il nous a Conduit jusqu'a Douvre dont on nous a promis en arrivant que nous partirions demain à cinq heures du matin

le 22.

malheur à qui, pressé de revoir sa femme et ses enfans, dépend des vents et des Capitaines des paquebots! malheur à qui vient loger a Douvres chez le S[r] marié, aubergiste francois qui n'a adopté que la rusticité du bas Peuple anglois, sans établir dans sa maison la propreté, et l'empressement pour le service des étrangers qui distingue [263] si avantageusement les auberges angloises. retardant l'embarquement de nos voitures et de nos ballots pour nous garder au moins aujourd'hui, etant vraisemblablement d'accord avec le Capitaine, il

---

1. En 1589, la reine Elisabeth, et non Charles Ier, donna à l'Allemand Spilman le droit de fabriquer du papier à Bicknor Manor près de Dartford. Celui-ci réussit dans son entreprise et employa plus de 600 ouvriers. Il fut anobli un peu plus tard. L'erreur de B. provient probablement du guide *The Ambulator or the stranger's companion*, où on la retrouve.

2. Les arsenaux de marine attiraient beaucoup les visiteurs au dix-huitième siècle, car ils étaient les établissements industriels les plus importants, les plus spectaculaires, les plus modernes, mais la crainte de l'espionnage en interdisait souvent l'accès aux étrangers. A la même époque les Anglais ne pouvaient pas visiter l'arsenal de Brest. B. avait prévu à l'origine d'aller visiter Plymouth, puis avait eu l'intention de voir Portsmouth à la place. Voir Annexe IV, la lettre du 27 octobre 1784.

3. L'archevêque de Cantorbéry, Thomas Becket, fut assassiné dans sa cathédrale le 29 décembre 1170. Henri II vint y faire pénitence publique le 12 juillet 1174; mais dès 1173 Becket avait été canonisé par le pape Alexandre III.

4. Les huguenots français célébraient leur culte dans une chapelle de la crypte de la cathédrale.

5. La pleine lune tombait le 26 décembre, ce qui permit à B. de voyager de nuit à deux reprises.

nous a fait manquer l'heure de la marée, et on ne nous promet plus seulement pour demain notre passage.[1]

une neige abbondante, et tombant jusqu'a quatre heures du soir nous a tenu renfermée, le besoin de prendre l'air m'a fait passer sur cet inconvenient et avant la fin du jour, j'ai été voir le Chateau qui domine la ville et les differens quartiers de Douvres, qui est batie sur une plage etroite entre la mer et des falaises assez élevées. la neige ayant cessé pour quelques instans j'ai vu, des ramparts du Chateau, les Cotes de france et mon Cœur a battu avec plus de rapidité à cet aspect; Patrie, chere Patrie on ne te retrouve jamais indifferemment mais j'ose croire que tu n'a jamais donné l'etre à un mortel, qui ait des raisons plus fortes et plus senties de t'etre attaché. ce ne sont point les agrémens que tu as procuré à mon ambition, ce ne sont pas les jouissances de la societé en general qui t'ont merité cet homage de ma part c'est [264] parce que tu renferme dans ton Sein mon angelique que je t'ai salué ce soir comme le premier Pays du monde: c'est la me suis-je dit ce Continent qu'habite ma femme cette Compagne que le ciel se plut à former pour nous donner une idée bien juste de la vraie de l'aimable vertu c'est la que dans quelques jours je serai avec elle; c'est la que je la reverrai tenant dans ses bras mes deux enfans. je me livrois à mille idées charmantes qui me faisoient oublier la Contrarieté de mon séjour ici, lorsqu'un soldat est venu m'interrompre pour me montrer ce qui se voit dans tous les Chateaux situés comme celui de Douvres: un puit de trois cent soixante pieds de profondeur, puis le triste pavillon quarré ou dans l'avant derniere guerre nos malheureux prisoniers francois étoient renfermés, puis la Coulevrine donnée en présent par les provinces unies à la Reine Elizabeth. cette Coulevrine est travaillée avec un gout et un détail surprenans; on ne s'en sert plus qu'une fois par an et quoique braquée contre Calais elle n'y fera pas plus de mal qu'aux vaisseaux qui s'aprocheroient de Douvres elle [265] est fêlée et on ne peut lui donner que demie Charge; cela encore avec bien des précautions.

Sur le glacis du Chateau, est en ce moment l'etablissement fait par M. Blanchard pour passer en ballon de Douvres à Calais. j'ai vu ce soir ce voyageur aerien, qui semble entreprendre cette perilleuse traversée avec aussi peu de prudence qu'il en a montré en s'elevant de L'ecole militaire, ce malheureux

---

1. Colville fait dire au capitaine que c'est à cause de forts vents contraires que l'appareillage est retardé. On verra un peu plus loin que le capitaine est français et possède une auberge à Calais. Depuis le traité de Versailles, les anglais n'avaient plus le lucratif monopole du transport des passagers. Colville signale d'autre part que M. de Laborde, le fils du financier, est arrivé à l'auberge pour le dîner et voyagera avec B. et Ermenonville.

veut gagner à tout prix de l'argent, et s'est tant avancé qu'il fait bien à présent soutenir la gageure.[1]

Le 23. en mer

j'ai eu le désagrement en etant forcé de passer encore tout ce jour à Douvres de trouver dans la meme auberge M. Le Duc de Chaulne,[2] qui y est venu pour voir partir blanchard et s'est fait accompagner par une fille des rues de Londres qu'il traine avec lui depuis un an. hier soir après des scenes ridicules pendant toute la journée, il a poursuivi cette beauté le pistolet à la main. L'effroi s'est emparé de l'aubergiste et de ses gens; la populace [266] attirée par le bruit vouloit entrer dans la maison, on a eu bien de la peine à l'arreter et un matelot a saisi M. Le Duc par le Chignon du Cou; pendant qu'il le trainoit dans le ruisseau sa fille venoit me demander un azile, que je n'ai pas voulu lui donner. ces deux bruyans amans se sont raccomodés au moins assez pour nous laisser dormir tranquillement; les disputes ont recommencé avec le jour. a quatre heures après midi la demoiselle s'est echapée, une voiture etoit prete. deux heures après M. Le Duc a recouru après elle. elle ne vouloit que plus d'argent et est revenue sur ses pas, tandis que M. de Chaulnes la galopoit sur la route de Londres ou elle l'a suivi un moment après. ennuyé de tout ce train, moi et mes Compagnons de voyage nous avons tant insisté sur notre départ que le Capitaine demier, nous a fait sortir du port de Douvres à neuf heures du soir,[3] bientot une brume épaisse nous a forcé de mettre à la Cape, jusqu'a ce que l'arrivée du jour nous permit de découvrir les terres de france et de scavoir ou nous [267] pourrions les attaquer.

Le 24 à Boulogne

à la pointe du jour nous nous sommes trouvés a deux lieues de Calais, et nous sommes entrés dans le port a neuf heures du matin, sans avoir eu cette méchante mer dont on nous avoit menacés.[4] elle m'eut je crois moins impatienté que les formalités et les lenteurs des Douaniers, qui tout en manquant pour de l'argent

1. Jean-Pierre Blanchard (1750-1809) avait fait, dès mars 1784, des ascensions que B. avait suivies. Il voulait être un véritable aéronaute et tentait de diriger son ballon avec des avirons. Après deux ascensions à Londres le 16 octobre et le 30 novembre, il réussit la première traversée aérienne du Pas de Calais, le 7 janvier 1785, en compagnie du Dr Jefferies. Il fut reçu ensuite par Louis XVI, qui lui fit verser 12 000 livres et lui accorda 1200 livres de pension pour cet exploit. Par la suite, il multiplia les ascensions audacieuses et lucratives.

2. Louis d'Albert d'Ailly (1741-1792), duc de Chaulnes depuis 1769, qui vivait séparé de son épouse depuis 1768. Grand voyageur, il défrayait partout la chronique par ses frasques.

3. Ermenonville et Colville avaient été au théâtre de Douvres où jouait une troupe de second ordre; on vint les y prévenir avant la fin du spectacle.

4. Colville signale néanmoins que plusieurs voyageurs furent malades.

aux ordres qui leurs sont prescrits, m'ont fait perdre quatre heures bien precieuses;[1] la beauté de l'auberge de M. demier, un bon diner tout jusqu'aux attentions de M. Caffieri le directeur de la Poste aux lettres a manqué son effet. je ne voulois que partir et le tems aussi facheux que les Commis ne m'a pas permis d'aller plus loin que Boulogne. comme les filles de ce cabaret m'ont paru maussades, sales négligentes en Comparaison des Waiters[2] des belles auberges angloises. on ne scauroit s'empecher de regreter ces salons bien propres, bien echaufés ou le voyageur attend son souper, et sa Chambre à Coucher, enfin Boulogne assez [268] bonne ville, n'a pas une seule auberge qui vaille celles de la plupart des villages anglois.

1. En entrant dans Calais, pour accélérer les formalités, B. avait présenté du courrier officiel qu'il apportait de l'ambassade de Londres pour la Cour, mais il fallut effectivement quatre heures pour satisfaire les douaniers. Colville indique, malicieusement, que B., Ermenonville et Laborde avaient fraudé en confiant à bord aux matelots quantités d'objets que ceux-ci vinrent cnsuite leur rapporter à l'auberge.

2. *Waiter*: serveur. Pour la première fois B. emploie un terme anglais alors qu'il y a un équivalent français, mais il entend souligner la différence dans la qualité du service.

Le dimanche 26 décembre, en fin de matinée, Bombelles arriva à Versailles, étant parti de Boulogne la veille au petit matin, étant passé par Abbeville et Amiens, et ayant couru la poste toute la nuit, en dépit de la neige et du gel.

Annexes

I. Bombelles et la famille Blair

BOMBELLES est toujours très discret sur sa vie affective, mais il ne réussit pas à cacher son émotion lorsque, après avoir longtemps perdu de vue une jeune fille aimée quinze ans auparavant, un hasard heureux lui permet d'avoir des nouvelles de celle-ci. 'Le souvenir des personnes que les contrées qu'elles habitent semblent avoir destiné à ne pas vivre avec nous est une marque certaine de leur estime et de la vérité de leurs sentimens dont il est très agréable d'être l'objet. Le vicomte de Grenier, Capitaine des vaisseaux du Roi et mon cousin, [...] a rencontré à Londres une Mde Blair qui ayant appris qu'il étoit de mes parents, après quinze ans de séparation entre nous l'a accueilli d'une manière charmante [...] Il m'a mandé son heureuse rencontre en me reprochant de n'avoir pas plus cultivé une personne très aimable, qui n'avoit jamais cessé de s'interesser à moi. Je ne suis cependant pas dans mon tort cherchant depuis quatre ans sans avoir pu y réussir jusqu'à ce jour a découvrir l'adresse de Mde Blair. Lorsque je la connus à la Haye, elle était Melle Johnson, fille d'un solliciteur militaire et d'une femme qui par son mérite et sa conversation reunissoit le soir chez elle un petit nombre d'amis dont le choix faisoit désirer d'etre admis dans ce cercle. Mlle Johnson jeune et assez jolie n'avoit pas moins de qualités essentielles que sa mère, et joignoit à ces avantages ceux d'une éducation soignée, entre autre elle chantoit avec une méthode parfaite. Mlle Johnson la mère estimoit trop sa fille pour craindre qu'elle abusat de la liberté qu'elle lui laissoit, cette fille douée d'un caractère très prononcé m'aima de la tendresse qu'on a pour son frère, ce sentiment l'empécha de faire un mariage qui l'eut rendue malheureuse. Elle me conserve depuis la plus véritable amitié, et la nouvelle preuve qu'elle vient de me donner achève de montrer dans le jour le plus favorable la solidité d'une affection honète. En épousant M. Blair elle n'avoit rien à changer dans les dispositions de son cœur, et le galant homme qu'elle s'est donnée pour mari m'a fait dire qu'il partageoit l'estime que j'avois inspiré pour la vie à sa femme' (*Journal*, 3 Janvier 1784).

Ces confidences nous permettent de deviner l'affection profonde qui avait attaché le jeune diplomate de la suite du baron de Breteuil, à l'ambassade de La Haye en 1768-1769, à une jeune fille qui l'aurait sans doute rendu très heureux. Mais il ne pouvait, bien sûr, être question de mariage; non seulement l'un était français et catholique et l'autre anglaise et protestante, mais Bombelles ne pouvait, sans sacrifier sa carrière, épouser une jeune fille sans riche dot ni puissantes relations. En 1784, Bombelles ayant peut-être quelques remords d'avoir délaissé une jeune femme qui, pour lui, avait renoncé à un parti avantageux, dut être très heureux d'apprendre que Mlle Johnson avait pu trouver plus tard un mari jeune, aimable et aisé: M. Alexander Blair. Bombelles ne nous donnera que peu de renseignements sur Mlle Johnson, dont nous ignorerons même le prénom, mais il nous rappellera souvent qu'elle chantait admirablement et s'accompagnait agréablement. Quand on sait que Bombelles lui-même adorait chanter en société, improvisant parfois paroles ou musique, et touchant fort bien du clavecin, on imagine que c'est la musique qui avait rapproché les deux jeunes gens à La Haye. Par la suite, le Journal nous montrera à plusieurs reprises Bombelles faisant de la musique avec Mme Blair, tout comme il en faisait volontiers le soir, en famille, avec Angélique de Mackau. Mlle Johnson parlait sans doute un français excellent, comme il était d'usage dans la bonne société en Hollande alors.

Bombelles, deux mois plus tard, sera invité par madame Blair: 'J'ai fait mention du souvenir flatteur que conservoit de moi une angloise tres aimable, Mad. Blair. J'en ai reçu aujourd'hui une lettre charmante qui en a été apportée de Londres par le Chevalier de Pilet officier au régiment des Gardes françoises. Mde Blair ayant appris mon projet d'aller pour quelques tems à Londres, m'indique les tems où la ville est la mieux habitée. L'été d'Angleterre suivant elle commence au milieu de juillet et dure jusqu'au 18 de janvier alors tout ce qu'il y a de bonne compagnie habite campagne. Celle de son mari est dans le Worcestershire à 125 miles de Londres. elle désire que j'y passe le mois d'aout et me prévient qu'étant obligée de revenir à Londres au mois de Septembre pour y faire ses couches, il n'est pas d'usage en angleterre que les accouchées recoivent chez elles des hommes avant que le terme d'un mois soit révolu' (*Journal*, le 3 mars 1784).

Nous apprendrons plus tard que Madame Blair avait déjà d'autres enfants, une fille que ses parents menèrent en France en 1785, et donc qui était peut-être née vers 1778-1780, et deux garçons, jumeaux, Alexander et Richard, nés en Novembre 1782. Alexander étant le prénom de l'aîné chez les Blair,[1] il n'y avait donc pas eu de garçons auparavant, et on peut penser que Mlle Johnson, née vers 1752, s'était mariée vers 1777-1779.

Les dépenses que fait M. Blair montrent qu'il jouissait d'une assez bonne fortune, ce qui, avec ses alliances dans la noblesse écossaise, permettait de le considérer comme faisant partie de la *gentry*. Mais nous ne savons pas comment Mr Blair avait acquis cette fortune. Son père, qui avait vu ses biens confisqués

---

1. Renseignements communiqués par M. le vicomte Colville de Culross, descendant d'un cousin de Mr Blair. Malheureusement la famille Blair semble s'être éteinte au début du dix-neuvième siècle.

pour avoir soutenu la cause des Stuart, n'avait pas pu lui laisser d'héritage. Toutefois il est possible que le gouvernement ait rendu les biens de la famille au fils, en échange d'une allégeance à la maison de Hanovre.

Les rapports de M. Blair avec Bombelles sont caractérisés par une sincère cordialité et sans doute facilités par cette franchise et cette simplicité propres aux Ecossais. M. Blair prêtera d'assez grosses sommes à Bombelles que celui-ci lui remboursera en partie par des envois depuis Paris, et en partie lors du voyage des Blair en France en 1785.[1]

En effet, M. et Mme Blair débarqueront à Calais le 10 juin 1785, accueillis par Bombelles qui arrivait d'Aix-la-Chapelle. Bombelles escortera ses amis britanniques jusqu'à Paris, leur fera découvrir Versailles et tiendra à leur montrer tout ce qu'il pensera devoir les intéresser. Toutefois, il semble qu'il sera un peu déçu des réactions du couple alors qu'il fera tout son possible pour rendre agréable le séjour des Blair, bien que souffrant déjà de la maladie qui le terrassera tout juillet et août. Les Blair repartiront par Calais à la fin d'octobre 1785. Ils reviendront en France de septembre à novembre 1788, et bénéficieront encore de toute la sollicitude de Bombelles.

1. Le 15 avril 1785 B. avait envoyé de Paris trois caisses contenant des glaces, dont cinq pour les appartements de Mr Blair à Portland Place. Archives départementales, Seine et Oise, fonds Bombelles, E 418.

II. Clent

A CLENT Bombelles se trouvait aux confins du Warwickshire, du Staffordshire et du Worcestershire, dans les Midlands, tout proche de ce qui allait devenir le cœur industriel de l'Angleterre, mais dans un canton assez boisé et vallonné, séparé de Birmingham au nord-est par des collines culminant autour de 300 m. Clent, tout petit village autour d'une église du quinzième siècle, et Clent Hall étaient à mi pente d'un coteau orienté au sud-ouest, dominant la campagne bocagère du Worcestershire, la vue portant jusqu'aux collines galloises à l'horizon occidental.

Clent était à 12 km de Dudley, à 15 km de Birmingham, à 9 km de Bromsgrove tout comme de Kidderminster, et à une douzaine de km de la vallée de la Severn. Les excursions de Bombelles ne le menaient guère au delà d'une quinzaine de km de Clent, sauf pour Worcester, à 25 km de là. Le domaine de Hagley n'était pas à 2 km de Clent Hall, et les Leasowes étaient à moins de 4 km, et les collines environnantes offraient de superbes promenades.

Les collines ayant arrêté l'expansion de la conurbation de Birmingham, le secteur est resté très rural et la campagne autour de Clent et le village ont peu changé depuis la fin du dix-huitième siècle.

Il y avait trois 'châteaux' à Clent: Clent Hall, Bell Hall et Field House. Les Blair, ayant loué 'la maison seigneuriale', habitaient Clent Hall qui s'étendait à l'emplacement du manoir d'une seigneurie remontant à la conquête normande. La demeure avait été reconstruite ou remaniée et agrandie à la fin du dix-septième siècle. Clent Hall, après avoir appartenu dès l'origine à la famille Waldron, était passé par mariage en 1750 aux Durant, mais ceux-ci choisirent de résider dans une autre propriété dès 1765. Le domaine de Clent Hall restera cependant dans la famille Durant jusqu'au début du vingtième siècle, et la demeure, assez remaniée, subsiste toujours, entouré d'un très beau parc.

Nous remercions Mr Cyril Parkes, actuel propriétaire de Clent Hall, qui nous a communiqué une partie des renseignements nécessaires pour cette notice.

III. Charles Colville (1770-1843)

LE britannique qui a été le plus présent aux côtés de Bombelles pendant son voyage à travers les Trois Royaumes est aussi, paradoxalement, le plus absent du *Journal*. Charles Colville fut le compagnon de tous les jours pendant près de quatre mois et il n'est l'objet que de brèves remarques; la correspondance elle-même n'en parle pas, sauf dans une lettre perdue.

Cependant nous sentons que Bombelles a été d'emblée frappé par l'adolescent, qui avait eu ses quatorze ans le 7 août, et qui lui avait vite paru assez mûr, assez éveillé, assez ouvert, pour qu'il décide, l'ayant vu moins de quinze jours à Clent, d'en faire son compagnon de voyage, ostensiblement pour des raisons pratiques.

La sympathie réciproque devait être assez évidente pour que Lord Colville accepte de confier son fils à un marquis français dont il ignorait tout quelques semaines plus tôt. Il avait dû paraître au noble Ecossais que le Français serait vraiment pour le jeune Charles un père soucieux de rendre le voyage profitable.

Mais nous n'apprendrons rien sur l'adolescent qui partage les fatigues, les joies, les découvertes de Bombelles. Le *Journal* nous signale tout au plus que le jeune Colville a peur en mer. Seule, une lettre de Madame de Bombelles faisant allusion à une lettre perdue nous révèle quelques difficultés initiales:

'J'ai rit comme une folle de l'importunité de ton petit milord écossois et du soin avec lequel il t'a mis au fait des belles actions de l'amiral Rodney et de ses récompenses, tu vas revenir un être si parfait que tu seras en revanche l'admiration de tous tes compatriotes, et malgré cet avantage, je crois que fort peu de gens voudroient l'acquérir au même prix, il y en auroit beaucoup qui auroient déjà envoyé promené le petit milord et toutes ses impertinences.'[1]

Il fallut sans doute à Bombelles patience et fermeté pour amener 'le petit milord' à être moins opiniâtre dans son patriotisme et à tirer le meilleur parti d'un voyage qui devait lui ouvrir l'esprit.

Quoiqu'il en soit, au bout de trois mois Bombelles était suffisamment attaché à Charles Colville pour souhaiter l'emmener en France et s'occuper de son éducation. Toutefois, cette décision nous ne l'apprendrons qu'incidemment au départ de Londres. Lord Colville, que Bombelles accusera plus tard de manquer d'affection pour son fils, sans se rendre compte qu'il y avait dans cette apparente indifférence une rude pudeur écossaise, fut sans doute très heureux de pouvoir

---

1. Lettre du 30 septembre 1784, répondant à une lettre datée de Manchester le 15 septembre A.D. S. & O., fonds Bombelles, E 433.

compléter la formation de son fils par un séjour en France qui ne pouvait être que bénéfique et qui ne serait pas trop onéreux.[1] Quant à Bombelles, il devait être ravi de pouvoir être le mentor d'un adolescent, en attendant de l'être de son propre fils, et aussi de donner à celui-ci l'exemple d'un aîné.

Dès le lendemain de son arrivée, Bombelles emmena son protégé au château. 'Le Roi et Monsieur y étoient, mon petit Anglois les a fort occupés et m'a valu l'honneur de leurs questions. Ils l'ont condamné à quitter la tenue de l'enfance angloise pour être coiffé et vêtu comme le sont nos jeunes gens de quinze ans.' Mais Bombelles ne souhaitait pas faire du jeune Ecossais un petit singe de cour, ou comme il le disait un de 'nos jolis perroquets de toilette.'[2] D'ailleurs, Charles Colville conservait toute son indépendance d'esprit et même une certaine pugnacité. Conduit à un dîner chez le richissime Laborde, 'il a été un peu surpris de la magnificence de cette maison, il l'est de ce qu'il voit en ce genre à Paris, et ce n'est qu'avec une espèce de dépit assez drole qu'il convient qu'on est mieux logé ici qu'à Londres. Il se console à cet égard en ne négligeant aucune occasion de me faire remarquer notre malpropreté françoise et véritablement elle frappe désagréablement en revenant d'Angleterre.'[3] Apprivoisé autant par les attentions de Madame de Bombelles que par celles du marquis, l'adolescent s'acclimata vite. Bombelles se décrit 'au coin du feu en parlant anglois avec mon petit Charles Colville qui s'arrange très bien de nous et dont nous nous arrangeons à merveille.'[4]

Le jeune Colville s'épanouissait sans doute, devenait probablement un petit gentilhomme lorsque, fin octobre, son père le rappela sans préavis. La veille encore, Bombelles se réjouissait d'avoir fait participer le jeune Charles à une petite fête à Versailles: 'Les soirées uniquement employées au jeu eussent été longues pour les diversifier on s'est mis à jouer des proverbes et il y en a eu tous ces jours ci de très joliment rendus. On compte parmi les acteurs mon petit écossois Colville qui a fait ce soir très plaisamment le personnage du notaire dans le proverbe du Sourd[5] [...] Tout le monde s'amuse se prete à l'amusement général, un souper suffisant mais sans appareil reunit les acteurs et les spectateurs, et l'on finit la soirée en faisant danser les jeunes personnes jusqu'à l'heure de minuit ou chacun sagement gayement et satisfait se retire

1. Les dix mois en France revinrent à 2355 livres de France, soit moins de 100 guinées, pour le voyage, l'argent de poche, la pension, les honoraires des maîtres d'armes, de danse, de dessin, de mathématiques, les notes du tailleur, du perruquier ... et du dentiste. Brouillon de note. A.D. S. & O., fonds Bombelles, E 418.
2. *Journal*, 27 décembre 1784.
3. *Journal*, 10 janvier 1785.
4. *Journal*, 12 février 1785.
5. Il s'agit de l'un des nombreux *Proverbes* de Carmontelle, qui furent très joués dans la société sous Louis XV et Louis XVI. Ils furent publiés en 8 volumes de 1768 à 1781.

chez soi.'[1] Le marquis, toujours d'une grande pudeur dans l'expression de ses sentiments et qui a très peu parlé jusque là du petit Colville dans son *Journal*, qui n'a jamais expliqué son attachement pour son petit Ecossais, laisse parler son cœur.

'Il faut toujours que quelques contrarietés troublent le bonheur le mieux établi, au moment ou nous ne trouvions dans notre société rien de trop rien de trop peu on nous enleve notre aimable petit Collvill. ses parents après s'en etre peu embarrassé depuis quinze mois le rappellent au moment ou il etoit et pour lui et pour nous parfaitement ici, ou il allait réellement profiter des maitres d'equitation de mathématiques de dessein d'armes et de danse, et le tout pour le releguer dans six semaines au régiment auquel il est attaché, et qui est en garnison à glascow. Je l'ai conduit aujourd'hui ici et dans tout le cours de la journée il n'a pas cessé d'avoir les larmes aux yeux et n'a pas pu prendre congé de Madame de Bombelles à laquelle il s'étoit attaché comme à sa mere, elle en avoit presque les sentimens pour lui. je l'ai mené à l'opera d'armide,[2] jamais il n'avoit encore vu ce genre de spectacle, et quoique sa nouveauté et sa magnificence l'interessassent également de momens en momens je voyois son cœur se gonfler et je n'ai pu que partager des regrets aussi touchans. jamais chez son pere, ce jeune et charmant adolescent n'avoit éprouvé les attentions, les soins, les marques d'amitié dont il vient d'etre l'objet. Les anglois sont en force sur le sentiment comme sur tout le reste: ils ne sont émus que par les choses extraordinaires, et ne connoissent pas les douceurs ordinaires de l'intimité.'[3] Bouleversé, et oubliant, ou peut-être se souvenant, que lui-même avait rejoint son régiment à quinze ans, Bombelles en vient à accuser presque les parents d'insensibilité.

Charles Colville partit dès le 24 octobre 1785.[4] Il allait rejoindre le 28e Régiment d'Infanterie, auquel il était officiellement incorporé comme enseigne depuis la fin de 1781, selon l'usage qui, en Angleterre comme en France, permettait de gagner ainsi une ancienneté fictive. Il entamait une longue et brillante carrière. Il deviendra en 1791 capitaine au 13th Somersetshire Light Infantry Regiment, où il restera jusqu'en 1810 après en être devenu le colonel en 1805, et qui servira aux Antilles, en Irlande, en Egypte, à Gibraltar et enfin en Espagne, où Charles Colville sera nommé major général et attaché à l'état-

---

1. *Journal*, 22 octobre 1785.

2. A partir de 1777, l'Opéra de Paris représenta *Armide* dans une nouvelle version mise en musique par Gluck et qui connut des triomphes.

3. *Journal*, 23 octobre 1785.

4. *Journal*, 24 octobre 1785: 'Notre pauvre petit Charles est parti ce matin pour aller joindre à Calais M. et Mad^e Blair avec lesquels il passera en angleterre. après l'avoir vu s'embarquer dans la diligence rue notre Dame des victoire, j'ai été …'

major de Wellington, qu'il suivra ensuite jusqu'à Waterloo.

En 1814, Bombelles, retour d'exil, retrouvera avec émotion son cher petit Ecossais. 'Je me suis fait présenter ce matin à ce héros [Wellington] par le Général Sir Charles Collwill, qui pour son compte est un militaire déjà très distingué. Ce Colwill est le meme individu dont il est fait mention dans mon voyage en angleterre, qui m'accompagna en Ecosse, en Irlande et au Pays de Galles et que je conduisis chez moi à mon retour en France, ou il séjourna au dela d'un an dans ma maison à Versailles. Il m'a témoigné le plus touchant plaisir de revoir en moi celui qui le traita comme le fils d'un père chéri.'[1] De même, après Waterloo: 'J'ai été agréablement surpris en voyant entrer dans ma chambre le Lieutenant général Colwill, grand Croix de l'ordre du Bain, et très estimé dans l'armée angloise. Il a son quartier général à Antony près de Bernis, et m'ayant scu ici, il s'est empressé de m'y venir voir.'[2]

Il y aura de dernières retrouvailles en 1818, alors que Colville, presque quinquagénaire et jeune marié, est en voyage de noces en France.[3] Puis, Colville sera commandant en chef à Bombay et terminera sa carrière comme gouverneur de l'Ile Maurice; il mourra en Angleterre en 1843, laissant un fils qui héritera plus tard du titre de baron à la mort de l'amiral John Colville, 4e baron, frère de Charles Colville.

L'actuel descendant du protégé de Bombelles, le vicomte Colville de Culross, possède encore quelques lettres envoyées de France par son aïeul. A travers celles-ci, écrites avec un remarquable sens de l'observation et de l'anecdote, nous percevons un adolescent curieux et lucide, n'hésitant pas à se moquer des ridicules des Français et ne laissant pas le spectacle de la Cour lui tourner la tête. C'est avec beaucoup de verve que le jeune Colville relate la scène où le roi, qui l'avait remarqué dans la foule des courtisans, se le fit présenter et s'étonna de ce que les fils de nobles anglais fussent habillés comme des palefreniers, mais voulut bien lui trouver 'une physionomie bien spirituelle'.

Grâce à Louis XVI, nous savons ce qui avait plu à Bombelles chez ce jeune Ecossais, encore mal dégauchi, à la franchise un peu rude, au naturel un peu espiègle, c'était dans le regard et le sourire quelque chose de vif, d'éveillé et d'un peu mutin.

1. *Journal*, 5 novembre 1814.
2. *Journal*, 25 novembre 1815.
3. *Journal*, 19 mai 1818: 'J'ai revu ce matin avec un grand plaisir Sir Charles Colvil, Lieutenant Général au service d'angleterre [...] Il s'est marié il y a quelques mois et emmene sa femme en France pour lui faire voir Paris et ses environs.' Le 23 mai 1818: 'J'ai fait voir aujourd'hui à mon bon général Colville et sa femme l'Elizée Bourbon dans tout son charme.'

iv. La correspondance de Bombelles en Grande Bretagne et en Irlande

BOMBELLES avait acquis dans le service diplomatique le sens de l'ordre et classait très soigneusement ses papiers personnels, la correspondance qu'il recevait, et également les lettres qu'il avait adressées à sa femme. Ses archives personnelles restèrent, pour l'essentiel, en France en 1789, et furent confisquées comme bien d'émigré; nous pouvons donc consulter aux Archives départementales des Yvelines (ou A.D. S. & O.) les lettres qu'échangèrent Bombelles et sa femme.

Pour l'epoque qui nous intéresse on trouve la liasse E 433: *Lettres d'Angélique-Charlotte de Mackau écrites de Versailles et de Paris au marquis de Bombelles son mari*, avec l'indication trompeuse 1782-1783, et la liasse E 429: *Lettres écrites par le marquis de Bombelles à la marquise sa femme*, 1784-1785. Malheureusement, si toutes les lettres de la marquise ont été conservées, il ne reste que cinq lettres de la quinzaine adressées par le marquis et mentionnées par sa femme.[1]

Lettres d'Angélique	*Lettres de Bombelles*
6 VIII	8 VIII de Clent reçue le 22 VIII
11 VIII ⎫	14* VIII de Clent reçue le 6 IX
16 VIII ⎬ reçues le 28 VIII	
17 VIII ⎭	21 VIII de Clent reçue le 1 IX
22 VIII	
27 VIII	28* VIII de Clent ⎫
1 IX reçue le 19 IX	1 IX de Clent ⎬ reçues le 10 IX
6 IX	6 IX de Clent reçue le 21 IX
17 IX ⎫	15 IX de Manchester reçue le 29 IX
21 IX ⎬ reçues le 27 X	22* IX d'York reçue le 8 X
30 IX ⎬	2 X d'Aberdour (Ecosse) reçue le 21 X
8 X ⎬	
16 X ⎬ reçues le 11 XI	16 X d'Edimbourg reçue le 3 XI
23 X ⎭	27* X de Dublin reçue le 14 XI
4 XI	11* XI de Carton (Dublin)
14 XI	
27 XI	une lettre de Bristol et une ou 2 lettres de Londres
4 XII	

*lettres conservées.

1. Dans la liasse E 429, les cinq lettres sont numérotées dans l'ordre chronologique de 7 à 12, mais la lettre 8 manque. L'absence des autres lettres, sans doute antérieure au dix-neuvième siècle, s'explique-t-elle par la négligence de Mme de Bombelles? Angélique communiqua-t-elle des lettres à des tiers qui ne les rendirent pas?

En consultant ce tableau, on remarque que le courrier met d'une dizaine de jours à trois semaines pour arriver à Versailles ou rejoindre Bombelles, si bien que ces lettres sont plus des échanges d'information que des dialogues.

Le courrier, du moins dans le sens Versailles–Grande Bretagne, passe par l'intermédiaire de Barthélémy, à l'ambassade de Londres, que Bombelles tient au courant de ses mouvements. Cette solution offre aussi l'avantage de limiter les frais de port, car les lettres de Madame de Bombelles passent alors avec le courrier diplomatique, et Bombelles n'a à régler que le port depuis Londres.

Nous renonçons à transcrire les lettres reçues par Bombelles. On y trouve surtout des nouvelles de la Cour, dans l'entourage de Madame Elizabeth, le succès ou l'insuccès des démarches faites pour obtenir l'ambassade de Lisbonne, et, bien sûr, des nouvelles des enfants, de la famille, l'évocation de divers problèmes domestiques, d'accidents, dont nous retrouvons des échos dans le Journal.[1]

Signalons seulement: Le 27 août: 'Je meurs d'ennui petit chat de ne pas avoir de tes nouvelles. Je serois d'une inquiétude horrible si je ne scavois que tu es à la campagne.'

Le 17 septembre: 'J'ai vu M d'Hademar qui m'a beaucoup parlé de toy et de tout le plaisir qu'il avoit eu à te recevoir à Londres'.

Le 22 septembre: 'Mlle Elizabeth me charge de te prier de lui rapporter de plus de Londres du papier à écrire qui est rayée, c'est à dire qui sert de guide ane, elle voudroit aussi des chapeaux de paille dont le fond seroit bien profond.'

Le 16 octobre: 'Tu t'enfonces dans des pays barbares où sans doute il n'y a pas de postes. Il faut que ton voyage t'interesse bien vivement.'

Le 23 octobre: 'J'ai reçu avant hier petit chat ta lettre du 2 d'aberdour, et je suis fort choquée qu'en ayant précisément choisi le jour de ma fête pour m'écrire tu n'ais pas imaginé de me la souhaiter ni de faire à cette occasion l'ombre d'un vers.'

Le 4 novembre: 'N'ayant demandé de t'éloigner que pour trois mois, on trouveroit extraordinaire que ton voyage fut de près de six.'

Nous transcrirons les lettres de Bombelles,[2] en omettant toutefois ce qui concerne les questions purement domestiques et subalternes et les récriminations concernant l'insaisissable ambassade de Lisbonne.

Bombelles, sachant à quoi s'en tenir sur le peu de respect qu'on avait alors dans les cabinets des ministres pour le secret des correspondances privées, et

---

1. Le comte Fleury, dans *Angélique de Mackau, marquise de Bombelles et la cour de Madame Elisabeth* (Paris 1905), utilisa des extraits de ces lettres, mais surtout pour évoquer la vie à Versailles.

2. Nous remercions vivement Madame le Conservateur des Archives départementales des Yvelines à Versailles qui nous a facilité la consultation du fonds Bombelles et qui nous a autorisé à publier des extraits des lettres de 1784.

pensant par ailleurs que ses lettres seraient peut-être mises sous les yeux de Madame Elizabeth ou d'autres personnes de la Cour, s'exprime avec une sage prudence. Toutefois ces lettres complètent heureusement le Journal. Elles nous montrent Bombelles intime, à la fois mari et père souffrant d'être séparé de sa famille, inquiet ou impatient, et voyageur toujours soucieux de limiter ses frais, de gagner du temps, mais aussi désireux de se documenter sérieusement, d'enquêter au delà des apparences.

On remarque aussi que Bombelles à la fois justifie son voyage, en souligne l'intérêt, et affirme qu'il l'entreprend avec répugnance, indique combien chaque Anglais rencontré multiplie les prévenances et cependant répète que l'Angleterre lui est pénible exil, mais on peut penser qu'il s'agit de tromper un peu une épouse, mal résignée à une aussi longue absence.

Lettres de Bombelles à sa femme

à Clent près de stourbridge en Worcestershire
Le 14. aout 1784

bien des jours, bien des heures de l'arrivée de la poste sont écoulées et je n'ai point encore de tes nouvelles, ce n'est pas ta faute mon ange je ne me plains que de notre éloignement et de la lenteur du Courrier qui enfin m'apportera une lettre de toi. que je la recevrai bien! que je l'attends avec impatience! que j'ai besoin de reposer doucement mes yeux sur des Caracteres tracés par ta main, par cette main qui servit à nous unir, à cimenter le nœud qui fit et qui fera toujours mon bonheur. tu es à présent de retour, tu as Caressé notre petit Bitche, tu serres à chaque instant dans tes bras, notre aimable Compagnon de voyage, il te parle de moi, je voudrois l'entendre je voudrois t'écouter. le Calme de la Campagne, ou je suis, est si grand, sa solitude est parfois si profonde qu'il sembleroit que ta voix qui retentit au fond de mon Cœur pourroit aussi parvenir jusqu'ici; mais je me contenterois du moindre écrit aujourd'hui revenant d'une autre Campagne Charmante voyant pour la premiere fois le soleil luire sans nuage je me sentois plus gai, j'esperois, j'attendois presque avec Confiance que je pourrois lire une partie de ce que tu m'as écrit depuis notre séparation. de gros paquets ont été décachetés, et je te le repete avec Chagrin je n'étois pour rien dans toutes ces lettres ma peine a passé si parfaitement dans l'ame des bonnes gens qui m'ont recu chez eux qu'elle en est adoucie, oui j'ai le plaisir, j'ai la Consolation de parler de toi presque avec la meme expression que je mets si naturellement à te dire que je t'aime. on m'écoute, on me croit on jouit de la félicité de mon union. l'homme qui a lié sa destinée à celle de mon amie a une loyauté, une bonnehomie dans son maintien et dans ses procédés qui me feroient rafoller des anglois s'ils lui ressembloient tous. sous une forme peut etre insouciante il cache une ame sensible et qui l'est au point qu'en m'entendant parler de toi ce matin de grosses larmes ont Coulé de ses yeux. je ne puis te rendre Combien j'ai été soulagé en me voyant écouté avec cet attendrissement, et Combien meme mon amour propre en a été flatté. un portrait, qu'avec raison, tu trouves bien peu ressemblant m'a suivi ici, et y a acquis pour moi une valeur extreme. j'ai bien dit, et l'on me Croit, que tu étois cent fois plus jolie mais tel qu'est ce portrait on le trouve agréable, mari, femme mere, enfans tous l'ont regardé tour à tour, et loin du bel air, parmi les plus dignes gens, c'est de bonne foi qu'on aime à m'entendre parler de toi. juges si c'est de bonne foi que je me livre à cet adoucissement de l'absence.

je suis parti de Londres comme je te l'ai mandé, j'ai vu de beaux jardins j'ai vu l'université d'oxford, j'ai vu blenheim ce superbe Chateau, bati aux frais de la nation angloise en recompense de la valeur et des succés du Duc de Marlborough auquel on a donné cette magnifique possession. rien des maisons de nos grands seigneurs, si j'en excepte nos Princes n'aproche de la grandeur et de la noblesse de blenheim, le Duc de Marlborough d'aujourdhui y vit en souverain, son jardin et son Parc forment tout un Pays ou rien n'a été négligé pour embellir la nature et en raprocher les beautés. nos jardins anglais sont des platteaux de dessert en Comparaison de ces vastes et ingenieuses promenades, des bandes de Daims, de beaux Chevaux, des vaches aussi belles que celles de suisses, des troupeaux de moutons garnissent des pelouses dont la verdure sert de base à Cent autres nuances de tous les arbres divers qui soit en toufes soit en allées varient les points de vues en masquant de moins agréables, et préparent à de plus surprenans. après blenheim je Croyois n'avoir rien d'aussi interessant à voir j'ai été agréablement détrompé aujourdhui, en parcourant longtems et sans pouvoir me lasser unc Campagne formée par le poete schönston,[1] a bien moins de frais il a raproché des sites et des cascades qui saisissent et ravissent l'ame. oh que n'es tu ici il faut qu'un jour je t'y conduise, non qu'a bien des égards l'angleterre me paroisse valoir la france, je suis bien loin d'en admirer tout ce qui charme les entousiastes de ce Pays, mais il faut le voir, il y auroit peut etre plusieurs bonnes Choses a en prendre; mais pour la societé pour les vraies jouissances de la vie restons chez nous et remercions le ciel de nous y avoir fixé. je vais demain a deux lieues d'ici, entendre la messe chez un gentilhomme qui ainsi qu'un grand nombre de Catholique préfere à etre placé dans le gouvernement ou dans le service conserver la foi de ses Peres. adieu mon ange continues à m'adresser tes lettres à Londres à M. Barthélemi. je te dirai ma marche incessemment, ma route de Londres ici a été moins ruineuse,

---

1. Les Leasowes aménagées par Shenstone.

et je crois que je pousserai jusqu'a Edimbourg. embrasse mes enfans mes chers enfans

Clent le 28 aout 1784

Je recois à la fois cher petit ange tes lettres de Rouen du 6. de Paris du 11 et de versailles du 16. et du 17. j'ajouterai au bonheur qu'elles me procurent en y répondant par ordre, et en les relisant après les avoir lu avec cette attention avide, puis douce, puis attendrissante que donne d'aussi loin ce qui vient de ce qui nous est aussi Cher.

tu étois donc bien embarassée de te montrer en arrivant à Rouen, tu n'apprendras donc pas à Compter sur tout ce qui te rend interessante, et fait que partout tu es justement ce qu'il est désirable d'etre, ce qu'il est Charmant qu'une femme soit pour le Cœur, pour l'amour propre de son mari, lorsque ce mari a comme moi le bonheur d'etre aimé et que sans fatuité il lui est permis de le Croire je suis Charmé de tes succès à Rouen et à Mauny [...]

venons maintenant à mon voyage, tu croiras aisément mon ange que pour plus d'un motif je serois ravi de l'abreger et tu Connois le Charme que je trouve dans le terme d'une absence lorsqu'il me raproche de toi mais je ne veux pas perdre la dépense faite, pour avoir à me reprocher d'avoir négligé de voir des objets d'une véritable instruction qui se trouvent maintenant à portée de moi. depuis mon séjour ici grace à l'honeteté rare de M. Blair, j'ai arpenté avec ses Chevaux et ses voitures tous les environs de sa maison à dix lieues à la ronde, chaque jour me vaut une Connoissance de plus, et le voyageur à Londres ne Connoit pas mieux l'angleterre que l'habitant de Paris qui n'en est pas sorti, ne Connoit le languedoc. à moins que ce ne soit pour t'y mener un jour ainsi que nos enfans, je ne Crois pas que je revienne en angleterre je veux donc bien voir décidemment, un grand Pays, une grande industrie un grand commerce de beaux établissemens, de grands inconveniens dans l'administration d'une puissance digne de toute notre attention, et ou rien, non rien ne m'invite à fixer ma résidence par le beau poste D'ambassadeur. je sens que de toutes les missions c'est celle que je desire le moins et cet hiver au coin du feu je te ferai je Crois partager mon éloignement pour le séjour d'un Pays dont tant de nos francois rafollent. je pars d'ici le huit du mois prochain, je suis assez avancé dans l'anglois pour me tirer desormais d'affaire, mais je vais faire une Course beaucoup plus instructive qu'agréable, le froid va se faire sentir en aprochant des montagnes de l'écosse je n'aurai aucune des commodités qu'offrent les routes d'angleterre, chez nous on ne me scaura aucun gré d'une entreprise qui me genera dans mes finances, et qui rebuteroit bien de nos faiseurs, n'importe, je m'y livre et j'espere que ce pénible voyage me donnera au moins, un à plomb dans mes idées sur le Commerce, et des connoissances qui me manquoient absolument. quoique j'en écrirai sur ce ton au Bon de Breteuil entretiens le de la résolution que j'ai prise de ne revenir à Londres qu'après avoir vu L'Ecosse, L'Irlande et les parties de L'angleterre tant celles que l'ostentation nationale se plait a indiquer que celle que les anglois voudroient bien qu'on allat pas voir. j'ai des lettres pour tous les principaux endroits et comme tu l'imagines bien de bonnes cartes et des livres qui m'indiquent tout ce que j'ai à voir. Barthelemy est aimable à Londres comme à vienne et à Ratisbonne il s'est déja mis en quatre pour moi fais l'en remercier par le Bon de Breteuil si tu ne lui écris pas toi meme. je n'ajoute rien à ce que je t'ai dit concernant mes affaires, elles sont en meilleures mains dans les tiennes que si ma figure ennuyoit à Versailles, tu scais que je n'y pas été gaté jusqu'à présent. et je scais qu'il me tarde de voir arriver le jour ou nous vivrons comme nous étions à Ratisbonne, bonheur que la societé de nos enfans nous rendra plus vif encore. embrasse les bien pour moi ces chers Petits et dis leur de t'embrasser de la part de Papa, ce ne seront pas des baisers froids s'ils s'acquittent bien de la Commission. Continues à m'envoyer tes lettres par Barthelemy il me les fera passer. adieu je t'embrasse de toute mon ame

York le 22. septembre 1784

Barthelemy est une Charmante Créature grace à lui grace à toi j'ai recu aussi tot qu'il etoit possible ta lettre du 1er septembre qui m'a attendu à Leeds. je ne parlerai jamais si Clairement anglois que dans le moment ou Conduit par un sentiment bien juste, mais bien tendre j'ai été demander à la poste s'il n'y avoit rien pour moi. je ne me suis pas donné le tems de retourner à mon auberge et au risque de paroitre singulier ta lettre etoit relue une seconde fois avant mon retour à cette auberge la veille j'avois eu le bonheur de rencontrer à halifax un galant homme avec laquel j'avois parlé de toi toute la journée, c'est Camson qui etoit secrétaire de Légation de M. Trevor, un petit, qui suivoit M^de Trevor partout tu dois te le rapeller. après avoir été décu dans les promesses que lui avoit faites le Duc de Richemond, il s'est retiré à halifax en attendant la mort d'un Pere qui lui laissera de la fortune et qui de son vivant ce qui est assez Commun en angleterre ne lui donne pas un schellings il vit de la surintendance d'une Ecole de droit, et vit tranquille autant que Consideré dans une ville ou il m'a été du plus grand secours. il m'a bien prié de te présenter ses homages.

depuis liverpool j'ai voyagé dans la partie la plus florissante du commerce de l'angleterre en Cotton et soye pour manchester, en laine pour halifax et Leeds.

la ville d'ou je t'ecris ne partage aucun des avantages que l'industrie donne aux autres. tenant en dignité le second rang en angleterre, dans une étendue considérable on n'y Compte pas plus de dix sept mille habitans, le Commerce des villes voisines attire le petit peuple d'York et les gens possessionés se bornent à y vivre assez Commodément du produit de leurs terres la ville est dit on habitée de bonne Compagnie en hiver. j'ai passé la journée hier chez L'archeveque dont la résidence est à trois quart de lieue de la ville il y est bien logé et m'avoit envoyé son fils et un Carosse pour que j'allasse m'établir chez lui. je n'ai accepté qu'un diner bon, mais bien long, Madame L'archeveque est une petite femme honete, accueillante, et mere de treize enfans dont M. L'archeveque est gravement le Pere deux de ces enfans sont au College de Westminster, les onze autres tous bien tournés depuis vingt six ans jusqu'a vingt mois ont diné avec nous. la petite fille de vingt mois n'est pas si forte que bitche, mais c'est aussi un bel enfant, sa nourriture après n'avoir eu que six mois de nourrice, est du blanc de poulet et du Pain methode nouvelle en angleterre elle a bu de trois ou quatre sortes de vin et après diner une grande tasse de thé. il y a des petites filles de dix et de douze ans jolies comme des anges, l'ainée des filles est mariée depuis deux mois est jolie et paroit contente, cette famille m'a interessé quant à la mere et aux enfans voila pourquoi je t'en parle en détail. L'archeveque est très estimé dans son diocese, il m'a reçu avec une honeteté singuliere mais il est d'un serieux démontant. les femmes d'archeveque ne sont pas miladi et toute la maison en adressant la parole au Papa Prélat l'appelle toujours avec un respect dont sa femme donne l'exemple, Milord ou votre grace cela n'est ni tendre ni fort gai. je pars muni de lettres qu'il m'a donné pour les endroits ou j'ai à passer. il est impossible d'etre mieux traité dans sa patrie, que je le suis dans cette partie de l'angleterre depuis huit jours je n'ai mangé à l'auberge que lorsque je l'ai voulu absolument, et en vérité nous n'accueillons pas aussi Cordialement les étrangers. je Crois pouvoir etre a Edimbourg dans quatre jours et j'espere y recevoir de tes nouvelles. […] j'ecris au B. de B. mais je n'entre dans aucune détail sur mes affaires. je le plains s'il ne sent pas que je méritois d'autres éfforts de sa part, je ne puis cesser de l'aimer on ne se détache pas à volonté, mais je ne puis penser de sang froid que depuis un an qu'il est en place, rien n'a encore été fait pour le plus vrai de ses amis et Celui dont l'attachement devroit lui etre le plus précieux. en voici assez sur un aussi triste Chapitre. je m'en raporte à toi cent fois mieux qu'à moi meme. si tu vois ma sœur de Travanet dis lui que je lui écrirai à ma premiere station, que je l'aime de tout mon Cœur, mais que pour ne pas trop séjourner en route tout voir, tout noter dans mon journal, il me reste à peine le tems de dormir assez pour me soutenir en bonne santé jusqu'a présent, cette activité me reussit à merveille, que ne peux tu la partager avec moi. Comme un voyage qui n'est que de raison le deviendrait de plaisir. [...] je raporterai epingles éguilles et tafetas à M^de Elizabeth, mais mandes moi la quantité et la qualité; je t'avois déja acheté des éguilles à Broomsgrove, mais c'est à Londres ou tout cela est le meilleur. tu reuniras pour mon retour dans cette ville toutes les commissions qu'il te plaira de me donner. moi je te Charge en attendant de baiser mes enfans pour leur pauvre Pere. est-ce que Bombon ne parle plus de moi, mandes le moi au vrai. fais mes tendres respects à notre maman

Dublin le 27. octobre 1784

Je suis arrivé hier soir ici cher petit ange, et j'y ai trouvé tes lettres du 17 du 21. du 30 septembre et celle de 8. octobre, le plaisir de les lire m'a étourdi un moment sur ce que tu me dis de ta santé [...]

Je fais maintenant bien au dela de ce que je dois pour me rendre utile, je m'arrache aux douceurs d'un interieur bien rare, j'espere que ces sacrifices seront un jour de quelque prix mais quoiqu'il en soit si mes jours s'accumulent ceux du repos arriveront. Je les Coulerai si heureusement près de toi que je donnerai nuls regrets à ceux de ma jeunesse, mais sans toi que deviendrois-je, quelque azile que la fortune me destine il ne seroit jamais pour moi qu'un séjour plein d'horreur, qu'une solitude affreuse ou ma viellesse desolée ne trouveroit meme pas dans les embrassemens de mes enfans des consolations proportionées à mes pertes, ton age ton Charme te rendront l'amie adorée et necessaire de tes fils. [...] Maman se plaint de mon silence elle auroit raison si j'étois plus libre de mon tems mais pour mettre mon voyage a profit tu ne peux concevoir à quel point il est pénible. depuis un mois surtout j'ai lu certainement ce qu'un homme studieux ne lit pas en six mois à Paris. Je pars à la pointe du jour, j'écris au moment ou je ne puis plus cheminer je dine ordinairement qu'a six heures du soir et je me remets à travailler jusqu'a ce que le someil me Chasse de mon pupitre. quoique je parle à present assez intelligiblement l'anglois, pour questioner et etre compris, il me faut toujours bien plus de tems que lorsque je voyageois en suisse ou en france j'ai à etudier ce que je dis et sur ce qu'on me répond. je voyage dans des contrées ou l'amour propre national est plus exageré que nulle part ailleurs je me tromperois à la journée si je m'en raportois aux premieres notions qu'on me donne. tout cela fait qu'à peine comme tu le vois ai je le loisir de técrire. J'ai cependant prévenu tes desirs en ecrivant d'Edimbourg à Reyneval.[1] j'etois fort enrhumé en quittant L'Ecosse je me suis presque gueri en traversant la mer. mon petit compagnon de voyage et mes gens n'ont pas trouvé cette navigation plaisante, la mer etoit effectivement

1. Rayneval est le premier commis de M. de Vergennes et il suit le dossier de B.

fort grosse nous avons embarqués quelques vagues et ils se sont crus noyés. les paquebots sont très bons, les Capitaines font ces trajets tous les jours, et il faut avoir envie de s'effrayer pour Craindre dans ces batimens dont de memoire d'homme il n'en est peri aucun. pouvant me procurer ici et en angleterre quelques renseignemens que je veux avoir je vois que je pourrai aussi abreger ma tournée de plus de trois cent miles partie en Irlande et partie sur la Cote sud de l'angleterre par exemple j'irai en droiture de Bath à Portsmouth ou je verrai tout ce qui est à Plimouth meme espece de vaisseaux et d'etablissemens maritimes, cela me sauvera un detour de quatre vingt lieues et cependant je ne pourrai fixer mon retour à Paris que lorsque je me retrouverai en angleterre ce que j'espere si j'ai une traversée ordinaire sera au plus tard vers le 15. de novembre, de Pembrock à Bath il me faudra quatre à cinq jours et de la à Londres par Portsmouth sept à huit jours j'espere que j'aurai de tes nouvelles à Bristol, et je t'ecrirai d'ici là Je t'envoye le mandat de 1500^{ll} que j'avois promis à Robert. [...] à mon retour nous arrangerons tous nos Comptes puisse une prochaine nomination les faciliter: tu fais tout ce qu'il faut pour que nous reussissions je n'ai qu'à te remercier et j'espere comme toi qu'enfin cela finira avec cette année, et puis je dirai, avec ton cœur s'il est fidel qu'aurai-je encore à desirer. adieu cher petit ange je vais me Coucher, penser, rever à toi, et renouveller mes actions de graces à l'eternel de m'avoir donné une compagne comme toi. Je t'embrasse baises bien tendrement mes Bambins.

P.S.: fais moi faire un habit complet de velours raz noir aussi Chaud que possible, que Rollot y joigne une plaque du modele de celles de M. Dagout et tu m'enverras en meme tems une aune ou deux de beau ruban de St Louis[1] pour le tems que je compte donner à Londres, je serai sufisemment bien vetu. taches de me faire parvenir cet habit au plutot sous l'adresse de Barthelemi. les habits sont hors de prix en angleterre, et je n'ai pas adopté le costume anglois. [...]

Carton, près de Dublin le 11. novembre 1784

J'ai quitté Dublin ce matin, mon ange, pour n'y plus retourner et bien m'en a pris d'avoir cedé aux instances qu'on m'a faites, puisqu'en prolongeant mon séjour j'ai recu par le dernier paquebot tes lettres du 18 et du 23. octobre je vais hater autant que je le pourrai mon arrivée en angleterre et à Bristol ou j'ai mandé à Barthelemy de m'adresser doresnavant mes lettres. J'ai d'autant plus besoin de recevoir encore de tes nouvelles au plutot que je ne suis pas content

---

1. Rollot est le tailleur de Bombelles. La plaque est celle de l'ordre de Saint-Louis ou de Saint-Lazare; B. prévoit une visite à la Cour de Saint-James.

des détails que tu me donnes sur ta santé. [...] de grace mon Cher petit ange Calme toi sur nos affaires. je n'ai pas d'un interet égal à celui que mon Cœur prend à ce que tu te portes bien, après m'avoir tant tenu au filet,[1] il faudra bien qu'on fasse quelque chose de moi; je ne puis pas etre toujours abbandonné à mon oisiveté et j'espere que mes amis en sentiront l'indécence sans que je sois obligé de leur mettre trop fortement l'epée dans les reins. surtout ne sois jamais assez injuste pour Croire que je me plaindrois de toi. Quelque fut le résultat des peines que tu te donnes, si parfois je t'ai pressée sur les démarches que je croyois nécessaire; jamais je n'ai perdu de vue les obligations foncieres et essentielles que je t'avois, jamais je n'ai cessé de penser que si ma fortune s'amelioroit je le devrois principallement à toi, a l'interet à la vénération que tu inspires. [...] en attendant que j'aye L'ambassade de Lisbonne les gazetiers m'ont donné une autre affinité avec le Portugal en s'obstinant à faire de moi le Mis de Pombal, c'est sous ce nom que toutes mes actions à Dublin ont été minutieusement raportées, ce que j'ai beaucoup mieux aimé que d'etre sous mon vrai nom dans les caquets de ces impertinens folliculaires. avant d'avoir recu ta derniere lettre j'avois fait de tous cotés quoique indircctement les informations dont tu me Charge,[2] mais elles ne m'ont rien rendu de satisfaisant, L'Irlande divisée en vingt six Comtés l'est aussi en quatre provinces principales, L'ulster, le leinster, le Munster et le Conaught, j'ai traversé deux de ces provinces et Dublin en est le point de reunion, ou tout ce qui marque tant soit peu est Connu. personne n'a idée d'un nom pareil a Celui que j'ai Cherché et les terminaisons qui en aprochent, ne sont pas regardées comme des noms de familles distinguées un nom à peu près de meme est plutot écossois qu'Irlandois. si cependant tu pouvois scavoir le Comté et la province ou l'on prétend qu'existe telle famille mandes le moi au plutot, et j'aurai à cet égard de main sure, tous les renseignemens qu'il sera possible de se procurer, mais j'imagine que les personnes les plus interessées, si elles avoient une grande Confiance dans ce qui est avancé, m'auroit Chargé, me sachant sur les lieux de voir les memes gens que je desirois de découvrir. [...] j'ai vu avant hier une petite niece de M[de]

1. 'On dit encore figurément et familièrement, *Tenir quelqu'un au filet*, pour dire, l'amuser, le faire attendre' (*Dictionnaire de l'Académie*, 1811).
2. Lettre de Mme de Bombelles au marquis, le 23 octobre 1784: 'Tu seras surement en Irlande lorsque tu recevras ma lettre, informes toy je t'en prie avec la prudence dont tu es capable s'il y a réellement des mackaus dans ce pays la, s'ils sont grands seigneurs, et s'il y auroit pas des moyens d'avoir d'eux des copies de leurs titres' (A. D. S. & O., fonds Bombelles E 433). La belle-famille de B., les Mackau, assuraient être d'ancienne et haute noblesse d'Irlande. En fait, nombre de jacobites irlandais et écossais réfugiés en France s'étaient arrogés sans preuves de nobles origines dont ils n'auraient pu fournir les titres. B., qui craint toujours que ses lettres soient lues par des indiscrets, se garde bien de mentionner le nom d'une famille dont l'antique noblesse semble bien discutable.

de Ligondes de St Cir qui est de l'age de Bombon, qui est jolie, gentille, mais est bien moins avancée que lui. sa mere viendra je Crois en france l'année prochaine, elle a Comme toi 22 ans et paroit très interessante. en tout j'ai été bien content de la societé de ce Pays depuis Le vice Roi jusqu'au dernier particulier C'étoit à qui me marqueroit le plus d'honeteté, malgré cela je suis bien aise de penser que d'ici a huit ou dix jours je me retrouverai en angleterre, plus raproché de toi et du moment de nous revoir, je t'assure que ce sera un grand bonheur pour ton vieux chat de te serrer contre son sein de retrouver mes marmots, nos Conversations du matin et du soir, nos petits concerts, nos disputes en musique, un diner servi par toi, de rencontrer à Chaque instant tes yeux, d'y lire que je suis aimé. en verité la raison, qui m'a fait renoncer pour bien des mois à ces Charmes de l'interieur, auroit bien le droit de persuader en definitif aux personnes qui ne me veulent pas de bien que j'en merite un peu. je t'envoye un mandat de deux mille livres pour rembourser d'autant le Banquier qui par l'entremise de ton frere et de M. de Chazet m'a procuré un crédit sur M. Thelusson à Londres. cet accompte diminuera un fardeau que l'avidité des Banquiers et les divers changes rendent pésant. tu connois la franche amitié de la Chapelle pour moi rapelles lui qu'avant mon départ il esperoit de trouver un moyen de me bonifier les frais de mon voyage.[1] si cela se pouvoit j'avoue que j'en serois grandement aise en attendant tout en dépensant beaucoup je t'assure que j'epargne sur tout ce qui est raisonablement faisable en œconomie, mais L'Irlande n'ayant pas les Comodités de L'angleterre est du double plus Chere pour y voyager. je n'ai plus que quarante lieue à faire pour en sortir et ces quarante lieues me couteront sans nouriture vingt louis. je t'envoye des échantillons de Chapeaux fort legers et assez jolis si tu en veux ou tes amies je puis t'en procurer pour sept a huit francs ils coutent une guinée à Londres. [...]

1. La Chapelle est le premier commis de M. de Breteuil. Effectivement, il obtiendra pour B. 3000 livres, 'conséquemment au désir qu'aurait depuis longtemps M. le baron de Breteuil de m'indemniser des dépenses de mon voyage d'Angleterre' (le 23 avril 1785, *JD* ii.54) Toutefois, par un malheureux concours de circonstances, ce sera Mme de Mackau qui percevra cette somme!

v. La bibliothèque de Bombelles
et le domaine britannique

LES livres de Bombelles ont été dispersés voici longtemps, mais nous connaissons cependant la bibliothèque du diplomate grâce à deux inventaires sommaires établis à Ratisbonne, l'un 'au propre', rédigé vers 1780, et l'autre 'au brouillon', comportant un peu plus de titres, rédigé postérieurement, inventaires que complètent des 'mémoires de livres que M. Mathias Fontaine, libraire à Mannheim, a eu l'honneur de fournir à M. le marquis de Bombelles', et qui sont datés de 1777 et 1784, et qui portent à quelque 350 titres[1] les livres du diplomate avant son départ pour l'Angleterre.[2]

Par ailleurs, la Bibliothèque de l'Arsenal possède parmi les inventaires détaillés des bibliothèques confisquées à la Révolution, 'le catalogue des livres provenant de chez Bombelles émigré, commune de Versailles';[3] 354 volumes furent confisqués, représentant quelque 200 titres. Il faut donc penser que Bombelles avait emporté avec lui à Venise en 1789 une bonne partie de sa bibliothèque, et que, d'autre part, des volumes furent volés ou égarés, car le catalogue mentionne des ouvrages dépareillés.

Une bibliothèque est le reflet d'une éducation, d'une carrière, d'une vie. On ne sera donc pas surpris de trouver dans celle de Bombelles, fils d'officier, officier lui-même, de nombreux ouvrages touchant l'art militaire, la manœuvre, la tactique, les fortifications, les histoires des guerres et des campagnes récentes ou anciennes, des mémoires de généraux et des vies de grands capitaines, etc. Il est normal que parmi les livres du diplomate s'alignent les gros ouvrages de droit international, Grotius et Pufendorf, les analyses des traités de paix des dix-septième et dix-huitième siècles, les ouvrages sur les constitutions, les institutions, les juridictions de toute l'Europe, des commentaires sur les événements historiques, des états des Cours des souverains, toute la documentation indispensable à un ministre plénipotentiaire, en particulier dans le monde germanique, puis au Portugal. Par ailleurs, Bombelles, passionné d'histoire, a souscrit à la gigantesque *Histoire universelle traduite de l'anglois*, qui dépassera les cent volumes in 8°.

---

1. Le 8 septembre 1782, B., cherchant à se loger à Versailles, écrivait: 'il me faut un cabinet où j'aie de quoi placer de cinq à six cents volumes qui m'ont suivi de Ratisbonne' (*JD* i.142).
2. A. D. S. & O., fonds Bombelles, E 421.
3. MS 5393, pp.1-27. Je remercie M. le Conservateur qui a attiré mon attention sur ces registres.

V. La bibliothèque de Bombelles et le domaine britannique

On trouve aussi beaucoup d'ouvrages de géographie, des guides, des récits de voyage, achetés parfois sur place, en Italie, en Suisse, au Portugal, mais aussi touchant l'Orient, la Chine, les Indes, l'Amérique. Bombelles s'est beaucoup intéressé aux Alpes, décrites par Saussure et Bourrit, et au royaume de Naples, aux fouilles de Pompéi et d'Herculanum, mais il possède aussi les 12 volumes in 8° de la *Géographie* de Busching (Lausanne 1776-1782) dont le vol. IV traite de la Grande Bretagne et de l'Irlande.

Les sciences sont modestement présentes avec Buffon, des études sur les volcans, sur l'électricité, mais on ne trouve point d'ouvrages d'agronomie, d'économie ou consacrés aux arts et métiers. S'il y a les dictionnaires de Furetière, de l'Académie, de Moreri, de Bayle, il n'y a point l'*Encyclopédie*. Notre homme, chrétien sincère, ne rougit pas d'exposer sur ses rayons des ouvrages de théologie, de controverse religieuse, voire de piété pure, des recueils de sermons et les *Pensées* de Pascal, mais il s'y mêle un *Coran*.

En fait, Bombelles est surtout l'honnête homme, de grande culture, de grande curiosité: il lit dans le texte ou diverses traductions les auteurs latins et grecs de César à Lucain, de Plutarque à Polybe, de Quinte Curce à Tite Live, sans oublier Ovide qui semble son favori. Il a aussi les auteurs italiens, en toscan ou en traduction, comme le *Pastor Fido* ou l'inévitable *Jérusalem délivrée*, et quelques œuvres en allemand, dont celles de Gessner. Plus tard, il en aura en portugais. Il a acquis, louable éclectisme, les *Mémoires* de Saint-Simon et les œuvres de Rabelais, le théâtre de Voltaire et les *Essais* de Montaigne, les *Confessions* et le *Contrat social* de Rousseau, les *Maximes* de La Rochefoucauld et le *Gil Blas* de Lesage, *Valmore* de Loaisel de Tréogate et le *Guzman d'Alfarache*, trois volumes d'*Histoire des troubadours* et les *Géorgiques*, traduites par Delille, *L'Hymne au soleil* de l'abbé de Reyrac et *Geneviève de Cornouailles et le damoisel sans nom, roman de chevalerie* de Mayer. Mais il lui arrive aussi de lire les *Contes* de La Fontaine ou les *Bijoux indiscrets*.

Mais le domaine anglais n'a manifestement intéressé Bombelles que bien tardivement. Le premier inventaire ne livre qu'une *Vie de Marlborough*, un volume d'une *Histoire d'Angleterre* et *L'Etat présent de l'Angleterre*, ouvrage ancien, dont la dernière édition remonte à 1728. Le second inventaire offre une *Histoire d'Angleterre* en quatre volumes in 4°, probablement celle de Hume, traduite et publiée de 1760 à 1765, un *Voyages de Banks*, quatre volumes in 4°, qui est en fait la relation du premier voyage de Cook, 1768-1771, rédigée par Banks, traduite et publiée à Paris en 1772. L'actualité a suscité l'achat d'une *Histoire de l'Amérique*, quatre volumes in 8°, probablement celle de Robertson, traduite en 1778, d'une *Histoire de Pennsylvanie*, des *Révolutions de l'Amérique angloise*, des *Recherches philosophiques sur les Américains*, de De Paw (1768), et de treize volumes des *Affaires de l'Angleterre et de l'Amérique*, collection publiée à partir de 1776 par Franklin, Court de Gebelin et d'autres. On trouve aussi une *Correspondance sur l'Angleterre* et *Les Nuits* de Young, traduction de Le Tourneur (1769). Une *Grammaire angloise*, peut-être celle de Boyer, la plus répandue jusque vers la fin du siècle, et un *Dictionnaire anglois*, deux volumes in 4°, sans doute le *Boyer*, édition de Londres (1773), le 'classique' du siècle, signalé par le catalogue de l'Arsenal; ce qui semble annoncer chez Bombelles l'intention d'étudier l'anglais, justifiée peut-être par une prise de conscience de l'intérêt du monde britannique. Sinon, pourquoi achèterait-il aussi les six volumes de la traduction des célèbres *Commentaires sur les lois angloises* de Blackstone (1774-1776)?

Enfin, il acquiert en février 1782 la traduction des *Saisons* de Thomson (1759), et en juillet 1784, *Le Voyage sentimental* de Sterne (traduction en 1769), et *Le Paradis perdu* de Milton, en trois volumes, sans doute la traduction de Dupré de Saint-Maur de 1729 très souvent rééditée jusqu'en 1778.[1] Bombelles commanda-t-il ces derniers ouvrages en prévision de son voyage outre-Manche, et les reçut-il avant son départ pour Londres?

On pourrait s'attendre à trouver dans le catalogue des ouvrages confisqués les livres achetés par Bombelles pour préparer son voyage[2] et ceux acquis pendant le voyage. Le *Journal* nous signale des achats de guides à Londres, l'acquisition de tel ou tel ouvrage, à Oxford, à Bath, que les enfants du voyageur consulteront plus tard. Dans ses lettres, Bombelles affirme consacrer ses soirées à lire des ouvrages, à étudier de la documentation statistique, économique, politique, historique, et, manifestement, beaucoup de ses renseignements proviennent de sources imprimées. Probablement, il a acquis à chaque étape des ouvrages d'histoire locale ou régionale, comme à York ou à Waterford. Or, le catalogue ne mentionne que dix-huit ouvrages portant sur le domaine anglais, et parmi lesquels ne figurent pas ceux que Bombelles dit avoir achetés ou qu'il cite. Il manque de surcroît presque tous ceux acquis avant le voyage. Il faut donc admettre que Bombelles a emporté en 1789 la majorité du fonds qu'il avait constitué sur la Grande Bretagne et l'Irlande avant 1784 et considérablement augmenté par la suite, ce qui prouverait que les livres 'anglais' conservaient pour Bombelles un grand intérêt, mais nous prive des témoignages montrant la découverte des lettres anglaises contemporaines ou classiques, de la philosophie anglaise ou écossaise, des sciences, des techniques, de l'économie, de l'agronomie, et complétant notre information sur le voyage de Bombelles.

---

1. Les inventaires et mémoires d'Allemagne ne mentionnent que rarement le nom de l'auteur, et encore plus rarement la date de l'édition, et de surcroît donnent des titres abrégés, ce qui a rendu l'identification difficile ou hasardeuse.
2. B. se plaint de devoir payer à Brighton des droits de douane pour 'quelques vieux livres à mon usage'.

V. La bibliothèque de Bombelles et le domaine britannique

Par ailleurs, le catalogue a été rédigé par quelqu'un qui a très soigneusement noté format, tomaison, date et lieu d'édition, mais qui, ignorant tout de l'anglais et de l'Angleterre, a recopié maladroitement ses notes. Il a fallu reconstituer certains titres, certains mots, et certaines indications n'ont pas pu être déchiffrées avec certitude. Toutefois, ces quelques titres sont pleins d'enseignements.

Nous retrouvons *La Vie et les avantures surprenantes de Robinson Crusoe*, de Defoe (Paris 1768), si populaire et si répandue qu'on ne peut y voir une marque d'intérêt pour la littérature anglaise; par contre la présence du *Vicar of Wakefield*, de Goldsmith (London 1766), peut indiquer le désir de relire en anglais une œuvre très connue dans la traduction française. *An inquiry historical and critical into the evidence against Mary* (Edinburgh 1772) reflète la sympathie de Bombelles pour Mary Stuart. *The History of inland navigation* (London 1779) confirme que Bombelles a bien étudié la question des canaux. *The history and antiquities of Shrewsbury*, de Phillips (?) (Shrewsbury 1779), est l'un des nombreux livres acquis d'étape en étape. *Moral and literary dissertation*, de Percival (London 1784), est un des ouvrages offerts par l'auteur à Manchester. Il est raisonnable de penser que d'autres auteurs, érudits locaux ou penseurs célèbres, comme Adam Smith, avaient offert leurs œuvres au visiteur. *A general history of Ireland* (London 1773), 2 vol. in 8°, de John Huddlestone Wynne a probablement été acquise sur place pendant le voyage. *Voyage to the Pacific Ocean under the direction of Captain Cook, 1776-1780* (London 1784), 3 vol. in 4°, relation du dernier voyage de Cook, rappelle l'intérêt de Bombelles pour les objets maoris rapportés du Pacifique. *La Constitution des treize états unis de l'Amérique* (Philadelphie et Paris 1783, traduction par le duc de La Rochefoucauld), complète, bien sûr, la documentation sur l'Amérique réunie avant 1784. *The Planter, a guide to pleasure gardens, giving plain directions with observations* (London 1779) témoigne surtout d'un goût pour les aspects pratiques du jardinage, qui apparaissait déjà avant 1784 à travers trois volumes: *Théorie du jardinage*, *Desseins de parterres*, et *Desseins de parterres et de treillages*. *L'Histoire de Saint-Kilda*, de Macaulay, traduite de l'anglais (Paris 1782), traite d'une partie de l'Ecosse que Bombelles ne visitera pas, tout comme *A guide to the lakes in Cumberland and Lancashire*, de Thomas West (London 1784), laisse croire à un projet de 'tour' qui ne se réalisera pas. Par contre, un *atlas* et un *itinéraire* de Taylor et Skinners (London 1783 et 1776), tout comme *The Postchaise companion or traveller's directory through Ireland* (Dublin 1784), ont été d'utiles acquisitions. *A list of the officers of the army* (London 1783) souligne que le voyageur tient à se renseigner sur ses interlocuteurs. *Les Lettres philosophiques et politiques sur l'histoire de l'Angleterre* (London 1786), traduites d'après Goldsmith, montrent que Bombelles continuera à s'intéresser au domaine anglais. Enfin, des instruments de travail subsistent: un des deux volumes du *Dictionnaire françois-anglois, anglois-françois*, de Boyer (London 1773), et l'un des deux volumes de *A new dictionary, English and French, and French and English*, de Chambaud et Robinet (Paris 1776), et un ouvrage sur *La Vraye manière d'apprendre une langue quelconque, vivant ou morte, par le moyen de la langue françoise* (Paris 1780).

Le 'fonds anglais' de Bombelles témoigne du même éclectisme et de la même volonté de s'instruire que l'ensemble de la bibliothèque.

VI. Bombelles et la Society for the Encouragement of Arts, Manufactures and Commerce

EN dépit de sa modestie et de ce qu'il disait être son ignorance des arts et des métiers, Bombelles avait dû faire bonne impression par des questions pertinentes prouvant un intérêt sincère pour les progrès des sciences et des techniques et non une indiscrète curiosité, mais son *Journal*, du moins en ce qui concerne le séjour à Londres, n'indique pas de rencontre ou de conversation avec des savants britanniques. Toutefois, le 14 janvier 1785, Bombelles écrivit dans son *Journal*: 'Nous sommes revenus coucher à Versailles où le service de Mme de Bombelles la rappelait. J'y ai trouvé la lettre du secrétaire de la Société de Londres pour l'encouragement qui annonce mon admission comme membre honoraire de cette société.'

Effectivement, Bombelles avait été proposé à la Society for the Encouragement of Arts, Manufactures and Commerce à la séance du 15 décembre par le vice-président, James Davison, le Dr Alexander Johnson et Mr Peter Chauvany, l'élection fut acquise le 22 décembre 1784, et dès le 23 le secrétaire Samuel More avisait Bombelles, qui venait de quitter l'Angleterre.

Il y a donc tout lieu de penser que Bombelles avait fait la connaissance de membres de cette société et que ses propos avaient témoigné de préoccupations assez proches des leurs, ou que son voyage avait paru une enquête assez exemplaire pour justifier l'honneur de l'élection à cette société fondée en 1754 par quelques philanthropes et savants qui désiraient offrir des prix récompensant les innovations et les inventions dans tous les domaines.

Des fonds privés ayant été réunis, des comités déterminaient les problèmes techniques et pratiques réclamant des solutions et organisaient des concours et des expositions. La société soutenait aussi bien des artistes que des chimistes, des mécaniciens que des agronomes, des artisans que des savants, et cela sans fonds publics ni soutien officiel. La société ne recevra que bien plus tard le patronage royal (il ne faut pas la confondre avec la Royal Society fondée par Charles II) mais elle joua un rôle capital dans toutes les branches de la recherche et de la création artistique, technique, scientifique. S'il y eut jamais un organisme réalisant les idéaux de l'*Encyclopédie*, c'est en Angleterre qu'il se trouvait. A l'époque de l'élection de Bombelles, la société comprenait, entre autres personnages éminents, Richard Arkwright, Robert Adam, Arthur Young, Josiah

Wedgwood, Elizabeth Montagu – et une dizaine de correspondants français. Bombelles remercia la société par cette lettre:[1]

Versailles le 15 Janvier 1785

Monsieur

J'ai reçu avec autant de satisfaction que de reconnaissance la lettre par laquelle vous m'annoncez que la Société pour l'encouragement des Arts et du Commerce a bien voulu m'élire pour un de ses Membres Correspondans. Si mon séjour dans les trois Royaumes n'a point suffi à ma curiosité; si j'en ai emporté le regret de n'avoir pu voir que superficiellement les objets d'intérêt qu'offre principalement la Grande Bretagne, j'ai cependant eu le tems d'apprécier tout le mérite d'une Nation qui a porté au plus haut dégré de perfection les branches les plus distinguées de l'industrie.

J'avais déjà bien des raisons, Monsieur, d'etre touché de l'accueil que j'ai reçu dans toutes les Contrées de l'Angleterre; Celui dont m'honore votre Société, met le Sceau à la satisfaction que j'ai trouvée dans votre Patrie et à ma tendre reconnaissance pour les procédés de vos Compatriotes.

Daignez être près de vos Confrères l'interprete de ces sentimens, et recevoir l'assurance du respectueux attachement avec lequel j'ai l'honneur d'être,

Monsieur,
Votre très humble et très obeissant Serviteur
Le Mis de Bombelles

1. Document communiqué par la Royal Society of Arts (intitulé actuel de la société), Cote RSA Loose Archives A 12/48, et reproduit avec l'aimable autorisation de la R.S.A. Nous remercions le Dr D. G. C. Allan, conservateur et historien de la R.S.A., pour les renseignements qu'il nous a obligeamment transcrits des minutes de la Société.

VII. Bombelles, Lord Shelburne et Lord Rutland

Nous avons pu retrouver une des nombreuses lettres de recommandation[1] que Lord Shelburne remit ou fit parvenir à Bombelles[2], celle qui était destinée au duc de Rutland, vice-roi d'Irlande.[3]

Seaford 23rd August 1784

My Dear Duke

Monsr De Vergennes has recommended to me the Bearer Monsr Bombelles. He was Minister from the French Court at Ratisbonne, and I believe is destin'd to fill the same Function at Lisbon. He is going into Scotland, and from thence to make the Tour of Ireland. I flatter myself I do not take too great liberty in recommending him to the honour of Your Grace's and the Dutchess of Rutland's Protection and Countenance during his Stay in Dublin.

I have the honour to be my Dr Duke always Y^r Devoted & most Faithfull Servant
Shelburne

Il faut noter que Lord Shelburne souligne que Bombelles est diplomate et recommandé par Vergennes, et donc invite implicitement à considérer Bombelles comme représentant officieux de la Cour de France. Il semble bien que Vergennes ait tenu, en appuyant ouvertement Bombelles, à ce que le voyage de celui-ci ne paraisse pas correspondre à une opération semi-clandestine. De son côté, Lord Shelburne, favorable aux projets de Vergennes, voulait, en facilitant le voyage et l'enquête de Bombelles, permettre une meilleure compréhension entre les deux pays.

Les remerciements adressés par Bombelles au duc de Rutland à Dublin, sans doute le 9 ou le 10 novembre, suivent l'usage, mais paraissent aussi témoigner une réelle reconnaissance.

Le Mis de Bombelles est aussi sensible qu'il le doit aux bontés de Milord Duc il en conservera le souvenir le plus reconnoissant et met au rang de ce qu'il lui est arrivé de plus heureux et de plus agréable dans sa tournée des trois Royaumes d'avoir eu l'honneur de faire la Connoissance de Milord Duc dont il prend Congé à regret, et qu'il prie de recevoir ses homages respectueux; il se Chargera de ses ordres pour L'angleterre et le

---

1. Grâce au concours du Dr James Kelly, de St Patrick's College, Dublin. Malheureusement l'enquête lancée auprès des autres fonds d'archives susceptibles de contenir des lettres de recommandation de Shelburne et des lettres de remerciement de B. a été infructueuse. Les archives Shelburne-Lansdowne à Bowood ne contiennent pas de documents concernant B., selon Lord Shelburne qui nous a fort aimablement renseigné.

2. Voir I.89 et II.223; p.58 et 296. Il est probable que cette lettre respecte les formules d'usage.

3. Lettre conservée, ainsi que la lettre de B., dans les Rutland Manuscripts, à Belvoir Castle. Ces deux lettres sont publiées avec l'aimable autorisation de monsieur le duc de Rutland.

suplie de les lui adresser pour tout ce qui pourroit etre agreable à Milord Duc lorsque le Mis de Bombelles sera en France.

Une lettre du chapelain et secrétaire du vice-roi. W. Preston, évêque de Killala, datée de Dublin, le 4 août 1785,[1] nous montre que les offres de service de Bombelles n'étaient pas vaines, et aussi que les relations étaient très cordiales.

[...] Je ne sais pas si d'après le contenu de votre lettre nous ne devrions pas sentir des alarmes sur le sort du vin que vous avez bien voulu avoir la complaisance de procurer pour Monseig^r le Viceroy. Faites en sorte, je vous en prie qu'il arrive, et que nous puissions boire comme il faut à votre santé, c'est-à-dire, du meilleur. [...]

Mons. le Duc et Mad^e la Duchesse vous prient de bien vouloir agréer leurs honneurs. Elle est de retour dans ce pays ci depuis six mois, belle comme un ange, adorée de tout le monde comme elle merite bien de l'être. [...]

1. A.D. S. & O., fonds Bombelles, E 441.

VIII. La Cour de France et les affaires d'Angleterre en 1783

DÈS la suspension des hostilités, les Anglais s'empressèrent de reprendre le chemin de Paris; ils se présentèrent même à Versailles où ils reçurent le meilleur accueil aux fêtes de la Cour. (Cf. 19 février 1783, *JD* i.197) A la fin du printemps, le duc de Manchester, ambassadeur de Georges III, arriva à la Cour et les Anglais furent bientôt les bienvenus partout. Bombelles dira: 'Il y a longtemps que tous les gens raisonnables de ce pays sentent que nous gâtons les Anglais par des préférences trop marquées qu'on leur accorde sur d'autres étrangers' (le 14 novembre 1783, *JD* i.284).

A l'automne, la présence de la Cour à Fontainebleau attira de nombreux Anglais (le 16 octobre 1783, *JD* i.272-73):

Nous avons ici quatre vingts anglois dont quelques uns seulement ont des noms Connus mais ils sont tous éclipsés par l'arrivée d'un jeune homme bien surprenant, c'est le fils cadet de ce fameux Pitt, connu sous le nom de Lord Chatham qui nous porta une haine si forte et nous fit rééllement tant de mal. Le second de ses fils se nomme Pitt. et a l'age de vingt trois ans, il fixe, il a fixé les regards de l'angleterre de l'Europe, de l'Amérique Ministre d'Etat et principal sous le dernier ministere, il a gouverné seul son Pays, avec une sagesse éclatante, s'étant refusé à prendre place dans le nouveau ministère il s'est retiré avec l'estime de tous les partis et l'amour du Peuple. doué d'une éloquence surprenante personne dans le parlement d'angleterre ne lui dispute plus la superiorité de cet avantage et il regardé Comme devant d'un moment a l'autre reprendre le timon des affaires de son Pays. il est venu en France a-t-il dit pour apprendre notre langue et a passé quelques semaines à Reims. Il retourne sous peu de jours à Londres. Sa phisionomie n'est ni belle ni noble, son maintien est celui d'un écolier Ses discours sont dignes de sa réputation et pour cette fois l'on peut pardonner à nos compatriotes l'enthousiasme qu'il leur inspire. Peut-être aura-t-il fait bien du mal quand mes enfans entreront dans le monde, mais ils seront bien aises Ces Chers enfans d'avoir eu quelques renseignemens sur un homme qui ne peut plus rentrer dans la Classe des personnages ordinaires.

On remarquera le souci qu'a Bombelles d'être témoin de son temps pour la postérité, et on notera aussi sa perspicacité à court terme comme à long terme.

Quelque deux mois plus tard, la Cour de France apprit l'arrivée aux affaires du jeune Pitt (*Journal*, 23 décembre 1783):

Il étoit aisé de prévoir que M. fox ne se soutiendroit pas longtems dans le ministere anglois et la confusion que la vivacité et l'inconséquence de sa tête jettoient dans les affaires faisoit désirer à ses Compatriotes autant qu'aux étrangers que leur direction cessat d'etre entre ses mains. un Courrier arrivé de Londres aujourd'hui nous a apporté

351

la nouvelle d'un Changement total dans le ministere anglois. en attendant qu'on en sache tous les détails, il est sur que le jeune Pitt dont j'ai fait mention pages 43 et 44 de ce volume est entré dans la Composition du nouveau ministère, en qualité de premier Lord de la tresorerie, place principale en angleterre, et que longtems avant l'epoque fixé par les loix pour la majorité des hommes, il sera revenu pour la seconde fois donner le ton aux affaires de sa Patrie. Ce Choix est applaudi de toute la nation Britannique. [...] cette nouvelle va etre suivie bientôt de Celle de la Cassation du Parlement, et de tous les Changemens qu'opère à Londres l'esprit de Parti.

Les convulsions politiques outre-Manche préoccupèrent beaucoup une Cour où malheureusement, malgré l'anglomanie, personne n'était vraiment familier des affaires britanniques, et où le roi ne pouvait pas attendre de son ambassadeur le moindre éclaircissement, tant M. d'Adhémar était au-dessous de ses fonctions (*Journal*, 25 décembre 1783):

On ne parle plus que de l'evenement d'angleterre. Le Roi notre maître en est surtout fort occupé et s'en entretient avec toutes les personnes qu'il peut supposer avoir quelques Connoissances des affaires ou des Personnes de ce Pays agité depuis si longtems et qui se trouve en ce moment dans une crise si forte.

IX. Calendrier du voyage d'août à décembre 1784

Août
- 1 D ○
- 2 l
- 3 m Dieppe +
- 4 m Dieppe →
- 5 j → Brighton →
- 6 v → Londres
- 7 s Londres
- 8 D Londres
- 9 l → Oxford
- 10 m Oxford →
- 11 m → Clent
- 12 j → Clent
- 13 v → Clent M
- 14 s V. Leasowes *
- 15 D Clent
- 16 l V. Stourbridge M
- 17 m V. Envil
- 18 m V. Himlay
- 19 j V. Dudley
- 20 v V. Hagley
- 21 s Clent +
- 22 D Clent + M
- 23 l Clent
- 24 m Clent
- 25 m Clent
- 26 j V. Worcester
- 27 v V. Worcester
- 28 s Clent *
- 29 D Clent
- 30 l V. Birmingham ○
- 31 m Clent

Septembre
- 1 m V. Leasowes +
- 2 j Clent
- 3 v V. Hagley
- 4 s Clent
- 5 D Clent
- 6 l Clent
- 7 m Clent
- 8 m Clent +
- 9 j → Bridgenorth
- 10 v → Shrewsbury →
- 11 s → Liverpool
- 12 D Liverpool M
- 13 l → Prescot
- 14 m → Manchester +
- 15 m Manchester
- 16 j Manchester
- 17 v → Halifax
- 18 s Halifax
- 19 D → Leeds
- 20 l Leeds
- 21 m → York +
- 22 m York M
- 23 j → Ripon
- 24 v → Richmond
- 25 s → Durham
- 26 D → Newcastle →
- 27 l → Berwick
- 28 m → Edimbourg *
- 29 m Edimbourg
- 30 j Edimbourg ○

Octobre
- 1 v → Pitfarrane +
- 2 s → Aberdour
- 3 D → Perth
- 4 l → Dunkeld
- 5 m → Blair
- 6 m → Taymouth
- 7 j Taymouth
- 8 v Taymouth
- 9 s → Dalmally
- 10 D → Inverary →
- 11 l → Dumbarton
- 12 m → Sterling M
- 13 m → Edimbourg
- 14 j Edimbourg
- 15 v Edimbourg +
- 16 s Edimbourg
- 17 D → Glasgow M
- 18 l Glasgow
- 19 m → Paisley
- 20 m → Girvan
- 21 j → Portpatrick
- 22 v → Donaghadee *
- 23 s → Belfast
- 24 D → Newry
- 25 l → Drogheda
- 26 m → Dublin
- 27 m Dublin
- 28 j → Carton ○
- 29 v → Dublin
- 30 s Dublin
- 31 D Dublin

Novembre
- 1 l Dublin
- 2 m → Carton
- 3 m Carton
- 4 j → Dublin
- 5 v Dublin
- 6 s Dublin
- 7 D Dublin
- 8 l Dublin
- 9 m Dublin
- 10 m Dublin
- 11 j → Carton *
- 12 v → Timolin
- 13 s → Kilkenny
- 14 D → Waterford +
- 15 l → Curraghmore
- 16 m Curraghmore M
- 17 m Curraghmore
- 18 j → Waterford
- 19 v Waterford
- 20 s Waterford s
- 21 D Waterford →
- 22 l en mer
- 23 m → Hubberston
- 24 m → Haverford
- 25 j → Carmarthen *
- 26 v → Brecknock *
- 27 s → Chepstow ○
- 28 D → Bristol
- 29 l Bristol →
- 30 m → Bath M

Décembre
- 1 m Bath
- 2 j Bath
- 3 v Bath
- 4 s Bath
- 5 D → Marlborough
- 6 l → Londres
- 7 m Londres
- 8 m Londres
- 9 j Londres
- 10 v Londres
- 11 s Londres
- 12 D Londres
- 13 l Londres s
- 14 m Londres
- 15 m Londres
- 16 j Londres
- 17 v Londres
- 18 s Londres s
- 19 D Londres
- 20 l → Douvres
- 21 m Douvres
- 22 m Douvres
- 23 j Douvres →
- 24 v → Calais →
- 25 s →
- 26 D → Versailles ○
- 27 l
- 28 m
- 29 m
- 30 j
- 31 v

M: B. assiste à la messe
s: B. va au spectacle

*: Lettre de B. conservée
+: Lettre de B. perdue

○: Pleine lune
→: En route vers

V.: Visite

22 septembre: Anniversaire du couronnement de Georges III
24 octobre: 25e anniversaire de l'accession au trône de Georges III

Bibliographie

Cette bibliographie ne prétend pas être exhaustive. En ce qui concerne les ouvrages du dix-huitième siècle, elle ne présente que des textes qui ont pu être connus de Bombelles ou utilisés par lui, ou dont le témoignage permet de compléter celui de notre voyageur. Parmi les ouvrages modernes, on a surtout retenu les études récentes permettant de mieux comprendre et interpréter le contexte social, politique, culturel, économique du voyage de Bombelles. On a renoncé à mentionner toutes les monographies, et les encyclopédies et dictionnaires biographiques qui ont pu nous renseigner sur des points de détail.

i. Sources du dix-huitième siècle

Annual register for the years 1784 and 1785
Gentleman's magazine (1783, 1784 and 1785)
Royal Kalendar or complete and correct Annual Register for England, Scotland, Ireland and America, for the year 1784
The Ambulator or the Stranger's companion 3e édition. London 1787

Andrews, John, *A comparative view of the French and English nations in their manners, politics and literature.* London 1785
Angus, W., *Seats of the nobility and gentry in Great Britain and Wales, in a collection of select views.* Islington 1785-1799
Baert, *Tableau de la Grande Bretagne, de l'Irlande et des possessions anglaises dans les quatre parties du monde,* 4 vol. Paris, An VIII
Beaumont, Elie de, 'Un voyageur en Angleterre en 1764' (*La Revue britannique,* 1895), v.133-54, 349-62; vi.75-114
Bellin, *Essai géographique sur les Iles Britanniques contenant une description de l'Angleterre, l'Ecosse et l'Irlande.* Paris 1757
Burlington, Charles, Llewellyn-Rees, David, et Murray, Alexander, *The Modern, universal, British traveller, or, a new, complete and accurate tour through England, Wales, Scotland and the neighbouring islands.* London 1779
Bushe, John, *Hibernia Curiosa.* London 1764
Cambry, Jacques, *De Londres et de ses environs.* Amsterdam 1788
Chalmers, George, *Analyse de la force de la Grande Bretagne, sous le règne de Georges III.* Paris 1789; édition anglaise 1782
Chantreau, *Voyage dans les trois royaumes d'Angleterre, d'Ecosse et d'Irlande, fait en 1788 et 1789,* 3 vol. Paris 1792
Coup d'œil sur la Grande Bretagne. London 1776
Coyer, abbé, *Nouvelles observations sur l'Angleterre par un voyageur.* Paris 1779
Croÿ, duc de, *Journal inédit du duc de Croÿ, 1718-1784,* 4 vol., publié par de Grouchy et P. Cottin, Paris 1906-1907 (cf. manuscrit à l'Institut, MS 1662, en particulier xxii)
Decremps, M., *Le Parisien à Londres ou avis aux Français qui vont en Angleterre.* Paris 1789
Defoe, D., *A tour through the whole island of Great Britain divided into circuits and journeys,* 4 vol, 7e édition. London 1769, 9e et dernière édition. London 1778
Du Boccage, Madame, *Œuvres,* iii: *Lettres sur l'Angleterre.* Paris 1770

Dutens, Louis, *L'Ami des etrangers qui voyagent en Angleterre*. London 1787

Entick, John, *The Present state of the British Empire*, 4 vol. London 1774

Expilly, *Description historique et géographique des Isles Britanniques ou des Royaumes d'Angleterre, d'Ecosse et d'Irlande*. Paris 1759

Faujas de Saint-Fond, B., *Voyages en Angleterre, en Ecosse et aux Isles Hébrides, ayant pour objet les sciences, les arts, l'histoire naturelle et les mœurs*, 2 vol. Genève 1797

Ferri de Saint-Constant, J. L., *Londres et les Anglais*. 4 vol. Paris An XII

Fiévée, J., *Lettres sur l'Angleterre*. Paris 1802

Forster, George, *Voyage philosophique et pittoresque en Angleterre et en France fait en 1790*, traduit de l'Allemand. Paris, An IV

Genlis, Mme de, *Mémoires*, iii: *Voyage en Angleterre*. Paris 1825

Gilpin, William, *Observations on the River Wye, and several parts of South Wales, relative chiefly to picturesque beauty, made in the summer of the year 1770*, 2e édition. London 1789

– *Observations chiefly to picturesque beauty made in the year 1776 on several parts of Great Britain particularly the Highlands of Scotland*. 2 vol. London 1789

– *Observations on several parts of the counties of Cambridge, Norfolk, Suffolk and Essex, also on several parts of North Wales, relative chiefly to picturesque beauty, in two tours made in 1769 and in 1773*. London 1809

Grosley, *Londres*. Lausanne 1774; 1ere édition 1770

Hartig, F. de, *Lettres sur la France, l'Angleterre et l'Italie*. Genève 1785

Histoire de l'administration de Lord North, depuis 1770 et jusqu'en 1782, et de la guerre de l'Amérique Septentrionale jusqu'à la paix, traduit de l'Anglais. Paris 1784

Kearsley's Traveller's entertaining guide through Great Britain, or a description of the great and principal crossroads [...] with a concise topographical history of the cities, *towns, chief villages, antiquities and seats*. London 1801; 1ère édition 1777

Kitchin, Thomas, *The Traveller's guide through England and Wales*. London 1783

Knox, John, *Voyage dans les montagnes de l'Ecosse et dans les isles Hébrides, fait en 1786*, traduit de l'Anglais. Paris 1790

Lacombe, *Observations sur Londres et ses environs*. London 1777

– *Tableau de Londres et de ses environs*. London 1784 (même texte qu'en 1777)

La Coste, *Voyage philosophique d'Angleterre fait en 1783 et 1784*. London, Paris 1787

Lalande, Jérôme, *Journal d'un voyage en Angleterre en 1763*, introduction et notes de H. Monod-Cassidy. Studies on Voltaire 184. Oxford 1980

La Rochefoucauld, François de, *La Vie en Angleterre au XVIIIe siècle, ou mélanges sur l'Angleterre, 1784*, présenté par J. Marchand. Paris 1945

La Tocnaye, J. L. Bougrenet de, *Promenade d'un Français dans la Grande Bretagne*. Brunswick 1801; 1ère édition, Edimbourg 1795

– *Promenade d'un Français en Irlande*. Brunswick 1801; 1ère édition, Dublin 1797

Launay, Dubois de, *Coup d'œil sur le gouvernement anglais*. s.l. 1786

Le Blanc, abbé, *Lettres*. La Haye 1745; Amsterdam 1751

Le Rouge, *Curiosités de Londres et de l'Angleterre*. Bordeaux 1766

Lescallier, Daniel, *Voyage en Angleterre, en Russie et en Suède, fait en 1775*. Paris An VIII

Mac Geoghegan, *Histoire de l'Irlande ancienne et moderne tirée des monumens les plus authentiques*, 2 vol. Paris 1758-1762

Mercier, Louis Sébastien, *Parallèle de Paris et de Londres*, introduction et notes de C. Bruneteau et B. Cottret. Paris 1982

Morellet, abbé, *Mémoires*, 2 vol. Paris 1822

The New present state of Great Britain. London 1776

Paterson, Daniel, *A new and accurate description of all the direct and principal crossroads in England and Wales*. London 1784

Pennant, Thomas, *Tour of Scotland*. London 1772

– *Tour of Wales*. London 1778

Roland, J. M. Ph. (Madame Roland), *Œuvres*, iii: *Voyage en Angleterre*, p.210-85. Paris An VIII

Russell, P., et Price, Owen, *England displayed, being a new, complete and accurate survey and description of the Kingdom of England and Principality of Wales*, 2 vol. London 1769

Spencer, Nathaniel, *The Complete English traveller, or a new survey and descriptions of England and Wales, containing a full account of whatever is curious and entertaining in the several counties of England and Wales [...] to which is added a concise and accurate description of that part of Great Britain called Scotland*. London 1771

Sulivan, Richard, *Observations made during a tour through parts of England, Scotland and Wales, in a series of letters*. London 1780

Tableau de l'Angleterre pour l'année 1780, continué par l'éditeur jusqu'à l'année 1783. s.l. 1783

Twiss, Richard, *A tour in Ireland*. London 1775

Walpoole, G. A., *The new British traveller, or a complete modern universal display of Great Britain and Ireland*. London 1784

Watts, W., *The seats of the nobility and gentry in a collection of the most interesting and picturesque views*. Chelsea 1779-1786

Wilson, William, *The Postchaise companion through Ireland, or traveller's directory*. London 1784. (Cet ouvrage très complet, à jour, dédié au duc de Rutland, le 1er septembre 1784, a été utilisé par Bombelles.)

Wimpffen (attribué à), *Lettres d'un voyageur*. Amsterdam 1788

Young, Arthur, *A six weeks tour through the southern counties of England and Wales*. London 1768

– *A six months tour through the north of England, containing an account of the present state of agriculture, manufactures and population in several counties of this kingdom, with descriptions of the seats of the nobility and gentry and other remarkable objects*. London 1770

– *The Farmer's tour through the east of England*, 4 vol. London 1771

– *A tour in Ireland with general observations on the present state of that kingdom, made in the years 1776-1777-1778, and brought down to the end of 1779* 3 vol. Dublin 1780

ii. Etudes modernes

Bain, Margaret I., *Les Voyageurs français en Ecosse, 1770-1830, et leurs curiosités intellectuelles*. Paris 1931

Baines, Edward, *History of the cotton manufacture in Great Britain* (1835; Reprinted London 1966)

Bartlett, Th., et Hayton, D. W., *Penal era and golden age: essays in Irish history, 1690-1800*. Belfast 1979

Beckett, J. C., *The Making of modern Ireland, 1603-1923*. London 1966

– *The Anglo-Irish tradition*. London 1976

Bence-Jones, Mark, et Montgomery-Masingberd, Hugh, *The British aristocracy*. London 1979

Black, Jeremy, *Natural and necessary enemies: Anglo-French relations in the eighteenth century*. Atlanta, Georgia 1986

Bonno, Gabriel, *La Constitution anglaise devant l'opinion française, de Montesquieu à Bonaparte*. Paris 1931

Boyce, D. George, *Nationalism in Ireland*. London, Dublin 1982

Brander, Michael, *The Making of the Highlands*. London 1974

Briggs, Asa, *The Age of improvement, 1783-1887*. London 1967; 1ère édition 1959

Burke's *Irish family records*. London 1976

Boylan, Henry, *A dictionary of Irish Biography*. Dublin 1978

Burton, Anthony, *The Greenbag travellers: Britain's first tourists*. London 1978

Cannon, John, éd., *The Whig ascendancy: colloquies on Hanoverian England*. London 1981

Chalkin, C. W., *The Provincial towns of Georgian England, 1740-1820*. London 1974

Chambers, J., et Mingay, G. E., *The Agricultural revolution 1750-1880*. London 1966

Christie, Ian R., *Stress and stability in late eighteenth century Britain: Reflections of the British avoidance of revolution*. Oxford 1984

Clark, William Smith, *The Irish stage in the country towns, 1720-1800*. Oxford 1965

Colvin, Howard, et Harris, John, *The Country seat: studies in the history of the British country houses*. London 1970

Court, W. H. B., *A concise economic history of Britain from 1750 to recent times*. Cambridge 1967; 1ère édition 1954

Cowie, Leonard W., *Hanoverian England, 1714-1837*. London 1967

Crawford, W. H., et Trainer, B., *Aspects of Irish social history*. Belfast 1969

Crone, John S., *A concise dictionary of Irish biography*. Dublin 1937

Crouzet, François, *De la supériorité de l'Angleterre sur la France, l'économique et l'imaginaire, XVIIe-XIXe siècles*. Paris 1985

Cullen, L. M., *The Emergence of modern Ireland, 1600-1900*. London 1981

Cullen, L. M., *Anglo-Irish trade, 1660-1800*. Manchester 1968

Daiches, David, Jones, Peter, et Jones, Jean, *A hotbed of genius; the Scottish Enlightenment, 1730-1790*. Edinburgh 1986

Davis, Terence, *The Gothic taste*. London 1974

Dedieu, J., *Montesquieu et la tradition politique anglaise en France*. Paris 1910

Donaldson, Gordon, et Morpeth, Robert S., *A dictionary of Scottish History*. Edinburgh 1977

Edwards, Ruth Dudley, *An atlas of Irish history*. London 1973

Elégance et raffinement en Angleterre au dix-huitième siècle. Tréma No 4. Paris 1980

Fay, C. R., *Adam Smith and the Scotland of his day*. Cambridge 1956

Fitzgerald, Brian, *Emily, Duchess of Leinster, 1731-1814*, 2 vol. Dublin 1949

– *Lady Louisa Connolly, 1743-1821*. Dublin 1950

Fussel, G. E., *The Exploration of England: a select bibliography of travel and topography, 1570-1815*. London 1935

Green, F. C., *Eighteenth-century France: six essays*. London 1929

Grieder, Josephine, *Anglomania in France 1740-1789: fact, fiction, political discourse*. Genève 1985

Harbison, P., Potterton, H., et Sheehy, J., *Irish art and architecture*. London 1978

Harris, John, *The Artist and the country house: a history of country house and garden viewpainting in Britain, 1540-1870*. London 1979

Harvie, Christopher, *Scotland and nationalism: Scottish society and politics, 1707-1977*. London 1977

Hunt, John Dixon, et Willis, Peter, *The Genius of the place: the English landscape garden, 1620-1820*. London 1975

Hunt, John Dixon, *Garden and grove: the Italian garden in the English imagination*. London 1986

Irving, Joseph, *The Book of eminent Scotsmen*. Bisley 1881

Jacques, David, *Georgian gardens: the reign of nature*. London 1983

Janssens, P., 'L'influence sur le continent du modèle aristocratique britannique au dix-huitième siècle. *Etudes sur le dix-huitième siècle*. xi: *Idéologies de la Noblesse*. Bruxelles 1984, p.29-38

Kligender, Francis D., *Art and the industrial revolution*. London 1968

Lamoine, Georges, *La Vie littéraire de Bath et Bristol, 1750-1800*. Lille 1978

Lee, G. L., *Huguenot settlement in Ireland*. London 1936

Lenman, Bruce, *An economic history of Modern Scotland, 1660-1976*. London 1977
– *Scotland, 1746-1832: integration, enlightenment and industrialization*. London 1981

Lockitt, C. H., *The Relations of French and English Society, 1763-1793*. London 1920

Mackenzie, Fraser, *Les Relations de l'Angleterre et de la France d'après le vocabulaire*, 2 vol. Paris 1939

Malins, Edward, et the Knight of Glin, *Lost demesnes: Irish landscape gardening*. London 1976

Martinet, Marie-Madeleine, *Art et nature en Grande Bretagne, au dix-huitième siècle*, anthologie bilingue. Paris 1980

Maxwell, Constantia, *Dublin under the Georges*. London 1936
– *Country and town under the Georges*. London 1940
– *The Stranger in Ireland*. London 1954, 1979)

Maziere-Brady, W., *Annals of the Catholic hierarchy in England, 1585-1876*. Rome 1877

McDowell, R. B., *Ireland in the age of imperialism and revolution, 1760-1801*. Oxford 1979

McMinn, Joseph, 'The literary significance of the traveller's tale: Arthur Young and le chevalier de la Tocnaye', *Gaeliana* (1985) vii.11-21

Mingay, G. E., *English landed society in the eighteenth century*. London 1983

Moir, Esther, *The Discovery of England: the English tourist, 1540-1840*. London 1964

Monod-Cassidy, Hélène, *Un voyageur philosophe au dix-huitième siècle, l'Abbé J. B. Le Blanc*. Cambridge, Mass. 1941

Moody, T. W., et Vaughan, W. E. (éd.),

A new history of Ireland, iv: *Eighteenth-century Ireland: 1691-1800*. Oxford 1986

Nordmann, Claude, 'Anglomanie et anglophobie en France au dix-huitième siècle, *Revue du Nord* lxvi, no.261, 262 (1984) p.787-805

O'Connell, Maurice R., *Irish politics and social conflict in the age of the American Revolution*. Pittsburgh 1965

Parreaux, A. et Plaisant, M. (éd.), *Jardins et paysages: le style anglais*. Lille 1977

Plaisant, M. (éd.), *L'Excentricité en Grande Bretagne au dix-huitième siècle*. Lille 1976

Plaisant, M. (éd.), *Regards sur l'Ecosse au XVIIIe siècle*. Lille 1977

Pottle, F. A., et Bennett, Ch. H. (ed.), *Boswell's journal of a tour to the Hebrides with Samuel Johnson*. New York, London 1936

Pryde, George S., *Scotland from 1603 to the present day*. London 1962

Roe, F. C., 'La découverte de l'Ecosse entre 1760 et 1830', *Revue de littérature comparée* 27 (1953), p.59-75

Sacquin, Michèle, *La Vision utopique dans les récits de voyage français entre 1750 et 1789*. Comparatische Hefte. Universität Bayreuth – III. 1981 – Reiseliteratur. p.5-63

Smout, T. C., *A history of the Scottish people, 1560-1830*. London 1969

Streatfield, David C., et Duckworth, Alistair M., *Landscape in the gardens and the literature of eighteenth-century England*. Los Angeles 1981

Stuart, David C., *Georgian gardens*. London 1979

Tait, A. A., *The Landscape garden in Scotland, 1735-1835*. Edinburgh 1980

Tuberville, A. J. (éd.), *Johnson's England*, 2 vol. Oxford 1952; 1ère édition 1933

Valentine, Alan, *The British establishment, 1760-1784: an eighteenth-century biographical dictionary*. Norman, Oklahoma 1970

Vaughan, John, *The English guide book, 1780-1870*. London 1974

Ward, Bernard, *The Dawn of the Catholic*

revival in England, 1781-1863, 2 vol. London 1909

Watkin, David, *The English vision: the picturesque in architecture, landscape and garden design*. London 1982

Webb, A. J. A., *A compendium of Irish biography*. Dublin 1878

Williamson, T., and Bellamy, L., *Property and landscape: a social history of landownership and the English countryside*. London 1987

Le lecteur peu familier du domaine britannique consultera les ouvrages de Roland Marx: *La Révolution industrielle en Grande-Bretagne des origines à 1850* (Paris 1970); *L'Angleterre des révolutions* (Paris 1973); *Lexique historique de la Grande-Bretagne, XVIe-XXe siècles* (Paris 1976); *La Société britannique de 1660 à nos jours* (Paris 1981).

Index

3 9001 02817 5068